2024 年注册会计师全国统一考试辅导教材

审　　计

中国注册会计师协会　组织编写

中国财经出版传媒集团
中国财政经济出版社
·北京·

图书在版编目（CIP）数据

审计/中国注册会计师协会组织编写．-- 北京：中国财政经济出版社，2024.2

2024 年注册会计师全国统一考试辅导教材

ISBN 978-7-5223-2843-0

Ⅰ.①审… Ⅱ.①中… Ⅲ.①审计-资格考试-自学参考资料 Ⅳ.①F239

中国国家版本馆 CIP 数据核字（2024）第 022927 号

责任编辑：黄双蓉 赵泽蓬　　责任校对：胡永立

封面设计：孙俪铭　　责任印制：党 辉

审计

SHENJI

中国财政经济出版社 出版

URL：http：//www. cfeph. cn

E-mail：cfeph@ cfeph. cn

社址：北京市海淀区阜成路甲 28 号　邮政编码：100142

营销中心电话：010-88191522

天猫网店：中国财政经济出版社旗舰店

网址：https：//zgczjjcbs. tmall. com

北京新华印刷有限公司印刷　各地新华书店经销

成品尺寸：185mm×260mm　16 开　41 印张　933 000 字

2024 年 2 月第 1 版　2024 年 2 月北京第 1 次印刷

印数：1—60 000　定价：86.00 元

ISBN 978-7-5223-2843-0

（图书出现印装问题，本社负责调换，电话：010-88190548）

本社图书质量投诉电话：010-88190744

前　　言

注册会计师独立审计是财会监督体系的重要组成，注册会计师行业是高端服务业重要的专业服务类别，承担着中介机构执业监督的重要使命。伴随着改革开放和社会主义市场经济体制建设的历史进程，我国注册会计师行业不断发展壮大，在全面服务国家建设、促进提高会计信息质量、维护金融安全稳定、提高资源配置效率等方面都发挥了十分重要的作用。

《中华人民共和国注册会计师法》规定，国家实行注册会计师全国统一考试制度。注册会计师全国统一考试作为注册会计师行业资格准入的重要环节，在引导会计专业人才健康成长、评价会计专业人才资质能力、建设会计专业人才队伍等方面发挥了不可替代的作用。

注册会计师全国统一考试分为专业阶段和综合阶段两个阶段。专业阶段考试设会计、审计、财务成本管理、公司战略与风险管理、经济法、税法6个科目，主要测试考生是否具备注册会计师执业所需要的专业知识，是否掌握基本的职业技能和职业道德。综合阶段考试设职业能力综合测试科目，分设试卷一和试卷二，主要测试考生是否具备在执业环境中综合运用专业知识，坚持正确的职业价值观、遵从职业道德规范、保持正确的职业态度，有效解决实务问题的能力。

为贯彻国家人才战略和行业人才全生命周期管理理论，落实注册会计师考试质量保证体系改革精神，体现理论性、科学性、全面性、系统性、实践性、可读性等质量要求，有效帮助考生复习备考，我会组织专家以大学会计专业等相关专业应当掌握的专业知识为基准，编写了专业阶段考试6个科目的辅导教材，选编了《经济法规汇编》，还分科目汇编了近5年专业阶段和综合阶段考试的试题。

本套辅导教材以及相关用书，不是注册会计师全国统一考试的指定用书。对于其中存在的疏漏和错误之处，欢迎读者指正。

中国注册会计师协会

2024年2月

目　　录

第一编　审计基本原理

第二编 审计测试流程

第三编 各类交易和账户余额的审计

第四编　对特殊事项的考虑

第五编 完成审计工作与出具审计报告

第六编 企业内部控制审计

第七编 质量管理

第八编 职业道德

第一编

审计基本原理

第一章 审计概述

第一节 审计的概念与保证程度

一、审计的产生

公司制度产生于19世纪中期，与之相应，注册会计师制度也产生于这一时期。注册会计师制度源于企业所有权和经营权的分离，所有者不再直接参与企业的日常经营管理，这就产生了所有者如何对经营者（管理层）的行为进行监督和控制的问题，由此产生了经营者定期通过财务报表向所有者报告财务状况和经营成果的需要。财务报表是由企业管理层编制和提供的，其自身利益通常与企业的财务状况与经营成果挂钩，需要由独立的第三方——注册会计师对财务报表进行审计，出具客观、公正的审计报告。

随着资本市场的发展，会计信息对资源配置发挥越来越重要的作用，财务报表使用者需要根据财务报表作出各种经济决策。由于企业管理层是提供财务报表的责任主体，编制的财务报表容易受到利益驱动而失实，注册会计师的审计能够有效地降低财务报表使用者进行决策所面临的信息失真风险，提高经济决策的有效性，维护市场经济秩序和保护公众利益。

在审计发展过程中，注册会计师为了满足委托人的需要，应对审计环境的变化，持续创新审计方法。审计方法的创新经历了账项基础审计、制度基础审计到风险导向审计等几个阶段。

我国注册会计师制度出现于20世纪初，伴随着民族资本工商业的发展而产生。中华人民共和国成立初期，随着对资本主义工商业社会主义改造的完成，建立起高度集中的计划经济体制，注册会计师制度一度中断。1978年，我国实行“对外开放、对内搞活”改革开放政策，外国投资者大量涌入。为保护投资者利益，迫切需要恢复注册会计师制度。1980年12月，我国开始重建注册会计师制度，并取得了较快的发展。随着我国以建立社会主义市场经济体制为导向的改革不断深入，注册会计师发挥的作用越来越大，服务领域遍布经济生活的各个方面，涉及公司设立验资、变更登记验资、改组上市和年度财务报表审计、内部控制审计等诸多领域。注册会计师除提供鉴证服务外，还为企业提供管理咨询、会计服务、代理纳税等服务。

经过40多年的发展，注册会计师在以下方面发挥了巨大作用：一是促进了会计信息质量的提高。国家对上市公司监管所依据的信息，主要来自上市公司的财务报表和注册会计师对其出具的审计报告。二是维护了市场经济秩序。市场经济是法治经济，市场参与各方必须在法律框架下开展活动。注册会计师通过为投资者提供相关、可靠的信息，在很大程度上防止了市场交易的欺诈行为，增强了交易各方的信心。三是推动了国有企业的改革。注册会计师通过提供审计等服务，对国有企业改制上市、优化资源配置和促进经济结构调整等起到了推动作用。

二、财务报表审计的概念

财务报表审计是注册会计师的核心业务。财务报表审计是指注册会计师对财务报表是否不存在重大错报提供合理保证，以积极方式提出意见，增强除管理层之外的预期使用者对财务报表信赖的程度。

上述概念可以从以下几个方面加以理解：

一是审计的用户是财务报表的预期使用者，即审计可以用来有效满足财务报表预期使用者的需求。

二是审计的目的是改善财务报表的质量，增强除管理层之外的预期使用者对财务报表的信赖程度，即以合理保证的方式提高财务报表的可信度，而不涉及为如何利用信息提供建议。

三是合理保证是一种高水平保证。当注册会计师获取充分、适当的审计证据将审计风险降至可接受的低水平时，就获取了合理保证。由于审计存在固有限制，注册会计师得出审计结论和形成审计意见依据的大多数审计证据是说服性而非结论性的，因此，审计只能提供合理保证，而不能提供绝对保证。

四是审计的基础是注册会计师的独立性和专业性。注册会计师执行审计业务时，不仅应当具备专业胜任能力，还应当独立于被审计单位和预期使用者。

五是审计的最终产品是审计报告。注册会计师针对财务报表是否在所有重大方面按照财务报告编制基础编制并实现公允反映发表审计意见，并以审计报告的形式予以传达。注册会计师按照审计准则和相关职业道德要求执行审计工作，能够形成这样的意见。

三、保证程度

注册会计师执行的业务分为鉴证业务和相关服务两类。鉴证业务包括审计、审阅和其他鉴证业务。相关服务包括代编财务信息、对财务信息执行商定程序、税务咨询和管理咨询等。

鉴证业务的保证程度分为合理保证和有限保证。审计属于合理保证（高水平保证）的鉴证业务，注册会计师将审计业务风险降至审计业务环境下可接受的低水平，以此作为以积极方式提出审计意见的基础。审阅属于有限保证（低于审计业务的保证水平）的鉴证业务，注册会计师将审阅业务风险降至审阅业务环境下可接受的水平，以此作为以消极方式提出审阅结论的基础。

表1－1列示了合理保证与有限保证的区别。

表1-1 合理保证与有限保证的区别

区别	合理保证（财务报表审计）	有限保证（财务报表审阅）
目标	在可接受的低审计风险下，以积极方式对财务报表整体发表审计意见，提供高水平的保证	在可接受的审阅风险下，以消极方式对财务报表整体发表审阅意见，提供低于高水平的保证。该保证水平低于审计业务的保证水平
证据收集程序	通过一个不断修正的、系统化的执业过程，获取充分、适当的证据，证据收集程序包括检查记录或文件、检查有形资产、观察、询问、函证、重新计算、重新执行、分析程序等	通过一个不断修正的、系统化的执业过程，获取充分、适当的证据，证据收集程序受到有意地限制，主要采用询问和分析程序获取证据
所需证据数量	较多	较少
检查风险	较低	较高
财务报表的可信性	较高	较低
提出结论的方式	以积极方式提出结论。例如："我们认为，ABC公司财务报表在所有重大方面按照企业会计准则的规定编制，公允反映了ABC公司20×1年12月31日的财务状况以及20×1年度的经营成果和现金流量"	以消极方式提出结论。例如："根据我们的审阅，我们没有注意到任何事项使我们相信，ABC公司财务报表没有按照企业会计准则的规定编制，未能在所有重大方面公允反映被审阅单位的财务状况、经营成果和现金流量"

本教材主要介绍通用目的财务报表审计，不涉及财务报表审阅。

四、注册会计师审计、政府审计和内部审计

（一）注册会计师审计与政府审计

注册会计师审计是指注册会计师接受委托，对被审计单位财务报表、内部控制的有效性等进行独立检查并发表意见。政府审计主要是指政府审计机关，包括审计署和地方审计厅局，依法对国务院各部门和地方各级人民政府及其各部门的财政收支，国有的金融机构和企业事业组织的财务收支，以及其他应当接受审计的财政收支、财务收支的真实、合法和效益进行审计监督。注册会计师审计和政府审计共同发挥作用，是维护市场经济秩序，强化经济监督的有效手段，两者都是国家治理体系及治理能力现代化建设的重要方面，但也存在以下几方面的区别：

1. 审计目的和对象不同。按照《中华人民共和国审计法》的规定，政府审计的审计对象包括国务院各部门和地方各级人民政府及其各部门的财政收支、国有金融机构和企业事业组织的财务收支，以及其他依照该法规定应当接受审计的财政收支、财务收支。政府审计的目的是监督上述财政收支或财务收支的真实、合法、效益。注册会计师审计的对象是除政府审计对象以外的事项，对于部分国有金融机构和企事业单位，可能同时进行政府审计和注册会计师审计，但审计目的不同。注册会计师审计的目的主要是对被审计单位的财务报表或内部控制发表审计意见，说明被审计单位财务报表是否符合会计准则的规定，是否公允反映了财务状况、经营成果和现金流量，或者被审计单位财务报告内部控制在基准日是否有效。

2. 审计依据不同。政府审计的依据是《中华人民共和国审计法》和审计署制定的国

家审计准则等，注册会计师审计的依据是《中华人民共和国注册会计师法》和财政部发布的注册会计师审计准则等。

3. 经费或收入来源不同。政府审计是行政行为，政府审计机关履行职责所必需的经费，列入同级财政预算，由同级人民政府予以保证。注册会计师审计是市场行为，是有偿服务，费用由注册会计师和审计客户协商确定。

4. 取证权限不同。政府审计和注册会计师审计都需要获取审计证据，被审计单位都有责任配合，但是政府审计具有更大的强制力，各有关单位和个人应当支持、协助审计机关工作，如实向审计机关反映情况，提供有关证明材料；而注册会计师审计受市场行为的局限，在获取审计证据时，很大程度上依赖于企业及相关单位配合和协助，对企业及相关单位没有行政强制力。

5. 对发现问题的处理方式不同。审计机关对违反国家规定的财政、财务收支行为可在职权范围内作出审计决定或者向有关主管机关提出处理、处罚意见。注册会计师在遇到审计范围受到限制，或就审计发现的问题提请被审计单位调整有关数据或进行披露，但被拒绝时，没有行政强制力，只能按照审计准则的规定，根据具体情况作出专业性的处理，包括出具非无保留意见的审计报告、必要时解除业务约定或向监管机构报告。

（二）注册会计师审计与内部审计

内部审计是一种独立、客观的鉴证和咨询活动，它通过运用系统、规范的方法，审查和评价组织的业务活动、内部控制和风险管理的适当性和有效性，以促进组织完善治理、增加价值和实现目标。注册会计师审计与内部审计之间的联系主要体现在，前者在执行业务时可以利用被审计单位的内部审计工作，内部审计应当做好与注册会计师审计的沟通和合作等协调工作，以提高审计效率和效果。内部审计与注册会计师审计的主要区别有：

1. 在审计独立性上，内审机构受所在单位的直接领导，独立性受到一定的限制，其独立性只是相对于本单位其他职能部门而言的；而注册会计师审计是由独立于被审计单位的第三方进行的，具有较强的独立性。

2. 在审计方式上，内部审计是单位根据自身经营管理的需要安排进行的，注册会计师审计则是接受委托进行的。

3. 在审计程序上，内部审计可以根据所执行业务的目的和需要选择并实施必要的程序，而注册会计师审计则需要严格按照执业准则的规定程序进行。

4. 在审计职责上，内部审计只对本单位负责，其审计工作主要服务于单位内部管控的需要；注册会计师审计不仅对被审计单位负责，而且对社会负责，其审计质量对广大财务信息使用者作出相关决策有直接影响。

5. 在审计作用上，内部审计的结论只作为本单位改善工作的参考，对外不起鉴证作用，并对外保密；注册会计师审计结论则要对外公开并起鉴证作用。

五、职业责任和期望差距

注册会计师的职业责任是指注册会计师作为一个职业对社会公众应尽的责任，在很大程度上反映相关方（特别是财务报表使用者）的期望。通常而言，财务报表使用者期望注册会计师评价被审计单位管理层的会计确认、计量与披露，判断财务报表是否不存在重大错报，以维护公众利益。在过去，注册会计师职业界曾认为他们的责任是通过审计发现财务报表中存在的重大非故意错报，而不负责通过审计发现财务报表中存在的重大故意错报，因为许多职业人士认为，要发现精心策划的，尤其是涉及多方共谋的财务报表错报存在很高的难度，甚至在某些情况下是不可能的。社会公众则期望注册会计师通过审计，能发现并报告被审计单位的重大故意和非故意的错报。社会公众与注册会计师职业界在对职业责任的认识上存在的差距便形成了“期望差距”。当然，期望差距并不仅仅针对注册会计师的执业行为和职业责任，同时还涉及了许多其他基本的问题，例如财务报表的确认、计量与披露原则、商业道德以及公司管理层应尽的社会责任。20 世纪七八十年代以来，期望差距在发达国家中愈演愈烈，不断爆发的虚假财务报告与违反法律法规行为案件导致社会公众对注册会计师承担责任以发现并报告舞弊与违反法律法规行为的呼声越来越高。以美国为例，注册会计师职业界越来越关注财务报表审计中对舞弊的考虑。1977 年，美国注册会计师协会在审计准则中首次明确注册会计师审计对舞弊负有责任；此后，于 1988 年、1997 年和 2002 年发布相关审计准则，要求注册会计师在执业过程中充分关注舞弊风险，合理制定审计计划，实施必要的审计程序，最终为发现财务报表中的重大舞弊提供合理保证。通过美国注册会计师职业界态度和观念的转变，不难发现，了解期望差距并尽可能缩小期望差距是注册会计师职业界继续生存并更好地服务于社会公众的前提和努力方向，也是整个行业积极发展和不断走向成熟的重要标志。

六、审计报告和信息差距

审计是财务信息生成链条上关键的一环，对增强财务信息的可信性起着至关重要的作用。审计报告是注册会计师对财务报表发表审计意见形成的书面文件，同时也是注册会计师与财务报表使用者沟通审计事项的主要手段。在过去，审计报告模式曾经是短式标准审计报告模式，在格式、要素和内容上，都体现了标准化，其核心内容是审计意见，即注册会计师对财务报表是否具有合法性和公允性发表高度浓缩的意见。审计报告的标准化具有格式统一、要素一致、内容简洁、意见明确等优点，但也存在着信息含量低、相关性差等缺点。这种缺点导致社会公众产生“信息差距”，也就是说，财务报表使用者作出理智投资和信托决策需要的信息，与他们从审计报告和已审计财务报表中得到的信息之间存在着较大的差距。这种“信息差距”会影响资本市场的效率和成本。

2008 年，美国发生的金融危机波及全球，全球经济遭到重创。政府部门、监管机构和利益相关者，除了分析金融危机爆发的直接原因外，也在反思金融危机中审计的不足，探讨如何改革审计制度，改进审计报告模式，提高审计报告的信息含量和时效性，以进一步发挥注册会计师在促进经济发展和金融稳定中的作用。2014 年，欧盟出台新的审计指令和公众利益实体审计监管要求，规定在对公众利益实体财务报表出具的审计报告中，应指出最重要的重大错报风险以及注册会计师应对措施等内容。2015 年国际审计与鉴证准则理事会（IAASB）发布新制定和修订的审计报告系列准则，改革审计报告模式，增加审计报告要素，丰富审计报告内容。特别是增加关键审计事项部分，使得财务报表使用者可以了解与被审计单位和财务报表审计更为相关、决策有用的信息。这些信息包括注册会计师评估的重大错报风险较高的领域或识别出的特别风险、涉及管理层判断的重大不确定性事项和重大审计判断、当期重大交易或事项对审计的影响。2016 年，我国借鉴国际审计报告改革的最新成果，结合行业实际情况和审计环境，对审计报告相关准则进行修订，对审计报告内容作出改革。改革后的审计报告，提高了审计报告的相关性和决策有用性，缩小了“信息差距”。

第二节 审计要素

注册会计师通过收集充分、适当的证据来评价财务报表编制是否在所有重大方面符合适用的财务报告编制基础，并出具审计报告，从而提高财务报表的可信性。因此，对财务报表审计而言，审计业务要素（简称审计要素）包括审计业务的三方关系人、财务报表、财务报告编制基础、审计证据和审计报告。

一、审计业务的三方关系人

三方关系人分别是注册会计师、被审计单位管理层（责任方）、财务报表预期使用者。注册会计师对由被审计单位管理层负责的财务报表发表审计意见，以增强除管理层之外的预期使用者对财务报表的信赖程度。由于财务报表是由被审计单位管理层负责的，因此，注册会计师的审计意见主要是向除管理层之外的预期使用者提供的。在某些情况下，管理层和预期使用者可能来自同一企业，但并不意味着两者就是同一方。例如，某公司同时设有董事会和监事会，监事会根据监督需要聘请注册会计师对董事会和管理层负责编制的财务报表进行审计。

由于审计意见有利于提高财务报表的可信性，有可能对管理层有用。因此，在这种情况下，管理层可能成为预期使用者之一，但不是唯一的预期使用者。例如，管理层是审计报告的预期使用者之一，但同时预期使用者还包括企业的股东、债权人、监管机构等。因此，是否存在三方关系是判断某项业务是否属于审计业务的重要标准之一。

（一）注册会计师

注册会计师是指取得注册会计师证书并在会计师事务所执业的人员，通常是指项目合伙人或项目组其他成员，有时也指其所在的会计师事务所。

根据审计准则的规定，对财务报表发表审计意见是注册会计师的责任。为履行这一职责，注册会计师应当遵守相关职业道德要求，按照审计准则的规定计划和实施审计工作，获取充分、适当的审计证据，并根据获取的审计证据得出合理的审计结论，发表恰当的审计意见。注册会计师通过签署审计报告确认其责任。

如果审计业务涉及的特殊知识和技能超出了注册会计师的能力，注册会计师可以利用专家协助执行审计业务。在这种情况下，注册会计师应当确信包括专家在内的项目组整体已具备执行该项审计业务所需的知识和技能，并充分参与该项审计业务和了解专家所承担的工作。

（二）被审计单位管理层

管理层是指对被审计单位经营活动的执行负有经营管理责任的人员，对财务报表编制负责。在某些被审计单位，管理层包括部分或全部的治理层成员，如治理层中负有经营管理责任的人员，或参与日常经营管理的业主（以下简称业主兼经理）。治理层是指对被审计单位战略方向以及管理层履行经营管理责任负有监督责任的人员或组织。治理层的责任包括监督财务报告的产生过程。在某些被审计单位，治理层可能包括管理层，如治理层中负有经营管理责任的人员，或业主兼经理。

与管理层和治理层责任相关的执行审计工作的前提（以下简称执行审计工作的前提），是指管理层和治理层（如适用）认可并理解其应当承担下列责任，这些责任构成注册会计师按照审计准则的规定执行审计工作的基础：（1）按照适用的财务报告编制基础编制财务报表，并使其实现公允反映（如适用）；（2）设计、执行和维护必要的内部控制，以使财务报表不存在舞弊或错误导致的重大错报；（3）向注册会计师提供必要的工作条件，包括允许注册会计师接触与编制财务报表相关的所有信息（如记录、文件和其他事项），向注册会计师提供审计所需的其他信息，允许注册会计师在获取审计证据时不受限制地接触其认为必要的内部人员和其他相关人员。

财务报表审计并不能减轻管理层或治理层的责任。财务报表编制和财务报表审计是财务信息生成链条上的不同环节，两者各司其职。法律法规要求管理层和治理层对编制财务报表承担责任，有利于从源头上保证财务信息质量。同时，在某些方面，注册会计师与管理层和治理层之间可能存在信息不对称。管理层和治理层作为内部人员，对企业的情况更为了解，更能作出适合企业特点的会计处理决策和判断，因此，管理层和治理层理应对编制财务报表承担完全责任。尽管在审计过程中，注册会计师可能向管理层和治理层提出调整建议，甚至在不违反独立性的前提下为管理层编制财务报表提供某些咨询或协助，但管理层仍然对编制财务报表承担责任，并通过签署财务报表确认这一责任。如果财务报表存在重大错报，而注册会计师通过审计没有能够发现，也不能因为财务报表已经被注册会计师审计这一事实而减轻管理层和治理层对财务报表的责任。

（三）预期使用者

预期使用者是指预期使用审计报告和财务报表的组织或人员。如果审计业务服务于特定的使用者或具有特殊目的，注册会计师可以很容易地识别预期使用者。例如，企业向银行贷款，银行要求企业提供一份经审计的反映财务状况的财务报表，那么，银行就是该审计报告的预期使用者。

一般情况下，注册会计师可能无法识别预期使用审计报告的所有组织和人员，尤其在各种可能的预期使用者对财务报表存在不同的利益需求时。此时，预期使用者主要是指那些与财务报表有重要和共同利益的主要利益相关者。例如，在上市公司财务报表审计中，预期使用者主要是指上市公司的股东。注册会计师应当根据法律法规的规定或与委托人签订的协议识别预期使用者。

理论上，审计报告的收件人应当尽可能地明确为所有的预期使用者，但实务中往往很难做到这样，因为有时审计报告并不向某些特定组织或人员提供，但他们也有可能使用审计报告。例如，注册会计师为上市公司提供财务报表审计服务，其审计报告的收件人为“××股份有限公司全体股东”，但除了股东外，公司债权人、供应商、客户、证券监管机构等显然也是预期使用者。

二、财务报表

在财务报表审计中，审计对象是历史的财务状况、经营成果（财务业绩）和现金流量，审计对象信息（即审计对象的载体）是财务报表。财务报表，是指依据某一财务报告编制基础对被审计单位历史财务信息作出的结构性表述，旨在反映某一时点的经济资源或义务或者某一时期经济资源或义务的变化。财务报表通常是指整套财务报表，有时也指单一财务报表。披露包括适用的财务报告编制基础所要求的、明确允许的或通过其他形式允许作出的解释性或描述性信息。披露是财务报表不可分割的组成部分，主要在财务报表附注中反映，也可能在财务报表表内反映，或通过财务报表中的交叉索引予以提及。

管理层和治理层（如适用）在编制财务报表时需要：（1）根据相关法律法规的规定确定适用的财务报告编制基础；（2）根据适用的财务报告编制基础编制财务报表；（3）在财务报表中对适用的财务报告编制基础作出恰当的说明。编制财务报表要求管理层根据适用的财务报告编制基础运用判断作出合理的会计估计，选择和运用恰当的会计政策。

财务报表可以按照某一财务报告编制基础编制，旨在满足下列需求之一：（1）广大财务报表使用者共同的财务信息需求（即通用目的财务报表的目标）；（2）财务报表特定使用者的财务信息需求（即特殊目的财务报表的目标）。

整套财务报表通常包括资产负债表、利润表、现金流量表、所有者权益（或股东权益）变动表和相关附注。单一财务报表通常是指：（1）资产负债表；（2）利润表或经营状况表；（3）留存收益表；（4）现金流量表；（5）不包括所有者权益的资产和负债表；（6）所有者权益变动表；（7）收入和费用表；（8）产品线经营状况表。对特殊目的财务报告编制基础而言，单一财务报表和相关附注也可能构成整套财务报表。例如，《国际公共部门会计准则——基于现金基础会计的财务报告》指出，如果一个公共部门实体依据该准则编制财务报表，则主要的财务报表是现金收支情况表。

三、财务报告编制基础

被审计单位应当依据和使用适用的财务报告编制基础编制财务报表。在财务报表审计中，注册会计师也应当运用适用的财务报告编制基础这一标准，获取充分、适当的审计证据，评价财务报表编制质量，以对财务报表是否在所有重大方面按照适用的财务报告编制基础编制发表审计意见。适用的财务报告编制基础，是指法律法规要求采用的财务报告编制基础；或者管理层和治理层（如适用）在编制财务报表时，针对被审计单位性质和财务报表目标，采用的可接受的财务报告编制基础。

财务报告编制基础分为通用目的编制基础和特殊目的编制基础。通用目的编制基础，旨在满足广大财务报表使用者共同的财务信息需求的财务报告编制基础，在我国主要是指企业会计准则和相关会计制度。特殊目的编制基础，旨在满足财务报表特定使用者对财务信息需求的财务报告编制基础，包括计税核算基础、监管机构的报告要求和合同的约定等。

四、审计证据

注册会计师对财务报表提供合理保证是建立在获取充分、适当证据的基础上。审计证据，是指注册会计师为了得出审计结论和形成审计意见而使用的必要信息。

审计证据在性质上具有累积性，主要是在审计过程中通过实施审计程序获取的。然而，审计证据还可能包括从其他来源获取的信息，如以前审计中获取的信息（前提是注册会计师已确定自上次审计后是否已发生变化，这些变化可能影响这些信息对本期审计的相关性）或会计师事务所接受与保持客户或业务时实施质量管理程序获取的信息。除从被审计单位内部其他来源和外部来源获取的信息外，会计记录也是重要的审计证据来源。同样，被审计单位雇用或聘请的专家编制的信息也可以作为审计证据。审计证据既包括支持和佐证管理层认定的信息，也包括与这些认定相矛盾的信息。在某些情况下，信息的缺乏（如管理层拒绝提供注册会计师要求的声明）本身也构成审计证据，可以被注册会计师利用。在形成审计意见的过程中，注册会计师的大部分工作是获取和评价审计证据。

审计证据的充分性和适当性相互关联。充分性是对审计证据数量的衡量。注册会计师需要获取的审计证据的数量受其对重大错报风险评估的影响（评估的重大错报风险越高，需要的审计证据可能越多），并受审计证据质量的影响（审计证据质量越高，需要的审计证据可能越少）。然而，注册会计师仅靠获取更多的审计证据可能无法弥补其质量上的缺陷。审计证据的适当性是对审计证据质量的衡量，即审计证据在支持审计意见所依据的结论方面具有的相关性和可靠性。审计证据的相关性是指获取的审计证据应与审计目的相关，审计证据的可靠性受其来源和性质的影响，并取决于获取审计证据的具体环境。

由于不同来源或不同性质的证据可以证明同一项认定，注册会计师可以考虑获取证据的成本与所获取信息有用性之间的关系，但不应仅以获取证据的困难和成本为由减少不可替代的程序。在评价证据的充分性和适当性以支持审计结论时，注册会计师应当运用职业判断，并保持职业怀疑态度。

五、审计报告

注册会计师应当对财务报表在所有重大方面是否符合适用的财务报告编制基础，以书面报告的形式发表能够提供合理保证程度的意见。

如果对财务报表发表无保留意见，除非法律法规另有规定，注册会计师应当在审计意见中使用“财务报表在所有重大方面按照［适用的财务报告编制基础（如企业会计准则等）］编制，公允反映了……”的措辞。

如果存在下列情形之一，注册会计师应当对财务报表清楚地发表恰当的非无保留意见：（1）根据获取的审计证据，得出财务报表整体存在重大错报的结论；（2）无法获取充分、适当的审计证据，不能得出财务报表整体不存在重大错报的结论。

除审计准则规定的注册会计师对财务报表出具审计报告的责任外，相关法律法规可能对注册会计师设定了其他报告责任。如果注册会计师在对财务报表出具的审计报告中履行了其他报告责任，应当在审计报告中将其单独作为一部分，并以“按照相关法律法规的要求报告的事项”为标题。

第三节 审计目标

审计目标分为审计总体目标和具体审计目标。审计的总体目标是指注册会计师为完成整体审计工作而达到的预期目的。具体审计目标是指注册会计师通过实施审计程序以确定管理层在财务报表中确认的各类交易、账户余额、披露层次认定是否恰当。注册会计师在了解每个项目的认定后，就容易相对应地确定每个项目的具体审计目标。

一、审计总体目标

在执行财务报表审计工作时，注册会计师的总体目标是：（1）对财务报表整体是否不存在舞弊或错误导致的重大错报获取合理保证，使得注册会计师能够对财务报表是否在所有重大方面按照适用的财务报告编制基础编制发表审计意见；（2）按照审计准则的规定，根据审计结果对财务报表出具审计报告，并与管理层和治理层沟通。在任何情况下，如果不能获取合理保证，并且在审计报告中发表保留意见也不足以实现向预期使用者报告的目的，注册会计师应当按照审计准则的规定出具无法表示意见的审计报告，或者在法律法规允许的情况下终止审计业务或解除业务约定。

注册会计师是否按照审计准则的规定执行了审计工作，取决于注册会计师在具体情况下实施的审计程序，由此获取的审计证据的充分性和适当性，以及根据总体目标和对审计证据的评价结果而出具审计报告的恰当性。

审计准则作为一个整体，为注册会计师执行审计工作以实现总体目标提供了标准。审计准则规范了注册会计师的一般责任以及在具体方面履行这些责任时的进一步考虑。每项审计准则都明确了规范的内容、适用的范围和生效的日期。在执行审计工作时，除遵守审计准则外，注册会计师还需要遵守相关法律法规的规定。

每项审计准则通常包括总则、定义、目标、要求（在审计准则中，对注册会计师提出的要求以“应当”来表述）和附则。总则提供了与理解审计准则相关的背景资料。每项审计准则还配有应用指南。每项审计准则及应用指南中的所有内容都与理解该项准则中表述的目标和恰当应用该准则的要求相关。应用指南对审计准则的要求提供了进一步解释，并为如何执行这些要求提供了指引。应用指南提供了审计准则所涉及事项的背景资料，更为清楚地解释审计准则要求的确切含义或所针对的情形，并举例说明适合具体情况的程序。应用指南本身并不对注册会计师提出额外要求，但与恰当执行审计准则对注册会计师提出的要求是相关的。

审计准则的总则可能对下列事项进行说明：（1）审计准则的目的和范围，包括与其他审计准则的关系；（2）审计准则涉及的审计事项；（3）就审计准则涉及的审计事项，注册会计师和其他人员各自的责任；（4）审计准则的制定背景。

审计准则以“定义”为标题单设一章，用来说明审计准则中某些术语的含义。提供这些定义有助于保持审计准则应用和理解的一致性，而非旨在超越法律法规为其他目的对相关术语给出定义。

每项审计准则均包含一个或多个目标，这些目标将审计准则的要求与注册会计师的总体目标联系起来。每项审计准则规定目标的作用在于，使注册会计师关注每项审计准则预期实现的结果。这些目标足够具体，可以帮助注册会计师：（1）理解所需完成的工作，以及在必要时为完成这些工作使用的恰当手段；（2）确定在审计业务的具体情况下是否需要完成更多的工作以实现目标。注册会计师需要将每项审计准则规定的目标与总体目标联系起来进行理解。

注册会计师需要考虑运用“目标”决定是否需要实施追加的审计程序。审计准则的要求，旨在使注册会计师能够实现审计准则规定的目标，进而实现注册会计师的总体目标。因此，注册会计师恰当执行审计准则的要求，预期能为其实现目标提供充分的基础。然而，由于各项审计业务的具体情况存在很大差异，并且审计准则不可能预想到所有的情况，注册会计师有责任确定必要的审计程序，以满足审计准则的要求和实现目标。针对某项业务的具体情况，可能存在一些特定事项，需要注册会计师实施审计准则要求之外的审计程序，以实现审计准则规定的目标。

在审计总体目标下，注册会计师需要运用审计准则规定的目标以评价是否已获取充分、适当的审计证据。如果根据评价的结果认为没有获取充分、适当的审计证据，那么注册会计师可以采取下列一项或多项措施：（1）评价通过遵守其他审计准则是否已经获取或将会获取进一步的相关审计证据；（2）在执行一项或多项审计准则的要求时，扩大审计工作的范围；（3）实施注册会计师根据具体情况认为必要的其他程序。如果上述措施在具体情况下均不可行或无法实施，注册会计师将无法获取充分、适当的审计证据。在这种情况下，审计准则要求注册会计师确定其对审计报告或完成该项业务的能力的影响。

二、认定

认定与具体审计目标密切相关，注册会计师的基本职责就是确定被审计单位管理层对财务报表的认定是否恰当（即是否存在重大错报）。注册会计师了解认定，才能相对应地确定每个项目的具体审计目标。

（一）认定的概念

认定，是指管理层针对财务报表要素的确认、计量和列报（包括披露）作出一系列明确或暗含的意思表达。注册会计师在识别、评估和应对重大错报风险的过程中，将管理层的认定用于考虑可能发生的不同类型的错报。

当管理层声明财务报表已按照适用的财务报告编制基础编制，在所有重大方面作出了公允反映时，就意味着管理层对各类交易和事项、账户余额以及披露的确认、计量和列报作出了认定。管理层在财务报表上的认定有些是明确表达的，有些则是暗含的。例如，管理层在资产负债表中列报存货及其金额，意味着作出下列明确的认定：（1）记录的存货是存在的；（2）存货以恰当的金额包括在财务报表中，与之相关的计价或分摊调整已恰当记录。同时，管理层也作出下列暗含的认定：（1）所有应当记录的存货均已记录；（2）记录的存货都由被审计单位所有。

对于管理层对财务报表各组成要素作出的认定，注册会计师的审计工作就是要确定管理层的认定是否恰当。

（二）关于所审计期间各类交易、事项及相关披露的认定

关于所审计期间各类交易、事项及相关披露的认定通常分为下列类别：

1. 发生：记录或披露的交易和事项已发生，且这些交易和事项与被审计单位有关。

2. 完整性：所有应当记录的交易和事项均已记录，所有应当包括在财务报表中的相关披露均已包括。

3. 准确性：与交易和事项有关的金额及其他数据已恰当记录，相关披露已得到恰当计量和描述。

4. 截止：交易和事项已记录于正确的会计期间。

5. 分类：交易和事项已记录于恰当的账户。

6. 列报：交易和事项已被恰当地汇总或分解且表述清楚，相关披露在适用的财务报告编制基础下是相关的、可理解的。

（三）关于期末账户余额及相关披露的认定

关于期末账户余额及相关披露的认定通常分为下列类别：

1. 存在：记录的资产、负债和所有者权益是存在的。

2. 权利和义务：记录的资产由被审计单位拥有或控制，记录的负债是被审计单位应当履行的偿还义务。

3. 完整性：所有应当记录的资产、负债和所有者权益均已记录，所有应当包括在财务报表中的相关披露均已包括。

4. 准确性、计价和分摊：资产、负债和所有者权益以恰当的金额包括在财务报表中，与之相关的计价或分摊调整已恰当记录，相关披露已得到恰当计量和描述。

5. 分类：资产、负债和所有者权益已记录于恰当的账户。

6. 列报：资产、负债和所有者权益已被恰当地汇总或分解且表述清楚，相关披露在适用的财务报告编制基础下是相关的、可理解的。

注册会计师可以按照上述分类运用认定，也可按其他方式表述认定，但应涵盖上述所有方面。例如，注册会计师可以选择将关于各类交易、事项及相关披露的认定与关于账户余额及相关披露的认定综合运用。又如，当“发生”和“完整性”认定包含了对交易是否记录于正确会计期间的恰当考虑时，就可能不存在与交易和事项“截止”相关的单独认定。

三、具体审计目标

注册会计师了解认定后，就容易相对应地确定每个项目的具体审计目标，并以此作为识别和评估重大错报风险以及设计和实施应对措施的基础。

（一）与所审计期间各类交易、事项及相关披露相关的审计目标

1. 发生：由“发生”认定推导的审计目标是确认已记录的交易是真实的。例如，如果没有发生销售交易，但在销售日记账中记录了一笔销售，则违反了该目标。

“发生”认定所要解决的问题是管理层是否把那些不曾发生的项目列入财务报表，它主要与财务报表组成要素的高估有关。

2. 完整性：由“完整性”认定推导的审计目标是确认已发生的交易确实已经记录，所有应包括在财务报表中的相关披露均已包括。例如，如果发生了销售交易，但没有在销售明细账和总账中记录，则违反了该目标。

发生和完整性两者强调的是不同的关注点。发生目标针对多记、虚构交易（高估），而完整性目标则针对漏记交易（低估）。

3. 准确性：由“准确性”认定推导出的审计目标是确认已记录的交易是按正确金额反映的，相关披露已得到恰当计量和描述。例如，如果在销售交易中，发出商品的数量与账单上的数量不符，或是开账单时使用了错误的销售价格，或是账单中的乘积或加总有误，或是在销售明细账中记录了错误的金额，则违反了该目标。

准确性与发生、完整性之间存在区别。例如，若已记录的销售交易是不应当记录的（如发出的商品是寄销商品），则即使发票金额是准确计算的，仍违反了发生目标。再如，若已入账的销售交易是对正确发出商品的记录，但金额计算错误，则违反了准确性目标，而没有违反发生目标。在完整性与准确性之间也存在同样的关系。

4. 截止：由“截止”认定推导出的审计目标是确认接近于资产负债表日的交易记录于恰当的期间。例如，如果本期交易推到下期，或下期交易提到本期，均违反了截止目标。

5. 分类：由“分类”认定推导出的审计目标是确认被审计单位记录的交易经过适当分类。例如，如果将出售经营性固定资产所得的收入记录为营业收入，则导致交易分类的错误，违反了分类的目标。

6. 列报：由“列报”认定推导出的审计目标是确认被审计单位的交易和事项已被恰当地汇总或分解且表述清楚，相关披露在适用的财务报告编制基础下是相关的、可理解的。

（二）与期末账户余额及相关披露相关的审计目标

1. 存在：由“存在”认定推导的审计目标是确认记录的金额确实存在。例如，如果不存在某客户的应收账款，在应收账款明细表中却列入了对该客户的应收账款，则违反了存在目标。

2. 权利和义务：由“权利和义务”认定推导的审计目标是确认资产归属于被审计单位，负债属于被审计单位的义务。例如，将他人寄售商品列入被审计单位的存货中，违反了权利目标；将不属于被审计单位的债务记入账内，违反了义务目标。

3. 完整性：由“完整性”认定推导的审计目标是确认已存在的金额均已记录，所有应包括在财务报表中的相关披露均已包括。例如，如果存在某客户的应收账款，而应收账款明细表中却没有列入，则违反了完整性目标。

4. 准确性、计价和分摊：资产、负债和所有者权益以恰当的金额包括在财务报表中，与之相关的计价或分摊调整已恰当记录，相关披露已得到恰当计量和描述。

5. 分类：资产、负债和所有者权益已记录于恰当的账户。

6. 列报：资产、负债和所有者权益已被恰当地汇总或分解且表述清楚，相关披露在适用的财务报告编制基础下是相关的、可理解的。

由此可见，认定是确定具体审计目标的基础。注册会计师通常将认定转化为能够通过审计程序予以实现的审计目标。针对财务报表每一项目所表现出的各项认定，注册会计师相应地确定一项或多项审计目标，然后通过执行一系列审计程序获取充分、适当的审计证据以实现审计目标。认定、审计目标和审计程序之间的关系举例如表 1－2 所示。

表 1－2 认定、审计目标和审计程序之间的关系举例

认定	审计目标	审计程序
存在	资产负债表列示的存货存在	实施存货监盘程序
完整性	销售收入包括了所有已发货的交易	检查发货单和销售发票的编号以及销售明细账
准确性	销售业务是否基于正确的价格和数量，计算是否准确	比较价格清单与发票上的价格、发货单与销售订购单上的数量是否一致，重新计算发票上的金额
截止	销售业务记录在恰当的期间	比较上一年度最后几天和下一年度最初几天的发货单日期与记账日期
权利和义务	资产负债表中的固定资产确实为公司所有	查阅所有权证书、购货合同、结算单和保险单
准确性、计价和分摊	以净值记录应收款项	检查应收账款账龄分析表、评估计提的坏账准备是否充足

第四节 审计基本要求

一、遵守审计准则

审计准则是衡量注册会计师执行财务报表审计业务的权威性标准，涵盖从接受业务委托到出具审计报告的整个过程，注册会计师在执业过程中应当遵守审计准则的要求。《中华人民共和国注册会计师法》第二十一条规定，注册会计师执行审计业务，必须按照执业准则、规则确定的工作程序出具报告。第三十五条规定，中国注册会计师协会依法拟订注册会计师执业准则、规则，报国务院财政部门批准后施行。

二、遵守职业道德守则

注册会计师受到与财务报表审计相关的职业道德要求（包括与独立性相关的要求）的约束。相关的职业道德要求通常是指中国注册会计师职业道德守则（以下简称职业道德守则）中与财务报表审计相关的规定。

《中国注册会计师职业道德守则第 1 号——职业道德基本原则》和《中国注册会计师职业道德守则第 2 号——职业道德概念框架》规定了与注册会计师执行财务报表审计相关的职业道德基本原则，并提供了应用这些原则的概念框架。根据职业道德守则，注册会计师应当遵循的基本原则包括：（1）诚信；（2）独立性；（3）客观公正；（4）专业胜

任能力和勤勉尽责；（5）保密；（6）良好职业行为。

《中国注册会计师职业道德守则第 3 号——提供专业服务的具体要求》和《中国注册会计师职业道德守则第 4 号——审计和审阅业务对独立性的要求》说明了注册会计师执行审计和审阅业务时如何在具体情形下应用概念框架。

就审计业务而言，注册会计师应当独立于被审计单位才是符合公众利益的，因此，职业道德守则对独立性作出要求。职业道德守则规定，独立性包括实质上的独立性和形式上的独立性。注册会计师独立于被审计单位，能够保护其形成适当审计意见的能力，使其在发表审计意见时免受不当影响。独立性能够增强注册会计师诚信行事、保持客观公正以及职业怀疑的能力。

《会计师事务所质量管理准则第 5101 号——业务质量管理》规定了会计师事务所设计、实施和运行质量管理体系的责任，同时规定了会计师事务所应当制定政策和程序，以合理保证会计师事务所及其人员遵守相关职业道德要求（包括与独立性相关的要求）的责任。

《中国注册会计师审计准则第 1121 号——对财务报表审计实施的质量管理》规定了项目合伙人与相关职业道德要求有关的责任。这些责任包括通过观察和必要的询问，对项目组成员违反相关职业道德要求的迹象保持警觉；如果注意到项目组成员违反相关职业道德要求，确定采取的适当措施；就适用于审计业务的独立性要求的遵守情况形成结论。

三、保持职业怀疑

在计划和实施审计工作时，注册会计师应当保持职业怀疑，认识到可能存在导致财务报表发生重大错报的情形。职业怀疑，是指注册会计师执行审计业务的一种态度，包括采取质疑的思维方式，对可能表明舞弊或错误导致错报的情况保持警觉，以及对审计证据进行审慎评价。职业怀疑应当从下列四方面理解：

1. 职业怀疑在本质上要求秉持一种质疑的理念。这种理念促使注册会计师在考虑获取的相关信息和得出结论时采取质疑的思维方式。在这种理念下，注册会计师应当具有批判和质疑的精神，摒弃“存在即合理”的逻辑思维，寻求事物的真实情况。职业怀疑与职业道德基本原则相互关联，例如，保持独立性可以增强注册会计师在审计中保持职业怀疑的能力。

2. 职业怀疑要求对引起疑虑的情形保持警觉。这些情形包括但不限于：相互矛盾的审计证据；引起对文件记录、对询问的答复的可靠性产生怀疑的信息；表明可能存在舞弊的情况；表明需要实施除审计准则规定外的其他审计程序的情形。

3. 职业怀疑要求审慎评价审计证据。审计证据包括支持和印证管理层认定的信息，也包括与管理层认定相互矛盾的信息。审慎评价审计证据是指质疑相互矛盾的审计证据的可靠性。在怀疑信息的可靠性或存在舞弊迹象时（如在审计过程中识别出的情况使注册会计师认为文件可能是伪造的或文件中的某些信息已被篡改），注册会计师需要作出进一步调查，并确定需要修改哪些审计程序或实施哪些追加的审计程序。应当指出的是，虽然注册会计师需要在审计成本与信息的可靠性之间进行权衡，但是，审计中的困难、时间或成本等事项本身，不能作为省略不可替代的审计程序或满足于说服力不足的审计证据的理由。

4. 职业怀疑要求客观评价管理层和治理层。由于管理层和治理层为实现预期利润或趋势结果而承受内部或外部压力，即使以前正直、诚信的管理层和治理层也可能发生变化。因此，注册会计师不应依赖以往对管理层和治理层诚信形成的判断。即使注册会计师认为管理层和治理层是正直、诚实的，也不能降低保持职业怀疑的要求，不允许在获取合理保证的过程中满足于说服力不足的审计证据。

职业怀疑是注册会计师综合技能不可或缺的一部分，是保证审计质量的关键要素。保持职业怀疑有助于注册会计师恰当运用职业判断，提高审计程序设计及执行的有效性，降低审计风险。在审计过程中，保持职业怀疑的作用包括：

1. 在识别和评估重大错报风险时，保持职业怀疑有助于注册会计师设计恰当的风险评估程序，有针对性地了解被审计单位及其环境等方面的情况；有助于使注册会计师对引起疑虑的情形保持警觉，充分考虑错报发生的可能性和重大程度，有效识别和评估重大错报风险。

2. 在设计和实施进一步审计程序以应对重大错报风险时，保持职业怀疑有助于注册会计师针对评估出的重大错报风险，恰当设计进一步审计程序的性质、时间安排和范围，降低选取不适当的审计程序的风险；有助于注册会计师对已获取的审计证据表明可能存在未识别的重大错报风险的情形保持警觉，并作出进一步调查。

3. 在评价审计证据时，保持职业怀疑有助于注册会计师评价是否已获取充分、适当的审计证据以及是否还需执行更多的工作；有助于注册会计师审慎评价审计证据，纠正仅获取最容易获取的审计证据，忽视存在相互矛盾的审计证据的偏向。

此外，保持职业怀疑对于注册会计师发现舞弊、防止审计失败至关重要。舞弊可能是被审计单位精心策划、蓄意实施并予以隐瞒的，只有保持充分的职业怀疑，注册会计师才能对舞弊风险因素保持警觉，进而有效地评估舞弊导致的重大错报风险。保持职业怀疑，有助于使注册会计师认识到存在舞弊导致的重大错报的可能性，不会受到以前对管理层、治理层正直和诚信形成的判断的影响；使注册会计师对获取的信息和审计证据是否表明可能存在舞弊导致的重大错报风险始终保持警惕；使注册会计师在认为文件可能是伪造的或文件中的某些条款可能已被篡改时，作出进一步调查。

四、运用职业判断

职业判断，是指在审计准则、财务报告编制基础和职业道德要求的框架下，注册会计师综合运用相关知识、技能和经验，作出适合审计业务具体情况、有根据的行动决策。

职业判断是注册会计师执业的精髓。从本质上讲，无论是财务报表的编制，还是注册会计师审计，都是由一系列判断行为构成的。职业判断对于适当地执行审计工作是必不可少的，如果没有运用职业判断将相关知识和经验灵活运用于具体事实和情况，仅靠机械地执行审计程序，注册会计师无法理解审计准则、财务报告编制基础和相关职业道德要求，难以在整个审计过程中作出有依据的决策。

职业判断涉及注册会计师执业的各个环节。一方面，职业判断贯穿于注册会计师执业的始终，从决定是否接受业务委托，到出具业务报告，注册会计师都需要作出职业判断；另一方面，职业判断涉及注册会计师执业中的各类决策，包括与具体会计处理相关的决策、与审计程序相关的决策，以及与遵守职业道德要求相关的决策。

职业判断对于作出下列决策尤为重要：（1）确定重要性，识别和评估重大错报风险；（2）为满足审计准则的要求和收集审计证据的需要，确定所需实施的审计程序的性质、时间安排和范围；（3）为实现审计准则规定的目标和注册会计师的总体目标，评价是否已获取充分、适当的审计证据以及是否还需执行更多的工作；（4）评价管理层在运用适用的财务报告编制基础时作出的判断；（5）根据已获取的审计证据得出结论，如评价管理层在编制财务报表时作出的会计估计的合理性；（6）运用职业道德概念框架识别、评估和应对影响职业道德基本原则的不利因素。

注册会计师职业判断需要在相关法律法规、职业标准的框架下作出，并以具体事实和情况为依据。如果有关决策不被该业务的具体事实和情况所支持或者缺乏充分、适当的审计证据，职业判断并不能作为不恰当决策的理由。注册会计师职业判断的决策过程通常可划分为下列五个步骤：（1）确定职业判断的问题和目标；（2）收集和评价相关信息；（3）识别可能采取的解决方案；（4）评价可供选择的方案；（5）得出职业判断结论并作出书面记录。

注册会计师是职业判断的主体，职业判断能力是注册会计师胜任能力的核心。通常来说，注册会计师具有下列特征可能有助于提高职业判断质量：（1）丰富的知识、经验和良好的专业技能；（2）独立、客观和公正；（3）保持职业怀疑。

衡量职业判断质量可以基于下列三个方面：（1）准确性或意见一致性，即职业判断结论与特定标准或客观事实的相符程度，或者不同职业判断主体针对同一职业判断问题所作判断彼此认同的程度；（2）决策一贯性和稳定性，即同一注册会计师针对同一项目的不同判断问题，所作出的判断之间是否符合应有的内在逻辑，以及同一注册会计师针对相同的职业判断问题，在不同时点所作出的判断是否结论相同或相似；（3）可辩护性，即注册会计师是否能够证明自己的工作，通常，理由的充分性、思维的逻辑性和程序的合规性是可辩护性的基础。

注册会计师需要对职业判断作出适当的书面记录，对下列事项进行书面记录，有利于提高职业判断的可辩护性：（1）对职业判断问题和目标的描述；（2）解决职业判断相关问题的思路；（3）收集到的相关信息；（4）得出的结论以及得出结论的理由；（5）就决策结论与被审计单位进行沟通的方式和时间。为此，审计准则要求注册会计师编制的审计工作底稿，应当使未曾接触该项审计工作的有经验的专业人士了解在对重大事项得出结论时作出的重大职业判断。

第五节　审计风险

审计风险，是指当财务报表存在重大错报时，注册会计师发表不恰当审计意见的可能性。审计风险是一个与审计过程相关的技术术语，并不是指注册会计师执行业务的法律后果，包括诉讼和因负面宣传或其他与财务报表审计相关的事项而导致损失的可能性。

审计风险取决于重大错报风险和检查风险。

一、重大错报风险

重大错报风险是指财务报表在审计前存在重大错报的可能性。重大错报风险与被审计单位的风险相关，且独立于财务报表审计而存在。在设计审计程序以确定财务报表整体是否存在重大错报时，注册会计师应当从财务报表层次和各类交易、账户余额和披露认定层次考虑重大错报风险。《中国注册会计师审计准则第 1211 号——重大错报风险的识别和评估》对注册会计师如何识别和评估财务报表层次和认定层次的重大错报风险提出了详细的要求。

（一）两个层次的重大错报风险

财务报表层次重大错报风险与财务报表整体存在广泛联系，可能影响多项认定。此类风险通常与控制环境有关，但也可能与其他因素有关，如经济萧条。此类风险虽然难以界定于某类交易、账户余额和披露的具体认定，但增大了认定层次发生重大错报的可能性，与注册会计师考虑舞弊引起的风险尤其相关。

注册会计师同时还需要考虑各类交易、账户余额和披露认定层次的重大错报风险，考虑的结果直接有助于注册会计师确定认定层次上实施的进一步审计程序的性质、时间安排和范围。注册会计师在各类交易、账户余额和披露认定层次获取审计证据，以便能够在审计工作完成时，以可接受的低审计风险水平对财务报表整体发表审计意见。《中国注册会计师审计准则第 1231 号——针对评估的重大错报风险采取的应对措施》对注册会计师如何应对评估的两个层次重大错报风险，提出了详细的要求。

（二）固有风险和控制风险

认定层次的重大错报风险又可以进一步细分为固有风险和控制风险。它们之间的关系用数学模型表示如下：

$$重大错报风险 = 固有风险 \times 控制风险$$

固有风险是指在不考虑控制的情况下，某类交易、账户余额或披露的某一认定易于发生错报（该错报单独或连同其他错报可能是重大的）的可能性。固有风险的高低受固有风险因素的影响，固有风险因素是指在不考虑控制的情况下，导致交易类别、账户余额和披露的某一认定易于发生错报（无论该错报是舞弊还是错误导致）的因素。固有风险因素可以是定性的，也可以是定量的。固有风险因素包括事项或情况的复杂性、主观性、变化、不确定性，以及管理层偏向和其他舞弊风险因素。

某些交易类别、账户余额和披露及其认定，固有风险较高。例如，复杂的计算比简单计算更可能出错；受重大计量不确定性影响的会计估计发生错报的可能性较大。产生经营风险的外部因素也可能影响固有风险，例如，技术进步可能导致某项产品陈旧，进而导致存货易于发生高估错报（“准确性、计价和分摊”认定）。被审计单位及其环境中的某些因素还可能与多个甚至所有交易类别、账户余额和披露有关，进而影响多个认定的固有风险。这些因素包括维持经营的流动资金匮乏、被审计单位处于夕阳行业等。

控制风险是指某类交易、账户余额或披露的某一认定发生错报，该错报单独或连同其他错报是重大的，但没有被内部控制及时防止或发现并纠正的可能性。控制风险取决于与财务报表编制有关的内部控制的设计和运行的有效性。由于控制的固有局限性，某种程度的控制风险始终存在。

需要特别说明的是，虽然固有风险和控制风险有时难以分割地交织在一起，但审计准则规定，对于识别出的认定层次重大错报风险，注册会计师应当分别评估固有风险和控制风险。对于识别出的财务报表层次重大错报风险，审计准则未明确规定，是应当分别评估固有风险和控制风险，还是合并评估。注册会计师识别和评估财务报表层次重大错报风险采用的具体方法，取决于其偏好的审计技术方法以及实务上的考虑。

二、检查风险

检查风险是指如果存在某一错报，该错报单独或连同其他错报可能是重大的，注册会计师为将审计风险降至可接受的低水平而实施程序后没有发现这种错报的风险。检查风险取决于审计程序设计的合理性和执行的有效性。由于注册会计师通常并不对所有的交易、账户余额和披露进行检查，以及其他原因，检查风险不可能降低为零。其他原因包括注册会计师可能选择了不恰当的审计程序、审计过程执行不当，或者错误解读了审计结论。这些因素可以通过适当计划、在项目组成员之间进行恰当的职责分配、保持职业怀疑态度以及监督、指导和复核项目组成员执行的审计工作得以解决。

三、检查风险与重大错报风险的关系

在既定的审计风险水平下，注册会计师针对某一认定确定的可接受检查风险水平与注册会计师对认定层次重大错报风险的评估结果呈反向关系。即评估的重大错报风险越高，可接受的检查风险越低；评估的重大错报风险越低，可接受的检查风险就越高。检查风险与重大错报风险的反向关系用数学模型表示如下：

$$审计风险 = 重大错报风险 \times 检查风险$$

这个模型也就是审计风险模型。假设针对某一认定，注册会计师将可接受的审计风险水平设定为5%，注册会计师实施风险评估程序后将重大错报风险评估为25%，则根据这一模型，可接受的检查风险为20%。当然，实务中，注册会计师不一定用绝对数量表达这些风险水平，而是选用“高”“中”“低”等文字进行定性描述。

注册会计师应当合理设计审计程序的性质、时间安排和范围，并有效执行审计程序，以控制检查风险。上例中，注册会计师根据确定的可接受检查风险（20%），设计审计程序的性质、时间安排和范围。审计计划在很大程度上围绕确定审计程序的性质、时间安排和范围而展开。

四、审计的固有限制

注册会计师不可能将审计风险降至零，因此，不能对财务报表是否不存在舞弊或错误导致的重大错报获取绝对保证。这是由于审计存在固有限制，导致注册会计师据以得出结论和形成审计意见的大多数审计证据是说服性而非结论性的。审计的固有限制源于：(1) 财务报告的性质；(2) 审计程序的性质；(3) 在合理的时间内以合理的成本完成审计的需要。

（一）财务报告的性质

企业财务报告的主体和核心是财务报表。管理层编制财务报表，需要根据被审计单位的事实和情况运用适用的财务报告编制基础的规定，在这一过程中需要作出判断。此外，许多财务报表项目涉及主观决策、评估或一定程度的不确定性，并且可能存在一系列可接受的解释或判断。因此，某些财务报表项目的金额本身就存在一定的变动幅度，这种变动幅度不能通过实施追加的审计程序来消除。例如，某些会计估计通常如此。即便如此，审计准则要求注册会计师特别考虑在适用的财务报告编制基础下会计估计是否合理，相关披露是否充分，会计实务的质量是否良好（包括管理层判断是否可能存在偏向）。

（二）审计程序的性质

注册会计师获取审计证据的能力受到实务和法律上的限制。例如：(1) 管理层或其他人员可能有意或无意地不提供与财务报表编制相关的或注册会计师要求的全部信息。因此，即使实施了旨在保证获取所有相关信息的审计程序，注册会计师也不能保证信息的完整性。(2) 舞弊可能涉及精心策划和蓄意实施以进行隐瞒。因此，用以收集审计证据的审计程序可能对于发现舞弊是无效的。例如，舞弊导致的错报涉及串通伪造文件，使得注册会计师误以为有效的证据实际上是无效的。注册会计师没有接受文件真伪鉴定方面的培训，不应被期望成为鉴定文件真伪的专家。(3) 审计不是对涉嫌违法行为的官方调查。因此，注册会计师没有被授予特定的法律权力（如搜查权），而这种权力对调查是必要的。

（三）财务报告的及时性和成本效益的权衡

审计中的困难、时间或成本等事项本身，不能作为注册会计师省略不可替代的审计程序或满足于说服力不足的审计证据的正当理由。制定适当的审计计划有助于保证执行审计工作需要的充分的时间和资源。尽管如此，信息的相关性及其价值会随着时间的推移而降低，所以需在信息的可靠性和成本之间进行权衡。这在某些财务报告编制基础中得到认可。要求注册会计师处理所有可能存在的信息是不切实际的，基于信息存在错误或舞弊除非能够提供反证的假设而竭尽可能地追查每一个事项也是不切实际的。正是因为认识到这一点，财务报表使用者的期望是，注册会计师在合理的时间内以合理的成本对财务报表形成审计意见。为了在合理的时间内以合理的成本对财务报表形成审计意见，注册会计师有必要：(1) 计划审计工作，以使审计工作以有效的方式得到执行；(2) 将审计资源投向最可能存在重大错报风险的领域，并相应地在其他领域减少审计资源；(3) 运用测试和其他方法检查总体中存在的错报。

由于审计的固有限制，即使按照审计准则的规定适当地计划和执行审计工作，也不可避免地存在财务报表的某些重大错报可能未被发现的风险。相应地，完成审计工作后发现舞弊或错误导致的财务报表重大错报，其本身并不表明注册会计师没有按照审计准则的规定执行审计工作。尽管如此，审计的固有限制并不能作为注册会计师满足于说服力不足的审计证据的理由。注册会计师是否按照审计准则的规定执行了审计工作，取决于注册会计师在具体情况下实施的审计程序，由此获取的审计证据的充分性和适当性，以及根据总体目标和对审计证据的评价结果而出具审计报告的恰当性。

第六节 审计过程

风险导向审计模式要求注册会计师在审计过程中，以重大错报风险的识别、评估和应对作为工作主线。相应地，审计过程大致可分为以下几个阶段。

一、接受业务委托

会计师事务所应当按照审计准则等职业准则的相关规定，谨慎决策是否接受或保持某客户关系和具体审计业务，以切实履行执业责任和防范职业风险。在接受新客户的业务前，或决定是否保持现有业务或考虑接受现有客户的新业务时，会计师事务所应当执行有关客户接受与保持的程序，以获取如下信息：（1）考虑客户的诚信，没有信息表明客户缺乏诚信；（2）具有执行业务必要的素质、专业胜任能力、时间和资源；（3）能够遵守相关职业道德要求。

会计师事务所执行客户接受与保持的程序的目的，旨在识别和评估会计师事务所面临的风险。例如，如果注册会计师发现潜在客户正面临财务困难，或者发现现有客户曾作出虚假陈述，那么可以认为接受或保持该客户的风险非常高，甚至是不可接受的。会计师事务所除考虑客户的风险外，还需要考虑自身执行业务的能力，如当工作需要时能否获得合适的具有相应资格的员工；能否获得专业化协助；是否存在任何利益冲突；能否对客户保持独立性等。

注册会计师需要作出的最重要的决策之一就是接受和保持客户。一项低质量的决策会导致不能准确确定计酬的时间或未被支付的费用，增加项目合伙人和员工的额外压力，使会计师事务所声誉遭受损失，或者涉及潜在的诉讼。

一旦决定接受业务委托，注册会计师应当与客户就审计约定条款达成一致意见。对于连续审计，注册会计师应当根据具体情况确定是否需要修改业务约定条款，以及是否需要提醒客户注意现有的业务约定书。

审计业务约定书的详细内容，将在本教材第二章介绍。

二、计划审计工作

计划审计工作十分重要。如果没有恰当的审计计划，不仅无法获取充分、适当的审计证据，影响审计目标的实现，而且还会浪费有限的审计资源，影响审计工作的效率。因此，对于任何一项审计业务，注册会计师在执行具体审计程序之前，都必须根据具体情况制定科学、合理的计划，使审计业务以有效的方式得到执行。一般来说，计划审计工作主要包括：在本期审计业务开始时开展的初步业务活动；制定总体审计策略；制定具体审计计划等。需要指出的是，计划审计工作不是审计业务的一个孤立阶段，而是一个持续的、不断修正的过程，贯穿于整个审计过程的始终。

计划审计工作的详细内容，将在本教材第二章介绍。

三、识别和评估重大错报风险

审计准则规定，注册会计师必须实施风险评估程序，以此作为评估财务报表层次和认定层次重大错报风险的基础。风险评估程序是指注册会计师为了解被审计单位及其环境、适用的财务报告编制基础和内部控制体系各要素，以识别和评估财务报表层次和认定层次的重大错报风险（无论该错报是舞弊或错误导致）而实施的审计程序。风险评估程序是必要程序，了解被审计单位及其环境、适用的财务报告编制基础和内部控制体系各要素为注册会计师在许多关键环节作出职业判断提供了重要基础。了解被审计单位及其环境等方面的情况，实际上是一个连续和动态地收集、更新与分析信息的过程，贯穿于整个审计过程的始终。一般来说，实施风险评估程序的主要工作包括：了解被审计单位及其环境、适用的财务报告编制基础和内部控制体系各要素；识别和评估财务报表层次以及各类交易、账户余额和披露认定层次的重大错报风险，包括确定需要特别考虑的重大错报风险（即特别风险）以及考虑仅通过实施实质性程序无法应对的重大错报风险等特殊情形。

风险评估程序的详细内容，将在本教材第七章介绍。同时，本教材第九章至第十二章将介绍对各业务循环内部控制的了解。

四、应对重大错报风险

注册会计师实施风险评估程序本身并不足以为发表审计意见提供充分、适当的审计证据，还应当实施进一步审计程序，包括实施控制测试（必要时或决定测试时）和实质性程序。因此，注册会计师在评估财务报表重大错报风险后，应当运用职业判断，针对评估的财务报表层次重大错报风险确定总体应对措施，并针对评估的认定层次重大错报风险设计和实施进一步审计程序，以将审计风险降至可接受的低水平。

有关应对重大错报风险的内容，将在本教材第八章介绍。同时，本教材第九章至第十二章介绍对各业务循环的控制测试和实质性程序。本教材第四章对控制测试和实质性程序的范围展开讨论。

五、编制审计报告

注册会计师在完成进一步审计程序后，还应当按照有关审计准则的规定做好审计完成阶段的工作，并根据所获取的审计证据，合理运用职业判断，形成适当的审计意见，编制审计报告。

本教材第十八章、第十九章将对完成审计工作和出具审计报告展开讨论。

第二章　审计计划

计划审计工作对于注册会计师顺利完成审计工作和控制审计风险具有非常重要的意义。合理的审计计划有助于注册会计师关注重点审计领域、及时发现和解决潜在问题并恰当地组织和管理审计工作，以使审计工作更加有效。同时，充分的审计计划可以帮助注册会计师对项目组成员进行恰当分工和指导监督，并复核其工作，还有助于协调其他注册会计师和专家的工作。计划审计工作是一项持续的过程，注册会计师通常在前一期审计工作结束后即开始开展本期的审计计划工作，并直到本期审计工作结束为止。在计划审计工作时，注册会计师需要进行初步业务活动、制定总体审计策略和具体审计计划。在此过程中，需要作出很多关键决策，包括确定可接受的审计风险水平和重要性、配置项目人员等。

第一节　初步业务活动

一、初步业务活动的目的和内容

（一）初步业务活动的目的

在本期审计业务开始时，注册会计师需要开展初步业务活动，以实现以下三个主要目的：（1）具备执行业务所需的独立性和能力；（2）不存在因管理层诚信问题而可能影响注册会计师保持该项业务的意愿的事项；（3）与被审计单位之间不存在对业务约定条款的误解。

（二）初步业务活动的内容

注册会计师应当开展下列初步业务活动：（1）针对保持客户关系和具体审计业务实施相应的质量管理程序；（2）评价遵守相关职业道德要求的情况；（3）就审计业务约定条款达成一致意见。

针对保持客户关系和具体审计业务实施质量管理程序，并且根据实施相应程序的结果作出适当的决策是注册会计师控制审计风险的重要环节。《中国注册会计师审计准则第1121号——对财务报表审计实施的质量管理》及《会计师事务所质量管理准则第

5101 号——业务质量管理》含有与客户关系和具体业务的接受与保持相关的要求，注册会计师应当按照其规定开展初步业务活动。

评价遵守相关职业道德要求的情况也是一项非常重要的初步业务活动。质量管理准则含有包括独立性在内的有关职业道德要求，注册会计师应当按照其规定执行。虽然保持客户关系及具体审计业务和评价职业道德的工作贯穿审计业务的全过程，但是这两项活动需要安排在其他审计工作之前，以确保注册会计师已具备执行业务所需要的独立性和专业胜任能力，且不存在因管理层诚信问题而影响注册会计师保持该项业务的意愿等情况。在连续审计的业务中，这些初步业务活动通常是在上期审计工作结束后不久或将要结束时就已经开始了。

在作出接受或保持客户关系及具体审计业务的决策后，注册会计师应当按照《中国注册会计师审计准则第 1111 号——就审计业务约定条款达成一致意见》的规定，在审计业务开始前，与被审计单位就审计业务约定条款达成一致意见，签订或修改审计业务约定书，以避免双方对审计业务的理解产生分歧。

二、审计的前提条件

审计的前提条件是指被审计单位管理层在编制财务报表时采用可接受的财务报告编制基础，以及管理层对注册会计师执行审计工作的前提的认可。

（一）财务报告编制基础

承接鉴证业务的条件之一是《中国注册会计师鉴证业务基本准则》中提及的使用的标准适当，且预期使用者能够获取该标准。标准是指用于评价或计量鉴证对象的基准，当涉及列报时，还包括列报与披露的基准。适当的标准使注册会计师能够运用职业判断对鉴证对象作出合理一致的评价或计量。就审计准则而言，适用的财务报告编制基础为注册会计师提供了用以审计财务报表（包括公允反映，如相关）的标准。如果不存在可接受的财务报告编制基础，管理层就不具有编制财务报表的恰当基础，注册会计师也不具有对财务报表进行审计的适当标准。

1. 确定财务报告编制基础的可接受性。

在确定编制财务报表所采用的财务报告编制基础的可接受性时，注册会计师需要考虑下列相关因素：第一，被审计单位的性质（例如，被审计单位是企业、公共部门实体还是非营利组织）；第二，财务报表的目的（例如，编制财务报表是用于满足广大财务报表使用者共同的财务信息需求，还是用于满足财务报表特定使用者的财务信息需求）；第三，财务报表的性质（例如，财务报表是整套财务报表还是单一财务报表）；第四，法律法规是否规定了适用的财务报告编制基础。

按照某一财务报告编制基础编制，旨在满足广大财务报表使用者共同的财务信息需求的财务报表，称为通用目的财务报表。按照特殊目的的编制基础编制的财务报表，称为特殊目的财务报表，旨在满足财务报表特定使用者的财务信息需求。对于特殊目的财务报表，预期财务报表使用者对财务信息的需求，决定适用的财务报告编制基础。《中国注册会计师审计准则第 1601 号——对按照特殊目的编制基础编制的财务报表审计的特殊考虑》规范了如何确定旨在满足财务报表特定使用者财务信息需求的财务报告编制基础的可接受性。

2. 通用目的编制基础。

如果财务报告准则由经授权或获得认可的准则制定机构制定和发布，供某类实体使用，只要这些机构遵循一套既定和透明的程序（包括认真研究和仔细考虑广大利益相关者的观点），则认为财务报告准则对于这类实体编制通用目的财务报表是可接受的。这些财务报告准则主要有：国际会计准则理事会发布的国际财务报告准则、国际公共部门会计准则理事会发布的国际公共部门会计准则和某一国家或地区经授权或获得认可的准则制定机构，在遵循一套既定和透明的程序（包括认真研究和仔细考虑广大利益相关者的观点）的基础上发布的会计准则，例如，我国财政部发布的企业会计准则和企业会计制度。

在规范通用目的财务报表编制的法律法规中，这些财务报告准则通常被界定为适用的财务报告编制基础。

（二）就管理层的责任达成一致意见

按照审计准则的规定执行审计工作的前提是管理层已认可并理解其承担的责任。审计准则并不超越法律法规对这些责任的规定。然而，独立审计的理念要求注册会计师不对财务报表的编制或被审计单位的相关内部控制承担责任，并要求注册会计师合理预期能够获取审计所需要的信息（在管理层能够提供或获取的信息范围内，包括从总账和明细账之外的其他途径获取的信息）。因此，管理层认可并理解其责任，这一前提对执行独立审计工作是至关重要的。

1. 按照适用的财务报告编制基础编制财务报表，并使其实现公允反映（如适用）。大多数财务报告编制基础包括与财务报表列报相关的要求，对于这些财务报告编制基础，在提到"按照适用的财务报告编制基础编制财务报表"时，编制包括列报。实现公允列报的报告目标非常重要，因而在与管理层达成一致意见的执行审计工作的前提中需要特别提及公允列报，或需要特别提及管理层负有确保财务报表根据财务报告编制基础编制并使其实现公允反映的责任。

2. 设计、执行和维护必要的内部控制，以使财务报表不存在舞弊或错误导致的重大错报。由于内部控制的固有限制，无论其如何有效，也只能合理保证被审计单位实现其财务报告目标。注册会计师按照审计准则的规定执行的独立审计工作，不能代替管理层维护编制财务报表所需要的内部控制。因此，注册会计师需要就管理层认可并理解其与内部控制有关的责任与管理层达成共识。

3. 向注册会计师提供必要的工作条件，包括允许注册会计师接触与编制财务报表相关的所有信息（如记录、文件和其他事项），向注册会计师提供审计所需要的其他信息，允许注册会计师在获取审计证据时不受限制地接触其认为必要的内部人员和其他相关人员。

（三）确认的形式

按照《中国注册会计师审计准则第 1341 号——书面声明》的规定，注册会计师应当要求管理层就其已履行的某些责任提供书面声明。因此，注册会计师需要获取针对管理层责任的书面声明、其他审计准则要求的书面声明，以及在必要时需要获取用于支持其他审计证据（用以支持财务报表或者一项或多项具体认定）的书面声明。注册会计师需要使管理层意识到这一点。

如果管理层不认可其责任，或不同意提供书面声明，注册会计师将视为不能获取充分、适当的审计证据。在这种情况下，注册会计师承接此类审计业务是不恰当的，除非法律法规另有规定。如果法律法规要求承接此类审计业务，注册会计师可能需要向管理层解释这种情况的重要性及其对审计报告的影响。

三、审计业务约定书

审计业务约定书通常是指会计师事务所与被审计单位签订的，用以记录和确认审计业务的委托与受托关系、审计目标和范围、双方的责任以及报告的格式等事项的书面协议。会计师事务所承接任何审计业务，都应与被审计单位签订审计业务约定书。

（一）审计业务约定书的基本内容

审计业务约定书的具体内容和格式可能因被审计单位的不同而各异，但应当包括以下主要内容：

1. 财务报表审计的目标与范围；
2. 注册会计师的责任；
3. 管理层的责任；
4. 指出用于编制财务报表所适用的财务报告编制基础；
5. 提及注册会计师拟出具的审计报告的预期形式和内容，以及对在特定情况下出具的审计报告可能不同于预期形式和内容的说明。

（二）审计业务约定书的特殊考虑

1. 考虑特定需要。如果情况需要，注册会计师还可能考虑在审计业务约定书中列明下列内容：

（1）详细说明审计工作的范围，包括提及适用的法律法规、审计准则，以及注册会计师协会发布的职业道德守则和其他公告；

（2）对审计业务结果的其他沟通形式；

（3）关于注册会计师按照《中国注册会计师审计准则第 1504 号——在审计报告中沟通关键审计事项》的规定，在审计报告中沟通关键审计事项的要求；

（4）说明由于审计和内部控制的固有限制，即使审计工作按照审计准则的规定得到恰当的计划和执行，仍不可避免地存在某些重大错报未被发现的风险；

（5）计划和执行审计工作的安排，包括审计项目组的构成；

（6）预期管理层将提供书面声明；

（7）预期管理层将允许注册会计师接触管理层知悉的与财务报表编制相关的所有信息（包括与披露相关的所有信息）；

（8）管理层同意向注册会计师及时提供财务报表草稿（包括与财务报表及披露的编制相关的所有信息）和其他所有附带信息（如有），以使注册会计师能够按照预定的时间表完成审计工作；

（9）管理层同意告知注册会计师在审计报告日至财务报表报出日之间注意到的可能影响财务报表的事实；

（10）收费的计算基础和收费安排；

（11）管理层确认收到审计业务约定书并同意其中的条款；

（12）在某些方面对利用其他注册会计师和专家工作的安排；

（13）对审计涉及的内部审计人员和被审计单位其他员工工作的安排；

（14）在首次审计的情况下，与前任注册会计师（如存在）沟通的安排；

（15）说明对注册会计师责任可能存在的限制；

（16）注册会计师与被审计单位之间需要达成进一步协议的事项；

（17）向其他机构或人员提供审计工作底稿的义务。

2. 组成部分的审计。如果母公司的注册会计师同时也是组成部分注册会计师，需要考虑下列因素，决定是否向组成部分单独致送审计业务约定书：

（1）组成部分注册会计师的委托人；

（2）是否对组成部分单独出具审计报告；

（3）与审计委托相关的法律法规的规定；

（4）母公司占组成部分的所有权份额；

（5）组成部分管理层相对于母公司的独立程度。

3. 连续审计。对于连续审计，注册会计师应当根据具体情况评估是否需要对审计业务约定条款作出修改，以及是否需要提醒被审计单位注意现有的条款。

注册会计师可以决定不在每期都致送新的审计业务约定书或其他书面协议。然而，下列因素可能导致注册会计师修改审计业务约定条款或提醒被审计单位注意现有的业务约定条款：

（1）有迹象表明被审计单位误解审计目标和范围；

（2）需要修改约定条款或增加特别条款；

（3）被审计单位高级管理人员近期发生变动；

（4）被审计单位所有权发生重大变动；

（5）被审计单位业务的性质或规模发生重大变化；

（6）法律法规的规定发生变化；

（7）编制财务报表采用的财务报告编制基础发生变更；

（8）其他报告要求发生变化。

4. 审计业务约定条款的变更。

（1）变更审计业务约定条款的要求。在完成审计业务前，如果被审计单位或委托人要求将审计业务变更为保证程度较低的业务，注册会计师应当确定是否存在合理理由予以变更。

下列原因可能导致被审计单位要求变更业务：①环境变化对审计服务的需求产生影响；②对原来要求的审计业务的性质存在误解；③无论是管理层施加的还是其他情况引起的审计范围受到限制。上述第①和第②项通常被认为是变更业务的合理理由，但如果有迹象表明该变更要求与错误的、不完整的或者不能令人满意的信息有关，注册会计师不应认为该变更是合理的。

如果没有合理的理由，注册会计师不应同意变更业务。如果注册会计师不同意变更审计业务约定条款，而管理层又不允许继续执行原审计业务，注册会计师应当：①在适用的法律法规允许的情况下，解除审计业务约定；②确定是否有约定义务或其他义务向治理层、所有者或监管机构等报告该事项。

（2）变更为审阅业务或相关服务业务的要求。在同意将审计业务变更为审阅业务或相关服务业务前，接受委托按照审计准则执行审计工作的注册会计师，除考虑上述（1）中提及的事项外，还需要评估变更业务对法律责任或业务约定的影响。

如果注册会计师认为将审计业务变更为审阅业务或相关服务业务具有合理理由，截至变更日已执行的审计工作可能与变更后的业务相关，相应地，注册会计师需要执行的工作和出具的报告会适用于变更后的业务。为避免引起报告使用者的误解，对相关服务业务出具的报告不应提及原审计业务和在原审计业务中已执行的程序。只有将审计业务变更为执行商定程序业务，注册会计师才可在报告中提及已执行的程序。

第二节　总体审计策略和具体审计计划

审计计划分为总体审计策略和具体审计计划两个层次。图 2－1 列示了计划审计工作的两个层次。注册会计师应当针对总体审计策略中所识别的不同事项，制定具体审计计划，并考虑通过有效利用审计资源以实现审计目标。值得注意的是，虽然制定总体审计策略的过程通常在具体审计计划之前，但是两项计划具有内在紧密联系，对其中一项的决定可能会影响甚至改变对另外一项的决定。例如，注册会计师在了解被审计单位及其环境等方面情况的过程中，注意到被审计单位对主要业务的处理依赖复杂的自动化信息系统，因此计算机信息系统的可靠性及有效性对其经营、管理、决策以及编制可靠的财务报告具有重大影响。对此，注册会计师可能会在具体审计计划中制定相应的审计程序，并相应调整总体审计策略的内容，作出利用信息风险管理专家的工作的决定。

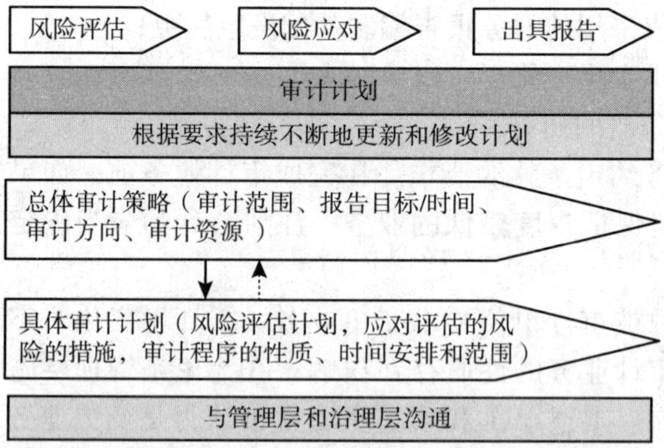

图 2－1　审计计划的两个层次

一、总体审计策略

注册会计师应当为审计工作制定总体审计策略。总体审计策略用以确定审计范围、时间安排和方向，并指导具体审计计划的制定。在制定总体审计策略时，应当考虑以下主要事项：

（一）审计范围

在确定审计范围时，需要考虑下列具体事项：

1. 编制拟审计的财务信息所依据的财务报告编制基础，包括是否需要将财务信息调整至按照其他财务报告编制基础编制；

2. 特定行业的报告要求，如某些行业监管机构要求提交的报告；

3. 预期审计工作涵盖的范围，包括应涵盖的组成部分的数量及所在地点；

4. 母公司和集团组成部分之间存在的控制关系的性质，以确定如何编制合并财务报表；

5. 由组成部分注册会计师审计组成部分的范围；

6. 拟审计的经营分部的性质，包括是否需要具备专门知识；

7. 外币折算，包括外币交易的会计处理、外币财务报表的折算和相关信息的披露；

8. 除为合并目的执行的审计工作之外，对个别财务报表进行法定审计的需求；

9. 内部审计工作的可获得性及注册会计师拟信赖内部审计工作的程度；

10. 被审计单位使用服务机构的情况，及注册会计师如何取得有关服务机构内部控制设计和运行有效性的证据；

11. 对利用在以前审计工作中获取的审计证据（如获取的与风险评估程序和控制测试相关的审计证据）的预期；

12. 信息技术对审计程序的影响，包括数据的可获得性和对使用计算机辅助审计技术的预期；

13. 协调审计工作与中期财务信息审阅的预期涵盖范围和时间安排，以及中期审阅所获取的信息对审计工作的影响；

14. 与被审计单位人员的时间协调和相关数据的可获得性。

（二）报告目标、时间安排及所需沟通的性质

为计划报告目标、时间安排和所需沟通，需要考虑下列事项：

1. 被审计单位对外报告的时间表，包括中间阶段和最终阶段；

2. 与管理层和治理层举行会谈，讨论审计工作的性质、时间安排和范围；

3. 与管理层和治理层讨论注册会计师拟出具的报告的类型和时间安排以及沟通的其他事项（口头或书面沟通），包括审计报告、管理建议书和向治理层通报的其他事项；

4. 与管理层讨论预期就整个审计业务中审计工作的进展进行的沟通；

5. 与组成部分注册会计师沟通拟出具的报告的类型和时间安排，以及与组成部分审计相关的其他事项；

6. 项目组成员之间沟通的预期性质和时间安排，包括项目组会议的性质和时间安排，以及复核已执行工作的时间安排；

7. 预期是否需要和第三方进行其他沟通，包括与审计相关的法定或约定的报告责任。

（三）审计方向

总体审计策略的制定应当包括考虑影响审计业务的重要因素，以确定项目组工作方向，包括确定适当的重要性水平，初步识别可能存在较高的重大错报风险的领域，初步识别重要的组成部分和账户余额，评价是否需要针对内部控制的有效性获取审计证据，识别被审计单位、所处行业、财务报告要求及其他相关方面最近发生的重大变化等。

在确定审计方向时，注册会计师需要考虑下列事项：

1. 重要性方面。具体包括：

（1）为计划目的确定重要性；

（2）为组成部分确定重要性且与组成部分的注册会计师沟通；

（3）在审计过程中重新考虑重要性；

（4）识别重要的组成部分和账户余额。

2. 重大错报风险较高的审计领域。

3. 评估的财务报表层次的重大错报风险对指导、监督及复核的影响。

4. 项目组人员的选择（在必要时包括项目质量复核人员）和工作分工，包括向重大错报风险较高的审计领域分派具备适当经验的人员。

5. 项目预算，包括考虑为重大错报风险可能较高的审计领域分配适当的工作时间。

6. 如何向项目组成员强调在收集和评价审计证据过程中保持职业怀疑的必要性。

7. 以往审计中对内部控制运行有效性进行评价的结果，包括所识别的控制缺陷的性质及应对措施。

8. 管理层重视设计和实施健全的内部控制的相关证据，包括这些内部控制得以适当记录的证据。

9. 业务交易量规模，以基于审计效率的考虑确定是否依赖内部控制。

10. 对内部控制重要性的重视程度。

11. 管理层用于识别和编制适用的财务报告编制基础所要求的披露（包括从总账和明细账之外的其他途径获取的信息）的流程。

12. 影响被审计单位经营的重大发展变化，包括信息技术和业务流程的变化，关键管理人员变化，以及收购、兼并和分立。

13. 重大的行业发展情况，如行业法规变化和新的报告规定。

14. 会计准则及会计制度的变化，该变化可能涉及作出重大的新披露或对现有披露作出重大修改。

15. 其他重大变化，如影响被审计单位的法律环境的变化。

（四）审计资源

注册会计师应当在总体审计策略中清楚地说明审计资源的规划和调配，包括确定执行审计业务所必需的审计资源的性质、时间安排和范围。

1. 向具体审计领域调配的资源，包括向高风险领域分派有适当经验的项目组成员，就复杂的问题利用专家工作等；

2. 向具体审计领域分配资源的多少，包括分派到重要地点进行存货监盘的项目组成员的人数，在集团审计中复核组成部分注册会计师工作的范围，向高风险领域分配的审计时间预算等；

3. 何时调配这些资源，包括是在期中审计阶段还是在关键的截止日期调配资源等；

4. 如何管理、指导、监督这些资源，包括预期何时召开项目组预备会和总结会，预期项目合伙人和经理如何进行复核，是否需要实施项目质量复核等。

总体审计策略格式参见附录 2－1。

二、具体审计计划

注册会计师应当为审计工作制定具体审计计划。具体审计计划比总体审计策略更加详细，其内容包括为获取充分、适当的审计证据以将审计风险降至可接受的低水平，项目组成员拟实施的审计程序的性质、时间安排和范围。可以说，为获取充分、适当的审计证据，而确定审计程序的性质、时间安排和范围是具体审计计划的核心。具体审计计划应当包括风险评估程序、计划实施的进一步审计程序和其他审计程序。

（一）风险评估程序

具体审计计划应当包括按照《中国注册会计师审计准则第 1211 号——重大错报风险的识别和评估》的规定，为了充分识别和评估财务报表重大错报风险，注册会计师计划实施的风险评估程序的性质、时间安排和范围。

（二）计划实施的进一步审计程序

具体审计计划应当包括按照《中国注册会计师审计准则第 1231 号——针对评估的重大错报风险采取的应对措施》的规定，针对评估的认定层次的重大错报风险，注册会计师计划实施的进一步审计程序的性质、时间安排和范围。进一步审计程序包括控制测试和实质性程序。

需要强调的是，随着审计工作的推进，对审计程序的计划会一步步深入，并贯穿于整个审计过程。例如，计划风险评估程序通常在审计开始阶段进行，计划实施的进一步审计程序则需要依据风险评估程序的结果进行。因此，为达到制定具体审计计划的要求，注册会计师需要完成风险评估程序，识别和评估重大错报风险，并针对评估的认定层次的重大错报风险，计划实施进一步审计程序的性质、时间安排和范围。

鉴于披露中包含的信息涉及范围较广、细节较多，当计划的风险评估程序和进一步审计程序与披露相关时，确定这些程序的性质、时间安排和范围十分重要。进一步来说，某些披露可能包含从总账和明细账之外的其他途径获取的信息，这也可能影响风险评估的结果以及为应对该风险实施的审计程序的性质、时间安排和范围。

通常，注册会计师计划的进一步审计程序可以分为进一步审计程序的总体方案和拟实施的具体审计程序（包括进一步审计程序的具体性质、时间安排和范围）两个层次。进一步审计程序的总体方案主要是指注册会计师针对各类交易、账户余额和披露决定采用的总体方案（包括实质性方案和综合性方案）。具体审计程序则是对进一步审计程序的总体方案的延伸和细化，它通常包括控制测试和实质性程序的性质、时间安排和范围。在实务中，注册会计师通常单独制定一套包括这些具体程序的“进一步审计程序表”，待具体实施审计程序时，注册会计师将基于所计划的具体审计程序，进一步记录所实施的审计程序及结果，并最终形成有关进一步审计程序的审计工作底稿。

另外，完整、详细的进一步审计程序的计划包括对各类交易、账户余额和披露实施的具体审计程序的性质、时间安排和范围，包括抽取的样本量等。在实务中，注册会计师可以统筹安排进一步审计程序的先后顺序，如果对某类交易、账户余额或披露已经作出计划，则可以安排先行开展工作，与此同时再制定其他交易、账户余额和披露的进一步审计程序。

（三）计划其他审计程序

具体审计计划应当包括根据审计准则的规定，注册会计师针对审计业务需要实施的其他审计程序。计划的其他审计程序可以包括上述进一步审计程序的计划中没有涵盖的、根据其他审计准则的要求注册会计师应当执行的既定程序。

在审计计划阶段，除了按照《中国注册会计师审计准则第1211号——重大错报风险的识别和评估》进行计划工作，注册会计师还需要兼顾其他准则中规定的、针对特定项目在审计计划阶段应执行的程序及记录要求。例如，《中国注册会计师审计准则第1141号——财务报表审计中与舞弊相关的责任》《中国注册会计师审计准则第1324号——持续经营》《中国注册会计师审计准则第1142号——财务报表审计中对法律法规的考虑》及《中国注册会计师审计准则第1323号——关联方》等准则中对注册会计师针对这些特定项目在审计计划阶段应当执行的程序及其记录作出了规定。当然，由于被审计单位所处行业、环境各不相同，特定项目可能也有所不同。例如，有些企业可能涉及环境事项、电子商务等，在实务中注册会计师应根据被审计单位的具体情况确定特定项目并执行相应的审计程序。

三、审计过程中对计划的更改

计划审计工作并非审计业务的一个孤立阶段，而是一个持续的、不断修正的过程，贯穿于整个审计业务的始终。由于未预期事项、条件的变化或在实施审计程序中获取的审计证据等原因，在审计过程中，注册会计师应当在必要时对总体审计策略和具体审计计划作出更新和修改。

审计过程可以分为不同阶段，通常前面阶段的工作结果会对后面阶段的工作计划产生一定的影响，而后面阶段的工作过程中又可能发现需要对已制定的相关计划进行相应的更新和修改。通常来讲，这些更新和修改可能涉及比较重要的事项。例如，对重要性水平的修改，对某类交易、账户余额和披露的重大错报风险的评估和进一步审计程序（包括总体方案和拟实施的具体审计程序）的更新和修改等。一旦计划被更新和修改，审计工作也就应当进行相应的修正。

例如，如果在制定审计计划时，注册会计师基于对材料采购交易的相关控制的设计和执行获取的审计证据，认为相关控制设计合理并得以执行，因此未将其评价为高风险领域并且计划执行控制测试。但是在执行控制测试时获得的审计证据与审计计划阶段获得的审计证据相矛盾，注册会计师认为该类交易的控制没有得到有效执行，此时，注册会计师可能需要修正对该类交易的风险评估，并基于修正的评估风险修改计划的审计方案，如采用实质性方案，即注册会计师实施的审计程序以实质性程序为主。

如果注册会计师在审计过程中对总体审计策略或具体审计计划作出重大修改，应当在审计工作底稿中记录作出的重大修改及其理由。

四、指导、监督与复核

注册会计师应当制定计划，确定对项目组成员的指导、监督以及对其工作进行复核的性质、时间安排和范围。项目组成员的指导、监督以及对其工作进行复核的性质、时间安排和范围主要取决于下列因素：

（1）被审计单位的规模和复杂程度；

（2）审计领域；

（3）评估的重大错报风险；

（4）执行审计工作的项目组成员的专业素质和胜任能力。

注册会计师应在评估重大错报风险的基础上，计划对项目组成员工作的指导、监督与复核的性质、时间安排和范围。当评估的重大错报风险增加时，注册会计师通常会扩大指导与监督的范围，增强指导与监督的及时性，执行更详细的复核工作。在计划复核的性质、时间安排和范围时，注册会计师还应考虑单个项目组成员的专业素质和胜任能力。

第三节 重 要 性

一、重要性的概念

财务报告编制基础通常从编制和列报财务报表的角度阐释重要性概念。财务报告编制基础可能以不同的术语解释重要性，但通常而言，重要性概念可从下列方面进行理解：

1. 如果合理预期错报（包括漏报）单独或汇总起来可能影响财务报表使用者依据财务报表作出的经济决策，则通常认为错报是重大的；

2. 对重要性的判断是根据具体环境作出的，并受错报的金额或性质的影响，或受两者共同作用的影响；

3. 判断某事项对财务报表使用者是否重大，是在考虑财务报表使用者整体共同的财务信息需求的基础上作出的。由于不同财务报表使用者对财务信息的需求可能差异很大，因此不考虑错报对个别财务报表使用者可能产生的影响。

审计准则规定，在计划和执行审计工作，评价识别出的错报对审计的影响，以及未更正错报对财务报表和审计意见的影响时，注册会计师需要运用重要性概念。

在制定总体审计策略时，注册会计师就必须对重大错报的金额和性质作出一个判断，包括确定财务报表整体的重要性水平和适用于特定交易类别、账户余额和披露的一个或多个重要性水平。当错报金额高于整体重要性水平时，就很可能被合理预期将对使用者根据财务报表作出的经济决策产生影响。

注册会计师在计划审计工作时对何种情形构成重大错报作出的判断，为下列方面提供了基础：（1）确定风险评估程序的性质、时间安排和范围；（2）识别和评估重大错报风险；（3）确定进一步审计程序的性质、时间安排和范围。

注册会计师还应当确定实际执行的重要性，以评估重大错报风险并确定进一步审计程序的性质、时间安排和范围。在整个业务过程中，随着审计工作的进展，注册会计师应当根据所获得的新信息更新重要性，并考虑进一步审计程序是否仍然适当。在形成审计结论阶段，要使用整体重要性水平和为了特定交易类别、账户余额和披露而确定的较低金额的重要性水平来评价已识别的错报对财务报表的影响和对审计报告中审计意见的影响。

二、重要性水平的确定

在计划审计工作时，注册会计师应当确定一个合理的重要性水平，以发现在金额上重大的错报。注册会计师在确定计划的重要性水平时，需要考虑对被审计单位及其环境等方面情况的了解、财务报表各项目的性质及其相互关系、财务报表项目的金额及其波动幅度。

（一）财务报表整体的重要性

由于财务报表审计的目标是注册会计师通过执行审计工作对财务报表发表审计意见，因此，注册会计师应当考虑财务报表整体的重要性。只有这样，才能得出财务报表是否合法、公允反映的结论。注册会计师在制定总体审计策略时，应当确定财务报表整体的重要性。

确定多大错报会影响到财务报表使用者所做决策，是注册会计师运用职业判断的结果。很多注册会计师根据所在会计师事务所的惯例及自己的经验，考虑重要性。

确定重要性需要运用职业判断。通常先选定一个基准，再乘以某一百分比作为财务报表整体的重要性。在选择基准时，需要考虑的因素包括：

1. 财务报表要素（如资产、负债、所有者权益、收入和费用）；

2. 是否存在特定会计主体的财务报表使用者特别关注的项目（如为了评价财务业绩，使用者可能更关注利润、收入或净资产）；

3. 被审计单位的性质、所处的生命周期阶段以及所处行业和经济环境；

4. 被审计单位的所有权结构和融资方式（例如，如果被审计单位仅通过债务而非权益进行融资，财务报表使用者可能更关注资产及资产的索偿权，而非被审计单位的收益）；

5. 基准的相对波动性。

适当的基准取决于被审计单位的具体情况，包括各类收益（如税前利润、营业收入、毛利和费用总额），以及所有者权益或净资产。对于以营利为目的的实体，通常以经常性业务的税前利润作为基准。如果经常性业务的税前利润不稳定，选用其他基准可能更加合适，如毛利或营业收入。就选定的基准而言，相关的财务数据通常包括前期财务成果和财务状况、本期最新的财务成果和财务状况、本期的预算和预测结果。当然，本期最新的财务成果和财务状况、本期的预算和预测结果需要根据被审计单位情况的重大变化（如重大的企业并购）和被审计单位所处行业和经济环境情况的相关变化等作出调整。例如，当按照经常性业务的税前利润的一定百分比确定被审计单位财务报表整体的重要性时，如果被审计单位本年度税前利润因情况变化出现意外增加或减少，注册会计师可能认为按照近几年经常性业务的平均税前利润确定财务报表整体的重要性更加合适。

表 2－1 举例说明了一些实务中较为常用的基准。

表 2－1 常用的基准

被审计单位的情况	可能选择的基准
企业的盈利水平保持稳定	经常性业务的税前利润
企业近年来经营状况大幅度波动，盈利和亏损交替发生，或者由正常盈利变为微利或微亏，或者本年度税前利润因情况变化而出现意外增加或减少	过去 3～5 年经常性业务的平均税前利润或亏损（取绝对值），或其他基准，例如营业收入
企业为新设企业，处于开办期，尚未开始经营，目前正在建造厂房及购买机器设备	总资产
企业处于新兴行业，目前侧重于抢占市场份额、扩大企业知名度和影响力	营业收入
开放式基金，致力于优化投资组合、提高基金净值、为基金持有人创造投资价值	净资产
国际企业集团设立的研发中心，主要为集团下属各企业提供研发服务，并以成本加成的方式向相关企业收取费用	成本与营业费用总额
公益性质的基金会	捐赠收入或捐赠支出总额

在通常情况下，对于以营利为目的的企业，利润可能是大多数财务报表使用者最为关注的财务指标，因此，注册会计师可能考虑选取经常性业务的税前利润作为基准。但是在某些情况下，例如企业处于微利或微亏状态时，采用经常性业务的税前利润为基准确定重要性可能影响审计的效率和效果。注册会计师可以考虑采用以下方法确定基准：

（1）如果微利或微亏状态是由宏观经济环境的波动或企业自身经营的周期性所导致，可以考虑采用过去 3～5 年经常性业务的平均税前利润作为基准；

（2）采用财务报表使用者关注的其他财务指标作为基准，如营业收入、总资产等。

需要注册会计师关注的是，如果被审计单位的经营规模较上年度没有重大变化，通常使用替代性基准确定的重要性不宜超过上年度的重要性。

注册会计师为被审计单位选择的基准在各年度中通常会保持稳定，但是并非必须保持一贯不变。注册会计师可以根据经济形势、行业状况和被审计单位具体情况的变化对采用的基准作出调整。例如，被审计单位处在新设立阶段时注册会计师可能采用总资产作为基准，被审计单位处在成长期时注册会计师可能采用营业收入作为基准，被审计单位进入经营成熟期后注册会计师可能采用经常性业务的税前利润作为基准。

为选定的基准确定百分比需要运用职业判断。百分比和选定的基准之间存在一定的联系，如经常性业务的税前利润对应的百分比通常比营业收入对应的百分比要高。例如，对以营利为目的的制造企业，注册会计师可能认为经常性业务的税前利润的 5% 是适当的；而对非营利组织，注册会计师可能认为总收入或费用总额的 1% 是适当的。百分比无论是高一些还是低一些，只要符合具体情况，都是适当的。

在确定百分比时，除了考虑被审计单位是否为上市公司或公众利益实体外，其他因素也会影响注册会计师对百分比的选择，这些因素包括但不限于：

（1）财务报表使用者的范围；

（2）被审计单位是否由集团内部关联方提供融资或是否有大额对外融资（如债券或银行贷款）；

（3）财务报表使用者是否对基准数据特别敏感（如具有特殊目的财务报表的使用者）。

注册会计师在确定重要性水平时，不需考虑与具体项目计量相关的固有不确定性。例如，财务报表含有高度不确定性的大额估计，注册会计师并不会因此而确定一个比不含有该估计的财务报表更高或更低的财务报表整体重要性。

（二）特定交易类别、账户余额或披露的重要性水平

根据被审计单位的特定情况，下列因素可能表明存在一个或多个特定交易类别、账户余额或披露，其发生的错报金额虽然低于财务报表整体的重要性，但合理预期将影响财务报表使用者依据财务报表作出的经济决策：

1. 法律法规或适用的财务报告编制基础是否影响财务报表使用者对特定项目（如关联方交易、管理层和治理层的薪酬及对具有较高估计不确定性的公允价值会计估计的敏感性分析）计量或披露的预期；

2. 与被审计单位所处行业相关的关键性披露（如制药企业的研究与开发成本）；

3. 财务报表使用者是否特别关注财务报表中单独披露的业务的特定方面（如关于分部或重大企业合并的披露）。

在根据被审计单位的特定情况考虑是否存在上述交易、账户余额或披露时，了解治理层和管理层的看法和预期通常是有用的。

（三）实际执行的重要性

实际执行的重要性，是指注册会计师确定的低于财务报表整体重要性的一个或多个金额，旨在将未更正和未发现错报的汇总数超过财务报表整体的重要性的可能性降至适当的低水平。如果适用，实际执行的重要性还指注册会计师确定的低于特定交易类别、账户余额或披露的重要性水平的一个或多个金额。

仅为发现单项重大的错报而计划审计工作将忽视这样一个事实，即单项非重大错报的汇总数可能导致财务报表出现重大错报，更不用说还没有考虑可能存在的未发现错报。确定财务报表整体的实际执行的重要性（根据定义可能是一个或多个金额），旨在将财务报表中未更正和未发现错报的汇总数超过财务报表整体的重要性的可能性降至适当的低水平。

与确定特定交易类别、账户余额或披露的重要性水平相关的实际执行的重要性，旨在将这些交易、账户余额或披露中未更正与未发现错报的汇总数超过这些交易、账户余额或披露的重要性水平的可能性降至适当的低水平。

确定实际执行的重要性并非简单机械的计算，需要注册会计师运用职业判断，并考虑下列因素的影响：（1）对被审计单位的了解（这些了解在实施风险评估程序的过程中得到更新）；（2）前期审计工作中识别出的错报的性质和范围；（3）根据前期识别出的错报对本期错报作出的预期。

通常而言，实际执行的重要性通常为财务报表整体重要性的50%～75%。

如果存在下列情况，注册会计师可能考虑选择较低的百分比来确定实际执行的重要性：

1. 首次接受委托的审计项目；

2. 连续审计项目，以前年度审计调整较多；

3. 项目总体风险较高，例如处于高风险行业、管理层能力欠缺、面临较大市场竞争压力或业绩压力等；

4. 存在或预期存在值得关注的内部控制缺陷。

如果存在下列情况，注册会计师可能考虑选择较高的百分比来确定实际执行的重要性：

1. 连续审计项目，以前年度审计调整较少；

2. 项目总体风险为低到中等，例如处于非高风险行业、管理层有足够能力、面临较低的市场竞争压力和业绩压力等；

3. 以前期间的审计经验表明内部控制运行有效。

审计准则要求注册会计师确定低于财务报表整体重要性的一个或多个金额作为实际执行的重要性，注册会计师无需通过将财务报表整体的重要性平均分配或按比例分配至各个报表项目的方法来确定实际执行的重要性，而是根据对报表项目的风险评估结果，考虑如何确定一个或多个实际执行的重要性。例如，根据以前期间的审计经验和本期审计计划阶段的风险评估结果，注册会计师认为可以以财务报表整体重要性的75%作为大多数报表项目的实际执行的重要性；与营业收入项目相关的内部控制存在控制缺陷，而且以前年度审计中存在审计调整，因此考虑以财务报表整体重要性的50%作为营业收入项目的实际执行的重要性，从而有针对性地对高风险领域执行更多的审计工作。

计划的重要性与实际执行的重要性之间的关系如图2-2所示。

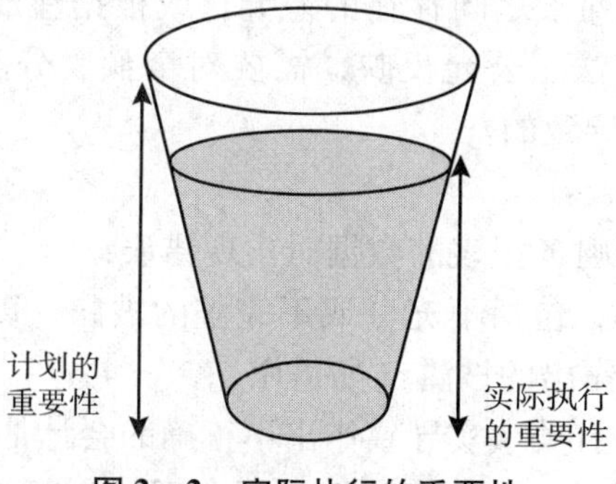

图2-2 实际执行的重要性

（四）审计过程中修改重要性

由于存在下列原因，注册会计师可能需要修改财务报表整体的重要性和特定交易类别、账户余额或披露的重要性水平（如适用）：（1）审计过程中情况发生重大变化（如决定处置被审计单位的一个重要组成部分）；（2）获取新信息；（3）通过实施进一步审计程序，注册会计师对被审计单位及其经营所了解的情况发生变化。例如，注册会计师在审计过程中发现，实际财务成果与最初确定财务报表整体的重要性时使用的预期本期财务成果相比存在着很大差异，则需要修改重要性。

（五）在审计中运用实际执行的重要性

实际执行的重要性在审计中的作用主要体现在以下几个方面：

1. 注册会计师在计划审计工作时可以根据实际执行的重要性确定需要对哪些类型的交易、账户余额和披露实施进一步审计程序，即通常选取金额超过实际执行的重要性的财务报表项目，因为这些财务报表项目有可能导致财务报表出现重大错报。但是，这不代表注册会计师可以对所有金额低于实际执行的重要性的财务报表项目不实施进一步审计程序，这主要出于以下考虑：

（1）单个金额低于实际执行的重要性的财务报表项目汇总起来可能金额重大（可能远远超过财务报表整体的重要性），注册会计师需要考虑汇总后的潜在错报风险；

（2）对于存在低估风险的财务报表项目，不能仅仅因为其金额低于实际执行的重要性而不实施进一步审计程序；

（3）对于识别出存在舞弊风险的财务报表项目，不能因为其金额低于实际执行的重要性而不实施进一步审计程序。

2. 运用实际执行的重要性确定进一步审计程序的性质、时间安排和范围。例如，在实施实质性分析程序时，注册会计师确定的已记录金额与预期值之间的可接受差异额通常不超过实际执行的重要性；在运用审计抽样实施细节测试时，注册会计师可以将可容忍错报的金额设定为等于或低于实际执行的重要性。

三、错报

（一）错报的概念

错报，是指某一财务报表项目的金额、分类或列报，与按照适用的财务报告编制基础应当列示的金额、分类或列报之间存在的差异；或根据注册会计师的判断，为使财务报表在所有重大方面实现合法、公允反映，需要对金额、分类或列报作出的必要调整。错报可能是由于错误或舞弊导致的。

错报可能由下列事项导致：

1. 收集或处理用以编制财务报表的数据时出现错误；

2. 遗漏某项金额或披露，包括不充分或不完整的披露，以及为满足特定财务报告编制基础的披露目标而被要求作出的披露（如适用）；

3. 由于疏忽或明显误解有关事实导致作出不正确的会计估计；

4. 注册会计师认为管理层对会计估计作出不合理的判断或对会计政策作出不恰当的选择和运用；

5. 信息的分类、汇总或分解不恰当。

（二）累积识别出的错报

注册会计师可能将低于某一金额的错报界定为明显微小的错报，对这类错报不需要累积，因为注册会计师认为这些错报的汇总数明显不会对财务报表产生重大影响。“明显微小”不等同于“不重大”。明显微小错报的金额的数量级，与按照《中国注册会计师审计准则第 1221 号——计划和执行审计工作时的重要性》确定的重要性的数量级相比，是完全不同的（明显微小错报的数量级更小，或其性质完全不同）。这些明显微小的错报，无论单独或者汇总起来，无论从金额、性质或其发生的环境来看都是明显微不足道的。如果不确定一个或多个错报是否明显微小，就不能认为这些错报是明显微小的。

注册会计师需要在制定审计策略和审计计划时，确定一个明显微小错报的临界值，低于该临界值的错报视为明显微小的错报，可以不累积。《中国注册会计师审计准则第

1251 号——评价审计过程中识别的错报》第十六条规定，注册会计师应当在审计工作底稿中记录设定的某一金额，低于该金额的错报视为明显微小。确定该临界值需要注册会计师运用职业判断。在确定明显微小错报的临界值时，注册会计师可能考虑以下因素：

1. 以前年度审计中识别出的错报（包括已更正和未更正错报）的数量和金额；
2. 重大错报风险的评估结果；
3. 被审计单位治理层和管理层对注册会计师与其沟通错报的期望；
4. 被审计单位的财务指标是否勉强达到监管机构的要求或投资者的期望。

注册会计师对上述因素的考虑，实际上是在确定审计过程中对错报的过滤程度。注册会计师的目标是要确保不累积的错报（即低于临界值的错报）连同累积的未更正错报不会汇总成为重大错报。如果注册会计师预期被审计单位存在数量较多、金额较小的错报，可能考虑采用较低的临界值，以避免大量低于临界值的错报积少成多构成重大错报。如果注册会计师预期被审计单位错报数量较少，则可能采用较高的临界值。

注册会计师可能将明显微小错报的临界值确定为财务报表整体重要性的3%～5%，也可能低一些或高一些，但通常不超过财务报表整体重要性的10%，除非注册会计师认为有必要单独为重分类错报确定一个更高的临界值。如果注册会计师不确定一个或多个错报是否明显微小，就不能认为这些错报是明显微小的。

为了帮助注册会计师评价审计过程中累积的错报的影响以及与管理层和治理层沟通错报事项，将错报区分为事实错报、判断错报和推断错报可能是有用的。

1. 事实错报。

事实错报是毋庸置疑的错报。这类错报产生于被审计单位收集和处理数据的错误，对事实的忽略或误解，或故意舞弊行为。例如，注册会计师在审计测试中发现购入存货的实际价值为15 000元，但账面记录的金额却为10 000元。因此，存货和应付账款分别被低估了5 000元，这里被低估的5 000元就是已识别的对事实的具体错报。

2. 判断错报。

由于注册会计师认为管理层对财务报表中的确认、计量和列报（包括对会计政策的选择或运用）作出不合理或不恰当的判断而导致的差异。这类错报产生于两种情况：一是管理层和注册会计师对会计估计值的判断差异，例如，由于包含在财务报表中的管理层作出的估计值超出了注册会计师确定的一个合理范围，导致出现判断差异；二是管理层和注册会计师对选择和运用会计政策的判断差异，由于注册会计师认为管理层选用会计政策造成错报，管理层却认为选用会计政策适当，导致出现判断差异。

3. 推断错报。

注册会计师对总体存在的错报作出的最佳估计数，涉及根据在审计样本中识别出的错报来推断总体的错报。推断错报通常是指通过测试样本估计出的总体的错报减去在测试中发现的已经识别的具体错报。例如，应收账款年末余额为2 000万元，注册会计师测试样本发现样本金额有100万元的高估，高估部分为样本账面金额的20%，据此注册会计师推断总体的错报金额为400万元（即2 000×20%），那么上述100万元就是已识别的具体错报，其余300万元即推断错报。

（三）对审计过程识别出的错报的考虑

错报可能不会孤立发生，一项错报的发生还可能表明存在其他错报。例如，注册会计师识别出由于内部控制失效而导致的错报，或被审计单位广泛运用不恰当的假设或评估方法而导致的错报，均可能表明还存在其他错报。

抽样风险和非抽样风险可能导致某些错报未被发现。审计过程中累积错报的汇总数接近按照《中国注册会计师审计准则第 1221 号——计划和执行审计工作时的重要性》的规定确定的重要性，则表明存在比可接受的低风险水平更大的风险，即可能未被发现的错报连同审计过程中累积错报的汇总数，可能超过重要性。

注册会计师可能要求管理层检查某类交易、账户余额或披露，以使管理层了解注册会计师识别出的错报的产生原因，并要求管理层采取措施以确定这些交易、账户余额或披露实际发生错报的金额，以及对财务报表作出适当的调整。例如，在从审计样本中识别出的错报推断总体错报时，注册会计师可能提出这些要求。

附录 2－1

总体审计策略参考格式

被审计单位：＿＿＿＿＿＿	索引号：＿＿＿＿＿＿
项目：总体审计策略	财务报表截止日/期间：＿＿＿＿＿＿
编制：＿＿＿＿＿＿	复核：＿＿＿＿＿＿
日期：＿＿＿＿＿＿	日期：＿＿＿＿＿＿

一、审计范围

报告要求	
适用的财务报告编制基础（包括是否需要将财务信息按照其他财务报告编制基础进行转换）	
适用的审计准则	
与财务报告相关的行业特别规定	例如：监管机构发布的有关信息披露的法规、特定行业主管部门发布的与财务报告相关的法规等
由组成部分注册会计师审计的组成部分的范围	
……	

二、审计时间安排

（一）报告时间要求

审计工作	时间
1. 提交审计报告草稿	
2. 签署正式审计报告	
3. 公布已审计报表和审计报告	
……	

（二）执行审计工作的时间安排

审计工作	时间
1. 制定总体审计策略	
2. 制定具体审计计划	
3. 实施重要审计程序（如执行存货监盘）	
……	

（三）沟通的时间安排

沟通	时间
与管理层的沟通	
与治理层的沟通	
项目组会议（包括预备会和总结会）	
与注册会计师的专家的沟通	
与组成部分注册会计师的沟通	
与前任注册会计师的沟通	
……	

三、审计方向（考虑影响审计业务的重要因素）

（一）重要性

重要性	索引号
财务报表整体重要性	
特定交易类别、账户余额或披露的一个或多个重要性水平（如适用）	
实际执行的重要性	
明显微小错报的临界值	

（二）可能存在较高重大错报风险的领域

可能存在较高重大错报风险的领域	索引号

（三）识别重要组成部分

重要组成部分名称	索引号

（四）识别相关交易类别、账户余额和披露及相关认定

相关交易类别、账户余额和披露及相关认定	索引号

注：相关交易类别、账户余额和披露及相关认定，是指可能发生重大错报的交易类别、账户余额和披露及认定。

四、人员安排

（一）项目组主要成员

姓名	职级	主要职责

注：在分配职责时可以根据被审计单位的不同情况按会计科目划分，或按交易类别划分。

（二）项目质量复核人员

姓名	职级	主要职责

五、对专家或其他第三方工作的利用

（一）对专家工作的利用

主要报表项目	专家名称	主要职责及工作范围	索引号

（二）对内部审计工作的利用

主要流程/报表项目	拟利用的内部审计工作	索引号

（三）对组成部分注册会计师工作的利用

组成部分注册会计师名称	利用其工作范围及程度	索引号

（四）对被审计单位使用服务机构的考虑

主要报表项目	服务机构名称	服务机构提供的相关服务及其注册会计师出具的审计报告意见及日期（如有）	索引号

六、其他事项

第三章　审 计 证 据

注册会计师应当获取充分、适当的审计证据，以得出合理的审计结论，作为形成审计意见的基础。因此，注册会计师需要确定什么构成审计证据、如何获取审计证据、如何确定已收集的证据是否充分适当、收集的审计证据如何支持审计意见。

第一节　审计证据的性质

一、审计证据的概念

审计证据是指注册会计师为了得出审计结论、形成审计意见而使用的所有信息。审计证据包括构成财务报表基础的会计记录所含有的信息和其他的信息。证据是一个适用性较广的概念，不仅注册会计师执行审计工作需要证据，科学家和法官也需要证据。在科学实验中，科学家获取证据，以得出关于某项理论的结论；在法律案件中，法官需要根据严密确凿的证据，以提出审判结论；注册会计师必须在每项审计工作中获取充分、适当的审计证据，以满足发表审计意见的要求。

（一）会计记录中含有的信息

依据会计记录编制财务报表是被审计单位管理层的责任，注册会计师应当测试会计记录以获取审计证据。会计记录主要包括原始凭证、记账凭证、总分类账和明细分类账、未在记账凭证中反映的对财务报表的其他调整，以及支持成本分配、计算、调节和披露的手工计算表和电子数据表。上述会计记录是编制财务报表的基础，构成注册会计师执行财务报表审计业务所需获取的审计证据的重要部分。这些会计记录通常是电子数据，因而要求注册会计师对内部控制予以充分关注，以获取这些记录的真实性、准确性和完整性。进一步说，电子形式的会计记录可能只能在特定时间获取，如果不存在备份文件，特定期间之后有可能无法再获取这些记录。

会计记录取决于所记录交易的性质，它既包括被审计单位内部生成的手工或电子形式的凭证，也包括从与被审计单位进行交易的其他企业收到的凭证。除此之外，会计记录还可能包括：

1. 销售发运单和发票、顾客对账单以及顾客的汇款通知单；
2. 附有验货单的订购单、购货发票和对账单；
3. 考勤卡和其他工时记录、工薪单、个别支付记录和人事档案；
4. 支票存根、电子转移支付记录（EFTs）、银行存款单和银行对账单；
5. 合同记录，例如，租赁合同和分期付款销售协议；
6. 记账凭证；
7. 分类账账户调节表。

将这些会计记录作为审计证据时，其来源和被审计单位内部控制的相关强度（对内部生成的证据而言）都会影响注册会计师对这些原始凭证的信赖程度。

（二）其他的信息

会计记录中含有的信息本身并不足以提供充分的审计证据作为对财务报表发表审计意见的基础，注册会计师还应当获取用作审计证据的其他的信息。可用作审计证据的其他的信息包括注册会计师从被审计单位内部或外部获取的会计记录以外的信息，如被审计单位会议记录、内部控制手册、询证函的回函、分析师的报告、与竞争者的比较数据等；通过询问、观察和检查等审计程序获取的信息，如通过检查存货获取存货存在的证据等；以及自身编制或获取的可以通过合理推断得出结论的信息，如注册会计师编制的各种计算表、分析表等。

财务报表依据的会计记录中包含的信息和其他的信息共同构成了审计证据，两者缺一不可。如果没有前者，审计工作将无法进行；如果没有后者，可能无法识别重大错报风险。只有将两者结合在一起，才能将审计风险降至可接受的低水平，为注册会计师发表审计意见提供合理基础。

注册会计师要获取不同来源和不同性质的审计证据，不过，审计证据很少是结论性的，从性质看大多是说服性的，并能佐证会计记录中所记录信息的合理性。因此，在确定财务报表公允反映时，注册会计师最终评价的正是这种累计的审计证据。注册会计师将不同来源和不同性质的审计证据综合起来考虑，这样能够反映出结果的一致性，从而佐证会计记录中记录的信息。如果审计证据不一致，而且这种不一致可能是重大的，注册会计师应当扩大审计程序的范围，直到不一致得到解决，并针对账户余额或各类交易获得必要保证。

值得注意的是，用作审计证据的其他的信息，与注册会计师执行财务报表审计时应当阅读被审计单位年度报告中除财务报表和审计报告外的其他信息是两个不同的概念。

二、审计证据的充分性与适当性

注册会计师应当保持职业怀疑态度，运用职业判断，评价审计证据的充分性和适当性。

（一）审计证据的充分性

审计证据的充分性是对审计证据数量的衡量，主要与注册会计师确定的样本量有关。例如，对某个审计项目实施某一选定的审计程序，从200个样本项目中获得的证据要比从100个样本项目中获得的证据更充分。获取的审计证据应当充分，足以将与每个重要认定相关的审计风险限制在可接受的水平。

注册会计师需要获取的审计证据的数量受其对重大错报风险评估的影响（评估的重大错报风险越高，需要的审计证据可能越多），并受审计证据质量的影响（审计证据质量越高，需要的审计证据可能越少）。然而，注册会计师仅靠获取更多的审计证据可能无法弥补其质量上的缺陷。

（二）审计证据的适当性

审计证据的适当性，是对审计证据质量的衡量，即审计证据在支持审计意见所依据的结论方面具有的相关性和可靠性。相关性和可靠性是审计证据适当性的核心内容，只有相关且可靠的审计证据才是高质量的。

1. 审计证据的相关性。相关性，是指用作审计证据的信息与审计程序的目的和所考虑的相关认定之间的逻辑联系。用作审计证据的信息的相关性可能受测试方向的影响。例如，如果某审计程序的目的是测试应付账款的多计错报，则测试已记录的应付账款可能是相关的审计程序。如果某审计程序的目的是测试应付账款的漏记错报，则测试已记录的应付账款很可能不是相关的审计程序，相关的审计程序可能是测试期后支出、未支付发票、供应商结算单以及发票未到的收货报告单等。

特定的审计程序可能只为某些认定提供相关的审计证据，而与其他认定无关。例如，检查期后应收账款收回的记录和文件可以提供有关存在和计价的审计证据，但未必提供与截止测试相关的审计证据。类似地，有关某一特定认定（如存货的"存在"认定）的审计证据，不能替代与其他认定（如该存货的"准确性、计价和分摊"认定）相关的审计证据。但另一方面，不同来源或不同性质的审计证据可能与同一认定相关。

控制测试旨在评价内部控制在防止或发现并纠正认定层次重大错报方面的运行有效性。设计控制测试以获取相关审计证据，包括识别一些显示控制运行的情况（特征或属性），以及显示控制未恰当运行控制偏差的情况。然后，注册会计师可以测试这些情况是否存在。

实质性程序旨在发现认定层次重大错报，包括细节测试和实质性分析程序。设计实质性程序包括识别与测试目的相关的情况，这些情况构成相关认定的错报。

2. 审计证据的可靠性。审计证据的可靠性是指证据的可信程度。例如，注册会计师亲自检查存货所获得的证据，就比被审计单位管理层提供给注册会计师的存货数据更可靠。

审计证据的可靠性受其来源和性质的影响，并取决于获取审计证据的具体环境。注册会计师在判断审计证据的可靠性时，通常会考虑下列原则：

（1）从外部独立来源获取的审计证据比从其他来源获取的审计证据更可靠。从外部独立来源获取的审计证据未经被审计单位有关职员之手，从而减少了伪造、更改凭证或业务记录的可能性，因而其证明力最强。此类证据如银行询证函回函、应收账款询证函回函、保险公司等机构出具的证明等。相反，从其他来源获取的审计证据，由于证据提供者与被审计单位存在经济或行政关系等原因，其可靠性应受到质疑。此类证据如被审计单位内部的会计记录、会议记录等。

（2）内部控制有效时内部生成的审计证据比内部控制薄弱时内部生成的审计证据更

可靠。如果被审计单位内部控制有效，会计记录的可信赖程度将会增加。如果被审计单位的内部控制薄弱，甚至不存在任何内部控制，被审计单位内部凭证记录的可靠性就大为降低。例如，如果与销售业务相关的内部控制有效，注册会计师就能从销售发票和发货单中取得比内部控制薄弱时更加可靠的审计证据。

（3）直接获取的审计证据比间接获取或推论得出的审计证据更可靠。例如，注册会计师观察某项内部控制的运行得到的证据比询问被审计单位某项内部控制的运行得到的证据更可靠。间接获取的证据有被涂改及伪造的可能性，降低了可信赖程度。推论得出的审计证据，其主观性较强，人为因素较多，可信赖程度也受到影响。

（4）以文件、记录形式（无论是纸质、电子或其他介质）存在的审计证据比口头形式的审计证据更可靠。例如，会议的同步书面记录比对讨论事项事后的口头表述更可靠。口头证据本身并不足以证明事实的真相，仅仅提供了一些重要线索，为进一步调查确认所用。如注册会计师在对应收账款进行账龄分析后，可以向应收账款负责人询问逾期应收账款收回的可能性。如果该负责人的意见与注册会计师自行估计的坏账损失基本一致，则这一口头证据就可成为证实注册会计师对有关坏账损失判断的重要证据。但在一般情况下，口头证据往往需要得到其他相应证据的支持。

（5）从原件获取的审计证据比从传真件或复印件获取的审计证据更可靠。注册会计师可审查原件是否有被涂改或伪造的迹象，排除伪证，提高证据的可信赖程度。而传真件或复印件容易是篡改或伪造的结果，可靠性较低。

注册会计师在按照上述原则评价审计证据的可靠性时，还应当注意可能出现的重要例外情况。例如，审计证据虽然是从独立的外部来源获得，但如果该证据是由不知情者或不具备资格者提供，审计证据也可能是不可靠的。同样，如果注册会计师不具备评价证据的专业能力，那么即使是直接获取的证据，也可能不可靠。

3. 充分性和适当性之间的关系。充分性和适当性是审计证据的两个重要特征，两者缺一不可，只有充分且适当的审计证据才是有证明力的。

注册会计师需要获取的审计证据的数量也受审计证据质量的影响。审计证据质量越高，需要的审计证据数量可能越少。也就是说，审计证据的适当性会影响审计证据的充分性。例如，被审计单位内部控制有效时生成的审计证据更可靠，注册会计师只需获取适量的审计证据，就可以为发表审计意见提供合理的基础。

需要注意的是，尽管审计证据的充分性和适当性相关，但如果审计证据的质量存在缺陷，那么注册会计师仅靠获取更多的审计证据可能无法弥补其质量上的缺陷。例如，注册会计师应当获取与销售收入完整性相关的证据，实际获取到的却是有关销售收入真实性的证据，审计证据与完整性目标不相关，即使获取的证据再多，也证明不了收入的完整性。同样的，如果注册会计师获取的证据不可靠，那么证据数量再多也难以起到证明作用。

4. 评价充分性和适当性时的特殊考虑。

（1）对文件记录可靠性的考虑。

审计工作通常不涉及鉴定文件记录的真伪，注册会计师也不是鉴定文件记录真伪的专家，但应当考虑用作审计证据的信息的可靠性，并考虑与这些信息生成和维护相关控制的有效性。

如果在审计过程中识别出的情况使其认为文件记录可能是伪造的，或文件记录中的某些条款已发生变动，注册会计师应当作出进一步调查，包括直接向第三方询证，或考虑利用专家的工作以评价文件记录的真伪。例如，如发现某银行询证函回函有伪造或篡改的迹象，注册会计师应当作进一步的调查，并考虑是否存在舞弊的可能性。必要时，应当通过适当方式聘请专家予以鉴定。

（2）使用被审计单位生成信息时的考虑。

注册会计师为获取可靠的审计证据，实施审计程序时使用的被审计单位生成的信息需要足够完整和准确。例如，通过用标准价格乘以销售量来对收入进行审计时，其有效性受到价格信息准确性与销售量数据完整性和准确性的影响。类似地，如果注册会计师打算测试总体（如付款）是否具备某一特性（如授权），若选取测试项目的总体不完整，则测试结果可能不太可靠。

如果针对这类信息的完整性和准确性获取审计证据是所实施审计程序本身不可分割的组成部分，则可以与对这些信息实施的审计程序同时进行。在其他情况下，通过测试针对生成和维护这些信息的控制，注册会计师也可以获得关于这些信息准确性和完整性的审计证据。然而，在某些情况下，注册会计师可能确定有必要实施追加的审计程序。

在某些情况下，注册会计师可能打算将被审计单位生成的信息用于其他审计目的。例如，注册会计师可能计划将被审计单位的业绩评价用于分析程序，或利用被审计单位用于监控活动的信息，如内部审计报告等。在这种情况下，获取的审计证据的适当性受到该信息对于审计目的而言是否足够精确和详细的影响。例如，管理层的业绩评价对于发现重大错报可能不够精确。

（3）证据相互矛盾时的考虑。

如果针对某项认定从不同来源获取的审计证据或获取的不同性质的审计证据能够相互印证，与该项认定相关的审计证据则具有更强的说服力。例如，注册会计师通过检查委托加工协议发现被审计单位有委托加工材料，且委托加工材料占存货比重较大，经发函询证后证实委托加工材料确实存在。委托加工协议和询证函回函这两个不同来源的审计证据互相印证，证明委托加工材料真实存在。

如果从不同来源获取的审计证据或获取的不同性质的审计证据不一致，表明某项审计证据可能不可靠，注册会计师应当追加必要的审计程序。上例中，如果注册会计师发函询证后证实委托加工材料已加工完成并返回被审计单位，委托加工协议和询证函回函这两个不同来源的证据不一致，委托加工材料是否真实存在受到质疑。这时，注册会计师应追加审计程序，确认委托加工材料收回后是否未入库或被审计单位收回后予以销售而未入账。

（4）获取审计证据时对成本的考虑。

注册会计师可以考虑获取审计证据的成本与所获取信息的有用性之间的关系，但不应以获取审计证据的困难和成本为理由减少不可替代的审计程序。

在保证获取充分、适当的审计证据的前提下，控制审计成本也是会计师事务所增强竞争能力和获利能力所必需的。但为了保证得出的审计结论、形成的审计意见是恰当的，注册会计师不应将获取审计证据的成本高低和难易程度作为减少不可替代的审计程序的理由。例如，在某些情况下，存货监盘是证实存货“存在”认定的不可替代的审计程序，注册会计师在审计中不得以检查成本高和难以实施为由而不执行该程序。

第二节 审计程序

一、审计程序的概念和作用

审计程序是指注册会计师在审计过程中的某个时间，对将要获取的某类审计证据如何进行收集的详细指令。注册会计师面临的主要任务，就是通过实施审计程序，获取充分、适当的审计证据，以支持对财务报表发表审计意见。受到成本的约束，注册会计师不可能检查和评价所有可能获取的证据，因此对审计证据充分性、适当性的判断是非常重要的。注册会计师利用审计程序获取审计证据涉及以下四个方面的决策：（1）选用何种审计程序；（2）对选定的审计程序，应当选取多大的样本规模；（3）应当从总体中选取哪些项目；（4）何时执行这些程序。

在设计审计程序时，注册会计师通常使用规范的措辞或术语，以使审计人员能够准确理解和执行。例如，注册会计师为了验证Y公司应收账款在20×1年12月31日的存在情况，取得Y公司编制的应收账款明细账，对应收账款进行函证。

注册会计师在选定了审计程序后，确定的样本规模可能在所测试的总体范围内随机变化。假定应收账款明细账合计有500家客户，注册会计师对应收账款明细账中300家客户进行函证。

在确定样本规模之后，注册会计师应当确定测试总体中的哪个或哪些项目。例如，注册会计师对应收账款明细账中余额较大的前200家客户进行函证，其余客户按一定规律抽取函证。抽取方法是从第10家客户开始，每隔20家抽取一家，与选取的大额客户重复的顺序递延。

注册会计师执行函证程序的时间可选择在资产负债表日（20×1年12月31日）后任意时间，但通常受审计完成时间、审计证据的有效性和审计项目组人力充足性的影响。

二、审计程序的种类

在审计过程中，注册会计师可根据需要单独或综合运用以下审计程序，以获取充分、适当的审计证据。

（一）检查

检查是指注册会计师对被审计单位内部或外部生成的，以纸质、电子或其他介质形式存在的记录和文件进行审查，或对资产进行实物审查。检查记录或文件可以提供可靠程度不同的审计证据，审计证据的可靠性取决于记录或文件的性质和来源，而在检查内部记录或文件时，其可靠性则取决于生成该记录或文件的内部控制的有效性。将检查用作控制测试的一个例子，是检查记录以获取关于授权的审计证据。

某些文件是表明一项资产存在的直接审计证据，如构成金融工具的股票或债券，但检查此类文件并不一定能提供有关所有权或计价的审计证据。此外，检查已执行的合同可以提供与被审计单位运用会计政策（如收入确认）相关的审计证据。

检查有形资产可为其“存在”认定提供可靠的审计证据，但不一定能够为“权利和义务”或“准确性、计价和分摊”等认定提供可靠的审计证据。对个别存货项目进行的检查，可与存货监盘一同实施。

（二）观察

观察是指注册会计师查看相关人员正在从事的活动或实施的程序。例如，注册会计师对被审计单位人员执行的存货盘点或控制活动进行观察。观察可以提供执行有关过程或程序的审计证据，但观察所提供的审计证据仅限于观察发生的时点，而且被观察人员的行为可能因被观察而受到影响，这也会使观察提供的审计证据受到限制。

（三）询问

询问是指注册会计师以书面或口头方式，向被审计单位内部或外部的知情人员获取财务信息和非财务信息，并对答复进行评价的过程。作为其他审计程序的补充，询问广泛应用于整个审计过程。

知情人员对询问的答复可能为注册会计师提供尚未获悉的信息或佐证证据。另一方面，对询问的答复也可能提供与注册会计师已获取的其他信息存在重大差异的信息，例如，关于被审计单位管理层凌驾于控制之上的可能性的信息。在某些情况下，对询问的答复为注册会计师修改审计程序或实施追加的审计程序提供了基础。

尽管对通过询问获取的审计证据予以佐证通常特别重要，但在询问管理层意图时，获取的支持管理层意图的信息可能是有限的。在这种情况下，了解管理层过去所声称意图的实现情况、选择某项特别措施时声称的原因以及实施某项具体措施的能力，可以为佐证通过询问获取的证据提供相关信息。

针对某些事项，注册会计师可能认为有必要向管理层和治理层（如适用）获取书面声明，以证实对口头询问的答复。

（四）函证

函证，是指注册会计师直接从第三方（被询证者）获取书面答复以作为审计证据的过程，书面答复可以采用纸质、电子或其他介质等形式。当针对的是与特定账户余额及其项目相关的认定时，函证常常是相关的程序。但是，函证不必仅仅局限于账户余额。例如，注册会计师可能要求对被审计单位与第三方之间的协议和交易条款进行函证。注册会计师可能在询证函中询问协议是否作过修改，如果作过修改，要求被询证者提供相关的详细信息。此外，函证程序还可以用于获取不存在某些情况的审计证据，如不存在可能影响被审计单位收入确认的“背后协议”。

（五）重新计算

重新计算是指注册会计师对记录或文件中的数据计算的准确性进行核对。重新计算可通过手工方式或电子方式进行。

（六）重新执行

重新执行是指注册会计师独立执行原本作为被审计单位内部控制组成部分的程序或

控制。

（七）分析程序

分析程序，是指注册会计师通过分析不同财务数据之间以及财务数据与非财务数据之间的内在关系，对财务信息作出评价。分析程序还包括在必要时对识别出的、与其他相关信息不一致或与预期值差异重大的波动或关系进行调查。

上述审计程序基于审计的不同阶段和目的单独或组合起来，可用作风险评估程序、控制测试和实质性程序。

第三节 函 证

一、函证决策

注册会计师应当确定是否有必要实施函证以获取认定层次的充分、适当的审计证据。在作出决策时，注册会计师应当考虑以下三个因素。

（一）评估的认定层次重大错报风险

评估的认定层次重大错报风险水平越高，注册会计师对通过实质性程序获取的审计证据的相关性和可靠性的要求越高。因此，随着评估的认定层次重大错报风险的增高，注册会计师就要设计实质性程序获取更加相关和可靠的审计证据，或者更具说服力的审计证据。在这种情况下，函证程序的运用对于提供充分、适当的审计证据可能是有效的。

评估的认定层次重大错报风险水平越低，注册会计师需要从实质性程序中获取的审计证据的相关性和可靠性的要求越低。例如，被审计单位可能有一笔正在按照商定还款计划时间表偿还的银行借款，假设注册会计师在以前年度已对其条款进行了函证。如果注册会计师实施的其他工作（包括必要时进行的控制测试）表明借款的条款没有改变，并且这些工作使得未偿还借款余额发生重大错报风险被评估为低水平时，注册会计师实施的实质性程序可能只限于测试还款的详细情况，而不必再次向债权人直接函证这笔借款的余额和条款。

如果认为某项风险属于特别风险，注册会计师需要考虑是否通过函证特定事项以降低检查风险。例如，与简单的交易相比，异常或复杂的交易可能导致更高的错报风险。如果被审计单位从事了异常的或复杂的、容易导致较高重大错报风险的交易，除检查被审计单位持有的文件凭证外，注册会计师可能还需考虑是否向交易对方函证交易的真实性和详细条款。

（二）函证程序针对的认定

函证可以为某些认定提供审计证据，但是对不同的认定，函证的证明力是不同的。在函证应收账款时，函证可能为“存在”及“权利和义务”认定提供相关可靠的审计证据，但是不能为“准确性、计价和分摊”认定（应收账款涉及的坏账准备计提）提供证据。

对特定认定，函证的相关性受注册会计师选择函证信息的影响。例如，在审计应付账款“完整性”认定时，注册会计师需要获取没有重大未记录负债的证据。相应地，向被审计单位主要供应商函证，即使记录显示应付金额为零，相对于选择大金额的应付账款进行函证，在检查未记录负债方面通常更有效。

（三）实施除函证以外的其他审计程序

针对同一项认定可以从不同来源获取审计证据或获取不同性质的审计证据。

这里的其他审计程序是指除函证程序以外的其他审计程序。注册会计师应当考虑被审计单位的经营环境、内部控制的有效性、账户或交易的性质、被询证者处理询证函的习惯做法及回函的可能性等，以确定函证的内容、范围、时间和方式。例如，如果被审计单位与应收账款“存在”认定有关的内部控制设计良好并有效运行，注册会计师可适当减少函证的样本量。

除上述三个因素外，注册会计师还可以考虑下列因素以确定是否选择函证程序作为实质性程序：

1. 被询证者对函证事项的了解。如果被询证者对所函证的信息具有必要的了解，其提供的回复可靠性更高。

2. 预期被询证者回复询证函的能力或意愿。例如，在下列情况下，被询证者可能不会回复，也可能只是随意回复或可能试图限制对其回复的依赖程度：

（1）被询证者可能不愿承担回复询证函的责任；

（2）被询证者可能认为回复询证函成本太高或消耗太多时间；

（3）被询证者可能对因回复询证函而可能承担的法律责任有所担心；

（4）被询证者可能以不同币种核算交易；

（5）回复询证函不是被询证者日常经营的重要部分。

3. 预期被询证者的客观性。如果被询证者是被审计单位的关联方，则其回复的可靠性会降低。

二、函证的内容

（一）函证的对象

1. 银行存款、借款及与金融机构往来的其他重要信息。

注册会计师应当对银行存款（包括零余额账户和在本期内注销的账户）、借款及与金融机构往来的其他重要信息实施函证程序，除非有充分证据表明某一银行存款、借款及与金融机构往来的其他重要信息对财务报表不重要且与之相关的重大错报风险很低。如果不对这些项目实施函证程序，注册会计师应当在审计工作底稿中说明理由。

2. 应收账款。

注册会计师应当对应收账款实施函证程序，除非有充分证据表明应收账款对财务报表不重要，或函证很可能无效。如果认为函证很可能无效，注册会计师应当实施替代审计程序，获取相关、可靠的审计证据。如果不对应收账款函证，注册会计师应当在审计工作底稿中说明理由。

3. 函证的其他内容。

注册会计师可以根据具体情况和实际需要对下列内容（包括但并不限于）实施函证：

（1）交易性金融资产；（2）应收票据；（3）其他应收款；（4）预付账款；（5）由其他单位代为保管、加工或销售的存货；（6）长期股权投资；（7）应付账款；（8）预收账款；（9）保证、抵押或质押；（10）或有事项；（11）重大或异常的交易。

可见，函证通常适用于账户余额及其组成部分（如应收账款明细账），但是不一定限于这些项目。例如，为确认合同条款是否发生变动及变动细节，注册会计师可以函证被审计单位与第三方签订的合同条款。注册会计师还可向第三方函证是否存在影响被审计单位收入确认的背后协议或某项重大交易的细节。

（二）函证程序实施的范围

如果采用审计抽样的方式确定函证程序的范围，无论采用统计抽样方法，还是非统计抽样方法，选取的样本应当足以代表总体。根据对被审计单位的了解、评估的重大错报风险以及所测试总体的特征等，注册会计师可以确定从总体中选取特定项目进行测试。选取的特定项目可能包括：

1. 金额较大的项目；
2. 账龄较长的项目；
3. 交易频繁但期末余额较小的项目；
4. 重大关联方交易；
5. 重大或异常的交易；
6. 可能存在争议、舞弊或错误的交易。

（三）函证的时间

注册会计师通常以资产负债表日为截止日，在资产负债表日后适当时间内实施函证。如果重大错报风险评估为低水平，注册会计师可选择资产负债表日前适当日期为截止日实施函证，并对所函证项目自该截止日起至资产负债表日止发生的变动实施实质性程序。

根据评估的重大错报风险，注册会计师可能会决定函证非期末的某一日的账户余额，例如，当审计工作将在资产负债表日之后很短的时间内完成时，可能会这么做。对于各类在年末之前完成的工作，注册会计师应当考虑是否有必要针对剩余期间获取进一步的审计证据。

以应收账款为例，注册会计师通常在资产负债表日后某一天函证资产负债表日的应收账款余额。如果在资产负债表日前对应收账款余额实施函证程序，注册会计师应当针对询证函指明的截止日期与资产负债表日之间实施进一步的实质性程序，或将实质性程序和控制测试结合使用，以将期中测试得出的结论合理延伸至期末。实质性程序包括测试该期间发生的影响应收账款余额的交易或实施分析程序等。控制测试包括测试销售交易、收款交易及与应收账款冲销有关的内部控制的有效性等。

（四）管理层要求不实施函证时的处理

当被审计单位管理层要求对拟函证的某些账户余额或其他信息不实施函证时，注册会计师应当考虑该项要求是否合理，并获取审计证据予以支持。如果认为管理层的要求合理，注册会计师应当实施替代审计程序，以获取与这些账户余额或其他信息相关的充分、适当的审计证据。如果认为管理层的要求不合理，且被其阻挠而无法实施函证，注册会计师应当视为审计范围受到限制，并考虑对审计报告可能产生的影响。

分析管理层要求不实施函证的原因时，注册会计师应当保持职业怀疑态度，并考虑：

1. 管理层是否诚信；

2. 是否可能存在重大的舞弊或错误；

3. 替代审计程序能否提供与这些账户余额或其他信息相关的充分、适当的审计证据。

三、询证函的设计

（一）设计询证函的总体要求

注册会计师应当根据特定审计目标设计询证函。询证函的设计服从于审计目标的需要。通常，在针对账户余额的“存在”认定获取审计证据时，注册会计师应当在询证函中列明相关信息，要求对方核对确认。但在针对账户余额的“完整性”认定获取审计证据时，注册会计师则需要改变询证函的内容设计或者采用其他审计程序。

例如，在函证应收账款时，询证函中不列出账户余额，而是要求被询证者提供余额信息，这样才能发现应收账款低估错报。再如，在对应付账款的完整性获取审计证据时，根据被审计单位的供货商明细表向被审计单位的主要供货商发出询证函，就比从应付账款明细表中选择询证对象更容易发现未入账的负债。

（二）设计询证函需要考虑的因素

在设计询证函时，注册会计师应当考虑所审计的认定以及可能影响函证可靠性的因素。可能影响函证可靠性的因素主要包括：

1. 函证的方式。函证的方式有两种：积极式函证和消极式函证。不同的函证方式，其提供审计证据的可靠性不同。

2. 以往审计或类似业务的经验。在判断实施函证程序的可靠性时，注册会计师通常会考虑来自以前年度审计或类似审计业务的经验，包括回函率、以前年度审计中发现的错报以及回函所提供信息的准确程度等。当注册会计师根据以往经验认为，即使询证函设计恰当，回函率仍很低，应考虑从其他途径获取审计证据。

3. 拟函证信息的性质。信息的性质是指信息的内容和特点。注册会计师应当了解被审计单位与第三方之间交易的实质，以确定哪些信息需要进行函证。例如，对那些非常规合同或交易，注册会计师不仅应对账户余额或交易金额作出函证，还应当考虑对交易或合同的条款实施函证，以确定是否存在重大口头协议，客户是否有自由退货的权利，付款方式是否有特殊安排等。

4. 选择被询证者的适当性。注册会计师应当向对所询证信息知情的第三方发送询证函。例如，对短期投资和长期投资，注册会计师通常向股票、债券专门保管或登记机构发函询证或向接受投资的一方发函询证；对未背书转让的应收票据，通常向出票人或承兑人发函询证；对其他应收款，向形成其他应收款的有关方发函询证；对预付账款、应付账款，通常向供货单位发函询证；对委托贷款，通常向有关的金融机构发函询证；对预收账款，通常向购货单位发函询证；对保证、抵押或质押，通常向有关金融机构发函询证；对或有事项，通常向律师等发函询证；对重大或异常的交易，通常向有关的交易方发函询证。

函证所提供的审计证据的可靠性还受到被询证者的能力、独立性、客观性、回函者是否有权回函等因素的影响。注册会计师在设计询证函、评价函证结果以及确定是否需要实施其他审计程序时，应当考虑回函者的能力、知识、动机、回函意愿等方面的信息或有关回函者是否能够保持客观和公正的信息。当存在重大、异常、在期末前发生的、对财务报表产生重大影响的交易，而被询证者在经济上依赖于被审计单位时，注册会计师应当考虑被询证者可能被驱使提供不正确的回函。

5. 被询证者易于回函的信息类型。询证函所函证信息是否便于被询证者回答，影响到回函率和所获取审计证据的性质。例如，某些被询证者的信息系统可能便于对形成账户余额的每笔交易进行函证，而不是对账户余额本身进行函证。此外，被询证者可能并不总是能够证实特定类型的信息，例如应收账款余额，但是却可能能够证实余额当中的单笔发票的余额。

询证函通常应当包含被审计单位管理层的授权，授权被询证者向注册会计师提供有关信息。对获得被审计单位管理层授权的询证函，被询证者可能更愿意回函，在某些情况下，如果没有获得授权，被询证者甚至不能够回函。

（三）积极式函证与消极式函证

注册会计师可采用积极式函证或消极式函证，也可将两种方式结合使用。

1. 积极式函证。如果采用积极式函证，注册会计师应当要求被询证者必须回函，确认询证函所列示信息是否正确，或填列询证函要求的信息。积极式函证又分为两种：一种是在询证函中列明拟函证的账户余额或其他信息，要求被询证者确认所函证的款项是否正确。通常认为，对这种询证函的回复能够提供可靠的审计证据。但是，其缺点是被询证者可能对所列示信息根本不加以验证就予以回函确认。注册会计师通常难以发觉是否发生了这种情形。为了避免这种风险，注册会计师可以采用另外一种询证函，即在询证函中不列明账户余额或其他信息，而要求被询证者填写有关信息或提供进一步信息。由于这种询证函要求被询证者作出更多的努力，可能会导致回函率降低，进而导致注册会计师执行更多的替代程序。

在采用积极式函证时，只有注册会计师收到回函，才能为财务报表认定提供审计证据。注册会计师没有收到回函，可能是由于被询证者根本不存在，或是由于被询证者没有收到询证函，也可能是由于询证者没有理会询证函，因此，无法证明所函证信息是否正确。

2. 消极式函证。如果采用消极式函证，注册会计师只要求被询证者仅在不同意询证函列示信息的情况下才予以回函。对消极式询证函而言，未收到回函并不能明确表明预期的被询证者已经收到询证函或已经核实了询证函中包含的信息的准确性。因此，未收到消极式询证函的回函提供的审计证据，远不如积极式询证函的回函提供的审计证据有说服力。如果询证函中的信息对被询证者不利，则被询证者更有可能回函表示其不同意；相反，如果询证函中的信息对被询证者有利，回函的可能性就会相对较小。例如，被审计单位的供应商如果认为询证函低估了被审计单位的应付账款余额，则其更有可能回函；如果高估了该余额，则回函的可能性很小。因此，注册会计师在考虑这些余额是否可能低估时，向供应商发出消极式询证函可能是有用的程序，但是，利用这种程序收集该余额高估的证据就未必有效。

当同时存在下列情况时，注册会计师可考虑采用消极式函证：

（1）重大错报风险评估为低水平；

（2）涉及大量余额较小的账户；

（3）预期不存在大量的错误；

（4）没有理由相信被询证者不认真对待函证。

3. 两种方式的结合使用。在实务中，注册会计师也可将这两种方式结合使用。以应收账款为例，当应收账款的余额是由少量的大额应收账款和大量的小额应收账款构成时，注册会计师可以对所有的或抽取的大额应收账款样本项目采用积极式函证，而对抽取的小额应收账款样本项目采用消极式函证。

四、函证的实施与评价

（一）对函证过程的控制

注册会计师应当对函证的全过程保持控制。

1. 函证发出前的控制措施。

询证函经被审计单位盖章后，应当由注册会计师直接发出。

为使函证程序能有效地实施，在询证函发出前，注册会计师需要恰当地设计询证函，并对询证函上的各项资料进行充分核对，注意事项可能包括：

（1）询证函中填列的需要被询证者确认的信息是否与被审计单位账簿中的有关记录保持一致。对于银行存款的函证，需要银行确认的信息是否与银行对账单等保持一致；

（2）考虑选择的被询证者是否适当，包括被询证者对被函证信息是否知情、是否具有客观性、是否拥有回函的授权等；

（3）是否已在询证函中正确填列被询证者直接向注册会计师回函的地址；

（4）是否已将部分或全部被询证者的名称、地址与被审计单位有关记录进行核对，以确保询证函中的名称、地址等内容的准确性。可以执行的程序包括但不限于：通过拨打公共查询电话核实被询证者的名称和地址；通过被询证者的网站或其他公开网站核对被询证者的名称和地址；将被询证者的名称和地址信息与被审计单位持有的相关合同等文件核对；对于供应商或客户，可以将被询证者的名称、地址与被审计单位收到或开具的增值税专用发票中的对方单位名称、地址进行核对。

2. 通过不同方式发出询证函时的控制措施。

根据注册会计师对舞弊风险的判断，以及被询证者的地址和性质、以往回函情况、回函截止日期等因素，询证函的发出和收回可以采用邮寄、跟函、电子形式函证（包括传真、电子邮件、直接访问网站等）等方式。

（1）通过邮寄方式发出询证函时采取的控制措施。

为避免询证函被拦截、篡改等舞弊风险，在邮寄询证函时，注册会计师可以在核实由被审计单位提供的被询证者的联系方式后，不使用被审计单位本身的邮寄设施，而是独立寄发询证函（例如，直接在邮局投递）。

（2）通过跟函的方式发出询证函时采取的控制措施。

如果注册会计师认为跟函的方式（即注册会计师独自或在被审计单位员工的陪伴下亲自将询证函送至被询证者，在被询证者核对并确认回函后，亲自将回函带回的方式）能够获取可靠信息，可以采取该方式发送并收回询证函。如果被询证者同意注册会计师独自前往被询证者执行函证程序，注册会计师可以独自前往。如果注册会计师跟函时需有被审计单位员工陪伴，注册会计师需要在整个过程中保持对询证函的控制，同时，对被审计单位和被询证者之间串通舞弊的风险保持警觉。

（3）通过电子函证方式发出询证函时采取的控制措施。

随着信息技术的不断发展应用，电子函证已成为趋势。目前实务中，电子询证函平台主要包括两类：一类是专门提供询证函平台服务的第三方平台（例如中国银行业协会的银行函证区块链服务平台），另一类是被询证者（例如商业银行等金融机构）自身的电子询证函平台。这两类平台的性质不同，前者是为注册会计师、被审计单位和被询证者提供网上平台服务的专业服务机构，后者则是被询证者自主负责的平台，两者相关的系统设置和函证流程也有明显区别。

使用不同平台可能存在不同的风险，注册会计师应当评估使用不同平台的安全可靠性。比如，使用第三方电子询证函平台存在以下可能导致回函不可靠的风险：①第三方电子询证函平台独立性风险，即电子询证函平台在形式上或实质上没有独立于被审计单位的风险。②第三方电子询证函平台安全性风险，主要包括：一是函证相关方的身份真实性风险；二是第三方电子询证函平台的操作风险，如操作电子函证核心业务（如回函）的人员未经适当的授权；三是第三方电子询证函平台信息传输安全性风险，如发函和回函信息可能被拦截、修改、删除和泄露等；四是第三方电子询证函平台记录函证控制过程的完整性风险。

对于第三方电子询证函平台，注册会计师需要考虑实施的评估程序包括但不限于：①评估第三方电子询证函平台聘请的信息安全认证机构或专业人员的胜任能力、专业素质和独立性，并记录相关评估过程、获取的证据和得出的结论；②取得第三方电子询证函平台聘请的信息安全认证机构颁发的信息系统安全测评证书或专业人员出具的鉴证报告等由电子询证函平台定期公开发布的信息，了解第三方电子询证函平台及其所有者和运营商的组织架构、是否存在被监管机构处罚、是否存在涉诉信息等与电子询证函平台的独立性、安全可靠性等方面相关的信息，评估通过第三方电子询证函平台收发电子询证函是否可靠。同时，记录其依据信息安全认证机构颁发的信息系统安全测评证书或专业人员出具的鉴证报告来合理评估第三方电子询证函平台可靠性的过程、获取的证据及得出的结论；③了解第三方电子询证函平台聘请的信息安全认证机构或专业人员测试的范围、实施的程序、程序涵盖的期间以及自实施程序以来的时间间隔，评估信息安全认证机构或专业人员的工作是否支持通过第三方电子询证函平台实施函证程序的可靠性。评估第三方电子询证函平台可靠性的工作通常在会计师事务所层面实施，而无须由单个审计项目组来实施。

《中国注册会计师审计准则问题解答第 2 号——函证》专门针对与函证有关的实务问题包括电子函证问题，强调注册会计师应当在函证过程中保持职业怀疑，提示注册会计师在设计和实施函证程序时需要关注和考虑的事项，以提高函证程序在审计中应对舞弊风险方面的有效性。可以预见，随着我国函证数字化工作的稳步推进，函证数字化的范围及规模将越来越大，函证的质量将不断提高。

（二）积极式函证未收到回函时的处理

如果在合理的时间内没有收到询证函回函时，注册会计师应当考虑必要时再次向被询证者寄发询证函。

如果未能得到被询证者的回应，注册会计师应当实施替代审计程序。在某些情况下，注册会计师可能识别出认定层次重大错报风险，且取得积极式函证回函是获取充分、适当的审计证据的必要程序。这些情况可能包括：

1. 可获取的佐证管理层认定的信息只能从被审计单位外部获得；

2. 存在特定舞弊风险因素，例如，管理层凌驾于内部控制之上、员工和（或）管理层串通使注册会计师不能信赖从被审计单位获取的审计证据。

如果注册会计师认为取得积极式函证回函是获取充分、适当的审计证据的必要程序，则替代程序不能提供注册会计师所需要的审计证据。在这种情况下，如果未获取回函，注册会计师应当确定其对审计工作和审计意见的影响。

（三）评价函证的可靠性

函证所获取的审计证据的可靠性主要取决于注册会计师设计询证函、实施函证程序和评价函证结果等程序的适当性。

在评价函证的可靠性时，注册会计师应当考虑：

1. 对询证函的设计、发出及收回的控制情况；

2. 被询证者的胜任能力、独立性、授权回函情况、对函证项目的了解及其客观性；

3. 被审计单位施加的限制或回函中的限制。

因此，如果可行的话，注册会计师应当努力确保询证函被送交给适当的人员。例如，如果要证实被审计单位的某项长期借款合同已经被终止，注册会计师应当直接向了解这笔终止长期贷款事项和有权提供这一信息的贷款方人员进行函证。

收到回函后，根据不同情况，注册会计师可以分别实施以下程序，以验证回函的可靠性。在验证回函的可靠性时，注册会计师需要保持职业怀疑。

1. 通过邮寄方式收到的回函。

通过邮寄方式发出询证函并收到回函后，注册会计师可以验证以下信息：

（1）被询证者确认的询证函是否是原件，是否与注册会计师发出的询证函是同一份；

（2）回函是否由被询证者直接寄给注册会计师；

（3）寄给注册会计师的回邮信封或快递信封中记录的发件方名称、地址是否与询证函中记载的被询证者名称、地址一致；

（4）回邮信封上寄出方的邮戳显示发出城市或地区是否与被询证者的地址一致；

（5）被询证者加盖在询证函上的印章以及签名中显示的被询证者名称是否与询证函中记载的被询证者名称一致。在认为必要的情况下，注册会计师还可以进一步与被审计单位持有的其他文件进行核对或亲自前往被询证者进行核实等。

如果被询证者将回函寄至被审计单位，被审计单位将其转交注册会计师，该回函不能视为可靠的审计证据。在这种情况下，注册会计师可以要求被询证者直接书面回复。

2. 通过跟函方式收到的回函。

对于通过跟函方式获取的回函，注册会计师可以实施以下审计程序：

（1）了解被询证者处理函证的通常流程和处理人员；

（2）确认处理询证函人员的身份和处理询证函的权限，如索要名片、观察员工卡或姓名牌等；

（3）观察处理询证函的人员是否按照处理函证的正常流程认真处理询证函，例如，该人员是否在其计算机系统或相关记录中核对相关信息。

3. 以电子形式收到的回函。

对以电子形式收到的回函，由于回函者的身份及其授权情况很难确定，对回函的更改也难以发觉，因此可靠性存在风险。注册会计师和回函者采用一定的程序为电子形式的回函创造安全环境，可以降低该风险。如果注册会计师确信这种程序安全并得到适当控制，则会提高相关回函的可靠性。

电子函证程序涉及多种确认发件人身份的技术，如加密技术、电子数码签名技术、网页真实性认证程序。

当注册会计师存有疑虑时，可以与被询证者联系以核实回函的来源及内容，例如，当被询证者通过电子邮件回函时，注册会计师可以通过电话联系被询证者，确定被询证者是否发送了回函。必要时，注册会计师可以要求被询证者提供回函原件。

4. 对询证函的口头回复。

只对询证函进行口头回复不是对注册会计师的直接书面回复，不符合函证的要求，因此，不能作为可靠的审计证据。在收到对询证函口头回复的情况下，注册会计师可以要求被询证者提供直接书面回复。如果仍未收到书面回函，注册会计师需要通过实施替代程序，寻找其他审计证据以支持口头回复中的信息。

无论是采用纸质还是电子介质，被询证者的回函中都可能包括免责或其他限制条款。回函中存在免责或其他限制条款是影响外部函证可靠性的因素之一，但这种限制不一定使回函失去可靠性，注册会计师能否依赖回函信息以及依赖的程度取决于免责或限制条款的性质和实质。

1. 对回函可靠性不产生影响的条款。

回函中格式化的免责条款可能并不会影响所确认信息的可靠性，实务中常见的这种免责条款的例子包括：

（1）“提供的本信息仅出于礼貌，我方没有义务必须提供，我方不因此承担任何明示或暗示的责任、义务和担保”。

（2）“本回复仅用于审计目的，被询证方、其员工或代理人无任何责任，也不能免除注册会计师做其他询问或执行其他工作的责任”。

其他限制条款如果与所测试的认定无关，也不会导致回函失去可靠性。例如，当注册会计师的审计目标是投资是否存在，并使用函证来获取审计证据时，回函中针对投资价值的免责条款不会影响回函的可靠性。

2. 对回函可靠性产生影响的限制条款。

一些限制条款可能使注册会计师对回函中所包含信息的完整性、准确性或注册会计师能够信赖其所含信息的程度产生怀疑，实务中常见的此类限制条款的例子包括：

（1）“本信息是从电子数据库中取得，可能不包括被询证方所拥有的全部信息”；

（2）“本信息既不保证准确也不保证是最新的，其他方可能会持有不同意见”；

（3）“接收人不能依赖函证中的信息”。

如果限制条款使注册会计师将回函作为可靠审计证据的程度受到了限制，则注册会计师可能需要执行额外的或替代审计程序。这些程序的性质和范围将取决于财务报表项目的性质、所测试的认定、限制条款的性质和实质，以及通过其他审计程序获取的相关证据等因素。如果注册会计师不能通过替代或额外的审计程序获取充分、适当的审计证据，注册会计师应当按照《中国注册会计师审计准则第 1502 号——在审计报告中发表非无保留意见》的规定，确定其对审计工作和审计意见的影响。

在特殊情况下，如果限制条款产生的影响难以确定，注册会计师可能认为要求被询证者澄清或寻求法律意见是适当的。

如果认为询证函回函不可靠，注册会计师应当评价其对评估的相关重大错报风险（包括舞弊风险），以及其他审计程序的性质、时间安排和范围的影响。例如，注册会计师可以通过直接打电话给被询证者等方式以验证回函的内容和来源。

需要特别关注的是，目前有些银行仍然没有严格执行实名开户的措施，企业有可能利用其员工或其他人的名义开具银行账户。在这种情况下，向银行寄发询证函并不能保证有关信息的完整性。另外，还有一些企业与银行或其他金融机构合谋，共同舞弊，提供虚假信息或其他证据，导致函证结果不可靠。因此，注册会计师应当在考虑舞弊导致的财务报表重大错报风险的基础上，适当选择函证的方式，谨慎分析和评价函证结果。

（四）对不符事项的处理

不符事项，是指被询证者提供的信息与询证函要求确认的信息不一致，或与被审计单位记录的信息不一致。注册会计师应当调查不符事项，以确定是否表明存在错报。

询证函回函中指出的不符事项可能显示财务报表存在错报或潜在错报。当识别出错报时，注册会计师需要根据《中国注册会计师审计准则第 1141 号——财务报表审计中与舞弊相关的责任》的规定评价该错报是否表明存在舞弊。不符事项可以为注册会计师判断来自类似的被询证者回函的质量及类似账户回函质量提供依据。不符事项还可能显示被审计单位与财务报告相关的内部控制存在缺陷。

某些不符事项并不表明存在错报。例如，注册会计师可能认为询证函回函的差异是由于函证程序的时间安排、计量或书写错误造成的。

（五）实施函证时需要关注的舞弊风险迹象以及采取的应对措施

在函证过程中，注册会计师需要始终保持职业怀疑，对舞弊风险迹象保持警觉。

1. 注册会计师需要关注的舞弊风险迹象。

与函证程序有关的舞弊风险迹象的情形包括：

（1）管理层不允许寄发询证函；

（2）管理层试图拦截、篡改询证函或回函，如坚持以特定的方式发送询证函；

（3）被询证者将回函寄至被审计单位，被审计单位将其转交注册会计师；

（4）注册会计师跟进访问被询证者，发现回函信息与被询证者记录不一致，例如，对银行的跟进访问表明提供给注册会计师的银行函证结果与银行的账面记录不一致；

（5）从私人电子信箱发送的回函；

（6）收到同一日期发回的、相同笔迹的多份回函；

（7）位于不同地址的多家被询证者的回函邮戳显示的发函地址相同；

（8）收到不同被询证者用快递寄回的回函，但快递的交寄人或发件人是同一个人或是被审计单位的员工；

（9）回函邮戳显示的发函地址与被审计单位记录的被询证者的地址不一致；

（10）不正常的回函率，例如，银行函证未回函；与以前年度相比，回函率异常偏高或回函率重大变动；向被审计单位债权人发送的询证函回函率很低；

（11）被询证者缺乏独立性。例如，被审计单位及其管理层能够对被询证者施加重大影响以使其向注册会计师提供虚假或误导信息（如被审计单位是被询证者唯一或重要的客户或供应商）；被询证者既是被审计单位资产的保管人又是资产的管理者。

2. 针对舞弊风险迹象注册会计师可以采取的应对措施。

针对舞弊风险迹象，注册会计师根据具体情况可以实施的审计程序的情形包括：

（1）验证被询证者是否存在、是否与被审计单位之间缺乏独立性，其业务性质和规模是否与被询证者和被审计单位之间的交易记录相匹配；

（2）将与从其他来源得到的被询证者的地址（如与被审计单位签订的合同上签署的地址、网络上查询到的地址）相比较，验证寄出方地址的有效性；

（3）将被审计单位档案中有关被询证者的签名样本、公司公章与回函核对；

（4）要求与被询证者相关人员直接沟通讨论询证事项，考虑是否有必要前往被询证者工作地点以验证其是否存在；

（5）分别在中期和期末寄发询证函，并使用被审计单位账面记录和其他相关信息核对相关账户的期间变动；

（6）考虑从金融机构获得被审计单位的信用记录，加盖该金融机构公章，并与被审计单位会计记录相核对，以证实是否存在被审计单位没有记录的贷款、担保、开立银行承兑汇票、信用证、保函等事项。根据金融机构的要求，注册会计师获取信用记录时可以考虑由被审计单位人员陪同前往。在该过程中，注册会计师需要注意确认该信用记录没有被篡改。

中国注册会计师协会针对近年来函证可靠性存在的问题，对注册会计师控制函证过程、评估函证结果可靠性提供了进一步指引。指引提示替代程序的局限性；针对函证实务中对回函差异调查处理不到位的问题，提示注册会计师对回函差异进行恰当的调查处理；对信息技术环境下注册会计师实施函证程序的创新方式也提供了细化指导。

第四节　分析程序

一、分析程序的目的

分析程序，是指注册会计师通过分析不同财务数据之间以及财务数据与非财务数据之间的内在关系，对财务信息作出评价。分析程序还包括在必要时对识别出的、与其他相关信息不一致或与预期值差异重大的波动或关系进行调查。

注册会计师实施分析程序的目的包括：

1. 用作风险评估程序，以了解被审计单位及其环境等方面情况。注册会计师实施风险评估程序的目的在于了解被审计单位及其环境等方面情况并评估财务报表层次和认定层次的重大错报风险。在风险评估过程中使用分析程序就是服务于这一目的。分析程序可以帮助注册会计师发现财务报表中的异常变化，或者预期发生而未发生的变化，识别存在潜在重大错报风险的领域。分析程序还可以帮助注册会计师发现财务状况或盈利能力发生变化的信息和征兆，识别那些表明被审计单位持续经营能力可能存在问题的事项。

2. 当使用分析程序比细节测试能更有效地将认定层次的检查风险降至可接受的水平时，分析程序可以用作实质性程序。在针对评估的重大错报风险实施进一步审计程序时，注册会计师可以将分析程序作为实质性程序的一种，单独或结合其他细节测试，收集充分、适当的审计证据。此时运用分析程序可以减少细节测试的工作量，节约审计成本，降低审计风险，使审计工作更有效率和效果。

3. 在临近审计结束时对财务报表进行总体复核。在临近审计结束时，注册会计师应当运用分析程序，在已收集的审计证据的基础上，对财务报表整体的合理性作最终把关，评价财务报表仍然存在重大错报而未被发现的可能性，考虑是否需要追加审计程序，以便为发表审计意见提供合理基础。

分析程序运用的不同目的，决定了分析程序运用的具体方法和特点。值得说明的是，注册会计师在风险评估阶段和临近审计结束时的总体复核阶段必须运用分析程序，在实施实质性程序阶段可选用分析程序。

二、用作风险评估程序

1. 总体要求。注册会计师在实施风险评估程序时，应当运用分析程序，以了解被审计单位及其环境等方面情况。如前所述，在实施风险评估程序时，运用分析程序的目的是了解被审计单位及其环境等方面情况并评估重大错报风险，注册会计师应当围绕这一目的运用分析程序。在这个阶段运用分析程序是强制要求。

2. 在风险评估程序中的具体运用。注册会计师在将分析程序用作风险评估程序时，应当遵守《中国注册会计师审计准则第1211号——重大错报风险的识别和评估》的相关规定。注册会计师可以将分析程序与询问、检查和观察程序结合运用，以获取对被审计单位及其环境等方面情况的了解，识别和评估财务报表层次及认定层次的重大错报风险。

在运用分析程序时，注册会计师应重点关注关键的账户余额、趋势和财务比率关系等方面，对其形成一个合理的预期，并与被审计单位记录的金额、依据记录金额计算的比率或趋势相比较。如果分析程序的结果显示的比率、比例或趋势与注册会计师对被审计单位及其环境等方面情况的了解不一致，并且被审计单位管理层无法提出合理的解释，或者无法取得相关的支持性文件证据，注册会计师应当考虑其是否表明被审计单位的财务报表存在重大错报风险。

例如，注册会计师根据对被审计单位及其环境等方面情况的了解，得知本期在生产成本中占较大比重的原材料成本大幅上升。因此，注册会计师预期在销售收入未有较大变化的情况下，由于销售成本的上升，毛利率应相应下降。但是，注册会计师通过分析程序发现，本期与上期的毛利率变化不大。注册会计师可能据此认为销售成本或销售收入存在重大错报风险，应对其给予足够的关注。

需要注意的是，注册会计师无需在了解被审计单位及其环境、适用的财务报告编制基础和内部控制体系各要素的每一方面时都实施分析程序。例如，在对内部控制的了解中，注册会计师一般不会运用分析程序。

3. 风险评估过程中运用的分析程序的特点。风险评估程序中运用分析程序的主要目的在于识别那些可能表明财务报表存在重大错报风险的异常变化。因此，所使用的数据汇总性比较强，其对象主要是财务报表中账户余额及其相互之间的关系；所使用的分析程序通常包括对账户余额变化的分析，并辅之以趋势分析和比率分析。

与实质性分析程序相比，在风险评估过程中使用的分析程序所进行比较的性质、预期值的精确程度，以及所进行的分析和调查的范围都并不足以提供充分、适当的审计证据。

三、用作实质性程序

1. 总体要求。注册会计师应当针对评估的认定层次重大错报风险设计和实施实质性程序。实质性程序包括对各类交易、账户余额和披露的细节测试以及实质性分析程序。

实质性分析程序是指用作实质性程序的分析程序，它与细节测试都可用于收集审计证据，以识别认定层次的重大错报。当使用分析程序比细节测试能更有效地将认定层次的检查风险降至可接受的水平时，注册会计师可以考虑单独或结合细节测试，运用实质性分析程序。实质性分析程序不仅是细节测试的一种补充，在某些审计领域，如果重大错报风险较低且数据之间具有稳定的预期关系，注册会计师可以单独使用实质性分析程序获取充分、适当的审计证据。

尽管分析程序有特定的作用，但并未要求注册会计师在实施实质性程序时必须使用分析程序。这是因为针对认定层次的重大错报风险，注册会计师实施细节测试而不实施分析程序，同样可能实现实质性程序的目的。另外，分析程序有其运用的前提和基础，它并不适用于所有的财务报表认定。

需要强调的是，相对于细节测试而言，实质性分析程序能够达到的精确度可能受到种种限制，所提供的证据在很大程度上是间接证据，证明力相对较弱。从审计过程整体来看，注册会计师不能仅依赖实质性分析程序，而忽略对细节测试的运用。

在设计和实施实质性分析程序时，无论单独使用或与细节测试结合使用，注册会计师都应当：

（1）考虑针对所涉及认定评估的重大错报风险和实施的细节测试（如有），确定特定实质性分析程序对这些认定的适用性；

（2）考虑可获得信息的来源、可比性、性质和相关性以及与信息编制相关的控制，评价在对已记录的金额或比率作出预期时使用数据的可靠性；

（3）对已记录的金额或比率作出预期，并评价预期值是否足够精确以识别重大错报（包括单项重大的错报和单项虽不重大但连同其他错报可能导致财务报表产生重大错报的错报)；

（4）确定已记录金额与预期值之间可接受的，且无需做进一步调查的差异额。

2. 确定实质性分析程序对特定认定的适用性。实质性分析程序通常更适用于在一段时期内存在预期关系的大量交易。分析程序的运用建立在这种预期的基础上，即数据之间的关系存在且在没有反证的情况下继续存在。然而，某一分析程序的适用性，取决于注册会计师评价该分析程序在发现某一错报单独或连同其他错报可能引起财务报表存在重大错报时的有效性。

在某些情况下，不复杂的预测模型也可以用于实施有效的分析程序。例如，如果被审计单位在某一会计期间对既定数量的员工支付固定工资，注册会计师可利用这一数据非常准确地估计出该期间的员工工资总额，从而获取有关该重要财务报表项目的审计证据，并降低对工资成本实施细节测试的必要性。一些广泛认同的行业比率（如不同类型零售企业的毛利率）通常可以有效地运用于实质性分析程序，为已记录金额的合理性提供支持性证据。

不同类型的分析程序提供不同程度的保证。例如，根据租金水平、公寓数量和空置率，可以测算出一幢公寓大楼的总租金收入。如果这些基础数据得到恰当的核实，上述分析程序能提供具有说服力的证据，从而可能无需利用细节测试再作进一步验证。相比之下，通过计算和比较毛利率，对于某项收入数据的确认，可以提供说服力相对较弱的审计证据，但如果结合实施其他审计程序，则可以提供有用的佐证。

对特定实质性分析程序适用性的确定，受到认定的性质和注册会计师对重大错报风险评估的影响。例如，如果针对销售订单处理的内部控制存在缺陷，对与应收账款相关的认定，注册会计师可能更多地依赖细节测试，而非实质性分析程序。

在针对同一认定实施细节测试时，特定的实质性分析程序也可能视为是适当的。例如，注册会计师在对应收账款余额的“准确性、计价和分摊”认定获取审计证据时，除了对期后收到的现金实施细节测试外，也可以对应收账款的账龄实施实质性分析程序，以确定应收账款的可收回性。

3. 数据的可靠性。注册会计师对已记录的金额或比率作出预期时，需要采用内部或外部的数据。

来自被审计单位内部的数据包括：（1）前期数据，并根据当期的变化进行调整；（2）当期的财务数据；（3）预算或预测；（4）非财务数据等。

外部数据包括：（1）政府有关部门发布的信息，如通货膨胀率、利率、税率，有关部门确定的进出口配额等；（2）行业监管者、贸易协会以及行业调查单位发布的信息，如行业平均增长率；（3）经济预测组织，包括某些银行发布的预测消息，如某些行业的业绩指标等；（4）公开出版的财务信息；（5）证券交易所发布的信息等。

数据的可靠性直接影响根据数据形成的预期值。数据的可靠性越高，预期的准确性也将越高，分析程序将更有效。注册会计师计划获取的保证水平越高，对数据可靠性的要求也就越高。

数据的可靠性受其信息来源和性质的影响，并取决于获取该数据的环境。因此，在确定数据的可靠性是否能够满足实质性分析程序的需要时，下列因素是相关的：

（1）可获得信息的来源。例如，从被审计单位以外的独立来源获取的信息可能更加可靠。

（2）可获得信息的可比性。例如，对于生产和销售特殊产品的被审计单位，可能需要对宽泛的行业数据进行补充，使其更具可比性。

（3）可获得信息的性质和相关性。例如，预算是否作为预期的结果，而不是作为将要达到的目标。

（4）与信息编制相关的控制，用以确保信息完整、准确和有效。例如，与预算的编制、复核和维护相关的控制。

当针对评估的风险实施实质性分析程序时，如果使用被审计单位编制的信息，注册会计师可能需要考虑测试与信息编制相关的控制（如有）的有效性。当这些控制有效时，注册会计师通常对该信息的可靠性更有信心，进而对分析程序的结果更有信心。对与非财务信息相关的控制运行有效性进行的测试，通常与对其他控制的测试结合在一起进行。例如，被审计单位对销售发票建立控制的同时，也可能对销售数量的记录建立控制。在这些情况下，注册会计师可以把两者的控制有效性测试结合在一起进行。或者，注册会计师可以考虑该信息是否需要经过测试。

上述测试的结果有助于注册会计师就该信息的准确性和完整性获取审计证据，以更好地判断分析程序使用的数据是否可靠。如果注册会计师通过测试获知与信息编制相关的控制运行有效，或信息在本期或前期经过审计，该信息的可靠性将更高。

4. 评价预期值的准确程度。准确程度是对预期值与真实值之间接近程度的度量，也称精确度。分析程序的有效性很大程度上取决于注册会计师形成的预期值的准确性。预期值的准确性越高，注册会计师通过分析程序获取的保证水平将越高。

在评价作出预期的准确程度是否足以在计划的保证水平上识别重大错报时，注册会计师应当考虑下列主要因素：

（1）对实质性分析程序的预期结果作出预测的准确性。例如，与各年度的研究开发和广告费用支出相比，注册会计师通常预期各期的毛利率更具有稳定性。

（2）信息可分解的程度。信息可分解的程度是指用于分析程序的信息的详细程度，如按月份或地区分部分解的数据。通常，数据的可分解程度越高，预期值的准确性越高，注册会计师将相应获取较高的保证水平。当被审计单位经营复杂或多元化时，分解程度高的详细数据更为重要。

数据需要具体到哪个层次受被审计单位性质、规模、复杂程度及记录详细程度等因素的影响。如果被审计单位从事多个不同的行业，或者拥有非常重要的子公司，或者在多个地点进行经营活动，注册会计师可能需要考虑就每个重要的组成部分分别取得财务信息。但是，注册会计师也应当考虑分解程度高的数据的可靠性。例如，季度数据可能因为未经审计或相关控制相对较少，其可靠性将不如年度数据。

（3）财务和非财务信息的可获得性。在设计实质性分析程序时，注册会计师应考虑是否可以获得财务信息（如预算和预测）以及非财务信息（如已生产或已销售产品的数量），以有助于运用分析程序。

5. 已记录金额与预期值之间可接受的差异额。预期值只是一个估计数据，大多数情况下与已记录金额并不一致。为此，在设计和实施实质性分析程序时，注册会计师应当确定已记录金额与预期值之间可接受的差异额。

注册会计师在确定已记录金额与预期值之间可接受的，且无需做进一步调查的差异额时，受重要性和计划的保证水平的影响。在确定该差异额时，注册会计师需要考虑一项错报单独或连同其他错报导致财务报表发生重大错报的可能性。

注册会计师评估的风险越高，越需要获取有说服力的审计证据。因此，为了获取具有说服力的审计证据，当评估的风险增加时，可接受的、无需做进一步调查的差异额将会降低。

如果在期中实施实质性程序，并计划针对剩余期间实施实质性分析程序，注册会计师应当考虑实质性分析程序对特定认定的适用性、数据的可靠性、评价预期值的准确程度以及可接受的差异额，并评估这些因素如何影响针对剩余期间获取充分、适当的审计证据的能力。注册会计师还应考虑某类交易的期末累计发生额或账户期末余额在金额、相对重要性及构成方面能否被合理预期。如果认为仅实施实质性分析程序不足以收集充分、适当的审计证据，注册会计师还应测试剩余期间相关控制运行的有效性或针对期末实施细节测试。

四、用于总体复核

1. 总体要求。在临近审计结束时，注册会计师运用分析程序的目的是确定财务报表整体是否与其对被审计单位的了解一致，注册会计师应当围绕这一目的运用分析程序。这时运用分析程序是强制要求，注册会计师在这个阶段应当运用分析程序。

2. 总体复核阶段分析程序的特点。在总体复核阶段执行分析程序，所进行的比较和使用的手段与风险评估程序中使用的分析程序基本相同，但两者的目的不同。在总体复核阶段实施的分析程序主要在于强调并解释财务报表项目自上个会计期间以来发生的重大变化，以证实财务报表中列报的所有信息与注册会计师对被审计单位及其环境等方面情况的了解一致，与注册会计师取得的审计证据一致。因此，两者的主要差别在于实施分析程序的时间和重点不同，以及所取得的数据的数量和质量不同。另外，因为在总体复核阶段实施的分析程序并非为了对特定交易类别、账户余额和披露提供实质性的保证水平，因此并不如实质性分析程序那样详细和具体，而往往集中在财务报表层次。

3. 再评估重大错报风险。在运用分析程序进行总体复核时，如果识别出以前未识别的重大错报风险，注册会计师应当重新考虑对全部或部分各类交易、账户余额和披露评估的风险是否恰当，并在此基础上重新评价之前计划的审计程序是否充分，是否有必要追加审计程序。

第四章　审计抽样方法

注册会计师为获取充分、适当的审计证据，需要选取项目进行测试。选取方法包括三种：一是对某总体包含的全部项目进行测试（比如对资本公积项目）；二是对选出的特定项目进行测试，但不推断总体；三是审计抽样，以样本结果推断总体结论。随着企业规模的扩大和经营复杂程度的不断上升，注册会计师对每一笔交易进行检查变得既不可行，也没有必要。为了在合理的时间内以合理的成本完成审计工作，审计抽样应运而生。审计抽样旨在帮助注册会计师确定实施审计程序的范围，以获取充分、适当的审计证据，得出合理的结论，作为形成审计意见的基础。

第一节　审计抽样的相关概念

一、审计抽样

（一）审计抽样的概念

审计抽样是指注册会计师对具有审计相关性的总体中低于百分之百的项目实施审计程序，使所有抽样单元都有被选取的机会，为注册会计师针对整个总体得出结论提供合理基础。审计抽样能够使注册会计师获取和评价有关所选取项目某一特征的审计证据，以形成或有助于形成有关总体的结论。总体，是指注册会计师从中选取样本并期望据此得出结论的整个数据集合。抽样单元，则是指构成总体的个体项目。

抽样是一个适用性较广的方法，不仅注册会计师执行审计工作时使用抽样，意见调查、市场分析或科学研究都可能用到抽样。但是审计抽样不同于其他行业的抽样，例如，审计抽样可能为某账户余额的准确性提供进一步佐证证据，注册会计师通常只需要评价该账户余额是否存在重大错报，而不需要确定其初始金额，这些初始金额在审计抽样开始之前已由被审计单位记录并汇总完毕。而在运用抽样方法进行意见调查、市场分析或科学研究时，类似的初始数据在抽样开始之前通常并未得到累积、编制或汇总。

（二）审计抽样的特征

审计抽样应当同时具备三个基本特征：（1）对具有审计相关性的总体中低于百分之

百的项目实施审计程序；（2）所有抽样单元都有被选取的机会；（3）可以根据样本项目的测试结果推断出有关总体的结论。

审计抽样时，注册会计师应确定适合于特定审计目标的总体，并从中选取低于百分之百的项目实施审计程序。在某些情况下，注册会计师可能决定测试某类交易或账户余额中的每一个项目，即针对总体进行百分之百的测试，这就是通常所说的全查，而不是审计抽样。

审计抽样时，所有抽样单元都应有被选取成为样本的机会，注册会计师不能存有偏向，只挑选具备某一特征的项目（例如，金额大或账龄长的应收账款）进行测试。如果只选取特定项目实施审计程序，这不是审计抽样。在这种情形下，注册会计师只能针对这些特定项目得出结论，而不能根据特定项目的测试结果推断总体的特征。

审计抽样时，注册会计师的目的并不是评价样本，而是对整个总体得出结论。如果注册会计师从某类交易或账户余额中选取低于百分之百的项目实施审计程序，却不准备据此推断总体的特征，例如，注册会计师挑选几笔交易，追查其在被审计单位会计系统中的运行轨迹，以获取对被审计单位内部控制的总体了解，而不是评价该类交易的整体特征，这就不是审计抽样。

值得关注的是，只有当从总体中选取的样本具有代表性时，注册会计师才能根据样本项目的测试结果推断出有关总体的结论。代表性，是指在既定的风险水平下，注册会计师根据样本得出的结论，与对整个总体实施与样本相同的审计程序得出的结论类似。样本具有代表性并不意味着根据样本测试结果推断的错报一定与总体中的错报完全相同，如果样本的选取是无偏向的，该样本通常就具有了代表性。代表性与整个样本相关，与样本中的单个项目无关；与如何选取样本相关，与样本规模无关；与错报的发生率相关，与错报的特定性质无关，比如，异常误差就不具有代表性。

（三）审计抽样的适用性

审计抽样并非在所有审计程序中都可使用。注册会计师拟实施的审计程序将对运用审计抽样产生重要影响。在风险评估程序、控制测试和实质性程序中，有些审计程序可以使用审计抽样，有些审计程序则不宜使用审计抽样。

风险评估程序通常不涉及审计抽样。如果注册会计师在了解控制的设计和确定控制是否得到执行的同时计划和实施控制测试，则可能涉及审计抽样，但此时审计抽样仅适用于控制测试。

当控制的运行留下轨迹时，注册会计师可以考虑使用审计抽样实施控制测试。对于未留下运行轨迹的控制，注册会计师通常实施询问、观察等审计程序，以获取有关控制运行有效性的审计证据，此时不宜使用审计抽样。此外，在被审计单位采用信息技术处理各类交易及其他信息时，注册会计师通常只需要测试信息技术一般控制，并从各类交易中选取一笔或几笔交易进行测试，就能获取有关信息处理控制运行有效性的审计证据，此时不需使用审计抽样。

实质性程序包括对各类交易、账户余额和披露的细节测试，以及实质性分析程序。在实施细节测试时，注册会计师可以使用审计抽样获取审计证据，以验证有关财务报表金额的一项或多项认定（如应收账款的“存在”认定），或对某些金额作出独立估计

（如存货的价值）。实施实质性分析程序时，注册会计师的目的不是根据样本项目的测试结果推断有关总体的结论，因而不宜使用审计抽样。

审计抽样可以与其他选取测试项目的方法结合进行。例如，在审计应收账款时，注册会计师可以使用选取特定项目的方法将应收账款中的单个重大项目挑选出来单独测试，再针对剩余的应收账款余额进行抽样。

二、抽样风险和非抽样风险

在获取审计证据时，注册会计师应当运用职业判断，评估重大错报风险，并设计进一步审计程序，以将审计风险降至可接受的低水平。在使用审计抽样时，审计风险既可能受到抽样风险的影响，又可能受到非抽样风险的影响。抽样风险和非抽样风险在重大错报风险的评估和检查风险的确定过程中均可能涉及。

（一）抽样风险

抽样风险，是指注册会计师根据样本得出的结论，不同于对整个总体实施与样本相同的审计程序得出的结论的可能性。抽样风险是由抽样引起的，与样本规模和抽样方法相关。

1. 控制测试中的抽样风险。

控制测试中的抽样风险包括信赖过度风险和信赖不足风险。信赖过度风险是指推断的控制有效性高于其实际有效性的可能性，也可以说，尽管样本结果支持注册会计师计划信赖内部控制的程度，但实际偏差率不支持该信赖程度的风险。信赖过度风险与审计的效果有关。如果注册会计师评估的控制有效性高于其实际有效性，从而导致评估的重大错报风险水平偏低，注册会计师可能不适当地减少从实质性程序中获取的证据，因此审计的有效性下降。对于注册会计师而言，信赖过度风险更容易导致注册会计师发表不恰当的审计意见，因而更应予以关注。

相反，信赖不足风险是指推断的控制有效性低于其实际有效性的可能性，也可以说，尽管样本结果不支持注册会计师计划信赖内部控制的程度，但实际偏差率支持该信赖程度的风险。信赖不足风险与审计的效率有关。当注册会计师评估的控制有效性低于其实际有效性时，评估的重大错报风险水平高于实际水平，注册会计师可能会增加不必要的实质性程序。在这种情况下，审计效率可能降低。

2. 细节测试中的抽样风险。

在实施细节测试时，注册会计师也要关注两类抽样风险：误受风险和误拒风险。误受风险是指注册会计师推断某一重大错报不存在而实际上存在的可能性。如果账面金额实际上存在重大错报而注册会计师认为其不存在重大错报，注册会计师通常会停止对该账面金额继续进行测试，并根据样本结果得出账面金额无重大错报的结论。与信赖过度风险类似，误受风险影响审计效果，容易导致注册会计师发表不恰当的审计意见，因此注册会计师更应予以关注。

误拒风险是指注册会计师推断某一重大错报存在而实际上不存在的可能性。与信赖不足风险类似，误拒风险影响审计效率。如果账面金额不存在重大错报而注册会计师认为其存在重大错报，注册会计师会扩大细节测试的范围并考虑获取其他审计证据，最终注册会计师会得出恰当的结论。在这种情况下，审计效率可能降低。

也就是说，无论在控制测试还是在细节测试中，抽样风险都可以分为两种类型：一类是影响审计效果的抽样风险，包括控制测试中的信赖过度风险和细节测试中的误受风险；另一类是影响审计效率的抽样风险，包括控制测试中的信赖不足风险和细节测试中的误拒风险。相较于影响审计效率的抽样风险，注册会计师更应关注影响审计效果的抽样风险。

只要使用了审计抽样，抽样风险总会存在。抽样风险与样本规模是反向变动关系：样本规模越小，抽样风险越大；样本规模越大，抽样风险越小。无论是控制测试还是细节测试，注册会计师都可以通过扩大样本规模降低抽样风险。如果对总体中的所有项目都实施检查，就不存在抽样风险。

（二）非抽样风险

非抽样风险，是指注册会计师由于任何与抽样风险无关的原因而得出错误结论的可能性。注册会计师即使对某类交易或账户余额的所有项目实施审计程序，也可能仍未能发现重大错报或控制失效。在审计过程中，可能导致非抽样风险的原因主要包括下列情形：

1. 注册会计师选择了不适于实现特定目标的审计程序。例如，注册会计师依赖应收账款函证来揭露未入账的应收账款。

2. 注册会计师选择的总体不适合于测试目标。例如，注册会计师在测试销售收入的“完整性”认定时将主营业务收入日记账界定为总体。

3. 注册会计师未能适当地定义误差（包括控制偏差或错报），导致注册会计师未能发现样本中存在的控制偏差或错报。例如，注册会计师在测试现金支付授权控制的有效性时，未将签字人未得到适当授权的情况界定为控制偏差。

4. 注册会计师未能适当地评价审计发现的情况。例如，注册会计师错误解读审计证据可能导致没有发现误差。注册会计师对所发现误差的重要性的判断有误，从而忽略了性质十分重要的误差，也可能导致得出不恰当的结论。

非抽样风险是由人为因素造成的，虽然难以量化非抽样风险，但通过采取适当的质量管理政策和程序，对审计工作进行适当的指导、监督和复核，仔细设计审计程序，以及对审计实务的适当改进，注册会计师可以将非抽样风险降至可接受的水平。

三、统计抽样和非统计抽样

所有的审计抽样都需要注册会计师运用职业判断，计划并实施抽样程序，评价样本结果。审计抽样时，注册会计师既可以使用统计抽样方法，也可以使用非统计抽样方法。

（一）统计抽样

统计抽样，是指同时具备下列特征的抽样方法：（1）随机选取样本项目；（2）运用概率论评价样本结果，包括计量抽样风险。如果注册会计师严格按照随机原则选取样本，却没有对样本结果进行统计评估，或者基于非随机选样进行统计评估，都不能认为使用了统计抽样。

统计抽样有助于注册会计师高效地设计样本，计量所获取证据的充分性，以及定量评价样本结果。但统计抽样又可能发生额外的成本。首先，统计抽样需要特殊的专业技能，因此使用统计抽样需要增加额外的支出对注册会计师进行培训。其次，统计抽样要求单个样本项目符合统计要求，这些也可能需要支出额外的费用。使用审计抽样软件能够适当降低统计抽样的成本。

（二）非统计抽样

不同时具备统计抽样两个基本特征的抽样方法为非统计抽样。统计抽样能够客观地计量抽样风险，并通过调整样本规模精确地控制风险，这是与非统计抽样最重要的区别。不计量抽样风险的抽样方法都是非统计抽样，即便注册会计师按照随机原则选取样本项目，或使用统计抽样的表格确定样本规模，如果没有对样本结果进行统计评估，仍然是非统计抽样。注册会计师使用非统计抽样时，也必须考虑抽样风险并将其降至可接受水平，但无法精确地测定抽样风险。

注册会计师在统计抽样与非统计抽样方法之间进行选择时主要考虑成本效益。不管统计抽样还是非统计抽样，两种方法都要求注册会计师在设计、选取和评价样本时运用职业判断。如果设计适当，非统计抽样也能提供与统计抽样方法同样有效的结果。

另外，对选取的样本项目实施的审计程序通常与使用的抽样方法无关。

四、属性抽样和变量抽样

属性抽样和变量抽样都是统计抽样方法。

（一）属性抽样

属性抽样是一种用来对总体中某一事件发生率得出结论的统计抽样方法。属性抽样在审计中最常见的用途是测试某一既定控制的偏差率，以支持注册会计师评估的控制风险水平。无论交易的规模如何，针对某类交易的既定控制预期将以同样的方式运行。因此，在属性抽样中，既定控制的每一次发生或偏离都被赋予同样的权重，而不管交易的金额大小。

（二）变量抽样

变量抽样是一种用来对总体金额得出结论的统计抽样方法。变量抽样通常要回答下列问题：金额是多少？或账户是否存在重大错报？变量抽样在审计中的主要用途是进行细节测试，以确定记录金额是否合理。

一般而言，属性抽样得出的结论与总体发生率有关，而变量抽样得出的结论与总体的金额有关。但有一个例外，即变量抽样中的货币单元抽样，却运用属性抽样的原理得出以金额表示的结论。

第二节 审计抽样在控制测试中的应用

在控制测试中应用审计抽样有两种方法。一种是发现抽样。这种方法在注册会计师预计控制高度有效时可以使用，以证实控制的有效性。在发现抽样中，注册会计师使用的预计总体偏差率是0。在检查样本时，一旦发现一个控制偏差就立即停止抽样。如果在样本中没有发现控制偏差，则可以得出总体偏差率可以接受的结论。另一种是属性估计抽样，用以估计被测试控制的偏差发生率，或控制未有效运行的频率。本节以第二种方法为主。

在控制测试中使用审计抽样可以分为样本设计、选取样本和评价样本结果三个阶段，通常需要考虑下列问题：（1）测试目标和相关认定是什么？（2）如何定义总体？总体是否完整？从中选取样本的总体与根据样本结果推断特征的总体是否相同？（3）如何定义控制偏差？（4）如何从总体中抽样？包括确定抽样计划、抽样单元和抽样方法。（5）样本规模是多少？（6）如何评价并解释抽样结果？

一、样本设计阶段

（一）确定测试目标

注册会计师实施控制测试的目标是提供关于控制运行有效性的审计证据，以支持计划的重大错报风险评估水平。因此，控制测试主要关注：（1）控制在所审计期间的相关时点是如何运行的；（2）控制是否得到一贯执行；（3）控制由谁或以何种方式执行。

注册会计师应当首先针对某项认定详细了解控制目标和内部控制政策与程序之后，方可确定从哪些方面获取关于控制是否有效运行的审计证据。

（二）定义总体

总体，是指注册会计师从中选取样本并期望据此得出结论的整个数据集合。注册会计师在界定总体时，应当确保总体的适当性和完整性。

1. 适当性。总体应适合于特定的审计目标，包括适合于测试的方向。例如，要测试用以保证所有发运商品都已开单的控制是否有效运行，注册会计师从已开单的项目中抽取样本不能发现控制偏差，因为该总体不包含那些已发运但未开单的项目。为发现这种控制偏差，将所有已发运的项目作为总体通常比较适当。又如，要测试现金支付授权控制是否有效运行，如果从已得到授权的项目中抽取样本，注册会计师不能发现控制偏差，因为该总体不包含那些已支付但未得到授权的项目。

2. 完整性。注册会计师应当从总体项目内容和涉及时间等方面确定总体的完整性。例如，如果注册会计师从档案中选取付款证明，除非确信所有的付款证明都已归档，否则注册会计师不能对该期间的所有付款证明得出结论。又如，如果注册会计师对某一控制活动在财务报告期间是否有效运行得出结论，总体应包括来自整个报告期间的所有相关项目。

在控制测试中，注册会计师还必须考虑总体的同质性。同质性是指总体中的所有项目应具有同样的特征。例如，如果被审计单位的出口和内销业务的处理方式不同，注册会计师应分别评价两种不同的控制情况，因而出现两个独立的总体。又如，虽然被审计单位的所有分支机构的经营可能都相同，但每个分支机构是由不同的人运行。如果注册会计师对每个分支机构的内部控制和员工感兴趣，可以将每个分支机构作为一个独立的总体对待。另外，如果注册会计师关心的不是单个分支机构而是被审计单位整体的经营，且各分支机构的控制具有足够的相同之处，就可以将被审计单位视为一个单独的总体。

需要关注的是，被审计单位在被审计期间可能改变某个特定控制。如果某控制（旧控制）被用于实现相同控制目标的另一控制（新控制）所取代，注册会计师需要确定是否测试这两个控制的运行有效性，或只测试新控制。例如，如果注册会计师需要就与销售交易相关的控制的运行有效性获取证据，以支持重大错报风险的评估水平，且预期新、旧控制都是有效的，注册会计师可以将被审计期间的所有销售交易作为一个总体。在新控制与旧控制差异很大时，也可以分别进行测试，因而出现两个独立的总体。不过，如果注册会计师对重大错报风险的评估主要取决于控制在被审计期间的后期或截至某个特定时点的有效运行，也可能主要测试新控制，而对旧控制不进行测试或仅进行少量测试，此时，新控制针对的销售交易是一个独立的总体。

（三）定义抽样单元

注册会计师定义的抽样单元应与审计测试目标相适应。抽样单元通常是能够提供控制运行证据的一份文件资料、一个记录或其中一行，每个抽样单元构成了总体中的一个项目。在控制测试中，注册会计师应根据被测试的控制定义抽样单元。例如，如果测试目标是确定付款是否得到授权，且既定控制要求付款之前授权人在付款单据上签字，抽样单元可能被定义为每一张付款单据。如果一张付款单据包含了对几张发票的付款，且既定控制要求每张发票分别得到授权，那么付款单据上与发票对应的一行就可能被定义为抽样单元。

对抽样单元的定义过于宽泛可能导致缺乏效率。例如，如果注册会计师将发票作为抽样单元，就必须对发票上的所有项目进行测试。如果注册会计师将发票上的每一行作为抽样单元，则只需对被选取的行所代表的项目进行测试。如果定义抽样单元的两种方法都适合于测试目标，将每一行的项目作为抽样单元可能效率更高。

（四）定义控制偏差的构成条件

注册会计师应根据对内部控制的了解，确定哪些特征能够显示被测试控制的运行情况，然后据此定义控制偏差的构成条件。在控制测试中，控制偏差是指偏离对既定控制的预期执行。在评估控制运行的有效性时，注册会计师应当考虑其认为必要的所有环节。例如，既定控制要求每笔支付都应附有发票、收据、验收报告和订购单等证明文件，且均盖上“已付”戳记。注册会计师认为盖上“已付”戳记的发票和验收报告足以显示控制的适当运行。在这种情况下，控制偏差可能被定义为缺乏盖有“已付”戳记的发票和验收报告等证明文件的款项支付。

（五）定义测试期间

注册会计师通常在期中实施控制测试。由于期中测试获取的证据只与控制截至期中测试时点的运行有关，注册会计师需要确定如何获取关于剩余期间的证据。注册会计师可以有两种做法：（1）将测试扩展至在剩余期间发生的交易，以获取额外的证据。（2）不将测试扩展至在剩余期间发生的交易。

1. 将测试扩展至在剩余期间发生的交易，以获取额外的证据。在这种情况下，总体由整个被审计期间的所有交易组成。

（1）初始测试。注册会计师可能将总体定义为包括整个被审计期间的交易，但在期中实施初始测试。在这种情况下，注册会计师可能估计总体中剩余期间将发生的交易的数量，并在期末审计时对所有发生在期中测试之后的被选取交易进行检查。例如，如果被审计单位在当年的前10个月开具了编号1~10 000的发票，注册会计师可能估计，根据企业的经营周期，剩下两个月中将开具2 500张发票；因此注册会计师在选取所需的样本时用1~12 500作为编号。所选取的发票中，编号小于或等于10 000的样本项目在期中审计时进行检查，剩余的样本项目将在期末审计时进行检查。

（2）估计总体的特征。在估计总体规模时，注册会计师可能考虑上年同期的实际情况、变化趋势以及经营性质等因素。在实务中，一方面，注册会计师可能高估剩余项目的数量。年底时如果部分被选取的编号对应的交易没有发生（由于实际发生的交易数量低于预计数量），可以用其他交易代替。考虑到这种可能性，注册会计师可能希望比最低样本规模稍多选取一些项目，对多余的项目只在需要作为替代项目时才进行检查。

另一方面，注册会计师也可能低估剩余项目的数量。如果剩余项目的数量被低估，一些交易将没有被选取的机会，因此，样本不能代表注册会计师所定义的总体。在这种情况下，注册会计师可以重新定义总体，将样本中未包含的项目排除在新的总体之外。对未包含在重新定义总体中的项目，注册会计师可以实施替代程序，例如，将这些项目作为一个独立的样本进行测试，或对其进行百分之百的检查，或询问剩余期间的情况。注册会计师应判断各种替代程序的效率和效果，并据此选择适合于具体情况的方法。

在许多情况下，注册会计师可能不需等到审计期间结束，就能得出关于控制的运行有效性是否支持其计划评估的重大错报风险水平的结论。在对选取的交易进行期中测试时，注册会计师发现的控制偏差可能足以使其得出结论：即使在发生于期中测试以后的交易中未发现任何控制偏差，控制也不能支持计划评估的重大错报风险水平。在这种情况下，注册会计师可能决定不将样本扩展至期中测试以后发生的交易，而是相应地修正计划的重大错报风险评估水平和实质性程序。

2. 不将测试扩展至在剩余期间发生的交易。在这种情况下，总体只包括从年初到期中测试日为止的交易，测试结果也只能针对这个期间进行推断，注册会计师可以使用替代方法测试剩余期间的控制有效性。

在确定是否需要针对剩余期间获取额外证据以及获取哪些证据时，注册会计师通常考虑下列因素：（1）评估的认定层次重大错报风险的严重程度；（2）在期中测试的特定控制和测试结果，以及自期中测试后控制发生的重大变动；（3）在期中对有关控制运行有效性获取的审计证据的程度；（4）剩余期间的长度；（5）在信赖控制的基础上拟缩小实质性程序的范围；（6）控制环境。

注册会计师应当获取与控制在剩余期间发生的所有重大变化的性质和程度有关的证据，包括其人员的变化。如果发生了重大变化，注册会计师应修正其对内部控制的了解，并考虑对变化后的控制进行测试。或者，注册会计师也可以考虑对剩余期间实施实质性分析程序或细节测试。

二、选取样本阶段

（一）确定抽样方法

选取样本时，只有从总体中选出具有代表性的样本项目，注册会计师才能根据样本的测试结果推断有关总体的结论。因此，不管使用统计抽样还是非统计抽样，在选取样本项目时，注册会计师应当使总体中的每个抽样单元都有被选取的机会。在统计抽样中，注册会计师有必要使用适当的随机选样方法，如简单随机选样或系统随机选样。在非统计抽样中，注册会计师通常使用近似于随机选样的方法，如随意选样。计算机辅助审计技术（CAAT）可以提高选样的效率。选取样本的基本方法包括简单随机选样、系统选样、随意选样和整群选样。

1. 简单随机选样。使用这种方法，相同数量的抽样单元组成的每种组合被选取的概率都相等。注册会计师可以使用计算机或随机数表获得所需的随机数，选取匹配的随机样本。

简单随机选样在统计抽样和非统计抽样中均适用。

2. 系统选样。使用这种方法，注册会计师需要确定选样间隔，即用总体中抽样单元的总数量除以样本规模，得到样本间隔，然后在第一个间隔中确定一个随机起点，从这个随机起点开始，按照选样间隔，从总体中顺序选取样本。例如，如果销售发票的总体范围是652～3 151，设定的样本量是125，那么选样间距为20[（3 152－652）÷125]。注册会计师必须从第一个间隔（652～671）中随机选取一个样本项目，作为抽样起点。如果随机起点是661，那么其余的124个项目是681(661＋20)，701(681＋20)……依此类推，直至第3 141号。

使用系统选样方法，总体中的每一个抽样单元被选取的机会都相等，当从总体中人工选取样本时，这种方法尤为方便。但是，使用系统选样方法要求总体必须是随机排列的，如果抽样单元在总体内的分布具有某种规律性，则样本的代表性就可能较差，容易发生较大的控制偏差。例如，某建筑公司的员工工资清单按照项目组分类，每个项目组的工资均按照1个项目负责人和9个项目组成员的顺序排列，如果将员工工资清单作为总体，选样间隔为10，随着随机起点的不同，选择的样本要么包括所有的项目负责人，要么一个项目负责人都不包括。样本无法同时包括项目负责人和项目组成员，自然不具代表性。

为克服系统选样法的这一缺点，可采用两种办法：一是增加随机起点的个数；二是在确定选样方法之前对总体特征的分布进行观察。如发现总体特征的分布呈随机分布，则采用系统选样法；否则，可考虑使用其他选样方法。

系统选样可以在非统计抽样中使用，也可适用于统计抽样。

3. 随意选样。使用这种方法并不意味着注册会计师可以漫不经心地选择样本，注册会计师要避免任何有意识的偏向或可预见性（如回避难以找到的项目，或总是选择或回避每页的第一个或最后一个项目），从而保证总体中的所有项目都有被选中的机会，使选择的样本具有代表性。

随意选样仅适用于非统计抽样。在使用统计抽样时，运用随意选样是不恰当的，因为注册会计师无法量化选取样本的概率。

4. 整群选样。使用这种方法，注册会计师从总体中选取一群（或多群）连续的项目。例如，总体为20××年的所有付款单据，从中选取2月3日、5月17日和7月19日这三天的所有付款单据作为样本。整群选样通常不能在审计抽样中使用，因为大部分总体的结构都使连续的项目之间可能具有相同的特征，但与总体中其他项目的特征不同。虽然在有些情况下注册会计师检查一群项目可能是适当的审计程序，但当注册会计师希望根据样本作出有关整个总体的有效推断时，极少将整群选样作为适当的选样方法。

（二）确定样本规模

样本规模是指从总体中选取样本项目的数量。在审计抽样中，如果样本规模过小，就不能反映出审计对象总体的特征，注册会计师就无法获取充分的审计证据，其审计结论的可靠性就会大打折扣，甚至可能得出错误的审计结论。因此，注册会计师应当确定足够的样本规模，以将抽样风险降至可接受的低水平。相反，如果样本规模过大，则会增加审计工作量，造成不必要的时间和人力上的浪费，加大审计成本，降低审计效率，就会失去审计抽样的意义。

1. 影响样本规模的因素。在控制测试中影响样本规模的因素如下：

（1）可接受的抽样风险。控制测试中的抽样风险包括信赖不足风险和信赖过度风险。

信赖不足风险与审计效率有关。对于信赖不足风险，如果控制测试中的样本结果不支持计划的重大错报风险评估水平，注册会计师可以实施其他的控制测试以支持计划的重大错报风险评估水平，或根据测试结果提高重大错报风险评估水平。由于有机会实施补充审计程序或基于谨慎考虑而提高重大错报风险评估水平（使注册会计师据此采取更多、更有效的应对措施），因此，对控制信赖不足虽导致审计过度而影响审计效率，但给注册会计师审计工作造成的影响较小。

信赖过度风险与审计效果有关。与信赖不足风险相比，信赖过度风险更容易导致注册会计师发表不恰当的审计意见，因此在实施控制测试时，注册会计师主要关注信赖过度风险。影响注册会计师可以接受的信赖过度风险的因素包括：①该控制所针对的风险的重要性；②控制环境的评估结果；③针对风险的控制程序的重要性；④证明该控制能够防止、发现和改正认定层次重大错报的审计证据的相关性和可靠性；⑤控制的叠加程度，是否存在可以共同实现某一控制目标的多个控制；⑥在与某认定有关的其他控制的测试中获取的证据的范围；⑦对控制的观察和询问所获得的答复可能不能准确反映该控制得以持续适当运行的风险。

可接受的信赖过度风险与样本规模是反向变动关系。注册会计师愿意接受的信赖过度风险越低，样本规模通常越大。反之，注册会计师愿意接受的信赖过度风险越高，样本规模越小。由于控制测试是控制是否有效运行的主要证据来源，因此，可接受的信赖过度风险应确定在相对较低的水平上。通常，相对较低的水平在数量上是指5%～10%的信赖过度风险。注册会计师一般将信赖过度风险确定为10%，特别重要的测试则可以将信赖过度风险确定为5%。在实务中，注册会计师通常对所有控制测试确定一个统一的可接受信赖过度风险水平，然后对每一测试根据计划的重大错报风险评估水平和控制有效性分别确定其可容忍偏差率。

（2）可容忍偏差率。在控制测试中，可容忍偏差率是指注册会计师设定的偏离规定的内部控制的比率，注册会计师试图对总体中的实际偏差率不超过该比率获取适当水平的保证。换言之，可容忍偏差率是注册会计师能够接受的最大控制偏差数量，如果控制偏差超过这一数量则减少或取消对内部控制的信赖。

可容忍偏差率与样本规模是反向变动关系。在确定可容忍偏差率时，注册会计师应考虑计划评估的控制有效性。计划评估的控制有效性越低，注册会计师确定的可容忍偏差率通常越高，所需的样本规模就越小。一个很高的可容忍偏差率通常意味着，控制的运行不会大大降低相关实质性程序的程度。在这种情况下，由于注册会计师预期控制运行的有效性很低，特定的控制测试可能不需进行。反之，如果注册会计师在评估认定层次重大错报风险时预期控制的运行是有效的，注册会计师需要实施控制测试。换言之，注册会计师在风险评估时越依赖控制运行的有效性，确定的可容忍偏差率越低，进行控制测试的范围越大，因而样本规模增加。

偏离既定的内部控制将增加重大错报风险，但不是所有的偏离都一定导致财务报表出现重大错报。因此，本章第三节所描述的在与细节测试中设定的可容忍错报相比，注册会计师通常为控制测试设定相对较高的可容忍偏差率。在实务中，注册会计师通常认为，当偏差率为3% ~7%时，控制有效性的估计水平较高；可容忍偏差率最高为20%，偏差率超过20%时，由于估计控制运行无效，注册会计师不需进行控制测试。当估计控制运行有效时，如果注册会计师确定的可容忍偏差率较高就被认为不恰当。表4－1列示了可容忍偏差率与计划评估的控制有效性之间的关系。

表4－1　　可容忍偏差率和计划评估的控制有效性之间的关系

计划评估的控制有效性	可容忍偏差率（近似值，%）
高	3 ~7
中	6 ~12
低	11 ~20
最低	不进行控制测试

（3）预计总体偏差率。对于控制测试，注册会计师在考虑总体特征时，需要根据对相关控制的了解或对总体中少量项目的检查来评估预计总体偏差率。注册会计师可以根据上年测试结果、内部控制的设计和控制环境等因素对预计总体偏差率进行评估。在考虑上年测试结果时，应考虑被审计单位内部控制和人员的变化。在实务中，如果以前年度的审计结果无法取得或认为不可靠，注册会计师可以在总体中选取一个较小的初始样本，以初始样本的偏差率作为预计总体偏差率的估计值。

预计总体偏差率与样本规模是同向变动关系。在既定的可容忍偏差率下，预计总体偏差率越高，所需的样本规模越大。预计总体偏差率不应超过可容忍偏差率，如果预计总体偏差率高得无法接受，意味着控制有效性很低，注册会计师通常决定不实施控制测试，而实施更多的实质性程序。

（4）总体规模。除非总体非常小，一般而言，总体规模对样本规模的影响几乎为零。注册会计师通常将抽样单元超过2 000个的总体视为大规模总体。对大规模总体而言，总体的实际容量对样本规模几乎没有影响。对小规模总体而言，审计抽样比其他选择测试项目的方法的效率低。

（5）其他因素。控制运行的相关期间越长（年或季度），需要测试的样本越多，因为注册会计师需要对整个拟信赖期间控制的有效性获取证据。控制程序越复杂，测试的样本越多。样本规模还取决于所测试的控制的类型，通常对人工控制实施的测试要多过自动化控制，因为人工控制更容易发生错误和偶然的失败，而针对计算机系统的信息技术一般控制只要有效发挥作用，曾经测试过的自动化控制一般都能保持可靠运行。在确定被审计单位自动化控制的测试范围时，如果支持其运行的信息技术一般控制有效，注册会计师测试一次应用程序控制便可能足以获得对控制有效运行的较高的保证水平。如果所测试的控制包含人工监督和参与（如：控制偏差报告、分析、评估、数据输入、信息匹配等），则通常比自动化控制需要测试更多的样本。

表4－2列示了控制测试中影响样本规模的主要因素，并分别说明了这些影响因素在控制测试中的表现形式。

表4－2　　控制测试中影响样本规模的主要因素

影响因素	与样本规模的关系
可接受的信赖过度风险	反向变动
可容忍偏差率	反向变动
预计总体偏差率	同向变动
总体规模	影响很小

2. 针对运行频率较低的内部控制的考虑。某些重要的内部控制并不经常运行，例如，银行存款余额调节表的编制可能是按月执行，针对年末结账流程的内部控制则是一年执行一次。注册会计师可以根据表4－3确定所需的样本规模。一般情况下，样本规模接近表4－3中样本数量区间的下限是适当的。如果控制发生变化，或曾经发现控制缺陷，样本规模更可能接近甚至超过表4－3中样本数量区间的上限。如果拟测试的控制是针对相关认定的唯一控制，注册会计师往往可能需要测试比表中所列更多的样本。

表4－3　　测试运行频率较低的内部控制的有效性

控制运行频率和总体的规模	测试的样本数量
1次/季度（4）	2
1次/月度（12）	2～5
1次/半月（24）	3～8
1次/周（52）	5～15

3. 确定样本量。实施控制测试时，注册会计师可能使用统计抽样，也可能使用非统计抽样。在非统计抽样中，注册会计师可以只对影响样本规模的因素进行定性的估计，并运用职业判断确定样本规模。使用统计抽样方法时，注册会计师必须对影响样本规模的因素进行

量化，并利用根据统计公式开发的专门的计算机程序或专门的样本量表来确定样本规模。

表4-4提供了在控制测试中确定的可接受信赖过度风险为10%时所使用的样本量。如果注册会计师需要其他信赖过度风险水平的抽样规模，必须使用统计抽样参考资料中的其他表格或计算机程序。

注册会计师根据可接受的信赖过度风险选择相应的抽样规模表，然后读取预计总体偏差率栏找到适当的比率。接下来注册会计师确定与可容忍偏差率对应的列。可容忍偏差率所在列与预计总体偏差率所在行的交点就是所需的样本规模。例如，注册会计师确定的可接受信赖过度风险为10%，可容忍偏差率为5%，预计总体偏差率为0，根据表4-4，确定的样本规模为45。

表4-4 控制测试统计抽样样本规模——信赖过度风险10%

预计总体偏差率（%）	可容忍偏差率										
	2%	3%	4%	5%	6%	7%	8%	9%	10%	15%	20%
0.00	114（0）	76（0）	57（0）	45（0）	38（0）	32（0）	28（0）	25（0）	22（0）	15（0）	11（0）
0.25	194（1）	129（1）	96（1）	77（1）	64（1）	55（1）	48（1）	42（1）	38（1）	25（1）	18（1）
0.50	194（1）	129（1）	96（1）	77（1）	64（1）	55（1）	48（1）	42（1）	38（1）	25（1）	18（1）
0.75	265（2）	129（1）	96（1）	77（1）	64（1）	55（1）	48（1）	42（1）	38（1）	25（1）	18（1）
1.00	*	176（2）	96（1）	77（1）	64（1）	55（1）	48（1）	42（1）	38（1）	25（1）	18（1）
1.25	*	221（3）	132（2）	77（1）	64（1）	55（1）	48（1）	42（1）	38（1）	25（1）	18（1）
1.50	*	*	132（2）	105（2）	64（1）	55（1）	48（1）	42（1）	38（1）	25（1）	18（1）
1.75	*	*	166（3）	105（2）	88（2）	55（1）	48（1）	42（1）	38（1）	25（1）	18（1）
2.00	*	*	198（4）	132（3）	88（2）	75（2）	48（1）	42（1）	38（1）	25（1）	18（1）
2.25	*	*	*	132（3）	88（2）	75（2）	65（2）	42（2）	38（2）	25（1）	18（1）
2.50	*	*	*	158（4）	110（3）	75（2）	65（2）	58（2）	38（2）	25（1）	18（1）
2.75	*	*	*	209（6）	132（4）	94（3）	65（2）	58（2）	52（2）	25（1）	18（1）
3.00	*	*	*	*	132（4）	94（3）	65（2）	58（2）	52（2）	25（1）	18（1）
3.25	*	*	*	*	153（5）	113（4）	82（3）	58（2）	52（2）	25（1）	18（1）
3.50	*	*	*	*	194（7）	113（4）	82（3）	73（3）	52（2）	25（1）	18（1）
3.75	*	*	*	*	*	131（5）	98（4）	73（3）	52（2）	25（1）	18（1）
4.00	*	*	*	*	*	149（6）	98（4）	73（3）	65（3）	25（1）	18（1）
5.00	*	*	*	*	*	*	160（8）	115（6）	78（4）	34（2）	18（1）
6.00	*	*	*	*	*	*	*	182（11）	116（7）	43（3）	25（2）
7.00	*	*	*	*	*	*	*	*	199（14）	52（4）	25（2）

注：①括号内是可接受的控制偏差数。②*表示样本规模太大，因而在大多数情况下不符合成本效益原则。③本表假设总体足够大。

（三）选取样本并对其实施审计程序

使用统计抽样或非统计抽样时，注册会计师可以根据具体情况，从简单随机选样、系统选样或随意选样中挑选适当的选样方法选取样本。注册会计师应当针对选取的样本项目，实施适当的审计程序，以发现并记录样本中存在的控制偏差。

在对选取的样本项目实施审计程序时可能出现以下几种情况：

1. 无效单据。注册会计师选取的样本中可能包含无效的项目。例如，在测试与被审计单位的收据（发票）有关的控制时，注册会计师可能将随机数与总体中收据的编号对应。但是，某一随机数对应的收据可能是无效的（比如空白收据）。如果注册会计师能够合理确信该收据的无效是正常的且不构成对既定控制的偏差，就要用另外的收据替代。而且，如果使用了随机选样，注册会计师要用一个替代的随机数与新的收据样本对应。

2. 未使用或不适用的单据。注册会计师对未使用或不适用单据的考虑与无效单据类似。例如，一组可能使用的收据号码中可能包含未使用的号码或有意遗漏的号码。如果注册会计师选择了一个未使用号码，就应合理确信该收据号码实际上代表一张未使用收据且不构成控制偏差。然后注册会计师用一个额外的收据号码替换该未使用的收据号码。有时选取的项目不适用于事先定义的控制偏差。例如，如果控制偏差被定义为没有验收报告支持的交易，选取的样本中包含的电话费可能没有相应的验收报告。如果合理确信该交易不适用且不构成控制偏差，注册会计师要用另一笔交易替代该项目，以测试相关的控制。

3. 对总体的估计出现错误。如果注册会计师使用随机数选样方法选取样本项目，在控制运行之前可能需要预估总体规模和编号范围。当注册会计师将总体定义为整个被审计期间的交易但计划在期中实施部分抽样程序时，这种情况最常发生。如果注册会计师高估了总体规模和编号范围，选取的样本中超出实际编号的所有数字都被视为未使用单据。在这种情况下，注册会计师要用额外的随机数代替这些数字，以确定对应的适当单据。

4. 在结束之前停止测试。有时注册会计师可能在对样本的第一部分进行测试时发现大量控制偏差。其结果是，注册会计师可能认为，即使在剩余样本中没有发现更多的控制偏差，样本的结果也不支持计划的重大错报风险评估水平。在这种情况下，注册会计师要重估重大错报风险并考虑是否有必要继续进行测试。

5. 无法对选取的项目实施检查。注册会计师应当针对选取的每个项目，实施适合于具体审计目标的审计程序。有时，被测试的控制只在部分样本单据上留下了运行证据。如果找不到该单据，或由于其他原因注册会计师无法对选取的项目实施检查，注册会计师可能无法使用替代程序测试控制是否适当运行。如果注册会计师无法对选取的项目实施计划的审计程序或适当的替代程序，就要考虑在评价样本时将该样本项目视为控制偏差。另外，注册会计师要考虑造成该限制的原因，以及该限制可能对其了解内部控制和评估重大错报风险产生的影响。

三、评价样本结果阶段

在完成对样本的测试并汇总控制偏差之后，注册会计师应当评价样本结果，对总体得出结论，即样本结果是否支持计划评估的控制有效性，从而支持计划的重大错报风险评估水平。在此过程中，无论使用统计抽样还是非统计抽样方法，注册会计师都需要运用职业判断。

（一）计算偏差率

将样本中发现的控制偏差数量除以样本规模，就可以计算出样本偏差率。样本偏差率就是注册会计师对总体偏差率的最佳估计，因而在控制测试中无需另外推断总体偏差率，但注册会计师还必须考虑抽样风险。

实务中，多数样本可能不会出现控制偏差。因为注册会计师实施控制测试，通常意味着准备信赖内部控制，预期控制有效运行。如果在样本中发现控制偏差，注册会计师需要根据偏差率和控制偏差发生的原因，考虑控制偏差对审计工作的影响。

（二）考虑抽样风险

在控制测试中评价样本结果时，注册会计师应当考虑抽样风险。也就是说，如果总体偏差率（即样本偏差率）低于可容忍偏差率，注册会计师还要考虑实际的总体偏差率仍有可能高于可容忍偏差率的风险。

1. 使用统计抽样方法。注册会计师在统计抽样中通常使用公式、表格或计算机程序直接计算在确定的信赖过度风险水平下可能发生的偏差率上限。

（1）使用统计公式评价样本结果。

$$\text{总体偏差率上限} = \frac{\text{风险系数}(R)}{\text{样本量}(n)}$$

表 4-5 列示了在控制测试中常用的风险系数。

表 4-5　　控制测试中常用的风险系数

样本中发现控制偏差的数量	信赖过度风险	
	5%	10%
0	3.0	2.3
1	4.8	3.9
2	6.3	5.3
3	7.8	6.7
4	9.2	8.0
5	10.5	9.3
6	11.9	10.6
7	13.2	11.8
8	14.5	13.0
9	15.7	14.2
10	17.0	15.4

（2）使用样本结果评价表。注册会计师也可以使用样本结果评价表评价统计抽样的结果。表 4-6 列示了可接受的信赖过度风险为 10% 时的总体偏差率上限。

表 4-6　　控制测试中统计抽样结果评价——信赖过度风险 10% 时的偏差率上限

样本规模	实际发现的控制偏差数										
	0	1	2	3	4	5	6	7	8	9	10
20	10.9	18.1	*	*	*	*	*	*	*	*	*
25	8.8	14.7	19.9	*	*	*	*	*	*	*	*
30	7.4	12.4	16.8	*	*	*	*	*	*	*	*
35	6.4	10.7	14.5	18.1	*	*	*	*	*	*	*

续表

样本规模	实际发现的控制偏差数										
	0	1	2	3	4	5	6	7	8	9	10
40	5.6	9.4	12.8	16.0	19.0	*	*	*	*	*	*
45	5.0	8.4	11.4	14.3	17.0	19.7	*	*	*	*	*
50	4.6	7.6	10.3	12.9	15.4	17.8	*	*	*	*	*
55	4.1	6.9	9.4	11.8	14.1	16.3	18.4	*	*	*	*
60	3.8	6.4	8.7	10.8	12.9	15.0	16.9	18.9	*	*	*
70	3.3	5.5	7.5	9.3	11.1	12.9	14.6	16.3	17.9	19.6	*
80	2.9	4.8	6.6	8.2	9.8	11.3	12.8	14.3	15.8	17.2	18.6
90	2.6	4.3	5.9	7.3	8.7	10.1	11.5	12.8	14.1	15.4	16.6
100	2.3	3.9	5.3	6.6	7.9	9.1	10.3	11.5	12.7	13.9	15.0
120	2.0	3.3	4.4	5.5	6.6	7.6	8.7	9.7	10.7	11.6	12.6
160	1.5	2.5	3.3	4.2	5.0	5.8	6.5	7.3	8.0	8.8	9.5
200	1.2	2.0	2.7	3.4	4.0	4.6	5.3	5.9	6.5	7.1	7.6

注：①*表示超过20%。②本表以百分比表示偏差率上限；本表假设总体足够大。

计算出估计的总体偏差率上限后，注册会计师通常可以对总体进行如下判断：

如果总体偏差率上限高于或等于可容忍偏差率，则总体不能接受。这时注册会计师对总体得出结论，样本结果不支持计划评估的控制有效性，从而不支持计划的重大错报风险评估水平。此时注册会计师应当修正重大错报风险评估水平，并增加实质性程序的数量。注册会计师也可以对影响重大错报风险评估水平的其他控制进行测试，以支持计划的重大错报风险评估水平。

如果总体偏差率上限低于且不接近可容忍偏差率，则总体可以接受。这时注册会计师对总体得出结论，样本结果支持计划评估的控制有效性，从而支持计划的重大错报风险评估水平。

如果总体偏差率上限低于但接近可容忍偏差率，注册会计师应当结合其他审计程序的结果，考虑是否接受总体，并考虑是否需要扩大测试范围，以进一步证实计划评估的控制有效性和重大错报风险水平。

2. 使用非统计抽样方法。在非统计抽样中，抽样风险无法直接计量。注册会计师通常将估计的总体偏差率（即样本偏差率）与可容忍偏差率相比较，运用职业判断确定总体是否可以接受。

如果总体偏差率高于可容忍偏差率，则总体不能接受。

如果总体偏差率大大低于可容忍偏差率，注册会计师通常认为总体可以接受。

如果总体偏差率虽然低于可容忍偏差率，但两者很接近，注册会计师通常认为实际的总体偏差率高于可容忍偏差率的抽样风险很高，因而总体不可接受。

如果总体偏差率与可容忍偏差率之间的差额不是很大也不是很小，以至于不能认定总体是否可以接受时，注册会计师则要考虑扩大样本规模或实施其他测试，以进一步收集证据。

（三）考虑控制偏差的性质和原因

除了关注偏差率和抽样风险之外，注册会计师还应当调查识别出的所有控制偏差的性质和原因，并评价其对审计程序的目的和审计的其他方面可能产生的影响。无论是统计抽样还是非统计抽样，对样本结果的定性评估和定量评估一样重要。即使样本的评价结果在可接受的范围内，注册会计师也应对样本中的所有控制偏差进行定性分析。

注册会计师对控制偏差的性质和原因的分析包括：是有意的还是无意的？是误解了规定还是粗心大意？是经常发生还是偶然发生？是系统的还是随机的？如果注册会计师发现许多控制偏差具有相同的特征，如交易类型、地点、生产线或时期等，则应考虑该特征是不是引起控制偏差的原因，是否存在其他尚未发现的具有相同特征的控制偏差。此时，注册会计师应将具有该共同特征的全部项目划分为一层，并对该层中的所有项目实施审计程序，以发现潜在的系统性控制偏差。

如果对控制偏差的分析表明是故意违背了既定的内部控制政策或程序，注册会计师应考虑存在重大舞弊的可能性。与错误相比，舞弊通常要求对其可能产生的影响进行更为广泛的考虑。在这种情况下，注册会计师应当确定实施的控制测试能否提供适当的审计证据，是否需要增加控制测试，或是否需要使用实质性程序应对潜在的重大错报风险。

一般情况下，如果在样本中发现了控制偏差，注册会计师有两种处理办法：一是扩大样本规模，以进一步收集证据。二是认为控制没有有效运行，样本结果不支持计划的控制运行有效性和重大错报风险的评估水平，因而提高重大错报风险评估水平，增加对相关账户的实质性程序。例如，初始样本量为45个，如果发现了1个控制偏差，可以扩大样本量，再测试45个样本项目，如果在追加测试的样本项目中没有再发现控制偏差，可以得出结论，样本结果支持计划评估的控制有效性，从而支持计划的重大错报风险评估水平。不过将追加测试的样本量确定为至少与初始样本量相同，这种做法只是简单的“经验法则”。使用统计抽样方法时，注册会计师可以对需要追加的样本量进行更为精确的计算。如果在预期不存在控制偏差的初始样本中发现两个或更多控制偏差，追加测试的样本量通常会大大超过初始样本量。此时，注册会计师也可能认为采取第二种处理方法更有效，即不采取大量追加测试样本量，而是选择不再信赖内部控制。但是，如果确定控制偏差是系统性控制偏差或舞弊导致，扩大样本规模通常无效，注册会计师需要直接采用第二种处理办法。

分析控制偏差的性质和原因时，注册会计师还要考虑已识别的控制偏差对财务报表的直接影响。控制偏差虽然增加了金额错报的风险，但并不一定导致财务报表中的金额错报。如果某项控制偏差更容易导致金额错报，该项控制偏差就更加重要。例如，与被审计单位没有定期对信用限额进行检查相比，如果被审计单位的销售发票出现错误，则注册会计师对后者的容忍度较低。这是因为，被审计单位即使没有对客户的信用限额进行定期检查，其销售收入和应收账款的账面金额也不一定发生错报。但如果销售发票出现错误，通常会导致被审计单位确认的销售收入和其他相关账户金额出现错报。

（四）得出总体结论

在计算偏差率、考虑抽样风险并分析控制偏差的性质和原因之后，注册会计师需要运用职业判断得出总体结论。如果样本结果及其他相关审计证据支持计划评估的控制有效性，从而支持计划的重大错报风险评估水平，注册会计师可能不需要修改计划的实质性程序。如果样本结果不支持计划的控制运行有效性和重大错报风险的评估水平，注册会计师通常有两种选择：（1）进一步测试其他控制（如补偿性控制），以支持计划的控制运行有效性和重大错报风险的评估水平；（2）提高重大错报风险评估水平，并相应修改计划的实质性程序的性质、时间安排和范围。

（五）统计抽样示例

假设注册会计师准备使用统计抽样方法，测试现金支付授权控制运行的有效性。注册会计师作出下列判断：（1）为发现未得到授权的现金支付，注册会计师将所有已支付现金的项目作为总体；（2）定义的抽样单元为现金支付单据上的每一行；（3）控制偏差被定义为没有授权人签字的发票和验收报告等证明文件的现金支付；（4）可接受信赖过度风险为10%；（5）可容忍偏差率为7%；（6）根据上年测试结果和对控制的初步了解，预计总体的偏差率为1.75%；（7）由于现金支付业务数量很大，总体规模对样本规模的影响可以忽略。

在表4－4中，信赖过度风险为10%时，7%可容忍偏差率与1.75%预计总体偏差率的交叉处为55，即所需的样本规模为55。注册会计师使用简单随机选样法选择了55个样本项目，并对其实施了既定的审计程序。

（1）假设在这55个项目中未发现控制偏差，注册会计师利用统计公式，在表4－5中查得风险系数为2.3，并据此计算出总体最大偏差率为4.18%（也可以选择表4－6，估计出总体的偏差率上限为4.1%，与利用公式计算的结果接近）。这意味着，如果样本量为55且无一例控制偏差，总体实际偏差率超过4.18%的风险为10%，即有90%的把握保证总体实际偏差率不超过4.18%。由于注册会计师确定的可容忍偏差率为7%，因此可以得出结论，总体的实际偏差率超过可容忍偏差率的风险很小，总体可以接受。也就是说，样本结果证实注册会计师对控制运行有效性的估计和评估的重大错报风险水平是适当的。

（2）假设在这55个样本中发现两个控制偏差，注册会计师利用统计公式，计算出总体最大偏差率为9.64%（也可以选择样本结果评价表，估计出总体的偏差率上限为9.4%，与利用公式计算的结果接近）。这意味着，如果样本量为55且有两个控制偏差，总体实际偏差率超过9.64%的风险为10%。在可容忍偏差率为7%的情况下，注册会计师可以得出结论，总体的实际偏差率超过可容忍偏差率的风险很大，因而不能接受总体。

四、记录抽样程序

注册会计师应当记录所实施的审计程序，以形成审计工作底稿。在控制测试中使用审计抽样时，注册会计师通常记录下列内容：（1）对所测试的既定控制的描述；（2）与抽样相关的控制目标，包括相关认定；（3）对总体和抽样单元的定义，包括注册会计师如何考虑总体的完整性；（4）对控制偏差的构成条件的定义；（5）可接受的信赖过度风险，可容忍偏差率，以及在抽样中使用的预计总体偏差率；（6）确定样本规模的方法；（7）选样方法；（8）选取的样本项目；（9）对如何实施抽样程序的描述；（10）对样本的评价及总体结论摘要。

对样本的评价和总体结论摘要通常包含样本中发现的控制偏差的数量、推断的偏差率、对注册会计师如何考虑抽样风险的解释，以及关于样本结果是否支持计划的重大错报风险评估水平的结论。工作底稿中还可能记录控制偏差的性质、注册会计师对控制偏差的定性分析、有关是否扩大样本规模的判断，以及样本评价结果对其他审计程序的影响。

第三节 审计抽样在细节测试中的应用

与控制测试相同，在细节测试中实施审计抽样也分为样本设计、选取样本和评价样本结果三个主要阶段。

一、样本设计阶段

（一）确定测试目标

细节测试的目的是识别财务报表中各类交易、账户余额和披露中存在的重大错报。在细节测试中，审计抽样通常用来测试有关财务报表金额的一项或多项认定（如应收账款的存在）的合理性。如果该金额是合理正确的，注册会计师将接受与之相关的认定，认为财务报表金额不存在重大错报。

（二）定义总体

在实施审计抽样之前，注册会计师必须仔细定义总体，确定总体的范围，确保总体的适当性和完整性。

1. 适当性。注册会计师应确信总体适合于特定的审计目标。例如，注册会计师如果对已记录的项目进行抽样，就无法发现由于某些项目被隐瞒而导致的金额低估。为发现这类低估错报，注册会计师应从包含被隐瞒项目的来源选取样本。例如，注册会计师可能对期后的现金支付进行抽样，以测试由隐瞒采购所导致的应付账款低估，或者对装运单据进行抽样，以发现由已装运但未确认为销售的交易所导致的销售收入低估问题。

值得关注的是，不同性质的交易可能导致借方余额、贷方余额和零余额多种情况并存，注册会计师需要根据风险、相关认定和审计目标进行不同的考虑。例如，应收账款账户可能既有借方余额，又有贷方余额。借方余额由赊销导致（形成资产），贷方余额则由预收货款导致（形成负债）。对于借方余额，注册会计师较为关心其存在性；对于贷方余额，则更为关心其完整性。如果贷方余额金额重大，注册会计师可能认为分别测试借方余额和贷方余额能更为有效地实现审计目标，此时，注册会计师可以将存在借方余额的应收账款账户与存在贷方余额的应收账款账户区分开来，作为两个独立的总体对待。

2. 完整性。总体的完整性包括代表总体的实物的完整性。例如，如果注册会计师将总体定义为特定时期的所有现金支付，代表总体的实物就是该时期的所有现金支付单据。由于注册会计师实际上是从该实物中选取样本，所有根据样本得出的结论只与该实物有关。如果代表总体的实物和总体不一致，注册会计师可能对总体得出错误的结论。因此，注册会计师必须详细了解代表总体的实物，确定代表总体的实物是否包括整个总体。注册会计师通常通过加总或计算来完成这一工作。例如，注册会计师可将发票金额总数与已记入总账的销售收入金额总数进行核对。如果注册会计师将选择的实物和总体比较之后，认为代表总体的实物遗漏了应包含在最终评价中的总体项目，注册会计师应选择新的实物，或对被排除在实物之外的项目实施替代程序，并询问遗漏的原因。

在细节测试中，注册会计师还应当运用职业判断，确定某账户余额或交易类型中是否存在及存在哪些应当单独测试而不能放在总体中的项目。某一项目可能由于金额较大或存在较高的重大错报风险而被视为单个重大项目，注册会计师应当对单个重大项目实施100%的检查，所有单个重大项目都不构成总体。例如，应收账款中有5个重大项目，占到账面价值的75%。注册会计师将这5个项目视为单个重大项目，逐一进行检查，这是选取特定项目而不是抽样，注册会计师只能根据检查结果对这5个项目单独得出结论。如果占到账面价值25%的剩余项目加总起来不重要，或者被认为存在较低的重大错报风险，注册会计师可以无需对这些剩余项目实施检查，或仅在必要时对其实施分析程序。如果注册会计师认为这些剩余项目加总起来是重要的，需要实施细节测试以实现审计目标，这些剩余项目就构成了抽样总体。

值得关注的是，在审计抽样时，销售收入和销售成本通常被视为两个独立的总体。为了减少样本量而仅将毛利率作为一个总体是不恰当的，因为收入错报并非总能被成本错报抵消，反之亦然。例如，当存在舞弊时，被审计单位记录了虚构的销售收入，该笔收入并没有与之相匹配的销售成本。如果仅将毛利率作为一个总体，样本量可能太小，无法发现收入舞弊。

（三）定义抽样单元

在细节测试中，注册会计师应根据审计目标和所实施审计程序的性质定义抽样单元。抽样单元可能是一个账户余额、一笔交易或交易中的一个记录（如销售发票中的单个项目），甚至是每个货币单元。例如，如果抽样的目标是测试应收账款是否存在，注册会计师可能选择各应收账款明细账余额、发票或发票上的单个项目作为抽样单元。选择的标准是，如何定义抽样单元能使审计抽样实现最佳的效率和效果。

注册会计师定义抽样单元时也应考虑实施计划的审计程序或替代程序的难易程度。如果将抽样单元界定为客户明细账余额，当某客户没有回函证实该余额时，注册会计师可能需要对构成该余额的每一笔交易进行测试。因此，如果将抽样单元界定为构成应收账款余额的每笔交易，审计抽样的效率可能更高。

（四）界定错报

在细节测试中，注册会计师应根据审计目标界定错报。例如，在对应收账款存在的细节测试中（如函证），客户在函证信息针对的截止日之前已支付而被审计单位在该日之后才收到的款项不构成错报。而且，被审计单位在不同客户之间误登明细账也不影响应收账款总账余额。即使在不同客户之间误登明细账可能对审计的其他方面（如对舞弊的可能性或坏账准备的适当性的评估）产生重要影响，注册会计师在评价应收账款函证程序的样本结果时也不宜将其判定为错报。注册会计师还可能将被审计单位自己发现并已在适当期间予以更正的错报排除在外。

二、选取样本阶段

（一）确定抽样方法

在细节测试中进行审计抽样，可能使用统计抽样，也可能使用非统计抽样。注册会计师在细节测试中常用的统计抽样方法包括货币单元抽样和传统变量抽样。

1. 货币单元抽样。货币单元抽样是一种运用属性抽样原理对货币金额而不是对发生率得出结论的统计抽样方法，它是概率比例规模抽样方法的分支，有时也被称为金额单元抽样、累计货币金额抽样以及综合属性变量抽样等。货币单元抽样以货币单元作为抽样单元，例如，总体包含100个应收账款明细账户，共有余额200 000元。若采用货币单元抽样，则认为总体含有200 000个抽样单元，而不是100个。总体中的每个货币单元被选中的机会相同，所以总体中某一项目被选中的概率等于该项目的金额与总体金额的比率，项目金额越大，被选中的概率就越大，这样有助于注册会计师将审计重点放在较大的账户余额或交易。但实际上注册会计师并不是对总体中的货币单元实施检查，而是对包含被选取货币单元的账户余额或交易实施检查。注册会计师检查的账户余额或交易被称为逻辑单元。

货币单元抽样的优点主要包括：（1）货币单元抽样以属性抽样原理为基础，注册会计师可以很方便地计算样本规模和评价样本结果，因而通常比传统变量抽样更易于使用；（2）货币单元抽样在确定所需的样本规模时无需直接考虑总体的特征（比如变异性，即总体的某一特征在各个项目之间的差异程度），因为总体中的每一个货币单元都有相同的规模，而传统变量抽样的样本规模是在总体项目共有特征的变异性或标准差的基础上计算的；（3）货币单元抽样中，项目被选取的概率与其货币金额大小成比例，因而无需通过分层（即将总体划分为多个子总体，每个子总体由一组具有相同特征的抽样单元组成）减少变异性，而传统变量抽样通常需要对总体进行分层以减小样本规模；（4）在货币单元抽样中使用系统选样法选取样本时，如果项目金额等于或大于选样间距，货币单元抽样将自动识别所有单个重大项目，即该项目一定会被选中；（5）如果注册会计师预计不存在错报，货币单元抽样的样本规模通常比传统变量抽样方法更小；（6）货币单元抽样的样本更容易设计，且可在能够获得完整的最终总体之前开始选取样本。

货币单元抽样的缺点主要包括：（1）货币单元抽样不适用于测试总体的低估，因为账面金额小但被严重低估的项目被选中的概率低，如果在货币单元抽样中发现低估，注册会计师在评价样本时需要特别考虑；（2）对零余额或负余额的选取需要在设计时予以特别考虑，例如，如果准备对应收账款进行抽样，注册会计师可能需要将贷方余额分离出去，作为一个单独的总体，如果检查零余额的项目对审计目标非常重要，注册会计师需要单独对其进行测试，因为零余额的项目在货币单元抽样中不会被选取；（3）当发现错报时，如果风险水平一定，货币单元抽样在评价样本时可能高估抽样风险的影响，从而导致注册会计师更可能拒绝一个可接受的总体账面金额；（4）在货币单元抽样中，注册会计师通常需要逐个累计总体金额，以确定总体是否完整并与财务报表一致，不过如果相关会计数据以电子形式储存，就不会额外增加大量的审计成本；（5）当预计总体错报的金额增加时，货币单元抽样所需的样本规模也会增加，这种情况下，货币单元抽样的样本规模可能大于传统变量抽样所需的规模。

2. 传统变量抽样。传统变量抽样运用正态分布理论，根据样本结果推断总体的特征。传统变量抽样涉及难度较大、较为复杂的数学计算，注册会计师通常使用计算机程序确定样本规模，一般不需懂得这些方法所用的数学公式。

传统变量抽样的优点主要包括：（1）如果账面金额与审定金额之间存在较多差异，传统变量抽样可能只需较小的样本规模就能满足审计目标；（2）注册会计师关注总体的低估时，使用传统变量抽样比货币单元抽样更合适；（3）需要在每一层追加选取额外的样本项目时，传统变量抽样更易于扩大样本规模；（4）对零余额或负余额项目的选取，传统变量抽样不需要在设计时予以特别考虑。

传统变量抽样的缺点主要包括：（1）传统变量抽样比货币单元抽样更复杂，注册会计师通常需要借助计算机程序；（2）在传统变量抽样中确定样本规模时，注册会计师需要估计总体特征的标准差，而这种估计往往难以作出，注册会计师可能利用以前对总体的了解或根据初始样本的标准差进行估计；（3）如果存在非常大的项目，或者在总体的账面金额与审定金额之间存在非常大的差异，而且样本规模比较小，正态分布理论可能不适用，注册会计师更可能得出错误的结论；（4）如果几乎不存在错报，传统变量抽样中的差额法和比率法将无法使用。

在细节测试中运用传统变量抽样时，常见的方法有以下三种：

（1）均值法。使用这种方法时，注册会计师先计算样本中所有项目审定金额的平均值，然后用这个样本平均值乘以总体规模，得出总体金额的估计值。总体估计金额和总体账面金额之间的差额就是推断的总体错报。均值法的计算公式如下：

样本审定金额的平均值 = 样本审定金额 ÷ 样本规模

估计的总体金额 = 样本审定金额的平均值 × 总体规模

推断的总体错报 = 总体账面金额 − 估计的总体金额

例如，注册会计师从总体规模为1 000、账面金额为1 000 000元的存货项目中随机选择了200个项目作为样本。在确定了正确的采购价格并重新计算了价格与数量的乘积之后，注册会计师将200个样本项目的审定金额加总后除以200，确定样本项目的平均审定金额为980元。然后计算估计的总体金额为980 000元（980 × 1 000）。推断的总体错报就是20 000元（1 000 000 − 980 000）。

（2）差额法。使用这种方法时，注册会计师先计算样本审定金额与账面金额之间的平均差额，再以这个平均差额乘以总体规模，从而求出总体的审定金额与账面金额的差额（即总体错报）。差额法的计算公式如下：

样本平均错报 =（样本账面金额 − 样本审定金额）÷ 样本规模

推断的总体错报 = 样本平均错报 × 总体规模

估计的总体金额 = 总体账面金额 − 推断的总体错报

例如，注册会计师从总体规模为1 000、账面金额为1 040 000元的存货项目中选取了200个项目进行检查。注册会计师逐一比较200个样本项目的审定金额和账面金额，并将账面金额（208 000元）和审定金额（196 000元）之间的差异加总，得出差异总额为12 000元，再用这个差额除以样本项目个数200，得到样本平均错报60元（12 000 ÷ 200）。然后注册会计师用这个平均错报乘以总体规模，计算出总体错报为60 000元（60 × 1 000），因为样本的账面金额大于审定金额，估计的总体金额为980 000元（1 040 000 − 60 000）。

（3）比率法。使用这种方法时，注册会计师先计算样本的审定金额与账面金额之间的比率，再以这个比率乘以总体的账面金额，从而求出估计的总体金额。比率法的计算公式如下：

比率 = 样本审定金额 ÷ 样本账面金额

估计的总体金额 = 总体账面金额 × 比率

推断的总体错报 = 总体账面金额 − 估计的总体金额

沿用差额法举例中用到的数据，如果注册会计师使用比率法，样本审定金额与样本账面金额的比率为0.94（196 000 ÷ 208 000）。注册会计师用总体的账面金额乘以该比例，得到估计的总体金额为977 600元（1 040 000 × 0.94），推断的总体错报则为62 400元（1 040 000 − 977 600）。

如果未对总体进行分层，注册会计师通常不使用均值法，因为此时所需的样本规模可能太大，不符合成本效益原则。比率法和差额法都要求样本项目存在错报，如果样本项目的审定金额和账面金额之间没有差异，这两种方法使用的公式所隐含的机理就会导致错误的结论（即不存在抽样风险，从而使注册会计师在评价样本结果时得出错误结论）。注册会计师在评价样本结果时常常用到比率法和差额法，如果发现错报金额与项目的金额紧密相关，注册会计师通常会选择比率法；如果发现错报金额与项目的数量紧密相关，注册会计师通常会选择差额法。不过，如果注册会计师决定使用统计抽样，且预计没有差异或只有少量差异，就不应使用比率法和差额法，而考虑使用其他的替代方法，如均值法或货币单元抽样。

（二）确定样本规模

提供充分审计证据所必需的样本规模取决于审计目标和抽样方法的效率。在既定目标下，如果一个样本能够以更小的样本规模实现相同的目标，它就比另一个样本更为有效。

1. 影响样本规模的因素。在细节测试中影响样本规模的因素如下：

（1）可接受的抽样风险。细节测试中的抽样风险包括误受风险和误拒风险。

误受风险是指注册会计师推断某一重大错报不存在而实际上存在的风险，它与审计的效果有关，注册会计师通常更为关注。在确定可接受的误受风险水平时，注册会计师需要考虑下列因素：①注册会计师愿意接受的审计风险水平；②评估的重大错报风险水平；③针对同一审计目标或特定认定的其他实质性程序（包括分析程序和不涉及审计抽样的细节测试）的检查风险。误受风险与样本规模是反向变动关系。在实务中，注册会计师愿意承担的审计风险通常为5%～10%。当审计风险既定时，如果注册会计师将重大错报风险评估为低水平，或者更为依赖针对同一审计目标或特定认定的其他实质性程序，就可以在计划的细节测试中接受较高的误受风险，从而降低所需的样本规模。相反，如果注册会计师将重大错报风险水平评估为高水平，而且不执行针对同一审计目标或特定认定的其他实质性程序，可接受的误受风险将降低，所需的样本规模随之增加。

误拒风险是指注册会计师推断某一重大错报存在而实际上不存在的风险，它与审计的效率有关。与控制测试中对信赖不足风险的关注相比，注册会计师在细节测试中对误拒风险的关注程度通常更高。对于信赖不足风险，如果控制测试中的样本结果不支持计划的重大错报风险评估水平，注册会计师可以实施其他的控制测试以支持计划的重大错报风险评估水平，或根据测试结果提高重大错报风险评估水平。实施补充控制测试或基于谨慎考虑而提高重大错报风险评估水平给注册会计师审计工作造成的影响较小。与之相比，如果在某类交易或账户余额的账面金额可能不存在重大错报时却根据样本结果得出存在重大错报的结论，注册会计师实施补充审计程序可能花费的成本大得多。通常，注册会计师需要与被审计单位的人员进一步讨论，并实施补充审计程序。这些工作将大幅增加审计成本，而且时间上也可能不现实，例如，无法重返遥远的经营场所，或者实施补充程序将延迟财务报告的发布。误拒风险与样本规模是反向变动关系。在实务中，如果注册会计师降低可接受的误拒风险，所需的样本规模将增加，以审计效率为代价换取对审计效果的保证程度。如果总体中的预期错报非常小，拟从样本获取的保证程度也较低，且被审计单位拟更正事实错报，这种情况下，误拒风险的影响降低，注册会计师不必过多关注误拒风险。

（2）可容忍错报。可容忍错报，是指注册会计师设定的货币金额，注册会计师试图对总体中的实际错报不超过该货币金额获取适当水平的保证。细节测试中，某账户余额、交易类型或披露的可容忍错报是注册会计师能够接受的最大金额的错报。

可容忍错报可以看作实际执行的重要性这个概念在抽样程序中的运用。与确定特定交易类别、账户余额或披露的重要性水平相关的实际执行的重要性，旨在将这些交易类别、账户余额或披露中未更正与未发现错报的汇总数超过这些交易类别、账户余额或披露的重要性水平的可能性降至适当的低水平。可容忍错报可能等于或低于实际执行的重要性，这取决于注册会计师考虑下列因素后作出的职业判断：①事实错报和推断错报的预期金额（基于以往的经验和对其他交易类型、账户余额或披露的测试）；②被审计单位对建议的调整所持的态度；③某审计领域中，金额需要估计或无法准确确定的账户的数量；④经营场所、分支机构或某账户中样本组合的数量，注册会计师分别测试这些经营场所、分支机构或样本组合，但需要将测试结果累积起来得出审计结论；⑤测试项目占账户全部项目的比例。例如，如果注册会计师预期存在大量错报，或管理层拒绝接受建议的调整，或大量账户的金额需要估计，或分支机构的数量非常多，或测试项目占账户全部项目的比例很小，注册会计师很可能设定可容忍错报低于实际执行的重要性。反之，可以设定可容忍错报等于实际执行的重要性。

可容忍错报与样本规模是反向变动关系。当误受风险一定时，如果注册会计师确定的可容忍错报降低，为实现审计目标所需的样本规模就增加。

（3）预计总体错报。在确定细节测试所需的样本规模时，注册会计师还需要考虑预计在账户余额或交易类别中存在的错报金额和频率。预计总体错报不应超过可容忍错报。在既定的可容忍错报下，预计总体错报的金额和频率越小，所需的样本规模也越小。相反，预计总体错报的金额和频率越大，所需的样本规模也越大。如果预期错报很高，注册会计师在实施细节测试时对总体进行100%检查或使用较大的样本规模可能较为适当。

注册会计师在运用职业判断确定预计错报时，应当考虑被审计单位的经营状况和经营风险，以前年度对账户余额或交易类型进行测试的结果，初始样本的测试结果，相关实质性程序的结果，以及相关控制测试的结果或控制在会计期间的变化等因素。

（4）总体规模。总体中的项目数量在细节测试中对样本规模的影响很小。因此，按总体的固定百分比确定样本规模通常缺乏效率。

（5）总体的变异性。总体变异性是指总体的某一特征（如金额）在各项目之间的差异程度。在细节测试中，注册会计师确定适当的样本规模时要考虑特征的变异性。衡量这种变异或分散程度的指标是标准差。如果使用非统计抽样，注册会计师不需量化期望的总体标准差，但要用“大”或“小”等定性指标来估计总体的变异性。总体项目的变异性越低，通常样本规模越小。

如果总体项目存在重大的变异性，注册会计师可以考虑将总体分层。分层，是指将总体划分为多个子总体的过程，每个子总体由一组具有相同特征的抽样单元组成。注册会计师应当仔细界定子总体，以使每一抽样单元只能属于一个层。未分层总体具有高度变异性，其样本规模通常很大。最有效率的方法是根据预期会降低变异性的总体项目特征进行分层。分层可以降低每一层中项目的变异性，从而在抽样风险没有成比例增加的前提下减小样本规模，提高审计效率。

在细节测试中，分层的依据可能包括项目的账面金额，与项目处理有关的控制的性质，或与特定项目（如更可能包含错报的那部分总体项目）有关的特殊考虑等。注册会计师通常根据金额对总体进行分层，这使注册会计师能够将更多审计资源投向金额较大的项目，而这些项目最有可能包含高估错报。例如，为了函证应收账款，注册会计师可以将应收账款账户按其金额大小分为三层，即账户金额在 100 000 元以上的；账户金额为 5 000 ~ 100 000 元的；账户金额在 5 000 元以下的。然后，根据各层的重要性分别采取不同的处理方法。对于金额在 100 000 元以上的应收账款账户，全部进行函证；对于金额在 5 000 ~ 100 000 元以及 5 000 元以下的应收账款账户，则可采用适当的选样方法选取进行函证的样本。同样，注册会计师也可以根据表明更高错报风险的特定特征对总体分层，例如，在测试应收账款计价中的坏账准备时，注册会计师可以根据账龄对应收账款余额进行分层。

分层后的每一组子总体被称为一层，每层分别独立选取样本。对某一层中的样本项目实施审计程序的结果，只能用于推断构成该层的项目。如果注册会计师将某类交易或账户余额分成不同的层，需要对每层分别推断错报。在考虑错报对所有交易类别或账户余额的可能影响时，注册会计师需要综合考虑每层的推断错报。如果对整个总体得出结论，注册会计师应当考虑与构成整个总体的其他层有关的重大错报风险。例如，在对某一账户余额进行测试时，占总体数量 20% 的项目，其金额可能占该账户余额的 90%。注册会计师只能根据该样本的结果推断至上述 90% 的金额。对于剩余 10% 的金额，注册会计师可以抽取另一个样本或使用其他收集审计证据的方法，单独得出结论，或者认为其不重要而不实施审计程序。

表 4 – 7 列示了细节测试中影响样本规模的因素，并分别说明了这些影响因素在细节测试中的表现形式。

表 4 – 7 细节测试中影响样本规模的因素

影响因素	与样本规模的关系
可接受的误受风险	反向变动
可容忍错报	反向变动
预计总体错报	同向变动
总体规模	影响很小
总体的变异性	同向变动

2. 确定样本量。实施细节测试时，无论使用统计抽样还是非统计抽样方法，注册会计师都应当综合考虑上文所述的影响因素，运用职业判断和经验确定样本规模。在情形类似时，注册会计师考虑的因素相同，使用统计抽样和非统计抽样确定的样本规模通常是可比的。必要时，可以进一步调整非统计抽样计划，例如，增加样本量或改变选样方法，使非统计抽样也能提供与统计抽样方法同样有效的结果。即便使用非统计抽样，注册会计师熟悉统计理论，对于其运用职业判断和经验考虑各因素对样本规模的影响也是非常有益的。

表4－8提供了细节测试中基于货币单元抽样法的样本量。该表中可接受的误受风险为5%或10%，如果注册会计师需要其他误受风险水平的抽样规模，必须使用统计抽样参考资料中的其他表格或计算机程序。例如，注册会计师确定的误受风险为10%，可容忍错报与总体账面金额之比为5%，预计总体错报与可容忍错报之比为0.20，根据表4－8，注册会计师确定样本规模为69。

表4－8　　细节测试中货币单元抽样样本规模

误受风险	预计总体错报与可容忍错报之比	可容忍错报与总体账面金额之比										
		50%	30%	10%	8%	6%	5%	4%	3%	2%	1%	0.5%
5%	—	6	10	30	38	50	60	75	100	150	300	600
5%	0.10	8	13	37	46	62	74	92	123	184	368	736
5%	0.20	10	16	47	58	78	93	116	155	232	463	925
5%	0.30	12	20	60	75	100	120	150	200	300	600	1 199
5%	0.40	17	27	81	102	135	162	203	270	405	809	1 618
5%	0.50	24	39	116	145	193	231	289	385	577	1 154	2 308
10%	—	5	8	24	29	39	47	58	77	116	231	461
10%	0.20	7	12	35	43	57	69	86	114	171	341	682
10%	0.30	9	15	44	55	73	87	109	145	217	433	866
10%	0.40	12	20	58	72	96	115	143	191	286	572	1 144
10%	0.50	16	27	80	100	134	160	200	267	400	799	1 597

使用传统变量抽样方法时，注册会计师通常运用计算机程序确定适当的样本规模。如果总体缺乏变异性，传统变量抽样确定的样本量可能太小，注册会计师可以考虑使用表4－8设定最小样本规模（假定预计不存在错报），或按照经验将最小样本规模确定为50～75。

如果使用非统计抽样，注册会计师也可以利用表4－8了解细节测试的样本规模，再考虑影响样本规模的各种因素及非统计抽样与货币单元抽样之间的差异，运用职业判断确定所需的适当样本规模。例如，如果在设计非统计抽样时没有对总体进行分层，考虑到总体的变异性，注册会计师可能将样本规模调增50%。

注册会计师还可以使用下列公式确定样本规模：

$$样本规模=\frac{总体账面金额}{可容忍错报}\times保证系数$$

注册会计师可以从表4－9中选择适当的保证系数，再运用公式法确定样本规模。沿用上例的数据，如果注册会计师确定的误受风险为10%，预计总体错报与可容忍错报之比为0.20，根据表4－9，保证系数为3.41，由于可容忍错报与总体账面金额之比为5%，注册会计师确定的样本规模为69（3.41÷5%＝68.2，出于谨慎考虑，将样本规模确定为69），这与根据表4－8得出的样本规模相同。

表4－9　　货币单元抽样确定样本规模时的保证系数

预计总体错报与可容忍错报之比	误受风险								
	5%	10%	15%	20%	25%	30%	35%	37%	50%
0.00	3.00	2.31	1.90	1.61	1.39	1.21	1.05	1.00	0.70
0.05	3.31	2.52	2.06	1.74	1.49	1.29	1.12	1.06	0.73
0.10	3.68	2.77	2.25	1.89	1.61	1.39	1.20	1.13	0.77
0.15	4.11	3.07	2.47	2.06	1.74	1.49	1.28	1.21	0.82
0.20	4.63	3.41	2.73	2.26	1.90	1.62	1.38	1.30	0.87
0.25	5.24	3.83	3.04	2.49	2.09	1.76	1.50	1.41	0.92
0.30	6.00	4.33	3.41	2.77	2.30	1.93	1.63	1.53	0.99
0.35	6.92	4.95	3.86	3.12	2.57	2.14	1.79	1.67	1.06
0.40	8.09	5.72	4.42	3.54	2.89	2.39	1.99	1.85	1.14
0.45	9.59	6.71	5.13	4.07	3.29	2.70	2.22	2.06	1.25
0.50	11.54	7.99	6.04	4.75	3.80	3.08	2.51	2.32	1.37
0.55	14.18	9.70	7.26	5.64	4.47	3.58	2.89	2.65	1.52
0.60	17.85	12.07	8.93	6.86	5.37	4.25	3.38	3.09	1.70

注：此表以泊松分布为基础。

（三）选取样本并对其实施审计程序

注册会计师应当仔细选取样本，以使样本能够代表总体的特征。注册会计师可以根据具体情况，从简单随机选样、系统选样或随意选样中挑选适当的选样方法选取样本，也可以使用计算机辅助审计技术提高选样的效果。

在选取样本之前，注册会计师通常先识别单个重大项目。然后，从剩余项目中选取样本，或者对剩余项目分层，并将样本规模相应分配给各层。例如，排除需要100%检查的单个重大项目之后，剩余的应收账款账面金额为1 200 000元，注册会计师可以按照金额大小将其分成两层：第一层包含账面金额在1 000～10 000元之间的150个大额项目，该层账面金额小计为860 000元；第二层包含账面金额小于1 000元的1 500个小额项目，该层账面金额小计为340 000元。如果确定的样本量为60，注册会计师可以根据各层账面金额在总体账面金额中的占比大致分配样本，从第一层选取40个项目（860 000÷1 200 000接近于2/3），从第二层选取20个项目。注册会计师也可以将总体分为金额大约相等的两个部分，然后在这两个部分之间平均分配样本量。注册会计师从每一层中选取样本，但选取的方法应当能使样本具有代表性。

货币单元抽样以货币单元作为抽样单元，因为总体中的每一个货币单元都有相同的规模，项目被选取的概率与其货币金额大小成比例，因而无需分层。如果用系统选样法选取样本，注册会计师需要先确定选样间隔，即用总体账面金额除以样本规模，得到样本间隔，然后在第一个间隔中确定一个随机起点，从这个随机起点开始，按照选样间隔，从总体中顺序选取样本，注册会计师再对包含被选取货币单元的账户余额或交易（即逻辑单元）实施检查。例如，在应收账款明细账户中，账户 A1、A2、A3、A4、A5……的账面金额分别为200元、150元、350元、100元、700元……则A1占的货币区间为1~200元，A2占201~350元，A3占351~700元，A4占701~800元，A5占801~1 500元……如果注册会计师确定的选样间隔为300元，然后从1~300元（含300元）之间选择一个随机起点，如第150元，随后挑选出来的样本依次为第450元（150+300）、第750元（450+300）、第1 050元（750+300）、第1 350元（1 050+300）……注册会计师将要实施检查的逻辑单元为账户A1（包含第150元）、A3（包含第450元）、A4（包含第750元）、A5（包含第1 050元）……

从上例可以看出，如果逻辑单元的账面金额大于或等于选样间隔，该项目一定会被挑选出来。如果逻辑单元的账面金额是选样间隔的数倍，该项目将不止一次被挑选出来，如账户A5，包含了第1 050元和第1 350元，有两次被选取的机会。这种情况下，最终选取的逻辑单元数量小于确定的样本规模。为简化样本评价工作，注册会计师可能对账面金额大于或等于选样间隔的项目实施100%的检查，而不将其纳入总体。

人工选取逻辑单元时，注册会计师还可以使用另一种方法，具体步骤如下：（1）将计算器清零；（2）减去随机起点的金额；（3）逐一加上逻辑单元的账面金额并记录每一次的小计金额，使小计金额为0或为正数的第一个逻辑单元将被挑选出来；（4）用上一步的小计金额减去选样间隔或选样间隔的倍数，直至小计金额再次为负数；（5）重复第三步的工作，选出使小计金额为0或为正数的下一个逻辑单元……使用这种方法选出的逻辑单元与前例相同。

注册会计师应对选取的每一个样本实施适合于具体审计目标的审计程序。无法对选取的项目实施检查时，注册会计师应当考虑这些未检查项目对样本评价结果的影响。如果未检查项目中可能存在的错报不会改变注册会计师对样本的评价结果，注册会计师无需检查这些项目；反之，注册会计师应当实施替代程序，获取形成结论所需的审计证据。注册会计师还要考虑无法实施检查的原因是否影响计划的重大错报风险评估水平或舞弊风险的评估水平。

选取的样本中可能包含未使用或无效的项目，注册会计师应当考虑设计样本时是如何界定总体的。如果总体包含所有的支票（无论是已签发支票，还是空白支票），注册会计师需要考虑样本中包含一个或多个空白支票的可能性。考虑到这种可能性，注册会计师可能希望比最低样本规模稍多选取一些项目，对多余的项目只在需要作为替代项目时才进行检查。

三、评价样本结果阶段

（一）推断总体的错报

注册会计师应当根据样本结果推断总体的错报。如果在期中实施细节测试时用到审计抽样，注册会计师只能根据样本结果推断从中选取样本的总体的错报金额。注册会计师需要实施进一步审计程序，以确定能否将期中测试得出的结论合理延伸至期末。值得关注的是，消极式函证未收到回函不能证明被询证者已收到询证函并验证其中包含的信息是正确的，因此注册会计师不能根据未回函的消极式询证函推断总体的错报。

根据样本中发现的错报金额估计总体的错报金额时，注册会计师可以使用比率法、差额法及货币单元抽样法等。如果注册会计师在设计样本时将进行抽样的项目分为几层，则要在每层分别推断错报，然后将各层推断的金额加总，计算估计的总体错报。注册会计师还要将在进行百分之百检查的单个重大项目中发现的所有错报与推断的错报金额汇总。

使用货币单元抽样法时，如果逻辑单元的账面金额大于或等于选样间隔，推断的错报就是该逻辑单元的实际错报金额；如果逻辑单元的账面金额小于选样间隔，注册会计师首先计算存在错报的所有逻辑单元的错报百分比，这个百分比就是整个选样间隔的错报百分比（因为每一个被选取的货币单元都代表了整个选样间隔中的所有货币单元），再用这个错报百分比乘以选样间隔，得出推断错报的金额。将所有这些推断错报汇总后，再加上在金额大于或等于选样间隔的逻辑单元中发现的实际错报，注册会计师就能计算出总体的错报金额。例如，注册会计师确定的选样间隔是3 000元，如果在样本中发现了3个高估错报，项目的账面金额分别为100元、200元和5 000元，审定金额分别为0元、150元和4 000元，则注册会计师推断的错报金额为4 750元（100% ×3 000 +25% ×3 000 +1 000）。

（二）考虑抽样风险

在细节测试中，推断的错报是注册会计师对总体错报作出的最佳估计。当推断的错报接近或超过可容忍错报时，总体中的实际错报金额很可能超过了可容忍错报。因此，注册会计师要将各交易类别或账户余额的错报总额与该类交易或账户余额的可容忍错报相比较，并适当考虑抽样风险，以评价样本结果。如果推断的错报总额低于可容忍错报，注册会计师还要考虑总体的实际错报金额仍有可能超过可容忍错报的风险。

在非统计抽样中，注册会计师运用职业判断和经验考虑抽样风险。例如，某账户的账面金额为1 000 000元，可容忍错报为50 000元，根据适当的样本推断的总体错报为10 000元，由于推断的总体错报远远低于可容忍错报，注册会计师可能合理确信，总体实际错报金额超过可容忍错报的抽样风险很低，因而可以接受。另外，如果推断的错报总额接近或超过可容忍错报，注册会计师通常得出总体实际错报超过可容忍错报的结论。当推断的错报总额与可容忍错报的差距既不很小又不很大时，注册会计师应当仔细考虑，总体实际错报超过可容忍错报的风险是否高到无法接受。这种情况下，注册会计师可能会扩大样本规模以降低抽样风险的影响。如果推断的错报大于注册会计师确定样本规模时预计的总体错报，注册会计师也可能得出结论，认为总体实际错报金额超过可容忍错报的抽样风险是不可接受的。

在货币单元抽样中，注册会计师通常使用表4－10中的保证系数，考虑抽样风险的影响，计算总体错报的上限。具体情况如下：

表 4-10 货币单元抽样评价样本结果时的保证系数

高估错报的数量	误受风险								
	5%	10%	15%	20%	25%	30%	35%	37%	50%
0	3.00	2.31	1.90	1.61	1.39	1.21	1.05	1.00	0.70
1	4.75	3.89	3.38	3.00	2.70	2.44	2.22	2.14	1.68
2	6.30	5.33	4.73	4.28	3.93	3.62	3.35	3.25	2.68
3	7.76	6.69	6.02	5.52	5.11	4.77	4.46	4.35	3.68
4	9.16	8.00	7.27	6.73	6.28	5.90	5.55	5.43	4.68
5	10.52	9.28	8.50	7.91	7.43	7.01	6.64	6.50	5.68
6	11.85	10.54	9.71	9.08	8.56	8.12	7.72	7.57	6.67
7	13.15	11.78	10.90	10.24	9.69	9.21	8.79	8.63	7.67
8	14.44	13.00	12.08	11.38	10.81	10.31	9.85	9.68	8.67
9	15.71	14.21	13.25	12.52	11.92	11.39	10.92	10.74	9.67
10	16.97	15.41	14.42	13.66	13.02	12.47	11.98	11.79	10.67
11	18.21	16.60	15.57	14.78	14.13	13.55	13.04	12.84	11.67
12	19.45	17.79	16.72	15.90	15.22	14.63	14.09	13.89	12.67
13	20.67	18.96	17.86	17.02	16.32	15.70	15.14	14.93	13.67
14	21.89	20.13	19.00	18.13	17.40	16.77	16.20	15.98	14.67
15	23.10	21.30	20.13	19.24	18.49	17.84	17.25	17.02	15.67
16	24.31	22.46	21.26	20.34	19.58	18.90	18.29	18.06	16.67
17	25.50	23.61	22.39	21.44	20.66	19.97	19.34	19.10	17.67
18	26.70	24.76	23.51	22.54	21.74	21.03	20.38	20.14	18.67
19	27.88	25.91	24.63	23.64	22.81	22.09	21.43	21.18	19.67
20	29.07	27.05	25.74	24.73	23.89	23.15	22.47	22.22	20.67

注：此表以泊松分布为基础。

1. 如果在样本中没有发现错报，总体错报的上限 = 保证系数 × 选样间隔。例如，如果误受风险为 5%，选样间隔为 3 000 元，注册会计师没有在样本中发现错报，总体错报的上限为 9 000 元（3 × 3 000）。没有发现错报时估计的总体错报上限也被称作“基本精确度”。

2. 如果在账面金额大于或等于选样间隔的逻辑单元中发现了错报，无论该错报的百分比是否为 100%，总体错报的上限 = 事实错报 + 基本精确度。例如，如果误受风险为 5%，选样间隔为 3 000 元，注册会计师在样本中发现 1 个错报，该项目的账面金额为 5 000 元，审定金额为 4 000 元，总体错报的上限为 10 000 元（1 000 + 3 × 3 000）。又例如，如果误受风险为 5%，选样间隔为 3 000 元，注册会计师在样本中发现 1 个错报，该项目的账面金额为 5 000 元，审定金额为 0 元，总体错报的上限为 14 000 元（5 000 + 3 × 3 000）。注册会计师还要将计算出来的总体错报上限，与在需要实施 100% 检查的其他项目中发现的事实错报累计起来。

3. 如果在样本（排除账面金额大于或等于选样间隔的逻辑单元）中发现了错报百分比为 100% 的错报，总体错报的上限 = 保证系数 × 选样间隔。例如，如果误受风险为 5%，选样间隔为 3 000 元，注册会计师在样本中发现 1 个错报，该项目的账面金额为 20 元，审定金额为 0 元，则总体错报的上限为 14 250 元（4.75 ×3 000）。

4. 如果在样本（排除账面金额大于或等于选样间隔的逻辑单元）中发现了错报百分比低于 100% 的错报，注册会计师先计算推断错报，再将推断错报按金额降序排列后，分别乘以对应的保证系数增量（即在既定的误受风险水平下，特定数量的高估错报所对应的保证系数与上一行保证系数之间的差异），加上基本精确度之后，最终计算出总体错报的上限。总体错报的上限 = 推断错报 × 保证系数的增量 + 基本精确度。例如，如果误受风险为 5%，选样间隔为 3 000 元，注册会计师在样本中发现 2 个错报，账户 A 的账面金额为 2 000 元，审定金额为 1 500 元，推断错报为 750 元（500 ÷2 000 ×3 000）；账户 B 的账面金额为 1 000 元，审定金额为 200 元，推断错报为 2 400 元（800 ÷1 000 ×3 000）。将推断错报按金额降序排列后，由表 4 -10 可知，在 5% 的误受风险水平下，账户 A 对应的保证系数增量为 1.55，账户 B 对应的保证系数增量为 1.75。因此，总体错报的上限为 14 363元（750 ×1.55 +2 400 ×1.75 +3 ×3 000）。

如果样本中既有账面金额大于或等于选样间隔的逻辑单元，又有账面金额小于选样间隔的逻辑单元，而且在账面金额小于选样间隔的逻辑单元中，既发现了错报百分比为 100% 的错报，又发现了错报百分比低于 100% 的错报。注册会计师可以将所有样本项目分成两组：第一组是账面金额大于或等于选样间隔的逻辑单元，注册会计师计算出该组项目的事实错报；第二组是账面金额小于选样间隔的逻辑单元，无论该组项目的错报百分比是否为 100%，注册会计师都先计算出各项目的推断错报，再将所有推断错报按金额降序排列后，分别乘以对应的保证系数增量，并将计算结果累计起来。用这个累计结果加上基本精确度，再加上第一组项目中的事实错报，就是最终总体错报的上限。

在货币单元抽样中，注册会计师将总体错报的上限与可容忍错报进行比较。如果总体错报的上限小于可容忍错报，注册会计师可以初步得出结论，样本结果支持总体的账面金额。不过，注册会计师还应将推断错报（排除被审计单位管理层已更正的事实错报）与其他事实错报和推断错报汇总，以评价财务报表整体是否可能存在重大错报。

（三）考虑错报的性质和原因

除了评价错报的金额和频率以及抽样风险之外，注册会计师还应当考虑：（1）错报的性质和原因，是原则还是应用方面的差异？是错误还是舞弊导致？是误解指令还是粗心大意所致？（2）错报与审计工作其他阶段（比如本教材第十八章第一节“二、评价审计过程中识别出的错报”所述内容）之间可能存在的关系。

（四）得出总体结论

在推断总体的错报，考虑抽样风险，分析错报的性质和原因之后，注册会计师需要运用职业判断得出总体结论。如果样本结果不支持总体账面金额，且注册会计师认为账面金额可能存在错报，注册会计师通常会建议被审计单位对错报进行调查，并在必要时调整账面记录。依据被审计单位已更正的错报对推断的总体错报额进行调整后，注册会计师应当将该类交易或账户余额中剩余的推断错报与其他交易或账户余额中的错报总额累计起来，以评价财务报表整体是否存在重大错报。无论样本结果是否表明错报总额超过了可容忍错报，注册会计师都应当要求被审计单位的管理层记录已发现的事实错报（除非明显微小）。

如果样本结果表明注册会计师作出抽样计划时依据的假设有误，注册会计师应当采取适当的行动。例如，如果细节测试中发现的错报的金额或频率大于依据重大错报风险的评估水平作出的预期，注册会计师需要考虑重大错报风险的评估水平是否仍然适当。注册会计师也可能决定修改对重大错报风险评估水平低于最高水平的其他账户拟实施的审计程序。

（五）非统计抽样示例

假设注册会计师准备使用非统计抽样方法，通过函证测试 ABC 公司 20××年 12 月 31 日应收账款余额的“存在”认定。20××年 12 月 31 日，ABC 公司应收账款账户共有 935 个，其中：借方账户有 905 个，账面金额为 4 250 000 元；贷方账户有 30 个，账面金额为5 000元。

注册会计师作出下列判断：(1) 单独测试 30 个贷方账户，另有 5 个借方账户被视为单个重大项目（单个账户的账面金额大于 50 000 元，账面金额共计 500 000 元），需要实施 100% 的检查。因此，剩下的 900 个应收账款借方账户就是注册会计师定义的总体，总体账面金额为 3 750 000 元。(2) 注册会计师定义的抽样单元是每个应收账款明细账账户。(3) 考虑到总体的变异性，注册会计师根据各明细账账户的账面金额，将总体分成两层：第一层包含 250 个账户（单个账户的账面金额大于或等于 5 000 元），账面金额共计 2 500 000 元；第二层包含 650 个账户（单个账户的账面金额小于 5 000 元），账面金额共计 1 250 000 元。(4) 可接受的误受风险为 10%。(5) 可容忍的错报为 150 000 元。(6) 预计的总体错报为 30 000 元。

根据表 4－8，当可接受的误受风险为 10%，可容忍的错报与总体账面金额之比为 4%，预计总体错报与可容忍错报之比为 20% 时，样本量为 86。注册会计师运用职业判断和经验，认为这个样本规模是适当的，不需要调整。注册会计师根据各层账面金额在总体账面金额中的占比大致分配样本，从第一层选取 58 个项目，从第二层选取 28 个项目。

注册会计师对 91 个账户（86 个样本加上 5 个单个重大项目）逐一实施函证程序，收到了 80 个询证函回函。注册会计师对没有收到回函的 11 个账户实施了替代程序，认为能够合理保证这些账户不存在错报。在收到回函的 80 个账户中，有 4 个存在高估，注册会计师对其作了进一步调查，确定只是笔误导致，不涉及舞弊等因素。错报情况如表 4－11 所示。

表 4－11　　　　错报汇总

账户	总体账面金额（元）	样本账面金额（元）	样本审定金额（元）	样本错报金额（元）
单个重大账户	500 000	500 000	499 000	1 000
第一层	2 500 000	739 000	738 700	300
第二层	1 250 000	62 500	62 350	150
合计	4 250 000	1 301 500	1 300 050	1 450

注：为方便汇总错报，此表将单个重大账户一并纳入。但实际上，注册会计师需要对单个重大账户实施 100% 的检查。

注册会计师运用职业判断和经验认为，错报金额与项目的金额而非数量紧密相关，因此选择比率法评价样本结果。注册会计师分别推断每一层的错报金额：第一层的推断错报金额约为 1 015 元（300÷739 000×2 500 000），第二层的推断错报金额约为 3 000 元（150÷62 500×1 250 000）。再加上实施 100% 检查的单个重大账户中发现的错报，注册会计师推断的错报总额为 5 015 元（1 000 + 1 015 + 3 000）。ABC 公司的管理层同意更正 1 450元的事实错报，因此，剩余的推断错报为 3 565 元（5 015 − 1 450）。剩余的推断错报（3 565 元）远远低于可容忍错报（150 000 元），注册会计师认为总体实际错报金额超过可容忍错报的抽样风险很低，因而总体可以接受。也就是说，即使在其推断的错报上加上合理的抽样风险允许限度，也不会出现一个超过可容忍错报的总额。

注册会计师得出结论，样本结果支持应收账款账面金额。不过，注册会计师还应将剩余的推断错报与其他事实错报和推断错报汇总，以评价财务报表整体是否可能存在重大错报。

（六）统计抽样示例

假设注册会计师准备使用货币单元抽样法，通过函证测试 XYZ 公司 20 × × 年 12 月 31 日应收账款余额的“存在”认定。20 × × 年 12 月 31 日，XYZ 公司应收账款账户共有 602 个，其中：借方账户有 600 个，账面金额为 2 300 000 元；贷方账户有 2 个，账面金额为 3 000 元。

注册会计师作出下列判断：（1）单独测试 2 个贷方账户，另有 6 个借方账户被视为单个重大项目（单个账户的账面金额大于 25 000 元，账面金额共计 300 000 元），需要实施 100% 的检查。因此，剩下的 594 个应收账款借方账户就是注册会计师定义的总体，总体账面金额为 2 000 000 元。（2）注册会计师定义的抽样单元是每个货币单元。（3）可接受的误受风险为 10%。（4）可容忍的错报为 40 000 元。（5）预计的总体错报为 8 000 元。

根据表 4 − 8，当可接受的误受风险为 10%，可容忍的错报与总体账面金额之比为 2%，预计总体错报与可容忍错报之比为 20% 时，样本量为 171。注册会计师使用系统选样选取包含抽样单元的逻辑单元进行检查，选样间隔为 11 695 元（2 000 000 ÷ 171 ≈ 11 695。实务中，注册会计师也可以将选样间隔略微下调，以方便选样。比如，将选样间隔从 11 695 元下调至 11 600 元，使样本量调增为 172）。

注册会计师对样本中的 171 个账户（上述 6 个单个重大项目和 2 个贷方账户已单独测试，未发现错报）逐一实施函证程序，收到了 155 个询证函回函。注册会计师对没有收到回函的 16 个账户实施了替代程序，认为能够合理保证这些账户不存在错报。在收到回函的 155 个账户中，有 4 个存在高估，注册会计师对其作了进一步调查，确定只是笔误导致，不涉及舞弊等因素。推断错报汇总如表 4 − 12 所示。

表 4 − 12　　推断错报汇总

账户	账面金额（元）	审定金额（元）	错报金额（元）	错报百分比（%）	选样间隔（元）	推断错报（元）
A1	200	190	10	5	11 695	585
A2	50	40	10	20	11 695	2 339
A3	3 000	2 700	300	10	11 695	1 170
A4	16 000	15 000	1 000	不适用	不适用	1 000
合计						5 094

注：如果逻辑单元的账面金额大于或等于选样间隔，推断的错报就是该逻辑单元的实际错报金额，账户 A4 正是这种情况。

注册会计师使用表4－10中的保证系数，考虑抽样风险的影响，计算总体错报的上限，如表4－13所示。

表4－13 计算总体错报的上限

推断错报	保证系数的增量	推断错报×保证系数的增量
2 339元	1.58	3 696元
1 170元	1.44	1 685元
585元	1.36	796元
小计		6 177元
加上：基本精确度		2.31×11 695＝27 015（元）
加上：账户A4中的事实错报		1 000元
总体的错报上限		34 192元

注：此表中"保证系数的增量"由表4－10的数据计算而来。比如，从表4－10可知，10%的误受风险对应的保证系数依次为2.31、3.89、5.33、6.69……因此，保证系数的增量依次为1.58（3.89－2.31）、1.44（5.33－3.89）、1.36（6.69－5.33）……

由于总体错报上限小于可容忍错报，注册会计师得出结论，样本结果支持应收账款账面金额。

四、记录抽样程序

在细节测试中使用审计抽样时，注册会计师通常在审计工作底稿中记录下列内容：（1）测试的目标，受到影响的账户和认定；（2）对总体和抽样单元的定义，包括注册会计师如何考虑总体的完整性；（3）对错报的定义；（4）可接受的误受风险；（5）可接受的误拒风险（如涉及）；（6）估计的错报及可容忍错报；（7）使用的审计抽样方法；（8）确定样本规模的方法；（9）选样方法；（10）选取的样本项目；（11）对如何实施抽样程序的描述，以及在样本中发现的错报的清单；（12）对样本的评价；（13）总体结论概要；（14）进行样本评估和作出职业判断时，认为重要的性质因素。

第五章　信息技术对审计的影响

在计算机技术得到广泛普及之前，企业内部的信息处理通常是以人工方式进行的。企业的会计部门，通过不同岗位之间的分工协作，将日常经营活动中产生的财务资料进行加工处理，形成企业内部和外部需要的各种纸质会计信息。在这种情况下，审计毫无疑问采取人工方式。

随着计算机的普及，尤其是微型计算机的大众化，一些企业开始用计算机来处理部分会计资料。例如，工资管理程序、存货管理程序等，逐步用机器替代了部分人工劳动。但由于计算机处理的范围还比较小，注册会计师往往可以忽略计算机的应用，直接对打印出来的纸质文档进行审计。

随着信息技术的大规模普及，大部分企业的会计处理已经实现信息化。注册会计师开始意识到利用信息技术进行审计的重要性，但这时人们对信息技术审计的认识还停留在对财务数据的采集和分析阶段，注册会计师仍然可以绕过信息系统，对财务数据和财务报表进行核实，以获取审计证据。

伴随着信息技术的成熟，以ERP为代表的企业信息系统高度集成逐渐开始兴起。这时的企业信息系统已不是一个孤立的系统，而是集财务、人事、供销、生产为一体的综合性系统，财务信息只是这个系统所处理信息的一部分。因此，注册会计师必须在计划和执行审计工作时对企业的信息技术进行全面考虑。

第一节　信息技术对企业财务报告和内部控制的影响

一、信息技术的概念

从广义上讲，凡是能扩展人类信息功能的技术，都是信息技术。具体而言，信息技术是指利用电子计算机和现代通信手段实现获取信息、传递信息、存储信息、处理信息、展示信息、分配信息等的相关技术。

现代信息技术是指20世纪70年代以来，随着微电子技术、计算机技术和通信技术的发展，围绕信息的产生、收集、存储、处理、检索和传递，形成的一个全新的、用以开发和利用信息资源的高技术群，包括微电子技术、新型元器件技术、通信技术、计算机技术、各类软件及系统集成技术、光盘技术、传感技术、机器人技术、高清晰度电视技术等，其中微电子技术、计算机技术、软件技术、通信技术是现代信息技术的核心。

二、信息技术对企业财务报告的影响

企业可以运用信息系统来创建、记录、处理和报告各项交易，以衡量和审查自身的财务业绩，并持续记录资产、负债及所有者权益。具体来讲，创建是指企业可以采取人工或自动化的方式来创建各项交易信息；记录是指信息系统识别并保存交易及事项的相关信息；处理是指企业可以采取人工或自动化的方式对信息系统的数据信息进行编辑、确认、计算、衡量、估价、分析、汇总和调整；报告是指企业以电子或打印的方式，编制财务报表和其他信息，并运用上述信息来衡量和审查企业的财务业绩及其他方面的职能。

信息系统的使用，会给企业的管理和会计核算带来很多重要的变化，包括：

1. 计算机输入和输出代替了人工记录。
2. 计算机显示屏和电子影像代替了纸质凭证。
3. 计算机文档代替了纸质日记账和分类账。
4. 网络通信和电子邮件代替了公司间的邮寄。
5. 管理需求固化到应用程序之中。
6. 灵活多样的报告代替了固定格式的报告。
7. 数据更加充分，信息更容易实现共享。
8. 系统性问题比偶然性误差更为普遍。

信息系统形成的信息的质量影响企业编制财务报表、管理企业活动和作出恰当的管理决策。因此，有效的信息系统需要实现下列功能并保留记录结果：

1. 识别和记录全部经授权的交易。
2. 及时、详细记录交易内容，并在财务报告中对全部交易进行恰当分类。
3. 衡量交易价值，并在财务报告中恰当体现相关价值。
4. 确定交易发生的期间，并将交易记录在恰当的会计期间。
5. 将有关交易信息在财务报告中作恰当披露。

因此，注册会计师在进行财务报表审计时，如果拟依赖相关信息系统生成的信息和报告作为审计工作的依据，则必须考虑相关信息和报告的质量，而相关信息和报告的质量是通过交易的录入到输出整个过程中适当的控制来实现的，所以，注册会计师需要在整个过程中考虑信息的准确性、完整性、授权体系及访问限制四个方面。

三、信息技术对企业内部控制的影响

在信息技术环境下，传统的人工控制越来越多地被自动化控制所替代。当然，被审计单位采用信息系统处理业务，并不意味着人工控制被完全取代。信息系统对控制的影响，取决于被审计单位对信息系统的依赖程度。例如，在基于信息技术的信息系统中，系统进行自动化操作来实现对交易信息的创建、记录、处理和报告，并将相关信息保存为电子形式（如电子的采购订单、采购发票、发运凭证和相关会计记录）。但相关控制也可能同时包含人工部分，如订单的审批和事后审阅以及会计记录调整之类的人工控制。由于被审计单位信息技术的特点及复杂程度不同，人工及自动化控制的组合方式往往会有所区别。

概括地讲，自动化控制能为企业带来以下好处：

1. 自动化控制能够有效处理大量交易和数据，因为自动化信息系统可以提供与业务规则一致的系统处理方法。

2. 自动化控制比较不容易被绕过。

3. 自动化信息系统、数据库及操作系统的相关安全控制可以实现有效的职责分离。

4. 自动化信息系统可以提高信息的及时性、准确性，并使信息变得更易获取。

5. 自动化信息系统可以提高管理层对企业业务活动及相关政策的监督水平。

四、运用信息技术导致的风险

随着信息技术的运用，内部控制虽然在形式和内涵方面发生了变化，但其目标并没有发生改变，即：

1. 提高管理层决策制定的效果和业务流程的效率。

2. 提高会计信息的可靠性。

3. 促进企业遵守法律法规。

信息技术在改进被审计单位内部控制的同时，也产生了特定的风险：

1. 信息系统或相关程序可能会对数据进行错误处理，也可能会去处理那些本身就错误的数据。

2. 自动化信息系统、数据库及操作系统的相关安全控制如果无效，会增加对数据信息非授权访问的风险，这种风险可能导致系统对非授权交易及虚假交易请求的拒绝处理功能遭到破坏，系统程序、系统内的数据遭到不适当的改变，系统对交易进行不适当的记录，以及信息技术人员获得超过其职责范围的系统权限等。

3. 数据丢失风险或数据无法访问风险，如系统瘫痪等。

4. 不适当的人工干预，或人为绕过自动化控制。

五、注册会计师在信息化环境下面临的挑战

信息技术在会计处理和财务报告中的运用，把注册会计师带入了一个全新的、充满挑战的信息化环境。在这个环境中，注册会计师面对的是功能复杂、高度集成的大型信息系统，以及系统生成、处理、记录和报告的海量电子数据，甚至还有完全不同于传统形式的舞弊手法。如果作为审计工作对象的财务会计信息和报告是由企业财务报告相关信息系统所形成的，那么注册会计师在了解业务流程和内部控制、识别和评估重大错报风险、确定风险应对措施和审计范围、制定整体审计计划、执行审计程序以及收集审计证据等方面将面临来自信息化环境的诸多挑战，主要体现在以下方面：

1. 对业务流程开展和内部控制运作的理解。传统环境下，业务流程的开展和内部控制的运作主要依赖人工处理。信息化环境下，相当部分的内部控制环节转移到信息系统

中自动执行，或者人工与信息系统相结合而执行。因此，注册会计师需要重新建立对业务流程开展和内部控制运作的理解和认识。

2. 对信息系统相关审计风险的认识。信息系统在带来效率效果提升的同时，也产生了由于信息技术导致的风险。注册会计师在执行财务报表审计时，需要充分识别和评估会计核算和财务报告编制相关的信息技术导致的风险，如程序逻辑的错误、权限的不当授予等。对相关控制风险缺乏认识，可能导致审计工作缺乏针对性，从而难以有效识别财务报表中的重大错报。

3. 审计范围的确定。注册会计师在确定审计范围时，往往受困于信息技术的复杂性和专业性。企业的应用系统架构如何？信息系统间的数据流向是怎样的？如果对这些根本性问题认识不清楚，往往会导致在确定审计范围时产生遗漏。

4. 审计内容的变化。在信息化环境下，会计核算与财务报告是由信息系统通过程序进行自动化处理的，因此，审计内容很有可能包括对信息系统中相关自动化控制的测试。例如，在针对存货计价不准确的重大错报风险实施审计程序时，由于被审计单位存货的计价依赖于高度自动化处理，不存在或很少人工干预，针对该风险仅实施实质性程序可能不可行。获取的部分审计证据，如存货的库龄分析仅以电子形式存在，注册会计师必须测试与存货计价相关的内部控制的有效性，以及存货库龄计算的准确性。

5. 审计线索的隐性化。在信息化环境下，会计信息已经全面数字化，传统的审计线索可能已经不复存在；在信息加工处理方面，信息系统封装了信息处理的过程，其内部处理逻辑、运算的中间过程，往往对系统的用户而言是无法获取的，传统的审计线索全面隐性化。

6. 改进审计技术的必要性。面对海量的交易、数据和财务信息，传统的审计技术在抽样针对性和样本覆盖程度方面的局限性越来越突出。一方面，信息技术的运用改变了企业的运作模式和工作方式，传统审计技术针对的问题特征可能已经消失，或者发生了改变，注册会计师的经验可能无法简单移植，从而丧失了针对性；另一方面，面对海量数据，传统的抽样方式难以覆盖大量的数据，对于不同来源的数据缺乏深刻的洞察力，覆盖性方面也难以做到全面和系统。

7. 知识结构有待优化。信息技术的广泛运用，对注册会计师的知识结构提出了新的要求。他们不仅要具备丰富的会计、审计、经济、管理、法律方面的知识和技能，还必须对信息技术有所掌握和了解，熟悉系统的架构、信息处理的基本逻辑、系统运行的原理，以及与信息技术运用相伴而生的风险因素。在信息化环境下，注册会计师必须熟悉信息技术的运用和信息系统的风险及控制，应对以上新的挑战，对审计的策略、范围、内容、方法和手段作出有针对性的调整，才能获取充分、适当的审计证据，发表恰当的审计意见。

8. 与专业团队的充分协作。复杂的新兴技术日新月异，使财务报表审计对专业知识的需求日益迫切。注册会计师在优化自身知识结构体系的过程中，引入相关技术专业人员参与审计工作已成为一种有效的审计手段，比较常见的专业领域如信息技术、网络技术等。因此，在审计全过程中有效地整合各方资源，对于有效地实施审计工作非常重要。需要强调的是，注册会计师在引入专业人员进行审计的项目中，从审计计划、审计执行到审计完成的各个阶段都应积极引入专业人员参与，以确保相关的重大错报风险被合理识别和应对，保证审计过程的有效执行和审计效果的提升。

第二节　信息技术一般控制、信息处理控制和公司层面信息技术控制

在信息技术环境下，人工控制的基本原理并不会发生实质性改变，注册会计师仍需按照传统方法实施相关的审计程序，而对于自动化控制，就需要从信息技术一般控制、信息处理控制以及公司层面信息技术控制三方面考虑。

一、信息技术一般控制

信息技术一般控制是指为了保证信息系统的安全，对整个信息系统以及外部各种环境要素实施的、对所有的应用或控制模块具有普遍影响的控制措施。信息技术一般控制既包括人工进行的控制，也包括自动化控制。信息技术一般控制通常会对实现部分或全部财务报表认定作出间接贡献。在某些情况下，信息技术一般控制也可能对实现信息处理目标和财务报表认定作出直接贡献。这是因为，有效的信息技术一般控制确保了应用系统控制和依赖计算机处理的自动化会计程序得以持续有效运行。当人工控制依赖系统生成的信息时，信息技术一般控制同样重要。如果注册会计师计划依赖自动化信息处理控制、自动化会计程序或依赖系统生成信息的控制，就需要对相关的信息技术一般控制进行测试。

注册会计师应当清楚记录信息技术一般控制与关键的自动化信息处理控制及接口、关键的自动化会计程序、关键人工控制所依赖的系统生成数据和报告，或生成人工日记账时使用系统生成的数据和报告的关系。

信息技术一般控制包括程序开发、程序变更、程序和数据访问以及计算机运行四个方面。

1. 程序开发。程序开发领域的目标是确保系统的开发、配置和实施能够实现管理层的信息处理控制目标。程序开发控制一般包括但不限于以下要素：

（1）程序开发的管理方法；

（2）项目启动、分析和设计；

（3）测试和质量确保；

（4）数据迁移；

（5）程序实施和应急计划；

（6）流程更新和用户培训；

（7）开发过程中的需求变更管理；

（8）开发过程中的职责分离。

2. 程序变更。程序变更领域的目标是确保对程序和相关基础组件的变更是经过请求、

授权、执行、测试和实施的，以达到管理层的信息处理控制目标。程序变更范围除包含代码类的常规变更外，也需要关注配置类的变更以及紧急变更。程序变更控制一般包括但不限于以下要素：

（1）对变更维护活动的管理；

（2）对变更请求的规范、授权与跟踪；

（3）测试和质量确保；

（4）程序实施；

（5）流程更新和用户培训；

（6）变更过程中的职责分离。

3. 程序和数据访问。程序和数据访问领域的目标是确保分配的访问程序和数据的权限是经过用户身份认证并经过授权的。程序和数据访问的子组件一般包括安全活动管理、安全管理、数据安全、操作系统安全、网络安全和物理安全。程序和数据访问控制一般包括但不限于以下要素：

（1）应用用户授权管理；

（2）高权限用户管理；

（3）职责分工和权限管理；

（4）认证和密码控制；

（5）用户监控；

（6）物理访问和环境控制；

（7）网络访问控制。

4. 计算机运行。计算机运行领域的目标是确保业务系统根据管理层的控制目标完整准确地运行，确保运行问题被完整准确地识别并解决，以维护财务数据的完整性。计算机运行控制一般包括但不限于以下要素：

（1）系统作业管理；

（2）问题和故障管理；

（3）数据备份和恢复；

（4）备份介质的异地存放；

（5）灾难恢复。

二、信息处理控制

信息处理控制，是指与被审计单位信息系统中下列两方面相关的控制：（1）信息技术应用程序进行的信息处理；（2）人工进行的信息处理。信息处理控制既包括人工进行的控制，也包括自动化控制。信息处理控制一般要经过输入、处理及输出等环节。与人工控制类似，系统自动化控制关注的要素包括：完整性、准确性、存在和发生等。各要素的主要含义如下：

1. 完整性。系统处理数据的完整性，例如各系统之间数据传输的完整性、销售订单的系统自动顺序编号、总账数据的完整性等。

2. 准确性。系统运算逻辑的准确性，例如金融机构利息计提逻辑的准确性、生产企业的物料成本运算逻辑的准确性、应收账款账龄的准确性等。

3. 存在和发生。信息系统相关的逻辑校验控制，例如限制检查、合理性检查、存在检查和格式检查等。部分业务操作的授权管理，例如入账审批管理的权限设定和授予、物料成本逻辑规则修改权限的设定和授予等。

针对系统自动化控制的信息处理控制审计需要在理解业务流程的基础上进行，常见的系统自动化控制以及信息处理控制审计关注点列示如下：

1. 系统自动生成报告。企业的业务或财务系统会定期或按需生成各类报告，如账龄报告、贷款逾期报告、业务和财务数据核对差异报告等。信息处理控制审计包括对这些报告生成逻辑（包括完整性和准确性）的测试、异常报告跟进控制的审计等。

2. 系统配置和科目映射。信息系统中包含了大量的自动化校验控制和映射关系，包括数据完整性校验、录入合法性编辑检查、边界阈值设定、财务科目映射关系等。信息处理控制审计会对这些系统配置和映射关系的存在性和有效性进行测试。

3. 接口控制。接口控制包括各业务系统之间，业务和财务系统之间，企业内部系统和合作伙伴、交易对手、监管机构之间的接口数据传输。信息处理控制审计会对这些接口数据传输的完整性和准确性进行测试。

4. 访问和权限。企业内部各业务部门、财务部门、信息技术部门等均会根据各自的职责需要对信息系统进行访问，各部门、各团队甚至各岗位访问的权限均可能存在差异，因此在系统控制层面需要对这些权限进行明确的定义和部署，以保证适当的人员配备适当的访问权限。信息处理控制审计会对这些访问权限授予情况的合理性进行测试。

三、公司层面信息技术控制

除信息技术一般控制和信息处理控制外，企业的管理层也越来越重视公司层面信息技术控制管理。常见的公司层面信息技术控制包括但不限于：

1. 信息技术规划的制定；
2. 信息技术年度计划的制定；
3. 信息技术内部审计机制的建立；
4. 信息技术外包管理；
5. 信息技术预算管理；
6. 信息安全和风险管理；
7. 信息技术应急预案的制定；
8. 信息系统架构建设和信息技术复杂性的考虑。

目前，注册会计师通常针对公司层面信息技术控制单独执行审计，以评估企业信息技术的整体控制环境，确定信息技术一般控制和信息处理控制的审计重点、风险等级、审计测试方法等。

四、信息技术一般控制、信息处理控制与公司层面信息技术控制之间的关系

公司层面信息技术控制情况代表了该公司信息技术控制的整体环境，包括该公司对于信息技术的重视程度和依赖程度、信息技术复杂性、对于外部信息技术资源的使用和

管理情况、信息技术风险偏好等，这些要素会影响该公司信息技术一般控制和信息处理控制的部署和落实。例如，如果某公司使用了较多的信息技术外部资源和服务，则可能会相应地提高外部用户管理和外联接口失效的风险，因此需要更多关注信息技术一般控制领域内的用户管理类控制，特别是外部用户管理机制，以及信息处理控制的外部系统接口管理机制等。

根据目前信息技术审计的业内实践，注册会计师在执行信息技术一般控制和信息处理控制审计之前，会首先执行配套的公司层面信息技术控制审计，以了解公司的信息技术整体控制环境，并基于此识别出信息技术一般控制和信息处理控制的主要风险点及审计重点。

信息处理控制是设计在计算机应用系统中、有助于达到信息处理目标的控制。例如，许多应用系统中包含很多编辑检查来确保录入数据的准确性。编辑检查可能包括格式检查（如日期格式或数字格式）、存在检查（如客户编码存在于客户主数据文档之中）或合理性检查（如最大支付金额）。如果录入数据的某一要素未通过编辑检查，那么系统可能拒绝录入该数据，或系统可能将该录入数据拖入系统生成的例外报告之中，留待后续跟进和处理。

如果在带有关键的编辑检查功能的应用系统所依赖的计算机环境中发现了信息技术一般控制的缺陷，注册会计师可能就不能信赖上述编辑检查功能按设计发挥作用。例如，程序变更控制缺陷可能导致未授权人员对检查录入数据字段格式的编程逻辑进行修改，以至于系统接受不准确的录入数据。此外，与安全和访问权限相关的控制缺陷可能导致数据录入不恰当地绕过合理性检查，而该合理性检查原本应能使系统拒绝处理金额超过最大容差范围的支付操作。

因此，公司层面信息技术控制是公司信息技术整体控制环境，决定了信息技术一般控制和信息处理控制的风险基调；信息技术一般控制是基础，信息技术一般控制的有效与否会直接关系到信息处理控制的有效性是否能够信任。

第三节 信息技术对审计过程的影响

一、信息技术对审计的影响

信息技术在企业中的应用并不改变注册会计师制定审计目标、实施风险评估和了解内部控制的原则性要求，审计准则和财务报表审计目标在所有情况下都适用。但是，注册会计师必须更深入了解企业的信息技术应用范围和性质，因为系统的设计和运行对审计风险的评价、业务流程和控制的了解、审计工作的执行以及需要收集的审计证据的性质都有直接的影响。归纳起来，信息技术对审计过程的影响主要体现在以下几个方面：

（一）对审计线索的影响

审计线索对审计来说极其重要。对于传统的人工会计系统，审计线索包括凭证、日记账、分类账和报表。注册会计师通过顺查和逆查的方法来审查记录，检查和确定其是否正确地反映了被审计单位的经济业务，检查企业的会计核算是否合理、合规。而在信息技术环境下，从业务数据的具体处理过程到报表的输出都由计算机按照程序指令完成，数据均保存在存储介质上，从而会影响到审计线索，如数据存储介质、存取方式以及处理程序等。

（二）对审计技术手段的影响

过去，注册会计师的审计都是人工进行的，但随着信息技术的广泛应用，若仍以人工方式进行审计，显然已经难以满足工作的需要，难以达到审计的目的。因此，注册会计师需要掌握相关信息技术，把信息技术当作一种有用的审计工具。

（三）对内部控制的影响

现代审计技术中，注册会计师会对被审计单位的内部控制进行了解与评价，以此作为制定审计方案和决定抽样范围的依据。

（四）对审计内容的影响

在信息化环境下，由于信息化的特点，审计内容发生了相应的变化。在信息化的会计系统中，各项会计事项都是由计算机按照程序进行自动化处理的，信息系统的特点及固有风险决定了信息化环境下审计的内容，包括对信息化系统的处理和相关控制功能的审查。例如，在审计账龄分析表时，在信息技术环境下，注册会计师必须考虑其数据准确性和完整性以支持相关审计结论，因而需要对其基于系统的数据来源及处理过程进行考虑。

（五）对注册会计师的影响

信息技术在被审计单位的广泛应用要求注册会计师具备相关信息技术方面的知识。因此，注册会计师要成为知识全面的复合型人才，不仅要有丰富的会计、审计、经济、法律、管理等方面的知识和技能，还需要熟悉信息系统的应用技术、结构和运行原理，有能力对信息化环境下的内部控制作出适当的评价。

因此，注册会计师必须对系统内的风险和控制都非常熟悉，能够对传统的审计策略、范围、方法和手段作出相应的调整，以获取充分、适当的审计证据，支持发表的审计意见。

二、信息技术审计范围的确定

被审计单位的流程和信息系统可能拥有各自不同的特点，因此注册会计师应按其特点制定审计计划中包含的信息技术审计内容。另外，如果注册会计师计划依赖自动化控制或自动化信息系统生成的信息，就需要适当扩大信息技术审计的范围。

因此，注册会计师在确定审计策略时，需要结合被审计单位业务流程复杂程度、信息系统复杂程度、系统生成的交易数量和业务对系统的依赖程度、信息和复杂计算的数量、信息技术环境规模和复杂程度五个方面，对信息技术审计范围进行适当考虑。信息技术审计的范围与被审计单位在业务流程及信息系统相关方面的复杂程度成正相关关系，注册会计师在具体评估复杂程度时，可以从以下几个方面予以考虑。

（一）评估业务流程（如销售流程、薪酬流程、采购流程等）的复杂程度

对业务流程复杂程度的评估并不纯粹是一个客观的过程，而是需要注册会计师运用职业判断。注册会计师可以通过考虑以下因素，对业务流程复杂程度作出适当判断：

1. 某流程是否涉及过多人员及部门，并且相关人员及部门之间的关系复杂且界限不清。

2. 某流程是否涉及大量操作及决策活动。

3. 某流程的数据处理过程是否涉及复杂的公式和大量的数据录入操作。

4. 某流程是否需要对信息进行人工处理。

5. 对系统生成的报告的依赖程度。

（二）评估信息系统的复杂程度

与评估业务流程的复杂程度相似，对企业信息系统复杂程度的评估也不纯粹是一个客观的过程，包含大量的职业判断，也受到所使用系统类型（如商业软件或自行研发系统）的影响。

具体来说，评估商业软件的复杂程度应当考虑系统复杂程度、系统实施和运行所需的参数设置范围，以及客制化程度（对出厂标准配置的变更、变更类型，例如，是仅为报告形式的变更还是数据处理方式的变更）。

而对于自行研发系统复杂程度的评估，应当考虑系统复杂程度、距离上一次系统架构重大变更的时间、系统变更对财务系统的影响结果，以及系统变更之后的系统运行情况及运行期间。

同时，还需要考虑系统生成的交易数量、信息和复杂计算的数量，包括：

1. 被审计单位是否存在大量交易数据，以至于用户无法识别并更正数据处理错误。

2. 数据是否通过网络传输，如 EDI。

3. 是否使用特殊系统，如电子商务系统。

（三）信息技术环境的规模和复杂程度

评估信息技术环境的规模和复杂程度，主要应当考虑产生财务数据的信息系统数量、信息系统接口以及数据传输方式、信息部门的结构与规模、网络规模、用户数量、外包及访问方式（例如本地登录或远程登录）。信息技术环境复杂并不一定意味着信息系统是复杂的，反之亦然。

在具体审计过程中，注册会计师除了考虑以上所提及的复杂程度外，还需要充分考虑系统在实际应用中存在的问题，评价这些问题对审计范围的影响：

1. 管理层如何获知与信息技术相关的问题？

2. 系统功能中是否发现严重问题或不准确成分？如果是，是否存在可以绕过的程序（如自行修复程序等）？

3. 是否发生过信息系统运行出错、安全事件或对固定数据的修改等严重问题？如果是，管理层如何应对这些问题，以及管理层如何确保这些问题得到可靠解决？

4. 内部审计或其他报告中是否提出过与信息系统、数据环境或应用系统相关的问题？

5. 报告中提及的最普遍的系统问题是什么？

6. 是否存在由于业务操作不规范而需要经常在系统内数据库中直接进行数据信息更改的情况？

7. 信息系统用户的能力、操作和安全意识如何?

在对被审计单位的业务流程、信息系统和相关风险进行充分了解之后，注册会计师应当判断被审计单位是否包含信息技术关键风险，并且实质性程序是否无法完全应对该风险。如果符合上述情况，注册会计师应将信息技术审计纳入审计计划。此外，如果注册会计师计划依赖系统自动化控制，或依赖以自动化系统生成的信息为基础的人工控制或业务流程审阅结果，注册会计师也同样需要对信息技术相关控制进行评估。

综上所述，在信息技术环境下，审计工作与对系统的依赖程度是直接关联的，注册会计师需要全面考虑其关联关系，从而可以准确定义相关的信息系统审计范围。

了解内部控制有助于注册会计师识别潜在错报的类型和影响重大错报风险的因素，以及设计进一步审计程序的性质、时间安排和范围。无论被审计单位运用信息技术的程度如何，注册会计师均需了解与审计相关的信息技术一般控制和信息处理控制。

三、信息技术一般控制对控制风险的影响

信息技术一般控制对信息处理控制的有效性具有普遍性影响。无效的一般控制增加了信息处理控制不能防止或发现并纠正认定层次重大错报的可能性，即使这些信息处理控制本身得到了有效设计。如果一般控制有效，注册会计师可以更多地信赖信息处理控制，测试这些控制的运行有效性，并将控制风险评估为低于“最高”水平。考虑到公司层面信息技术控制是公司的整体控制环境，决定了信息技术的风险基准，因此，注册会计师通常优先评估公司层面信息技术控制和信息技术一般控制的有效性。

四、信息处理控制对控制风险和实质性程序的影响

在评估信息处理控制对控制风险和实质性程序的影响时，注册会计师需要将控制与具体的审计目标相联系，其一般原理将在本教材第二编“审计测试流程”中进一步阐述，在第三编“各类交易和账户余额的审计”中将演示这些原理在审计实务中如何具体运用。注册会计师首先针对每个具体的审计目标，了解和识别相关的控制与缺陷，在此基础上，对每个相关审计目标评估初步控制风险。但对于一般控制而言，由于其影响广泛，注册会计师通常不将控制与具体的审计目标相联系。

如果针对某一具体审计目标，注册会计师能够识别出有效的信息处理控制，在通过测试确定其运行有效后，注册会计师可以适当减少实质性程序。

五、不太复杂信息技术环境下的审计

当面临不太复杂的信息技术环境时，例如在信息技术并不对传统审计线索产生重大影响的情况下，注册会计师可采取传统方式进行审计，即“绕过计算机进行审计”。在此情形下，注册会计师虽然仍需了解信息技术一般控制和信息处理控制，但不需要测试其运行有效性，即不依赖其降低评估的控制风险水平，更多的审计工作将依赖非信息技术类审计方法。

六、较为复杂信息技术环境下的审计

当面临较为复杂的信息技术环境时，“绕过计算机进行审计”就不可行，而需要“穿过计算机进行审计”。这时，注册会计师需要更多运用下述的各项审计技术和审计工具开展具体的审计工作。

第四节 计算机辅助审计技术和电子表格的运用

一、计算机辅助审计技术

（一）计算机辅助审计技术的概念

计算机辅助审计技术（Computer Assisted Audit Techniques，CAATs），是指利用计算机和相关软件，使审计测试工作实现自动化的技术。通常将计算机辅助审计技术分为两类，一类是用来测试程序和系统的，即面向系统的计算机辅助审计技术；另一类是用于分析电子数据的，即面向数据的计算机辅助审计技术。

1. 面向系统的计算机辅助审计技术，包括平行模拟法（Parallel Simulation）、测试数据法（Test Data）、嵌入审计模块法（Embedded Audit Module）、程序编码审查、程序代码比较和跟踪、快照等方法。

平行模拟法，是指注册会计师使用自身的应用软件，并且运用与被审计单位同样的数据文件，执行被审计单位应用软件同样的操作，以确定被审计单位自动化控制的有效性或账户余额的准确性。

测试数据法，是指注册会计师使用被审计单位的计算机系统和应用软件处理注册会计师自身准备的测试数据，以确定被审计单位的自动化控制是否正确地处理测试数据。

嵌入审计模块法，是指注册会计师在被审计单位的应用软件系统中嵌入审计模块，以识别特定类型的交易。

程序编码审查，是指注册会计师使用专业的编码审查工具，进行开发编码的独立审查，以期发现冗余代码、错误代码、恶意代码等。

程序代码比较和跟踪，是指注册会计师使用专业的代码比较工具，进行开发代码的比对，包括客制化开发版本和标准版之间的代码比对、不同版本程序之间代码的比对跟踪等。

快照，是指注册会计师使用专业的工具，将系统运行过程中的某一状态进行快照记录，以进行包括系统性能、功能、状态等的横向比较。

2. 面向数据的计算机辅助审计技术，包括数据查询、账表分析、审计抽样、统计分析、数值分析等方法。

计算机辅助审计技术可以在以下方面提高审计工作的效率和效果：

1. 将现有人工执行的审计测试自动化。例如，对财务报表数据的准确性和完整性进行测试。

2. 在人工方式不可行的情况下执行测试或分析。例如，审计大量的和非正常的销售交易，尽管这项工作有可能通过人工执行来实现，但对于多数大型被审计单位而言，从耗费的时间角度出发，需要审计的交易数量是无法通过人工方式进行的。

计算机辅助审计技术不仅能够提高审计大量交易的效率，而且计算机不会受到劳累过度的影响（而注册会计师在审计大量交易后很容易产生疲劳），从这个意义上讲，计算机辅助审计技术还可以使审计工作更具效果。与用人工方式进行同样的测试相比较，即便是第一年使用计算机辅助审计技术进行审计，也会节省大量的审计工作量，而后续年度节约的审计时间和成本则会更多。

（二）计算机辅助审计技术的应用

最广泛地应用计算机辅助审计技术的领域是实质性程序，特别是实质性分析程序。计算机辅助审计技术使得对系统中的每一笔交易进行测试成为可能，可用于在交易样本量很大的情况下替代人工测试。

与其他控制测试相同，计算机辅助审计技术也可用于测试控制运行的有效性，选择少量的交易，并在系统中进行穿行测试，或是开发一套集成的测试工具，用于测试系统中的某些交易。在控制测试中使用计算机辅助审计技术的优势是，可以对每一笔交易进行测试（包括主文件和交易文件），从而确定是否存在控制失效的情况。

由于计算机辅助审计技术有助于详细审计海量数据，它也可用于辅助检查舞弊工作（如审计非正常的日记账）。

（三）计算机辅助审计工具

计算机辅助审计技术是一种审计方式，因此也需要使用一定的工具来加以实现。常见的工具包括：

1. 通用类：Excel、Access 等。Excel 自带了大量的核算或分析的库函数或工具，但是它处理的数据量较为有限，Access 可以灵活导入数据，并可使用简单的 SQL 语言进行分析，处理数据的范围和数量大于 Excel。

2. 数据库类：SQL Server、Oracle 等。专用的数据库工具，可以快速高效地分析大量数据，但是对分析人员的技术水平要求较高，至少必须非常精通 SQL 语言。

3. 专业工具类：ACL、IDEA 等。专业的分析工具，一般只有审计和内部控制专业人士以及财务管理人员才会使用这些工具。

二、电子表格

即使在信息化程度极高的环境下，由于系统限制等原因，财务信息和财务报告的生成往往还需要借助电子表格来完成。所谓电子表格是指利用计算机作为表格处理工具，以实现制表工具、计算工具以及表格结果保存的综合电子化软件。目前普遍使用的电子表格通常包括 Excel 等软件，通过电子表格可以进行数据记录、计算与分析，并能对输入的数据进行各种复杂统计运算后显示为可视性极佳的表格。因此，注册会计师在进行系统审计时，需要谨慎地考虑电子表格中的控制，以及类似于信息系统一般控制的设计与执行（在相关时）有效性，从而确保这些内嵌控制的持续完整性。

（一）电子表格的特性

电子表格的特性（即开放的访问、人工输入数据和容易出错）以及编制并使用电子表格的环境的特性（例如，用户开发不正式、开发文档不完整、保存在局域网或本地磁盘而不是其他受控的信息系统环境中），增加了电子表格所生成的数据存在错误的风险，从而影响审计工作的进行。

（二）确定重要的财务电子表格和其他最终用户计算工具的范围

重要的财务电子表格和其他最终用户计算工具（例如，按需报告工具或在数据仓库中运行查询）用来在重要的流程中（即自动化控制或步骤）生成财务数据，或用来生成用于关键人工控制的财务或其他数据。作为起始点，注册会计师应当了解评估范围内重要的流程和账户，并识别用来支持这些流程或账户的相关电子表格或工具。

（三）电子表格控制的考虑

因为电子表格非常容易被修改，并可能缺少控制活动，因此，电子表格往往面临重大的固有风险和错误，例如：

1. 输入错误：由错误数据录入、错误引用或其他简单的剪贴功能造成的错误。

2. 逻辑错误：创建错误的公式从而生成了错误的结果。

3. 接口错误：与其他系统传输数据时产生的错误。

4. 其他错误：单元格范围定义不当、单元格参考错误或电子表格链接不当。

注册会计师应当了解相关的电子表格或数据库如何支持关键控制达到相关业务流程的信息处理目标。电子表格控制可能包括以下内容：

1. 对电子表格执行的、类似于信息系统一般控制的控制；

2. 内嵌在电子表格中的控制（类似于一个自动化信息处理控制）；

3. 针对电子表格数据输入和输出的人工控制。

第五节 数据分析

一、数据分析的概念

对审计而言，数据分析是注册会计师获取审计证据的一种手段，是指注册会计师在计划和执行审计工作时，通过对内部或外部数据进行分析、建模或可视化处理，以发现其中隐含的模式、偏差或不一致，从而揭示出对审计有用的信息的方法。

数据分析对注册会计师来说，需要在硬件、软件、技能和质量管理等方面进行大量投入。数据分析不仅可以应用于审计，也可以广泛应用于其他鉴证业务。

二、数据分析的作用

1. 数据分析能够帮助注册会计师以快速、低成本的方式实现对被审计单位整套完整数据（而非运用抽样技术抽出的样本数据）进行检查，不仅能够在很大程度上提高审计的效率和效果，也有助于注册会计师从全局的角度更好地把握被审计单位交易和事项的经济实质，从而有助于提高审计质量。

2. 运用数据分析技术可以提高注册会计师识别舞弊的能力，降低审计风险，提升审计质量。注册会计师通过对业务数据、财务和非财务数据等进行多维度分析，可以精准有效地识别出异常情况，从而为审计提供方向和思路。例如，注册会计师通过收集和分析不同来源的数据，如银行网银数据、税务数据等，与被审计单位提供的数据相互印证，可能能够发现异常情况，提示下一步审计的方向和重点领域。

3. 利用数据分析技术，进行持续的审计和监控，能够帮助注册会计师及时识别出偏差，有助于注册会计师与被审计单位保持持续沟通，及早地对偏差进行调查。

4. 数据分析可以帮助注册会计师向治理层（包括审计委员会）提供更加深入和更有针对性的观点和建议。例如，数据分析可以提供含有丰富内容的可视化图表和更细颗粒度的信息，从而提升审计的附加价值。

三、数据分析的基本步骤

数据分析可应用于审计的不同阶段，如风险评估、了解和测试内部控制、实质性程序等。数据分析可总结为计划数据分析、获取和整理数据、评价所用数据的相关性和可靠性、具体执行数据分析、评价和应对数据分析结果五个步骤。具体如图 5 –1 所示。

图 5 –1 数据分析的基本步骤

1. 计划数据分析。这一步骤包括确定数据分析所针对的财务报表账户、披露和相关认定，数据分析的总体目标和具体目标，应用数据分析的总体，以及选择数据、程序及具体步骤等。

数据分析的总体目标取决于审计的具体阶段。例如，用于风险评估的数据分析，目标是为了识别和评估重大错报风险；用于了解和测试控制的数据分析，目标是为了评价控制的设计或运行的有效性；用于实质性程序的数据分析，目标是为了获取实质性证据、识别和评价错报以及未更正错报等。

2. 获取和整理数据。用于分析的数据可能储存于被审计单位不同的信息系统，这些系统可能是被审计单位从第三方采购的标准系统，例如 SAP，也可能是自行开发的 IT 应用系统，或是二者的结合，例如在标准的外购系统中增加自定义模块。此外，用于分析的数据也可能来自被审计单位外部，如互联网上公开发布的一些相关信息。

在许多情况下，对数据进行有意义的分析之前，需要先整理数据。整理数据主要是为了识别数据中的错误，以及校验所采集数据的准确性和完整性，包括数据一致性校验、处理无效值和缺失值等方面的工作。校验数据的准确性和完整性，通常是注册会计师进行实际数据分析工作的起点。例如，验证被审计单位某一期间会计分录的完整性时，可以将会计分录个数与原始数据进行核对，将会计分录各科目的合计数与管理层科目余额表进行核对。

3. 评价所用数据的相关性和可靠性。对于数据分析而言，注册会计师应当考虑数据是否相关且可靠以实现其目标。

相关性，是指用作审计证据的信息与审计程序的目的和所考虑的相关认定之间的逻辑关系。对于同一套数据，在不同审计目标下，对相关性的考虑可能不同。例如，当注册会计师评估与会计分录相关的舞弊风险存在于报告期末，而决定仅测试报告期末的会计分录时，那么报告期末的会计分录数据就是相关的。

注册会计师在评价数据的可靠性时，应考虑数据的准确性和完整性，并考虑数据的来源和性质、获取数据的环境、与数据生成和维护相关的控制等。

4. 具体执行数据分析。在具体执行数据分析时，注册会计师最初可能识别出大量异常项目，其中，某些项目可能表明存在之前未识别出的风险、高于初始评估水平的风险、控制缺陷或错报，从而需要作出审计应对；但也可能有一些项目并不表明存在上述情况，不需要作出审计应对。此时，注册会计师可以考虑实施下列程序：

（1）重新更准确地定义可能表明需要审计应对的事项的数据特征，重新进行数据分析；

（2）将所识别出的异常项目分为若干子集，针对每一个子集设计并执行有针对性的审计程序。

5. 评价和应对数据分析结果。该步骤旨在得出执行数据分析的目的是否已实现的结论。

四、数据分析面临的主要挑战

1. 审计对象信息或审计证据的数字化程度。当前，许多企业都采用了会计软件，会计核算和报表生成可以通过软件完成。但实务中，会计凭证后附的合同、发票、出库单等文件以及其他交易或事项的文件，如订单、运输单据、生产流程的生产计划、领料单、检验单等业务文件仍大量的以纸质形式存在。同时，不同企业的信息系统架构、业务系统和数据结构差别较大，业务系统和财务系统自动对接的程度相差较大。注册会计师所获取的大量外部审计证据仍以纸质形式存在，如通过纸质方式获取的询证函回函等。以上情况使得数据分析在应用上受到一定限制。

2. 电子数据的可获得性。不同企业的财务数据接口可能不一致，有些企业的财务系统不能按照国家标准要求的数据接口输出数据，财务系统和业务系统之间的接口不匹配，导致不同系统之间不能互联互通，出现了信息“孤岛化”的情况，限制了电子数据的可获得性。

3. 数据标准的统一。随着数字化的不断推广与深化，被审计单位财务数据和业务数据的数据量与数据种类都呈指数级增长。随之产生的问题在于，不同企业之间，乃至同一企业的不同业务之间，可能缺乏统一的数据标准，不同企业的数据在单位、编码、格式等方面存在明显差异，结构化数据与非结构化数据混杂交错，导致注册会计师在数据分析前需要在数据的访问、整理、清理、转换等过程中耗费大量的时间与精力，从而降低了数据分析的效率和效果。中国注册会计师协会正在制定注册会计师审计数据标准。

4. 被审计单位的信息技术一般控制和应用控制存在缺陷。由于数据分析需要利用可靠的数据，如果被审计单位的信息技术一般控制和应用控制存在缺陷，并且缺乏补偿性控制或其他可应对缺陷的因素，则提取的数据可能不准确、不完整，对其进行数据分析可能无法提供可靠的数据分析结果，从而限制了数据分析的实务应用。

第六节　不同信息技术环境下的信息管理

一、网络环境

很多企业可能使用局域网或互联网将各种类型的计算机、工作站、打印机、服务器等互相连接起来。在网络环境下，用于处理交易的应用软件和数据文件可能分布于不同位置但互相连接的计算机设备上，由此产生了与内部控制相关的问题，包括对分布于不同位置的服务器的安全、数据和信息的分布及同步、管理监督以及兼容性问题。

二、数据库管理系统

数据库管理系统（Database Management System，DBMS）是一种操纵和管理数据库的大型软件，用于建立、使用和维护数据库，它对数据库进行统一的管理和控制，以保证数据库的安全性和完整性。使用数据库管理系统能够实现不同应用软件之间的数据共享，减少数据冗余，改进对数据的控制，提高数据的决策支撑作用。

很多被审计单位使用企业资源计划（Enterprise Resource Planning，ERP）系统实现整个单位数据库系统的整合。企业资源计划是针对物资资源管理（物流）、人力资源管理（人流）、财务资源管理（财流）、信息资源管理（信息流）集成一体化的企业管理软件。企业资源计划系统能够实现会计部门与业务部门的数据共享。当然，数据库管理系统也带来了与内部控制相关的问题，包括多重使用者能够访问和修改共享数据的风险。因此，需要实施严格的数据库管理和接触控制，以及数据安全备份制度。

三、电子商务系统

越来越多的被审计单位采用电子商务方式进行交易。电子商务是指在互联网开放的网络环境下，以信息技术为手段，买卖双方不谋面地进行各种商贸活动，实现消费者的网上购物、商户之间的网上交易和在线电子支付以及各种商务活动、交易活动、金融活动和相关综合服务活动的一种新型商业运营模式。在这种方式下，交易信息在网上传输，容易被拦截、篡改或不当获取，需要采取相应的安全控制。此外，被审计单位的会计信息系统可能与交易对方的系统相连接，产生了互相依赖的风险，即交易一方的风险部分取决于交易对手如何识别和管理其自身系统中的风险。

四、外包安排

被审计单位可能将全部或部分的信息技术职能外包给专门的应用软件服务提供商或云计算服务商等计算机服务机构。根据美国国家标准与技术研究院（NIST）的定义，云计算是一种按使用量付费的模式，这种模式提供可用的、便捷的、按需的网络访问，进入可配置的计算资源共享池（资源包括网络、服务器、存储、应用软件、服务），这些资源能够被快速提供，只需投入很少的管理工作，或与服务供应商进行很少的交互。

如果服务机构提供的服务和对服务的控制，构成被审计单位与财务报告相关的信息系统（包括相关业务流程）的一部分，注册会计师应当参照《中国注册会计师审计准则第1241号——对被审计单位使用服务机构的考虑》的规定办理。

注册会计师应当实施与服务机构活动相关的下列程序：

1. 了解服务机构中与内部控制相关的控制以及针对服务机构活动所实施的控制。
2. 获取相关控制运行有效性的证据。

注册会计师可通过以下程序获取相关控制运行有效性的证据，包括：

1. 了解服务机构注册会计师对服务机构内部控制有效性出具的报告或与控制测试相关的商定程序报告。
2. 测试被审计单位对服务机构活动的控制。
3. 对服务机构实施控制测试。

如果可以获取服务机构注册会计师对服务机构内部控制有效性出具的报告，注册会计师应当评价该报告是否提供了充分、适当的证据，以支持注册会计师的意见。

在评价时，注册会计师可能考虑下列因素：

1. 对控制的测试涵盖的期间及其与管理层评估时间点的关系。
2. 对控制的测试涵盖的范围、测试的控制及其与企业控制的关联度。
3. 对控制的测试结果，以及服务机构注册会计师对控制运行有效性发表的意见。

第六章　审计工作底稿

第一节　审计工作底稿概述

一、审计工作底稿的概念

审计工作底稿是指注册会计师对制定的审计计划、实施的审计程序、获取的相关审计证据，以及得出的审计结论作出的记录。审计工作底稿是审计证据的载体，是注册会计师在审计过程中形成的审计工作记录和获取的资料。审计工作底稿形成于审计过程，反映整个审计过程。

二、审计工作底稿的编制目的

审计工作底稿在计划和执行审计工作中发挥着关键作用。它提供了审计工作实际执行情况的记录，是形成审计报告的基础。审计工作底稿也可用于项目质量复核、监督会计师事务所对审计准则的遵循情况以及第三方的检查等。在会计师事务所因执业质量而涉及诉讼或有关监管机构进行执业质量检查时，审计工作底稿能够提供证据，证明会计师事务所是否按照审计准则的规定执行了审计工作。

因此，注册会计师应当及时编制审计工作底稿，以实现下列目的：

1. 提供证据，作为注册会计师得出实现总体目标结论的基础；

2. 提供证据，证明注册会计师按照审计准则和相关法律法规的规定计划和执行了审计工作。

除上述目的外，编制审计工作底稿还可以实现下列目的：

1. 有助于项目组计划和执行审计工作；

2. 有助于负责督导的项目组成员按照《中国注册会计师审计准则第 1121 号——对财务报表审计实施的质量管理》的规定，履行指导、监督与复核审计工作的责任；

3. 便于项目组说明其执行审计工作的情况；

4. 保留对未来审计工作持续产生重大影响的事项的记录；

5. 便于会计师事务所实施项目质量复核、其他类型的项目复核以及质量管理体系中的监控活动；

6. 便于监管机构和注册会计师协会根据相关法律法规或其他相关要求，对会计师事务所实施执业质量检查。

三、审计工作底稿的编制要求

注册会计师编制的审计工作底稿，应当使未曾接触该项审计工作的有经验的专业人士清楚地了解：

1. 按照审计准则和相关法律法规的规定实施的审计程序的性质、时间安排和范围；
2. 实施审计程序的结果和获取的审计证据；
3. 审计中遇到的重大事项和得出的结论，以及在得出结论时作出的重大职业判断。

有经验的专业人士，是指会计师事务所内部或外部的具有审计实务经验，并且对下列方面有合理了解的人士：

1. 审计过程；
2. 审计准则和相关法律法规的规定；
3. 被审计单位所处的经营环境；
4. 与被审计单位所处行业相关的会计和审计问题。

四、审计工作底稿的性质

（一）审计工作底稿的形式

审计工作底稿可以以纸质、电子或其他介质形式存在。

随着信息技术的广泛运用，审计工作底稿的形式从传统的纸质形式扩展到电子或其他介质形式。但无论审计工作底稿以哪种形式存在，会计师事务所都应当针对审计工作底稿设计和实施适当的控制，以实现下列目的：

1. 使审计工作底稿清晰地显示其生成、修改及复核的时间和人员；
2. 在审计业务的所有阶段，尤其是在项目组成员共享信息或通过互联网将信息传递给其他人员时，保护信息的完整性和安全性；
3. 防止未经授权改动审计工作底稿；
4. 允许项目组和其他经授权的人员为适当履行职责而接触审计工作底稿。

为便于会计师事务所内部进行质量管理和外部执业质量检查或调查，以电子或其他介质形式存在的审计工作底稿，应与其他纸质形式的审计工作底稿一并归档，并应能通过打印等方式，转换成纸质形式的审计工作底稿。

在实务中，传统手工审计向数字化辅助审计转变，使审计手段和技术有了突飞猛进的改进。不少会计师事务所建设了适应现代审计需求、符合本所性质和业务情况的数字化审计平台，实行审计数字化管理，这不仅有利于实现本所的一体化管理，而且有利于保证和提高业务质量。审计的数字化转型升级必然带来审计工作底稿的数字化，注册会计师应当合理评估与审计工作底稿数字化相关的风险，并采取适当的控制措施。

（二）审计工作底稿的内容

审计工作底稿通常包括总体审计策略、具体审计计划、分析表、问题备忘录、重大事项概要、询证函回函和声明、核对表、有关重大事项的往来函件（包括电子邮件），注册会计师还可以将被审计单位文件记录的摘要或复印件（如重大的或特定的合同和协议）作为审计工作底稿的一部分。

此外，审计工作底稿通常还包括业务约定书、管理建议书、项目组内部或项目组与被审计单位举行的会议记录、与其他人士（如其他注册会计师、律师、专家等）的沟通文件及错报汇总表等。但是，审计工作底稿并不能代替被审计单位的会计记录。

一般情况下，分析表主要是指对被审计单位财务信息执行分析程序的记录。例如，记录对被审计单位本年各月收入与上一年度的同期数据进行比较的情况，记录对差异的分析等。

问题备忘录一般是指对某一事项或问题的概要的汇总记录。在问题备忘录中，注册会计师通常记录该事项或问题的基本情况、执行的审计程序或具体审计步骤，以及得出的审计结论。例如，有关存货监盘审计程序或审计过程中发现问题的备忘录。

核对表一般是指会计师事务所内部使用的、为便于核对某些特定审计工作或程序的完成情况的表格。例如，特定项目（如财务报表列报）审计程序核对表、审计工作完成情况核对表等。它通常以列举的方式列出审计过程中注册会计师应当进行的审计工作或程序以及特别需要提醒注意的问题，并在适当情况下索引至其他审计工作底稿，便于注册会计师核对是否已按照审计准则的规定进行审计。

在实务中，会计师事务所通常采取以下方法从整体上提高工作（包括复核工作）效率及工作质量，并进行统一质量管理：

1. 会计师事务所基于审计准则及在实务中的经验等，统一制定某些格式、索引及涵盖内容等方面相对固定的审计工作底稿模板和范例，如核对表、审计计划及业务约定书范例等，某些重要的或不可删减的工作会在这些模板或范例中予以特别标识。

2. 在此基础上，注册会计师再根据各具体业务的特点加以必要的修改，制定适用于具体项目的审计工作底稿。

审计工作底稿通常不包括已被取代的审计工作底稿的草稿或财务报表的草稿、反映不全面或初步思考的记录、存在印刷错误或其他错误而作废的文本，以及重复的文件记录等。由于这些草稿、错误的文本或重复的文件记录不直接构成审计结论和审计意见的支持性证据，因此，注册会计师通常无需保留这些记录。

第二节　审计工作底稿的格式、要素和范围

一、确定审计工作底稿的格式、要素和范围时考虑的因素

审计工作底稿的格式、要素和范围取决于诸多因素，例如：

1. 被审计单位的规模和复杂程度。通常来说，对大型被审计单位进行审计形成的审计工作底稿，通常比对小型被审计单位进行审计形成的审计工作底稿要多；对业务复杂的被审计单位进行审计形成的审计工作底稿，通常比对业务简单的被审计单位进行审计

形成的审计工作底稿要多。

2. 拟实施审计程序的性质。通常，不同的审计程序会使得注册会计师获取不同性质的审计证据，由此，注册会计师可能会编制不同的审计工作底稿。例如，注册会计师编制的有关函证程序的审计工作底稿（包括询证函及回函、有关不符事项的分析等）和存货监盘程序的审计工作底稿（包括盘点表、注册会计师对存货的测试记录等）在内容、格式及范围方面是不同的。

3. 识别出的重大错报风险。识别和评估的重大错报风险水平的不同可能导致注册会计师实施的审计程序和获取的审计证据不尽相同。例如，如果注册会计师识别出应收账款存在较高的重大错报风险，而其他应收款的重大错报风险较低，则注册会计师可能对应收账款实施较多的审计程序并获取较多的审计证据，因而对测试应收账款的记录会比针对测试其他应收款记录的内容多且范围广。

4. 已获取的审计证据的重要程度。注册会计师通过执行多项审计程序可能会获取不同的审计证据，有些审计证据的相关性和可靠性较高，有些质量则较差，注册会计师可能区分不同的审计证据进行有选择性的记录，因此，审计证据的重要程度也会影响审计工作底稿的格式、内容和范围。

5. 识别出的例外事项的性质和范围。有时注册会计师在执行审计程序时会发现例外事项，由此可能导致审计工作底稿在格式、内容和范围方面的不同。例如，某个函证的回函表明存在不符事项，如果在实施恰当的追查后发现该例外事项并未构成错报，注册会计师可能只在审计工作底稿中解释发生该例外事项的原因及影响；反之，如果该例外事项构成错报，注册会计师可能需要执行额外的审计程序并获取更多的审计证据，由此编制的审计工作底稿在内容和范围方面可能有很大不同。

6. 当从已执行审计工作或获取审计证据的记录中不易确定结论或结论的基础时，记录该结论或结论的基础的必要性。在某些情况下，特别是在涉及复杂的事项时，注册会计师仅将已执行的审计工作或获取的审计证据记录下来，并不容易使其他有经验的注册会计师通过合理的分析，得出审计结论或结论的基础。此时注册会计师应当考虑是否需要进一步说明并记录得出结论的基础（即得出结论的过程）及该事项的结论。

7. 审计方法和使用的工具。审计方法和使用的工具可能影响审计工作底稿的格式、内容和范围。例如，如果使用计算机辅助审计技术对应收账款的账龄进行重新计算，通常可以针对总体进行测试，而采用人工方式重新计算时，则可能会针对样本进行测试，由此形成的审计工作底稿会在格式、内容和范围方面有所不同。

考虑以上因素，将有助于注册会计师确定审计工作底稿的格式、内容和范围是否恰当。注册会计师在考虑以上因素时需注意，根据不同情况确定审计工作底稿的格式、内容和范围均是为达到审计准则中所述的编制审计工作底稿的目的，特别是提供证据的目的。例如，细节测试和实质性分析程序的审计工作底稿所记录的审计程序有所不同，但两类审计工作底稿都应当充分、适当地反映注册会计师执行的审计程序。

二、审计工作底稿的要素

通常，审计工作底稿包括下列全部或部分要素：

1. 审计工作底稿的标题。

2. 审计过程记录。

3. 审计结论。

4. 审计标识及其说明。

5. 索引号及编号。

6. 编制者姓名及编制日期。

7. 复核者姓名及复核日期。

8. 其他应说明事项。

下面对有关要素进行说明。

（一）审计工作底稿的标题

每张审计工作底稿应当包括被审计单位的名称、审计项目的名称以及资产负债表日或审计工作底稿覆盖的会计期间（如果与交易相关）。

（二）审计过程记录

在记录审计过程时，应当特别注意以下几个重点方面：

1. 测试的具体项目或事项的识别特征。在记录实施审计程序的性质、时间安排和范围时，注册会计师应当记录测试的具体项目或事项的识别特征。记录具体项目或事项的识别特征可以实现多种目的，例如，既能反映项目组履行职责的情况，也便于对例外事项或不符事项进行调查，以及对测试的项目或事项进行复核。

识别特征是指被测试的项目或事项表现出的征象或标志。识别特征因审计程序的性质和测试的项目或事项不同而不同。对某一个具体项目或事项而言，其识别特征通常具有唯一性，这种特性可以使其他人员根据识别特征在总体中识别该项目或事项并重新执行该测试。为帮助理解，以下列举部分审计程序中所测试的样本的识别特征：

如在对被审计单位生成的订购单进行细节测试时，注册会计师可以以订购单的日期和其唯一编号作为测试订购单的识别特征。

对于需要选取或复核既定总体内一定金额以上的所有项目的审计程序，注册会计师可以记录实施程序的范围并指明该总体。例如，银行存款日记账中一定金额以上的所有会计分录。

对于需要系统化抽样的审计程序，注册会计师可能会通过记录样本的来源、抽样的起点及抽样间隔来识别已选取的样本。例如，若被审计单位对发运单顺序编号，测试的发运单的识别特征可以是对 4 月 1 日至 9 月 30 日的发运记录，从第 12345 号发运单开始每隔 125 号系统抽取发运单。

对于需要询问被审计单位中特定人员的审计程序，注册会计师可能会以询问的时间、被询问人的姓名及职位作为识别特征。

对于观察程序，注册会计师可以以观察的对象或观察过程、相关被观察人员及其各自的责任、观察的地点和时间作为识别特征。

2. 重大事项及相关重大职业判断。注册会计师应当根据具体情况判断某一事项是否属于重大事项。重大事项通常包括：

（1）引起特别风险的事项；

（2）实施审计程序的结果，该结果表明财务信息可能存在重大错报，或需要修正以前对重大错报风险的评估和针对这些风险拟采取的应对措施；

（3）导致注册会计师难以实施必要审计程序的情形；

（4）可能导致在审计报告中发表非无保留意见或者增加强调事项段的事项。

注册会计师应当记录与管理层、治理层和其他人员对重大事项的讨论，包括所讨论的重大事项的性质以及讨论的时间、地点和参加人员。

有关重大事项的记录可能分散在审计工作底稿的不同部分。将这些分散在审计工作底稿中的有关重大事项的记录汇总在重大事项概要中，不仅可以帮助注册会计师集中考虑重大事项对审计工作的影响，还便于审计工作的复核人员全面、快速地了解重大事项，从而提高复核工作的效率。对于大型、复杂的审计项目，重大事项概要的作用尤为重要。因此，注册会计师编制重大事项概要有利于有效地复核和检查审计工作底稿，并评价重大事项的影响。

重大事项概要包括审计过程中识别的重大事项及其如何得到解决，或对其他支持性审计工作底稿的交叉索引。

注册会计师在执行审计工作和评价审计结果时运用职业判断的程度，是决定记录重大事项的审计工作底稿的格式、内容和范围的一项重要因素。在审计工作底稿中对重大职业判断进行记录，能够解释注册会计师得出的结论并提高职业判断的质量。这些记录对审计工作底稿的复核人员非常有帮助，同样也有助于执行以后期间审计的人员查阅具有持续重要性的事项（如根据实际结果对以前作出的会计估计进行复核）。

当涉及重大事项和重大职业判断时，注册会计师需要编制与运用职业判断相关的审计工作底稿。例如：

（1）如果审计准则要求注册会计师"应当考虑"某些信息或因素，并且这种考虑在特定业务情况下是重要的，记录注册会计师得出结论的理由；

（2）记录注册会计师对某些方面主观判断的合理性（如某些重大会计估计的合理性）得出结论的基础；

（3）如果注册会计师针对审计过程中识别出的导致其对某些文件记录的真实性产生怀疑的情况实施了进一步调查（如适当利用专家的工作或实施函证程序），记录注册会计师对这些文件记录真实性得出结论的基础。

3. 针对重大事项如何处理不一致的情况。如果识别出的信息与针对某重大事项得出的最终结论不一致，注册会计师应当记录如何处理不一致的情况。

上述情况包括但不限于注册会计师针对该信息执行的审计程序、项目组成员对某事项的职业判断不同而向专业技术部门的咨询情况，以及项目组成员和被咨询人员不同意见（如项目组与专业技术部门的不同意见）的解决情况。

记录如何处理识别出的信息与针对重大事项得出的结论不一致的情况是非常必要的，它有助于注册会计师关注这些不一致，并对此执行必要的审计程序以恰当地解决这些不一致。

但是，对如何解决这些不一致的记录要求并不意味着注册会计师需要保留不正确的或被取代的审计工作底稿。例如，某些信息初步显示与针对某重大事项得出的最终结论不一致，注册会计师发现这些信息是错误的或不完整的，并且初步显示的不一致可以通过获取正确或完整的信息得到满意的解决，则注册会计师无需保留这些错误的或不完整的信息。此外，对于职业判断的差异，若初步的判断意见是基于不完整的资料或数据，则注册会计师也无需保留这些初步的判断意见。

（三）审计结论

审计工作的每一部分都应包含与已实施审计程序的结果及其是否实现既定审计目标相关的结论，还应包括审计程序识别出的例外情况和重大事项如何得到解决的结论。注册会计师恰当地记录审计结论非常重要。注册会计师需要根据所实施的审计程序及获取的审计证据得出结论，并以此作为对财务报表发表审计意见的基础。在记录审计结论时需注意，在审计工作底稿中记录的审计程序和审计证据是否足以支持所得出的审计结论。

（四）审计标识及其说明

审计标识被用于与已实施审计程序相关的底稿。每张审计工作底稿都应包含对已实施程序的性质和范围所作的解释，以支持每一个标识的含义。审计工作底稿中可使用各种审计标识，但应说明其含义，并保持前后一致。以下是注册会计师在审计工作底稿中列明标识并说明其含义的例子，供参考。在实务中，注册会计师也可以依据实际情况运用更多的审计标识。

∧：纵加核对

<：横加核对

B：与上年结转数核对一致

T：与原始凭证核对一致

G：与总分类账核对一致

S：与明细账核对一致

T/B：与试算平衡表核对一致

C：已发询证函

C\：已收回询证函

（五）索引号及编号

通常，审计工作底稿需要注明索引号及顺序编号，相关审计工作底稿之间需要保持清晰的勾稽关系。为了汇总及便于交叉索引和复核，每个事务所都会制定特定的审计工作底稿归档流程。每张表或记录都有一个索引号，例如，A1、D6 等，以说明其在审计工作底稿中的放置位置。审计工作底稿中包含的信息通常需要与其他相关审计工作底稿中的相关信息进行交叉索引，例如，现金盘点表与列示所有现金余额的导引表进行交叉索引。利用计算机编制审计工作底稿时，可以采用电子索引和链接。随着审计工作的推进，链接表还可予以自动更新。例如，审计调整表可以链接到试算平衡表，当新的调整分录编制完后，计算机会自动更新试算平衡表，为相关调整分录插入索引号。同样，评估的固有风险或控制风险可以与针对特定风险领域设计的相关审计程序进行交叉索引。

在实务中，注册会计师可以按照所记录的审计工作的内容层次对审计工作底稿进行编号。例如，固定资产汇总表的编号为 C1，按类别列示的固定资产明细表的编号为 C1－1，房屋建筑物的编号为 C1－1－1，机器设备的编号为 C1－1－2，运输工具的编号为C1－1－3，其他设备的编号为C1－1－4。相互引用时，需要在审计工作底稿中交叉注明索引号。

以下是不同审计工作底稿之间相互索引的例子，供参考。

例如，固定资产的原值、累计折旧及净值的总额应分别与固定资产明细表的数字互相勾稽。以下是从固定资产汇总表工作底稿（见表6－1）及固定资产明细表工作底稿（见表6－2）中节选的部分，以做相互索引的示范。

表6－1　　固定资产汇总表（工作底稿索引号：C1）（节选）

工作底稿索引号	固定资产	20×2年12月31日	20×1年12月31日
C1－1	原值	×××G	×××
C1－1	累计折旧	×××G	×××
	净值	×××T/B∧	×××B∧

表6－2　　固定资产明细表（工作底稿索引号：C1－1）（节选）

工作底稿索引号	固定资产	期初余额	本期增加	本期减少	期末余额
	原值				
C1－1－1	1. 房屋建筑物	×××		×××	×××S
C1－1－2	2. 机器设备	×××	×××		×××S
C1－1－3	3. 运输工具	×××			×××S
C1－1－4	4. 其他设备	×××			×××S
	小计	×××B∧	×××∧	×××∧	×××<C1∧
	累计折旧				
C1－1－1	1. 房屋建筑物	×××			×××S
C1－1－2	2. 机器设备	×××	×××		×××S
C1－1－3	3. 运输工具	×××			×××S
C1－1－4	4. 其他设备	×××			×××S
	小计	×××B∧	×××∧	×××∧	×××<C1∧
	净值	×××B∧			×××C1∧

注："∧"纵加核对相符；"＜"横加核对相符。

（六）编制人员和复核人员及执行日期

为了明确责任，在各自完成与特定工作底稿相关的任务之后，编制者和复核者都应在工作底稿上签名并注明编制日期和复核日期。在记录已实施审计程序的性质、时间安排和范围时，注册会计师应当记录：

1. 测试的具体项目或事项的识别特征。

2. 审计工作的执行人员及完成审计工作的日期。

3. 审计工作的复核人员及复核的日期和范围。

在需要项目质量复核的情况下，还需要注明项目质量复核人员及复核的日期。

通常，需要在每一张审计工作底稿上注明执行审计工作的人员和复核人员、完成该项审计工作的日期以及完成复核的日期。

在实务中，如果若干页的审计工作底稿记录同一性质的具体审计程序或事项，并且编制在同一个索引号中，此时可以仅在审计工作底稿的第一页上记录审计工作的执行人员和复核人员并注明日期。例如，应收账款函证核对表的索引号为 L3－1－1/21，相对应的询证函回函共有 20 份，每一份应收账款询证函回函索引号以 L3－1－2/21、L3－1－3/21……L3－1－21/21 表示，对于这种情况，就可以仅在应收账款函证核对表上记录审计工作的执行人员和复核人员并注明日期。

第三节　审计工作底稿的归档

审计档案是指一个或多个文件夹或其他存储介质，以实物或电子形式存储构成某项具体业务的审计工作底稿的记录。《会计师事务所质量管理准则第 5101 号——业务质量管理》和《中国注册会计师审计准则第 1131 号——审计工作底稿》对审计工作底稿的归档作出了具体规定，涉及归档工作的性质和期限、审计工作底稿保管期限等方面。

一、审计工作底稿归档工作的性质

在出具审计报告前，注册会计师应完成所有必要的审计程序，取得充分、适当的审计证据并得出适当的审计结论。由此，在审计报告日后将审计工作底稿归整为最终审计档案是一项事务性的工作，不涉及实施新的审计程序或得出新的结论。

如果在归档期间对审计工作底稿作出的变动属于事务性工作，注册会计师可以作出变动，主要包括：

1. 删除或废弃被取代的审计工作底稿；

2. 对审计工作底稿进行分类、整理和交叉索引；

3. 对审计档案归整工作的完成核对表签字认可；

4. 记录在审计报告日前获取的、与项目组相关成员进行讨论并达成一致意见的审计证据。

二、审计档案的结构

对每项具体审计业务，注册会计师应当将审计工作底稿归整为审计档案。

以下是典型的审计档案结构。

1. 沟通和报告相关工作底稿。

（1）审计报告和经审计的财务报表；

（2）与集团项目组注册会计师的沟通和报告；

（3）与治理层的沟通和报告；
（4）与管理层的沟通和报告；
（5）管理建议书。
2. 审计完成阶段工作底稿。
（1）审计工作完成情况核对表；
（2）管理层声明书原件；
（3）重大事项概要；
（4）错报汇总表；
（5）被审计单位财务报表和试算平衡表；
（6）有关列报的工作底稿（如现金流量表、关联方和关联交易的披露等）；
（7）财务报表所属期间的董事会会议纪要；
（8）总结会会议纪要。
3. 审计计划阶段工作底稿。
（1）总体审计策略和具体审计计划；
（2）对内部审计职能的评价；
（3）对外部专家的评价；
（4）对服务机构的评价；
（5）被审计单位提交资料清单；
（6）集团项目组的审计指令和沟通；
（7）前期审计报告和经审计的财务报表；
（8）预备会会议纪要。
4. 特定项目审计程序表。
（1）舞弊；
（2）持续经营；
（3）对法律法规的考虑；
（4）关联方。
5. 进一步审计程序工作底稿。
（1）有关控制测试工作底稿；
（2）有关实质性程序工作底稿（包括实质性分析程序和细节测试）。

三、审计工作底稿归档的期限

会计师事务所应当制定有关及时完成最终业务档案归整工作的政策和程序。审计工作底稿的归档期限为审计报告日后60天内。如果注册会计师未能完成审计业务，审计工作底稿的归档期限为审计业务中止后的60天内。

如果针对客户的同一财务信息执行不同的委托业务，出具两个或多个不同的报告，会计师事务所应当将其视为不同的业务，根据会计师事务所内部制定的政策和程序，在规定的归档期限内分别将审计工作底稿归整为最终审计档案。

四、审计工作底稿归档后的变动

（一）需要变动审计工作底稿的情形

注册会计师发现有必要修改现有审计工作底稿或增加新的审计工作底稿的情形主要有以下两种：

1. 注册会计师已实施了必要的审计程序，取得了充分、适当的审计证据并得出了恰当的审计结论，但审计工作底稿的记录不够充分。

2. 审计报告日后，发现例外情况要求注册会计师实施新的或追加审计程序，或导致注册会计师得出新的结论。例外情况的例子包括注册会计师在审计报告日后获知，但在审计报告日已经存在的事实，并且如果注册会计师在审计报告日已获知该事实，可能导致财务报表需要作出修改或在审计报告中发表非无保留意见。例如，注册会计师在审计报告日后才获知法院在审计报告日前已对被审计单位的诉讼、索赔事项作出最终判决结果。例外情况可能在审计报告日后发现，也可能在财务报表报出日后发现，注册会计师应当按照《中国注册会计师审计准则第 1332 号——期后事项》有关“财务报表报出后知悉的事实”的相关规定，对例外事项实施新的或追加的审计程序。

（二）变动审计工作底稿时的记录要求

在完成最终审计档案的归整工作后，如果发现有必要修改现有审计工作底稿或增加新的审计工作底稿，无论修改或增加的性质如何，注册会计师均应当记录下列事项：

1. 修改或增加审计工作底稿的理由；

2. 修改或增加审计工作底稿的时间和人员，以及复核的时间和人员。

五、审计工作底稿的保存期限

会计师事务所应当自审计报告日起，对审计工作底稿至少保存 10 年。如果注册会计师未能完成审计业务，会计师事务所应当自审计业务中止日起，对审计工作底稿至少保存 10 年。

在完成最终审计档案的归整工作后，注册会计师不应在规定的保存期届满前删除或废弃任何性质的审计工作底稿。

第二编

审计测试流程

第七章 风险评估

注册会计师实施审计的目的是对财务报表整体是否不存在舞弊或错误导致的重大错报获取合理保证。风险导向审计模式是当今主流的审计方法，它要求注册会计师实施风险评估程序，了解被审计单位及其环境、适用的财务报告编制基础和内部控制体系各要素，并识别和评估财务报表层次及认定层次的重大错报风险，为设计和实施总体应对措施和进一步审计程序，应对评估的重大错报风险提供依据。本章和第八章分别介绍如何对重大错报风险进行识别和评估及应对，并最终将审计风险降至可接受的低水平。

第一节 风险识别和评估概述

一、风险识别和评估的概念

在风险导向审计模式下，注册会计师以重大错报风险的识别和评估以及应对为审计工作的主线，最终将审计风险降至可接受的低水平。风险的识别和评估是审计风险控制流程的起点。风险识别和评估，是指注册会计师通过设计、实施风险评估程序，识别和评估财务报表层次及认定层次的重大错报风险。其中，风险识别是指找出财务报表层次和认定层次的重大错报风险；风险评估是指对重大错报发生的可能性和后果严重程度进行评估。

二、风险识别和评估的作用

《中国注册会计师审计准则第 1211 号——重大错报风险的识别和评估》规定，注册会计师应当设计和实施风险评估程序，以获取审计证据，为识别和评估财务报表层次及认定层次重大错报风险，设计进一步审计程序提供依据。

注册会计师应当实施风险评估程序，以了解被审计单位及其环境、适用的财务报告编制基础和内部控制体系各要素。获得的了解具有重要作用，特别是为注册会计师在下列关键环节作出职业判断提供重要基础：

1. 确定重要性水平，并随着审计工作的进程评估对重要性水平的判断是否仍然适当；

2. 考虑会计政策的选择和运用是否恰当，以及财务报表的列报是否适当；

3. 识别与财务报表中金额或披露相关的需要特别考虑的领域，包括关联方交易、管理层运用持续经营假设的合理性，或交易是否具有合理的商业目的等；

4. 确定在实施分析程序时所使用的预期值；

5. 设计和实施进一步审计程序，以将审计风险降至可接受的低水平；

6. 评价所获取审计证据的充分性和适当性。

了解被审计单位及其环境、适用的财务报告编制基础和内部控制体系各要素是一个连续和动态地收集、更新与分析信息的过程，贯穿于整个审计过程的始终。注册会计师应当运用职业判断确定需要了解的程度。因此，注册会计师的预期可能随着获得的新信息而发生变化。

评价了解的程度是否恰当，关键是看注册会计师获得的了解是否足以为识别、评估财务报表层次及认定层次重大错报风险和设计进一步审计程序提供依据。如果足以为之提供依据，那么，了解的程度就是恰当的。当然，要求注册会计师对被审计单位及其环境等方面情况了解的程度，要低于管理层为经营管理企业而对被审计单位及其环境等方面情况需要了解的程度。

第二节　风险评估程序、信息来源以及项目组内部的讨论

一、风险评估程序和信息来源

风险评估程序，是指注册会计师为识别和评估财务报表层次以及认定层次的重大错报风险，而设计和实施的审计程序。注册会计师应当依据实施这些程序所获取的信息，识别和评估重大错报风险。

注册会计师在设计和实施风险评估程序时，不应当偏向于获取佐证性的审计证据，也不应当排斥相矛盾的审计证据。不带倾向性地设计和实施风险评估程序以获取支持重大错报风险识别和评估的审计证据，可以帮助注册会计师识别潜在的相矛盾的信息，进而帮助注册会计师在识别和评估重大错报风险时保持职业怀疑。注册会计师保持职业怀疑可能包括：

（1）质疑相矛盾的信息以及文件的可靠性；

（2）考虑管理层和治理层对询问的答复以及从管理层和治理层获取的其他方面的信息；

（3）对可能表明存在舞弊或错误导致的错报的情况保持警觉；

（4）根据被审计单位的性质和具体情况，考虑获取的审计证据是否支持注册会计师对重大错报风险的识别和评估。

注册会计师应当实施下列风险评估程序，以了解被审计单位及其环境等方面的情况：（1）询问管理层和被审计单位内部其他合适人员，包括内部审计人员；（2）分析程序；

(3) 观察和检查。

注册会计师在财务报表审计中应当实施上述风险评估程序，但是在了解被审计单位及其环境、适用的财务报告编制基础和内部控制体系各要素的每一方面时无需实施上述所有程序。

注册会计师在实施风险评估程序时，可以使用自动化工具和技术，如对大批量数据（如总账、明细账或其他经营数据）进行自动化分析，使用远程观察工具（如无人机）观察或检查资产等。

1. 询问管理层和被审计单位内部其他合适人员。这是注册会计师了解被审计单位及其环境等方面情况的一个重要信息来源。注册会计师可以考虑向管理层和负责财务报告的人员询问下列事项：

(1) 管理层所关注的主要问题。如新的竞争对手、主要客户和供应商的流失、新的税收法规的实施以及经营目标或战略的变化等；

(2) 被审计单位最近的财务状况、经营成果和现金流量；

(3) 可能影响财务报告的交易和事项，或者目前发生的重大会计处理问题。如重大的购并事宜等；

(4) 被审计单位发生的其他重要变化。如所有权结构、组织结构的变化，以及内部控制的变化等。

注册会计师通过询问获取的大部分信息来自管理层和负责财务报告的人员。注册会计师也可以通过询问被审计单位内部其他不同层级和职责的适当人员获取信息，这可能为识别和评估重大错报风险提供不同的视角。例如：

(1) 直接询问治理层，可能有助于注册会计师了解治理层对管理层编制财务报表的监督程度；

(2) 直接询问负责生成、处理或记录复杂或异常交易的员工，可能有助于注册会计师评价被审计单位选择和运用某项会计政策的恰当性；

(3) 直接询问内部法律顾问，可能有助于注册会计师了解如诉讼、遵守法律法规的情况、影响被审计单位的舞弊或舞弊嫌疑、产品保证、售后责任、与业务合作伙伴的安排（如合营企业）以及合同条款的含义等事项的有关信息；

(4) 直接询问营销人员，可能有助于注册会计师了解被审计单位营销策略的变化、销售趋势或与客户的合同安排等；

(5) 直接询问风险管理职能部门或人员，可能有助于注册会计师了解可能影响财务报告的经营和监管风险；

(6) 直接询问信息技术人员，可能有助于注册会计师了解系统变更、系统或控制失效的情况，或与信息技术相关的其他风险；

(7) 直接询问适当的内部审计人员（如有），可能有助于注册会计师在识别和评估风险时了解被审计单位及其环境以及内部控制体系。

2. 实施分析程序。分析程序是指注册会计师通过研究不同财务数据之间以及财务数据与非财务数据之间的内在关系，对财务信息作出评价。实施分析程序有助于注册会计师识别不一致的情形、异常的交易或事项，以及可能对审计产生影响的金额、比率和趋势。识别出的异常或未预期到的关系可以帮助注册会计师识别重大错报风险，特别是舞弊导致的重大错报风险。

注册会计师将分析程序用作风险评估程序，识别注册会计师未注意到的被审计单位某些方面的情况，或了解固有风险因素（如相关变化）如何影响“相关认定”（即注册会计师识别出存在重大错报风险的交易类别、账户余额和披露的认定）易于发生错报的可能性，可能有助于识别和评估重大错报风险。

注册会计师在将分析程序用作风险评估程序时，可以：

（1）同时使用财务信息和非财务信息，如分析销售额（财务信息）与卖场的面积（非财务信息）或已出售商品数量（非财务信息）之间的关系；

（2）使用高度汇总的数据。

因此，实施分析程序的结果可能大体上初步显示发生重大错报的可能性。例如，在对许多被审计单位（包括业务模式、流程和信息系统较不复杂的被审计单位）进行审计时，注册会计师可以对相关信息进行简单的比较，如中期账户余额或月度账户余额与以前期间的余额相比发生的变化，以发现潜在的较高风险领域。

3. 观察和检查。观察和检查程序可以支持对管理层和其他相关人员的询问结果，并可以提供有关被审计单位及其环境等方面情况的信息，注册会计师应当实施下列观察和检查程序：

（1）观察被审计单位的经营活动。例如，观察被审计单位人员正在从事的生产活动和内部控制活动，增加注册会计师对被审计单位人员如何进行生产经营活动及实施内部控制的了解。

（2）检查内部文件、记录和内部控制手册。例如，检查被审计单位的经营计划、策略、章程，与其他单位签订的合同、协议，各业务流程操作指引和内部控制手册等，了解被审计单位组织结构和内部控制制度的建立健全情况。

（3）阅读由管理层和治理层编制的报告。例如，阅读被审计单位年度和中期财务报告，股东大会、董事会会议、高级管理层会议的会议记录或纪要，管理层的讨论和分析资料，对重要经营环节和外部因素的评价，被审计单位内部管理报告以及其他特殊目的的报告（如新投资项目的可行性分析报告）等，了解自上一期审计结束至本期审计期间被审计单位发生的重大事项。

（4）实地察看被审计单位的生产经营场所和厂房设备。通过现场访问和实地察看被审计单位的生产经营场所和厂房设备，可以帮助注册会计师了解被审计单位的性质及其经营活动。在实地察看被审计单位的厂房和办公场所的过程中，注册会计师有机会与被审计单位管理层和担任不同职责的员工进行交流，可以增强注册会计师对被审计单位的经营活动及其重大影响因素的了解。

（5）追踪交易在财务报告信息系统中的处理过程（穿行测试）。这是注册会计师了解被审计单位业务流程及其相关控制时经常使用的审计程序。通过追踪某笔或某几笔交易在业务流程中如何生成、记录、处理和报告，以及相关控制如何执行，注册会计师可以确定被审计单位的交易流程和相关控制是否与之前通过其他程序所获得的了解一致，并确定相关控制是否得到执行。

(6) 检查外部来源的信息。

二、其他审计程序和信息来源

1. 其他审计程序。除了采用上述程序从被审计单位内部获取信息以外，如果根据职业判断认为从被审计单位外部获取的信息有助于识别重大错报风险，注册会计师应当实施其他审计程序以获取这些信息。例如，直接或间接从特定外部机构（如监管机构）获取；获取被审计单位的公开信息，如被审计单位发布的新闻稿、分析师或投资者会议的材料、分析师报告或与交易活动有关的信息；询问被审计单位聘请的外部法律顾问、专业评估师、投资顾问和财务顾问等。不论内部和外部信息的来源如何，注册会计师都需要考虑用作审计证据的信息的相关性和可靠性。

2. 其他信息来源。注册会计师应当考虑在评价客户关系和审计业务的接受或保持过程中获取的信息是否与识别重大错报风险相关。通常，对新的审计业务，注册会计师应在业务承接阶段对被审计单位及其环境等方面情况有一个初步的了解，以确定是否承接该业务。而对连续审计业务，也应在每年的续约过程中对上年审计作总体评价，并更新对被审计单位的了解和风险评估结果，以确定是否续约。注册会计师还应当考虑向被审计单位提供其他服务（如执行中期财务报表审阅业务）所获得的经验是否有助于识别重大错报风险。

对于连续审计业务，如果拟利用以往与被审计单位交往的经验和以前审计中实施审计程序获取的信息，注册会计师应当确定被审计单位及其环境等方面情况自以前审计后是否已发生变化，并评价这些经验和信息是否依然相关和可靠。例如，通过前期审计获取的有关被审计单位组织结构、生产经营活动和内部控制的审计证据，以及有关以往的错报和错报是否得到及时更正的信息，可以帮助注册会计师评估本期财务报表的重大错报风险。但值得注意的是，被审计单位及其环境等方面情况的变化可能导致此类信息在本期审计中已不具有相关性。例如，注册会计师前期已经了解了内部控制的设计和执行情况，但被审计单位及其环境等方面的情况可能在本期发生变化，导致内部控制也发生相应变化。在这种情况下，注册会计师需要实施询问和其他适当的审计程序（如穿行测试），以确定该变化是否可能影响此类信息在本期审计中的相关性。

三、项目组内部的讨论

项目组内部的讨论在所有业务阶段都非常必要，可以保证所有事项得到恰当的考虑。通过安排具有较丰富经验的成员（如项目合伙人）参与项目组内部的讨论，其他成员可以分享其见解和以往获取的被审计单位的经验。《中国注册会计师审计准则第1211号——重大错报风险的识别和评估》要求，项目合伙人和项目组其他关键成员应当讨论被审计单位财务报表易于发生重大错报的可能性，以及如何根据被审计单位的具体情况运用适用的财务报告编制基础。项目合伙人应当确定向未参与讨论的项目组成员通报哪些事项。作为项目组内部讨论的一部分，考虑适用的财务报告编制基础中的披露要求，有助于注册会计师在审计工作的早期识别可能存在的与披露相关的重大错报风险领域。

（一）讨论的目的

项目组内部进行的上述讨论可以达到下列目的：（1）使经验较丰富的项目组成员

(包括项目合伙人)有机会分享其根据对被审计单位的了解形成的见解，共享信息有助于增进所有项目组成员对项目的了解；(2)使项目组成员能够讨论被审计单位面临的经营风险，固有风险因素如何影响各类交易、账户余额和披露易于发生错报的可能性，以及财务报表易于发生舞弊或错误导致的重大错报的方式和领域；(3)帮助项目组成员更好地了解在各自负责的领域中潜在的财务报表重大错报，并了解各自实施的审计程序的结果可能如何影响审计的其他方面，包括对确定进一步审计程序的性质、时间安排和范围的影响。特别是讨论可以帮助项目组成员基于各自对被审计单位性质和情况的了解，进一步考虑相矛盾的信息；(4)为项目组成员交流和分享在审计过程中获取的、可能影响重大错报风险评估结果或应对这些风险的审计程序的新信息提供基础。

(二)讨论的内容

讨论的内容和范围受项目组成员的职位、经验和所需要的信息的影响。表7-1列示了讨论的三个主要领域和可能涉及的信息。

表7-1　项目组讨论内容例示

讨论的目的	讨论的内容
分享了解的信息	1. 被审计单位的性质、管理层对内部控制的态度、从以往审计业务中获得的经验、重大经营风险因素。 2. 已了解的影响被审计单位的外部和内部舞弊因素，可能为管理层或其他人员实施下列行为提供动机或压力： (1) 实施舞弊； (2) 为实施构成犯罪的舞弊提供机会； (3) 利用企业文化或环境，寻找使舞弊行为合理化的理由； (4) 侵占资产(考虑管理层对接触现金或其他易被侵占资产的员工实施监督的情况)。 3. 确定财务报表哪些项目易于发生重大错报，表明管理层倾向于高估或低估收入的迹象。 4. 可能存在的与披露相关的重大错报风险领域
分享审计思路和方法	1. 管理层可能如何编报和隐藏虚假财务报告，例如管理层凌驾于内部控制之上。根据对识别的舞弊风险因素的评估，设想可能的舞弊场景对审计很有帮助。例如，销售经理可能通过高估收入实现达到奖励水平的目的。这可能通过修改收入确认政策或进行不恰当的收入截止来实现。 2. 出于个人目的侵占或挪用被审计单位的资产行为如何发生。 3. 考虑： (1) 管理层进行高估/低估账目的方法，包括对准备和估计进行操纵以及变更会计政策等； (2) 用于应对评估风险可能的审计程序/方法
为项目组指明审计方向	1. 强调在审计过程中保持职业怀疑态度的重要性。不应将管理层当成完全诚实，也不应将其作为罪犯对待。 2. 列示表明可能存在舞弊可能性的迹象。例如： (1) 识别警示信号(红旗)，并予以追踪； (2) 一个不重要的金额(例如，增长的费用)可能表明存在很大的问题，例如管理层诚信。 3. 决定如何增加拟实施审计程序的性质、时间安排和范围的不可预见性。 4. 总体考虑：每个项目组成员拟执行的审计工作部分、需要的审计方法、特殊考虑、时间、记录要求，如果出现问题应联系的人员，审计工作底稿复核，以及其他预期事项。 5. 强调对表明管理层不诚实的迹象保持警觉的重要性

(三)参与讨论的人员

注册会计师应当运用职业判断确定项目组内部参与讨论的成员。项目组的关键成员应当参与讨论，如果项目组需要拥有信息技术或其他特殊技能的专家，这些专家也可根据需要参与讨论。参与讨论人员的范围受项目组成员的职责经验和信息需要的影响，例如，在跨地区审计中，每个重要地区项目组的关键成员都应该参加讨论，但不要求所有成员每次都参与项目组的讨论。

（四）讨论的时间和方式

项目组应当根据审计的具体情况，在整个审计过程中持续交换有关财务报表发生重大错报可能性的信息。

按照《中国注册会计师审计准则第1101号——注册会计师的总体目标和审计工作的基本要求》的规定，在计划和实施审计工作时，注册会计师应当保持职业怀疑，认识到可能存在导致财务报表发生重大错报的情形。项目组在讨论时应当强调在整个审计过程中保持职业怀疑，警惕可能发生重大错报的迹象，并对这些迹象进行严格追踪。通过讨论，项目组成员可以交流和分享在整个审计过程中获得的信息，包括可能对重大错报风险评估产生影响的信息或针对这些风险实施审计程序的信息。

项目组还可以根据实际情况讨论其他重要事项。

第三节 了解被审计单位及其环境和适用的财务报告编制基础

一、总体要求

注册会计师应当实施风险评估程序，以了解下列三个方面：

1. 被审计单位及其环境，包括：

（1）组织结构、所有权和治理结构、业务模式（包括该业务模式利用信息技术的程度）；

（2）行业形势、法律环境、监管环境和其他外部因素；

（3）财务业绩的衡量标准，包括内部和外部使用的衡量标准。

2. 适用的财务报告编制基础、会计政策以及变更会计政策的原因。

基于对上述第1项和第2项的了解，被审计单位在按照适用的财务报告编制基础编制财务报表时，固有风险因素怎样影响各项认定易于发生错报的可能性以及影响的程度。

3. 被审计单位内部控制体系各要素。

上述了解的第1项中第（2）点是被审计单位的外部环境，第1项中第（1）点、第2项、第3项是被审计单位的内部因素，第1项中第（3）点则既有外部因素也有内部因素。值得注意的是，上述了解的各个方面可能会互相影响。例如，被审计单位的行业形势、法律环境、监管环境和其他外部因素可能影响到被审计单位的目标、战略以及相关经营风险，而被审计单位的性质、目标、战略以及相关经营风险可能影响到被审计单位对会计政策的选择和运用，以及内部控制的设计和执行。因此，注册会计师在对上述各个方面进行了解和评价时，应当考虑各因素之间的相互关系。

实施风险评估程序进行了解的性质和范围，取决于被审计单位的性质和具体情况，如被审计单位的规模和复杂程度（包括信息技术环境），被审计单位政策和程序、业务流程和体系的标准化程度，注册会计师以往与被审计单位或类似行业、类似企业交往的经验，被审计单位文件记录的性质和形式等。在首次执行某项审计业务时，风险评估程序的性质和范围可能比执行连续审计业务的情况下更为广泛；在后续期间，注册会计师可以重点关注自上一期间后发生的变化。识别被审计单位在上述各个方面与以前期间相比发生的重大变化，对于充分了解被审计单位情况、识别和评估重大错报风险尤为重要。注册会计师应当运用职业判断来确定为遵守审计准则的要求而需要实施的风险评估程序的性质和范围。

本节阐述如何了解被审计单位及其环境和适用的财务报告编制基础，第四节阐述如何了解被审计单位内部控制体系各要素。

二、组织结构、所有权和治理结构、业务模式

（一）组织结构

复杂的组织结构通常更有可能导致某些特定的重大错报风险。注册会计师应当了解被审计单位的组织结构，考虑复杂组织结构可能导致的重大错报风险，包括财务报表合并、商誉以及长期股权投资核算等问题，以及财务报表是否已对这些问题作了充分披露。

例如，对于在多个地区拥有子公司、合营企业、联营企业或其他成员机构，或者存在多个业务分部和地区分部的被审计单位，不仅编制合并财务报表的难度增加，还存在其他可能导致重大错报风险的复杂事项，包括对于子公司、合营企业、联营企业和其他股权投资类别的判断及其会计处理等。

（二）所有权结构

注册会计师应当了解所有权结构以及所有者与其他人员或实体之间的关系，包括关联方，考虑关联方关系是否已经得到识别，以及关联方交易是否得到恰当会计处理。例如，注册会计师应当了解被审计单位是属于国有企业、外商投资企业、民营企业，还是属于其他类型的企业，还应当了解其直接控股母公司、间接控股母公司、最终控股母公司和其他股东的构成，以及所有者与其他人员或实体（如控股母公司控制的其他企业）之间的关系。同时，注册会计师可能需要对其控股母公司（股东）的情况作进一步的了解，包括控股母公司的所有权性质、管理风格及其对被审计单位经营活动及财务报表可能产生的影响；控股母公司与被审计单位在资产、业务、人员、机构、财务等方面是否分开，是否存在占用资金等情况；控股母公司是否施加压力，要求被审计单位达到其设定的财务业绩目标。

注册会计师还应当了解所有者、治理层、管理层之间的区别。例如，在较不复杂的被审计单位中，所有者可能参与管理被审计单位，因此，所有者、治理层、管理层之间只有很小的区别或没有区别。相反，在某些上市实体中，三者之间可能存在明确的区分。

（三）治理结构

良好的治理结构可以对被审计单位的经营和财务运作以及财务报告实施有效的监督，从而降低财务报表发生重大错报的风险。注册会计师应当了解被审计单位的治理结构。

注册会计师可以考虑下列事项，以了解治理结构：（1）治理层人员是否参与对被审计单位的管理；（2）董事会中的非执行人员（如有）是否与负责执行的管理层相分离；（3）治理层人员是否在被审计单位法律上的组织结构下的组成部分中任职，例如担任董事；（4）治理层是否下设专门机构（如审计委员会）以及该专门机构的责任；（5）治理层监督财务报告的责任，包括批准财务报表。注册会计师应当考虑治理层是否能够在独立于管理层的情况下对被审计单位事务包括财务报告作出客观判断。

（四）业务模式

了解业务模式主要是为了了解和评价被审计单位经营风险可能对财务报表重大错报风险产生的影响。

注册会计师了解被审计单位的目标、战略和业务模式有助于从战略层面和整体层面了解被审计单位，并了解被审计单位承担和面临的经营风险。由于多数经营风险最终都会产生财务后果，从而影响财务报表，因此，了解影响财务报表的经营风险有助于注册会计师识别重大错报风险。例如，不同业务模式的被审计单位可能以不同方式依赖对信息技术的使用：

（1）被审计单位在实体店销售A产品，并使用先进的库存和销售终端系统记录产品的销售；

（2）被审计单位在线销售A产品，所有销售交易均在信息技术环境中处理，包括通过网站发起交易。

对于以上两类被审计单位，尽管二者都从事A产品销售，但由于业务模式明显不同，因此产生的经营风险也有显著差异。

注册会计师并非需要了解被审计单位业务模式的所有方面。经营风险比财务报表重大错报风险范围更广，注册会计师没有责任了解或识别所有的经营风险，因为尽管多数经营风险最终都会导致财务后果，从而影响财务报表，但并非所有的经营风险都会导致重大错报风险。

所谓经营风险是指可能对被审计单位实现目标和实施战略的能力产生不利影响的重要状况、事项、情况、作为（或不作为）所导致的风险，或由于制定不恰当的目标和战略而导致的风险。不同的企业可能面临不同的经营风险，这取决于企业经营的性质、所处行业、外部监管环境、企业的规模和复杂程度。管理层有责任识别和应对这些风险。

导致财务报表产生重大错报风险的可能性有所增加的经营风险可能来自下列事项：

（1）目标或战略不恰当，未能有效实施战略，环境的变化或经营的复杂性。

（2）未能认识到变革的必要性也可能导致经营风险。例如：

①开发新产品或服务可能失败；

②即使成功开拓了市场，也不足以支撑产品或服务；

③产品或服务存在瑕疵，可能导致法律责任及声誉方面的风险。

（3）对管理层的激励和压力措施可能导致有意或无意的管理层偏向，并因此影响重大假设以及管理层或治理层预期的合理性。

注册会计师在了解可能导致财务报表重大错报风险的业务模式、目标、战略及相关经营风险时，可以考虑下列事项：

（1）行业发展，例如，缺乏足以应对行业变化的人力资源和业务专长；

（2）开发新产品或提供新服务，这可能导致被审计单位的产品责任增加；

（3）被审计单位的业务扩张，被审计单位对市场需求的估计可能不准确；

（4）新的会计政策要求，被审计单位可能对其未完全执行或执行不当；

（5）监管要求，这可能导致法律责任增加；

（6）本期及未来的融资条件，例如被审计单位由于无法满足融资条件而失去融资机会；

（7）信息技术的运用，例如，新的信息技术系统的实施将影响经营和财务报告；

（8）实施战略的影响，特别是由此产生的需要运用新的会计政策要求的影响。

注册会计师在了解被审计单位业务模式时，包括了解下列活动：

（1）经营活动。了解被审计单位经营活动有助于注册会计师识别预期在财务报表中反映的主要交易类别、重要账户余额和披露。注册会计师可能需要考虑从下列方面了解经营活动：

①收入来源（包括主营业务的性质）、产品或服务以及市场的性质（包括产品或服务的种类、付款条件、利润率、市场份额、竞争者、出口、定价政策、产品声誉、质量保证、营销策略和目标、电子商务如网上销售和营销活动）；

②业务的开展情况（如生产阶段与生产方法，易受环境风险影响的活动）；

③联盟、合营与外包情况；

④地区分布与行业细分；

⑤生产设施、仓库和办公室的地理位置，存货存放地点和数量；

⑥关键客户及货物和服务的重要供应商，劳动用工安排（包括是否存在退休金和其他退休福利、股票期权或激励性奖金安排以及与劳动用工事项相关的政府法规）；

⑦研究与开发活动及其支出；

⑧关联方交易。

（2）投资活动。了解被审计单位投资活动有助于注册会计师关注被审计单位在经营策略和方向上的重大变化。注册会计师可能需要考虑从下列方面了解投资活动：

①计划实施或近期已实施的并购或资产处置；

②证券与贷款的投资和处置；

③资本性投资活动；

④对未纳入合并范围的实体的投资，包括非控制合伙企业、合营企业和非控制特殊目的实体。

（3）筹资活动。了解被审计单位筹资活动有助于注册会计师评估被审计单位在融资方面的压力，并进一步考虑被审计单位在可预见未来的持续经营能力。注册会计师可能需要考虑从下列方面了解筹资活动：

①主要子公司和联营企业（无论是否纳入合并范围）的所有权结构；

②债务结构和相关条款，包括资产负债表外融资和租赁安排；

③实际受益方（例如，实际受益方来自国内还是国外，其商业声誉和经验可能对被

审计单位产生的影响）及关联方；

④衍生金融工具的使用。

了解被审计单位的活动特别是经营活动，也有助于注册会计师了解影响财务报告的重要会计政策、交易或事项。

三、行业形势、法律环境、监管环境及其他外部因素

（一）行业形势

了解行业形势有助于注册会计师识别与被审计单位所处行业有关的重大错报风险。被审计单位经营所处的行业可能由于其经营性质或监管程度导致产生特定的重大错报风险。例如，在建造行业中，长期合同可能涉及对收入和费用作出重要估计，从而导致重大错报风险。在这种情况下，项目组中包括具有适当胜任能力的成员是很重要的。

注册会计师应当了解被审计单位的行业形势，主要包括：（1）所处行业的市场与竞争，包括市场需求、生产能力和价格竞争；（2）生产经营的季节性和周期性；（3）与被审计单位产品相关的生产技术发展；（4）能源供应与成本。

具体而言，注册会计师可能需要了解以下情况：

（1）被审计单位所处行业的总体发展趋势是什么？

（2）处于哪一发展阶段，如起步、快速成长、成熟或衰退阶段？

（3）所处市场的需求、市场容量和价格竞争如何？

（4）该行业是否受经济周期波动的影响，以及采取了什么行动使波动产生的影响最小化？

（5）该行业受技术发展影响的程度如何？

（6）是否开发了新的技术？

（7）能源消耗在成本中所占比重，能源价格的变化对成本的影响。

（8）谁是被审计单位最重要的竞争者，它们各自所占的市场份额是多少？

（9）被审计单位与其竞争者相比主要的竞争优势是什么？

（10）被审计单位业务的增长率和财务业绩与行业的平均水平及主要竞争者相比如何？存在重大差异的原因是什么？

（11）竞争者是否采取了某些行动，如购并活动、降低销售价格、开发新技术等，从而对被审计单位的经营活动产生影响？

（12）供应商和客户关系；

（13）行业关键指标和统计数据。

（二）法律环境与监管环境

被审计单位在日常经营管理活动中应当遵守相关法律法规和监管要求。注册会计师了解被审计单位法律环境与监管环境的主要原因有：（1）某些法律法规或监管要求可能对被审计单位经营活动有重大影响，如不遵守将导致停业等严重后果；（2）某些法律法规或监管要求（如环保法规等）规定了被审计单位某些方面的责任和义务；（3）某些法律法规或监管要求决定了被审计单位需要遵循的行业惯例和核算要求。

注册会计师应当了解被审计单位所处的法律环境与监管环境，主要包括：（1）适用

的财务报告编制基础；（2）受管制行业的法规框架，包括披露要求；（3）对被审计单位经营活动产生重大影响的法律法规，如劳动法和相关法规；（4）税收相关法律法规；（5）目前对被审计单位开展经营活动产生影响的政府政策，如货币政策（包括外汇管制）、财政政策、财政刺激措施（如政府援助项目）、关税或贸易限制政策等；（6）影响行业和被审计单位经营活动的环保要求。

《中国注册会计师审计准则第 1142 号——财务报表审计中对法律法规的考虑》包含了与适用于被审计单位及其所在行业或领域的法律法规框架相关的特定要求。

（三）其他外部因素

注册会计师应当了解影响被审计单位的其他外部因素，主要包括总体经济情况、利率、融资的可获得性、通货膨胀水平或币值变动等。

具体而言，注册会计师可能需要了解以下情况：

1. 当前的宏观经济状况以及未来的发展趋势如何？

2. 目前国内或本地区的经济状况（如增长率、通货膨胀率、失业率、利率等）怎样影响被审计单位的经营活动？

3. 被审计单位的经营活动是否受到汇率波动或全球市场力量的影响？

（四）了解的重点和程度

注册会计师对上述外部因素了解的范围和程度，因被审计单位所处行业、规模以及其他因素（如市场地位）的不同而不同。例如，对从事计算机硬件制造的被审计单位，注册会计师可能更关心市场和竞争以及技术进步的情况；对金融企业，注册会计师可能更关心宏观经济走势以及货币、财政等方面的宏观经济政策；对化工等产生污染的行业，注册会计师可能更关心相关环保法规。注册会计师可以考虑将了解的重点，放在对被审计单位的经营活动可能产生重要影响的关键外部因素，以及与前期相比发生的重大变化上。

注册会计师应当考虑被审计单位所在行业的性质或监管程度是否可能导致特定的重大错报风险，并考虑项目组是否配备了具有相关知识和经验的成员。例如，建筑行业长期合同涉及收入和成本的重大估计，可能导致重大错报风险；银行监管机构对商业银行的资本充足率有专门规定，不能满足这一监管要求的商业银行可能有操纵财务报表的动机和压力。

四、被审计单位财务业绩的衡量标准

被审计单位管理层经常会衡量和评价关键业绩指标（包括财务的和非财务的）完成情况、预算及差异分析报告、分部信息和分支机构、部门或其他层次的业绩报告以及与竞争对手的业绩比较信息等。通过询问管理层等程序，了解用于评价被审计单位财务业绩的衡量标准，有助于注册会计师考虑这些内部或外部的衡量标准，是否会导致被审计单位面临实现业绩目标的压力。这些压力可能促使管理层采取某些措施，从而增加易于发生由管理层偏向或舞弊导致的错报的可能性（如改善经营业绩或有意歪曲财务报表）。

此外，外部机构或人员（如分析师或信用机构，新闻和其他媒体，税务机关，监管机构，商会和资金提供方）也可能评价和分析被审计单位的财务业绩。注册会计师可以考虑获取这些可公开获得的信息，以帮助其进一步了解业务并识别相矛盾的信息。

（一）了解的主要方面

在了解被审计单位财务业绩衡量和评价情况时，注册会计师可关注下列用于评价财务业绩的标准：

1. 关键业绩指标（财务的或非财务的）、关键比率、趋势和经营统计数据；
2. 同期财务业绩比较分析；
3. 预算、预测、差异分析，分部信息与分部、部门或其他不同层次的业绩报告；
4. 员工业绩考核与激励性报酬政策；
5. 被审计单位与竞争对手的业绩比较。

（二）关注内部财务业绩衡量的结果

内部财务业绩衡量可能显示未预期到的结果或趋势。在这种情况下，管理层通常会进行调查并采取纠正措施。与内部财务业绩衡量相关的信息，可能显示财务报表存在错报风险，例如，内部财务业绩衡量可能显示，被审计单位与同行业其他单位相比，具有异常的增长率或盈利水平，此类信息如果与业绩奖金或激励性报酬等因素结合起来考虑，可能显示管理层在编制财务报表时存在某种倾向的错报风险。因此，注册会计师可以关注被审计单位内部财务业绩衡量所显示的未预期到的结果或趋势、管理层的调查结果和纠正措施，以及相关信息是否显示财务报表可能存在重大错报。

（三）考虑财务业绩衡量指标的可靠性

如果拟利用被审计单位内部信息系统生成的财务业绩衡量指标，注册会计师应当考虑相关信息是否可靠，以及利用这些信息是否足以实现审计目标。许多财务业绩衡量中使用的信息可能由被审计单位的信息系统生成。如果被审计单位管理层在没有合理基础的情况下，认为内部生成的衡量财务业绩的信息是准确的，而实际上信息有误，那么根据有误的信息得出的结论也可能是错误的。如果注册会计师计划在审计中（如在实施分析程序时）利用财务业绩指标，应当考虑相关信息是否可靠，以及在实施审计程序时利用这些信息是否足以发现重大错报。

（四）对小型被审计单位的考虑

小型被审计单位通常没有正式的财务业绩衡量和评价程序，管理层往往依据某些关键指标，作为评价财务业绩和采取适当行动的基础，注册会计师可以了解管理层使用的关键指标。

需要强调的是，注册会计师了解被审计单位财务业绩的衡量与评价，是为了考虑管理层是否面临实现某些关键财务业绩指标的压力。此外，了解管理层认为重要的关键业绩指标，有助于注册会计师深入了解被审计单位的目标和战略。这些压力既可能源于需要达到市场分析师或股东的预期，也可能产生于达到获得股票期权或管理层和员工奖金的目标。受压力影响的人员可能是高级管理人员（包括董事会），也可能是可操纵财务报表的其他经理人员，如子公司或分支机构管理人员可能为达到奖金目标而操纵财务报表。

在评价管理层是否存在歪曲财务报表的动机和压力时，注册会计师还可以考虑可能存在的其他情形。例如，企业或企业的一个主要组成部分是否有可能被出售；管理层是否希望维持或提升企业的股价或盈利走势，而热衷于采用过度激进的会计方法；基于纳税的考虑，股东或管理层是否有意采取不适当的方法使盈利最小化；企业是否持续增长和接近财务资源的最大限度；企业的业绩是否急剧下降，可能存在终止上市的风险；企业是否具备足够的可分配利润或现金流量，以维持目前的利润分配水平；如果公布欠佳的财务业绩，对重大未决交易（如企业合并或新业务合同的签订）是否可能产生不利影响；企业是否过度依赖银行借款，而财务业绩又可能达不到借款合同对财务指标的要求。这些情况都显示，管理层在面临重大压力时，可能粉饰财务业绩，发生舞弊风险。

五、适用的财务报告编制基础、会计政策及变更会计政策的原因

注册会计师应当了解适用的财务报告编制基础、会计政策及变更会计政策的原因，并评价被审计单位的会计政策是否适当、是否与适用的财务报告编制基础一致。

在了解被审计单位适用的财务报告编制基础，以及如何根据被审计单位及其环境的性质和情况运用该编制基础时，注册会计师可能需要考虑的事项包括：

1. 被审计单位与适用的财务报告编制基础相关的财务报告实务，例如：

（1）会计政策和行业特定惯例，包括特定行业财务报表中的“相关交易类别、账户余额和披露”（如银行业的贷款和投资、医药行业的研究与开发活动）；

（2）收入确认；

（3）金融工具以及相关信用损失的会计处理；

（4）外币资产、负债与交易；

（5）异常或复杂交易（包括在有争议或新兴领域的交易）的会计处理（如对加密货币的会计处理）；

2. 就被审计单位对会计政策的选择和运用（包括发生的变化以及变化的原因）获得的了解，可能包括下列事项：

（1）被审计单位用于确认、计量和列报（包括披露）重大和异常交易的方法；

（2）在缺乏权威性标准或共识的争议或新兴领域采用重要会计政策产生的影响；

（3）环境变化，例如适用的财务报告编制基础的变化或税制改革可能导致被审计单位的会计政策变更；

（4）新颁布的会计准则、法律法规，被审计单位采用的时间以及如何采用或遵守这些规定。

值得注意的是，这里的“相关交易类别、账户余额和披露”，是指存在“相关认定”的交易类别、账户余额和披露。

了解被审计单位及其环境，可能有助于注册会计师考虑被审计单位财务报告预期发生变化（如相比以前期间）的领域。例如，如果被审计单位在本期发生重大企业合并，则注册会计师可以预期与该企业合并相关的各类交易、账户余额和披露发生变化。相反，如果财务报告编制基础在本期未发生重大变化，则注册会计师的了解可能有助于其确认上期获取的了解仍然适用。

六、了解固有风险因素如何影响认定易于发生错报的可能性

（一）固有风险因素的概念

固有风险因素，是指在不考虑内部控制的情况下，导致交易类别、账户余额和披露

的某一认定易于发生错报（无论该错报是舞弊还是错误导致）的因素。固有风险因素可能是定性或定量的，包括复杂性、主观性、变化、不确定性以及管理层偏向和其他舞弊风险因素。在了解被审计单位及其环境和适用的财务报告编制基础时，注册会计师还应当了解被审计单位在按照适用的财务报告编制基础编制财务报表时，固有风险因素如何影响各项认定易于发生错报的可能性。

（二）了解固有风险因素的重要作用

了解被审计单位及其环境和适用的财务报告编制基础，有助于注册会计师识别可能导致各类交易、账户余额和披露的认定易于发生错报的固有风险因素。固有风险因素可能通过影响：（1）错报发生的可能性；以及（2）错报发生时其可能的严重程度，来影响认定易于发生错报的可能性。

了解固有风险因素如何影响认定易于发生错报的可能性，有助于注册会计师初步了解错报发生的可能性和严重程度，并帮助注册会计师按照审计准则的规定识别认定层次的重大错报风险。了解固有风险因素在何种程度上影响认定易于发生错报的可能性，还有助于注册会计师在按照审计准则的规定评估固有风险时，评估错报发生的可能性和严重程度。因此，了解固有风险因素也可以帮助注册会计师按照《中国注册会计师审计准则第1231号——针对评估的重大错报风险采取的应对措施》的规定设计和实施进一步审计程序。

值得注意的是，注册会计师对认定层次重大错报风险的识别和对固有风险的评估，也可能受到其从实施的其他风险评估程序、进一步审计程序或为满足相关审计准则的其他要求而实施的审计程序中获取的审计证据的影响。

（三）与适用的财务报告编制基础要求的信息编制相关的固有风险因素

与适用的财务报告编制基础要求的信息（以下简称所需信息）编制相关的固有风险因素包括：

1. 复杂性。

这是由信息的性质或编制所需信息的方式导致的，包括编制过程本身较为复杂的情况。例如，下列情况可能导致较高的复杂性：

（1）计算供应商返利准备。这是因为计算供应商返利准备可能有必要考虑与很多不同供应商签订的不同商业条款，或与计算到期返利相关的很多相互关联的商业条款；

（2）如果在作出会计估计时存在许多具有不同特征的潜在数据来源，那么，该数据的处理涉及很多相互关联的步骤，因此，这些数据本身较难识别、获取、访问、了解或处理。

2. 主观性。

由于知识或信息的可获得性受到限制，客观编制所需信息的能力存在固有局限性，因此，管理层可能需要对采取的适当方法和财务报表中的相关信息作出选择或主观判断。由于编制所需信息的方法不同，适当地运用适用的财务报告编制基础可能也会导致不同结果。随着知识或数据受到更多的限制，具有适当知识和独立性的人员作出判断的主观性以及可能的判断结果的多样性也将有所增加。

3. 变化。

随着时间的变化，被审计单位的经营、经济环境、会计、监管、所处行业或经营环境中其他方面的事项或情况也会产生变化，其影响反映在所需信息中。这些事项或情况的变化可能在财务报告期间内或不同期间之间发生。例如，变化可能是由于适用的财务报告编制基础的要求、被审计单位及其业务模式或经营环境的变化导致的。这些变化可能影响管理层的假设和判断，包括管理层对会计政策的选择、如何作出会计估计或如何确定相关披露。

4. 不确定性。

不能仅通过直接观察可验证的充分精确和全面的数据编制所需信息时，会导致不确定性。在这种情况下，可能需要运用具备的知识并采用适当的方法，尽可能使用充分精确和全面的可观察数据以及能够被最适当的可用数据所支持的合理假设来编制信息。获取知识或数据的能力受到限制，且管理层不能控制这些限制（包括受到成本的限制），是产生不确定性的原因。该不确定性对编制所需信息的影响无法消除。例如，如果无法精确确定所需的货币金额并且在财务报表完成日之前无法确定估计的结果，则会导致估计不确定性。

5. 管理层偏向和其他舞弊风险因素。

管理层偏向的可能性，是由于管理层有意或无意地在信息编制过程中未保持中立而导致的。管理层偏向通常与特定情况相关，这些情况可能导致管理层在作出判断时未保持中立（潜在管理层偏向的迹象），从而导致信息产生重大错报，如果管理层是故意的，则导致舞弊。这些迹象包括影响固有风险的使管理层不保持中立的动机或压力（例如，追求实现预期结果，如预期利润目标或资本比率）以及机会。《〈中国注册会计师审计准则第 1141 号——财务报表审计中与舞弊相关的责任〉应用指南》说明了与易于发生由编制虚假财务报告或侵占资产等形式的舞弊导致的错报的可能性相关的因素。

如果复杂性是固有风险因素，那么信息编制可能固有地需要较复杂的过程，并且这些过程本身可能难以执行。因此，执行这些过程可能需要专业技术或知识，并可能需要利用管理层的专家。

如果管理层的判断主观性较高，则由管理层偏向（无论无意或故意）导致易于发生错报的可能性也可能有所提升。例如，在作出具有高度估计不确定性的会计估计时，可能涉及管理层的重大判断，与方法、数据和假设相关的结论可能反映出无意或故意的管理层偏向。

（四）固有风险因素对某类交易、账户余额和披露的影响

某类交易、账户余额和披露由于其复杂性或主观性而导致易于发生错报的可能性，通常与其变化或不确定性的程度密切相关。例如，如果被审计单位存在一项基于假设的会计估计，其选择涉及重大判断，则这项会计估计的计量可能受到主观性和不确定性的影响。

某类交易、账户余额和披露由于其复杂性或主观性而导致易于发生错报的可能性越大，注册会计师越有必要保持职业怀疑。此外，如果某类交易、账户余额和披露由于其复杂性、主观性、变化或不确定性而导致易于发生错报，这些固有风险因素可能为管理层偏向（无论无意或有意）创造了机会，并影响由管理层偏向导致的易于发生错报的可能性。注册会计师对重大错报风险的识别和认定层次固有风险的评估，也受到固有风险因素之间相互关系的影响。

某些事项或情况影响由管理层偏向因素导致易于发生错报的可能性，这些事项也可能影响由其他舞弊风险因素导致易于发生错报的可能性。因此，这些信息可能与《中国注册会计师审计准则第 1141 号——财务报表审计中与舞弊相关的责任》相关，该准则要求注册会计师评价通过其他风险评估程序和相关活动获取的信息，是否表明存在舞弊风险因素。

（五）可能表明财务报表存在重大错报风险的事项和情况

以下是按照固有风险因素分类，说明可能导致财务报表存在财务报表层次或认定层次重大错报风险的事项和情况（包括交易）的示例。这些事项和情况涵盖范围广泛，但不一定完整，且并非所有的事项和情况都与每项审计业务相关。这些事项和情况按照对相关情形影响最大的固有风险因素分类列示。需要注意的是，由于固有风险因素之间的相互关系，以下事项和情况的示例也可能在不同程度上受到其他固有风险因素的影响：

1. 复杂性。

监管：

（1）在高度复杂的监管环境中开展业务；

业务模式：

（2）存在复杂的联营或合资企业；

适用的财务报告编制基础：

（3）涉及复杂过程的会计计量；

交易：

（4）使用表外融资、特殊目的实体以及其他复杂的融资安排。

2. 主观性。

适用的财务报告编制基础：

（5）某项会计估计具有多种可能的衡量标准。例如，管理层确认折旧费用或建造收入和费用；

（6）管理层对非流动资产（如投资性房地产）的估值技术或模型的选择。

3. 变化。

经济情况：

（7）在经济不稳定（如货币发生重大贬值或经济发生严重通货膨胀）的国家或地区开展业务；

市场：

（8）在不稳定的市场开展业务（如期货交易）；

客户流失：

（9）持续经营和资产流动性出现问题，包括重要客户流失；

行业模式：

（10）被审计单位经营所处的行业发生变化；

业务模式：

（11）供应链发生变化；

（12）开发新产品或提供新服务，或进入新的业务领域；

地理：

（13）开辟新的经营场所；

被审计单位组织结构：

（14）被审计单位发生变化，如发生重大收购、重组或其他非常规事项；

（15）拟出售分支机构或业务分部；

人力资源的胜任能力：

（16）关键人员变动（包括核心执行人员的离职）；

信息技术：

（17）信息技术环境发生变化；

（18）安装新的与财务报告相关的重大信息技术系统；

适用的财务报告编制基础：

（19）采用新的会计准则；

资本：

（20）获取资本或借款的能力受到新的限制；

监管：

（21）经营活动或财务业绩受到监管机构或政府机构的调查；

（22）与环境保护相关的新立法的影响。

4. 不确定性。

报告：

（23）涉及重大计量不确定性（包括会计估计）的事项或交易及相关披露；

（24）存在未决诉讼和或有负债（如售后质量保证、财务担保和环境补救）。

5. 管理层偏向和其他舞弊风险因素。

报告：

（25）管理层和员工编制虚假财务报告的机会，包括遗漏披露应包含的重大信息或信息晦涩难懂；

交易：

（26）从事重大的关联方交易；

（27）发生大额非常规或非系统性交易（包括公司间的交易和在期末发生大量收入的交易）；

（28）按照管理层特定意图记录的交易（如债务重组、资产出售和交易性债券的分类）。

其他可能表明存在财务报表层次重大错报风险的事项或情况包括：

（1）缺乏具备会计和财务报告技能的员工；

（2）控制缺陷，尤其是内部环境、风险评估和内部监督中的控制缺陷和管理层未处理的内部控制缺陷；

（3）以往发生的错报或错误，或者在本期期末出现重大会计调整。

第四节　了解被审计单位内部控制体系各要素

一、内部控制的概念和要素

内部控制（以下简称控制），是指被审计单位为实现控制目标所制定的政策和程序。

其中：

（1）政策，是指被审计单位为了实施控制而作出的应当或不应当采取某种措施的规定。政策是通过被审计单位人员采取相关行动或限制该人员采取与政策相冲突的行动而得以贯彻的。

（2）程序，是指为执行政策而采取的行动。程序可能是通过正式文件或由管理层采取其他形式明确规定的，也可能是被审计单位组织文化中约定俗成的。程序还可能通过被审计单位的信息技术应用程序及信息技术环境的其他方面所允许的行动来实施。

内部控制体系，是指由治理层、管理层和其他人员设计、执行和维护的体系，以合理保证被审计单位能够实现财务报告的可靠性，提高经营效率和效果，以及遵守适用的法律法规等目标。该体系包含以下五个相互关联的要素：

（1）内部环境（控制环境）；

（2）风险评估；

（3）信息与沟通（信息系统与沟通）；

（4）控制活动；

（5）内部监督。

上述五要素的内涵以及注册会计师对各要素了解的要点，将在本节六至十中阐述。

值得指出的是，本教材采用了 COSO① 发布的内部控制框架。被审计单位可能并不一定采用这种分类方式设计和执行内部控制。对内部控制要素的分类提供了了解内部控制体系的框架，但无论如何对内部控制要素进行分类，注册会计师都应当重点考虑，被审计单位的某项控制是否能够以及如何防止或发现并纠正各类交易、账户余额和披露存在的重大错报。也就是说，在了解和评价内部控制时，采用的具体分析框架及控制要素的分类可能并不唯一，重要的是控制能否实现控制目标。注册会计师可以使用不同的框架和术语描述内部控制的不同方面，但必须涵盖上述内部控制五个要素所涉及的各个方面。

被审计单位设计、执行和维护内部控制的方式，因其规模和复杂程度的不同而不同。小型被审计单位可能采用非正式和简单的流程与程序，实现控制目标，参与日常经营管理的业主（以下简称业主）可能承担多项职能，内部控制要素未得到清晰区分，注册会计师可以综合考虑小型被审计单位的内部控制要素能否实现其目标。

二、直接控制和间接控制

从内部控制概念可看出，被审计单位的内部控制目标相当广泛。针对财务报表审计的目的和需要，注册会计师只应当了解与审计相关的控制。与审计相关的控制，按照其对防止、发现或纠正认定层次错报发挥作用的方式，分为直接控制和间接控制。

（一）识别与审计相关的控制的方法

前已述及，内部控制的目标旨在合理保证财务报告的可靠性、经营的效率和效果以

---

① COSO（The Committee of Sponsoring Organizations of the Treadway Commission）是美国五个职业团体在 1985 年联合发起设立的一个民间组织，当时成立的主要动机是资助“财务报告舞弊研究全国委员会”。“财务报告舞弊研究全国委员会”负责研究导致财务报告舞弊的因素，并对公众公司、会计师事务所、证监会及其他监督机构提出建议。该委员会的首任主席由 James S. Treadway 担任，因此，又被称为“Treadway 委员会”。这五个职业团体是美国会计学会、美国注册会计师协会、财务总监协会、内部审计师协会和管理会计师协会。现在 COSO 致力于通过倡导良好的企业道德和有效的内部控制与公司治理，改进财务报告的质量。

及对法律法规的遵守。注册会计师审计的目标是对财务报表是否不存在重大错报发表审计意见，尽管要求注册会计师在财务报表审计中考虑与审计相关的内部控制，但目的并非对被审计单位内部控制的有效性发表意见。因此，注册会计师需要了解和评价的内部控制，只是与财务报表审计相关的内部控制，并非被审计单位所有的内部控制。虽然大部分与审计相关的控制可能与财务报告相关，但并非所有与财务报告相关的控制都与审计相关，确定一项控制单独或连同其他控制是否与审计相关，需要注册会计师作出职业判断。

被审计单位的目标与为实现目标提供合理保证的控制之间存在直接关系。被审计单位的目标和控制，与财务报告、经营及合规有关。但这些目标和控制并非都与注册会计师的风险评估相关。

注册会计师在判断一项控制单独或连同其他控制是否与审计相关时，可能考虑下列事项：

1. 重要性；
2. 相关风险的严重程度；
3. 被审计单位的规模；
4. 被审计单位业务的性质，包括组织结构和所有权特征；
5. 被审计单位经营的多样性和复杂性；
6. 适用的法律法规；
7. 内部控制的情况和适用的要素；
8. 作为内部控制组成部分的系统（包括使用服务机构）的性质和复杂性；
9. 一项特定控制（单独或连同其他控制）是否以及如何防止或发现并纠正重大错报。

如果在设计和实施进一步审计程序时拟利用被审计单位内部生成的信息，针对该信息完整性和准确性的控制可能与审计相关。如果与经营和合规目标相关的控制与注册会计师实施审计程序时评价或使用的数据相关，则这些控制也可能与审计相关。

用于防止未经授权购买、使用或处置资产的内部控制，可能包括与财务报告和经营目标相关的控制。注册会计师对这些控制的考虑，通常仅限于与财务报告可靠性相关的控制。

被审计单位通常有一些与目标相关但与审计无关的控制，注册会计师无需对其加以考虑。例如，被审计单位可能依靠某一复杂的自动化控制提高经营活动的效率和效果（如航空公司用于维护航班时间表的自动化控制系统），但这些控制通常与审计无关。进一步讲，虽然内部控制应用于整个被审计单位或所有经营部门或业务流程，但是并非每个经营部门和业务流程的内部控制，都与审计相关。

与审计相关的控制可分为直接控制和间接控制，这种分类有助于注册会计师识别和评估财务报表层次以及认定层次的重大错报风险。

（二）直接控制和间接控制区分的依据及作用

直接控制是指足以精准防止、发现或纠正认定层次错报的内部控制，间接控制是指不足以精准防止、发现或纠正认定层次错报的内部控制。也就是说，直接控制和间接控制对防止、发现或纠正认定层次错报分别产生直接影响和间接影响。

信息系统与沟通以及控制活动要素中的控制主要为直接控制。因此，注册会计师对这些要素的了解和评价更有可能影响其对认定层次重大错报风险的识别和评估。实务中，注册会计师需要投入充足的资源对这类要素中的控制进行了解和评价。

内部环境、风险评估和内部监督中的控制主要是间接控制，该类控制虽不足以精准地防止、发现或纠正认定层次的错报，但可以支持其他控制，因此，该类控制可能间接影响及时发现或防止错报发生的可能性。值得说明的是，这些要素中的某些控制也可能是直接控制。

内部环境为内部控制体系其他要素的运行奠定了总体基础。内部环境不能直接防止、发现并纠正错报，但可能影响内部控制体系其他要素中控制的有效性。同样，风险评估和内部监督也旨在支持整个内部控制体系。

由于内部环境、风险评估和内部监督是被审计单位内部控制体系的基础，其运行中的任何缺陷都可能对财务报表的编制产生广泛的影响。因此，注册会计师对这些要素的了解和评价，更有可能影响其对财务报表层次重大错报风险的识别和评估，也可能影响对认定层次重大错报风险的识别和评估。如《中国注册会计师审计准则第 1231 号——针对评估的重大错报风险采取的应对措施》所述，财务报表层次重大错报风险影响注册会计师设计总体应对措施，并影响进一步审计程序的性质、时间安排和范围。

三、了解内部控制的性质和程度

（一）了解内部控制的性质

注册会计师了解内部控制的目的，就是为了评价控制设计的有效性以及控制是否得到执行。在评价控制设计的有效性以及控制是否得到执行时，注册会计师了解被审计单位内部控制体系各项要素，有助于其初步了解被审计单位如何识别和应对经营风险。这些了解也可能以不同方式，影响注册会计师对重大错报风险的识别和评估。这有助于注册会计师设计和实施进一步审计程序，包括计划测试控制运行的有效性。例如：

1. 注册会计师了解被审计单位的内部环境、风险评估和内部监督要素，更有可能影响财务报表层次重大错报风险的识别和评估；

2. 注册会计师了解被审计单位的信息系统与沟通以及控制活动要素，更有可能影响认定层次重大错报风险的识别和评估。

（二）了解内部控制的程度

对内部控制了解的程度，是指注册会计师在实施风险评估程序时，了解被审计单位内部控制的范围及深度。包括评价控制设计的有效性，并确定其是否得到执行，但不包括对控制是否得到一贯执行的测试。

1. 评价控制设计的有效性以及控制是否得到执行。注册会计师在了解内部控制时，应当评价控制设计的有效性，并确定其是否得到执行。评价控制设计的有效性，涉及考虑该控制单独或连同其他控制是否能够有效防止或发现并纠正重大错报。控制得到执行是指某项控制存在且被审计单位正在使用。评估一项无效控制的运行没有什么意义，因此，需要首先考虑控制的设计。设计不当的控制可能表明存在值得关注的内部控制缺陷。

2. 为了解内部控制实施的程序。注册会计师通常实施下列风险评估程序，以获取有关控制设计有效性和控制是否得到执行的审计证据：

（1）询问被审计单位人员；

（2）观察特定控制的运用；

（3）检查文件和报告；

（4）追踪交易在财务报告信息系统中的处理过程（穿行测试）。

这些程序是风险评估程序在了解被审计单位内部控制方面的具体运用。

询问本身并不足以评价控制设计的有效性以及确定其是否得到执行，注册会计师应当将询问与其他风险评估程序结合使用。

3. 了解内部控制与测试控制运行有效性的关系。值得注意的是，评价设计有效的控制是否得到执行，与测试控制运行的有效性即控制是否得到一贯执行，是有区别的。前者是了解内部控制的目的，后者是控制测试的目的。

除非存在某些可以使控制得到一贯运行的自动化控制，否则，注册会计师对控制的了解并不足以测试控制运行的有效性。例如，获取某一人工控制在某一时点得到执行的审计证据，并不能证明该控制在所审计期间内的其他时点也有效运行。但是，信息技术可以使被审计单位持续一贯地对大量数据进行处理，提高被审计单位监督控制活动运行情况的能力，信息技术还可以通过对应用软件、数据库、操作系统设置安全控制来实现有效的职责划分。由于信息技术处理流程的内在一贯性，实施审计程序确定某项自动化控制是否得到执行，也可能实现对控制运行有效性测试的目标，这取决于注册会计师对控制（如针对程序变更的控制）的评估和测试。

四、内部控制的人工和自动化成分

（一）考虑内部控制的人工和自动化特征及其影响

大多数被审计单位出于编制财务报告和实现经营目标的需要使用信息技术。然而，即使信息技术得到广泛使用，人工因素仍然会存在于这些系统之中。不同的被审计单位采用的控制系统中人工控制和自动化控制的比例是不同的。在一些小型的、生产经营不太复杂的被审计单位，可能以人工控制为主；而在另外一些单位，可能以自动化控制为主。内部控制可能既包括人工成分，又包括自动化成分，在风险评估以及设计和实施进一步审计程序时，注册会计师应当考虑内部控制的人工和自动化特征及其影响。

内部控制采用人工系统还是自动化系统，将影响交易生成、记录、处理和报告的方式。在以人工为主的系统中，内部控制一般包括批准和复核业务活动，编制调节表并对调节项目进行跟踪。当采用信息技术系统生成、记录、处理和报告交易时，交易的记录形式（如订购单、发票、装运单及相关的会计记录）可能是电子文档而不是纸质文件。信息技术系统中的控制可能既有自动化控制（如嵌入计算机程序的控制），又有人工控制。人工控制可能独立于信息技术系统，利用信息技术系统生成的信息，也可能用于监督信息技术系统和自动化控制的有效运行或者处理例外事项。如果采用信息技术系统处理交易和其他数据，系统和程序可能包括与财务报表重大账户认定相关的控制，或可能对依赖于信息技术的人工控制的有效运行非常关键。被审计单位的性质和经营的复杂程度会对采用人工控制和自动化控制的成分组合产生影响。

值得注意的是，无论被审计单位的经营环境是以人工为主还是完全自动化，抑或是人工和自动化要素的组合（即人工控制和自动化控制相结合以及被审计单位内部控制体系中使用的其他资源），审计的总体目标和范围都没有区别。

中国注册会计师协会发布的相关应用指南提供了有关了解被审计单位内部控制体系各要素中对信息技术的使用的进一步指引。

（二）信息技术的优势及相关内部控制风险

信息技术通常在下列方面提高被审计单位内部控制的效率和效果：

1. 在处理大量的交易或数据时，一贯运用事先确定的业务规则，并进行复杂运算；
2. 提高信息的及时性、可获得性及准确性；
3. 促进对信息的深入分析；
4. 提高对被审计单位的经营业绩及其政策和程序执行情况进行监督的能力；
5. 降低控制被规避的风险；
6. 通过对信息技术应用程序、数据库系统和操作系统执行安全控制，提高职责分离的有效性。

但是，信息技术也可能对内部控制产生特定风险。注册会计师可从下列方面了解信息技术对内部控制产生的特定风险：

1. 所依赖的系统或程序不能正确处理数据，或处理了不正确的数据，或两种情况并存；
2. 未经授权访问数据，可能导致数据的毁损或对数据不恰当的修改，包括记录未经授权或不存在的交易，或不正确地记录了交易，多个用户同时访问同一数据库可能会造成特定风险；
3. 信息技术人员可能获得超越其职责范围的数据访问权限，因此破坏了系统应有的职责分工；
4. 未经授权改变主文档的数据；
5. 未经授权改变信息技术应用程序和信息技术环境的其他方面；
6. 未能对信息技术应用程序和信息技术环境的其他方面作出必要的修改；
7. 不恰当的人为干预；
8. 可能丢失数据或不能访问所需要的数据。

（三）人工控制的适用范围及相关内部控制风险

内部控制的人工成分在处理下列需要主观判断或酌情处理的情形时可能更为适当：

1. 存在大额、异常或偶发的交易；
2. 存在难以界定、预计或预测的错误的情况；
3. 针对变化的情况，需要对现有的自动化控制进行人工干预；
4. 监督自动化控制的有效性。

但是，由于人工控制由人执行，受人为因素的影响，也产生了特定风险，注册会计师可从下列方面了解人工控制产生的特定风险：

1. 人工控制可能更容易被规避、忽视或凌驾；
2. 人工控制可能不具有一贯性；
3. 人工控制可能更容易产生简单错误或失误。

相对于自动化控制，人工控制的可靠性较低。为此，注册会计师应当考虑人工控制在下列情形中可能是不适当的：(1) 存在大量或重复发生的交易；(2) 事先可预计或预测的错误能够通过自动化处理得以防止或发现并纠正；(3) 用特定方法实施的控制可得到适当设计和自动化处理。

内部控制风险的程度和性质取决于被审计单位信息系统的性质和特征。考虑到信息系统的特征，被审计单位可以通过建立有效的控制，应对由于采用信息技术或人工成分而产生的风险。

五、内部控制的局限性

(一) 内部控制的固有局限性

内部控制无论如何有效，都只能为被审计单位实现财务报告目标提供合理保证。内部控制实现目标的可能性受其固有限制的影响。这些限制包括：

1. 在决策时人为判断可能出现错误和因人为失误而导致内部控制失效。例如，控制的设计和修改可能存在失误。同样地，控制的运行可能无效，例如，由于负责复核信息的人员不了解复核的目的或没有采取适当的措施，内部控制生成的信息（如例外报告）没有得到有效使用。

2. 控制可能由于两个或更多的人员串通或管理层不当地凌驾于内部控制之上而被规避。例如，管理层可能与客户签订“背后协议”，修改标准的销售合同条款和条件，从而导致不适当的收入确认。再如，信息技术应用程序中的编辑控制旨在识别和报告超过赊销信用额度的交易，但这一控制可能被凌驾或不能得到执行。

此外，如果被审计单位内部行使控制职能的人员素质不适应岗位要求，也会影响内部控制功能的正常发挥。被审计单位实施内部控制的成本效益问题也会影响其效能，当实施某项控制成本大于控制效果而发生损失时，就没有必要设置该控制环节或控制措施。内部控制一般都是针对经常而重复发生的业务设置的，如果出现不经常发生或未预计到的业务，原有控制就可能不适用。

(二) 对小型被审计单位的考虑

小型被审计单位拥有的员工通常较少，限制了其职责分离的程度。但是，在业主管理的小型被审计单位，业主兼经理可以实施比大型被审计单位更有效的监督。这种监督可以弥补职责分离有限的局限性。另外，由于内部控制系统较为简单，业主兼经理更有可能凌驾于控制之上。注册会计师在识别舞弊导致的重大错报风险时需要考虑这一问题。

六、与财务报表编制相关的内部环境

审计准则规定，注册会计师为了解与财务报表编制相关的内部环境，应当实施以下风险评估程序：

1. 了解涉及下列方面的控制、流程和组织结构：

(1) 管理层如何履行其管理职责，例如，被审计单位的组织文化，管理层是否重视诚信、道德和价值观；

（2）在治理层与管理层分离的体制下，治理层的独立性以及治理层监督内部控制体系的情况；

（3）被审计单位内部权限和职责的分配情况；

（4）被审计单位如何吸引、培养和留住具有胜任能力的人员；

（5）被审计单位如何使其人员致力于实现内部控制体系的目标。

2. 评价下列方面的情况：

（1）在治理层的监督下，管理层是否营造并保持了诚实守信和合乎道德的文化；

（2）根据被审计单位的性质和复杂程度，内部环境是否为内部控制体系的其他要素奠定了适当的基础；

（3）识别出的内部环境方面的控制缺陷，是否会削弱被审计单位内部控制体系的其他要素。

此外，在信息技术环境下，注册会计师应当重视对与被审计单位使用信息技术相关的内部环境的评价，包括：（1）对信息技术的治理是否与被审计单位及其由信息技术支撑的业务经营的性质和复杂程度相称，包括被审计单位的技术平台或架构的复杂程度或成熟程度，以及被审计单位依赖信息技术应用程序支持财务报告的程度；（2）与信息技术和资源分配相关的管理层组织结构，例如，被审计单位是否已投资了适当的信息技术环境和必要的升级，或者被审计单位使用商业软件时（未对软件进行修改或仅进行有限修改）是否雇用了充足的具有适当技术的人员。

（一）内部环境的概念

内部环境包括治理职能和管理职能，以及治理层和管理层对内部控制体系及其重要性的态度、认识和行动。内部环境设定了被审计单位的内部控制基调，影响员工的内部控制意识，并为被审计单位内部控制体系中其他要素的运行奠定了总体基础。良好的内部环境是实施有效内部控制的基础。防止或发现并纠正舞弊和错误是被审计单位治理层和管理层的责任。在评价内部环境的设计和实施情况时，注册会计师应当了解管理层在治理层的监督下，是否营造并保持了诚实守信和合乎道德的文化，以及是否建立了防止或发现并纠正舞弊和错误的恰当控制。实际上，在审计业务承接阶段，注册会计师就需要对内部环境作出初步了解和评价。

（二）对诚信和道德价值观念的沟通与落实

诚信和道德价值观念是内部环境的重要组成部分，影响到重要业务流程的内部控制设计和运行。内部控制的有效性直接依赖于负责创建、管理和监控内部控制的人员的诚信和道德价值观念。被审计单位是否存在道德行为规范，以及这些规范如何在被审计单位内部得到沟通和落实，决定了是否能产生诚信和道德的行为。对诚信和道德价值观念的沟通与落实，既包括管理层如何处理不诚实、非法或不道德行为，也包括在被审计单位内部，通过行为规范以及高层管理人员的身体力行，对诚信和道德价值观念的营造和保持。

例如，管理层在行为规范中指出，员工不允许从供货商那里获得超过一定金额的礼品，超过部分都须报告和退回。尽管该行为规范本身并不能绝对保证员工都照此执行，但至少意味着管理层已对此进行明示，它连同其他程序，可能构成一个有效的预防机制。

注册会计师可以通过询问管理层和员工，观察和检查，并考虑外部来源的信息，了解和评价被审计单位诚信和道德价值观念的沟通与落实。了解和评价时，可考虑关注下列因素：(1) 被审计单位是否有书面的行为规范并向所有员工传达；(2) 被审计单位的企业文化是否强调诚信和道德价值观念的重要性；(3) 管理层是否身体力行，高级管理人员是否起表率作用；(4) 对违反有关政策和行为规范的情况，管理层是否采取适当的惩罚措施。

某些被审计单位可能被能够行使广泛裁决权的个人所控制。该个人的行为和态度可能对被审计单位的组织文化产生广泛的影响，进而对内部环境也产生广泛影响。这种影响可能是正面的，也可能是负面的。例如，个人的直接参与可能是被审计单位能够实现增长目标和其他目标的关键，同时也对有效的内部控制体系起着重要作用。另一方面，信息和权限的集中也可能增加由管理层凌驾于控制之上导致的错报发生的可能性。

（三）对胜任能力的重视

胜任能力是指具备完成某一职位的工作所应有的知识和能力。管理层对胜任能力的重视包括对于特定工作所需的胜任能力水平的设定，以及对达到该水平所必需的知识和能力的要求。注册会计师应当考虑主要管理人员和其他相关人员是否能够胜任承担的工作和职责，例如，财务人员是否对编制财务报表所适用的会计准则和相关会计制度有足够的了解并能正确运用。

注册会计师在就被审计单位对胜任能力的重视情况进行了解和评估时，考虑的主要因素可能包括：

1. 财务人员以及信息管理人员是否具备与被审计单位业务性质和复杂程度相称的足够的胜任能力和培训，在发生错误时，是否通过调整人员或系统来加以处理；

2. 管理层是否配备足够的财务人员以适应业务发展和有关方面的需要；

3. 财务人员是否具备理解和运用会计准则所需的技能。

（四）治理层的参与程度

被审计单位的内部环境在很大程度上受治理层的影响。治理层的职责应在被审计单位的章程和政策中予以规定。治理层（董事会）通常通过其自身的活动，并在审计委员会或类似机构的支持下，监督被审计单位的财务报告政策和程序。因此，董事会、审计委员会或类似机构应关注被审计单位的财务报告，并监督被审计单位的会计政策以及内部、外部的审计工作和结果。治理层的职责还包括监督用于复核内部控制有效性的政策和程序设计是否合理，执行是否有效。

治理层对内部环境影响的要素有：治理层相对于管理层的独立性、决策的客观性、成员的经验和品德、治理层参与被审计单位经营的程度和收到的信息及其对经营活动的详细检查、治理层采取措施的适当性，包括提出问题的难度和对问题的跟进程度，以及治理层与内部审计人员和注册会计师的互动等。

注册会计师在对被审计单位治理层的参与程度进行了解和评估时，考虑的主要因素可能包括：

1. 董事会是否建立了审计委员会或类似机构；

2. 董事会、审计委员会或类似机构是否与内部审计人员以及注册会计师有联系和沟通，联系和沟通的性质以及频率是否与被审计单位的规模和业务复杂程度相匹配；

3. 董事会、审计委员会或类似机构的成员是否具备适当的经验和资历；

4. 董事会、审计委员会或类似机构是否独立于管理层；

5. 审计委员会或类似机构举行会议的数量和时间是否与被审计单位的规模和业务复杂程度相匹配；

6. 董事会、审计委员会或类似机构是否充分地参与了监督编制财务报告的过程；

7. 董事会、审计委员会或类似机构是否对经营风险的监控有足够的关注，进而影响被审计单位和管理层的风险评估工作；

8. 董事会成员是否保持相对的稳定性。

（五）管理层的理念和经营风格

管理层负责企业的运作以及经营策略和程序的制定、执行与监督。内部环境的每个方面在很大程度上都受管理层采取的措施和作出决策的影响，或在某些情况下受管理层不采取某些措施或不作出某种决策的影响。在有效的内部环境中，管理层的理念和经营风格可以创造一个积极的氛围，促进业务流程和内部控制的有效运行，同时创造一个减少错报发生可能性的环境。在管理层以一个或少数几个人为主时，管理层的理念和经营风格对内部控制的影响尤为突出。

管理层的理念包括管理层对内部控制的理念，即管理层对内部控制以及对具体控制实施环境的重视程度。管理层对内部控制的重视，有助于控制的有效执行，并减少特定控制被忽视或规避的可能性。控制理念反映在管理层制定的政策、程序及所采取的措施中，而不是反映在形式上。因此，要使控制理念成为内部环境的一个重要特质，管理层必须告知员工内部控制的重要性。同时，只有建立适当的管理层控制机制，控制理念才能产生预期的效果。

衡量管理层对内部控制重视程度的重要标准，是管理层收到有关内部控制缺陷及违规事件的报告时是否作出适当反应。管理层及时下达纠弊措施，表明他们对内部控制的重视，也有利于加强企业内部的控制意识。

此外，了解管理层的经营风格也很有必要，管理层的经营风格可以表明管理层所能接受的业务风险的性质。例如，管理层是否经常投资于风险特别高的领域或者在接受风险方面极为保守，不敢越雷池一步。注册会计师应考虑的问题包括：管理层是否谨慎从事，只有在对方案的风险和潜在利益进行仔细研究分析后才能进一步采取措施。了解管理层的经营风格有助于注册会计师判断哪些因素影响管理层对待内部控制的态度，哪些因素影响在编制财务报表时所做的判断，特别是在作出会计估计以及选用会计政策时。这种了解也有助于注册会计师进一步认识管理层的能力和经营动机。注册会计师对管理层的能力和诚信越有信心，就越有理由信赖管理层提供的信息和作出的解释及声明。相反，如果对管理层经营风格的了解加重了注册会计师的怀疑，注册会计师就会加大职业怀疑的程度，从而对管理层的各种声明产生疑问。因此，了解管理层的经营风格对注册会计师评估重大错报风险有着重要的意义。

注册会计师在了解和评估被审计单位管理层的理念和经营风格时，考虑的主要因素可能包括：

1. 管理层是否对内部控制，包括信息技术的控制，给予了适当的关注；

2. 管理层是否由一个或几个人所控制，董事会、审计委员会或类似机构对其是否实施了有效监督；

3. 管理层在承担和监控经营风险方面是风险偏好者还是风险规避者；

4. 管理层在选择会计政策和作出会计估计时是倾向于激进还是保守；

5. 管理层对于信息管理人员以及财会人员是否给予了适当关注；

6. 对于重大的内部控制和会计事项，管理层是否征询注册会计师的意见，或者经常在这些方面与注册会计师存在不同意见。

（六）职权与责任的分配

被审计单位的组织结构为计划、运作、控制及监督经营活动提供了一个整体框架。通过集权或分权决策，可在不同部门间进行适当的职责划分，建立适当层次的报告体系。组织结构将影响权利、责任和工作任务在组织成员中的分配。被审计单位的组织结构在一定程度上取决于被审计单位的规模和经营活动的性质。

注册会计师应当考虑被审计单位组织结构中是否采用向个人或小组分配控制职责的方法，是否建立了执行特定职能（包括交易授权）的授权机制，是否确保每个人都清楚地了解报告关系和责任。注册会计师还需审查对分散经营活动的监督是否充分。有效的权责分配制度有助于形成整体的控制意识。

注册会计师应当关注组织结构及权责分配方法的实质而不是仅关注其形式。相应地，注册会计师应当考虑相关人员对政策与程序的整体认识水平和遵守程度，以及管理层对其实施监督的程度。

注册会计师对组织结构的了解，有助于其确定被审计单位的职责划分达到何种程度，也有助于其评价被审计单位在这方面的不足会对整体审计策略产生的影响。

信息系统处理环境是注册会计师对组织结构及权责分配方法进行了解的一个重要方面。注册会计师应当考虑信息系统职能部门的结构安排是否明确了职责分配，授权和批准系统变化的职责分配，以及是否明确程序开发、运行及使用者之间的职责划分。

注册会计师在对被审计单位组织结构和职权与责任的分配进行了解和评估时，考虑的主要因素可能包括：

1. 在被审计单位内部是否有明确的职责划分，是否将业务授权、业务记录、资产保管和维护以及业务执行的责任尽可能地分离；

2. 数据处理和管理的职责划分是否合理；

3. 是否已针对授权交易建立适当的政策和程序。

（七）人力资源政策与实务

政策与程序（包括内部控制）的有效性，通常取决于执行人。因此，被审计单位员工的能力与诚信是内部环境中不可缺少的因素。人力资源政策与实务涉及招聘、培训、考核、咨询、晋升和薪酬等方面。被审计单位是否有能力雇用并保留一定数量既有能力又有责任心的员工在很大程度上取决于其人事政策与实务。例如，如果招聘录用标准要求录用最合适的员工，包括强调员工的学历、经验、诚信和道德，这表明被审计单位希望录用有能力并值得信赖的人员。被审计单位有关培训方面的政策应显示员工应达到的工作表现和业绩水准，通过定期考核的晋升政策表明被审计单位希望具备相应资格的人员承担更多的职责。

注册会计师在对被审计单位人力资源政策与实务进行了解和评估时，考虑的主要因素可能包括：

1. 被审计单位在招聘、培训、考核、咨询、晋升、薪酬、补救措施等方面是否都有适当的政策和实务（特别是在会计、财务和信息系统方面）；

2. 是否有书面的员工岗位职责手册，或者在没有书面文件的情况下，对于工作职责和期望是否做了适当的沟通和交流；

3. 人力资源政策与实务是否清晰，并且定期发布和更新；

4. 是否设定适当的程序，对分散在各地区和海外的经营人员建立和沟通人力资源政策与程序。

综上所述，注册会计师应当对内部环境的构成要素获取足够的了解，并考虑内部控制的实质及其综合效果，以了解管理层和治理层对内部控制及其重要性的态度、认识以及采取的行动。

在评价内部环境各个要素时，注册会计师应当考虑内部环境各要素的控制是否得到执行。因为管理层也许建立了合理的内部控制，但却未有效执行。例如，管理层已建立正式的行为守则，但实际操作中却没有对不遵守该守则的行为采取措施。又如，管理层要求信息系统建立安全措施，但却没有提供足够的资源。

在确定构成内部环境的要素是否得到执行时，注册会计师需要考虑将询问与其他风险评估程序相结合以获取审计证据。通过询问管理层和员工，注册会计师可能了解管理层如何就业务规程和道德价值观念与员工进行沟通；通过观察和检查，注册会计师可能了解管理层是否建立了正式的行为守则，在日常工作中行为守则是否得到遵守，以及管理层如何处理违反行为守则的情形。

内部环境对重大错报风险的评估具有广泛影响。注册会计师需要考虑，内部环境的总体优势，是否为内部控制的其他要素提供了适当基础，并且未被内部环境中存在的缺陷所削弱。

注册会计师在评估重大错报风险时，存在令人满意的内部环境是一个积极的因素。虽然令人满意的内部环境并不能绝对防止舞弊，但却有助于降低发生舞弊的风险。有效的内部环境还能为注册会计师相信在以前年度和期中所测试的控制将继续有效运行提供一定基础。相反，内部环境中存在的弱点可能削弱控制的有效性。例如，注册会计师在进行风险评估时，如果认为被审计单位内部环境薄弱，则很难认定某一流程的控制是有效的。

内部环境本身并不能防止或发现并纠正各类交易、账户余额和披露认定层次的重大错报，注册会计师在评估重大错报风险时，应当将内部环境连同其他内部控制要素产生的影响一并考虑。例如，将内部环境与对内部控制体系的监督和具体控制活动一并考虑。

在较不复杂被审计单位，可能无法获取以文件形式存在的有关内部环境要素的审计证据，特别是在管理层与其他人员的沟通不够正式但却有效的情况下。例如，小型被审计单位可能没有书面的行为守则，但却通过口头沟通和管理层的示范作用形成了强调诚信和道德行为重要性的文化。因此，管理层或业主兼经理的态度、认识和行动对注册会计师了解小型被审计单位的内部环境非常重要。

七、与财务报表编制相关的风险评估工作

审计准则规定，注册会计师为了解被审计单位与财务报表编制相关的风险评估工作，应当实施以下风险评估程序：

1. 了解被审计单位的下列工作：

（1）识别与财务报告目标相关的经营风险；

（2）评估上述风险的严重程度和发生的可能性；

（3）应对上述风险。

2. 根据被审计单位的性质和复杂程度，评价其风险评估工作是否适合其具体情况。

审计准则还规定，如果注册会计师识别出重大错报风险，而管理层未能识别出这些风险，注册会计师应当：

1. 判断这些风险是否是被审计单位风险评估工作应当识别出的风险。如果注册会计师认为，这些风险是被审计单位风险评估工作应当识别出的风险，则应当了解被审计单位风险评估工作未能识别出这些风险的原因。

2. 考虑对前述的注册会计师“评价其风险评估工作是否适合其具体情况”的影响。

（一）被审计单位风险评估的概念

任何经济组织在经营活动中都会面临各种各样的风险，风险对其生存和竞争能力产生影响。很多风险并不为经济组织所控制，但管理层应当确定可以承受的风险水平，识别这些风险并采取一定的应对措施。

可能产生风险的事项和情况包括：

1. 监管及经营环境的变化。监管和经营环境的变化会导致竞争压力的变化，并产生显著不同的风险。

2. 新员工的加入。新员工可能对内部控制有不同的认识和关注点。

3. 新信息系统的使用或对原系统进行升级。信息系统重大、快速的变化会改变与内部控制相关的风险。

4. 业务快速发展。快速的业务扩张可能会使内部控制难以应对，从而增加内部控制失效的风险。

5. 新技术。将新技术运用于生产过程和信息系统可能改变与内部控制相关的风险。

6. 新业务模式、产品和活动。进入新的业务领域和发生新的交易可能带来新的与内部控制相关的风险。

7. 企业重组。重组可能带来裁员和监督及职责分离方面的变化，将影响与内部控制相关的风险。

8. 发展海外经营。海外扩张或收购会带来新的且往往是独特的风险，进而可能影响内部控制，如外币交易的风险。

9. 新的会计政策。采用新的会计政策或变更会计政策可能增加财务报表编制过程中的风险。

10. 使用信息技术。包括与下列事项相关的风险：

（1）维护处理的数据和信息的完整性、准确性和有效性；

（2）如果被审计单位的信息技术战略不能有效地支持其经营战略，则会产生经营战略风险；

（3）被审计单位的信息技术环境的变化或中断，信息技术人员的流动，或被审计单位未对信息技术环境进行必要的更新或更新不及时。

被审计单位风险评估工作的作用是识别、评估和管理影响其实现经营目标能力的各种风险。而针对财务报告目标的风险评估则包括识别与财务报告相关的经营风险，评估风险的重大性和发生的可能性，以及采取措施管理这些风险。例如，风险评估可能会涉及被审计单位如何考虑对某些交易未予记录的可能性，或者识别和分析财务报告中的重大会计估计发生错报的可能性。与财务报告相关的风险也可能与特定事项和交易有关。

由于被审计单位风险评估包括识别与财务报告相关的经营风险，以及针对这些风险所采取的措施，注册会计师应当了解被审计单位的风险评估工作。

（二）对风险评估的了解

在评价被审计单位风险评估的设计和执行时，注册会计师应当确定管理层如何识别与财务报告相关的经营风险，如何估计该风险的重要性即严重程度，如何评估风险发生的可能性，以及如何采取措施管理这些风险。如果被审计单位的风险评估符合其具体情况，了解被审计单位的风险评估工作有助于注册会计师识别财务报表的重大错报风险。

注册会计师在对被审计单位整体层面的风险评估工作进行了解和评估时，考虑的主要因素可能包括：

1. 被审计单位是否已建立并沟通其整体目标，并辅以具体策略和业务流程层面的计划；

2. 被审计单位是否已建立风险评估，包括识别风险、估计风险的重大性、评估风险发生的可能性以及确定需要采取的应对措施；

3. 被审计单位是否已建立某种机制，识别和应对可能对被审计单位产生重大且普遍影响的变化，如在金融机构中建立资产负债管理委员会，在制造型企业中建立期货交易风险管理组等；

4. 会计部门是否建立了某种流程，以识别会计政策的重大变化；

5. 当被审计单位业务操作发生变化并影响交易记录的流程时，是否存在沟通渠道以通知会计部门；

6. 风险管理部门是否建立了某种流程，以识别经营环境包括监管环境发生的重大变化。

注册会计师可以通过了解被审计单位及其环境的其他方面信息，评价被审计单位风险评估工作的有效性。例如，在了解被审计单位的业务情况时，发现了某些经营风险，注册会计师应当了解管理层是否也意识到这些风险以及如何应对。在对业务流程的了解中，注册会计师还可能进一步获得被审计单位有关业务流程的风险评估的信息。例如，在销售循环中，如果发现了销售的截止性错报的风险，注册会计师应当考虑管理层是否也识别了该错报风险以及如何应对该风险。

注册会计师应当询问管理层识别出的经营风险，并考虑这些风险是否可能导致重大错报。

在审计过程中，如果发现与财务报表有关的风险因素，注册会计师可通过向管理层询问和检查有关文件确定被审计单位的风险评估工作是否也发现了该风险；如果识别出管理层未能识别的重大错报风险，注册会计师应当考虑被审计单位的风险评估工作为何没有识别出这些风险，以及评估过程是否适合于具体环境，或者确定与风险评估相关的内部控制是否存在值得关注的内部控制缺陷。

（三）对较不复杂被审计单位的考虑

较不复杂被审计单位可能没有正式的风险评估。在这种情况下，管理层很可能通过亲自参与经营来识别风险。无论情况如何，注册会计师询问识别出的风险以及管理层如何应对这些风险，仍是必要的。

八、与财务报表编制相关的信息系统与沟通

审计准则规定，注册会计师为了解被审计单位与财务报表编制相关的信息系统与沟通，应当实施以下风险评估程序：

1. 了解被审计单位的信息处理活动（包括数据和信息），在这些活动中使用的资源，针对相关交易类别、账户余额和披露的信息处理活动的政策。具体包括：

（1）信息在被审计单位信息系统中的传递情况，包括交易如何生成，与交易相关的信息如何进行记录、处理、更正、结转至总账、在财务报表中报告，以及其他方面的相关信息如何获取、处理、在财务报表中披露；

（2）与信息传递相关的会计记录、财务报表特定项目以及其他支持性记录；

（3）被审计单位的财务报告过程；

（4）与上述第（1）点至第（3）点相关的被审计单位资源，包括信息技术环境。

2. 了解被审计单位如何沟通与财务报表编制相关的重大事项，以及信息系统和内部控制体系其他要素中的相关报告责任。具体包括：

（1）被审计单位内部人员之间的沟通，包括就与财务报告相关的岗位职责和相关人员的角色进行的沟通；

（2）管理层与治理层之间的沟通；

（3）被审计单位与监管机构等外部各方的沟通。

3. 评价被审计单位的信息系统与沟通是否能够为被审计单位按照适用的财务报告编制基础编制财务报表提供适当的支持。

（一）与财务报表编制相关的信息系统的概念

与财务报表编制相关的信息系统由一系列的活动和政策、会计记录和支持性记录组成。被审计单位设计和建立这些活动、政策和记录旨在：

1. 生成、记录和处理交易（以及获取、处理和披露与交易以外的事项和情况相关的信息），以及为相关资产、负债和所有者权益明确受托责任；

2. 解决不正确处理交易的问题，如自动生成暂记账户文件，以及及时按照程序清理暂记项目；

3. 处理并解释凌驾于控制之上或规避控制的情况；

4. 将从交易处理系统中获取的信息过入总账（例如，将明细账中的累计交易过入总账）；

5. 针对除交易以外的事项和情况获取并处理与财务报表编制相关的信息，如资产的折旧和摊销、可回收性的改变等；

6. 确保适用的财务报告编制基础规定披露的信息得到收集、记录、处理和汇总，并适当包含在财务报表中。

上述的交易可能通过人工或自动化程序生成。记录包括识别和收集与交易、事项有关的信息。处理包括编辑、核对、计量、估价、汇总和调节活动，可能由人工或自动化程序来执行。报告是指用电子或书面形式编制财务报表和其他信息，供被审计单位用于衡量和考核财务及其他方面的业绩。

与财务报表编制相关的信息系统应当与业务流程相适应。业务流程是指被审计单位开发、采购、生产、销售、发送产品和提供服务、保证遵守法律法规、记录信息（包括会计和财务报告信息）等一系列活动。

与财务报表编制相关的信息系统所生成信息的质量，对管理层能否作出恰当的经营管理决策以及编制可靠的财务报告的能力具有重大影响。

（二）对与财务报表编制相关的信息系统的了解

被审计单位的内部控制体系包括与其报告目标（包括财务报告目标）相关的方面，但也可能包括与财务报告有关的经营目标或合规目标相关的方面。注册会计师在了解被审计单位的信息系统时，应了解被审计单位如何生成交易和获取信息，这其中可能包括与被审计单位为应对合规目标和经营目标而设置的系统（被审计单位的政策）相关的信息，因为这类信息可能与财务报表编制相关。此外，某些被审计单位的信息系统可能是高度集成的，控制的设计可以同时实现财务报告、合规和经营这三个控制目标。

了解被审计单位的信息系统，还包括了解信息处理活动中使用的资源。与了解信息系统完整性、准确性和有效性风险相关的人力资源信息包括：（1）从事相关工作人员的胜任能力；（2）资源是否充分；（3）职责分离是否适当。

注册会计师在了解信息与沟通要素中针对相关交易类别、账户余额和披露的信息处理活动的政策时，可以考虑以下事项：（1）与需要处理的交易、其他事项和情况相关的数据或信息；（2）为维护数据或信息的完整性、准确性和有效性而进行的信息处理；（3）信息处理过程中使用的信息流程、人员和其他资源。

了解被审计单位的业务流程（包括交易产生的方式），有助于注册会计师以适合被审计单位具体情况的方式了解信息系统。

注册会计师可实施多种程序了解信息系统，包括：

1. 向相关人员询问用于生成、记录、处理和报告交易的程序或被审计单位的财务报告过程；

2. 检查有关被审计单位信息系统的政策、流程手册或其他文件；

3. 观察被审计单位人员对政策或程序的执行情况；

4. 选取交易并追踪交易在信息系统中的处理过程（即实施穿行测试）。

（三）与财务报表编制相关的沟通的概念

与财务报表编制相关的沟通，包括使员工了解各自在与财务报告有关的内部控制方面的角色和职责，员工之间的工作联系，以及向适当级别的管理层报告例外事项的方式。

公开的沟通渠道有助于确保例外情况得到报告和处理。沟通可以采用政策手册、会计和财务报告手册及备忘录等形式进行，也可以采用电子方式或口头方式和通过管理层的行动来实现。

（四）对与财务报表编制相关的沟通的了解

注册会计师应当了解被审计单位内部，如何对财务报告的岗位职责以及与财务报表编制相关的重大事项进行沟通。注册会计师还应当了解管理层与治理层（特别是审计委员会）之间的沟通，以及被审计单位与外部（包括与监管部门）的沟通。具体包括：

1. 管理层就员工的职责和控制责任是否进行了有效沟通；

2. 针对可疑的不恰当事项和行为是否建立了沟通渠道；

3. 组织内部沟通的充分性是否能够使人员有效地履行职责；

4. 对于与客户、供应商、监管者和其他外部人士的沟通，管理层是否及时采取适当的进一步行动；

5. 被审计单位是否受到某些监管机构发布的监管要求的约束；

6. 外部人士如客户和供应商在多大程度上获知被审计单位的行为守则。

（五）对小型被审计单位的考虑

在小型被审计单位，与财务报表编制相关的信息系统和沟通可能不如大型被审计单位正式和复杂。管理层可能会更多地参与日常经营管理活动和财务报告活动，不需要很多书面的政策和程序指引，也没有复杂的信息系统和会计流程。由于小型被审计单位的规模较小、报告层次较少，因此，小型被审计单位可能比大型被审计单位更容易实现有效的沟通。注册会计师需要考虑这些特征对评估重大错报风险的影响。

九、与财务报表编制相关的控制活动

审计准则规定，注册会计师为了解与财务报表编制相关的控制活动，应当实施以下风险评估程序：

1. 识别用于应对认定层次重大错报风险的控制，包括：

（1）应对特别风险的控制；

（2）与会计分录相关的控制，这些会计分录包括用以记录非经常性的、异常的交易，以及用于调整的非标准会计分录；

（3）注册会计师拟测试运行有效性的控制，包括用于应对仅实施实质性程序不能提供充分、适当审计证据的重大错报风险的控制；

（4）注册会计师根据职业判断认为适当的、能够有助于其实现与认定层次重大错报风险有关目标的其他控制。

2. 基于上述第 1 项中识别的控制，识别哪些信息技术应用程序及信息技术环境的其他方面，可能面临运用信息技术导致的风险。

3. 针对上述第 2 项中识别的信息技术应用程序及信息技术环境的其他方面，进一步识别：

（1）运用信息技术导致的相关风险；

（2）被审计单位用于应对这些风险的信息技术一般控制。

4. 针对上述第1项以及第3项第（2）点识别出的每项控制：

（1）评价控制的设计是否有效，即这些控制能否应对认定层次重大错报风险或为其他控制的运行提供支持；

（2）询问被审计单位内部人员，并运用其他风险评估程序，以确定控制是否得到执行。

（一）与财务报表编制相关的控制活动的概念

控制活动是指有助于确保管理层的指令得以执行的政策和程序。注册会计师应当按照审计准则的规定识别控制活动要素中的控制。这些控制包括信息处理控制和信息技术一般控制，两类控制均可能属于人工控制或自动化控制。管理层利用和依赖的与财务报告相关的自动化控制或涉及自动化方面的控制的程度越高，被审计单位执行信息技术一般控制（应对信息处理控制自动化方面的持续运行）可能就越重要。控制活动要素中的控制可能与下列事项相关：

1. 授权和批准。有了授权才能确认交易是有效的（即交易具有经济实质或符合被审计单位的政策）。授权的形式通常为较高级别的管理层批准或验证并确定交易是否有效。例如，主管在复核某项费用是否合理且符合政策后批准该费用报告单。自动批准的一个举例是自动将发票单位成本与相关的采购订单单位成本（在预先确定的可容忍范围内）进行比较，单位成本在可容忍范围内的发票将自动批准付款，对单位成本超出可容忍范围的发票将进行标记以执行进一步调查。

2. 调节。即将两项或多项数据要素进行比较。如果发现差异，则采取措施使数据相一致。调节通常应对所处理交易的完整性或准确性。

3. 验证。即将两个或多个项目互相进行比较，或将某个项目与政策进行比较，如果两个项目不匹配或者某个项目与政策不一致，则可能对其执行跟进措施。验证通常应对所处理交易的完整性、准确性或有效性。

4. 实物或逻辑控制。这包括应对资产安全的控制，以防止未经授权的访问、获取、使用或处置资产。实物或逻辑控制包括下列控制。

（1）保证资产的实物安全，包括恰当的安全保护措施，如针对接触资产和记录的安全设施；

（2）对接触计算机程序和数据文档设置授权（即逻辑访问权限）；

（3）定期盘点并将盘点记录与控制记录相核对（如将会计记录与现金、有价证券和存货的定期盘点结果相比较）。旨在防止资产盗窃的实物控制，其与财务报表编制的可靠性相关，相关的程度取决于资产被侵占的风险。

5. 职责分离。即将交易授权、交易记录以及资产保管等不相容职责分配给不同员工。职责分离旨在降低同一员工在正常履行职责过程中实施并隐瞒舞弊或错误的可能性。例如，授权赊销的经理不负责维护应收账款记录或处理现金收入。如果某个员工能够执行上述所有活动，则该员工可以创建难以被发现的虚假销售。类似地，销售人员也不应具有修改产品价格文件或佣金比率的权限。

在某些情况下，职责分离可能不切实际、成本效益低下或不可行。例如，小型和较不复杂被审计单位可能缺乏充分的资源以实现理想的职责分离，并且雇用额外员工的成本可能很高。在这种情况下，管理层可以设置替代控制。在前述示例中，如果销售人员可以修改产品价格文件，则可以设置发现性的控制活动，让与销售职能无关的员工定期复核销售人员是否对价格进行修改以及修改价格的情形。

实务中，某些控制可能取决于管理层或治理层是否制定了适当的监督控制。例如，可能按照既定的指导方针（如治理层制定的投资标准）进行授权控制；或者非常规交易（如重大收购或撤资）可能需要特定的高级别人员的批准，包括在某些情况下由股东批准。

（二）对控制活动的了解

在了解控制活动时，注册会计师应当重点考虑一项控制活动单独或连同其他控制活动，是否能够以及如何防止或发现并纠正各类交易、账户余额和披露认定存在的重大错报。注册会计师的工作重点是，识别和了解针对重大错报风险更高的领域的控制活动。如果多项控制活动能够实现同一目标，注册会计师不必了解与该目标相关的每项控制活动。

在了解和评估控制活动时考虑的主要因素可能包括：

1. 被审计单位的主要经营活动是否都有必要的控制政策和程序；

2. 管理层在预算、利润和其他财务及经营业绩方面是否都有清晰的目标，在被审计单位内部，是否对这些目标都加以清晰的记录和沟通，并且积极地对其进行监控；

3. 是否存在计划和报告系统，以识别与目标业绩的差异，并向适当层次的管理层报告该差异；

4. 是否由适当层次的管理层对差异进行调查，并及时采取适当的纠正措施；

5. 不同人员的职责应在何种程度上相分离，以降低舞弊和不当行为发生的风险；

6. 会计系统中的数据是否与实物资产定期核对；

7. 是否建立了适当的保护措施，以防止未经授权接触文件、记录和资产；

8. 是否存在信息安全职能部门负责监控信息安全政策和程序。

（三）对小型被审计单位的考虑

小型被审计单位控制活动依据的理念与较大型被审计单位可能相似，但是它们运行的正式程度可能不同。进一步讲，在小型被审计单位中，由于某些控制活动由管理层执行，特定类型的控制活动可能变得并不相关。例如，只有管理层拥有批准赊销、重大采购的权力，才可以对重要账户余额和交易实施有力控制，降低或消除实施更具体的控制活动的必要性。

小型被审计单位通常难以实施适当的职责分离，注册会计师应当考虑小型被审计单位采取的控制活动（特别是职责分离）能否有效实现控制目标。

十、对与财务报表编制相关的内部控制体系的监督

审计准则规定，注册会计师为了解被审计单位对与财务报表编制相关的内部控制体

系的监督工作，应当实施以下风险评估程序：

1. 了解被审计单位实施的持续性评价和单独评价，以及识别控制缺陷的情况和整改的情况；

2. 了解被审计单位的内部审计，包括内部审计的性质、职责和活动；

3. 了解被审计单位在监督内部控制体系的过程中所使用信息的来源，以及管理层认为这些信息足以信赖的依据；

4. 根据被审计单位的性质和复杂程度，评价被审计单位对内部控制体系的监督是否适合其具体情况。

（一）对与财务报表编制相关的内部控制体系的监督的概念

管理层的重要职责之一就是建立和维护内部控制体系并保证其持续有效运行，对内部控制体系的监督可以实现这一目标。监督是由适当的人员，在适当、及时的基础上，评估控制的设计和运行情况的过程。对内部控制体系的监督是指被审计单位评价内部控制在一段时间内运行有效性的过程。对内部控制体系的监督涉及及时评估控制的有效性并采取必要的补救措施。例如，管理层对是否定期编制银行存款余额调节表进行复核，内部审计人员评价销售人员是否遵守公司关于销售合同条款的政策，法律部门定期监控公司的道德规范和商务行为准则是否得以遵循等。监督对控制的持续有效运行十分重要。假如没有对银行存款余额调节表是否得到及时和准确的编制进行监督，该项控制可能无法得到持续的执行。

通常，管理层通过持续的监督活动、单独的评价活动或两者相结合实现对内部控制体系的监督。持续的监督活动通常贯穿于被审计单位日常重复的活动中，包括常规管理和监督工作。例如，管理层在履行其日常管理活动时，取得内部控制持续发挥功能的信息。当业务报告、财务报告与他们获取的信息有较大差异时，会对有重大差异的报告提出疑问，并做必要的追踪调查和处理。

被审计单位可能使用内部审计人员或具有类似职能的人员，对内部控制的设计和执行进行专门的评价，以找出内部控制的优点和不足，并提出改进建议。被审计单位也可能利用与外部有关各方沟通或交流获取的信息，监督相关的控制活动。在某些情况下，外部信息可能显示内部控制存在的问题和需要改进之处。例如，客户通过付款来表示其同意发票金额，或者认为发票金额有误而不付款。监管机构（如银行监管机构）可能会对影响内部控制运行的问题与被审计单位沟通。管理层可能也会考虑与注册会计师就内部控制进行沟通，通过与外部信息的沟通，可以发现内部控制存在的问题，以便采取纠正措施。

值得注意的是，上述用于监督活动的很多信息都由被审计单位的信息系统产生，这些信息可能会存在错报，从而导致管理层从监督活动中得出错误的结论。因此，注册会计师应当了解与被审计单位监督活动相关的信息来源，包括管理层在与外部有关各方沟通时获取的信息（如顾客的投诉和监管机构提出的意见），以及管理层认为信息具有相关性和可靠性的依据。如果拟利用被审计单位监督活动使用的信息（包括内部审计报告），注册会计师应当考虑该信息是否相关和可靠，是否足以实现审计目标。

（二）了解对内部控制体系的监督

注册会计师在了解被审计单位如何监督内部控制体系时，需要考虑的相关事项包括：

1. 监督活动的设计，如监督是定期的还是持续的；

2. 监督活动的实施情况和频率；

3. 对监督活动结果的定期评价，以确定控制是否有效；

4. 如何通过适当的整改措施应对识别的缺陷，包括与负责采取整改措施的人员及时沟通缺陷。

注册会计师可以考虑被审计单位监督内部控制体系的过程如何实现对涉及使用信息技术的信息处理控制的监督。这些控制包括：

1. 监督以下复杂信息技术环境的控制：

（1）评价信息处理控制的持续设计有效性，根据情况的变化对其进行适当修改；

（2）评价信息处理控制运行的有效性；

2. 监督权限的控制，这些权限应用于实施职责分离的自动化信息处理控制中；

3. 监督如何识别和应对与财务报告自动化相关的错误或控制缺陷的控制。

询问适当的内部审计人员，有助于注册会计师了解内部审计职责的性质。如果认为内部审计的职责与被审计单位的财务报告相关，注册会计师可以复核内部审计相关期间的审计计划（如有），并与适当的内部审计人员讨论该计划，以进一步了解内部审计已执行或拟执行的活动。这一了解，连同注册会计师通过询问获取的了解，也可能为注册会计师识别和评估重大错报风险提供直接相关的信息。如果基于对被审计单位内部审计的初步了解，注册会计师预期将利用内部审计的工作，从而计划修改拟实施的审计程序的性质、时间安排，或缩小其范围，则应当遵守《中国注册会计师审计准则第 1411 号——利用内部审计人员的工作》的规定。《〈中国注册会计师审计准则第 1211 号——重大错报风险的识别和评估〉应用指南》说明了了解被审计单位内部审计的进一步考虑因素。

（三）对小型被审计单位的考虑

小型被审计单位通常没有正式的持续监督活动，且持续的监督活动与日常管理工作难以明确区分，业主往往通过其对经营活动的密切参与来识别财务数据中的重大差异和错报，并对控制活动采取纠正措施，注册会计师应当考虑业主对经营活动的密切参与能否有效实现其对内部控制体系的监督目标。

注册会计师应当根据对被审计单位内部控制体系各要素的评价，确定是否识别出控制缺陷。

十一、在整体层面和业务流程层面了解内部控制

内部控制的某些要素（如内部环境）更多地对被审计单位整体层面产生影响，而其他要素（如信息系统与沟通、控制活动）则可能更多地与特定业务流程相关。在实务中，注册会计师应当从被审计单位整体层面和业务流程层面分别了解和评价被审计单位的内部控制。整体层面的控制（包括对管理层凌驾于内部控制之上的控制）和信息技术一般控制通常在所有业务活动中普遍存在。业务流程层面控制主要是对工薪、销售和采购等交易的控制。整体层面的控制对内部控制在所有业务流程中得到严格的设计和执行具有

重要影响。整体层面的控制较差甚至可能使最好的业务流程层面控制失效。例如，被审计单位可能有一个有效的采购系统，但如果会计人员不胜任，仍然会发生大量错误，且其中一些错误可能导致财务报表存在重大错报。而且，管理层凌驾于内部控制之上（它们经常在企业整体层面出现）也是不好的公司行为中的普遍问题。

在初步计划审计工作时，注册会计师需要确定在被审计单位财务报表中存在重大错报风险的相关交易类别、账户余额和披露及相关认定。为实现此目的，通常采取下列步骤：(1) 确定被审计单位的重要业务流程和相关交易类别；(2) 了解相关交易类别的流程，并记录获得的了解；(3) 确定可能发生错报的环节；(4) 识别和了解相关控制；(5) 执行穿行测试，证实对交易流程和相关控制的了解；(6) 进行初步评价和风险评估。

在实务中，上述步骤可能同时进行，例如，在询问相关人员的过程中，同时了解相关交易类别的流程和相关控制。

（一）确定重要业务流程和相关交易类别

在实务中，将被审计单位的整个经营活动划分为几个重要的业务循环，有助于注册会计师更有效地了解和评估重要业务流程及相关控制。通常，对制造业企业，可以划分为销售与收款循环、采购与付款循环、生产与存货循环、人力资源与工薪循环、投资与筹资循环等。相关交易类别是指可能存在重大错报风险的各类交易。相关交易类别应与相关账户及其相关认定相联系，例如，对于一般制造业企业，销售收入和应收账款通常是相关账户，销售和收款都是相关交易类别。除了一般所理解的交易以外，对财务报表具有重大影响的事项和情况也应包括在内，例如，计提资产的折旧或摊销，考虑应收款项的可回收性和计提坏账准备等。

（二）了解相关交易流程，并进行记录

在确定重要的业务流程和相关交易类别后，注册会计师便可着手了解每一类相关交易类别在信息技术或人工系统中生成、记录、处理及在财务报表中报告的程序，即相关交易流程。这是确定在哪个环节或哪些环节可能发生错报的基础。

交易流程通常包括一系列工作：输入数据的核准与修订，数据的分类与合并，进行计算、更新账簿资料和客户信息记录，生成新的交易，归集数据，列报数据。而与注册会计师了解相关交易有关的流程通常包括生成、记录、处理和报告交易等活动。例如，在销售循环中，这些活动包括输入销售订购单、编制货运单据和发票、更新应收账款信息记录等。相关的处理程序包括通过编制调整分录，修改并再次处理以前被拒绝的交易，以及修改被错误记录的交易。

注册会计师要注意记录以下信息：(1) 输入信息的来源；(2) 所使用的重要数据档案，如客户清单及价格信息记录；(3) 重要的处理程序，包括在线输入和更新处理；(4) 重要的输出文件、报告和记录；(5) 基本的职责划分，即列示各部门所负责的处理程序。

注册会计师通常只针对每年的变化修改记录流程的工作底稿，除非被审计单位的交易流程发生重大改变。然而，无论交易流程与以前年度相比是否有变化，注册会计师每年都需要考虑上述注意事项，以确保对被审计单位的了解是最新的，并已包括被审计单位交易流程中相关的重大变化。

（三）确定可能发生错报的环节

注册会计师需要确认和了解被审计单位应在哪些环节设置控制，以防止或发现并纠正各相关交易流程可能发生的错报。注册会计师所关注的控制，是那些能通过防止错报的发生，或者通过发现和纠正已有错报，从而确保各个相关交易流程中的具体活动（从交易的发生到记录于账目）能够顺利运转的人工或自动化控制程序。

尽管不同的被审计单位为确保会计信息的可靠性而对相关交易流程设计和实施不同的控制，但设计控制的目的是为实现某些控制目标（见表7－2）。实际上，这些控制目标与财务报表相关账户及相关认定相联系。但注册会计师在此时通常不考虑列报认定，而在审计财务报告流程时再考虑该认定。

表7－2 控制目标释义

控制目标	解释
1. 完整性：所有的有效交易都已记录	必须有程序确保没有漏记实际发生的交易
2. 发生：每项已记录的交易均真实	必须有程序确保会计记录中没有虚构的或重复入账的项目
3. 适当计量交易	必须有程序确保交易以适当的金额入账
4. 恰当确定交易生成的会计期间（截止）	必须有程序确保交易在适当的会计期间内入账（例如，月、季度、年等）
5. 恰当分类	必须有程序确保将交易记入正确的总分类账，必要时，记入相应的明细账内
6. 正确汇总和过账	必须有程序确保所有作为账簿记录中的借贷方余额都正确地归集（加总），确保加总后的金额正确过入总账和明细分类账

（四）识别和了解相关控制

通过对被审计单位的了解，包括在被审计单位整体层面对内部控制体系各要素的了解，以及在上述程序中对重要业务流程的了解，注册会计师可以确定是否有必要进一步了解在业务流程层面的控制。在某些情况下，注册会计师之前的了解可能表明，被审计单位在业务流程层面针对某些相关交易流程所设计的控制是无效的，或者注册会计师并不打算信赖控制，这时注册会计师没有必要进一步了解在业务流程层面的控制。

如果注册会计师计划对业务流程层面的有关控制，进行进一步的了解和评价，那么针对业务流程中容易发生错报的环节，注册会计师应当确定：（1）被审计单位是否建立了有效的控制，以防止或发现并纠正这些错报；（2）被审计单位是否遗漏了必要的控制；（3）是否识别了可以最有效测试的控制。

通常将业务流程中的控制划分为预防性控制和检查性控制，下面分别予以说明。

（1）预防性控制。预防性控制通常用于正常业务流程的每一项交易，以防止错报的发生。在流程中防止错报是信息系统的重要目标。

预防性控制可能是人工的，也可能是自动化的。表7－3是预防性控制及其能防止错报的举例。

表 7-3 预防性控制示例

对控制的描述	控制用来防止的错报
计算机程序自动生成收货报告，同时也更新采购档案	防止出现购货漏记账的情况
在更新采购档案之前要有收货报告	防止记录了未收到购货的情况
销货发票上的价格根据价格清单上的信息确定	防止销货计价错误
系统将各凭证上的账户号码与会计科目表对比，然后进行一系列的逻辑测试	防止出现分类错报

（2）检查性控制。建立检查性控制的目的是发现流程中可能发生的错报（尽管有预防性控制还是会发生的错报）。被审计单位通过检查性控制，监督其流程和相应的预防性控制能否有效地发挥作用。检查性控制通常是管理层用来监督实现流程目标的控制。检查性控制可以由人工执行，也可以由信息系统自动执行。

表 7-4 是检查性控制及其可能查出的错报的举例。

表 7-4 检查性控制示例

对控制的描述	控制预期查出的错报
定期编制银行存款余额调节表，跟踪调查挂账的项目	在对其他项目进行审核的同时，查找存入银行但没有记入日记账的现金收入，未记录的银行现金支付或虚构入账的不真实的银行现金收入或支付，未及时入账或未正确汇总分类的银行现金收入或支付
将预算与实际费用间的差异列入计算机编制的报告中并由部门经理复核。记录所有超过预算 2% 的差异情况和解决措施	在对其他项目进行审核的同时，查找本月发生的重大分类错报或没有记录及没有发生的大笔收入、支出以及相关联的资产和负债项目
系统每天比较运出货物的数量和开票数量。如果发现差异，产生报告，由开票主管复核和追查	查找没有开票和记录的出库货物，以及与真实发货无关的发票
每季度复核应收账款贷方余额并找出原因	查找未予入账的发票和销售与现金收入中的分类错误

如果确信存在以下情况，那么就可以将检查性控制作为一个主要手段，来合理保证某特定认定发生重大错报的可能性较小：（1）控制所检查的数据是完整、可靠的；（2）控制对于发现重大错报足够敏感；（3）发现的所有重大错报都将被纠正。

前已提及，业务流程中对相关交易类别的有效控制，通常同时包括预防性控制和检查性控制。缺乏有效的预防性控制增加了发生错报的风险，因此，需要建立更为敏感的检查性控制。通常，注册会计师在识别检查性控制的同时，也记录重要的预防性控制。

需要指出的是，注册会计师并不需要了解与每一控制目标相关的所有控制活动。在了解控制活动时，注册会计师应当重点考虑一项控制活动单独或连同其他控制活动，是否能够以及如何防止或发现并纠正相关交易、账户余额和披露可能存在的重大错报。如果多项控制活动能够实现同一目标，注册会计师不必了解与该目标相关的每项控制活动。

当然，如果在之后的穿行测试和评价中，注册会计师发现已识别的控制实际并未得到执行，则应当重新针对该项控制目标识别是否存在其他的控制。

（五）执行穿行测试，证实对交易流程和相关控制的了解

为了解各类相关交易在业务流程中发生、处理和记录的过程，注册会计师通常会执行穿行测试。执行穿行测试可获得下列方面的证据：（1）确认对业务流程的了解；（2）确认对相关交易的了解是完整的，即在交易流程中所有与财务报表认定相关的可能发生错报的环节都已识别；（3）确认所获取的有关流程中的预防性控制和检查性控制信息的准确性；（4）评估控制设计的有效性；（5）确认控制是否得到执行；（6）确认之前所作书面记录的准确性。

需要注意的是，如果拟不信赖控制，注册会计师仍需要执行适当的审计程序，以确认以前对业务流程及可能发生错报环节了解的准确性和完整性。

注册会计师将穿行测试的情况记录于工作底稿时，记录的内容包括穿行测试中查阅的文件、穿行测试的程序以及注册会计师的发现和结论。

（六）初步评价和风险评估

1. 对控制的初步评价。在识别和了解控制后，根据执行上述程序及获取的审计证据，注册会计师需要评价控制设计的合理性并确定其是否得到执行。

注册会计师对控制的评价结论可能是：（1）所设计的控制单独或连同其他控制能够防止或发现并纠正重大错报，并得到执行；（2）控制本身的设计是合理的，但没有得到执行；（3）控制本身的设计就是无效的或缺乏必要的控制。

由于对控制的了解和评价是在穿行测试完成后但又在测试控制运行有效性之前进行的，因此，上述评价结论只是初步结论，仍可能随控制测试或实施实质性程序的结果而发生变化。

2. 风险评估需考虑的因素。注册会计师对控制的评价，进而对重大错报风险的评估，需考虑以下因素：

（1）账户特征及已识别的重大错报风险。如果已识别的重大错报风险水平为高（例如，复杂的发票计算或计价过程增加了开票错报的风险；经营的季节性特征增加了在旺季发生错报的风险），相关的控制应有较高的敏感度，即在错报率较低的情况下也能防止或发现并纠正错报。

（2）对被审计单位整体层面控制的评价。注册会计师应将对整体层面获得的了解和结论，同在业务流程层面获得的有关相关交易流程及其控制的证据结合起来考虑。

在评价业务流程层面的控制要素时，考虑的影响因素可能包括：（1）管理层及执行控制的员工表现出来的胜任能力及诚信度；（2）员工受监督的程度及员工流动的频繁程度；（3）管理层凌驾于控制之上的潜在可能性；（4）缺乏职责分离，包括信息技术系统中自动化的职责分离的情况；（5）被审计期间内部审计人员或其他监督人员测试控制运行情况的程度；（6）业务流程变更产生的影响，如变更期间控制程序的有效性是否受到了削弱；（7）在被审计单位的风险评估工作中，所识别的与某项控制运行相关的风险，以及对该控制是否有进一步的监督。注册会计师同时也要考虑其识别出针对某控制的风险，被审计单位是否也识别出该风险，并采取了适当的措施降低该风险。

除非存在某些可以使控制得到一贯运行的自动化控制，注册会计师对控制的了解和评价并不能够代替对控制运行有效性的测试。例如，注册会计师获得了某一人工控制在某一时点得到执行的审计证据，但这并不能证明该控制在被审计期间内的其他时点也得到有效执行。

有关对控制运行有效性实施的测试（即控制测试），见本教材第八章。

（七）对财务报告流程的了解

以上讨论了注册会计师如何在重要业务流程层面了解相关交易生成、处理和记录的流程，并评估在可能发生错报的环节控制的设计及其是否得到执行。在实务中，注册会计师还需要进一步了解有关信息从具体交易的业务流程过入总账、财务报表以及相关列报的流程，即财务报告流程及其控制。这一流程和控制与财务报表的列报认定直接相关。

财务报告流程包括：（1）将业务数据汇总记入总账的程序，即如何将重要业务流程的信息与总账和财务报告系统相连接；（2）在总账中生成、记录和处理会计分录的程序；（3）记录对财务报表常规和非常规调整的程序，如合并调整、重分类等；（4）草拟财务报表和相关披露的程序。

被审计单位的财务报告流程包括相关的控制程序，以确保按照适用的会计准则和相关会计制度的规定收集、记录、处理、汇总所需要的信息，并在财务报告中予以充分披露。例如，关联方交易、分部报告等。

在了解财务报告流程的过程中，注册会计师应当考虑对以下方面作出评估：（1）主要的输入信息、执行的程序、主要的输出信息；（2）每一财务报告流程要素中涉及信息技术的程度；（3）管理层的哪些人员参与其中；（4）记账分录的主要类型，如标准分录、非标准分录等；（5）适当人员（包括管理层和治理层）对流程实施监督的性质和范围。

第五节 识别和评估重大错报风险

识别和评估重大错报风险是风险评估阶段的最后步骤。本章第三节和第四节，阐述了注册会计师在财务报表审计中，应当如何实施风险评估程序获取对被审计单位及其环境等方面情况的了解。获取这些了解的目的是为了使用通过了解获得的、可能导致财务报表发生重大错报的风险因素（事项或情况）以及内部控制对相关风险的抵销信息，识别和评估财务报表层次以及各类交易、账户余额和披露认定层次的重大错报风险。对重大错报风险的识别和评估结果是注册会计师设计和实施应对措施的依据。

注册会计师在识别、评估和应对重大错报风险的过程中，应当将管理层的认定用于考虑可能发生的不同类型的错报。

一、识别和评估财务报表层次以及认定层次的重大错报风险

（一）识别和评估重大错报风险的作用和步骤

1. 识别和评估重大错报风险的作用。注册会计师识别和评估重大错报风险能为风险应对提供方向性指引，有助于注册会计师确定总体应对措施和用于获取充分、适当的审计证据的进一步审计程序的性质、时间安排和范围，这些证据使其最终能够以可接受的

低审计风险水平对财务报表发表审计意见。

2. 识别和评估重大错报风险的步骤。包括:

(1)利用实施风险评估程序所了解的信息。通过实施风险评估程序收集的信息可以作为审计证据,为注册会计师识别和评估重大错报风险提供基础。例如,在评价识别的控制活动要素中的控制的设计并确定这些控制是否得到执行时获取的审计证据,可以作为支持风险评估的审计证据。这些证据还可以为注册会计师按照《中国注册会计师审计准则第1231号——针对评估的重大错报风险采取的应对措施》的规定,采取用于应对评估的财务报表层次重大错报风险的总体应对措施,以及设计和实施用于应对评估的认定层次重大错报风险的进一步审计程序的性质、时间安排和范围奠定基础。注册会计师还需要考虑利用执行有关客户关系和具体业务接受与保持的程序、以前审计以及通过其他途径所获取的与本期财务报表发生错报相关的信息。

(2)识别两个层次的重大错报风险。包括:

①要求分成两个层次识别。尽管两个层次的重大错报风险相互影响,但审计准则规定,注册会计师应当识别重大错报风险,并确定其存在于财务报表层次,还是各类交易、账户余额和披露的认定层次。注册会计师应当利用了解获得的信息,判断确定某风险是与财务报表整体存在广泛的联系,并可能影响多项认定,进而识别该风险属于财务报表层次重大错报风险,还是与财务报表整体不存在广泛联系,进而识别该风险为认定层次重大错报风险。

②要求考虑的风险因素。注册会计师应当在考虑相关控制之前识别重大错报风险(即固有风险),并以注册会计师对错报的初步考虑为基础,即错报的发生、错报如果发生将是重大的,均具有合理可能性。

(3)评估两个层次的重大错报风险。由于重大错报风险是固有风险和控制风险共同作用的结果,因此,注册会计师在评估重大错报风险时,应当考虑相关控制的影响(即控制风险)。

重大错报风险的识别和评估是紧密联系又有区别的两项工作。由于财务报表层次和认定层次的重大错报风险各自的性质特征以及对财务报表及其审计产生影响的具体方式存在差异,因此,尽管两个层次重大错报风险的识别和评估遵守的基本原理相同,但运用的具体方法及要求存在差异。比如,审计准则规定,对于识别出的认定层次重大错报风险,注册会计师应当分别评估固有风险和控制风险。对于识别出的财务报表层次重大错报风险,审计准则未明确规定,是应当分别评估固有风险和控制风险,还是合并评估。注册会计师识别和评估财务报表层次重大错报风险采用的具体方法,取决于其偏好的审计技术方法以及实务上的考虑。

(4)评价审计证据的适当性。对于实施风险评估程序获取的审计证据,能否为识别和评估重大错报风险提供适当依据,注册会计师应当作出评价。如果不能提供适当依据,注册会计师应当实施追加的风险评估程序,直至获取的审计证据能够提供这样的依据。在识别和评估重大错报风险时,注册会计师应当考虑通过实施风险评估程序获取的所有审计证据,无论这些证据是佐证性的还是相矛盾的。也就是说,注册会计师不应当偏向于获取、使用佐证性的审计证据,而排斥、舍弃相矛盾的审计证据。审慎评价审计证据是保持职业怀疑的需要。

（5）修正识别或评估的结果。随着审计过程的推进，如果注册会计师获取新信息（例如，执行控制测试或实质性程序后获得的新信息），与之前识别或评估重大错报风险时所依据的审计证据不一致，注册会计师应当修正之前对重大错报风险的识别或评估结果，并考虑对风险应对的影响。

值得注意的是，本章第三节在阐述注册会计师如何获得对被审计单位及其环境和适用的财务报告编制基础的了解的同时，举例说明了可能导致财务报表发生错报的一些固有风险因素（事项或情况）。第四节在阐述如何了解被审计单位内部控制体系各要素的同时，举例说明了相关控制对两个层次的重大错报风险的抵销作用。这些阐述（包括示例）对注册会计师识别和评估重大错报风险有直接帮助和参考意义。

（二）识别和评估财务报表层次重大错报风险

1. 识别。如果判断某风险与财务报表整体存在广泛联系，并可能影响多项认定，注册会计师应当将其识别为财务报表层次重大错报风险。例如，在经济不稳定的国家和地区开展业务、资产的流动性出现问题、重要客户流失、融资能力受限等，可能导致注册会计师对被审计单位的持续经营能力产生重大疑虑。又如，管理层缺乏诚信，或承受异常的压力，或管理层凌驾于内部控制之上可能引发舞弊风险，这些风险与财务报表整体相关。

2. 评估。对于识别出的财务报表层次重大错报风险，注册会计师应当从下列两方面对其进行评估：

（1）评价这些风险对财务报表整体产生的影响；

（2）确定这些风险是否影响对认定层次风险的评估结果。

注册会计师应当评价，识别的风险是否与财务报表存在广泛联系，能够支持其对财务报表层次重大错报风险的评估。在其他情况下，注册会计师可能识别出多个易于发生错报的认定，并因此影响注册会计师对认定层次重大错报风险的识别和评估。例如，被审计单位面临经营亏损且资产流动性出现问题，并依赖于尚未获得保证的资金。在这种情况下，注册会计师可能确定持续经营假设产生了财务报表层次重大错报风险，可能需要使用财务报告编制基础中的清算基础，这可能对所有认定产生广泛影响。

注册会计师对财务报表层次重大错报风险的识别和评估，受到其对被审计单位内部控制体系各要素的了解的影响，特别是对内部环境、风险评估和内部监督（这三要素主要属于间接控制）的了解，以及按照《中国注册会计师审计准则第 1211 号——重大错报风险的识别和评估》相关规定实施相关评价的结果和按照该准则规定识别的控制缺陷的影响。此外，财务报表层次的重大错报风险还可能源于内部环境存在的缺陷或某些外部事项或情况（如经济下滑）。

舞弊导致的重大错报风险可能与注册会计师对财务报表层次重大错报风险的考虑尤其相关。例如，注册会计师通过询问管理层了解到，被审计单位的财务报表将用于申请贷款，从而确保被审计单位获得进一步融资以维持营运资本。注册会计师可能因此认为，影响固有风险的舞弊风险因素导致易于发生错报的可能性（即虚假财务报告风险导致的财务报表易于发生错报的可能性）更高，如为了确保被审计单位能够获得融资，多计资产和收入以及少计负债和费用。

注册会计师识别和评估财务报表层次重大错报风险，以确定风险是否对财务报表具有广泛的影响，有助于其决定是否需要按照《中国注册会计师审计准则第1231号——针对评估的重大错报风险采取的应对措施》的规定采取总体应对措施。由于财务报表层次重大错报风险还可能影响个别认定，因此，识别和评估这些风险，还可以帮助注册会计师评估认定层次重大错报风险，并设计进一步审计程序，以应对该风险。

（三）识别和评估认定层次重大错报风险

1. 识别。如果判断某固有风险因素可能导致某项认定发生重大错报，但与财务报表整体不存在广泛联系，注册会计师应当将其识别为认定层次的重大错报风险。例如，被审计单位存在复杂的联营或合资，这一事项表明长期股权投资账户的认定可能存在重大错报风险。又如，被审计单位存在重大的关联方交易，该事项表明关联方及关联方交易的披露认定可能存在重大错报风险。

审计准则规定，注册会计师应当识别确定哪些认定是“相关认定”，进而确定哪些交易类别、账户余额和披露是“相关交易类别、账户余额和披露”。根据审计准则的定义，如果注册会计师识别出交易类别、账户余额和披露的某项认定存在重大错报风险，那么，该项认定是“相关认定”。存在相关认定的交易类别、账户余额和披露则被称为“相关交易类别、账户余额和披露”。确定相关认定和相关交易类别、账户余额和披露，为注册会计师确定按照审计准则的要求了解被审计单位信息系统的范围提供了基础，这些了解可以进一步帮助注册会计师识别和评估重大错报风险。

值得注意的是，注册会计师识别确定某项认定是否属于相关认定，应当依据其固有风险，而不考虑相关控制的影响。注册会计师识别出相关认定后，在评估认定层次重大错报风险时，才应当考虑相关控制的影响。审计准则规定，对于识别出的认定层次重大错报风险，注册会计师应当分别评估固有风险和控制风险。这里强调针对认定层次先依据固有风险识别出相关认定及相关交易类别、账户余额和披露，有利于全面了解财务报表（由被审计单位管理层认定组成）可能存在的所有重大错报风险，从源头上解决注册会计师在审计中可能遗漏某些重大错报风险点，或对重大错报风险的识别和评估可能过于简单化和模糊化或模板化和经验化的问题。

表7－5列示了识别重大错报风险时考虑的部分风险因素。

表7－5　　识别重大错报风险时考虑的部分风险因素

1. 已识别的风险是什么？	
财务报表层次	（1）源于薄弱的被审计单位整体层面内部控制或信息技术一般控制； （2）与财务报表整体广泛相关的特别风险； （3）与管理层凌驾和舞弊相关的风险因素； （4）管理层愿意接受的风险，例如，小企业因缺乏职责分离导致的风险
认定层次	（1）与完整性、准确性、存在或计价相关的特定风险： ①收入、费用和其他交易； ②账户余额； ③财务报表披露。 （2）可能产生多重错报的风险
相关内部控制程序	（1）特别风险； （2）用于预防、发现或减轻已识别风险的恰当设计并执行的内部控制程序； （3）仅通过执行控制测试应对的风险

续表

2. 错报（金额影响）可能发生的规模有多大？	
财务报表层次	什么事项可能导致财务报表重大错报？考虑管理层凌驾、舞弊、未预期事件和以往经验
认定层次	考虑： （1）交易、账户余额或披露的固有性质； （2）日常和例外事件； （3）以往经验
3. 事件（风险）发生的可能性有多大？	
财务报表层次	考虑： （1）来自高层的基调； （2）管理层风险管理的方法； （3）采用的政策和程序； （4）以往经验
认定层次	考虑： （1）相关的内部控制活动； （2）以往经验
相关内部控制程序	识别对于降低事件发生可能性非常关键的管理层风险应对要素

2. 评估。评估的要求及工作事项包括：

（1）总体要求。对于识别出的认定层次重大错报风险，注册会计师应当分别评估固有风险和控制风险。这样有利于注册会计师把认定层次重大错报风险的评估工作做细做实（可为设计和实施进一步审计程序提供适当依据），进而倒逼其按照审计准则要求把实施风险评估程序获取有关了解的基础工作做细做实，避免在认定层次将固有风险和控制风险简单混合起来作出粗略的、不适当的风险评估。

（2）评估固有风险。对于识别出的认定层次重大错报风险，注册会计师应当通过评估错报发生的可能性和严重程度来评估固有风险。在评估时，注册会计师应当考虑：

①固有风险因素如何以及在何种程度上影响相关认定易于发生错报的可能性；

②财务报表层次重大错报风险如何以及在何种程度上影响认定层次重大错报风险中固有风险的评估。

注册会计师在评估错报发生的可能性和严重程度时，应当根据错报发生的可能性和严重程度综合起来的影响程度确定所评估风险的固有风险等级，以帮助其设计进一步审计程序，应对重大错报风险。固有风险等级的评估在本节稍后作专门说明。

评估识别的重大错报风险的固有风险还有助于注册会计师识别和确定特别风险。

对于识别的认定层次重大错报风险，固有风险因素会影响注册会计师评估错报发生的可能性和严重程度。某类交易、账户余额和披露越易于发生错报，评估的固有风险可能越高。注册会计师考虑固有风险因素在何种程度上影响认定易于发生错报的可能性有助于其适当评估认定层次重大错报风险的固有风险，并设计更精确的应对措施。

注册会计师在识别和评估认定层次重大错报风险时应当考虑的固有风险因素及其影响事项或情况的示例，参见本章第三节中“六、了解固有风险因素如何影响认定易于发生错报的可能性”相关部分的说明。

（3）评估控制风险。注册会计师在拟测试控制运行有效性的情况下，应当评估控制风险。如果拟不测试控制运行的有效性，则应当将固有风险的评估结果作为重大错报风险的评估结果。《〈中国注册会计师审计准则第 1211 号——重大错报风险的识别和评估〉应用指南》为如何初步评估控制风险提供了指引。

（4）确定特别风险。注册会计师应当确定评估的重大错报风险是否为特别风险。确定特别风险可以使注册会计师通过实施特定应对措施，更专注于那些位于固有风险等级上限的风险。按照《中国注册会计师审计准则第 1211 号——重大错报风险的识别和评估》的定义，特别风险，是指注册会计师识别出的符合下列特征之一的重大错报风险：

①根据固有风险因素对错报发生的可能性和错报的严重程度的影响，注册会计师将固有风险评估为达到或接近固有风险等级的最高级（上限）；

②根据其他审计准则的规定，注册会计师应当将其作为特别风险。

在确定特别风险时，注册会计师可能首先识别评估的固有风险等级较高的重大错报风险，作为考虑哪些风险可能达到或接近固有风险等级上限的基础。不同被审计单位以及同一被审计单位在不同期间的固有风险等级上限可能不同，这取决于被审计单位的性质和具体情况（如规模和复杂程度等）。固有风险等级的评估需要注册会计师作出职业判断，除非该风险是其他审计准则规定应当作为特别风险处理的风险类型。其他审计准则及其应用指南为注册会计师确定特别风险提供了进一步指引。《中国注册会计师审计准则第 1141 号——财务报表审计中与舞弊相关的责任》及其应用指南对识别和评估舞弊导致的重大错报风险提供了指引。例如：

①对于超市零售商的现金，通常确定错报发生的可能性较高（由于现金易被盗用的风险），但是严重程度通常非常低（由于商店中处理的实物现金较少）。这两个因素的组合在固有风险等级中不太可能导致现金的存在性被确定为特别风险；

②被审计单位正在洽谈出售业务分部。注册会计师在考虑该事项对商誉减值的影响时，可能认为由于主观性、不确定性、管理层偏向和其他舞弊风险因素等固有风险因素产生的影响，错报发生的可能性和严重程度均较高。这可能导致注册会计师将商誉减值确定为特别风险。

（5）两种特殊情形的处理。包括：

①仅实施实质性程序无法应对的重大错报风险。

针对某些认定层次重大错报风险，仅实施实质性程序无法为其提供充分、适当的审计证据，注册会计师应当确定评估出的重大错报风险是否属于该类风险。对这类风险，注册会计师应当根据相关审计准则的规定，对相关控制的设计和执行进行了解和测试。

②对重大交易类别、账户余额和披露的考虑。

按照《中国注册会计师审计准则第 1221 号——计划和执行审计工作时的重要性》的要求，识别并评估各类交易、账户余额和披露中存在的重大错报风险时需要考虑重要性和审计风险。注册会计师对重要性的确定属于职业判断，受到注册会计师关于财务报表使用者对财务信息需求的认识的影响。如果能够合理预期，某类交易、账户余额和披露中信息的遗漏、错误陈述或含糊表达，可能影响财务报表使用者依据财务报表整体作出的经济决策，则通常认为该类交易、账户余额和披露是重大的。如果注册会计师未将重大交易类别、账户余额和披露确定为“相关交易类别、账户余额和披露”（例如，注册会计师可能确定被审计单位披露的高管薪酬是重大披露，但对该披露未识别出重大错报风险即未识别出相关认定)，则应当评价这样做是否适当。

《中国注册会计师审计准则第 1231 号——针对评估的重大错报风险采取的应对措施》规定了对未被确定为相关交易类别、账户余额和披露的重大交易类别、账户余额和披露实施的审计程序。如果注册会计师确定某类交易、账户余额和披露是相关交易类别、账户余额和披露，那么，按照《中国注册会计师审计准则第 1231 号——针对评估的重大错报风险采取的应对措施》的规定，该类交易、账户余额和披露也是重大的。

（6）两个层次间相互影响的处理。包括：①在评估识别的认定层次重大错报风险时，注册会计师可能认为某些重大错报风险与财务报表整体存在广泛联系，可能影响多项认定，在这种情况下，注册会计师可能更新对财务报表层次重大错报风险的识别。②如果重大错报风险由于广泛影响多项认定而被识别为财务报表层次重大错报风险，并可以识别出受影响的特定认定，注册会计师应当在评估认定层次重大错报风险的固有风险时考虑这些风险。

注册会计师应当考虑对识别出的各类交易、账户余额和披露认定层次的重大错报风险予以汇总和评估，以便确定进一步审计程序的性质、时间安排和范围。表 7－6 给出了评估认定层次重大错报风险汇总表示例。

表7 6　　评估认定层次重大错报风险汇总表

相关账户	相关认定	识别的重大错报风险	风险评估结果
列示相关账户。例如，应收账款	列示相关认定。例如，存在，完整性，准确性、计价和分摊等	汇总实施审计程序识别出的与该相关账户的某项认定相关的重大错报风险	评估该项认定的重大错报风险水平（应考虑控制设计是否有效、是否得到执行）
…	…	…	…

注：注册会计师也可以在该表中记录针对评估的认定层次重大错报风险而相应制定的审计方案。

（四）考虑财务报表的可审计性

注册会计师在了解被审计单位内部控制后，可能对被审计单位财务报表的可审计性产生怀疑。例如，对被审计单位会计记录的可靠性和状况的担心可能会使注册会计师认为可能很难获取充分、适当的审计证据，以支持对财务报表发表审计意见。再如，管理层严重缺乏诚信，注册会计师认为管理层在财务报表中作出虚假陈述的风险高到无法进行审计的程度。因此，如果通过对内部控制的了解发现下列情况，并对财务报表局部或整体的可审计性产生疑问，注册会计师应当考虑出具保留意见或无法表示意见的审计报告：（1）被审计单位会计记录的状况和可靠性存在重大问题，不能获取充分、适当的审计证据以发表无保留意见；（2）对管理层的诚信存在严重疑虑。必要时，注册会计师应当考虑解除业务约定。

二、评估固有风险等级

在评估与特定认定层次重大错报风险相关的固有风险等级时，注册会计师应当运用职业判断，确定错报发生的可能性和严重程度综合起来的影响程度。

固有风险等级是指注册会计师对固有风险水平在一个范围内作出的从低到高的判断。作出该判断应当考虑被审计单位的性质和具体情况，并考虑评估的错报发生的可能性和严重程度以及固有风险因素。

在考虑错报发生的可能性时，注册会计师应当基于对固有风险因素的考虑，评估错报发生的概率。

在考虑错报的严重程度时，注册会计师应当考虑错报的定性和定量两个方面（即注册会计师可能根据错报的金额大小、性质或情况，判断各类交易、账户余额和披露在认定层次的错报是重大的）。

注册会计师应使用错报发生的可能性和严重程度综合起来的影响程度，确定固有风险等级。综合起来的影响程度越高，评估的固有风险等级越高，反之亦然。

评估的固有风险等级较高，并不意味着评估的错报发生的可能性和严重程度都较高。错报发生的可能性和严重程度在固有风险等级上的交集确定了评估的固有风险在固有风险等级中是较高还是较低。评估的固有风险等级较高也可能是错报发生的可能性和严重程度的不同组合导致的，例如，较低的错报发生的可能性和极高的严重程度可能导致评估的固有风险等级较高。

为制定适当的应对策略，注册会计师可以基于其对固有风险的评估，将重大错报风险按固有风险等级的类别进行划分。注册会计师可以以不同的方式描述这些等级类别（如区分最高、较高、中、低等进行定性描述）。不管使用的分类方法如何，如果旨在应对识别的认定层次重大错报风险的进一步审计程序的设计和实施能够适当应对固有风险的评估结果和形成该评估结果的依据，则注册会计师对固有风险等级的评估就是适当的。

三、需要特别考虑的重大错报风险

（一）确定特别风险时考虑的事项

哪些风险是特别风险，通常需要注册会计师运用职业判断。注册会计师在评估固有风险等级时，应当考虑固有风险因素的相对影响。固有风险因素的影响越低，评估的风险等级可能也越低。以下事项可能导致注册会计师评估认为重大错报风险具有较高的固有风险等级，进而将其确定为特别风险：

（1）交易具有多种可接受的会计处理，因此涉及主观性；

（2）会计估计具有高度不确定性或模型复杂；

（3）支持账户余额的数据收集和处理较为复杂；

（4）账户余额或定量披露涉及复杂的计算；

（5）对会计政策存在不同的理解；

（6）被审计单位业务的变化涉及会计处理发生变化，如合并和收购。

在判断哪些风险是特别风险时，注册会计师不应考虑识别出的控制对相关风险的抵销效果。

（二）非常规交易和判断事项导致的特别风险

日常的、不复杂的、经正规处理的交易不太可能产生特别风险。特别风险通常与重大的非常规交易和判断事项有关。

非常规交易是指由于金额或性质异常而不经常发生的交易。例如，企业购并、债务重组、重大或有事项等。由于非常规交易具有下列特征，与重大非常规交易相关的特别风险可能导致更高的重大错报风险：（1）管理层更多地干预会计处理；（2）数据收集和处理受到更多的人工干预；（3）复杂的计算或会计处理方法；（4）非常规交易的性质可能使被审计单位难以对由此产生的特别风险实施有效控制。

判断事项通常包括作出的会计估计（具有计量的重大不确定性）。如资产减值准备金额的估计、需要运用复杂估值技术确定的公允价值计量等。由于下列原因，与重大判断事项相关的特别风险可能导致更高的重大错报风险：（1）对涉及会计估计、收入确认等方面的会计原则存在不同理解；（2）所要求的判断可能是主观和复杂的，或需要对未来事项作出假设。

（三）考虑与特别风险相关的控制

了解与特别风险相关的控制，有助于注册会计师制定有效的审计应对方案。对特别风险，注册会计师应当评价相关控制的设计情况，并确定其是否已经得到执行。由于与重大非常规交易或判断事项相关的风险很少受到日常控制的约束，注册会计师应当了解被审计单位是否针对该特别风险设计和实施了控制。

例如，作出会计估计所依据的假设是否由管理层或专家进行复核，是否建立作出会计估计的正规程序，重大会计估计结果是否由治理层批准等。再如，管理层在收到重大诉讼事项的通知时采取的措施，包括这类事项是否提交适当的专家（如内部或外部的法律顾问）处理、是否对该事项的潜在影响作出评估、是否确定该事项在财务报表中的披露问题以及如何确定等。

如果管理层未能实施控制以恰当应对特别风险，注册会计师应当认为内部控制存在值得关注的内部控制缺陷，并考虑其对风险评估的影响。在此情况下，注册会计师应当就此类事项与治理层沟通。

四、仅实施实质性程序无法应对的重大错报风险

作为风险评估的一部分，如果认为仅实施实质性程序获取的审计证据无法应对认定层次的重大错报风险，注册会计师应当评价被审计单位针对这些风险设计的控制，并确定其执行情况。

在被审计单位对日常交易采用高度自动化处理的情况下，审计证据可能仅以电子形

式存在，其充分性和适当性通常取决于自动化信息系统相关控制的有效性，注册会计师应当考虑仅实施实质性程序不能获取充分、适当审计证据的可能性。

例如，某企业通过高度自动化的系统确定采购品种和数量，生成采购订购单，并通过系统中设定的收货确认和付款条件进行付款。除了系统中的相关信息以外，该企业没有其他有关订购单和收货的记录。在这种情况下，如果认为仅实施实质性程序不能获取充分、适当的审计证据，注册会计师应当考虑依赖的相关控制的有效性，并对其进行了解、评估和测试。

在实务中，注册会计师可以用表 7－7 汇总识别的重大错报风险。

表 7－7　识别的重大错报风险汇总

识别的重大错报风险	对财务报表的影响	相关交易类别、账户余额和披露及相关认定	是否与财务报表整体广泛相关	是否属于特别风险	是否属于仅实施实质性程序无法应对的重大错报风险
记录识别的重大错报风险	描述对财务报表的影响和导致财务报表发生重大错报的可能性	列示相关交易类别、账户余额和披露及相关认定	考虑是否属于财务报表层次的重大错报风险	考虑是否属于特别风险	考虑是否属于仅实施实质性程序无法应对的重大错报风险
…	…	…	…	…	…

五、修正风险识别或评估结果

注册会计师对认定层次重大错报风险的识别或评估，可能随着审计过程中不断获取审计证据而作出相应的变化。

例如，注册会计师对重大错报风险的识别或评估可能基于预期控制运行有效这一判断，即相关控制可以防止或发现并纠正认定层次的重大错报。但在测试控制运行的有效性时，注册会计师获取的证据可能表明相关控制在被审计期间并未得到有效运行。同样，在实施实质性程序后，注册会计师可能发现错报的金额和频率比在风险识别或评估时预计的金额和频率要高。因此，如果通过实施进一步审计程序获取的审计证据与初始识别或评估获取的审计证据相矛盾，注册会计师应当修正风险识别或评估结果，并相应修改原计划实施的进一步审计程序。

因此，识别或评估重大错报风险与了解被审计单位及其环境等方面情况一样，也是一个连续和动态地收集、更新与分析信息的过程，贯穿于整个审计过程的始终。

六、审计工作底稿

注册会计师应当遵守《中国注册会计师审计准则第 1131 号——审计工作底稿》的规定，并就下列事项形成审计工作底稿：

1. 项目组内部进行的讨论以及得出的重要结论；

2. 注册会计师根据《中国注册会计师审计准则第 1211 号——重大错报风险的识别和评估》的规定，对被审计单位及其环境、适用的财务报表编制基础和内部控制体系各要素等所了解到的要点和信息来源，以及实施的风险评估程序；

3. 根据《中国注册会计师审计准则第 1211 号——重大错报风险的识别和评估》的规定，对所识别的控制的设计进行的评价，以及如何确定这些控制是否得到执行的；

4. 识别、评估的财务报表层次和认定层次重大错报风险，包括：特别风险，仅实施实质性程序不能提供充分、适当的审计证据的风险，以及作出有关重大判断的理由。

第八章　风险应对

《中国注册会计师审计准则第 1101 号——注册会计师的总体目标和审计工作的基本要求》要求注册会计师在审计过程中贯彻风险导向审计的理念，围绕重大错报风险的识别、评估和应对，计划和实施审计工作。《中国注册会计师审计准则第 1211 号——重大错报风险的识别和评估》规范了注册会计师通过实施风险评估程序，识别和评估财务报表层次以及各类交易、账户余额和披露认定层次的重大错报风险。《中国注册会计师审计准则第 1231 号——针对评估的重大错报风险采取的应对措施》规范了注册会计师针对评估的重大错报风险确定总体应对措施，设计和实施进一步审计程序。因此，注册会计师应当针对评估的重大错报风险实施程序，即针对评估的财务报表层次重大错报风险确定总体应对措施，并针对评估的认定层次重大错报风险设计和实施进一步审计程序，以将审计风险降至可接受的低水平。

第一节　针对财务报表层次重大错报风险的总体应对措施

一、财务报表层次重大错报风险与总体应对措施

在财务报表重大错报风险的评估过程中，注册会计师应当确定，识别的重大错报风险是与特定的某类交易、账户余额和披露的认定相关，还是与财务报表整体广泛相关，进而影响多项认定。如果是后者，则属于财务报表层次的重大错报风险。

注册会计师应当针对评估的财务报表层次重大错报风险确定下列总体应对措施：

1. 向项目组强调保持职业怀疑的必要性。

2. 指派更有经验或具有特殊技能的审计人员，或利用专家的工作。由于各行业在经营业务、经营风险、财务报告、法规要求等方面具有特殊性，审计人员的专业分工细化成为一种趋势。审计项目组成员中应有一定比例的人员曾经参与过被审计单位以前年度的审计，或具有被审计单位所处特定行业的相关审计经验。必要时，要考虑利用信息技术、税务、评估、精算等方面的专家的工作。

3. 对指导和监督项目组成员并复核其工作的性质、时间安排和范围作出调整。对于

财务报表层次重大错报风险较高的审计项目，审计项目组的高级别成员，如项目合伙人、项目经理等经验较丰富的人员，要对其他成员提供更详细、更经常、更及时的指导和监督并加强项目质量复核。

4. 在选择拟实施的进一步审计程序时融入更多的不可预见的因素。被审计单位人员，尤其是管理层，如果熟悉注册会计师的审计套路，就可能采取种种规避手段，掩盖财务报告中的舞弊行为。因此，在设计拟实施审计程序的性质、时间安排和范围时，为了避免既定思维对审计方案的限制，避免对审计效果的人为干涉，从而使得针对重大错报风险的进一步审计程序更加有效，注册会计师要考虑使某些程序不被被审计单位管理层预见或事先了解。

在实务中，注册会计师可以通过以下方式提高审计程序的不可预见性：（1）对某些未测试过的低于设定的重要性水平或风险较小的账户余额和认定实施实质性程序；（2）调整实施审计程序的时间，使被审计单位不可预期；（3）采取不同的审计抽样方法，使当期抽取的测试样本与以前有所不同；（4）选取不同的地点实施审计程序，或预先不告知被审计单位所选定的测试地点。

5. 按照《中国注册会计师审计准则第 1201 号——计划审计工作》的规定，对总体审计策略或对拟实施的审计程序作出调整。财务报表层次的重大错报风险很可能源于薄弱的控制环境。薄弱的控制环境带来的风险可能对财务报表产生广泛影响，难以限于某类交易、账户余额和披露，注册会计师应当采取总体应对措施。相应地，注册会计师对控制环境的了解也影响其对财务报表层次重大错报风险的评估。有效的控制环境可以使注册会计师增强对内部控制和被审计单位内部产生的证据的信赖程度。如果控制环境存在缺陷，注册会计师在对拟实施审计程序的性质、时间安排和范围作出总体修改时应当考虑：

（1）在期末而非期中实施更多的审计程序。控制环境的缺陷通常会削弱期中获得的审计证据的可信赖程度。

（2）通过实施实质性程序获取更广泛的审计证据。良好的控制环境是其他控制要素发挥作用的基础。控制环境存在缺陷通常会削弱其他控制要素的作用，导致注册会计师可能无法信赖内部控制，而主要依赖实施实质性程序获取审计证据。

（3）增加拟纳入审计范围的经营地点的数量。

二、增加审计程序不可预见性的方法

（一）增加审计程序不可预见性的思路

注册会计师可以通过以下方法，提高审计程序的不可预见性。

1. 对某些以前未测试的低于设定的重要性水平或风险较小的账户余额和认定实施实质性程序。注册会计师可以关注以前未曾关注过的审计领域，尽管这些领域可能重要程度比较低。如果这些领域有可能被用于掩盖舞弊行为，注册会计师就要针对这些领域实施一些具有不可预见性的测试。

2. 调整实施审计程序的时间，使其超出被审计单位的预期。比如，如果注册会计师在以前年度的大多数审计工作都围绕着 12 月或在年底前后进行，那么被审计单位就会了解注册会计师这一审计习惯，由此可能会把一些不适当的会计调整放在年度的 9 月、10

月或 11 月等，以避免引起注册会计师的注意。因此，注册会计师可以考虑调整实施审计程序时测试项目的时间，从测试 12 月的项目调整到测试 9 月、10 月或 11 月的项目。

3. 采取不同的审计抽样方法，使当年抽取的测试样本与以前有所不同。

4. 选取不同的地点实施审计程序，或预先不告知被审计单位所选定的测试地点。例如，在存货监盘程序中，注册会计师可以到未事先通知被审计单位的盘点现场进行监盘，使被审计单位没有机会事先安排，隐藏一些不想让注册会计师知道的情况。

（二）增加审计程序不可预见性的实施要点

1. 注册会计师需要与被审计单位的管理层事先沟通，要求实施具有不可预见性的审计程序，但不能告知其具体内容。注册会计师可以在签订审计业务约定书时明确提出这一要求。

2. 虽然对于不可预见性程度没有量化的规定，但审计项目组可根据对舞弊风险的评估等确定具有不可预见性的审计程序。审计项目组可以汇总那些具有不可预见性的审计程序，并记录在审计工作底稿中。

3. 项目合伙人需要安排项目组成员有效地实施具有不可预见性的审计程序，但同时要避免使项目组成员处于困难境地。

（三）增加审计程序不可预见性的示例

表 8－1 举例说明了一些具有不可预见性的审计程序。

表 8－1　　审计程序的不可预见性示例

审计领域	一些可能适用的具有不可预见性的审计程序
存货	向以前审计过程中接触不多的被审计单位员工询问，例如采购、销售、生产人员等
	在不事先通知被审计单位的情况下，选择一些以前未曾到过的盘点地点进行存货监盘
销售和应收账款	向以前审计过程中接触不多或未曾接触过的被审计单位员工询问，例如负责处理大客户账户的销售部人员
	改变实施实质性分析程序的对象，例如对收入按细类进行分析
	针对销售和销售退回延长截止测试期间
	实施以前未曾考虑过的审计程序，例如： （1）函证确认销售条款或者选定销售额较不重要、以前未曾关注的销售交易，例如对出口销售实施实质性程序。 （2）实施更细致的分析程序，例如使用计算机辅助审计技术复核销售及客户账户。 （3）测试以前未曾函证过的账户余额，例如，金额为负或是零的账户，或者余额低于以前设定的重要性水平的账户。 （4）改变函证日期，即把所函证账户的截止日期提前或者推迟。 （5）对关联公司销售和相关账户余额，除了进行函证外，再实施其他审计程序进行验证
采购和应付账款	如果以前未曾对应付账款余额普遍进行函证，可考虑直接向供应商函证确认余额。如果经常采用函证方式，可考虑改变函证的范围或者时间
	对以前由于低于设定的重要性水平而未曾测试过的采购项目，进行细节测试
	使用计算机辅助审计技术审阅采购和付款账户，以发现一些特殊项目，例如是否有不同的供应商使用相同的银行账户
现金和银行存款	多选几个月的银行存款余额调节表进行测试
	对有大量银行账户的，考虑改变抽样方法

续表

审计领域	一些可能适用的具有不可预见性的审计程序
固定资产	对以前由于低于设定的重要性水平而未曾测试过的固定资产进行测试，例如考虑实地盘查一些价值较低的固定资产，如汽车和其他设备等
集团审计项目	修改组成部分审计工作的范围或者区域（如增加某些不重要的组成部分的审计工作量，或实地去组成部分开展审计工作）

三、总体应对措施对拟实施进一步审计程序的总体审计方案的影响

财务报表层次重大错报风险具有难以限于某类交易、账户余额和披露的特点，意味着此类风险可能对财务报表的多项认定产生广泛影响，并相应增加注册会计师对认定层次重大错报风险的评估难度。因此，注册会计师评估的财务报表层次重大错报风险以及采取的总体应对措施，对拟实施进一步审计程序的总体审计方案具有重大影响。

拟实施进一步审计程序的总体审计方案包括实质性方案和综合性方案。其中，实质性方案是指注册会计师实施的进一步审计程序以实质性程序为主；综合性方案是指注册会计师在实施进一步审计程序时，将控制测试与实质性程序结合使用。当评估的财务报表层次重大错报风险属于高风险水平（并相应采取更强调审计程序不可预见性以及重视调整审计程序的性质、时间安排和范围等总体应对措施）时，拟实施进一步审计程序的总体方案往往更倾向于实质性方案。

第二节　针对认定层次重大错报风险的进一步审计程序

一、进一步审计程序的概念和要求

（一）进一步审计程序的概念

进一步审计程序相对于风险评估程序而言，是指注册会计师针对评估的各类交易、账户余额和披露认定层次重大错报风险实施的审计程序，包括控制测试和实质性程序。

注册会计师应当针对评估的认定层次重大错报风险设计和实施进一步审计程序，包括审计程序的性质、时间安排和范围。注册会计师设计和实施的进一步审计程序的性质、时间安排和范围，应当与评估的认定层次重大错报风险具备明确的对应关系。注册会计师实施的审计程序应具有目的性和针对性，有的放矢地配置审计资源，有利于提高审计效率和效果。

需要说明的是，尽管在应对评估的认定层次重大错报风险时，拟实施的进一步审计程序的性质、时间安排和范围都应当确保其具有针对性，但其中进一步审计程序的性质是最重要的。例如，注册会计师评估的重大错报风险越高，实施进一步审计程序的范围通常越大；但是只有首先确保进一步审计程序的性质与特定风险相关时，扩大审计程序的范围才是有效的。

（二）设计进一步审计程序时的考虑因素

在设计进一步审计程序时，注册会计师应当考虑下列因素：

1. 风险的重要性。风险的重要性是指风险造成的后果的严重程度。风险的后果越严重，就越需要注册会计师关注和重视，越需要精心设计有针对性的进一步审计程序。

2. 重大错报发生的可能性。重大错报发生的可能性越大，同样越需要注册会计师精心设计进一步审计程序。

3. 涉及的各类交易、账户余额和披露的特征。不同的交易、账户余额和披露，产生的认定层次的重大错报风险也会存在差异，适用的审计程序也有差别，需要注册会计师区别对待，并设计有针对性的进一步审计程序予以应对。

4. 被审计单位采用的特定控制的性质。不同性质的控制（尤其是人工控制或自动化控制）对注册会计师设计进一步审计程序具有重要影响。

5. 注册会计师是否拟获取审计证据，以确定内部控制在防止或发现并纠正重大错报方面的有效性。如果注册会计师在风险评估时预期内部控制运行有效，随后拟实施的进一步审计程序就必须包括控制测试，且实质性程序自然会受到之前控制测试结果的影响。

综上所述，注册会计师对认定层次重大错报风险的评估为确定进一步审计程序的总体审计方案奠定了基础。因此，注册会计师应当根据对认定层次重大错报风险的评估结果，恰当选用实质性方案或综合性方案。通常情况下，注册会计师出于成本效益的考虑可以采用综合性方案设计进一步审计程序，即将测试控制运行的有效性与实质性程序结合使用。但在某些情况下（如仅通过实质性程序无法应对重大错报风险），注册会计师必须通过实施控制测试，才可能有效应对评估出的某一认定的重大错报风险；而在另一些情况下（如注册会计师的风险评估程序未能识别出与认定相关的任何控制，或注册会计师认为控制测试很可能不符合成本效益原则），注册会计师可能认为仅实施实质性程序就是适当的。

小型被审计单位可能不存在能够被注册会计师识别的控制活动，注册会计师实施的进一步审计程序可能主要是实质性程序。但是，注册会计师始终应当考虑在缺乏控制的情况下，仅通过实施实质性程序是否能够获取充分、适当的审计证据。

还需要特别说明的是，注册会计师对重大错报风险的评估毕竟是一种主观判断，可能无法充分识别所有的重大错报风险，同时内部控制存在固有局限性（特别是存在管理层凌驾于内部控制之上的可能性），因此，无论选择何种方案，注册会计师都应当对所有重大交易类别、账户余额和披露设计和实施实质性程序。

二、进一步审计程序的性质

（一）进一步审计程序的性质的概念

进一步审计程序的性质是指进一步审计程序的目的和类型。其中，进一步审计程序的目的包括通过实施控制测试以确定内部控制运行的有效性，通过实施实质性程序以发现认定层次的重大错报；进一步审计程序的类型包括检查、观察、询问、函证、重新计算、重新执行和分析程序。

如前所述，在应对评估的风险时，合理确定审计程序的性质是最重要的。这是因为不同的审计程序应对特定认定错报风险的效力不同。例如，对于与收入完整性认定相关的重大错报风险，控制测试通常更能有效应对；对于与收入发生认定相关的重大错报风险，实质性程序通常更能有效应对。再如，实施应收账款的函证程序可以为应收账款在某一时点存在的认定提供审计证据，但通常不能为应收账款的计价认定提供审计证据。对应收账款的计价认定，注册会计师通常需要实施其他更为有效的审计程序，如检查应收账款账龄和期后收款情况，了解欠款客户的信用情况等。

（二）进一步审计程序的性质的选择

在确定进一步审计程序的性质时，注册会计师首先需要考虑的是认定层次重大错报风险的评估结果。因此，注册会计师应当根据认定层次重大错报风险的评估结果选择审计程序。评估的认定层次重大错报风险越高，对通过实质性程序获取的审计证据的相关性和可靠性的要求越高，从而可能影响进一步审计程序的类型及其综合运用。例如，当注册会计师判断某类交易协议的完整性存在更高的重大错报风险时，除了检查文件以外，注册会计师还可能决定向第三方询问或函证协议条款的完整性。

除了从总体上把握认定层次重大错报风险的评估结果对选择进一步审计程序的影响外，在确定拟实施的审计程序时，注册会计师接下来应当考虑评估的认定层次重大错报风险产生的原因，包括考虑各类交易、账户余额和披露的具体特征以及内部控制。例如，注册会计师可能判断某特定交易类别即使在不存在相关控制的情况下发生重大错报的风险仍较低，此时注册会计师可能认为仅实施实质性程序就可以获取充分、适当的审计证据。再如，对于经由被审计单位信息系统日常处理和控制的某类交易，如果注册会计师预期此类交易在内部控制运行有效的情况下发生重大错报的风险较低，且拟在控制运行有效的基础上设计实质性程序，注册会计师就会决定先实施控制测试。

需要说明的是，如果在实施进一步审计程序时拟利用被审计单位信息系统生成的信息，注册会计师应当就信息的准确性和完整性获取审计证据。例如，注册会计师在实施实质性分析程序时，使用了被审计单位生成的非财务信息或预算数据。再如，注册会计师在对被审计单位的存货期末余额实施实质性程序时，拟利用被审计单位信息系统生成的各个存货存放地点及其余额清单。注册会计师应当获取关于这些信息的准确性和完整性的审计证据。

三、进一步审计程序的时间

（一）进一步审计程序的时间的概念

进一步审计程序的时间是指注册会计师何时实施进一步审计程序，或审计证据适用的期间或时点。因此，当提及进一步审计程序的时间时，在某些情况下指的是审计程序的实施时间，在另一些情况下是指需要获取的审计证据适用的期间或时点。

（二）进一步审计程序的时间的选择

有关进一步审计程序的时间的选择问题：第一个层面是注册会计师选择在何时实施进一步审计程序的问题；第二个层面是选择获取什么期间或时点的审计证据的问题。第一个层面的选择问题主要集中在如何权衡期中与期末实施审计程序的关系；第二个层面的选择问题分别集中在如何权衡期中审计证据与期末审计证据的关系、如何权衡以前审计获取的审计证据与本期审计获取的审计证据的关系。这两个层面的最终落脚点都是如何确保获取审计证据的效率和效果。

注册会计师可以在期中或期末实施控制测试或实质性程序。这就引出了注册会计师应当如何选择实施审计程序的时间的问题。一项基本的考虑因素应当是注册会计师评估的重大错报风险，当重大错报风险较高时，注册会计师应当考虑在期末或接近期末实施实质性程序，或采用不通知的方式，或在管理层不能预见的时间实施审计程序。

虽然在期末实施审计程序在很多情况下非常必要，但仍然不排除注册会计师在期中实施审计程序可能发挥积极作用。在期中实施进一步审计程序，可能有助于注册会计师在审计工作初期识别重大事项，并在管理层的协助下及时解决这些事项；或针对这些事项制定有效的实质性方案或综合性方案。当然，在期中实施进一步审计程序也存在很大的局限。首先，注册会计师往往难以仅凭在期中实施的进一步审计程序获取有关期中以前的充分、适当的审计证据（例如，某些期中以前发生的交易或事项在期中审计结束时尚未完结）；其次，即使注册会计师在期中实施的进一步审计程序能够获取有关期中以前的充分、适当的审计证据，但从期中到期末这段剩余期间还往往会发生重大的交易或事项（包括期中以前发生的交易、事项的延续，以及期中以后发生的新的交易、事项），从而对所审计期间的各类交易、账户余额和披露的认定产生重大影响；最后，被审计单位管理层也完全有可能在注册会计师于期中实施了进一步审计程序之后对期中以前的相关会计记录作出调整甚至篡改，注册会计师在期中实施了进一步审计程序所获取的审计证据已经发生了变化。为此，如果在期中实施了进一步审计程序，注册会计师还应当针对剩余期间获取审计证据。

影响注册会计师考虑在何时实施审计程序的其他相关因素包括：

1. 控制环境。良好的控制环境可以抵销在期中实施进一步审计程序的一些局限性，使注册会计师在确定实施进一步审计程序的时间时有更大的灵活度。

2. 何时能得到相关信息。例如，某些控制活动可能仅在期中（或期中以前）发生，而之后可能难以再被观察到。再如，某些电子化的交易和账户文档如未能及时取得，可能被覆盖。在这些情况下，注册会计师如果希望获取相关信息，则需要考虑能够获取相关信息的时间。

3. 错报风险的性质。例如，被审计单位可能为了保证盈利目标的实现，而在会计期末以后伪造销售合同以虚增收入，此时注册会计师需要考虑在期末（即资产负债表日）这个特定时点获取被审计单位截至期末所能提供的所有销售合同及相关资料，以防范被审计单位在资产负债表日后伪造销售合同虚增收入的做法。

4. 审计证据适用的期间或时点。注册会计师应当根据需要获取的特定审计证据确定何时实施进一步审计程序。例如，为了获取资产负债表日的存货余额证据，显然不宜在与资产负债表日间隔过长的期中时点或期末以后时点实施存货监盘等相关审计程序。

5. 编制财务报表的时间，尤其是编制某些披露的时间，这些披露为资产负债表、利润表、所有者权益变动表或现金流量表中记录的金额提供了进一步解释。

需要说明的是，虽然注册会计师在很多情况下可以根据具体情况选择实施进一步审计程序的时间，但也存在着一些限制选择的情况。某些审计程序只能在期末或期末以后实施，包括将财务报表中的信息与其所依据会计记录相核对或调节，检查财务报表编制过程中所作的会计调整等。如果被审计单位在期末或接近期末发生了重大交易，或重大交易在期末尚未完成，注册会计师应当考虑交易的发生或截止等认定可能存在的重大错报风险，并在期末或期末以后检查此类交易。

四、进一步审计程序的范围

（一）进一步审计程序的范围的概念

进一步审计程序的范围是指实施进一步审计程序（含控制测试和实质性程序）所涉及的数量多少，包括抽取的样本量、对某项控制活动的观察次数等。

（二）确定进一步审计程序的范围时考虑的因素

在确定进一步审计程序的范围时，注册会计师应当考虑下列因素：

1. 确定的重要性水平。确定的重要性水平越低，注册会计师实施进一步审计程序的范围越广。

2. 评估的重大错报风险。评估的重大错报风险越高，对拟获取审计证据的相关性、可靠性的要求越高，因此，注册会计师实施的进一步审计程序的范围也越广。

3. 计划获取的保证程度。计划获取的保证程度，是指注册会计师计划通过所实施的审计程序对测试结果可靠性所获取的信心。计划获取的保证程度越高，对测试结果可靠性要求越高，注册会计师实施的进一步审计程序的范围越广。例如，注册会计师对财务报表是否不存在重大错报的信心可能来自控制测试和实质性程序。如果注册会计师计划从控制测试中获取更高的保证程度，则控制测试的范围就更广。

需要说明的是，随着重大错报风险的增加，注册会计师应当考虑扩大审计程序的范围。但是，只有当审计程序本身与特定风险相关时，扩大审计程序的范围才是有效的。

在考虑确定进一步审计程序的范围时，使用计算机辅助审计技术具有积极的作用。注册会计师可以使用计算机辅助审计技术对电子化的交易和账户文档进行更广泛的测试，包括从主要电子文档中选取交易样本，或按照某一特征对交易进行分类，或对总体而非样本进行测试。

鉴于进一步审计程序的范围可以通过一定的抽样方法加以确定，因此，注册会计师需要慎重考虑抽样过程对审计程序范围的影响是否能够有效实现审计目的。注册会计师使用恰当的抽样方法通常可以得出有效结论。但如果存在下列情形，注册会计师依据样本得出的结论可能与对总体实施同样的审计程序得出的结论不同，出现不可接受的风险：（1）从总体中选择的样本量过小；（2）选择的抽样方法对实现特定目标不适当；（3）未对发现的例外事项进行恰当的追查。

此外，注册会计师在综合运用不同审计程序时，除了面临各类审计程序的性质选择问题外，还面临如何权衡各类程序的范围问题。因此，注册会计师在综合运用不同审计程序时，不仅应当考虑各类审计程序的性质，还应当考虑测试的范围是否适当。

第三节　控制测试

控制测试是为了评价内部控制在防止或发现并纠正认定层次重大错报方面的运行有效性而实施的审计程序。注册会计师应当选择为相关交易类别、账户余额和披露的认定提供证据的内部控制进行测试。

一、控制测试的概念和要求

(一) 控制测试的概念

控制测试是指用于评价内部控制在防止或发现并纠正认定层次重大错报方面的运行有效性的审计程序，这一概念需要与“了解内部控制”进行区分。“了解内部控制”包含两层含义：一是评价控制的设计；二是确定控制是否得到执行。测试控制运行的有效性与确定控制是否得到执行所需获取的审计证据是不同的。

在实施风险评估程序以获取控制是否得到执行的审计证据时，注册会计师应当确定某项控制是否存在，被审计单位是否正在使用。

在测试控制运行的有效性时，注册会计师应当从下列方面获取关于控制是否有效运行的审计证据：

1. 控制在所审计期间的相关时点是如何运行的；

2. 控制是否得到一贯执行；

3. 控制由谁或以何种方式执行。

从这三个方面来看，控制运行有效性强调的是控制能够在各个不同时点按照既定设计得以一贯执行。因此，在了解控制是否得到执行时，注册会计师只需抽取少量的交易进行检查或观察某几个时点。但在测试控制运行的有效性时，注册会计师需要抽取足够数量的交易进行检查或对多个不同时点进行观察。

下面举例说明两者之间的区别。某被审计单位针对销售收入和销售费用的业绩评价控制如下：财务经理每月审核实际销售收入（按产品细分）和销售费用（按费用项目细分），并与预算数和上年同期数比较，对于差异金额超过5%的项目进行分析并编制分析报告；销售经理审阅该报告并采取适当跟进措施。注册会计师抽查了最近3个月的分析报告，并看到上述管理人员在报告上签字确认，证明该控制已经得到执行。然而，注册会计师在与销售经理的讨论中发现他对分析报告中明显异常的数据并不了解其原因，也无法作出合理解释，从而显示该控制并未得到有效的运行。

测试控制运行的有效性与确定控制是否得到执行所需获取的审计证据虽然存在差异，但两者也有联系。为评价控制设计和确定控制是否得到执行而实施的某些风险评估程序并非专为控制测试而设计，但可能提供有关控制运行有效性的审计证据，注册会计师可以考虑在评价控制设计和获取其得到执行的审计证据的同时测试控制运行有效性，以提高审计效率；同时注册会计师应当考虑这些审计证据是否足以实现控制测试的目的。

例如，被审计单位可能采用预算管理制度，以防止或发现并纠正与费用有关的重大错报风险。通过询问管理层是否编制预算，观察管理层对月度预算费用与实际发生费用的比较，并检查预算金额与实际金额之间的差异报告，注册会计师可能获取有关被审计单位费用预算管理制度的设计及其是否得到执行的审计证据，同时也可能获取相关制度运行有效性的审计证据。当然，注册会计师需要考虑所实施的风险评估程序获取的审计证据是否能够充分、适当地反映被审计单位费用预算管理制度在各个不同时点按照既定设计得以一贯执行。

（二）控制测试的要求

作为进一步审计程序的类型之一，控制测试并非在任何情况下都需要实施。当存在下列情形之一时，注册会计师应当实施控制测试：（1）在评估认定层次重大错报风险时，预期控制的运行是有效的；（2）仅实施实质性程序并不能够提供认定层次充分、适当的审计证据。

如果在评估认定层次重大错报风险时预期控制的运行是有效的，注册会计师应当实施控制测试，就控制在相关期间或时点的运行有效性获取充分、适当的审计证据。

注册会计师通过实施风险评估程序，可能发现某项控制的设计是存在的，也是合理的，同时得到了执行。在这种情况下，出于成本效益的考虑，注册会计师可能预期，如果相关控制在不同时点都得到了一贯执行，与该项控制有关的认定发生重大错报的可能性就不会很大，也就不需要实施很多的实质性程序。为此，注册会计师可能会认为值得对相关控制在不同时点是否得到了一贯执行进行测试，即实施控制测试。这种测试主要是出于成本效益的考虑，其前提是注册会计师通过了解内部控制以后认为某项控制存在着被信赖和利用的可能。因此，只有认为控制设计合理、能够防止或发现和纠正认定层次的重大错报，注册会计师才有必要对控制运行的有效性实施测试。

如果认为仅通过实施实质性程序无法获取认定层次的充分、适当的审计证据，注册会计师应当实施相关的控制测试，以获取控制运行有效性的审计证据。

有时，对有些重大错报风险，注册会计师仅通过实质性程序无法予以应对。例如，在被审计单位对日常交易或与财务报表相关的其他数据（包括信息的生成、记录、处理、报告）采用高度自动化处理的情况下，审计证据可能仅以电子形式存在，此时审计证据是否充分和适当通常取决于自动化信息系统相关控制的有效性。如果信息的生成、记录、处理和报告均通过电子格式进行而没有适当有效的控制，则生成不正确信息或信息被不恰当修改的可能性就会大大增加。在认为仅通过实施实质性程序不能获取充分、适当的审计证据的情况下，注册会计师必须实施控制测试，且这种测试已经不再是单纯出于成本效益的考虑，而是必须获取的一类审计证据。

此外，需要说明的是，被审计单位在所审计期间内可能由于技术更新或组织管理变更而更换了信息系统，从而导致在不同时期使用了不同的控制。如果被审计单位在所审计期间内的不同时期使用了不同的控制，注册会计师应当考虑不同时期控制运行的有效性。

二、控制测试的性质

(一) 控制测试的性质的概念

控制测试的性质是指控制测试所使用的审计程序的类型及其组合。

计划从控制测试中获取的保证水平是决定控制测试性质的主要因素之一。注册会计师应当选择适当类型的审计程序以获取有关控制运行有效性的保证。在计划和实施控制测试时，对控制有效性的信赖程度越高，注册会计师应当获取越有说服力的审计证据。当拟实施的进一步审计程序主要以控制测试为主，尤其是仅实施实质性程序无法或不能获取充分、适当的审计证据时，注册会计师应当获取有关控制运行有效性的更高的保证水平。

控制测试采用审计程序有询问、观察、检查和重新执行。

1. 询问。注册会计师可以向被审计单位适当员工询问，获取与内部控制运行情况相关的信息。例如，询问信息系统管理人员有无未经授权接触计算机硬件和软件，向负责复核银行存款余额调节表的人员询问如何进行复核，包括复核的要点是什么、发现不符事项如何处理等。然而，仅仅通过询问不能为控制运行的有效性提供充分的证据，注册会计师通常需要印证被询问者的答复，如向其他人员询问和检查执行控制时所使用的报告、手册或其他文件等。因此，虽然询问是一种有用的手段，但它必须和其他测试手段结合使用才能发挥作用。在询问过程中，注册会计师应当保持职业怀疑。

2. 观察。观察是测试不留下书面记录的控制（如职责分离）的运行情况的有效方法。例如，观察存货盘点控制的运行情况。观察也可运用于实物控制，如查看仓库门是否锁好，或空白支票是否妥善保管。通常情况下，注册会计师通过观察直接获取的证据比间接获取的证据更可靠。但是，注册会计师还要考虑其所观察到的控制在注册会计师不在场时可能未被执行的情况。

3. 检查。对运行情况留有书面证据的控制，检查非常适用。书面说明、复核时留下的记号，或其他记录在偏差报告中的标志，都可以被当作控制运行情况的证据。例如，检查销售发票是否有复核人员签字，检查销售发票是否附有客户订购单和出库单等。

4. 重新执行。例如，为了合理保证计价认定的准确性，被审计单位的一项控制是由复核人员核对销售发票上的价格与统一价格单上的价格是否一致。但是，要检查复核人员有没有认真执行核对，仅仅检查复核人员是否在相关文件上签字是不够的，注册会计师还需要自己选取一部分销售发票进行核对，这就是重新执行程序。如果需要进行大量的重新执行，注册会计师就要考虑通过实施控制测试以缩小实质性程序的范围是否有效率。

询问本身并不足以测试控制运行的有效性。因此，注册会计师需要将询问与其他审计程序结合使用。而观察提供的证据仅限于观察发生的时点，因此，将询问与检查或重新执行结合使用，可能比仅实施询问和观察获取更高水平的保证。例如，被审计单位针对处理收到的邮政汇款单设计和执行了相关的内部控制，注册会计师通过询问和观察程序往往不足以测试此类控制的运行有效性，还需要检查能够证明此类控制在所审计期间的其他时段有效运行的文件和凭证，以获取充分、适当的审计证据。

（二）确定控制测试的性质时的要求

1. 考虑特定控制的性质。注册会计师应当根据特定控制的性质选择所需实施审计程序的类型。例如，某些控制可能存在反映控制运行有效性的文件记录，在这种情况下，注册会计师可以检查这些文件记录以获取控制运行有效的审计证据；某些控制可能不存在文件记录（如一项自动化的控制活动），或文件记录与能否证实控制运行有效性不相关，注册会计师应当考虑实施检查以外的其他审计程序（如询问和观察）或借助计算机辅助审计技术，以获取有关控制运行有效性的审计证据。

2. 考虑测试与认定直接相关和间接相关的控制。在设计控制测试时，注册会计师不仅应当考虑与认定直接相关的控制，还应当考虑这些控制所依赖的与认定间接相关的控制，以获取支持控制运行有效性的审计证据。例如，被审计单位可能针对超出信用额度的例外赊销交易设置报告和审核制度（与认定直接相关的控制）；在测试该项制度的运行有效性时，注册会计师不仅应当考虑审核的有效性，还应当考虑与例外赊销报告中信息准确性有关的控制（与认定间接相关的控制）是否有效运行。

3. 如何对一项自动化的信息处理控制实施控制测试。对于一项自动化的信息处理控制，由于信息技术处理过程的内在一贯性，注册会计师可以利用该项控制得以执行的审计证据和信息技术一般控制（特别是对系统变动的控制）运行有效性的审计证据，作为支持该项控制在相关期间运行有效性的重要审计证据。

（三）实施控制测试时对双重目的的实现

控制测试的目的是评价控制是否有效运行；细节测试的目的是发现认定层次的重大错报。尽管两者目的不同，但注册会计师可以考虑针对同一交易同时实施控制测试和细节测试，以实现双重目的。例如，注册会计师通过检查某笔交易的发票可以确定其是否经过适当的授权，也可以获取关于该交易的金额、发生时间等细节证据。当然，如果拟实施双重目的测试，注册会计师应当仔细设计和评价测试程序。

（四）实施实质性程序的结果对控制测试结果的影响

如果通过实施实质性程序未发现某项认定存在错报，这本身并不能说明与该认定有关的控制是有效运行的；但如果通过实施实质性程序发现某项认定存在错报，注册会计师应当在评价相关控制的运行有效性时予以考虑。因此，注册会计师应当考虑实施实质性程序发现的错报对评价相关控制运行有效性的影响（如降低对相关控制的信赖程度、调整实质性程序的性质、扩大实质性程序的范围等）。如果实施实质性程序发现被审计单位没有识别出的重大错报，通常表明内部控制存在值得关注的缺陷，注册会计师应当就这些缺陷与管理层和治理层进行沟通。

三、控制测试的时间

（一）控制测试的时间的概念

如前所述，控制测试的时间包含两层含义：一是何时实施控制测试；二是测试所针对的控制适用的时点或期间。一个基本的原理是，如果测试特定时点的控制，注册会计师仅得到该时点控制运行有效性的审计证据；如果测试某一期间的控制，注册会计师可获取控制在该期间有效运行的审计证据。因此，注册会计师应当根据控制测试的目的确定控制测试的时间，并确定拟信赖的相关控制的时点或期间。

关于根据控制测试的目的确定控制测试的时间，如果仅需要测试控制在特定时点的运行有效性（如对被审计单位期末存货盘点进行控制测试），注册会计师只需要获取该时点的审计证据。如果需要获取控制在某一期间有效运行的审计证据，仅获取与时点相关的审计证据是不充分的，注册会计师应当辅以其他控制测试，包括测试被审计单位对控制的监督。而所谓的“其他控制测试”应当具备的功能是，能提供相关控制在所有相关时点都运行有效的审计证据；被审计单位对控制的监督起到的就是一种检验相关控制在所有相关时点是否都有效运行的作用，因此，注册会计师测试这类活动能够强化控制在某期间运行有效性的审计证据效力。

（二）如何考虑期中审计证据

前已述及，注册会计师可能在期中实施进一步审计程序。对于控制测试，注册会计师在期中实施此类程序具有更积极的作用。但需要说明的是，即使注册会计师已获取有关控制在期中运行有效性的审计证据，仍然需要考虑如何能够将控制在期中运行有效性的审计证据合理延伸至期末，一个基本的考虑是针对期中至期末这段剩余期间获取充分、适当的审计证据。因此，如果已获取有关控制在期中运行有效性的审计证据，并拟利用该证据，注册会计师应当实施下列审计程序：（1）获取这些控制在剩余期间发生重大变化的审计证据；（2）确定针对剩余期间还需获取的补充审计证据。

上述两项审计程序中，第一项是针对期中已获取审计证据的控制，考察这些控制在剩余期间的变化情况（包括是否发生了变化以及如何变化）：如果这些控制在剩余期间没有发生变化，注册会计师可能决定信赖期中获取的审计证据；如果这些控制在剩余期间发生了变化（如信息系统、业务流程或人事管理等方面发生变动），注册会计师需要了解并测试控制的变化对期中审计证据的影响。

上述两项审计程序中，第二项是针对期中证据以外的、剩余期间的补充证据。在执行该项规定时，注册会计师应当考虑下列因素：

1. 评估的认定层次重大错报风险的严重程度。评估的重大错报风险对财务报表的影响越大，注册会计师需要获取的剩余期间的补充证据越多。

2. 在期中测试的特定控制，以及自期中测试后发生的重大变动。例如，对自动化运行的控制，注册会计师更可能测试信息技术一般控制的运行有效性，以获取控制在剩余期间运行有效性的审计证据。

3. 在期中对有关控制运行有效性获取的审计证据的程度。如果注册会计师在期中对有关控制运行有效性获取的审计证据比较充分，可以考虑适当减少需要获取的剩余期间的补充证据。

4. 剩余期间的长度。剩余期间越长，注册会计师需要获取的剩余期间的补充证据越多。

5. 在信赖控制的基础上拟缩小实质性程序的范围。注册会计师对相关控制的信赖程度越高，通常在信赖控制的基础上拟减少实质性程序的范围就越大。在这种情况下，注册会计师需要获取的剩余期间的补充证据越多。

6. 控制环境。控制环境越薄弱（或把握程度越低），注册会计师需要获取的剩余期间的补充证据越多。

除了上述的测试剩余期间控制的运行有效性，测试被审计单位对控制的监督也能够作为一项有益的补充证据，以便更有把握地将控制在期中运行有效性的审计证据延伸至期末。如前所述，被审计单位对控制的监督起到的是一种检验相关控制在所有相关时点是否都有效运行的作用，因此，通过测试剩余期间控制的运行有效性或测试被审计单位对控制的监督，注册会计师可以获取补充审计证据。

（三）如何考虑以前审计获取的审计证据

注册会计师考虑以前审计获取的有关控制运行有效性的审计证据，其意义在于：一方面，内部控制中的诸多要素对于被审计单位往往是相对稳定的（相对于具体的交易、账户余额和披露），因此，注册会计师在本期审计时还是可以适当考虑利用以前审计获取的有关控制运行有效性的审计证据；另一方面，内部控制在不同期间可能发生重大变化，注册会计师在利用以前审计获取的有关控制运行有效性的审计证据时需要格外慎重，充分考虑各种因素。

关于如何考虑以前审计获取的有关控制运行有效性的审计证据，基本思路是考虑拟信赖的以前审计中测试的控制在本期是否发生变化，因为考虑与控制变化有关的审计证据有助于注册会计师决定合理调整拟在本期获取的有关控制运行有效性的审计证据。

1. 基本思路。即考虑拟信赖的以前审计中测试的控制在本期是否发生变化。如果拟信赖以前审计获取的有关控制运行有效性的审计证据，注册会计师应当通过实施询问并结合观察或检查程序，获取这些控制是否已经发生变化的审计证据。例如，在以前审计中，注册会计师可能确定被审计单位某项自动化控制能够发挥预期作用。那么在本期审计中，注册会计师需要获取审计证据以确定是否发生了影响该自动化控制持续有效发挥作用的变化。例如，注册会计师可以通过询问管理层或检查日志，确定哪些控制已经发生变化。

注册会计师可能面临两种结果：控制在本期发生变化；控制在本期没有发生变化。

2. 当控制在本期发生变化时注册会计师的做法。如果控制在本期发生变化，注册会计师应当考虑以前审计获取的有关控制运行有效性的审计证据是否与本期审计相关。例如，如果系统的变化仅仅使被审计单位从中获取新的报告，这种变化通常不影响以前审计所获取证据的相关性；如果系统的变化引起数据累积或计算发生改变，这种变化可能影响以前审计所获取证据的相关性。如果拟信赖的控制自上次测试后已发生实质性变化，以致影响以前审计所获取证据的相关性，注册会计师应当在本期审计中测试这些控制的运行有效性。

3. 当控制在本期未发生变化时注册会计师的做法。如果拟信赖的控制自上次测试后未发生变化，且不属于旨在减轻特别风险的控制，注册会计师应当运用职业判断确定是否在本期审计中测试其运行有效性，以及本次测试与上次测试的时间间隔，但每三年至少对控制测试一次。

如果拟信赖以前审计获取的某些控制运行有效性的审计证据，注册会计师应当在每次审计时从中选取足够数量的控制，测试其运行有效性；不应将所有拟信赖控制的测试集中于某一次审计，而在之后的两次审计中不进行任何测试。这主要是为了尽量降低审计风险，毕竟注册会计师可能难以充分识别以前审计中测试过的控制在本期是否发生变化。此外，在每一次审计中选取足够数量的部分控制进行测试，除了能够提供这些以前审计中测试过的控制在当期运行有效性的审计证据外，还可提供控制环境持续有效性的旁证，从而有助于注册会计师判断其信赖以前审计获取的审计证据是否恰当。

在确定利用以前审计获取的有关控制运行有效性的审计证据是否适当以及再次测试控制的时间间隔时，注册会计师应当考虑的因素或情况包括：

（1）内部控制其他要素的有效性，包括控制环境、对控制的监督以及被审计单位的风险评估过程。例如，当被审计单位控制环境薄弱或对控制的监督薄弱时，注册会计师应当缩短再次测试控制的时间间隔或完全不信赖以前审计获取的审计证据。

（2）控制特征（是人工控制还是自动化控制）产生的风险。当相关控制中人工控制的成分较大时，考虑到人工控制一般稳定性较差，注册会计师可能决定在本期审计中继续测试该控制的运行有效性。

（3）信息技术一般控制的有效性。当信息技术一般控制薄弱时，注册会计师可能更少地依赖以前审计获取的审计证据。

（4）影响内部控制的重大人事变动。例如，当所审计期间发生了对控制运行产生重大影响的人事变动时，注册会计师可能决定在本期审计中不依赖以前审计获取的审计证据。

（5）由于环境发生变化而特定控制缺乏相应变化导致的风险。当环境的变化表明需要对控制作出相应的变动，但控制却没有作出相应变动时，注册会计师应当充分意识到控制不再有效，从而导致本期财务报表发生重大错报的可能，此时不应再依赖以前审计获取的有关控制运行有效性的审计证据。

（6）重大错报的风险和对控制的信赖程度。如果重大错报风险较大或对控制的信赖程度较高，注册会计师应当缩短再次测试控制的时间间隔或完全不信赖以前审计获取的审计证据。

4. 不得依赖以前审计所获取证据的情形。鉴于特别风险的特殊性，对于旨在减轻特别风险的控制，不论该控制在本期是否发生变化，注册会计师都不应依赖以前审计获取的证据。因此，如果确定评估的认定层次重大错报风险是特别风险，并拟信赖旨在减轻特别风险的控制，注册会计师不应依赖以前审计获取的审计证据，而应在本期审计中测试这些控制的运行有效性。也就是说，如果注册会计师拟信赖针对特别风险的控制，那么，所有关于该控制运行有效性的审计证据必须来自当年的控制测试。相应地，注册会计师应当在每次审计中都测试这类控制。

图 8－1 概括了注册会计师是否需要在本期测试某项控制的决策过程。

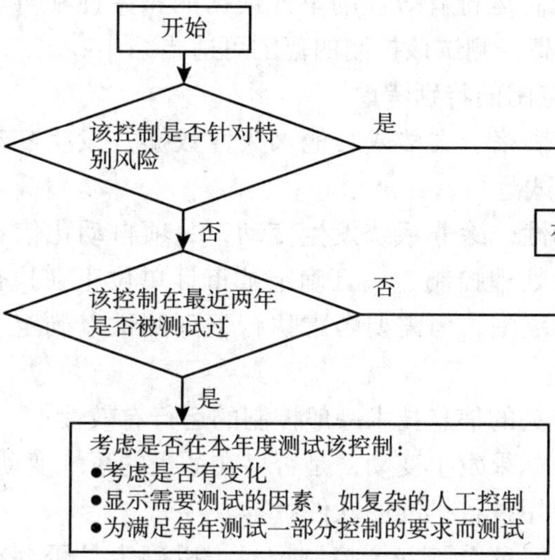

图8－1　本审计期间测试某项控制的决策

四、控制测试的范围

对于控制测试的范围，其含义主要是指某项控制活动的测试次数。注册会计师应当设计控制测试，以获取控制在整个拟信赖的期间有效运行的充分、适当的审计证据。

（一）确定控制测试范围的考虑因素

当针对控制运行的有效性需要获取更具说服力的审计证据时，可能需要扩大控制测试的范围。在确定控制测试的范围时，除考虑对控制的信赖程度外，注册会计师还可能考虑以下因素：

1. 在拟信赖期间，被审计单位执行控制的频率。执行控制的频率越高，控制测试的范围越大。

2. 在所审计期间，注册会计师拟信赖控制运行有效性的时间长度。拟信赖控制运行有效性的时间长度不同，在该时间长度内发生的控制活动次数也不同。注册会计师需要根据拟信赖控制的时间长度确定控制测试的范围。拟信赖期间越长，控制测试的范围越大。

3. 控制的预计偏差。预计偏差可以用控制未得到执行的预计次数占控制应当得到执行次数的比率加以衡量（也可称为预计偏差率）。考虑该因素，是因为在考虑测试结果是否可以得出控制运行有效性的结论时，不可能只要出现任何控制运行偏差就认定控制运行无效，所以需要确定一个合理水平的预计偏差率。控制的预计偏差率越高，需要实施控制测试的范围越大。如果控制的预计偏差率过高，注册会计师应当考虑控制可能不足以将认定层次的重大错报风险降至可接受的低水平，从而针对某一认定实施的控制测试可能是无效的。

4. 通过测试与认定相关的其他控制获取的审计证据的范围。针对同一认定，可能存在不同的控制。当针对其他控制获取审计证据的充分性和适当性较高时，测试该控制的范围可适当缩小。

5. 拟获取的有关认定层次控制运行有效性的审计证据的相关性和可靠性。如拟获取的有关证据的相关性和可靠性较高，测试该控制的范围可适当缩小。

（二）对自动化控制的测试范围的特别考虑

除非系统（包括系统使用的表格、文档或其他永久性数据）发生变动，注册会计师通常不需要增加自动化控制的测试范围。

信息技术处理具有内在一贯性，除非系统发生变动，一项自动化信息处理控制应当一贯运行。对于一项自动化信息处理控制，一旦确定被审计单位正在执行该控制，注册会计师通常无需扩大控制测试的范围，但需要考虑执行下列测试以确定该控制持续有效运行：

1. 测试与该信息处理控制有关的信息技术一般控制的运行有效性；

2. 确定系统是否发生变动，如果发生变动，是否存在适当的系统变动控制；

3. 确定对交易的处理是否使用授权批准的软件版本。

例如，注册会计师可以检查信息系统安全控制记录，以确定是否存在未经授权的接触系统硬件和软件，以及系统是否发生变动。

（三）测试两个层面控制时注意的问题

控制测试可用于被审计单位不同层面的内部控制。整体层面控制测试通常更加主观（如管理层对胜任能力的重视）。对整体层面控制进行测试，通常比业务流程层面控制（如检查付款是否得到授权）更难以记录。因此，整体层面控制和信息技术一般控制的评价通常记录的是文件备忘录和支持性证据。注册会计师最好在审计的早期测试整体层面控制。原因在于对这些控制测试的结果会影响其他计划审计程序的性质和范围。

第四节 实质性程序

一、实质性程序的概念和要求

（一）实质性程序的概念

实质性程序是指用于发现认定层次重大错报的审计程序，包括对各类交易、账户余额和披露的细节测试以及实质性分析程序。

注册会计师实施的实质性程序应当包括下列与财务报表编制完成阶段相关的审计程序：

1. 将财务报表中的信息与其所依据的会计记录进行核对或调节，包括核对或调节披露中的信息，无论该信息是从总账和明细账中获取，还是从总账和明细账之外的其他途径获取。

2. 检查财务报表编制过程中作出的重大会计分录和其他调整。注册会计师对会计分录和其他会计调整检查的性质和范围，取决于被审计单位财务报告过程的性质和复杂程度以及由此产生的重大错报风险。

由于注册会计师对重大错报风险的评估是一种判断，可能无法充分识别所有的重大错报风险，并且由于内部控制存在固有局限性，无论评估的重大错报风险结果如何，注册会计师都应当针对所有重大交易类别、账户余额和披露实施实质性程序。

（二）针对特别风险实施的实质性程序

如果认为评估的认定层次重大错报风险是特别风险，注册会计师应当专门针对该风险实施实质性程序。例如，如果认为管理层面临实现盈利指标的压力而可能提前确认收入，注册会计师在设计询证函时不仅应当考虑函证应收账款的账户余额，还应当考虑询证销售协议的细节条款（如交货、结算及退货条款）；注册会计师还可考虑在实施函证的基础上针对销售协议及其变动情况询问被审计单位的非财务人员。如果针对特别风险实施的程序仅为实质性程序，这些程序应当包括细节测试，或将细节测试和实质性分析程序结合使用，以获取充分、适当的审计证据。为应对特别风险需要获取具有高度相关性和可靠性的审计证据，仅实施实质性分析程序不足以获取有关特别风险的充分、适当的审计证据。

二、实质性程序的性质

（一）实质性程序的性质的概念

实质性程序的性质，是指实质性程序的类型及其组合。实质性程序包括细节测试和实质性分析程序两类。

细节测试是对各类交易、账户余额和披露的具体细节进行测试，目的在于直接识别各类交易、账户余额和披露的认定是否存在错报。细节测试被用于获取与某些认定相关的审计证据，如“存在”“准确性、计价和分摊”等认定。

实质性分析程序从技术特征上讲仍然是分析程序，主要是通过研究数据间关系评价信息，只是将该技术方法用做实质性程序，即用以识别各类交易、账户余额和披露的认定是否存在错报。实质性分析程序通常更适用于在一段时间内存在可预期关系的大量交易。

（二）细节测试和实质性分析程序的适用性

由于细节测试和实质性分析程序的目的和技术手段存在一定差异，因此，各自有不同的适用领域。注册会计师应当根据各类交易、账户余额和披露的性质选择实质性程序的类型。细节测试适用于对各类交易、账户余额和披露认定的测试，尤其是对存在或发生、计价认定的测试；对在一段时期内存在可预期关系的大量交易，注册会计师可以考虑实施实质性分析程序。

（三）细节测试的方向

对于细节测试，注册会计师应当针对评估的风险设计细节测试，获取充分、适当的审计证据，以达到认定层次所计划的保证水平。该规定的含义是，注册会计师需要根据不同的认定层次的重大错报风险设计有针对性的细节测试。例如，在针对存在或发生认定设计细节测试时，注册会计师应当选择包含在财务报表金额中的项目，并获取相关审计证据；又如，在针对完整性认定设计细节测试时，注册会计师应当选择有证据表明应包含在财务报表金额中的项目，并调查这些项目是否确实包括在内。如为应对被审计单位漏记本期应付账款的风险，注册会计师可以检查期后付款记录。

（四）设计实质性分析程序时考虑的因素

注册会计师在设计实质性分析程序时应当考虑的因素包括：（1）对特定认定使用实质性分析程序的适当性；（2）对已记录的金额或比率作出预期时，所依据的内部或外部数据的可靠性；（3）作出预期的准确程度是否足以在计划的保证水平上识别重大错报；（4）已记录金额与预期值之间可接受的差异额。考虑到数据及分析的可靠性，在实施实质性分析程序时，如果使用被审计单位编制的信息，注册会计师应当考虑测试与信息编制相关的控制，以及这些信息是否在本期或前期经过审计。

三、实质性程序的时间

实质性程序的时间选择与控制测试的时间选择有共同点，也有很大差异。共同点在于：两类程序都面临着对期中审计证据和对以前审计获取的审计证据的考虑。两者的差异在于：（1）在控制测试中，期中实施控制测试并获取期中关于控制运行有效性审计证据的做法更具有一种“常态”；而由于实质性程序的目的在于更直接地发现重大错报，在期中实施实质性程序时更需要考虑其成本效益的权衡。（2）在本期控制测试中拟信赖以前审计获取的有关控制运行有效性的审计证据，已经受到了很大的限制；而对于以前审计中通过实质性程序获取的审计证据，则采取了更加慎重的态度和更严格的限制。

（一）如何考虑是否在期中实施实质性程序

如前所述，在期中实施实质性程序，一方面消耗了审计资源，另一方面期中实施实质性程序获取的审计证据又不能直接作为期末财务报表认定的审计证据，注册会计师仍然需要消耗进一步的审计资源，使期中审计证据能够合理延伸至期末。于是这两部分审计资源的总和是否能够显著小于完全在期末实施实质性程序所需消耗的审计资源，是注册会计师需要权衡的。下列因素可能对是否在期中实施实质性程序产生影响：

1. 控制环境和其他相关的控制。控制环境和其他相关的控制越薄弱，注册会计师越不宜在期中实施实质性程序。

2. 实施审计程序所需信息在期中之后的可获得性。如果实施实质性程序所需信息在期中之后可能难以获取（如系统变动导致某类交易记录难以获取），注册会计师应考虑在期中实施实质性程序；但如果实施实质性程序所需信息在期中之后的获取并不存在明显困难，该因素不应成为注册会计师在期中实施实质性程序的重要影响因素。

3. 实质性程序的目的。如果针对某项认定实施实质性程序的目的就包括获取该认定的期中审计证据（从而与期末比较），注册会计师应在期中实施实质性程序。

4. 评估的重大错报风险。注册会计师评估的某项认定的重大错报风险越高，针对该认定所需获取的审计证据的相关性和可靠性要求也就越高，注册会计师越应当考虑将实质性程序集中于期末（或接近期末）实施。

5. 特定交易类别、账户余额和披露认定的性质。例如，某些交易、账户余额和披露认定的特殊性质（如收入“截止”认定、未决诉讼）决定了注册会计师必须在期末（或接近期末）实施实质性程序。

6. 针对剩余期间，能否通过实施实质性程序或将实质性程序与控制测试相结合，降低期末存在错报而未被发现的风险。如果针对剩余期间注册会计师可以通过实施实质性程序或将实质性程序与控制测试相结合，较有把握地降低期末存在错报而未被发现的风险（如注册会计师在10月实施预审时考虑是否使用一定的审计资源实施实质性程序，从而形成的剩余期间不是很长），注册会计师可以考虑在期中实施实质性程序；但如果针对剩余期间注册会计师认为还需要消耗大量审计资源才有可能降低期末存在错报而未被发现的风险，甚至没有把握通过适当的进一步审计程序降低期末存在错报而未被发现的风险（如被审计单位于8月发生管理层变更，注册会计师接受后任管理层邀请实施预审时，考虑是否使用一定的审计资源实施实质性程序），注册会计师就不宜在期中实施实质性程序。

（二）如何考虑期中审计证据

如果在期中实施了实质性程序，注册会计师应当针对剩余期间实施进一步的实质性程序，或将实质性程序和控制测试结合使用，以将期中测试得出的结论合理延伸至期末。在将期中实施的实质性程序得出的结论合理延伸至期末时，注册会计师有两种选择：其一是针对剩余期间实施进一步的实质性程序；其二是将实质性程序和控制测试结合使用。

如果拟将期中测试得出的结论延伸至期末，注册会计师应当考虑针对剩余期间仅实施实质性程序是否足够。如果认为实施实质性程序本身不充分，注册会计师还应测试剩余期间相关控制运行的有效性或针对期末实施实质性程序。

对于舞弊导致的重大错报风险（作为一类重要的特别风险），被审计单位存在故意错报或操纵的可能性，那么注册会计师更应慎重考虑能否将期中测试得出的结论延伸至期末。因此，如果已识别出舞弊导致的重大错报风险，为将期中得出的结论延伸至期末而实施的审计程序通常是无效的，注册会计师应当考虑在期末或者接近期末实施实质性程序。

（三）如何考虑以前审计获取的审计证据

在以前审计中实施实质性程序获取的审计证据，通常对本期只有很弱的证据效力或没有证据效力，不足以应对本期的重大错报风险。只有当以前获取的审计证据及其相关事项未发生重大变动时（例如，以前审计通过实质性程序测试过的某项诉讼在本期没有任何实质性进展），以前获取的审计证据才可能用做本期的有效审计证据。但即便如此，如果拟利用以前审计中实施实质性程序获取的审计证据，注册会计师应当在本期实施审计程序，以确定这些审计证据是否具有持续相关性。

四、实质性程序的范围

评估的认定层次重大错报风险和实施控制测试的结果是注册会计师在确定实质性程序的范围时的重要考虑因素。因此，在确定实质性程序的范围时，注册会计师应当考虑评估的认定层次重大错报风险和实施控制测试的结果。注册会计师评估的认定层次的重大错报风险越高，需要实施实质性程序的范围越广。如果对控制测试结果不满意，注册会计师可能需要考虑扩大实质性程序的范围。

在设计细节测试时，注册会计师除了从样本量的角度考虑测试范围外，还要考虑选样方法的有效性等因素。例如，从总体中选取大额或异常项目，而不是进行代表性抽样或分层抽样。

实质性分析程序的范围有两层含义：第一层含义是对什么层次上的数据进行分析，注册会计师可以选择在高度汇总的财务数据层次进行分析，也可以根据重大错报风险的性质和水平调整分析层次。例如，按照不同产品线、不同季节或月份、不同经营地点或存货存放地点等实施实质性分析程序。第二层含义是需要对什么幅度或性质的差异展开进一步调查。实施分析程序可能发现差异，但并非所有的差异都值得展开进一步调查。可容忍或可接受的差异额（即预期差异额）越大，作为实质性分析程序一部分的进一步调查的范围就越小。于是确定适当的预期差异额同样属于实质性分析程序的范畴。因此，在设计实质性分析程序时，注册会计师应当确定已记录金额与预期值之间可接受的差异额。在确定该差异额时，注册会计师应当主要考虑各类交易、账户余额和披露认定的重要性和计划的保证水平。

第三编

各类交易和账户余额的审计

第九章　销售与收款循环的审计

本教材第七章阐述了注册会计师实施风险评估程序，了解被审计单位及其环境等方面情况，并识别和评估财务报表层次及认定层次的重大错报风险，第八章阐述了注册会计师针对评估的财务报表层次及认定层次重大错报风险，设计和实施总体应对措施及进一步审计程序，应对评估的重大错报风险，为第九章至第十二章阐述各类交易和账户余额的审计奠定了基础。本章起至第十二章，以针对按照企业会计准则编制的财务报表执行审计业务为例，介绍主要业务循环审计的具体内容，以及对这些业务循环中重要的财务报表项目如何进行审计测试。

财务报表审计的组织方式大致有两种：一是对财务报表的每个账户余额单独进行审计，称为账户法（account approach）；二是将财务报表分成几个循环进行审计，即把紧密联系的各类交易和账户余额归入同一循环中，按业务循环组织实施审计，称为循环法（cycle approach）。一般而言，账户法与多数被审计单位账户设置体系及财务报表格式相吻合，具有操作方便的优点，但它将紧密联系的相关账户（如存货和营业成本）人为地予以分割，容易造成整个审计工作脱节和重复，不利于审计效率的提高；而循环法则更符合被审计单位的业务流程和内部控制设计的实际情况，不仅可加深审计人员对被审计单位经济业务的理解，而且由于将特定业务循环所涉及的财务报表项目分配给一个或数个审计人员，增强了审计人员分工的合理性，有助于提高审计工作的效率与效果。

控制测试是在了解被审计单位内部控制体系各要素的基础上进行的，与被审计单位的业务流程关系密切，因此，对控制测试通常采用循环法实施。一般而言，在财务报表审计中可将被审计单位的所有交易和账户余额划分为多个业务循环。由于各被审计单位的业务性质和规模不同，其业务循环的划分也有所不同。即使是同一被审计单位，不同注册会计师也可能有不同的循环划分方法。在本教材中，我们将交易和账户余额划分为销售与收款循环、采购与付款循环、生产与存货循环、人力资源与工薪循环、投资与筹资循环，并举例阐述对各业务循环的审计。由于货币资金与上述多个业务循环均密切相关，并且货币资金的业务和内部控制又有着不同于其他业务循环和其他财务报表项目的鲜明特征，因此，将货币资金审计单独作为一章进行阐述。

值得注意的是，本教材第九章至第十二章所述各业务循环以经营活动及业务模式较为简单的一般制造业企业为背景，其中列举的风险和控制是为了举例说明注册会计师在评估风险和应对风险的过程中，如何将风险评估结果、控制测试和实质性程序联系起来，以实现审计目标，并非对可能存在的风险和控制的完整描述。

对交易和账户余额的实质性程序，既可采用账户法实施，也可采用循环法实施。但由于控制测试通常按循环法实施，为有利于实质性程序与控制测试的衔接，提倡采用循环法。按照各财务报表项目与业务循环的相关程度，基本可以建立起各业务循环与其所涉及的主要财务报表项目（特殊行业的财务报表项目不涉及）之间的对应关系，如表9-1所示。

表9-1　业务循环与主要财务报表项目对照表

业务循环	资产负债表项目	利润表项目
销售与收款循环	应收票据、应收账款、应收款项融资、合同资产、长期应收款、预收款项、应交税费、合同负债	营业收入、税金及附加
采购与付款循环	预付款项、持有待售资产、固定资产、在建工程、生产性生物资产、使用权资产、油气资产、无形资产、开发支出、长期待摊费用、应付票据、应付账款、持有待售负债、租赁负债、长期应付款	销售费用、管理费用、研发费用、其他收益
生产与存货循环	存货	营业成本
人力资源与工薪循环	应付职工薪酬	营业成本、销售费用、管理费用
投资与筹资循环	交易性金融资产、衍生金融资产、其他应收款、其他流动资产、债权投资、其他债权投资、长期股权投资、其他权益工具投资、其他非流动金融资产、投资性房地产、商誉、递延所得税资产、短期借款、交易性金融负债、衍生金融负债、其他应付款、长期借款、应付债券、预计负债、递延收益、递延所得税负债、实收资本（或股本）、其他权益工具、资本公积、其他综合收益、专项储备、盈余公积、未分配利润	财务费用、资产减值损失、信用减值损失、投资收益、净敞口套期收益、公允价值变动收益、资产处置收益、营业外收入、营业外支出、所得税费用

在财务报表审计中将被审计单位的所有交易和账户余额划分为多个业务循环，并不意味着各业务循环之间互不关联。事实上，各业务循环之间存在一定联系，如投资与筹资循环同采购与付款循环紧密联系，生产与存货循环则同其他所有业务循环均紧密联系。各业务循环之间的流转关系如图9-1所示。

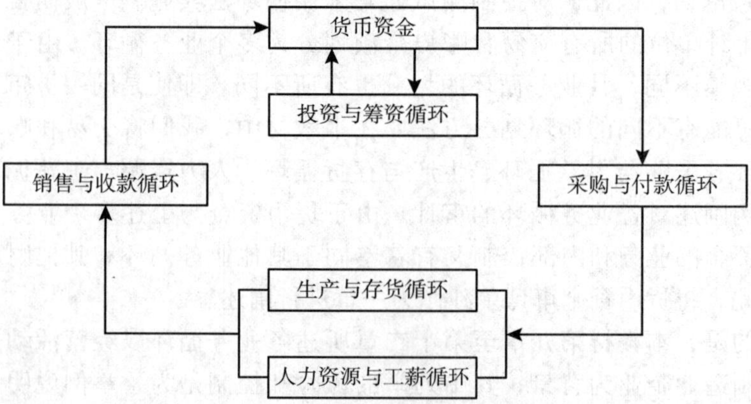

图9-1　各业务循环之间的关系

第一节　销售与收款循环的特点

一、不同行业类型的收入来源

企业的收入主要来自出售商品、提供服务等，由于所处行业不同，企业的收入来源有所不同。表9－2列示了一些常见行业的主要收入来源，供参考。

表9－2　不同行业类型的主要收入来源

行业类型	收入来源
贸易业	作为零售商向普通大众（最终消费者）零售商品；作为批发商向零售商供应商品
一般制造业	通过采购原材料并将其用于生产产成品，销售给客户以取得收入
专业服务业	律师、注册会计师、商业咨询师等主要通过提供专业服务取得服务费收入；医疗服务机构通过提供医疗服务取得收入，包括向住院病人提供病房和医护设备，为病人提供精细护理、手术和药品等取得收入
金融服务业	向客户提供金融服务取得手续费；向客户发放贷款取得利息收入；通过协助客户对其资金进行投资而收取服务费用
建筑业	通过提供建筑服务，完成建筑合同以取得收入

从表9－2中可见，一个企业所处的行业和经营性质决定了该企业的收入来源，以及为获取收入而相应产生的各项成本支出。注册会计师需要对被审计单位的经营性质和业务活动有比较全面的了解，才能因地制宜地执行被审计单位收入、成本的审计工作。

二、涉及的主要单据与会计记录

在内部控制较为健全的企业，处理销售与收款业务通常需要使用多种单据与会计记录。以下列示了常见的销售与收款循环所涉及的主要单据与会计记录（不同被审计单位的单据名称可能不同）：

（一）客户订购单

客户订购单即客户提出的书面购货要求。企业可以通过销售人员或其他途径，如采用电话、信函、邮件和向现有的及潜在的客户发送订购单等方式接受订货，取得客户订购单。

（二）销售单

销售单是列示客户所订商品的名称、规格、数量以及其他与客户订购单有关信息的凭证，作为企业内部处理客户订购单的凭据。

（三）出库单

出库单是仓库确认商品已出库发运的凭证，在货物出库时填制，用以反映发出商品的名称、规格、数量和其他有关内容的凭据。出库单的一联留给客户，其余联（一联或数联）由企业保留，通常其中有一联由客户在收到商品时签字确认并返还给企业，用作企业确认收入以及向客户收取货款的依据。

（四）销售发票

销售发票通常包含已销售商品的名称、规格、数量、价格、销售金额等内容。以增值税发票为例，销售发票的两联（抵扣联和发票联）交给客户，一联由企业保留。销售发票通常也是在会计账簿中登记销售交易的基本凭据之一。

（五）商品价目表

商品价目表是列示已经授权批准的、可供销售的各种商品的价格清单。

（六）贷项通知单

贷项通知单是一种用于表示因销售退回或经批准的折让而导致应收货款减少的单据，其格式通常与销售发票的格式类似。

（七）应收票据/应收款项融资/应收账款/合同资产预期信用损失计算表

通常，企业按月编制应收票据/应收款项融资/应收账款/合同资产预期信用损失计算表，反映月末应收票据/应收款项融资/应收账款/合同资产的预期信用损失。

（八）应收票据/应收款项融资/应收账款/合同资产明细账

应收票据/应收款项融资/应收账款/合同资产明细账是用来记录已向每个客户转让商品而有权收取对价的权利的明细账。

（九）主营业务收入明细账

主营业务收入明细账是一种用于记录销售交易的明细账。它通常记载和反映不同类别商品或服务的收入明细发生情况和总额。

（十）可变对价相关会计记录

企业与客户的合同中约定的对价金额可能因折扣、价格折让、返利等因素而变化。企业通常定期编制可变对价的相关会计记录，反映对计入交易价格的可变对价的估计和结算情况。

（十一）汇款通知书

汇款通知书是一种与销售发票一起寄给客户，由客户在付款时再寄回企业的凭证。这种凭证注明了客户名称、销售发票号码、企业开户银行账号以及金额等内容。

（十二）现金日记账和银行存款日记账

现金日记账和银行存款日记账是用来记录应收账款的收回或现销收入以及其他各种现金、银行存款收入和支出的日记账。

（十三）坏账核销审批表

坏账核销审批表是一种用于批准将无法收回的应收款项融资/应收款项作为坏账予以核销的单据。

（十四）客户对账单

客户对账单是一种定期寄送给客户的用于购销双方核对账目的文件。客户对账单上通常注明应收票据/应收款项融资/应收账款的期初余额、本期销售交易的金额、本期已收到的货款、贷项通知单的金额以及期末余额等内容。对账单可能是月度、季度或年度的，取决于企业的经营管理需要。

（十五）转账凭证

转账凭证是指记录转账业务的记账凭证。它是根据有关转账业务（即不涉及现金、银行存款收付的各项业务）的原始凭证编制的。企业记录赊销交易的会计凭证即为一种转账凭证。

（十六）现金和银行凭证

现金和银行凭证是指分别用来记录现金和银行存款收入业务和支付业务的记账凭证。

第二节 销售与收款循环的主要业务活动和相关内部控制

了解被审计单位的重大业务循环的业务活动及其相关内部控制是注册会计师在实施风险评估程序时的一项必要工作，其目的是为了识别认定层次重大错报风险，针对识别出的认定层次重大错报风险分别评估固有风险和控制风险，从而设计和实施进一步审计程序。

对于大多数企业而言，销售与收款循环通常是重大业务循环，注册会计师需要在实施风险评估程序时了解该循环涉及的业务活动及相关的内部控制。注册会计师通常通过实施下列程序，了解销售和收款循环的业务活动和相关内部控制：

1. 询问参与销售与收款流程各业务活动的被审计单位人员，通常包括销售部门、仓储部门和财务部门的员工和管理人员；

2. 获取并阅读企业的相关业务流程图或内部控制手册等资料；

3. 观察销售与收款流程中特定控制的运行，例如，观察仓储部门人员是否以及如何将装运的商品与销售单上的信息进行核对；

4. 检查文件资料，例如，检查销售单、出库单、客户对账单等；

5. 实施穿行测试，即追踪销售交易从发生到最终被反映在财务报表中的整个处理过程。例如，选取一笔已收款的销售交易，追踪该笔交易从接受客户订购单直至收回货款的整个过程。

表9－3以一般制造业企业为例，分别针对销售与收款循环中的两类重要交易（即销售、收款两类交易）简要列示了它们通常包含的相关财务报表项目、涉及的主要业务活动及常见的主要凭证和会计记录。

在实施风险评估程序时，注册会计师需要充分了解和记录销售与收款循环中的业务活动，考虑业务流程中可能发生重大错报的环节，进而识别和了解被审计单位为应对这些可能的错报而设计的相关控制，并通过诸如穿行测试等方法对这些流程和相关控制加以证实。

表 9－3 本循环涉及的各类交易、财务报表项目、主要业务活动及主要单据和会计记录

交易类别	相关财务报表项目	主要业务活动	主要单据和会计记录
销售	营业收入 应收票据/应收款项融资/应收账款/合同资产	接受客户订购单 批准赊销信用 根据销售单编制出库单并发货 按出库单装运货物 向客户开具发票 记录销售（赊销、现金销售等） 记录可变对价的估计和结算情况	客户订购单 销售单 出库单 销售发票 商品价目表 客户月末对账单 主营业务收入/其他业务收入明细账 转账凭证 贷项通知单 可变对价会计记录
收款	货币资金 应收票据/应收款项融资/应收账款/合同资产（含原值及坏账准备/合同资产减值准备） 信用减值损失/资产减值损失	办理和记录现金、银行存款收入 计提坏账准备 核销坏账	应收票据/应收款项融资/应收账款/合同资产信用损失计算表 应收票据/应收款项融资/应收账款/合同资产明细账 汇款通知书 现金日记账和银行存款日记账 客户对账单 收款凭证 坏账核销审批表 转账凭证

下面，我们针对表 9－3 中列示的主要业务活动作出进一步解释，并说明被审计单位通常可能存在的相关控制。

（一）接受客户订购单

客户提出订货要求是整个销售与收款循环的起点，是购买某种商品或服务的一项申请。

通常情况下，仅接受符合企业管理层授权标准的订购单。例如，管理层一般设有已批准销售的客户名单。销售部门在决定是否接受某客户的订购单时，需要检查该客户是否在名单内。对于未列入名单的客户，通常需要由销售部门的主管来决定是否同意销售。

较多企业在批准了客户订购单后编制一式多联的销售单。销售单是证明销售交易的“发生”认定的凭据之一，也是该笔销售交易轨迹的起点之一。此外，客户订购单是来自外部的触发销售交易的文件之一，也能为销售交易的“发生”认定提供证据。

（二）批准赊销信用

对于赊销业务，由信用管理部门根据经管理层批准的赊销政策，在每个客户的已授权的信用额度内进行批准。信用管理部门的员工在收到销售部门的销售单后，将销售单与该客户已被授权的赊销信用额度以及至今尚欠的账款余额加以比较。在执行人工赊销信用检查时，还应合理划分工作职责，以避免销售人员为扩大销售而使企业承受不适当的信用风险。

企业的信用管理部门通常应对每个新客户进行信用调查，包括获取信用评审机构对客户信用等级的评定报告。无论是否批准赊销，都要求被授权的信用管理部门人员在销

售单上签署意见后将其传递至销售部门。

设计信用批准控制的目的是降低信用损失风险，因此，这些控制与应收票据/应收款项融资/应收账款/合同资产账面余额的“准确性、计价和分摊”认定相关。

使用信息技术的企业，通常通过信息技术应用程序，自动检查订购单涉及的客户是否在经批准的客户名单内，以及赊销金额是否仍在信用额度内。对于不满足条件的情形则要求管理层特别批准。

（三）根据销售单编制出库单并发货

仓库管理人员只有在收到经过批准的销售单后才能编制出库单并安排发货。这项控制旨在防止仓库管理人员在未经授权擅自发货。已批准的销售单是仓库根据授权发货的依据。

在使用信息技术的企业中，信息技术应用程序可能在销售单经批准后才生成连续编号的出库单，并按照设定的要求对出库单和销售单的相关内容进行核对。

（四）按出库单装运货物

产品配送人员在发货时清点货物，确认与出库单一致后在出库单上签字确认并进行货物运输。

（五）向客户开具发票

向客户开具发票这一环节涉及的主要问题是：（1）是否对所有发运的货物均已开具了发票（“完整性”）；（2）是否仅对实际发运的货物开具发票，有无重复开具发票或虚开发票（“发生”）；（3）是否按已授权批准的商品价目表所列价格开具发票（“准确性”）。

为了降低开具发票过程中出现遗漏、重复、错误计价或其他差错的风险，企业通常设立以下控制：

1. 在开具销售发票前，负责开票的员工检查是否存在出库单和相应的经批准的销售单；

2. 根据已授权批准的商品价目表开具销售发票；

3. 将出库单上的发货数量与销售发票上的产品数量进行核对。

上述控制与销售交易（即营业收入）的“发生”、“完整性”以及“准确性”认定相关。

信息技术可以协助实现上述内部控制，在单证核对一致的情况下生成连续编号的销售发票，并对例外事项进行汇总，以供企业相关人员进行进一步的处理。

（六）记录销售

在人工会计系统中，记录销售的过程包括区分赊销、现销，编制转账凭证或现金、银行存款收款凭证，据以登记主营业务收入/其他业务收入明细账和应收票据/应收款项融资/应收账款/合同资产明细账或现金、银行存款日记账。

记录销售的控制包括但不限于：

1. 根据有效的出库单和销售单记录销售。这些出库单和销售单应能证明销售交易的发生及其发生日期。

2. 使用事先连续编号的销售发票并对发票使用情况进行监控。

3. 独立检查销售发票所载的销售金额与会计记录金额的一致性。

4. 记录销售的职责应与处理销售交易的其他功能相分离。

5. 对记录过程中所涉及的有关记录的接触权限予以限制，以减少未经授权批准的记录发生。

6. 定期独立检查应收票据/应收款项融资/应收账款/合同资产的明细账与总账的一致性。

7. 由不负责现金出纳和销售及应收票据/应收款项融资/应收账款/合同资产记账的人员定期向客户寄发对账单，对不符事项进行调查，必要时调整会计记录，编制对账情况汇总报告并交管理层审核。

（七）办理和记录现金、银行存款收入

这项活动涉及的是货款收回，导致现金、银行存款增加以及应收票据/应收款项融资/应收账款/合同资产等项目的减少。在办理和记录现金、银行存款收入时，企业最关心的是货币资金的安全。货币资金的失窃或被侵占可能发生在货币资金收入入账之前或入账之后。处理货币资金收入时要保证全部货币资金如数、及时地记入现金、银行存款日记账或应收票据/应收款项融资/应收账款/合同资产明细账，并如数、及时地将现金存入银行。企业通过出纳与现金记账的职责分离、现金盘点、编制银行余额调节表、定期向客户发送对账单等控制来实现上述目的。

（八）确认和记录可变对价的估计和结算情况

如果合同中存在可变对价，企业需要对计入交易价格的可变对价进行估计，并在每一资产负债表日重新估计应计入交易价格的可变对价金额，以如实反映报告期末存在的情况以及报告期内发生的情况变化。

（九）计提坏账准备/合同资产减值准备

企业一般定期对应收票据/应收款项融资/应收账款/合同资产的预期信用损失进行估计，根据估计结果确认信用减值损失/资产减值损失并计提坏账准备/合同资产减值准备，管理层对相关估计进行复核和批准。

（十）核销坏账

不管赊销部门的工作如何主动，客户因经营不善、宣告破产、死亡等原因而不支付货款的事仍可能发生。如有证据表明某项货款已无法收回，企业即通过适当的审批程序注销该笔应收账款/应收款项融资。

综合上述业务活动中设计的内部控制，可以看出，在销售与收款循环中企业通常从以下方面设计和执行内部控制：

1. 适当的职责分离。适当的职责分离不仅是预防舞弊的必要手段，也有助于防止各种无意的错误。例如，主营业务收入账如果系由记录应收账款之外的员工独立登记，并由另一位不负责账簿记录的员工定期调节总账和明细账，就构成了一项交互牵制；负责主营业务收入和应收账款记账的员工不得经手货币资金，也是防止舞弊的一项重要控制。另外，销售人员通常有一种追求更大销售数量的固有倾向，而不考虑是否将以巨额坏账损失为代价，赊销的审批则在一定程度上可以抑制这种倾向。因此，赊销批准职能与销售职能的分离，也是一种理想的控制。

为确保办理销售与收款业务的不相容岗位相互分离、制约和监督，一个企业销售与收款业务相关职责适当分离的基本要求通常包括：企业应当分别设立办理销售、发货、收款三项业务的部门（或岗位）；企业在销售合同订立前，应当指定专门人员就销售价格、信用政策、发货及收款方式等具体事项与客户进行谈判。谈判人员至少应有两人以上，并与订立合同的人员相分离；编制销售发票通知单的人员与开具销售发票的人员应相互分离；销售人员应当避免接触销货现款；企业应收票据的取得和贴现必须经由保管票据以外的主管人员书面批准。

2. 恰当的授权审批。对于授权审批问题，注册会计师应当关注以下四个关键点上的审批程序：其一，在销售发生之前，赊销已经恰当审批；其二，非经恰当审批，不得发出货物；其三，销售价格、销售条件、运费、折扣等必须经过审批；其四，审批人应当根据销售与收款授权批准制度的规定，在授权范围内进行审批，不得超越审批权限。对于超过企业既定销售政策和信用政策规定范围的特殊销售交易，需要经过适当的授权。前两项控制的目的在于防止企业因向虚构的或者无力支付货款的客户发货而蒙受损失；价格审批控制的目的在于保证销售交易按照企业定价政策规定的价格开票收款；对授权审批范围设定权限的目的则在于防止因审批人决策失误而造成严重损失。

3. 充分的凭证和记录。充分的凭证和记录有助于企业执行各项控制以实现控制目标。例如，企业在收到客户订购单后，编制一份预先编号的一式多联的销售单，分别用于批准赊销、审批发货、记录发货数量以及向客户开具发票等。在这种制度下，通过定期清点销售单和销售发票，可以避免漏开发票或漏记销售的情况。又如，财务人员在记录销售交易之前，对相关的销售单、出库单和销售发票上的信息进行核对，以确保入账的营业收入是真实发生的、准确的。

4. 凭证的预先编号。对凭证预先进行编号，旨在防止销售以后遗漏向客户开具发票或登记入账，也可防止重复开具发票或重复记账。当然，如果对凭证的编号不作清点，预先编号就会失去其控制意义。定期检查全部凭证的编号，并调查凭证缺号或重号的原因，是实施这项控制的关键点。在目前信息技术得以广泛运用的环境下，凭证预先编号这一控制在很多情况下由系统执行，同时辅以人工的监控（例如，对系统生成的例外报告进行复核）。

5. 定期寄发对账单。由不负责现金出纳和销售及应收票据/应收款项融资/应收账款/合同资产记账的人员定期向客户寄发对账单，能促使客户在发现应付账款余额不正确后及时反馈有关信息。为了使这项控制更加有效，最好将账户余额中出现的所有核对不符的账项，指定一位既不负责货币资金也不记录主营业务收入和应收票据/应收款项融资/应收账款/合同资产账目的主管人员处理，然后由独立人员定期编制对账情况汇总报告并交管理层审阅。

6. 内部核查程序。由内部审计人员或其他独立人员核查销售与收款交易的处理和记录，是实现内部控制目标所不可缺少的一项控制措施。

对销售与收款内部控制进行检查的主要内容通常包括：

1. 销售与收款交易相关岗位及人员的设置情况。重点检查是否存在销售与收款交易不相容、职务混岗的现象。

2. 销售与收款交易授权批准制度的执行情况。重点检查授权批准手续是否健全，是否存在越权审批行为。

3. 销售的管理情况。重点检查信用政策、销售政策的执行是否符合规定。

4. 收款的管理情况。重点检查销售收入是否及时入账，应收账款的催收是否有效，坏账核销和应收票据的管理是否符合规定。

5. 销售退回的管理情况。重点检查销售退回手续是否齐全，退回货物是否及时入库。

此外，对于与收款交易相关的内部控制而言，尽管由于每个企业的性质、所处行业、规模以及内部控制健全程度等不同，而使得其与收款交易相关的内部控制有所不同，但以下与收款交易相关的内部控制内容通常是共同遵循的：

1. 企业应当按照《现金管理暂行条例》《支付结算办法》等规定，及时办理销售收款业务。

2. 企业应将销售收入及时入账，不得账外设账，不得擅自坐支现金。销售人员应当避免接触销售现款。

3. 企业应当建立应收票据/应收款项融资/应收账款/合同资产信用风险分析制度和逾期催收制度。销售部门应当负责应收款项融资/应收账款的催收，财会部门应当督促销售部门加紧催收。对催收无效的逾期款项可通过法律程序予以解决。

4. 企业应当按客户设置应收票据/应收款项融资/应收账款/合同资产台账，及时登记每一客户应收票据/应收款项融资/应收账款/合同资产余额增减变动情况和信用额度使用情况。对长期往来客户应当建立起完善的客户资料，并对客户资料实施动态管理，及时更新。

5. 企业对于可能成为坏账的应收票据/应收款项融资/应收账款/合同资产应当报告有关决策机构，由其进行审查，确定是否确认为坏账。企业发生的各项坏账，应查明原因，明确责任，并在履行规定的审批程序后作出会计处理。

6. 企业注销的坏账应当进行备查登记，做到账销案存。已注销的坏账又收回时应当及时入账，防止形成账外资金。

7. 企业应收票据的取得和贴现必须经由保管票据以外的主管人员书面批准。应有专人保管应收票据，对于即将到期的应收票据，应及时向付款人提示付款；已贴现票据应在备查簿中登记，以便日后追踪管理；应制定逾期票据的冲销管理程序和逾期票据追踪监控制度。

8. 企业应当定期与客户核对应收票据/应收款项融资/应收账款、合同负债等往来款项。如有不符，应查明原因，及时处理。

第三节 销售与收款循环的重大错报风险

一、销售与收款循环存在的重大错报风险

不同被审计单位的收入模式可能不同，即使是同一被审计单位也可能存在多种收入模式，收入的来源和构成、交易特性、行业特定惯例、收入确认的具体原则等因素对收入交易的会计核算产生诸多影响。例如，不同合同下的收入确认的前提条件可能不尽相

同。因此，注册会计师识别出的重大错报风险因被审计单位的性质和交易的具体情况而异。以一般制造业的赊销销售为例，注册会计师识别出的重大错报风险通常包括：

1. 已记录的收入交易未真实发生。

2. 未完整记录所有已发生的收入交易。

3. 收入交易的复杂性可能导致的错误。例如，被审计单位可能针对一些特定的产品或者服务提供一些特殊的交易安排，如可变对价安排、特殊的退货约定、特殊的服务期限安排等，但管理层可能对这些不同安排下所涉及的交易风险的判断缺乏经验，导致收入确认发生错误。

4. 期末发生的交易可能未计入正确的期间，包括销售退回交易的截止错误。

5. 收款未及时入账或记入不正确的账户，因而导致应收账款/合同资产（或应收票据/银行存款）的错报。

6. 应收账款坏账准备/合同资产减值准备的计提不准确。

由于收入是企业的利润来源，直接关系到企业的财务状况和经营成果。有些企业往往为了达到粉饰财务报表的目的而采用虚增（“发生”认定）或隐瞒收入（“完整性”认定）等方式实施舞弊。在财务报表舞弊案件中，涉及收入确认的舞弊占有很大比例，收入确认已成为注册会计师审计的高风险领域。因此，中国注册会计师审计准则要求注册会计师基于收入确认存在舞弊风险的假定，评价哪些类型的收入、收入交易或认定存在舞弊风险。下面我们重点介绍与收入确认相关的舞弊风险。

需要说明的是，假定收入确认存在舞弊风险，并不意味着注册会计师应当将与收入确认相关的所有认定都假定为存在舞弊风险。注册会计师需要结合对被审计单位及其环境等方面情况的具体了解，考虑收入确认舞弊可能如何发生。被审计单位不同，管理层实施舞弊的动机或压力不同，其舞弊风险所涉及的具体认定也不同，注册会计师需要作出具体分析。例如，如果资产重组交易中的重组标的存在业绩承诺或对赌条款，则重组标的管理层可能有高估收入的动机或压力（如提前确认收入或记录虚假的收入），因此，收入的“发生”认定存在舞弊风险的可能性较大，而“完整性”认定则通常不存在舞弊风险。相反，如果管理层有隐瞒收入而降低税负的动机，则注册会计师需要更加关注与收入“完整性”认定相关的舞弊风险。再如，如果被审计单位预期难以达到下一年度的销售目标，而已经超额实现了本年度的销售目标，就可能倾向于将本期的收入推迟至下一年度确认，收入的“截止”认定存在舞弊风险的可能性较大。

当被审计单位仅存在一种简单的收入交易（如单一租赁资产的租赁收入）时，注册会计师可能认为在收入确认方面不存在舞弊导致的重大错报风险。如果注册会计师认为收入确认存在舞弊风险的假定不适用于业务的具体情况，从而未将收入确认作为舞弊导致的重大错报风险领域，注册会计师应当在审计工作底稿中记录得出该结论的理由。

（一）识别与收入确认相关的舞弊风险

在实施风险评估程序时，注册会计师识别与收入确认相关的舞弊风险至关重要。注册会计师通过了解被审计单位生产经营的基本情况、销售模式和业务流程、与收入相关的生产技术条件、收入的来源和构成、收入交易的特性、收入确认的具体原则、与收入确认相关的信息系统、所在行业的基本情况和特殊事项、上下游行业的景气度、重大异常交易的商业理由、被审计单位的业绩衡量、管理层的经营理念、内部控制、财务报表项目的内在联系等，有助于其考虑发生舞弊的方式和领域，以及管理层可能采取的舞弊手段，从而更有效地识别与收入确认相关的舞弊风险，并设计恰当的审计程序以应对此类风险。

注册会计师应当评价通过实施风险评估程序和执行其他相关活动获取的信息是否表明存在舞弊风险因素。例如，如果注册会计师通过实施风险评估程序了解到，被审计单位所处行业竞争激烈并伴随着利润率的下降，而管理层过于强调提高被审计单位利润水平的目标，则注册会计师需要警惕管理层通过实施舞弊高估收入，从而高估利润的风险。

（二）常用的收入确认舞弊手段

了解被审计单位通常采用的收入确认舞弊手段，有助于注册会计师更加有针对性地实施审计程序。被审计单位通常采用的收入确认舞弊手段举例如下：

1. 为了达到粉饰财务报表的目的而虚增收入或提前确认收入。

（1）虚构销售交易，包括：

①在无存货实物流转的情况下，通过与其他方（包括已披露或未披露的关联方、非关联方等）签订虚假购销合同，虚构存货进出库，并通过伪造出库单、发运单、验收单等单据，以及虚开商品销售发票虚构收入。

②在多方串通的情况下，通过与其他方（包括已披露或未披露的关联方、非关联方等）签订虚假购销合同，并通过存货实物流转、真实的交易单证票据和资金流转配合，虚构收入。

③被审计单位根据其所处行业特点虚构销售交易。例如，从事网络游戏运营业务的被审计单位，以游戏玩家的名义，利用体外资金购买虚拟物品或服务，并予以消费，以虚增收入。

从是否涉及安排货款回笼的角度看，被审计单位可能通过两种方式掩盖虚构的收入。一种是虚构收入后无货款回笼，虚增的应收账款/合同资产通过日后不当计提减值准备或核销等方式加以消化。另一种方法相对复杂和隐蔽，被审计单位会使用货币资金配合货款回笼，并需要解决因虚构收入而带来的虚增资产或虚减负债问题。在这种情况下，虚构收入可能对许多财务报表项目均会产生影响，包括但不限于货币资金、应收账款/合同资产、预付款项、存货、长期股权投资、其他权益工具投资、固定资产、在建工程、无形资产、开发支出、短期借款、应付票据、应付账款、其他应付款、营业收入、营业成本、税金及附加、销售费用等。

被审计单位采用上述第二种方法虚构收入时，相应确认应收账款/合同资产，同时通过虚假存货采购套取其自有资金用于货款回笼，形成资金闭环。但通过虚假存货采购套取的资金金额可能小于虚构收入金额，或者对真实商品进行虚假销售而无需虚构存货，导致虚构收入无法通过上述方法套取的资金实现货款全部回笼，此时，被审计单位还可能采用如下手段：

①通过虚假预付款项（预付商品采购款、预付工程设备款等）套取资金用于虚构收入的货款回笼。

②虚增长期资产采购金额。被审计单位通过虚增对外投资、固定资产、在建工程、

无形资产、开发支出等购买金额套取资金，用于虚增收入的货款回笼。形成的虚增长期资产账面价值，通过折旧、摊销或计提资产减值准备等方式在日后予以消化。

③通过被投资单位套取投资资金。被审计单位将资金投入被投资单位，再从被投资单位套取资金用于虚构收入的货款回笼，形成的虚增投资账面价值通过日后计提减值准备予以消化。

④通过对负债不入账或虚减负债套取资金。例如，被审计单位开具商业汇票给子公司，子公司将票据贴现后用于货款回笼。

⑤伪造回款单据进行虚假货款回笼。采用这种方法通常会形成虚假货币资金。

⑥对应收账款/合同资产不当计提减值准备。

⑦被审计单位实际控制人或其他关联方将资金提供给被审计单位客户或第三方，客户或第三方以该笔资金向被审计单位支付货款。资金可能来源于被审计单位实际控制人或其他关联方的自有资金，也可能来源于对被审计单位的资金占用或通过被审计单位担保取得的银行借款。例如，被审计单位及其控股股东与银行签订现金管理账户协议，将被审计单位的银行账户作为子账户向控股股东集团账户自动归集，实现控股股东对被审计单位的资金占用，控股股东将该资金用于对被审计单位的货款回笼。又如，被审计单位以定期存款质押的方式为关联方提供担保，关联方取得借款后用于货款回笼。

需要注意的是，被审计单位在进行虚构收入舞弊时并不一定采用上述某一种方式，可能采用上述某几种方式的组合。例如，被审计单位生产非标准化产品，毛利率不具有可比性，可能无需虚构大量与虚增收入相匹配的存货采购交易，可以通过实际控制人或其他关联方的体外资金，或以虚增长期资产采购金额套取的资金实现货款回笼。

（2）实施显失公允的交易，包括：

①通过与未披露的关联方或真实非关联方进行显失公允的交易。例如，以明显高于其他客户的价格向未披露的关联方销售商品。与真实非关联方客户进行显失公允的交易，通常会由实际控制人或其他关联方以其他方式弥补客户损失。

②通过出售关联方的股权，使之从形式上不再构成关联方，但仍与之进行显失公允的交易，或与未来或潜在的关联方进行显失公允的交易。

③与同一客户或同受一方控制的多个客户在各期发生多次交易，通过调节各次交易的商品销售价格，调节各期销售收入金额。

（3）在客户取得相关商品控制权前确认销售收入。例如，在委托代销安排下，在被审计单位向受托方转移商品时确认收入，而受托方并未获得对该商品的控制权。又如，在客户取得相关商品控制权前，通过伪造出库单、发运单、验收单等单据，提前确认销售收入。

（4）通过隐瞒退货条款，在发货时全额确认销售收入。

（5）通过隐瞒不符合收入确认条件的售后回购或售后租回协议，而将以售后回购或售后租回方式发出的商品作为销售商品确认收入。

（6）在被审计单位属于代理人的情况下，被审计单位按主要责任人确认收入。例如，被审计单位为代理商，在仅向购销双方提供帮助接洽、磋商等中介代理服务的情况下，按照相关购销交易的总额而非净额（佣金和代理费等）确认收入。又如，被审计单位将虽然签订购销合同但实质为代理的受托加工业务作为正常购销业务处理，按照相关购销交易的总额而非净额（加工费）确认收入。

（7）对于属于在某一时段内履约的销售交易，通过高估履约进度的方法实现当期多确认收入。

（8）当存在多种可供选择的收入确认会计政策或会计估计方法时，随意变更所选择的会计政策或会计估计方法。

（9）选择与销售模式不匹配的收入确认会计政策。

（10）通过调整与单独售价或可变对价等相关的会计估计，达到多计或提前确认收入的目的。

（11）对于存在多项履约义务的销售交易，未对各项履约义务单独进行核算，而整体作为单项履约义务一次性确认收入。

（12）对于应整体作为单项履约义务的销售交易，通过将其拆分为多项履约义务，达到提前确认收入的目的。

2. 为了达到报告期内降低税负或转移利润等目的而少计收入或推迟确认收入。

（1）被审计单位在满足收入确认条件后，不确认收入，而将收到的货款作为负债挂账，或转入本单位以外的其他账户。

（2）被审计单位采用以旧换新的方式销售商品时，以新旧商品的差价确认收入。

（3）对于应采用总额法确认收入的销售交易，被审计单位采用净额法确认收入。

（4）对于属于在某一时段内履约的销售交易，被审计单位未按实际履约进度确认收入，或采用时点法确认收入。

（5）对于属于在某一时点履约的销售交易，被审计单位未在客户取得相关商品或服务控制权时确认收入，推迟收入确认时点。

（6）通过调整与单独售价或可变对价等相关的会计估计，达到少计或推迟确认收入的目的。

（三）表明被审计单位在收入确认方面可能存在舞弊风险的迹象

舞弊风险迹象，是注册会计师在实施审计过程中发现的、需要引起对舞弊风险警觉的事实或情况。存在舞弊风险迹象并不必然表明发生了舞弊，但了解舞弊风险迹象，有助于注册会计师对审计过程中发现的异常情况产生警觉，从而更有针对性地采取应对措施。注册会计师保持职业怀疑，充分了解被审计单位业务模式并理解业务逻辑，有助于识别舞弊风险迹象。例如，被审计单位的产品具有一定的销售半径，如果存在超出销售半径而没有合理商业理由的销售交易，则可能表明被审计单位存在收入舞弊风险。又如，被审计单位技术水平处于行业中端，但高端产品却占销售收入比重较大，可能表明被审计单位存在收入舞弊风险。

通常表明被审计单位在收入确认方面可能存在舞弊风险的迹象主要有：

1. 销售客户方面出现异常情况，包括：

（1）销售情况与客户所处行业状况不符。例如，客户所处行业景气度下降，但对该客户的销售却出现增长；又如，销售数量接近或超过客户所处行业的需求。

（2）与同一客户同时发生销售和采购交易，或者与同受一方控制的客户和供应商同时发生交易。

（3）交易标的对交易对方而言不具有合理用途。

（4）主要客户自身规模与其交易规模不匹配。

（5）与新成立或之前缺乏从事相关业务经历的客户发生大量或大额的交易，或者与原有客户交易金额出现不合理的大额增长。

（6）与关联方或疑似关联方客户发生大量或大额交易。

（7）与个人、个体工商户发生异常大量的交易。

（8）对应收款项/合同资产账龄长、回款率低或缺乏还款能力的客户，仍放宽信用政策。

（9）被审计单位的客户是否付款取决于下列情况：

①能否从第三方取得融资；

②能否转售给第三方（如经销商）；

③被审计单位能否满足特定的重要条件。

（10）直接或通过关联方为客户提供融资担保。

2. 销售交易方面出现异常情况，包括：

（1）在临近期末时发生了大量或大额的交易。

（2）实际销售情况与订单不符，或者根据已取消的订单发货或重复发货。

（3）未经客户同意，在销售合同约定的发货期之前发送商品或将商品运送到销售合同约定地点以外的其他地点。

（4）被审计单位的销售记录表明，已将商品发往外部仓库或货运代理人，却未指明任何客户。

（5）销售价格异常。例如，明显高于或低于被审计单位和其他客户之间的交易价格。

（6）已经销售的商品在期后有大量退回。

（7）交易之后长期不进行结算。

3. 销售合同、单据方面出现异常情况，包括：

（1）销售合同未签字盖章，或者销售合同上加盖的公章并不属于合同所指定的客户。

（2）销售合同中重要条款（例如，交货地点、付款条件）缺失或含糊。

（3）销售合同中部分条款或条件不同于被审计单位的标准销售合同，或过于复杂。

（4）销售合同或发运单上的日期被更改。

（5）在实际发货之前开具销售发票，或实际未发货而开具销售发票。

（6）记录的销售交易未经恰当授权或缺乏出库单、货运单、销售发票等证据支持。

4. 销售回款方面出现异常情况，包括：

（1）应收款项收回时，付款单位与购买方不一致，存在较多代付款的情况。

（2）应收款项收回时，银行回单中的摘要与销售业务无关。

（3）对不同客户的应收款项从同一付款单位收回。

（4）经常采用多方债权债务抵销的方式抵销应收款项。

5. 被审计单位通常会使用货币资金配合收入舞弊，注册会计师需要关注资金方面出现的异常情况，包括：

（1）通过虚构交易套取资金。

（2）发生异常大量的现金交易，或被审计单位有非正常的资金流转及往来，特别是有非正常现金收付的情况。

（3）在货币资金充足的情况下仍大额举债。

（4）被审计单位申请公开发行股票并上市，连续几个年度进行大额分红。

（5）工程实际付款进度明显快于合同约定付款进度。

（6）与关联方或疑似关联方客户发生大额资金往来。

6. 其他方面出现异常情况，包括：

（1）采用异常于行业惯例的收入确认方法。

（2）与销售和收款相关的业务流程、内部控制发生异常变化，或者销售交易未按照内部控制制度的规定执行。

（3）非财务人员过度参与与收入相关的会计政策的选择、运用以及重要会计估计的作出。

（4）通过实施分析程序发现异常或偏离预期的趋势或关系。

（5）被审计单位的账簿记录与询证函回函提供的信息之间存在重大或异常差异。

（6）在被审计单位业务或其他相关事项未发生重大变化的情况下，询证函回函相符比例明显异于以前年度。

（7）被审计单位管理层不允许注册会计师接触可能提供审计证据的特定员工、客户、供应商或其他人员。

需要注意的是，以上情况并未穷尽实务中存在舞弊风险的迹象，被审计单位存在列举的某一迹象也并不意味着其在收入确认方面一定存在舞弊风险，注册会计师应当结合对被审计单位及其环境等方面情况的了解，在审计过程中对异常情况保持高度警觉和职业怀疑，在此基础上运用职业判断确定被审计单位在收入确认方面是否可能存在舞弊风险。

（四）对收入确认实施分析程序

在收入确认领域实施审计程序时，分析程序是一种较为有效的方法，注册会计师需要重视并充分利用分析程序，发挥其在识别收入确认舞弊中的作用。在设计分析程序时，注册会计师需要在充分了解被审计单位及其环境等方面情况的基础上，识别与收入相关的财务数据和其他财务数据、非财务数据之间存在的关系，以提升实施分析程序的效果。基于被审计单位的业务性质，可以采用不同的数据指标分析。例如，餐饮业可以考虑翻台率，游戏直播行业可以考虑单客充值金额、实际在线时间等。在某些情况下，注册会计师还可以使用数据分析技术。

通过实施分析程序，注册会计师可能识别出未注意到的异常关系，或通过其他审计程序难以发现的变动趋势，从而有目的、有针对性地关注可能发生重大错报风险的领域，有助于评估重大错报风险，为设计和实施应对措施奠定基础。例如，如果注册会计师发现被审计单位不断地为完成销售目标而增加销售量，或者大量的销售因不能收现而导致应收账款/合同资产大量增加，需要对销售收入的真实性予以额外关注；如果注册会计师发现被审计单位临近期末销售量大幅增加，需要警惕被审计单位将下期收入提前确认或虚假销售的可能性；如果注册会计师发现单笔大额收入能够减轻被审计单位盈利方面的压力，或使被审计单位完成销售目标，需要警惕被审计单位虚构收入的可能性。

如果发现异常或偏离预期的趋势或关系，注册会计师需要认真调查其原因，评价是否表明可能存在舞弊导致的重大错报风险。涉及临近期末收入和利润的异常关系尤其值得关注，例如，在报告期的最后几周内记录了不寻常的大额收入或异常交易。注册会计师可能采取的调查方法举例如下：

1. 如果注册会计师发现被审计单位的毛利率变动较大或与所在行业的平均毛利率差异较大，注册会计师可以采用定性分析与定量分析相结合的方法，从行业及市场变化趋势、产品销售价格和产品成本要素等方面对毛利率变动的合理性进行调查。

2. 如果注册会计师发现应收账款/合同资产余额较大，或其增长幅度高于销售收入的增长幅度，注册会计师需要分析具体原因（如赊销政策和信用期限是否发生变化等），并在必要时采取恰当的措施，如扩大函证比例、增加截止测试和期后收款测试的比例、使用与前期不同的抽样方法、实地走访客户等。

3. 如果注册会计师发现被审计单位的收入增长幅度明显高于管理层的预期，可以询问管理层的适当人员，并考虑管理层的答复是否与其他审计证据一致。例如，如果管理层表示收入增长是由于销售量增加所致，注册会计师可以调查与市场需求相关的情况。

二、评估固有风险和控制风险

（一）评估固有风险

针对识别出的销售与收款循环相关交易类别、账户余额和披露存在的重大错报风险，注册会计师应当通过评估错报发生的可能性和严重程度来评估固有风险。在评估时，注册会计师运用职业判断确定错报发生的可能性和严重程度综合起来的影响程度。

例如，某被审计单位从事连锁超市经营，允许消费者以现金、电子支付或银行卡方式支付货款。对于以现金方式取得的收入，注册会计师认为发生错报的可能性较高，其原因是现金属于易被侵占的资产。但是，由于消费者极少采用现金方式支付货款，因此，如果发生错报，其严重程度很低。综合考虑错报发生的可能性和严重程度，注册会计师将与现金收入相关的固有风险的风险等级评估为低水平。

又如，某被审计单位本年度与新客户签订了一项重大合同，包含向客户转让多项商品和服务的承诺。在评估固有风险时，注册会计师认为与该交易相关的固有风险因素包括：（1）复杂性。例如，被审计单位需要识别合同中包含几个单项履约义务。（2）主观性。例如，在确定单独售价时，被审计单位需要对采用的方法和参数作出选择。（3）不确定性。例如，在确定涉及可变对价的交易价格和单项履约义务的履约进度时，涉及重大的管理层判断，存在估计不确定性。（4）其他因素。被审计单位以往年度未签订过这类合同，财务人员对相关的会计处理缺乏经验。基于上述因素，注册会计师认为错报发生的可能性较高，并且由于合同金额重大，如果发生错报，其严重程度较高。综合这些考虑，注册会计师将与该交易相关的风险的固有风险等级评估为最高级，即存在特别风险。

（二）评估控制风险

如果计划测试销售与收款循环中相关控制的运行有效性，注册会计师应当评估控制风险。注册会计师可以根据自身偏好的审计技术或方法，以不同方式实施和体现对控制风险的评估。

例如，被审计单位的仓库管理人员只有在收到经过批准的销售单后才能编制出库单并安排发货。注册会计师计划测试该项控制的运行有效性，考虑到该项控制属于常规性控制，执行控制时不涉及重大判断，因此，将该项控制的控制风险评估为低水平。

又如，被审计单位建造部门的人员每月测量产品完工进度，经该部门经理复核签字后交财务部门，作为确定履约进度和收入的依据。注册会计师计划测试该项控制的运行有效性，认为虽然执行控制的人员具备相应的知识和技能，但该项控制非常重要，且控制的运行涉及较高的主观程度，因此，综合考虑确定该项控制的风险等级为高水平。

需要说明的是，如果注册会计师拟不测试控制运行的有效性，则应当将固有风险的评估结果作为重大错报风险的评估结果。

三、根据重大错报风险评估结果设计进一步审计程序

注册会计师根据对销售与收款循环的重大错报风险的评估结果，制定实施进一步审计程序的总体方案，包括确定是采用综合性方案还是实质性方案，并考虑审计程序的性质、时间安排和范围，继而实施控制测试和实质性程序，以应对识别出的认定层次的重大错报风险。

表9－4为假定营业收入、应收账款/合同资产为重要账户，且相关认定包括存在/发生、完整性、准确性及截止的前提下，注册会计师计划实施的进一步审计程序的总体方案示例。

表9－4　销售与收款循环的重大错报风险和拟实施的进一步审计程序的总体方案

重大错报风险描述	相关财务报表项目及认定	固有风险等级	控制风险等级	进一步审计程序的总体方案	拟从控制测试中获取的保证程度	拟从实质性程序中获取的保证程度
销售收入可能未真实发生	营业收入：发生 应收账款/合同资产：存在	最高	高	实质性方案	无	高
销售收入记录可能不完整	营业收入/应收账款/合同资产：完整性	中	最高	实质性方案	无	高
期末收入交易可能未计入正确的期间	营业收入：截止 应收账款/合同资产：存在/完整性	高	最高	实质性方案	无	高
发生的收入交易未能得到准确记录	营业收入：准确性 应收账款/合同资产：准确性、计价和分摊	低	中	综合性方案	中	低
应收账款坏账准备的计提不准确	应收账款/合同资产：准确性、计价和分摊	中	最高	实质性方案	无	高

注："控制风险等级"一列中所列示的"最高"，表示注册会计师拟不测试控制运行的有效性，而是将固有风险的评估结果作为重大错报风险的评估结果。因此，在"拟从控制测试中获取的保证程度"列的相应栏次中显示为"无"。

"拟从控制测试中获取的保证程度"一列所列示的"中"以及"拟从实质性程序中获取的保证程度"一列所列示的"高""低"的级别的确定属于注册会计师的职业判断。针对不同的风险级别，其对应的拟获取的保证程度并非一定如本表所示。本表中的内容仅为向读者演示注册会计师基于特定情况所作出的对应的审计方案的评价结果，从而基于该结果确定控制测试和实质性程序的性质、时间安排和范围。

注册会计师根据重大错报风险的评估结果初步确定实施进一步审计程序的具体审计计划，因为风险评估和审计计划都是贯穿审计全过程的动态的活动，而且控制测试的结果可能导致注册会计师改变对内部控制的信赖程度，因此，具体审计计划并非一成不变，可能需要在审计过程中进行调整。

然而，无论是采用综合性方案还是实质性方案，获取的审计证据都应当能够从认定层面应对所识别的重大错报风险，直至针对该风险所涉及的全部相关认定，都已获取了足够的保证程度。我们将在本章第四节和第五节，说明控制测试和实质性程序是如何通过认定与识别的重大错报风险相对应的。

第四节 销售与收款循环的控制测试

一、控制测试的基本原理

在对被审计单位销售与收款循环的相关内部控制实施测试时，注册会计师需要注意以下几点：

1. 控制测试所使用的审计程序的类型主要包括询问、观察、检查和重新执行，其提供的保证程度依次递增。注册会计师需要根据所测试的内部控制的特征及需要获得的保证程度选用适当的测试程序。

2. 如果在期中实施了控制测试，注册会计师应当在年末审计时实施适当的前推程序，就控制在剩余期间的运行情况获取证据，以确定控制是否在整个被审计期间持续运行有效。

3. 控制测试的范围取决于注册会计师需要通过控制测试获取的保证程度。

4. 如果拟信赖的内部控制是由计算机执行的自动化控制，注册会计师除了测试自动化信息处理控制的运行有效性，还需要就相关的信息技术一般控制的运行有效性获取审计证据。如果所测试的人工控制利用了系统生成的信息或报告，注册会计师除了测试人工控制，还需就系统生成的信息或报告的可靠性获取审计证据。

上述有关实施销售与收款循环的控制测试时的基本要求，就其原理而言，对其他业务循环的控制测试同样适用，因此，在后面讨论其他业务循环的控制测试时将不再重复。

二、以风险为起点的控制测试

风险评估和风险应对是整个审计过程的核心，因此，注册会计师通常以识别的重大错报风险为起点，选取拟测试的控制并实施控制测试。表 9－5 列示了通常情况下，注册会计师对销售与收款循环实施的控制测试。

在上述控制测试中，如果人工控制在执行时，依赖信息系统生成的报告，那么注册会计师还应当针对系统生成报告的准确性执行测试。例如与坏账准备计提相关的管理层控制中使用了系统生成的应收账款账龄分析表，其准确性影响管理层控制的有效性，因此，注册会计师需要同时测试应收账款账龄分析表的准确性。

表 9－5　　销售与收款循环的风险、存在的内部控制及相关控制测试程序

可能发生错报的环节	相关的财务报表项目及认定	存在的内部控制（自动化）	存在的内部控制（人工）	相关的控制测试程序
订单处理和赊销的信用控制				
可能向没有获得赊销授权或超出了其信用额度的客户赊销	营业收入：发生 应收账款/合同资产：存在	订购单上的客户代码与应收账款主文档记录的代码一致。目前未偿付余额加上本次销售额在信用限额范围内。上述两项均满足才能生成销售单	对于不在主文档中的客户或是超过信用额度的客户订购单，需要经过适当授权批准，才可生成销售单	询问员工销售单的生成过程，检查是否所有生成的销售单均有对应的客户订购单为依据。检查系统中自动生成销售单的生成逻辑，是否确保满足了客户范围及其信用控制的要求。对于系统外授权审批的销售单，检查是否经过适当批准
发运商品				
可能在没有批准发货的情况下发出商品	营业收入：发生 应收账款/合同资产：存在	当客户销售单在系统中获得发货批准时，系统自动生成连续编号的出库单	只有当附有经批准的销售单和出库单时，保安人员才能放行	检查系统内出库单的生成逻辑以及出库单是否连续编号。 询问并观察发运时保安人员的放行检查
发运商品与客户销售单可能不一致	营业收入：准确性 应收账款/合同资产：准确性、计价和分摊	系统将出库单中所有准备发出的商品与销售单上的商品种类和数量进行比对。打印种类或数量不符的例外报告，并暂缓发货	管理层复核例外报告和暂缓发货的清单，并解决问题	检查例外报告和暂缓发货的清单
已发出商品可能与出库单上的商品种类和数量不符	营业收入：准确性 应收账款/合同资产：准确性、计价和分摊		商品打包发运前，物流部门对商品和出库单内容进行独立核对，并在出库单上签字以示商品已与出库单核对且种类和数量相符。客户要在出库单上签字以作为收到商品且商品与订购单一致的证据	检查出库单上相关员工及客户的签名，作为发货一致的证据
已销售商品可能未实际发运给客户	营业收入：发生 应收账款/合同资产：存在		客户要在出库单上签字以作为收到商品且商品与订购单一致的证据	检查出库单上客户的签名，作为收货的证据
开具发票				
商品发运可能未开具销售发票或已开出发票没有出库单的支持	应收账款/合同资产：存在/完整性/权利和义务 营业收入：发生/完整性	发货以后系统根据出库单及相关信息自动生成连续编号的销售发票。系统自动复核连续编号的发票和出库单的对应关系，并定期生成例外报告	复核例外报告并调查原因	检查系统生成发票的逻辑。检查例外报告及跟进情况

续表

可能发生错报的环节	相关的财务报表项目及认定	存在的内部控制（自动化）	存在的内部控制（人工）	相关的控制测试程序
由于定价或产品摘要不正确，以及销售单或出库单或销售发票代码输入错误，可能导致销售价格不正确	营业收入：准确性 应收账款/合同资产：准确性、计价和分摊	通过逻辑登录限制控制定价主文档的更改。只有得到授权的员工才能进行更改。 系统通过使用和检查主文档版本序号，确定正确的定价主文档版本已经被上传。 系统检查录入的产品代码的合理性	核对经授权的有效的价格更改清单与计算机获得的价格更改清单是否一致。 如果发票由人工填写或没有定价主文档，则有必要对发票的价格进行独立核对	检查文件以确定价格更改是否经授权。 重新执行以确定打印出的更改后价格与授权是否一致。 通过检查信息技术一般控制和收入交易的信息处理控制，确定正确的定价主文档版本是否已被用来生成发票。 如果发票由人工填写，检查发票中价格复核人员的签名。通过核对经授权的价格清单与发票上的价格，重新执行该核对过程
发票上的金额可能出现计算错误	营业收入：准确性 应收账款/合同资产：准确性、计价和分摊	每张发票的单价、计算、商品代码、商品摘要和客户账户代码均由系统控制。 如果由系统控制的发票开具程序的更改是受监控的，在操作控制帮助下，可以确保使用的是正确的发票生成程序版本。 系统代码有密码保护，只有经授权的员工才可以更改。定期打印所有系统上作出的更改	上述程序的所有更改由上级复核和审批。 如果由人工开具发票，独立复核发票上计算的增值税和总额的正确性	自动化：询问发票生成程序更改的一般控制情况，确定是否经授权以及现有的版本是否正在被使用。 检查有关程序更改的复核审批程序。 人工：检查与发票计算金额正确性相关的人员的签名。 重新计算发票金额，证实其是否正确
记录赊销				
销售发票入账的会计期间可能不正确	营业收入：截止/发生 应收账款/合同资产：存在/完整性/权利和义务	系统根据销售发票的信息自动汇总生成当期销售入账记录	定期执行人工销售截止检查程序。 向客户发送月末对账单，调查并解决客户质询的差异	检查系统中销售记录生成的逻辑。 重新执行销售截止检查程序。 检查客户质询信件并确定问题是否已得到解决
销售发票入账金额可能不准确	营业收入：准确性 应收账款/合同资产：准确性、计价和分摊	系统根据销售发票的信息自动汇总生成当期销售入账记录	复核明细账与总账间的调节。 向客户发送月末对账单，调查并解决客户质询的差异	检查系统销售入账记录的生成逻辑，对于人工调节项目进行检查，并调查原因是否合理。 检查客户质询信件并确定问题是否已得到解决

续表

可能发生错报的环节	相关的财务报表项目及认定	存在的内部控制（自动化）	存在的内部控制（人工）	相关的控制测试程序
销售发票可能被记入不正确的应收账款/合同资产明细账户	应收账款/合同资产：准确性、计价和分摊	系统将客户代码、商品发送地址、出库单、发票与应收账款主文档中的相关信息进行比对	应收账款客户主文档中明细账的汇总金额应与应收账款总分类账核对。对于二者之间的调节项需要调查原因并解决。 向客户发送月末对账单，调查并解决客户质询的差异	检查应收账款客户主文档中明细余额汇总金额的调节结果与应收账款总分类账是否核对相符，以及负责该项工作的员工签名。 检查客户质询信件并确定问题是否已得到解决
记录应收账款/合同资产的收款				
应收账款/合同资产记录的收款与银行存款可能不一致	应收账款/合同资产/货币资金：完整性/存在/权利和义务/准确性、计价和分摊	在每日编制电子版存款清单时，系统自动贷记应收账款/合同资产	将每日收款汇总表、电子版收款清单和银行存款清单相比较。 定期取得银行对账单，独立编制银行存款余额调节表。 向客户发送月末对账单，对客户质询的差异应予以调查并解决	检查核对每日收款汇总表、电子版收款清单和银行存款清单的核对记录和核对人员的签名。 检查银行存款余额调节表和负责编制的员工的签名。 检查客户质询信件并确定问题是否已被解决
收款可能被记入不正确的应收账款/合同资产账户	应收账款/合同资产：准确性、计价和分摊/存在/分类	电子版的收款清单与应收账款/合同资产明细账之间建立连接界面，根据对应的客户名称、代码、发票号等将收到的款项对应到相应的客户账户。对于无法对应的款项生成例外事项报告。 系统定期生成按客户细分的应收账款/合同资产账龄分析表	将生成的例外事项报告的项目进行人工核对，或调查产生的原因并解决。 向客户发送月末对账单，对客户质询的差异应予以调查并解决。 管理层每月复核按客户细分的应收账款/合同资产账龄分析表，并调查长账龄余额或其他异常余额	检查系统中的对应关系审核设置是否合理。 检查对例外事项报告中的信息进行核对的记录以及无法核对事项的解决情况。 检查客户质询信件并确定问题是否已被解决。 检查管理层对应收账款/合同资产账龄分析表的复核及跟进措施
坏账准备计提及坏账核销				
坏账准备的计提可能不充分	应收账款/合同资产：准确性、计价和分摊	系统自动生成应收账款/合同资产账龄分析表（假定企业以账龄组合为基础计提预期信用损失）	管理层对财务人员基于账龄分析表，采用预期信用损失模型计算编制的坏账准备计提表进行复核。复核无误后需在损失准备计提表上签字。 管理层复核坏账核销的依据，并进行审批（假定企业以账龄组合为基础计提预期信用损失）	检查系统计算账龄分析表的规则是否正确。 询问管理层如何复核损失准备计提表的计算，检查是否有复核人员的签字。 检查坏账核销是否经过管理层的恰当审批

续表

可能发生错报的环节	相关的财务报表项目及认定	存在的内部控制（自动化）	存在的内部控制（人工）	相关的控制测试程序
记录现金销售				
登记入账的现金收入与企业已经实际收到的现金不符	营业收入：完整性/发生/截止/准确性 货币资金：完整性/存在	现金销售通过统一的收款台用收银机集中收款，并自动打印销售小票	销售小票应交予客户确认金额一致。 通过监视器监督收款台。 每个收款台都打印每日现金销售汇总表。 盘点每个收款台收到的现金，并与相关销售汇总表调节相符。 独立检查所有收到的现金已存入银行。 将每日现金销售汇总表与银行存款单相比较。 定期取得银行对账单，独立编制银行存款余额调节表	实地观察收银台、销售点的收款过程，并检查在这些地方是否有足够的物理监控。 检查收款台打印销售小票和现金销售汇总表的程序设置和修改权限设置。 检查盘点记录和结算记录上负责计算现金和与销售汇总表相调节工作的员工的签名。 检查银行存款单和销售汇总表上的签名，证明已实施复核。 检查银行存款余额调节表的编制和复核人员的审核记录

需要说明的是，表9－5列示的为销售与收款循环中一些较为常见的内部控制和相应的控制测试程序，目的在于帮助注册会计师根据具体情况设计能够应对已识别风险、实现审计目标的控制测试。该表既未包含销售和收款循环所有的内部控制和控制测试，也并不意味着审计实务应当按此执行。一方面，被审计单位所处行业不同、规模不一、内部控制制度的设计和执行方式不同，以前期间接受审计的情况也各不相同；另一方面，受审计时间、审计成本的限制，注册会计师除了确保审计质量、审计效果外，还需要提高审计效率，尽可能地消除重复的测试程序，保证检查某一凭证时能够一次完成对该凭证的全部审计测试程序，并按最有效的顺序实施审计测试。因此，在审计实务工作中，注册会计师需要从实际出发，设计适合被审计单位具体情况的实用高效的控制测试计划。

第五节　销售与收款循环的实质性程序

在完成控制测试之后，注册会计师基于控制测试的结果（即控制运行是否有效），考虑从控制测试中已获得的审计证据及其保证程度，确定是否需要对具体审计计划中设计的实质性程序的性质、时间安排和范围作出适当调整。例如，如果控制测试的结果表明内部控制未能有效运行，注册会计师需要从实质性程序中获取更多的相关审计证据，注册会计师可以修改实质性程序的性质，如采用细节测试而非实质性分析程序、获取更多的外部证据等，或修改实质性审计程序的范围，如扩大样本规模。

在实务中，注册会计师通过计划阶段实施的风险评估程序，已经确定了与已识别重大错报风险相关的认定。在下面的介绍中，我们从风险对应的具体审计目标和相关认定的角度出发，对实务中较为常见的针对营业收入和应收账款的实质性程序进行阐述。这些程序可以从一个或多个认定方面应对识别的重大错报风险。

一、营业收入的实质性程序

（一）营业收入的审计目标

营业收入项目反映企业在销售商品、提供劳务等主营业务活动中所产生的收入，以及企业确认的除主营业务活动以外的其他经营活动实现的收入，包括出租固定资产、出租无形资产、出租包装物和商品、销售材料等实现的收入。其审计目标一般包括：确定利润表中记录的营业收入是否已发生，且与被审计单位有关（“发生”认定）；确定所有应当记录的营业收入是否均已记录（“完整性”认定）；确定与营业收入有关的金额及其他数据是否已恰当记录，包括对销售退回、可变对价的处理是否适当（“准确性”认定）；确定营业收入是否已记录于正确的会计期间（“截止”认定）；确定营业收入记录于恰当的账户（“分类”认定）；确定营业收入已被恰当地汇总或分解且表述清楚，按照企业会计准则的规定在财务报表中作出的相关披露是相关的、可理解的（“列报”认定）。营业收入包括主营业务收入和其他业务收入，本节仅对主营业务收入的实质性程序作出详细阐述。

（二）主营业务收入的常规实质性程序

1. 获取主营业务收入明细表，并执行以下工作：

（1）复核加计是否正确，并与总账数和明细账合计数核对是否相符；

（2）检查以非记账本位币结算的主营业务收入使用的折算汇率及折算是否正确。

2. 实施实质性分析程序。

（1）针对已识别需要运用分析程序的有关项目，并基于对被审计单位及其环境等方面情况的了解，通过进行以下比较，同时考虑有关数据间关系的影响，以建立有关数据的期望值：

①将账面销售收入、销售清单和销售增值税销项清单进行核对。

②将本期销售收入金额与以前可比期间的对应数据或预算数进行比较。

③分析月度或季度销售量、销售单价、销售收入金额、毛利率变动趋势。

④将销售收入变动幅度与销售商品及提供劳务收到的现金、应收账款/合同资产、存货、税金等项目的变动幅度进行比较。

⑤将销售毛利率、应收账款/合同资产周转率、存货周转率等关键财务指标与可比期间数据、预算数或同行业其他企业数据进行比较。

⑥分析销售收入等财务信息与投入产出率、劳动生产率、产能、水电能耗、运输数量等非财务信息之间的关系。

⑦分析销售收入与销售费用之间的关系，包括销售人员的人均业绩指标、销售人员薪酬、广告费、差旅费，以及销售机构的设置、规模、数量、分布等。

（2）确定可接受的差异额。

（3）将实际金额与期望值相比较，计算差异。

（4）如果差异额超过确定的可接受差异额，调查并获取充分的解释和恰当的、佐证性质的审计证据（如通过检查相关的凭证等）。需要注意的是，如果差异超过可接受差异额，注册会计师需要对差异额的全额进行调查证实，而非仅针对超出可接受差异额的部分。

（5）评价实质性分析程序的结果。

3. 检查主营业务收入确认方法是否符合企业会计准则的规定。

《企业会计准则第 14 号——收入》分别对“在某一时段内履行的履约义务”和“在某一时点履行的履约义务”的收入确认作出规定。因此，注册会计师需要基于对被审计单位商业模式和日常经营活动的了解，判断被审计单位的合同履约义务是在某一时段内履行还是某一时点履行，据以评估被审计单位确认收入的会计政策是否符合企业会计准则的规定，并测试被审计单位是否按照其既定的会计政策确认收入。

注册会计师通常对所选取的交易，检查销售合同及与履行合同相关的单据和文件记录，而对于某些特定的收入交易，注册会计师可能还需要根据被审计单位的具体情况和重大错报风险的评估结果，评价收入确认方法是否符合企业会计准则的规定。例如：

（1）对于附有销售退回条款的销售，评价对退回部分的估计是否合理，确定其是否按照因向客户转让商品而预期有权收取的对价金额（即不包含预期因销售退回将退还的金额）确认收入。

（2）对于附有质量保证条款的销售，评价该质量保证是否在向客户保证所销售商品符合既定标准之外提供了一项单独的服务，如果是额外的服务，是否作为单项履约义务会计处理。

（3）对于售后回购交易，评价回购安排是否属于远期安排，企业拥有回购选择权还是客户拥有回售选择权等因素，确定企业是否根据不同的安排进行了恰当的会计处理。

本章假定被审计单位在某一时点履行履约义务，在商品发运至客户并签收时确认收入（客户在该时点取得对商品的控制权）。

4. 检查交易价格。

交易价格，指企业因向客户转让商品而预期有权收取的对价金额。由于合同标价不一定代表交易价格，被审计单位需要根据合同条款，并结合以往的习惯做法等确定交易价格。注册会计师针对交易价格的实质性程序通常为：

（1）询问管理层对交易价格的确定方法，在确定时管理层如何考虑可变对价、合同中存在的重大融资成分、非现金对价、应付客户对价等因素的影响。

（2）选取和阅读部分合同，确定合同条款是否表明需要将交易价格分摊至各单项履约义务，以及合同中是否包含可变对价、非现金对价、应付客户对价以及重大融资成分等。

（3）检查管理层的处理是否恰当，例如，测试管理层对非现金对价公允价值的估计。

本节后述仅列举了有关可变对价的实质性程序。

5. 检查与收入交易相关的原始凭证与会计分录。

以主营业务收入明细账中的会计分录为起点，检查相关原始凭证，如订购单、销售单、出库单、发票等，评价已入账的营业收入是否真实发生（“发生”认定）。检查订购单和销售单，用以确认存在真实的客户购买要求，销售交易已经过适当的授权批准。销售发票存根上所列的单价，通常还要与经过批准的商品价目表进行比较核对，对其金额小计和合计数也要进行复算。发票中列出的商品的规格、数量和客户代码等，则应与出库单进行比较核对，尤其是由客户签收商品的一联，确定已按合同约定履行了履约义务，可以确认收入。同时，还要检查原始凭证中的交易日期（客户取得商品控制权的日期），以确认收入计入正确的会计期间。

6. 从出库单（客户签收联）中选取样本，追查至主营业务收入明细账，以确定是否存在遗漏事项（"完整性"认定）。也就是说，如果注册会计师测试收入的"完整性"这一目标，起点需要是出库单。为使这一程序成为一项有意义的测试，注册会计师需要确认已获取全部出库单，通常可以通过检查出库单的顺序编号来查明。

7. 结合对应收账款/合同资产实施的函证程序，选择客户函证本期销售额。

8. 实施销售截止测试。

对销售实施截止测试，其目的主要在于确定被审计单位主营业务收入的会计记录归属期是否正确：应记入本期或下期的主营业务收入是否被推延至下期或提前至本期。

注册会计师对销售交易实施的截止测试可能包括以下程序：

（1）选取资产负债表日前后若干天的出库单，与应收账款/合同资产和收入明细账进行核对；同时，从应收账款/合同资产和收入明细账选取在资产负债表日前后若干天的凭证，与出库单核对，以确定销售是否存在跨期现象。

（2）复核资产负债表日前后销售和发货水平，确定业务活动水平是否异常，并考虑是否有必要追加实施截止测试程序。

（3）取得资产负债表日后所有的销售退回记录，检查是否存在提前确认收入的情况。

（4）结合对资产负债表日应收账款/合同资产的函证程序，检查有无未取得客户认可的销售。

实施截止测试的前提是注册会计师充分了解被审计单位的收入确认会计实务，并识别能够证明某笔销售符合收入确认条件的关键单据。例如，货物出库时，与货物所有权相关的主要风险和报酬可能尚未转移，即客户尚未取得对商品的控制权，不符合收入确认的条件，因此，仓储部门留存的出库单可能不是实现收入的充分证据，注册会计师需要检查经客户签署的出库单联。销售发票与收入相关，但是发票开具日期不一定与收入实现的日期一致。实务中由于增值税发票涉及企业的纳税和抵扣问题，开票日期滞后于收入可确认日期的情况较为常见，因此，通常不能将开发票日期作为收入确认的日期。

假定某一般制造型企业在货物送达客户并由客户签收时确认收入，注册会计师可以考虑选择两条审计路径实施主营业务收入的截止测试。

一是以账簿记录为起点。从资产负债表日前后若干天的账簿记录追查至记账凭证和客户签收的出库单，目的是证实已入账收入是否在同一期间已发货并由客户签收，有无多记收入。这种方法的优点是比较直观，容易追查至相关凭证记录，以确定其是否应在本期确认收入，特别是在连续审计两个以上会计期间时，检查跨期收入十分便捷，可以提高审计效率。缺点是缺乏全面性和连贯性，只能检查多记，无法检查漏记，尤其是当本期漏记收入延至下期而审计时被审计单位尚未及时入账，不易发现应记入而未记入报告期收入的情况。因此，使用这种方法主要是为了防止多计收入。

二是以出库单为起点。从资产负债表日前后若干天的已经客户签收的出库单查至账簿记录，确定主营业务收入是否已记入恰当的会计期间。

上述两条审计路径在实务中均被广泛采用，它们并不是孤立的，注册会计师可以考虑在同一主营业务收入科目审计中并用这两条路径。实际上，由于被审计单位的具体情况各异，管理层意图各不相同，有的为了完成利润目标、承包指标，更多地享受税收等优惠政策，便于筹资等目的，可能会多计收入；有的则为了以丰补歉、留有余地、推迟缴税时间等目的而少计收入。因此，注册会计师需要凭借专业经验和所掌握的信息进行风险评估，作出正确判断，选择适当的审计路径实施有效的收入截止测试。

9. 对于销售退回，检查相关手续是否符合规定，结合原始销售凭证检查其会计处理是否正确，结合存货项目审计关注其真实性。

10. 检查可变对价的会计处理。

注册会计师针对可变对价的实质性程序可能包括：

（1）获取可变对价明细表，选取项目与相关合同条款进行核对，检查合同中是否确定存在可变对价；

（2）检查被审计单位对可变对价的估计是否恰当，例如，是否在整个合同期间内一致地采用同一种方法进行估计；

（3）检查计入交易价格的可变对价金额是否满足限制条件；

（4）检查资产负债表日被审计单位是否重新估计了应计入交易价格的可变对价金额。如果可变对价金额发生变动，是否按照《企业会计准则第 14 号——收入》的规定进行了恰当的会计处理。

11. 检查主营业务收入在财务报表中的列报和披露是否符合企业会计准则的规定。

（三）营业收入的“延伸检查”程序

如果识别出被审计单位收入真实性存在重大异常情况，且通过常规审计程序无法获取充分、适当的审计证据，注册会计师需要考虑实施“延伸检查”程序，即对检查范围进行合理延伸，以应对识别出的舞弊风险。例如，对所销售产品或服务及其所涉及资金的来源和去向进行追踪，对交易参与方（含代为收付款方）的最终控制人或其真实身份进行查询。

注册会计师在判断是否需要实施“延伸检查”程序及如何实施时，应当根据审计准则的规定，并考虑有经验的专业人士在该场景下通常会作出的合理职业判断。《中国注册会计师审计准则第 1131 号——审计工作底稿》对“有经验的专业人士”进行了定义。此外，实施“延伸检查”程序的可行性和效果受诸多因素影响，注册会计师设计的具体“延伸检查”程序的性质、时间安排和范围，应当针对被审计单位的具体情况，与评估的舞弊风险相称，并体现重要性原则。例如，被审计单位所处行业的下游产业链较长，如果对下游产业链的某个或某几个环节实施“延伸检查”程序获取的审计证据，可以应对与收入确认相关的舞弊风险，则“延伸检查”程序无需覆盖所有环节。再者，相对于常规年度财务报表审计而言，在首次公开发行股票并上市审计（IPO审计）中，由于存在监管要求和相关方的配合，注册会计师实施“延伸检查”程序通常相对可行。

实务中，注册会计师可以实施的“延伸检查”程序举例如下：

1. 在获取被审计单位配合的前提下，对相关供应商、客户进行实地走访，针对相关采购、销售交易的真实性获取进一步的审计证据。在实施实地走访程序时，注册会计师通常需要关注以下事项：

（1）被访谈对象的身份真实性和适当性；

（2）相关供应商、客户是否与被审计单位存在关联方关系或“隐性”关联方关系；

（3）观察相关供应商、客户的生产经营场地，判断其与被审计单位之间的交易规模是否和其生产经营规模匹配；

（4）相关客户向被审计单位进行采购的商业理由；

（5）相关客户采购被审计单位商品的用途和去向，是否存在销售给被审计单位指定单位的情况；

（6）相关客户从被审计单位采购的商品的库存情况，必要时进行实地察看；

（7）是否存在“抽屉协议”，如退货条款、价格保护机制等；

（8）相关供应商向被审计单位销售的产品是否来自被审计单位的指定单位；

（9）相关供应商、客户与被审计单位是否存在除购销交易以外的资金往来，如有，了解资金往来的性质。

注册会计师应当充分考虑被审计单位与被访谈对象串通舞弊的可能性，根据实际情况仔细设计访谈计划和访谈提纲，并对在访谈过程中注意到的可疑迹象保持警觉。注册会计师在访谈前应注意对访谈提纲保密，必要时，选择两名或不同层级的被访谈人员访谈相同或类似问题，进行相互印证。

2. 利用企业信息查询工具，查询主要供应商和客户的股东至其最终控制人，以识别相关供应商和客户与被审计单位是否存在关联方关系。

3. 在采用经销模式的情况下，检查经销商的最终销售实现情况。

4. 当注意到存在关联方（例如，被审计单位控股股东、实际控制人、关键管理人员）配合被审计单位虚构收入的迹象时，获取并检查相关关联方的银行账户资金流水，关注是否存在与被审计单位相关供应商或客户的异常资金往来。

如果识别出收入舞弊或获取的信息表明可能存在舞弊，注册会计师可与被审计单位治理层沟通，并要求治理层就舞弊事项进行调查。

审计程序的性质、时间安排和范围应当能够应对评估的舞弊导致的认定层次重大错报风险。如果注册会计师认为“延伸检查”程序是必要的，但受条件限制无法实施，或实施“延伸检查”程序后仍不足以获取充分、适当的审计证据，注册会计师应当考虑审计范围是否受限，并考虑对审计报告意见类型的影响或解除业务约定。

二、应收账款的实质性程序

应收账款是企业无条件收取合同对价的权利。合同资产是指企业已向客户转让商品而有权收取对价的权利，且该权利取决于时间流逝之外的因素。两者的主要区别在于相关的风险不同，应收款项仅承担信用风险，而合同资产除信用风险外，还可能承担其他风险。本教材重点阐述应收账款的实质性程序。

应收账款指企业因销售商品、提供劳务而形成的现时收款权利，即由于企业销售商品、提供劳务等原因，应向客户收取的款项。应收账款余额一般包括应收账款账面余额和相应的预期信用损失两部分。

企业应当以预期信用损失为基础，合理预计各项应收款项可能发生的坏账，对应收账款进行减值会计处理并确认损失准备。

企业的应收账款是在销售商品或提供劳务过程中产生的。因此，应收账款的审计需要结合销售交易的审计来进行。一方面，收入的“发生”认定直接影响应收账款的“存在”认定；另一方面，由于应收账款代表了尚未收回货款的收入，通过审计应收账款获取的审计证据也能够为收入提供审计证据。

（一）应收账款的审计目标

应收账款的审计目标一般包括：确定资产负债表中记录的应收账款是否存在（“存在”认定）；确定所有应当记录的应收账款是否均已记录（“完整性”认定）；确定记录的应收账款是否由被审计单位拥有或控制（“权利和义务”认定）；确定应收账款是否可收回，预期信用损失的计提方法和金额是否恰当，计提是否充分（“准确性、计价和分摊”认定）；应收账款及其预期信用损失是否已记录于恰当的账户（“分类”认定），并已被恰当地汇总或分解且表述清楚，按照企业会计准则的规定在财务报表中作出的相关披露是相关的、可理解的（“列报”认定）。

（二）应收账款的实质性程序

以下列示了针对应收账款的常规的实质性程序：

1. 取得应收账款明细表。

（1）复核加计正确，并与总账数和明细账合计数核对是否相符；结合损失准备科目与报表数核对是否相符。应收款项报表数反映企业因销售商品、提供劳务等应向客户收取的各种款项，减去已计提的相应的损失准备后的净额。

（2）检查非记账本位币应收账款的折算汇率及折算是否正确。对于用非记账本位币（通常为外币）结算的应收账款，注册会计师检查被审计单位外币应收账款的增减变动是否采用交易发生日的即期汇率将外币金额折算为记账本位币金额，或者采用按照系统合理的方法确定的、与交易发生日即期汇率近似的汇率折算，选择采用汇率的方法前后各期是否一致；期末外币应收账款余额是否采用期末即期汇率折合为记账本位币金额；折算差额的会计处理是否正确。

（3）分析有贷方余额的项目，查明原因，必要时，建议作重分类调整。

（4）结合其他应收款、预收款项等往来项目的明细余额，调查有无同一客户多处挂账、异常余额或与销售无关的其他款项（如代销账户、关联方账户或员工账户）。必要时提出调整建议。

2. 分析与应收账款相关的财务指标。

（1）复核应收账款借方累计发生额与主营业务收入关系是否合理，并将当期应收账款借方发生额占销售收入净额的百分比与管理层考核指标和被审计单位相关赊销政策比较，如存在异常查明原因。

（2）计算应收账款周转率、应收账款周转天数等指标，并与被审计单位相关赊销政策、被审计单位以前年度指标、同行业同期相关指标对比，分析是否存在重大异常并查明原因。

3. 对应收账款实施函证程序。函证应收账款的目的在于证实应收账款账户余额是否真实、准确。通过第三方提供的函证回复，可以比较有效地证明被询证者的存在和被审计单位记录的可靠性。

注册会计师根据被审计单位的经营环境、内部控制的有效性、应收账款账户的性质、被询证者处理询证函的习惯做法及回函的可能性等，确定应收账款函证的范围、对象、方式和时间。

（1）函证决策。除非有充分证据表明应收账款对被审计单位财务报表而言是不重要的，或者函证很可能是无效的，否则，注册会计师应当对应收账款进行函证。如果注册会计师不对应收账款进行函证，应当在审计工作底稿中说明理由。如果认为函证很可能是无效的，注册会计师应当实施替代审计程序，获取相关、可靠的审计证据。

（2）函证的范围和对象。函证范围是由诸多因素决定的，主要有：

①应收账款在全部资产中的重要程度。如果应收账款占资产总额的比重较大，则需要相应扩大函证的范围。

②被审计单位内部控制的有效性。如果相关内部控制有效，则可以相应减少函证范围；反之，则需要扩大函证范围。

③以前期间的函证结果。如果以前期间函证中发现过重大差异，或欠款纠纷较多，则需要扩大函证的范围。

注册会计师选择函证项目时，除考虑金额较大的项目，还需要考虑风险较高的项目。例如：账龄较长的项目；与债务人发生纠纷的项目；重大关联方项目；主要客户（包括关系密切的客户）项目；新增客户项目；交易频繁但期末余额较小甚至余额为零的项目；可能产生重大错报或舞弊的非正常的项目。这种基于一定的标准选取样本的方法具有针对性，比较适用于应收账款余额金额和性质差异较大的情况。如果应收账款余额由大量金额较小且性质类似的项目构成，则注册会计师通常采用抽样技术选取函证样本。

（3）函证的方式。注册会计师可采用积极的或消极的函证方式实施函证，也可将两种方式结合使用。由于应收账款通常存在高估风险，且与之相关的收入确认存在舞弊风险假定，因此，实务中通常对应收账款采用积极的函证方式。下文均假设为积极式函证。参考格式 9-1、参考格式 9-2 列示了积极式询证函的格式；参考格式 9-3 列示了消极式询证函的格式。

参考格式9－1：积极式询证函（格式一）

企业询证函

编号：

××（公司）：

本公司聘请的××会计师事务所正在对本公司××年度财务报表进行审计，按照中国注册会计师审计准则的要求，应当询证本公司与贵公司的往来账项等事项。下列数据出自本公司账簿记录，如与贵公司记录相符，请在本函下端“信息证明无误”处签章证明；如有不符，请在“信息不符”处列明不符金额。回函请直接寄至××会计师事务所。

回函地址：

邮编：　　　　电话：　　　　传真：　　　　联系人：

1. 本公司与贵公司的往来账项列示如下：

单位：元

截止日期	贵公司欠	欠贵公司	备注

2. 其他事项。

本函仅为复核账目之用，并非催款结算。若款项在上述日期之后已经付清，仍请及时函复为盼。

（公司盖章）
年　月　日

结论：1. 信息证明无误。

（公司盖章）
年　月　日
经办人：

2. 信息不符，请列明不符的详细情况：

（公司盖章）
年　月　日
经办人：

参考格式9－2：积极式询证函（格式二）

企业询证函

编号：

××（公司）：

本公司聘请的××会计师事务所正在对本公司××年度财务报表进行审计，按照中国注册会计师审计准则的要求，应当询证本公司与贵公司的往来账项等事项。请列示截至××年×月×日贵公司与本公司往来款项余额。回函请直接寄至××会计师事务所。

回函地址：

邮编： 电话： 传真： 联系人：

本函仅为复核账目之用，并非催款结算。若款项在上述日期之后已经付清，仍请及时函复为盼。

（公司盖章）
年 月 日

1. 贵公司与本公司的往来账项列示如下：

单位：元

截止日期	贵公司欠	欠贵公司	备注

2. 其他事项。

（公司盖章）
年 月 日
经办人：

参考格式9-3：消极式询证函格式

企业询证函

编号：

××（公司）：

本公司聘请的××会计师事务所正在对本公司××年度财务报表进行审计，按照中国注册会计师审计准则的要求，应当询证本公司与贵公司的往来账项等事项。下列数据出自本公司账簿记录，如与贵公司记录相符，则无需回复；如有不符，请直接通知会计师事务所，并请在空白处列明贵公司认为是正确的信息。回函请直接寄至××会计师事务所。

回函地址：

邮编： 电话： 传真： 联系人：

1. 本公司与贵公司的往来账项列示如下：

单位：元

截止日期	贵公司欠	欠贵公司	备注

2. 其他事项。

本函仅为复核账目之用，并非催款结算。若款项在上述日期之后已经付清，仍请及时核对为盼。

(公司盖章)
年　月　日

××会计师事务所：

上面的信息不正确，差异如下：

(公司盖章)
年　月　日
经办人：

(4) 函证时间的选择。注册会计师通常以资产负债表日为截止日，在资产负债表日后适当时间内实施函证。如果重大错报风险评估为低水平，注册会计师可选择资产负债表日前适当日期为截止日实施函证，并对所函证项目自该截止日起至资产负债表日止发生的变动实施其他实质性程序。

(5) 函证的控制。注册会计师通常利用被审计单位提供的应收账款明细账户名称及客户地址等资料据以编制询证函，但注册会计师应当对函证全过程保持控制。并对确定需要确认或填列的信息、选择适当的被询证者、设计询证函以及发出和跟进（包括收回）询证函保持控制。

注册会计师可通过函证结果汇总表的方式对询证函的收回情况加以汇总。函证结果汇总表如表9-6所示。

表9-6　　应收账款函证结果汇总表

询证函编号	客户名称	地址及联系方式	账面金额	函证方式	函证日期		回函日期	替代程序	确认余额	差异金额及说明	备注
					第一次	第二次					
合计											

(6) 对不符事项的处理。对回函中出现的不符事项，注册会计师需要调查核实原因，确定其是否构成错报。注册会计师不能仅通过询问被审计单位相关人员对不符事项的性质和原因得出结论，而是要在询问原因的基础上，检查相关的原始凭证和文件资料予以证实。必要时与被询证方联系，获取相关信息和解释。对应收账款而言，登记入账的时间不同而产生的不符事项主要表现为：①客户已经付款，被审计单位尚未收到货款；②被审计单位的货物已经发出并已做销售记录，但货物仍在途中，客户尚未收到货物；③客户由于某种原因将货物退回，而被审计单位尚未收到；④客户对收到的货物的数量、质

量及价格等方面有异议而全部或部分拒付货款等。

（7）对未回函项目实施替代程序。如果未收到被询证方的回函，注册会计师应当实施替代审计程序，例如，在考虑实施收入截止测试等审计程序所获取审计证据的基础上：

①检查资产负债表日后收回的货款。值得注意的是，注册会计师不能仅查看应收账款的贷方发生额，而是要查看相关的收款单据，以证实付款方确为该客户且确与资产负债表日的应收账款相关。

②检查相关的销售合同、销售单、出库单等文件。注册会计师需要根据被审计单位的收入确认条件和时点，确定能够证明收入发生的凭证。

③检查被审计单位与客户之间的往来邮件，如有关发货、对账、催款等事宜邮件。

在某些情况下，注册会计师可能认为取得积极式函证回函是获取充分、适当的审计证据的必要程序，尤其是识别出有关收入确认的舞弊风险，导致注册会计师不能信赖从被审计单位取得的审计证据，则替代程序不能提供注册会计师需要的审计证据。在这种情况下，如果未获取回函，注册会计师应当确定其对审计工作和审计意见的影响。

需要指出的是，注册会计师应当将询证函回函作为审计证据，纳入审计工作底稿管理，询证函回函的所有权归属所在会计师事务所。

4. 对应收账款余额实施函证以外的细节测试。在未实施应收账款函证的情况下（例如，由于实施函证不可行），注册会计师需要实施其他审计程序获取有关应收账款的审计证据。这种程序通常与上述未收到回函情况下实施的替代程序相似。

5. 检查坏账的冲销和转回。一方面，注册会计师检查有无债务人破产或者死亡的，以及破产或以遗产清偿后仍无法收回的，或者债务人长期未履行清偿义务的应收账款；另一方面，应检查被审计单位坏账的处理是否经授权批准，有关会计处理是否正确。

6. 确定应收账款的列报是否恰当。除了企业会计准则要求的披露之外，如果被审计单位为上市公司，注册会计师还要评价其披露是否符合证券监管部门的特别规定。

（三）坏账准备的实质性程序

应收账款属于以摊余成本计量的金融资产，企业应当以预期信用损失为基础，对其进行减值会计处理并确认坏账准备。以下阐述坏账准备审计常规的实质性程序。

1. 取得坏账准备明细表，复核加计是否正确，与坏账准备总账数、明细账合计数核对是否相符。

2. 将应收账款坏账准备本期计提数与信用减值损失相应明细项目的发生额核对是否相符。

3. 检查应收账款坏账准备计提和核销的批准程序，取得书面报告等证明文件，结合应收账款函证回函结果，评价计提坏账准备所依据的资料、假设及方法。

企业应合理预计信用损失并计提坏账准备，不得多提或少提，否则应视为滥用会计估计，按照前期差错更正的方法进行会计处理。

在实务中，有些企业通常会编制应收账款账龄分析报告，以监控货款回收情况、及时识别可能无法收回的应收账款，并以账龄组合为基础预计信用损失。在这种情况下，注册会计师可以通过测试应收账款账龄分析表来评估坏账准备的计提是否恰当。应收账款账龄分析表参考格式如表 9－7 所示。

表 9－7　　应收账款账龄分析表

年　月　日　　　　货币单位：

客户名称	期末余额	账龄			
		1 年以内	1～2 年	2～3 年	3 年以上
合计					

在测试时，除将应收账款账龄分析表中的合计数与应收账款总分类账余额相比较，调查重大调节项目，以确定应收账款账龄分析表计算的准确性外，注册会计师还需要从账龄分析表中抽取一定数量的项目，追查至相关销售原始凭证，测试账龄划分的准确性。

4. 实际发生坏账损失的，检查转销依据是否符合有关规定，会计处理是否正确。对于被审计单位在被审计期间内发生的坏账损失，注册会计师应检查其原因是否清楚，是否符合有关规定，有无授权批准，有无已做坏账处理后又重新收回的应收账款，相应的会计处理是否正确。对有确凿证据表明确实无法收回的应收账款，如债务单位已撤销、破产、资不抵债、现金流量严重不足等，企业应根据管理权限，经股东（大）会或董事会，或经理（厂长）办公会或类似机构批准作为坏账损失，冲销提取的坏账准备。

5. 已经确认并转销的坏账重新收回的，检查其会计处理是否正确。.

6. 确定应收账款坏账准备的披露是否恰当，如企业是否在财务报表附注中清晰地说明坏账的确认标准、坏账准备的计提方法等内容。

第十章　采购与付款循环的审计

第一节　采购与付款循环的特点

本节包括两部分内容：一是不同行业的采购和费用支出；二是本循环涉及的主要单据与会计记录。

一、不同行业的采购和费用支出

企业的采购与付款循环包括购买商品和服务，以及企业在经营活动中为获取收入而发生的直接或间接的支出。采购业务是企业生产经营活动的起点，企业的支出从性质、数量和发生频率上看是多种多样的。本章主要关注与购买商品和服务、应付账款的支付有关的控制活动以及重大交易。固定资产的采购和管理通常由单独的资产管理部门负责，其风险考虑和相关控制与普通的原材料等商品采购有较大不同，因此在审计实务中一般单独考虑，下文也未将其包含在本循环内进行描述。

不同的企业性质决定企业除了有一些共性的费用支出外，还会发生一些不同类型的支出。表 10 - 1 列示了不同行业通常会发生的一些支出情况，这些支出未包括经营用房产支出和人工费用支出。

表 10 - 1　　不同行业的采购和费用

行业	典型的采购和费用支出
贸易业	商品的购买、运输和存储费用、广告促销费用、售后服务费用
一般制造业	生产过程所需的原材料、包装物、配件的购买与存储支出，市场经营费用，将产成品运达客户处发生的运输费用，管理费用
专业服务业	律师、会计师、财务顾问的费用支出，包括印刷、通信、差旅费，书籍资料和研究设施的费用
金融服务业	给付储户的存款利息，支付其他银行的资金拆借利息、手续费，现金存放、现金运送和网络银行设施的安全维护费用，客户关系维护费用
建筑业	建材支出，建筑设备和器材的租金或购置费用，支付给分包商的费用；保险支出和安保成本；建筑保证金和许可审批方面的支出；交通费、通讯费等。当在外地施工时还会发生建筑工人的食宿费用

二、涉及的主要单据与会计记录

采购与付款交易通常要经过请购—订货—验收—付款这样的流程，同销售与收款交易一样，在内部控制比较健全的企业，处理采购与付款交易通常需要使用多种单据与会计记录。以一般制造业为例，以下列示了常见的采购与付款循环所涉及的主要单据与会计记录（不同被审计单位的单据名称可能不同）：

（一）采购计划

企业以销售和生产计划为基础，考虑供需关系及市场变化等因素，制订采购计划，并经适当的管理层审批后执行。

（二）供应商清单

企业通过文件审核及实地考察等方式对合作的供应商进行认证，将通过认证的供应商信息进行人工或自动化维护，并及时进行更新。

（三）请购单

请购单是由生产、仓库等部门的有关人员填写，送交采购部门，是申请购买商品、服务或其他资产的书面凭据。

（四）订购单

订购单是由采购部门填写，经适当的管理层审核后发送供应商，是向供应商购买订购单上所指定的商品和服务的书面凭据。

（五）验收及入库单

验收单是收到商品时所编制的凭据，列示通过质量检验的、从供应商处收到的商品的种类和数量等内容。入库单是由仓库管理人员填写的验收合格品入库的凭证。

（六）卖方发票

卖方发票（供应商发票）是供应商开具的，交给采购方企业以载明发运的商品或提供的服务、应付款金额和付款条件等事项的凭证。

（七）转账凭证

转账凭证是指记录转账交易的记账凭证，它是根据有关转账交易（即不涉及现金、银行存款收付的各项交易）的原始凭证编制的。

（八）付款凭证

付款凭证包括现金付款凭证和银行存款付款凭证，是指用来记录现金和银行存款支出交易的记账凭证。

（九）应付账款明细账

（十）现金日记账和银行存款日记账

（十一）供应商对账单

实务中，对采购及应付账款的定期对账通常由供应商发起。供应商对账单是由供应商编制的、用于核对与采购企业往来款项的凭据，通常标明期初余额、本期购买、本期支付给供应商的款项和期末余额等信息。供应商对账单是供应商对有关交易的陈述，如果不考虑买卖双方在收发商品或接受服务货物上可能存在的时间差等因素，其期末余额通常应与采购方相应的应付账款期末余额一致。

第二节 采购与付款循环的主要业务活动和相关内部控制

本节以一般制造业的商品采购为例，简要介绍采购与付款循环通常涉及的主要业务活动及其相关的内部控制。

制造业被审计单位的采购与付款循环通常包含的相关财务报表项目、涉及的主要业务活动及常见的主要单据及会计记录如表 10－2 所示。

表 10－2 本循环涉及的各类交易、财务报表项目、主要业务活动及主要单据和会计记录

各类交易	相关财务报表项目	主要业务活动	主要单据和会计记录
采购	存货、其他流动资产、销售费用、管理费用、应付账款、其他应付款、预付款项等	①制定采购计划 ②维护供应商清单 ③请购商品和服务 ④编制订购单 ⑤验收商品 ⑥储存已验收的商品 ⑦编制付款凭单 ⑧确认与记录采购交易和负债	①采购计划 ②供应商清单 ③请购单 ④订购单 ⑤验收及入库单 ⑥卖方发票 ⑦付款凭单
付款	应付账款、其他应付款、应付票据、货币资金等	①办理付款 ②记录现金、银行存款支出 ③与供应商定期对账	①转账凭证/付款凭证 ②应付账款明细账 ③现金日记账和银行存款日记账 ④供应商对账单

下面，我们针对表 10－2 中列示的主要业务活动作出进一步解释，并说明被审计单位通常可能存在的相关控制。

（一）制定采购计划

基于企业的生产经营计划，生产、仓库等部门定期编制采购计划，经部门负责人等适当的管理人员审批后提交采购部门，具体安排商品及服务采购。

（二）维护供应商清单

企业通常对于合作的供应商事先进行资质等审核，将通过审核的供应商信息录入系统，形成完整的供应商清单，并及时对其信息变更进行更新。采购部门只能向通过审核的供应商进行采购。

（三）请购商品和服务

生产部门根据采购计划，对需要购买的已列入存货清单的原材料等项目填写请购单，其他部门对所需要购买的商品或服务编制请购单。大多数企业对正常经营所需物资的购买均作一般授权，例如，生产部门在现有库存达到再订购点时就可提出采购申请，其他部门可以为正常的维修工作和类似工作直接申请采购有关物品。请购单可由人工编制或信息技术应用程序创建。由于企业内不少部门都可以填列请购单，可以按照部门分别设置请购单的连续编号，每张请购单必须经过对这类支出预算负责的主管人员签字批准。

请购单是证明有关采购交易的“发生”认定的凭据之一，也是采购交易轨迹的起点。

（四）编制订购单

采购部门在收到请购单后，只能对经过恰当批准的请购单发出订购单。对每张订购单，采购部门应确定最佳的供应来源。例如，对一些大额、重要的采购项目，采用招标方式确定供应商，以保证供货的质量、及时性和价格的优惠。

订购单应正确填写所需要的商品品名、数量、价格、供应商名称和地址等，预先予以顺序编号并经过被授权的采购人员签名。其正联应送交供应商，副联则送至企业的验收部门、财务部门和编制请购单的部门。随后，内部审计部门独立检查订购单的处理，以确定是否确实收到商品并正确入账。这项检查与采购交易的“完整性”和“发生”认定有关。

（五）验收商品

有效的订购单代表企业已授权验收部门接受供应商发运来的商品。验收部门首先应比较所收商品与订购单上的要求是否相符，如商品的品名、规格型号、数量和质量等，然后再盘点商品并检查商品有无损坏。

验收后，验收部门应对已收货的每张订购单编制一式多联、预先按顺序编号的验收单，作为验收和检验商品的依据。验收人员将商品送交仓库或其他请购部门时，应取得经过签字的收据，或要求其在验收单的副联上签收，以确立他们对所采购的资产应负的保管责任。验收人员还应将其中的一联验收单送交财务部门。

验收单是支持资产以及与采购有关的负债的“存在”认定的重要凭据。定期独立检查验收单的顺序以确定每笔采购交易都已编制凭单，则与采购交易的“完整性”认定有关。

（六）储存已验收的商品

将已验收商品的保管与采购职责相分离，可减少未经授权的采购和盗用商品的风险。存放商品的仓储区应相对独立，限制无关人员接近。这些控制与商品的“存在”认定有关。

（七）确认和记录采购交易与负债

正确确认已验收商品和已接受服务的债务，对企业财务报表和实际现金支出具有重大影响。在记录采购交易前，财务部门需要检查订购单、验收单和供应商发票的一致性，确定供应商发票的内容是否与相关的验收单、订购单一致，以及供应商发票的计算是否正确。在检查无误后，会计人员编制转账凭证/付款凭证，经会计主管审核后据以登记相关账簿。如果月末尚未收到供应商发票，财务部门需根据验收单和订购单暂估相关的负债。这些控制与“存在”“发生”“完整性”“权利和义务”和“准确性、计价和分摊”等认定有关。

（八）办理付款

企业通常根据国家有关支付结算的相关规定和企业生产经营的实际情况选择付款结算方式。以支票结算方式为例，编制和签发支票的有关控制包括：

1. 由被授权的财务部门的人员负责签发支票；

2. 被授权签发支票的人员应确定每张支票后附有已经适当批准的未付款凭单，并确定支票收款人姓名和金额与凭单内容一致；

3. 支票一经签发就应在其凭单和支持性凭证上用加盖印戳或打洞等方式将其注销，以免重复付款；

4. 不得签发无记名甚至空白的支票；

5. 支票应预先顺序编号，保证支出支票存根的完整性和作废支票处理的恰当性；

6. 应确保只有被授权的人员才能接近未经使用的空白支票。

（九）记录现金、银行存款支出

仍以支票结算方式为例，在人工系统下，会计人员应根据已签发的支票编制付款记账凭证，并据以登记银行存款日记账及其他相关账簿。以记录银行存款支出为例，有关控制包括：

1. 会计主管应独立检查记入银行存款日记账和应付账款明细账的金额的一致性，以及与支票汇总记录的一致性；

2. 通过定期比较银行存款日记账记录的日期与支票副本的日期，独立检查入账的及时性；

3. 独立编制银行存款余额调节表。

在内部控制的设置方面，采购与付款循环和第九章第二节讲述的销售与收款循环存在很多类似之处。以下仅就采购交易内部控制的特殊之处予以说明。

1. 适当的职责分离。

如前所述，适当的职责分离有助于防止各种有意或无意的错误。与销售和收款交易一样，采购与付款交易也需要适当的职责分离。企业应当建立采购与付款交易的岗位责任制，明确相关部门和岗位的职责、权限，确保办理采购与付款交易的不相容岗位相互分离、制约和监督。采购与付款交易不相容岗位至少包括：请购与审批；询价与确定供应商；采购合同的订立与审批；采购与验收；采购、验收与相关会计记录；付款审批与付款执行。这些都是对企业提出的、有关采购与付款交易相关职责适当分离的基本要求，以确保办理采购与付款交易的不相容岗位相互分离、制约和监督。

2. 恰当的授权审批。

付款需要由经授权的人员审批，审批人员在审批前需检查相关支持文件，并对其发现的例外事项进行跟进处理。

3. 凭证的预先编号及对例外报告的跟进处理。

通过对入库单的预先编号以及对例外情况的汇总处理，被审计单位可以应对存货和负债记录方面的完整性风险。如果该控制是人工执行的，被审计单位可以安排入库单编制人员以外的独立复核人员定期检查已经进行会计处理的入库单记录，确认是否存在遗漏或重复记录的入库单，并对例外情况予以跟进。如果在信息技术环境下，则系统可以定期生成列明跳号或重号的入库单统计例外报告，由经授权的人员对例外报告进行复核和跟进，可以确认所有入库单都进行了处理，且没有重复处理。

（十）与供应商定期对账

通过与供应商定期对账，就应付账款、预付款项等进行核对，能够及时发现双方存在的差异，对差异进行调查，如有必要作出相应调整。

第三节　采购与付款循环的重大错报风险

一、采购与付款循环存在的重大错报风险

注册会计师识别出的采购与付款循环存在的重大错报风险，因被审计单位的性质和

交易的具体情况而异。以一般制造业为例，就采购与付款循环，注册会计师识别出的重大错报风险通常包括：

1. 未完整记录负债的风险。在承受反映较高盈利水平和营运资本的压力下（如为满足业绩考核要求、从银行获得资金或吸引潜在投资者），被审计单位管理层可能试图低估应付账款等负债。重大错报风险常常集中体现在遗漏交易，例如，未记录已收取货物但尚未收到发票的与采购相关的负债，或未记录尚未付款的已经购买的服务支出，这将对"完整性"等认定产生影响。

2. 多计或少计费用支出的风险。例如，通过多计或少计费用支出把损益控制在被审计单位管理层希望的程度，或是管理层把私人费用计入企业费用。

3. 费用支出记录不准确的风险。例如，被审计单位以复杂的交易安排购买一定期间的多种服务，管理层对于涉及的服务收益与付款安排所涉及的复杂性缺乏足够的了解。这可能导致费用支出分配或计提的错误。

4. 不正确地记录外币交易。当被审计单位进口用于出售的商品时，可能由于采用不恰当的外币汇率而导致该项采购的记录出现差错。此外，还存在未能将诸如运费、保险费和关税等与存货相关的进口费用进行正确分摊的风险。

5. 存在未记录的权利和义务。这可能导致资产负债表分类错误以及财务报表附注不正确或披露不充分。

二、评估固有风险和控制风险

（一）评估固有风险

针对识别出的相关交易类别、账户余额和披露存在的重大错报风险，注册会计师应当通过评估错报发生的可能性和严重程度来评估固有风险。在评估时，注册会计师运用职业判断确定错报发生的可能性和严重程度综合起来的影响程度。例如，某被审计单位从事农产品加工业务，部分原材料系向农户个人采购。在评估固有风险时，注册会计师认为与该类交易相关的固有风险因素主要是复杂性，如采购交易涉及多个农户，并且交易价格的季节性波动较大，导致核算较为复杂。此外，由于与农户的交易多为现金交易，以往年度存在白条交易的情况，存在较高的舞弊风险。基于上述因素，注册会计师认为错报发生的可能性较高，并且由于采购金额重大，如果发生错报，其严重程度较高，因此，将与该类交易相关的风险的固有风险等级评估为最高级，即存在特别风险。

（二）评估控制风险

如果注册会计师计划测试采购与付款循环中相关控制的运行有效性，应当评估相关控制的控制风险。注册会计师可以根据自身偏好的审计技术或方法，以不同方式实施和体现对控制风险的评估。例如，被审计单位每月由不负责应付账款核算的财务人员与供应商对账，就对账差异进行调查并编写说明，报经财务经理复核。注册会计师计划测试该项控制的运行有效性，考虑到该项控制属于常规性控制，不涉及重大判断，执行控制的人员具备相应的知识和技能并且保持了适当的职责分离，因此，注册会计师将该项控制的控制风险等级评估为低水平。

需要说明的是，如果注册会计师拟不测试控制运行的有效性，则应当将固有风险的评估结果作为重大错报风险的评估结果。

三、根据重大错报风险评估结果设计进一步审计程序

注册会计师根据对采购与付款循环存在重大错报风险的评估结果，制定实施进一步审计程序的总体方案，包括确定是采用综合性方案还是实质性方案，并考虑审计程序的性质、时间安排和范围，继而实施控制测试和实质性程序，以应对识别出的认定层次的重大错报风险。

表 10－3 为假定评估应付账款为重要账户，且相关认定包括存在/发生、完整性、准确性及截止的前提下，注册会计师计划实施的进一步审计程序的总体方案示例。

表 10－3 采购与付款循环的重大错报风险和拟实施的进一步审计程序的总体方案

重大错报风险描述	相关财务报表项目及认定	固有风险等级	控制风险等级	进一步审计程序的总体方案	拟从控制测试中获取的保证程度	拟从实质性程序中获取的保证程度
确认的负债及费用并未实际发生	应付账款/其他应付款：存在 销售费用/管理费用：发生	中	低	综合性方案	高	低
不确认与采购相关的负债，或与尚未付款但已经购买的服务支出相关的负债	应付账款/其他应付款：完整性 销售费用/管理费用：完整性	最高	低	综合性方案	高	中
采用不正确的费用支出截止期，例如，将本期的支出延迟到下期确认	应付账款/其他应付款：存在/完整性 销售费用/管理费用：截止	高	最高	实质性方案	无	高
发生的采购未能以正确的金额记录	应付账款/其他应付款：准确性、计价和分摊 销售费用/管理费用：准确性	低	低	综合性方案	中	低

注："控制风险等级"一列中所列示的"最高"，表示注册会计师拟不测试控制运行的有效性，而是将固有风险的评估结果作为重大错报风险的评估结果。因此，在"拟从控制测试中获取的保证程度"列的相应栏次中显示为"无"。

"拟从控制测试中获取的保证程度"一列所列示的"高""中"以及"拟从实质性程序中获取的保证程度"一列所列示的"高""中""低"的级别的确定属于注册会计师的职业判断。针对不同的风险级别，其对应的拟获取的保证程度并非一定如本表所示。本表中的内容仅为向读者演示注册会计师基于特定情况所作出的对应的审计方案的评价结果，从而基于该结果确定控制测试和实质性程序的性质、时间安排和范围。

需要说明的是，上面的示例是根据注册会计师对重大错报风险的初步评估安排的，如果在审计过程中注册会计师了解的情况或获取的证据导致其更新相关风险的评估，则注册会计师需要执行的进一步审计程序也需要相应更新。例如，如果注册会计师通过控制测试发现被审计单位针对"准确性、计价和分摊"认定的相关控制存在缺陷，导致其需要提高对相关控制风险的评估水平，则注册会计师可能需要提高相关重大错报风险的评估水平，并进一步修改实质性审计程序的性质、时间安排和范围。

第四节 采购与付款循环的控制测试

以第二节采购与付款循环的主要业务活动和相关内部控制描述，以及第三节中表10-3的重大错报风险评估和计划的进一步审计程序总体方案为基础，本节进一步举例说明采购与付款循环中常见内部控制的具体测试方法。需要说明的是，如上节所述，是否执行如本节示例的控制测试工作是注册会计师根据其风险评估确定的。在某些情况下，例如，被审计单位的采购是根据信息技术系统事先设定的规则（包括购买的商品及数量）自动发起的，付款也是根据收到商品后系统设置的付款期限自动确定的，该过程在信息技术系统之外没有其他相关凭据的情形下，注册会计师可能判断无法仅通过实施实质性程序获取充分、适当的审计证据；在其他情况下，是否执行本节所述的控制测试工作则是注册会计师根据审计效率作出的总体判断。如果采取依赖于有效的内部控制减少实质性程序的方法，比仅依赖实质性程序更能够提高审计的总体效率，则选择执行控制测试就是适当的。另外，有效的内部控制仅能降低而不能消除重大错报风险，因此仅依赖控制测试而不实施实质性程序也不能为相关的重要账户及其认定提供充分、适当的审计证据。注册会计师还需要根据第五节的指引设计和实施实质性程序。

一、以风险为起点的控制测试

表10-4以一般制造业为例，列示了通常情况下，注册会计师对采购与付款循环实施的控制测试。

表10-4 采购与付款循环的风险、存在的控制及相关控制测试程序

可能发生错报的环节	相关的财务报表项目及认定	存在的内部控制（自动化）	存在的内部控制（人工）	相关的控制测试程序
采购计划未经适当审批	存货：存在 销售费用/管理费用：发生 应付账款：存在		生产、仓储部门以生产需求为基础制定采购计划，经部门负责人审批后交采购部门执行	询问部门负责人审批采购计划的过程，检查采购计划是否经部门负责人恰当审批
新增供应商或供应商信息变更未经恰当的认证	存货：存在 销售费用/管理费用：发生 应付账款：存在	只有订购单上的供应商代码与系统供应商清单中的代码相匹配，订购单才能生效并发送供应商	复核人员对供应商数据的变更请求进行审核批准，包括供应商地址或银行账户的变更以及新增供应商等。在审核时，评价拟变更的供应商信息是否有适当文件的支持，如由供应商提供的新地址或银行账户，或经批准新供应商的授权表格。当审核完成且复核人员提出的问题/要求的修改已经得到满意的解决后，复核人员在系统中确认复核完成	询问复核人员审批供应商数据变更请求的过程，检查变更需求是否有相应的文件支持以及复核人员的确认。 检查系统中采购订单的生成逻辑，确认是否存在供应商代码匹配的要求

续表

可能发生错报的环节	相关的财务报表项目及认定	存在的内部控制（自动化）	存在的内部控制（人工）	相关的控制测试程序
录入系统的供应商信息可能未经恰当复核	存货：存在 销售费用/管理费用：发生 应付账款/其他应付款：存在	系统定期生成所有供应商信息新增变更的报告（包括新增供应商、更改银行账户等）	复核人员定期复核系统生成报告中的项目是否均经恰当授权，当复核工作完成或要求的修改得到满意解决后签字确认复核工作完成	检查系统报告的生成逻辑及完整性。 询问复核人员对报告的检查过程，确认其是否签署
订购单与有效的请购单不符	存货：存在/准确性、计价和分摊销售费用/管理费用：发生/准确性 应付账款/其他应付款：存在/准确性、计价和分摊		复核人员复核每张订购单，包括复核订购单是否有经适当权限人员签署的请购单支持，采购价格是否与供应商协商一致且该供应商已通过审批。当复核完成且复核人员提出的问题/要求的修改已经得到满意的解决后，签署确认复核完成	询问复核人员复核订购单的过程，包括复核人员提出的问题及其跟进记录。 检查订购单是否有相应的请购单及经复核人员签署确认
未在系统中录入或重复录入订购单	存货：存在/完整性 销售费用/管理费用：发生/完整性 应付账款/其他应付款：存在/完整性	系统每月末生成列明编号跳码或重码的订购单的例外事项报告	复核人员定期复核例外事项报告，确定是否有遗漏、重复的记录，所有订购单是否均已录入系统，且仅录入一次	检查系统生成例外事项报告的生成逻辑。 询问复核人员对例外事项报告的检查过程，确认发现的问题是否及时得到了跟进处理
接收缺乏有效订购单支持的商品	应付账款：存在 存货：存在 销售费用/管理费用：发生	确认商品入库后，系统生成连续编号的入库单，并与订购单匹配	仓储人员只有在完成下列程序后，才能在系统中确认商品入库： ①检查是否存在有效的订购单； ②检查是否存在有效的验收单； ③检查收到的商品的数量是否与供应商发货单数量一致	检查系统生成入库单的生成逻辑。 询问生成仓储人员的收货过程，抽样检查入库单是否有对应一致的采购订单及验收单
临近会计期末的采购未被记录在正确的会计期间	应付账款：完整性 存货：完整性 销售费用/管理费用：完整性	系统每月末生成正在执行中的订购单清单	复核人员复核系统生成的正在执行中的订购单清单，检查是否有遗漏的入库。当复核完成且复核人员提出的问题/要求的修改已经得到满意的解决后，签署确认复核已经完成	检查系统生成正在执行中的订购单清单的生成逻辑。 询问复核人员对正在执行中的订购单清单的检查过程，确认发现的问题是否及时得到了跟进处理
	应付账款：存在/完整性 存货：存在/完整性 销售费用/管理费用：发生/完整性/截止	系统每月末生成包含所有已经收货但相关发票信息未录入系统的例外事项报告	复核人员复核例外事项报告中的项目，确定采购是否被记录在正确的期间以及是否应确认负债。当复核完成且复核人员提出的问题/要求的修改已经得到满意的解决后，签署确认复核已经完成	检查系统生成例外事项报告的生成逻辑。 询问复核人员对报告的复核过程，检查报告中的项目是否确认了相应负债，检查复核人员的签署确认

续表

可能发生错报的环节	相关的财务报表项目及认定	存在的内部控制（自动化）	存在的内部控制（人工）	相关的控制测试程序
对采购交易错误分类，导致成本和费用错误	存货：分类 销售费用/管理费用：分类	系统自动将相关发票归集入对应的账户	会计主管对会计人员编制的记账凭证进行审核	检查系统设置的规则 抽样检查记账凭证是否经会计主管审核
确认的负债存在价格/数量错误或服务尚未提供的情形	应付账款：完整性/准确性、计价和分摊 存货/营业成本：完整性/准确性、计价和分摊	当发票信息录入系统后，系统将其详细信息与订购单和入库单进行核对。如信息不符，系统生成例外事项报告	负责应付账款且无职责冲突的人员负责跟进例外事项报告中的所有项目。 复核人员复核例外事项报告中的项目以及跟进情况，当复核完成且复核人员提出的问题/要求的修改已经得到满意的解决后，签署确认复核	检查系统报告的生成逻辑，确认例外事项报告的完整性及准确性。 与复核人员讨论其复核过程，抽样选取例外/删改情况报告。检查每一份报告并确定： ①是否存在管理层复核的证据； ②复核是否在合理的时间范围内完成； ③复核人员提出问题的跟进是否适当、是否能使交易恰当记录于会计系统。 抽样选取采购发票，检查是否与入库单和采购订单所记载的价格、供应商、日期、描述及数量一致
付款未记录、未记录在正确的供应商账户（串户）或记录金额不正确	应付账款：准确性、计价和分摊/存在 存货：准确性、计价和分摊 销售费用/管理费用：准确性		独立于负责现金交易处理的会计人员每月末编制银行存款余额调节表。所有重大差异由调节表编制人跟进，并根据具体情形进行跟进处理。经授权的管理人员复核所编制的银行余额调节表，当复核工作完成或复核人员提出的问题/要求的修改已得到满意的解决后，签署确认复核工作已完成	询问复核人员对银行存款余额调节表的复核过程。 抽样检查银行余额调节表，检查其是否及时得到复核、复核的问题是否得到了恰当跟进处理、复核人员是否签署确认
	应付账款：存在/完整性/分类/准确性、计价和分摊 存货：存在/完整性/分类/准确性、计价和分摊 销售费用/管理费用：发生/完整性/准确性/分类		应付账款会计人员将供应商提供的对账单与应付账款明细表进行核对，并对差异进行跟进处理。 复核人员定期复核供应商对账结果，该对账通过从应付账款明细账中抽取的一定数量的应付供应商余额与供应商提供的对账单进行核对。当复核工作完成或复核人员提出的问题/要求的修改已得到满意的解决后，签署确认复核工作已完成	询问复核人员对供应商对账结果的复核过程，抽样选取供应商对账单，检查其是否与应付账款明细账进行了核对，差异是否得到了恰当的跟进处理。检查复核人员的相关签署确认

续表

可能发生错报的环节	相关的财务报表项目及认定	存在的内部控制（自动化）	存在的内部控制（人工）	相关的控制测试程序
员工具有不适当的访问权限，使其能够实施违规交易或隐瞒错误	应付账款：存在/完整性/准确性、计价和分摊 存货：存在/完整性/准确性、计价和分摊 其他费用：发生/完整性/准确性、计价和分摊	采购系统根据管理层的授权进行权限设置，以支持采购职能所要求的上述职责分离	管理层分离以下活动： ①供应商主文档信息维护； ②请购授权； ③输入采购订单； ④开具供应商发票； ⑤按照订单收取货物； ⑥存货盘点调整等	检查系统中相关人员的访问权限。 复核管理层的授权职责分配表，对不相容职位（申请与审批等）是否设置了恰当的职责分离
总账与明细账中的记录不一致	应付账款：完整性/准确性、计价和分摊 其他费用：完整性/准确性	应付账款/费用明细账的总余额与总账账户间的调节表会在每个期间末及时执行	任何差异会被调查，如恰当，将进行调整。 复核人员会复核调节表及相关支持文档，任何差异及/或调整会被批准	核对总账与明细账的一致性，检查复核人员的复核及差异跟进记录

二、对选择拟测试的控制和测试方法的考虑

注册会计师在实际工作中，并不需要对流程中的所有控制进行测试，而是应该针对识别的可能发生错报环节，选择足以应对评估的重大错报风险的控制进行测试。

例如，针对存货和应付账款的“存在”认定，企业制定的采购计划及审批主要是企业为提高经营效率效果设置的流程及控制，不能直接应对该认定，注册会计师可能不需要对其执行专门的控制测试；请购单的审批与存货和应付账款的“存在”认定相关，但如果企业存在将订购单、验收单和卖方发票的一致性进行核对的“三单核对”控制，该控制通常足以应对存货和应付账款“存在”认定的风险，则可以直接选择“三单核对”控制进行测试，以提高审计效率。

控制测试的具体方法则需要根据具体控制的性质确定。例如，对于入库单连续编号的控制，如果该控制是人工控制，注册会计师可以根据样本量选取一定数量的经复核的入库单清单，检查入库单编号是否完整。如果入库单编号存在跳号情况，向企业的复核人员询问跳号原因，就其解释获取佐证并考虑对审计的影响；如果该控制是自动化控制，则注册会计师可以选取系统生成的例外事项报告，检查报告并确定是否存在管理层复核的证据以及复核是否在合理的时间内完成；与复核人员讨论其复核和跟进过程，如适当，确定复核人员采取的行动以及这些行动在此环境下是否恰当。确认是否发现了任何调整，调整如何得以解决以及采取的行动是否恰当。同时，由专门的信息系统测试人员测试系统的相关控制，以确认例外事项报告的完整性和准确性。

第五节 采购与付款循环的实质性程序

一、应付账款的实质性程序

应付账款是企业在正常经营过程中，因购买材料、商品和接受劳务供应等经营活动而应付给供应商的款项。注册会计师需要结合赊购交易进行应付账款的审计。

（一）应付账款的审计目标

应付账款的审计目标一般包括：确定资产负债表中记录的应付账款是否存在（“存在”认定）；确定所有应当记录的应付账款是否均已记录（“完整性”认定）；确定资产负债表中记录的应付账款是否为被审计单位应当履行的偿还义务（“权利和义务”认定）；确定应付账款是否以恰当的金额包括在财务报表中（“准确性、计价和分摊”认定）；确定应付账款已记录于恰当的账户（“分类”认定）；确定应付账款是否已被恰当地汇总或分解且表述清楚，按照企业会计准则的规定在财务报表中作出的相关披露是相关的、可理解的（“列报”认定）。

（二）应付账款的实质性程序

1. 获取应付账款明细表，并执行以下工作：

（1）复核加计是否正确，并与报表数、总账数和明细账合计数核对是否相符；

（2）检查非记账本位币应付账款的折算汇率及折算是否正确；

（3）分析出现借方余额的项目，查明原因，必要时，建议作重分类调整；

（4）结合预付账款、其他应付款等往来项目的明细余额，检查有无针对同一交易在应付账款和预付款项同时记账的情况、异常余额或与购货无关的其他款项（如关联方账户或雇员账户）。

2. 对应付账款实施函证程序。

由于采购与付款循环中较为常见的重大错报风险是低估应付账款（“完整性”认定），因此，注册会计师在实施函证程序时可能需要从非财务部门（如采购部门）获取适当的供应商清单，如本期采购清单、所有现存供应商名录等，从中选取样本实施函证程序。

对未回函的项目实施替代程序，例如，检查付款单据（如支票存根）、相关的采购单据（如订购单、验收单、发票和合同）或其他适当文件。

3. 检查应付账款是否计入正确的会计期间，是否存在未入账的应付账款。

（1）对本期发生的应付账款增减变动，检查至相关支持性文件，确认会计处理是否正确。

（2）检查资产负债表日后应付账款明细账贷方发生额的相应凭证，关注其验收单、供应商发票的日期，确认其入账时间是否合理。

（3）获取并检查被审计单位与其供应商之间的对账单以及被审计单位编制的差异调节表，确定应付账款金额的准确性。

(4) 针对资产负债表日后付款项目，检查银行对账单及有关付款凭证（如银行汇款通知、供应商收据等），询问被审计单位内部或外部的知情人员，查找有无未及时入账的应付账款。

(5) 结合存货监盘程序，检查被审计单位在资产负债表日前后的存货入库资料（验收报告或入库单），检查相关负债是否计入了正确的会计期间。

如果注册会计师通过这些审计程序发现某些未入账的应付账款，应将有关情况详细记入审计工作底稿，并根据其重要性确定是否需建议被审计单位进行相应的调整。

4. 寻找未入账负债的测试。

获取期后收取、记录或支付的发票明细，包括获取支票登记簿/电汇报告/银行对账单（根据被审计单位情况不同）以及入账的发票和未入账的发票。从中选取项目（尽量接近审计报告日）进行测试并实施以下程序：

(1) 检查支持性文件，如相关的发票、采购合同/申请、收货文件以及接受服务明细，以确定收到商品/接受服务的日期及应在期末之前入账的日期。

(2) 追踪已选取项目至应付账款明细账、货到票未到的暂估入账和/或预提费用明细表，并关注费用所计入的会计期间。调查并跟进所有已识别的差异。

(3) 评价费用是否被记录于正确的会计期间，并相应确定是否存在期末未入账负债。

5. 检查应付账款长期挂账的原因并作出记录，对确实无需支付的应付账款的会计处理是否正确。

6. 检查应付账款是否已按照企业会计准则的规定在财务报表中作出恰当列报和披露。

二、除折旧/摊销、人工费用以外的一般费用的实质性程序

折旧/摊销和人工费用在其他循环中涵盖，此处提及的是除这些费用以外的一般费用，如差旅费、广告费。

（一）一般费用的审计目标

一般费用的审计目标一般包括：确定利润表中记录的一般费用是否确实发生（“发生”认定）；确定所有应当记录的费用是否均已记录（“完整性”认定）；确定一般费用是否以恰当的金额包括在财务报表中（“准确性”认定）；确定费用是否已记录于恰当的账户（“分类”认定）；确定费用是否已计入恰当的会计期间（“截止”认定）。

（二）一般费用的实质性程序

1. 获取一般费用明细表，复核其加计数是否正确、并与总账和明细账合计数核对是否正确。

2. 实质性分析程序：

(1) 考虑可获取信息的来源、可比性、性质和相关性以及与信息编制相关的控制，评价在对记录的金额或比率作出预期时使用数据的可靠性。

(2) 将费用细化到适当层次，根据关键因素和相互关系（例如，本期预算、费用类别与销售数量、职工人数的变化之间的关系等）设定预期值，评价预期值是否足够精确以识别重大错报。

(3) 确定已记录金额与预期值之间可接受的、无需作进一步调查的可接受的差异额。

（4）将已记录金额与期望值进行比较，识别需要进一步调查的差异。

（5）调查差异，询问管理层，针对管理层的答复获取适当的审计证据；根据具体情况在必要时实施其他审计程序。

3. 从资产负债表日后的银行对账单或付款凭证中选取项目进行测试，检查支持性文件（如合同或发票），关注发票日期和支付日期，追踪已选取项目至相关费用明细表，检查费用所计入的会计期间，评价费用是否被记录于正确的会计期间。

4. 对本期发生的费用选取样本，检查其支持性文件，确定原始凭证是否齐全，记账凭证与原始凭证是否相符以及账务处理是否正确。

5. 抽取资产负债表日前后的凭证，实施截止测试，评价费用是否被记录于正确的会计期间。

6. 检查一般费用是否已按照企业会计准则及其他相关规定在财务报表中作出恰当的列报和披露。

第十一章　生产与存货循环的审计

第一节　生产与存货循环的特点

一、不同行业的存货性质

存货的性质由于被审计单位业务的不同而有很大的差别，表 11－1 列示了不同行业的经营主体的存货性质。

表 11－1　　不同行业的存货性质

行业	存货性质
一般制造业	采购的原材料、低值易耗品和配件等、委托加工材料、生产的半成品和产成品
贸易业	从厂商、批发商或其他零售商处采购的商品
餐饮业	用于加工食品的食材、饮料等
建筑业	建筑材料、周转材料、在建项目成本（一般包括建造活动发生的直接材料、直接人工成本和间接费用，以及支付给分包商的建造成本等）

存货是企业的重要资产，存货的采购、使用和销售与企业的经营活动紧密相关，对企业的财务状况和经营成果具有重大而广泛的影响。注册会计师应当确认在财务报表中列示的存货是否存在（“存在”认定），是否归被审计单位所有（“权利和义务”认定），期末计价是否准确（“准确性、计价和分摊”认定），被审计单位的存货是否均已记录（“完整性”认定）。

原材料的采购入库在采购与付款循环中涉及，产成品的出库销售在销售与收款循环中涉及，本章侧重于原材料入库之后至产成品发出之间的业务活动。

二、涉及的主要单据与会计记录

在内部控制比较健全的企业，处理生产和存货业务通常需要使用很多单据与会计记录。典型的生产与存货循环所涉及的主要单据与会计记录有以下几种（不同被审计单位的单据名称可能不同)：

（一）生产指令

生产指令又称“生产任务通知单”或“生产通知单”，是企业下达制造产品等生产任务的书面文件，用以通知供应部门组织材料发放，生产车间组织产品制造，会计部门组织成本计算。广义的生产指令也包括用于指导产品加工的工艺规程，如机械加工企业的“路线图”等。

（二）领发料凭证

领发料凭证是企业为控制材料发出所采用的各种凭证，如材料发出汇总表、领料单、限额领料单、领料登记簿、退料单等。

（三）产量和工时记录

产量和工时记录是登记工人或生产班组在出勤时间内完成产品数量、质量和生产这些产品所耗费工时数量的原始记录。产量和工时记录的内容与格式是多种多样的，在不同的生产企业中，甚至在同一企业的不同生产车间中，由于生产类型不同而采用不同格式的产量和工时记录。常见的产量和工时记录主要有工作通知单、工序进程单、工作班产量报告、产量通知单、产量明细表、废品通知单等。

（四）工薪汇总表及工薪费用分配表

工薪汇总表是为了反映企业全部工薪的结算情况，并据以进行工薪总分类核算和汇总整个企业工薪费用而编制的，它是企业进行工薪费用分配的依据。工薪费用分配表反映了各生产车间各产品应负担的生产工人工薪及福利费。

（五）材料费用分配表

材料费用分配表是用来汇总反映各生产车间各产品所耗费的材料费用的原始记录。

（六）制造费用分配汇总表

制造费用分配汇总表是用来汇总反映各生产车间各产品所应负担的制造费用的原始记录。

（七）成本计算单

成本计算单是用来归集某一成本计算对象所应承担的生产费用，计算该成本计算对象的总成本和单位成本的记录。

（八）产成品入库单和出库单

产成品入库单是产品生产完成并经检验合格后从生产部门转入仓库的凭证。产成品出库单是根据经批准的销售单发出产成品的凭证。

（九）存货明细账

存货明细账是用来反映各种存货增减变动情况和期末库存数量及相关成本信息的会计记录。

（十）存货盘点指令、盘点表及盘点标签

一般制造型企业通常会定期对存货实物进行盘点，将实物盘点数量与账面数量进行核对，对差异进行分析调查，必要时作账务调整，以确保账实相符。在实施存货盘点之前，管理人员通常编制存货盘点指令，对存货盘点的时间、人员、流程及后续处理等方面作出安排。在盘点过程中，通常会使用盘点表记录盘点结果，使用盘点标签对已盘点存货及数量作出标识。

（十一）存货货龄分析表

很多制造型企业通过编制存货货龄分析表，识别流动较慢或滞销的存货，并根据市场情况和经营预测，确定是否需要计提存货跌价准备。这对于管理具有保质期的存货（如食物、药品、化妆品等）尤其重要。

第二节 生产与存货循环的主要业务活动和相关内部控制

对于一般制造型企业而言，生产和存货通常是重大的业务循环，注册会计师需要在审计计划阶段了解该循环涉及的业务活动及与财务报表编制相关的内部控制。注册会计师通常通过实施下列程序获取相关了解：

1. 询问参与生产和存货循环各业务活动的被审计单位人员，一般包括生产部门、仓储部门、人事部门和财务部门的员工和管理人员；

2. 获取并阅读企业的相关业务流程图或内部控制手册等资料；

3. 观察生产和存货循环中特定控制的运用，例如，观察生产部门将完工产品移送入库的流程及相关控制；

4. 检查文件资料，例如，检查原材料领料单、成本计算表、产成品出入库单等；

5. 实施穿行测试，即追踪一笔交易在与财务报表编制相关的信息系统中的处理过程，例如：选取某种产成品，追踪该产品制订生产计划、领料生产、成本核算、完工入库的整个过程。

表 11 - 2 以一般制造型企业为例，针对生产与存货循环中的两个主要方面，即生产及成本核算和存货管理两个方面，分别简要列示了它们通常涉及的财务报表项目、主要业务活动及常见的主要凭证和会计记录。

表 11 - 2 本循环涉及的各类交易、财务报表项目、主要业务活动及主要单据和会计记录

交易类别	涉及的财务报表项目	主要业务活动	主要单据和会计记录*
生产	存货	• 计划和安排生产 • 发出原材料 • 生产产品和成本核算	• 生产通知单 • 原材料领用通知单 • 领料单 • 产量统计记录表 • 生产统计报告 • 入库单 • 材料费用分配表 • 工时统计记录表 • 人工费用分配汇总表 • 制造费用分配汇总表 • 存货明细账

续表

交易类别	涉及的财务报表项目	主要业务活动	主要单据和会计记录*
存货管理	存货 营业成本 资产减值损失 管理费用/营业外支出	• 产成品入库及存货保管 • 发出产成品 • 提取存货跌价准备	• 验收单 • 入库单 • 存货台账 • 盘点计划 • 盘点表单 • 盘点明细表 • 出库单* • 营业成本明细账 • 存货货龄分析表 • 可变现净值计算表

* 其他涉及发出产成品的主要凭证介绍已包含于本书第九章“销售与收款循环的审计”。

在审计工作的计划阶段，注册会计师应当对生产与存货循环中的业务活动进行充分了解和记录，通过分析业务流程中可能发生重大错报的环节，进而识别和了解被审计单位为应对这些可能的错报而设计的相关控制，并通过诸如穿行测试等方法对这些流程和相关控制加以证实。

下面以一般制造型企业为例简要地介绍生产和存货循环通常涉及的主要业务活动及相关内部控制。

生产与存货循环涉及的主要业务活动包括：计划和安排生产；发出原材料；生产产品；核算产品成本；产成品入库及储存；发出产成品；存货盘点；计提存货跌价准备等。上述业务活动通常涉及以下部门：生产计划部门、仓储部门、生产部门、人事部门、销售部门、会计部门等。

（一）计划和安排生产

生产计划部门的职责是根据客户订购单或者销售部门对销售预测和产品需求的分析来决定生产授权。如决定授权生产，即签发预先顺序编号的生产通知单。该部门通常应将发出的所有生产通知单顺序编号并加以记录控制。此外，通常该部门还需编制一份材料需求报告，列示所需要的材料和零件及其库存。

（二）发出原材料

仓储部门的责任是根据从生产部门收到的领料单发出原材料。领料单上必须列示所需的材料数量和种类，以及领料部门的名称。领料单可以一料一单，也可以多料一单，通常需一式三联。仓库管理人员发料并签署后，将其中一联连同材料交给领料部门（生产部门存根联），一联留在仓库登记材料明细账（仓库联），一联交会计部门进行材料收发核算和成本核算（财务联）。

（三）生产产品

生产部门在收到生产通知单及领取原材料后，便将生产任务分解到每一个生产工人，并将所领取的原材料交给生产工人，据以执行生产任务。生产工人在完成生产任务后，将完成的产品交生产部门统计人员查点，然后转交检验员验收并办理入库手续；或是将所完成的半成品移交下一个环节，作进一步加工。

（四）核算产品成本

为了正确核算并有效控制产品成本，必须建立健全成本会计制度，将生产控制和成本核算有机结合在一起。一方面，生产过程中的各种记录、生产通知单、领料单、计工单、产量统计记录表、生产统计报告、入库单等文件资料都要汇集到会计部门，由会计部门对其进行检查和核对，了解和控制生产过程中存货的实物流转；另一方面，会计部门要设置相应的会计账户，会同有关部门对生产过程中的成本进行核算和控制。由于核算精细程度的不同，成本会计制度可以非常简单，只是在期末记录存货余额；也可以是完善的标准成本制度，持续地记录所有材料处理、在产品和产成品，并形成对成本差异的分析报告。完善的成本会计制度应该提供原材料转为在产品，在产品转为产成品，以及按成本中心、分批次生产任务通知单或生产周期所消耗的材料、人工和间接费用的分配与归集的详细资料。

（五）产成品入库及储存

产成品入库，须由仓储部门先行点验和检查，然后签收。签收后，将实际入库数量通知会计部门。据此，仓储部门确立了本身应承担的保管责任，并对验收部门的工作进行验证。除此之外，仓储部门还应根据产成品的品质特征分类存放，并填制标签。

（六）发出产成品

产成品的发出须由独立的发运部门进行。装运产成品时必须持有经有关部门核准的发运通知单，并据此编制出库单。出库单一般为一式四联，一联交仓储部门；一联由发运部门留存；一联送交客户；一联作为开具发票的依据。

（七）存货盘点

管理人员编制盘点指令，安排适当人员对存货实物（包括原材料、在产品和产成品等所有存货类别）进行定期盘点，将盘点结果与存货账面数量进行核对，调查差异并进行适当调整。

（八）计提存货跌价准备

财务部门根据存货货龄分析表信息或相关部门提供的有关存货状况的其他信息，结合存货盘点过程中对存货状况的检查结果，对出现损毁、滞销、跌价等降低存货价值的情况进行分析计算，计提存货跌价准备。

以下对上述八个业务活动中可能存在的内部控制举例说明。

1. 对于计划和安排生产这项主要业务活动，有些被审计单位的内部控制要求，根据经审批的月度生产计划书，由生产计划经理签发预先按顺序编号的生产通知单。

2. 对于发出原材料这项主要业务活动，有些被审计单位的内部控制要求：

（1）领料单应当经生产主管批准，仓库管理员凭经批准的领料单发料；领料单一式三联，分别作为生产部门存根联、仓库联和财务联。

（2）仓库管理员应把领料单编号、领用数量、规格等信息输入计算机系统，经仓储经理复核并以电子签名方式确认后，系统自动更新材料明细台账。

3. 对于生产产品和核算产品成本这两项主要业务活动，有些被审计单位的内部控制要求：

（1）生产成本记账员应根据原材料领料单财务联，编制原材料领用日报表，与计算机系统自动生成的生产记录日报表核对材料耗用和流转信息；由会计主管审核无误后，生成记账凭证并过账至生产成本及原材料明细账和总分类账。

（2）生产部门记录生产各环节所耗用工时数，包括人工工时数和机器工时数，并将工时信息输入生产记录日报表。

（3）每月末，由生产车间与仓库核对原材料和产成品的转出和转入记录，如有差异，仓库管理员应编制差异分析报告，经仓储经理和生产经理签字确认后交会计部门进行调整。

（4）每月末，由计算机系统对生产成本中各项组成部分进行归集，按照预设的分摊公式和方法，自动将当月发生的生产成本在完工产品和在产品之间按比例分配；同时，将完工产品成本在各不同产品类别之间分配，由此生成产品成本计算表和生产成本分配表；由生产成本记账员编制成生产成本结转凭证，经会计主管审核批准后进行账务处理。

4. 对于产成品入库和储存这项主要业务活动，有些被审计单位的内部控制要求：

（1）产成品入库时，质量检验员应检查并签发预先按顺序编号的产成品验收单，由生产小组将产成品送交仓库，仓库管理员应检查产成品验收单，并清点产成品数量，填写预先顺序编号的产成品入库单，经质检经理、生产经理和仓储经理签字确认后，由仓库管理员将产成品入库单信息输入计算机系统，计算机系统自动更新产成品明细台账。

（2）存货存放在安全的环境（如上锁、使用监控设备）中，只有经过授权的工作人员可以接触及处理存货。

5. 对于发出产成品这项主要业务活动，在销售与收款流程循环中涉及产成品出库这一环节，此外还有后续的结转销售成本环节。有些被审计单位可能设计以下内部控制要求：

（1）产成品出库时，由仓库管理员填写预先顺序编号的出库单，并将产成品出库单信息输入计算机系统，经仓储经理复核并以电子签名方式确认后，计算机系统自动更新产成品明细台账并与发运通知单编号核对。

（2）产成品装运发出前，由运输经理独立检查出库单、销售订购单和发运通知单，确定从仓库提取的商品附有经批准的销售订购单，并且，所提取商品的内容与销售订购单一致。

（3）每月末，生产成本记账员根据计算机系统内状态为“已处理”的订购单数量，编制销售成本结转凭证，结转相应的销售成本，经会计主管审核批准后进行账务处理。

6. 对于盘点存货这项业务活动，有些被审计单位的内部控制要求：

（1）生产部门和仓储部门在盘点日前对所有存货进行清理和归整，便于盘点顺利进行。

（2）每一组盘点人员中应包括仓储部门以外的其他部门人员，即不能由负责保管存货的人员单独负责盘点存货；安排不同的工作人员分别负责初盘和复盘。

（3）盘点表和盘点标签事先连续编号，发放给盘点人员时登记领用人员；盘点结束后回收并清点所有已使用和未使用的盘点表和盘点标签。

（4）为防止存货被遗漏或重复盘点，所有盘点过的存货贴盘点标签，注明存货品名、数量和盘点人员，完成盘点前检查现场确认所有存货均已贴上盘点标签。

（5）将不属于本单位的代其他方保管的存货单独堆放并作标识；将盘点期间需要领用的原材料或出库的产成品分开堆放并作标识。

(6) 汇总盘点结果，与存货账面数量进行比较，调查分析差异原因，并对认定的盘盈和盘亏提出账务调整建议，经仓储经理、生产经理、财务经理和总经理复核批准后入账。

7. 对于计提存货跌价准备这项业务活动，有些被审计单位的内部控制要求：

(1) 定期编制存货货龄分析表，管理人员复核该分析表，确定是否有必要对滞销存货计提存货跌价准备，并计算存货可变现净值，据此计提存货跌价准备。

(2) 生产部门和仓储部门每月上报残冷背次存货明细，采购部门和销售部门每月上报原材料和产成品最新价格信息，财务部门据此分析存货跌价风险并计提跌价准备，由财务经理和总经理复核批准并入账。

第三节　生产与存货循环的重大错报风险

一、生产与存货循环存在的重大错报风险

以一般制造类型企业为例，影响生产与存货循环交易和余额的风险因素可能包括：

1. 交易的数量和复杂性。制造类型企业交易的数量庞大，业务复杂，这就增加了错误和舞弊的风险。

2. 成本核算的复杂性。制造类型企业的成本核算比较复杂。虽然原材料和直接人工等直接成本的归集和分配比较简单，但间接费用的分配可能较为复杂，并且，同一行业中的不同企业也可能采用不同的认定和计量基础。

3. 产品的多元化。这可能要求聘请专家来验证其质量、状况或价值。另外，计算库存存货数量的方法也可能是不同的。例如，计量煤堆、筒仓里的谷物或糖、黄金或贵重宝石、化工品和药剂产品的存储量的方法都可能不一样。这并不是要求注册会计师每次监盘存货都需要专家配合，如果存货容易辨认、存货数量容易清点，就无需专家帮助。

4. 某些存货项目的可变现净值难以确定。例如，价格受全球经济供求关系影响的存货，由于其可变现净值难以确定，会影响存货采购价格和销售价格的确定，并将影响注册会计师对与存货“准确性、计价和分摊”认定有关的风险进行的评估。

5. 将存货存放在很多地点。大型企业可能将存货存放在很多地点，并且可以在不同的地点之间转移存货，这将增加商品途中毁损或遗失的风险，或者导致存货在两个地点被重复记录，也可能产生转移定价的错误或舞弊。

6. 寄存的存货。有时候存货虽然还存放在企业，但可能已经不归企业所有。反之，企业的存货也可能被寄存在其他企业。

由于存货与企业各项经营活动的紧密联系，存货的重大错报风险往往与财务报表其他项目的重大错报风险紧密相关。例如，收入确认的错报风险往往与存货的错报风险共存；采购交易的错报风险与存货的错报风险共存，存货成本核算的错报风险与营业成本的错报风险共存等。

综上所述，一般制造型企业的存货的重大错报风险通常包括：

（1）存货实物可能不存在（“存在”认定）；

（2）属于被审计单位的存货可能未在账面反映（“完整性”认定）；

（3）存货的所有权可能不属于被审计单位（“权利和义务”认定）；

（4）存货的单位成本可能存在计算错误（“准确性、计价和分摊”认定）；

（5）存货的账面价值可能无法实现，即存货跌价准备的计提可能不充分（“准确性、计价和分摊”认定）。

此外，实务中，被审计单位管理层通过虚构存货，以及转移资产形成账外存货等方式实施舞弊的案例也屡见不鲜。注册会计师在实施风险评估程序时，也应考虑相关舞弊风险因素，识别和评估被审计单位是否存在与存货相关的舞弊风险。

二、根据重大错报风险评估结果设计进一步审计程序

注册会计师基于生产与存货循环的重大错报风险评估结果，制定实施进一步审计程序的总体方案（包括综合性方案和实质性方案）（见表11－3），继而实施控制测试和实质性程序，以应对识别出的认定层次的重大错报风险。注册会计师通过将控制测试和实质性程序获取的审计证据综合起来应足以应对识别出的认定层次的重大错报风险。

表11－3　　生产与存货循环的重大错报风险和进一步审计程序总体方案

重大错报风险描述	相关财务报表项目及认定	风险程度	是否信赖控制	进一步审计程序的总体方案	拟从控制测试中获取的保证程度	拟从实质性程序中获取的保证程度
存货实物可能不存在	存货：存在	特别	是	综合性	中	高
存货的单位成本可能存在计算错误	存货：准确性、计价和分摊 营业成本：准确性	一般	是	综合性	中	低
已销售产品的成本可能没有准确结转至营业成本	存货：准确性、计价和分摊 营业成本：准确性	一般	是	综合性	中	低
存货的账面价值可能无法实现	存货：准确性、计价和分摊	特别	否	实质性	无	高

注册会计师根据重大错报风险的评估结果初步确定实施进一步审计程序的具体审计计划，因为风险评估和审计计划都是贯穿审计全过程的动态的活动，而且控制测试的结果可能导致注册会计师改变对内部控制的信赖程度，因此，具体审计计划并非一成不变，可能需要在审计过程中进行调整。

然而，无论是采用综合性方案还是实质性方案，获取的审计证据都应当能够从认定层次应对所识别的重大错报风险，直至针对该风险所涉及的全部相关认定均已获取了足够的保证程度。我们将在本章第四节和第五节的讲解中，说明内部控制测试和实质性程序是如何通过“认定”与识别的重大错报风险相对应的。

第四节 生产与存货循环的控制测试

总体上看，生产与存货循环的内部控制主要包括存货数量的内部控制和存货单价的内部控制两方面。由于生产与存货循环与其他业务循环的紧密联系，生产与存货循环中某些审计程序，特别是对存货余额的审计程序，与其他相关业务循环的审计程序同时进行将更为有效。例如，原材料的采购和记录是作为采购与付款循环的一部分进行测试的，人工成本（包括直接人工成本和制造费用中的人工费用）是作为工薪循环的一部分进行测试的。因此，在对生产与存货循环的内部控制实施测试时，要考虑其他业务循环的控制测试是否与本循环相关，避免重复测试。

风险评估和风险应对是整个审计过程的核心，因此，注册会计师通常以识别的重大错报风险为起点，选取拟测试的控制并实施控制测试。表11－4列示了通常情况下注册会计师对生产与存货循环实施的控制测试。

表11－4 生产与存货循环的风险、存在的控制及控制测试程序

可能发生错报的环节	相关财务报表项目及认定	存在的内部控制（自动化）	存在的内部控制（人工）	控制测试程序
发出原材料				
发出的原材料可能未正确记入相应产品的生产成本中	存货：准确性、计价和分摊 营业成本：准确性	领料单信息输入系统时须输入对应的生产任务单编号和所生产的产品代码，每月末系统自动归集生成材料成本明细表	生产主管每月末将其生产任务单及相关领料单存根联与材料成本明细表进行核对，调查差异并处理	检查生产主管核对材料成本明细表的记录，并询问其核对过程及结果
记录人工成本				
生产工人的人工成本可能未得到准确反映	存货：准确性、计价和分摊 营业成本：准确性	所有员工有专属员工代码和部门代码，员工的考勤记录记入相应员工代码	人事部每月编制工薪费用分配表，按员工所属部门将工薪费用分配至生产成本、制造费用、管理费用和销售费用，经财务经理复核后入账	检查系统中员工的部门代码设置是否与其实际职责相符。 询问并检查财务经理复核工资费用分配表的过程和记录
记录制造费用				
发生的制造费用可能没有得到完整归集	存货：准确性、计价和分摊/完整性 营业成本：准确性/完整性	系统根据输入的成本和费用代码自动识别制造费用并进行归集	成本会计每月复核系统生成的制造费用明细表并调查异常波动。必要时由财务经理批准进行调整	检查系统的自动归集设置是否符合有关成本和费用的性质，是否合理。 询问并检查成本会计复核制造费用明细表的过程和记录，检查财务经理对调整制造费用的分录的批准记录

续表

可能发生错报的环节	相关财务报表项目及认定	存在的内部控制（自动化）	存在的内部控制（人工）	控制测试程序
计算产品成本				
生产成本和制造费用在不同产品之间、在产品和产成品之间的分配可能不正确	存货：准确性、计价和分摊 营业成本：准确性		成本会计执行产品成本核算日常成本核算，财务经理每月末审核产品成本计算表及相关资料（原材料成本核算表、工薪费用分配表、制造费用分配表等），并调查异常项目	询问财务经理如何执行复核及调查。选取产品成本计算表及相关资料，检查财务经理的复核记录
产成品入库				
已完工产品的生产成本可能没有转移到产成品中	存货：准确性、计价和分摊	系统根据当月输入的产成品入库单和出库单信息自动生成产成品收（入库）发（出库）存（余额）报表	成本会计将产成品收发存报表中的产品入库数量与当月成本计算表中结转的产成品成本对应的数量进行核对	询问和检查成本会计将产成品收发存报表与成本计算表进行核对的过程和记录
发出产成品				
销售发出的产成品的成本可能没有准确转入营业成本	存货：准确性、计价和分摊 营业成本：准确性	系统根据确认的营业收入所对应的售出产品自动结转营业成本	财务经理和总经理每月对毛利率进行比较分析，对异常波动进行调查和处理	检查系统设置的自动结转功能是否正常运行，成本结转方式是否符合公司成本核算政策。 询问和检查财务经理和总经理进行毛利率分析的过程和记录，并对异常波动的调查和处理结果进行核实
盘点存货				
存货可能被盗或因材料领用/产品销售未入账而出现账实不符	存货：存在		仓库保管员每月末盘点存货并与仓库台账核对并调节一致；成本会计监督其盘点与核对，并抽查部分存货进行复盘。 每年末盘点所有存货，根据盘点结果分析盘盈盘亏并进行账面调整	
计提存货跌价准备				
可能存在残冷背次的存货，影响存货的价值	存货：准确性、计价和分摊 资产减值损失：完整性	系统根据存货入库日期自动统计货龄，每月末生成存货货龄分析表	财务部根据系统生成的存货货龄分析表，结合生产和仓储部门上报的存货损毁情况及存货盘点中对存货状况的检查结果，计提存货减值准备，报总经理审核批准后入账	询问财务经理识别减值风险并确定减值准备的过程，检查总经理的复核批准记录

在上述控制测试中，如果人工控制在执行时依赖于信息技术系统生成的报告，注册会计师还应当针对系统生成报告的准确性执行测试，例如与计提存货跌价准备相关的管理层控制中使用了系统生成的存货货龄分析表，其准确性影响管理层控制的有效性，因此，注册会计师需要同时测试存货货龄分析表的准确性。

有些被审计单位采用信息技术系统执行全程自动化成本核算。在这种情况下，注册会计师通常需要对信息技术系统中的成本核算流程和参数设置进行了解和测试（可能需要利用信息技术专家的工作），并测试相关信息技术一般控制的运行有效性。

需要说明的是，表11-4列示的是生产与存货循环一些较为常见的内部控制和相应的控制测试程序，目的在于帮助注册会计师根据具体情况设计能够实现审计目标的控制测试。该表既未包含生产与存货循环所有的内部控制和控制测试，也并不意味着审计实务应当按此执行。一方面，被审计单位所处行业不同、规模不一、内部控制制度的设计和执行方式不同，以前期间接受审计的情况也各不相同；另一方面，受审计时间、审计成本的限制，注册会计师除了确保审计质量、审计效果外，还需要提高审计效率，尽可能地消除重复的测试程序，保证检查某一凭证时能够一次完成对该凭证的全部审计测试程序，并按最有效的顺序实施审计测试。因此，在审计实务工作中，注册会计师需要从实际出发，设计适合被审计单位具体情况的实用高效的控制测试计划。

第五节 生产与存货循环的实质性程序

在完成控制测试之后，注册会计师基于控制测试的结果（即控制运行是否有效），确定从控制测试中已获得的审计证据及其保证程度，确定是否需要对具体审计计划中设计的实质性程序的性质、时间安排和范围作出适当调整。例如，如果控制测试的结果表明内部控制未能有效运行，注册会计师需要从实质性程序中获取更多的相关审计证据，注册会计师可以修改实质性程序的性质，如采用细节测试而非实质性分析程序、获取更多的外部证据等，或修改实质性审计程序的范围，如扩大样本规模。有关影响抽样时确定样本规模的因素请参考本教材第四章中的讲解。

在实务中，注册会计师通过计划阶段执行的风险评估程序，已经确定了已识别重大错报风险的相关认定。在下面的介绍中，我们从风险对应的具体审计目标和相关认定的角度出发，对实务中较为常见的针对存货和营业成本的实质性程序进行阐述。这些程序可以从一个或多个认定方面应对识别的重大错报风险。

一、存货的审计目标

存货审计，尤其是对年末存货余额的测试，通常是审计中最复杂也最费时的部分。导致存货审计复杂的主要原因包括：

（1）存货通常是资产负债表中的一个主要项目，而且通常是构成营运资本的最大项目。

（2）存货存放于不同的地点，这使得对它的实物控制和盘点都很困难。企业必须将存货置放于便于产品生产和销售的地方，但是这种分散也带来了审计的困难。

（3）存货项目的多样性也给审计带来了困难。例如，化学制品、宝石、电子元件以及其他的高科技产品。

（4）存货本身的状况以及存货成本的分配也使得存货的估价存在困难。

（5）不同企业采用的存货计价方法存在多样性。

正是由于存货对于企业的重要性、存货问题的复杂性以及存货与其他项目密切的关联度，要求注册会计师对存货项目的审计应当予以特别的关注。相应地，要求实施存货项目审计的注册会计师应具备较高的专业素质和相关业务知识，分配较多的审计工时，运用多种有针对性的审计程序。

存货审计涉及数量和单价两个方面。针对存货数量的实质性程序主要是存货监盘。此外，还包括对第三方保管的存货实施函证等程序，对在途存货检查相关凭证和期后入库记录等。针对存货单价的实质性程序包括对购买和生产成本的审计程序和对存货可变现净值的审计程序。其中，原材料成本的计量较为简单，通常通过对采购成本的审计进行测试；在产品和产成品的成本较为复杂，包括测试原材料成本、人工成本和制造费用的归集和分摊。

审计存货的另一个考虑就是其与采购、销售收入及销售成本间的相互关系，因为就存货认定取得的证据也同时为其对应项目的认定提供了证据。例如，通过存货监盘和对已收存货的截止测试取得的，与外购商品或原材料存货的“完整性”和“存在”认定相关的证据，自动为同一期间原材料和商品采购的完整性和发生提供了保证。类似地，销售收入的截止测试也为期末之前的销售成本已经从期末存货中扣除并正确计入销售成本提供了证据。

存货的审计目标一般包括实施审计程序以证实：

1. 账面存货余额对应的实物是否真实存在（“存在”认定）；
2. 属于被审计单位的存货是否均已入账（“完整性”认定）；
3. 存货是否属于被审计单位（“权利和义务”认定）；
4. 存货单位成本的计量是否准确（“准确性、计价和分摊”认定）；
5. 存货的账面价值是否可以实现（“准确性、计价和分摊”认定）。

二、存货的一般审计程序

获取年末存货余额明细表，并执行以下工作：

1. 复核单项存货金额的计算（单位成本 × 数量）和明细表的加总计算是否准确。
2. 将本年末存货余额与上年末存货余额进行比较，总体分析变动原因。

三、存货监盘

（一）存货监盘的作用

如果存货对财务报表是重要的，注册会计师应当实施下列审计程序，对存货的存在和状况获取充分、适当的审计证据：

1. 在存货盘点现场实施监盘（除非不可行）；
2. 对期末存货记录实施审计程序，以确定其是否准确反映实际的存货盘点结果。

在存货盘点现场实施监盘时，注册会计师应当实施下列审计程序：

1. 评价管理层用以记录和控制存货盘点结果的指令和程序；
2. 观察管理层制定的盘点程序的执行情况；

3. 检查存货；

4. 执行抽盘。

存货监盘的相关程序可以用作控制测试或者实质性程序。注册会计师可以根据风险评估结果、审计方案和实施的特定程序作出判断。例如，如果只有少数项目构成了存货的主要部分，注册会计师可能选择将存货监盘用作实质性程序。

需要说明的是，尽管实施存货监盘，获取有关期末存货的存在和状况的充分、适当的审计证据是注册会计师的责任，但这并不能取代被审计单位管理层定期盘点存货、合理确定存货的存在和状况的责任。事实上，管理层通常制定程序，对存货每年至少进行一次实物盘点，以作为编制财务报表的基础，并用以确定被审计单位永续盘存制的可靠性（如适用）。

注册会计师监盘存货的目的在于获取有关存货的存在和状况的审计证据。因此，存货监盘针对的主要是存货的“存在”认定，对存货的“完整性”认定及“准确性、计价和分摊”认定，也能提供部分审计证据。此外，注册会计师还可能在存货监盘中获取有关存货所有权的部分审计证据。例如，如果注册会计师在监盘中注意到某些存货已经被法院查封，需要考虑被审计单位对这些存货的所有权是否受到了限制。但如《〈中国注册会计师审计准则第 1311 号——对存货、诉讼和索赔、分部信息等特定项目获取审计证据的具体考虑〉应用指南》第 6 段所述，存货监盘本身并不足以供注册会计师确定存货的所有权，注册会计师可能需要执行其他实质性审计程序以应对“权利和义务”认定的相关风险。

（二）存货监盘计划

1. 制定存货监盘计划的基本要求。注册会计师应当根据被审计单位存货的特点、盘存制度和存货内部控制的有效性等情况，在评价被审计单位管理层制定的存货盘点程序的基础上，编制存货监盘计划，对存货监盘作出合理安排。

有效的存货监盘需要制定周密、细致的计划。为了避免误解并有助于有效地实施存货监盘，注册会计师通常需要与被审计单位就存货监盘等问题达成一致意见。因此，注册会计师首先应当充分了解被审计单位存货的特点、盘存制度和存货内部控制的有效性等情况，并考虑获取、审阅和评价被审计单位制定的盘点程序。根据计划过程所搜集到的信息，有助于注册会计师合理确定参与监盘的地点以及存货监盘的程序。

2. 制定存货监盘计划应考虑的相关事项。在编制存货监盘计划时，注册会计师需要考虑以下事项：

（1）与存货相关的重大错报风险。存货通常具有较高的重大错报风险，影响重大错报风险的因素具体包括：存货的数量和种类、成本归集的难易程度、陈旧过时的速度或易损坏程度、遭受失窃的难易程度。由于制造过程和成本归集制度的差异，制造企业的存货与其他企业（如批发企业）的存货相比往往具有更高的重大错报风险，对于注册会计师的审计工作而言则更具复杂性。外部因素也会对重大错报风险产生影响。例如，技术进步可能导致某些产品过时，从而导致存货价值更容易发生高估。以下类别的存货就可能增加审计的复杂性与风险：

——具有漫长制造过程的存货。制造过程漫长的企业（如飞机制造和酒类产品酿造企业）的审计重点包括递延成本、预期发生成本以及未来市场波动可能对当期损益的影响等事项。

——具有固定价格合约的存货。预期发生成本的不确定性是其重大审计问题。

——与时装相关的服装行业。由于服装产品的消费者对服装风格或颜色的偏好容易发生变化，因此，存货是否过时是重要的审计事项。

——鲜活、易腐商品存货。因为物质特性和保质期短暂，此类存货变质的风险很高。

——具有高科技含量的存货。由于技术进步，此类存货容易过时。

——单位价值高昂、容易被盗窃的存货。例如，珠宝存货的错报风险通常高于铁制纽扣之类存货的错报风险。

（2）与存货相关的内部控制的性质。在制定存货监盘计划时，注册会计师应当了解被审计单位与存货相关的内部控制，并根据内部控制的完善程度确定进一步审计程序的性质、时间安排和范围。与存货相关的内部控制涉及被审计单位供、产、销各个环节，包括采购、验收、仓储、领用、加工、装运出库等方面。需要说明的是，与存货内部控制相关的措施有很多，其有效程度也存在差异。

与采购相关的内部控制的总体目标是所有交易都已获得适当的授权与批准。使用购货订购单是一项基本的内部控制措施。购货订购单应当预先连续编号，事先确定采购价格并获得批准。此外，还应当定期清点购货订购单。

与存货验收相关的内部控制的总体目标是所有收到的商品都已得到记录。使用验收报告单是一项基本的内部控制措施。被审计单位应当设置独立的部门负责验收商品，该部门具有验收存货实物、确定存货数量、编制验收报告、将验收报告传送至会计核算部门以及运送商品至仓库等一系列职能。

与仓储相关的内部控制的总体目标是确保与存货实物的接触必须得到管理层的指示和批准。被审计单位应当采取实物控制措施，使用适当的存储设施，以使存货免受意外损毁、盗窃或破坏。

与领用相关的内部控制的总体目标是所有存货的领用均应得到批准和记录。使用存货领用单是一项基本的内部控制措施。对存货领用单，应当定期进行清点。

与加工（生产）相关的内部控制的总体目标是对所有的生产过程作出适当的记录。使用生产报告是一项基本的内部控制措施。在生产报告中，应当对产品质量缺陷和零部件使用及报废情况及时作出说明。

与装运出库相关的内部控制的总体目标是所有的装运都得到了记录。使用发运凭证是一项基本的内部控制措施。发运凭证应当预先编号，定期进行清点，并作为日后开具收款账单的依据。

被审计单位与存货实地盘点相关的内部控制通常包括：制订合理的存货盘点计划，确定合理的存货盘点程序，配备相应的监督人员，对存货进行独立的内部验证，将盘点结果与永续存货记录进行独立的调节，对盘点表和盘点标签进行充分控制。

（3）对存货盘点是否制定了适当的程序，并下达了正确的指令。注册会计师一般需要复核或与管理层讨论其存货盘点程序。在复核或与管理层讨论其存货盘点程序时，注册会计师应当考虑下列主要因素，以评价其能否合理地确定存货的存在和状况：盘点的时间安排；存货盘点范围和场所的确定；盘点人员的分工及胜任能力；盘点前的会议及任务布置；存货的整理和排列，对毁损、陈旧、过时、残次及所有权不属于被审计单位的存货的区分；存货的计量工具和计量方法；在产品完工程度的确定方法；存放在外单位的存货的盘点安排；存货收发截止的控制；盘点期间存货移动的控制；盘点表单的设计、使用与控制；盘点结果的汇总以及盘盈或盘亏的分析、调查与处理。

如果认为被审计单位的存货盘点程序存在缺陷，注册会计师应当提请被审计单位调整。

（4）存货盘点的时间安排。如果存货盘点在财务报表日以外的其他日期进行，注册会计师除实施存货监盘相关审计程序外，还应当实施其他审计程序，以获取审计证据，确定存货盘点日与财务报表日之间的存货变动是否已得到恰当的记录。

（5）被审计单位是否一贯采用永续盘存制。存货数量的盘存制度一般分为实地盘存制和永续盘存制。存货盘存制度不同，注册会计师需要作出的存货监盘安排也不同。如果被审计单位通过实地盘存制确定存货数量，则注册会计师要参加此种盘点。如果被审计单位采用永续盘存制，注册会计师应在年度中一次或多次参加盘点。

（6）存货的存放地点（包括不同存放地点的存货的重要性和重大错报风险），以确定适当的监盘地点。

如果被审计单位的存货存放在多个地点，注册会计师可以要求被审计单位提供一份完整的存货存放地点清单（包括期末库存量为零的仓库、租赁的仓库，以及第三方代被审计单位保管存货的仓库等），并考虑其完整性。根据具体情况下的风险评估结果，注册会计师可以考虑执行以下一项或多项审计程序：

——询问被审计单位除管理层和财务部门以外的其他人员，如营销人员、仓库人员等，以了解有关存货存放地点的情况；

——比较被审计单位不同时期的存货存放地点清单，关注仓库变动情况，以确定是否存在因仓库变动而未将存货纳入盘点范围的情况发生；

——检查被审计单位存货的出、入库单，关注是否存在被审计单位尚未告知注册会计师的仓库（如期末库存量为零的仓库）；

——检查费用支出明细账和租赁合同，关注被审计单位是否租赁仓库并支付租金，如果有，该仓库是否已包括在被审计单位提供的仓库清单中；

——检查被审计单位“固定资产——房屋建筑物”明细清单，了解被审计单位可用于存放存货的房屋建筑物。

在获取完整的存货存放地点清单的基础上，注册会计师可以根据不同地点所存放存货的重要性以及对各个地点与存货相关的重大错报风险的评估结果（例如，注册会计师在以往审计中可能注意到某些地点存在存货相关的错报，因此，在本期审计时对其予以特别关注），选择适当的地点进行监盘，并记录选择这些地点的原因。

如果识别出舞弊导致的影响存货数量的重大错报风险，注册会计师在检查被审计单位存货记录的基础上，可能决定在不预先通知的情况下对特定存放地点的存货实施监盘，或在同一天对所有存放地点的存货实施监盘。

同时，在连续审计中，注册会计师可以考虑在不同期间的审计中变更所选择实施监盘的地点。

（7）是否需要专家协助。注册会计师可能不具备其他专业领域专长与技能。在确定资产数量或资产实物状况（如矿石堆），或在收集特殊类别存货（如艺术品、稀有玉石、房地产、电子器件、工程设计等）的审计证据时，注册会计师可以考虑利用专家的工作。

当在产品存货金额较大时，可能面临如何评估在产品完工程度的问题。注册会计师可以了解被审计单位的盘点程序，如果有关在产品的完工程度未被明确列出，注册会计师应当考虑采用其他有助于确定完工程度的措施，如获取零部件明细清单、标准成本表以及作业成本表，与工厂的有关人员进行讨论等，并运用职业判断。注册会计师也可以根据存货生产过程的复杂程度考虑利用专家的工作。

3. 存货监盘计划的主要内容。存货监盘计划应当包括以下主要内容：

（1）存货监盘的目标、范围及时间安排。存货监盘的主要目标包括获取被审计单位资产负债表日有关存货的存在和状况以及有关管理层存货盘点程序可靠性的审计证据，检查存货的数量是否真实完整，是否归属被审计单位，存货有无毁损、陈旧、过时、残次和短缺等状况。

存货监盘范围的大小取决于存货的内容、性质以及与存货相关的内部控制的完善程度和重大错报风险的评估结果。

存货监盘的时间，包括实地察看盘点现场的时间、观察存货盘点的时间和对已盘点存货实施检查的时间等，应当与被审计单位实施存货盘点的时间相协调。

（2）存货监盘的要点及关注事项。存货监盘的要点主要包括注册会计师实施存货监盘程序的方法、步骤，各个环节应注意的问题以及所要解决的问题。注册会计师需要重点关注的事项包括盘点期间的存货移动、存货的状况、存货的截止确认、存货的各个存放地点及金额等。

（3）参加存货监盘人员的分工。注册会计师应当根据被审计单位参加存货盘点人员分工、分组情况，存货监盘工作量的大小和人员素质情况，确定参加存货监盘的人员组成以及各组成人员的职责和具体的分工情况，并加强督导。

（4）抽盘存货的范围。注册会计师应当根据对被审计单位存货盘点和对被审计单位内部控制的评价结果确定抽盘存货的范围。在实施观察程序后，如果认为被审计单位内部控制设计良好且得到有效实施，存货盘点组织良好，可以相应缩小实施抽盘的范围。

（三）存货监盘程序

在存货盘点现场实施监盘时，注册会计师应当实施下列审计程序：

1. 评价管理层用以记录和控制存货盘点结果的指令和程序。注册会计师需要考虑这些指令和程序是否包括下列方面：

（1）适当控制活动的运用。例如，收集已使用的存货盘点记录，清点未使用的存货盘点表单，实施盘点和复盘程序。

（2）准确认定在产品的完工程度。例如，流动缓慢（呆滞）、过时或毁损的存货项目，以及第三方拥有的存货（如寄存货物）。

（3）在适用的情况下用于估计存货数量的方法。例如，可能需要估计煤堆的重量。

（4）对存货在不同存放地点之间的移动以及截止日前后出入库的控制。

一般而言，被审计单位在盘点过程中停止生产并关闭存货存放地点以确保停止存货的移动，有利于保证盘点的准确性。但特定情况下，被审计单位可能由于实际原因无法停止生产或收发货物。这种情况下，注册会计师可以根据被审计单位的具体情况考虑其无法停止存货移动的原因及其合理性。

同时，注册会计师可以通过询问管理层以及阅读被审计单位的盘点计划等方式，了解被审计单位对存货移动所采取的控制程序和对存货收发截止影响的考虑。例如，如果被审计单位在盘点过程中无法停止生产，可以考虑在仓库内划分出独立的过渡区域，将预计在盘点期间领用的存货移至过渡区域、对盘点期间办理入库手续的存货暂时存放在过渡区域，以此确保相关存货只被盘点一次。

在实施存货监盘程序时，注册会计师需要观察被审计单位有关存货移动的控制程序是否得到执行。同时，注册会计师可以向管理层索取盘点期间存货移动相关的书面记录以及出、入库资料作为执行截止测试的资料，以为监盘结束的后续工作提供证据。

2. 观察管理层制定的盘点程序（如对盘点时及其前后的存货移动的控制程序）的执行情况。这有助于注册会计师获取有关管理层指令和程序是否得到适当设计和执行的审计证据。尽管盘点存货时最好能保持存货不发生移动，但在某些情况下存货的移动是难以避免的。如果在盘点过程中被审计单位的生产经营仍将持续进行，注册会计师应通过实施必要的检查程序，确定被审计单位是否已经对此设置了相应的控制程序，确保在适当的期间内对存货作出了准确记录。

此外，注册会计师可以获取有关截止性信息（如存货移动的具体情况）的复印件，有助于日后对存货移动的会计处理实施审计程序。具体来说，注册会计师一般应当获取盘点日前后存货收发及移动的凭证，检查库存记录与会计记录期末截止是否正确。

注册会计师需要关注，所有在盘点日以前入库的存货项目是否均已包括在盘点范围内，所有已确认为销售但尚未装运出库的商品是否均未包括在盘点范围内。

在途存货和被审计单位直接向顾客发运的存货是否均已得到了适当的会计处理。

注册会计师通常可观察存货的验收入库地点和装运出库地点以执行截止测试。在存货入库和装运过程中采用连续编号的凭证时，注册会计师应当关注盘点日前的最后编号。如果被审计单位没有使用连续编号的凭证，注册会计师应当列出盘点日以前的最后几笔装运和入库记录。如果被审计单位使用运货车厢或拖车进行存储、运输或验收入库，注册会计师应当详细列出存货场地上满载和空载的车厢或拖车，并记录各自的存货状况。

3. 检查存货。在存货监盘过程中检查存货，虽然不一定能确定存货的所有权，但有助于确定存货的存在，以及识别过时、毁损或陈旧的存货。注册会计师应当把所有过时、毁损或陈旧存货的详细情况记录下来，这既便于进一步追查这些存货的处置情况，也能为测试被审计单位存货跌价准备计提的准确性提供证据。

4. 执行抽盘。在对存货盘点结果进行测试时，注册会计师可以从存货盘点记录中选取项目追查至存货实物，以及从存货实物中选取项目追查至盘点记录，以获取有关盘点记录准确性和完整性的审计证据。需要说明的是，注册会计师应尽可能避免让被审计单位事先了解将抽盘的存货项目。除记录注册会计师对存货盘点结果进行的测试情况外，获取管理层完成的存货盘点记录的复印件也有助于注册会计师日后实施审计程序，以确定被审计单位的期末存货记录是否准确地反映了存货的实际盘点结果。

注册会计师在实施抽盘程序时发现差异，很可能表明被审计单位的存货盘点在准确性或完整性方面存在错误。由于检查的内容通常仅仅是已盘点存货中的一部分，所以在检查中发现错误很可能意味着被审计单位的存货盘点还存在着其他错误。一方面，注册会计师应当查明原因，并及时提请被审计单位更正；另一方面，注册会计师应当考虑错误的潜在范围和重大程度，在可能的情况下，扩大检查范围以减少错误的发生。注册会计师还可要求被审计单位重新盘点。重新盘点的范围可限于某一特殊领域的存货或特定盘点小组。

5. 需要特别关注的情况。包括：

（1）存货盘点范围。在被审计单位盘点存货前，注册会计师应当观察盘点现场，确定应纳入盘点范围的存货是否已经适当整理和排列，并附有盘点标识，防止遗漏或重复盘点。对未纳入盘点范围的存货，注册会计师应当查明未纳入的原因。

对所有权不属于被审计单位的存货，注册会计师应当取得其规格、数量等有关资料，确定是否已单独存放、标明，且未被纳入盘点范围。在存货监盘过程中，注册会计师应当根据取得的所有权不属于被审计单位的存货的有关资料，观察这些存货的实际存放情况，确保其未被纳入盘点范围。即使在被审计单位声明不存在受托代存存货的情形下，注册会计师在存货监盘时也应当关注是否存在某些存货不属于被审计单位的迹象，以避免盘点范围不当。

（2）对特殊类型存货的监盘。对某些特殊类型的存货而言，被审计单位通常使用的盘点方法和控制程序并不完全适用。这些存货通常或者没有标签，或者其数量难以估计，或者其质量难以确定，或者盘点人员无法对其移动实施控制。在这些情况下，注册会计师需要运用职业判断，根据存货的实际情况，设计恰当的审计程序，对存货的存在和状况获取审计证据。表 11－5 列举了被审计单位特殊存货的类型、通常采用的盘点方法与存在的潜在问题，以及可供注册会计师实施的监盘程序。注册会计师在审计实务中，应当根据被审计单位所处行业的特点、存货的类别和特点以及内部控制等具体情况，并在通用的存货监盘程序基础上，设计关于特殊类型存货监盘的具体审计程序。

表 11－5　　特殊类型存货的监盘程序

存货类型	盘点方法与潜在问题	可供实施的审计程序
木材、钢筋盘条、管子	通常无标签，但在盘点时会做上标记或用粉笔标识。 难以确定存货的数量或等级	检查标记或标识。 利用专家或被审计单位内部有经验人员的工作
堆积型存货（如糖、煤、钢废料）	通常既无标签也不做标记。 在估计存货数量时存在困难	运用工程估测、几何计算、高空勘测，并依赖详细的存货记录
使用磅秤测量的存货	在估计存货数量时存在困难	在监盘前和监盘过程中均应检验磅秤的精准度，并留意磅秤的位置移动与重新调校程序。 将检查和重新称量程序相结合。 检查称量尺度的换算问题
散装物品（如贮窖存货，使用桶、箱、罐、槽等容器储存的液体、气体、谷类粮食、流体存货等）	在盘点时通常难以识别和确定。 在估计存货数量时存在困难。 在确定存货质量时存在困难	使用容器进行监盘或通过预先编号的清单列表加以确定。 使用浸蘸、测量棒、工程报告以及依赖永续存货记录。 选择样品进行化验与分析，或利用专家的工作

续表

存货类型	盘点方法与潜在问题	可供实施的审计程序
贵金属、石器、艺术品与收藏品	在存货辨认与质量确定方面存在困难	选择样品进行化验与分析，或利用专家的工作
生产纸浆用木材、牲畜	在存货辨认与数量确定方面存在困难。 可能无法对此类存货的移动实施控制	通过高空摄影以确定其存在，对不同时点的数量进行比较，并依赖永续存货记录

6. 存货监盘结束时的工作。在被审计单位存货盘点结束前，注册会计师应当：

（1）再次观察盘点现场，以确定所有应纳入盘点范围的存货是否均已盘点。

（2）取得并检查已填用、作废及未使用盘点表单的号码记录，确定其是否连续编号，查明已发放的表单是否均已收回，并与存货盘点的汇总记录进行核对。注册会计师应当根据自己在存货监盘过程中获取的信息对被审计单位最终的存货盘点结果汇总记录进行复核，并评估其是否正确地反映了实际盘点结果。

如果存货盘点日不是资产负债表日，注册会计师应当实施适当的审计程序，确定盘点日与资产负债表日之间存货的变动是否已得到恰当的记录。

在实务中，注册会计师可以结合盘点日至财务报表日之间间隔期的长短、相关内部控制的有效性等因素进行风险评估，设计和执行适当的审计程序。在实质性程序方面，注册会计师可以实施的程序示例包括：

（1）比较盘点日和财务报表日之间的存货信息以识别异常项目，并对其执行适当的审计程序（例如实地查看等）；

（2）对存货周转率或存货销售周转天数等实施实质性分析程序；

（3）对盘点日至财务报表日之间的存货采购和存货销售分别实施双向检查（例如，对存货采购从入库单查至其相应的永续盘存记录及从永续盘存记录查至其相应的入库单等支持性文件，对存货销售从货运单据查至其相应的永续盘存记录及从永续盘存记录查至其相应的货运单据等支持性文件）；

（4）测试存货销售和采购在盘点日和财务报表日的截止是否正确。

（四）特殊情况的处理

1. 在存货盘点现场实施存货监盘不可行。在某些情况下，实施存货监盘可能是不可行的。这可能是由存货性质和存放地点等因素造成的，例如，存货存放在对注册会计师的安全有威胁的地点。然而，对注册会计师带来不便的一般因素不足以支持注册会计师作出实施存货监盘不可行的决定。审计中的困难、时间或成本等事项本身，不能作为注册会计师省略不可替代的审计程序或满足于说服力不足的审计证据的正当理由。

如果在存货盘点现场实施存货监盘不可行，注册会计师应当实施替代审计程序（如检查盘点日后出售盘点日之前取得或购买的特定存货的文件记录），以获取有关存货的存在和状况的充分、适当的审计证据。

但在其他一些情况下，如果不能实施替代审计程序，或者实施替代审计程序可能无法获取有关存货的存在和状况的充分、适当的审计证据，注册会计师需要按照《中国注册会计师审计准则第1502号——在审计报告中发表非无保留意见》的规定发表非无保留意见。

2. 因不可预见的情况导致无法在存货盘点现场实施监盘。有时，由于不可预见情况而可能导致无法在预定日期实施存货监盘，两种比较典型的情况包括：一是注册会计师无法亲临现场，即由于不可抗力导致其无法到达存货存放地实施存货监盘；二是气候因素，即由于恶劣的天气导致注册会计师无法实施存货监盘程序，或由于恶劣的天气无法观察存货，如木材被积雪覆盖。

如果由于不可预见的情况无法在存货盘点现场实施监盘，注册会计师应当另择日期实施监盘，并对间隔期内发生的交易实施审计程序。

3. 由第三方保管或控制的存货。如果由第三方保管或控制的存货对财务报表是重要的，注册会计师应当实施下列一项或两项审计程序，以获取有关该存货存在和状况的充分、适当的审计证据：

（1）向持有被审计单位存货的第三方函证存货的存在和状况。

（2）实施检查或其他适合具体情况的审计程序。根据具体情况（如获取的信息使注册会计师对第三方的诚信和客观性产生疑虑），注册会计师可能认为实施其他审计程序是适当的。其他审计程序可以作为函证的替代程序，也可以作为追加的审计程序。

其他审计程序的示例包括：

（1）实施或安排其他注册会计师实施对第三方的存货监盘（如可行）；

（2）获取其他注册会计师或服务机构注册会计师针对用以保证存货得到恰当盘点和保管的内部控制的适当性而出具的报告；

（3）检查与第三方持有的存货相关的文件记录，如仓储单；

（4）当存货被作为抵押品时，要求其他机构或人员进行确认。

考虑到第三方仅在特定时点执行存货盘点工作，在实务中，注册会计师可以事先考虑实施函证的可行性。如果预期不能通过函证获取相关审计证据，可以事先计划和安排存货监盘等工作。

此外，注册会计师可以考虑由第三方保管存货的商业理由的合理性，以进行存货相关风险（包括舞弊风险）的评估，并计划和实施适当的审计程序，例如检查被审计单位和第三方所签署的存货保管协议的相关条款、复核被审计单位调查及评价第三方工作的程序等。

四、存货计价测试

存货监盘程序主要是对存货的数量进行测试。为验证财务报表上存货余额的真实性，还应当对存货的计价进行审计。存货计价测试包括两个方面：一是被审计单位所使用的存货单位成本是否正确；二是是否恰当计提了存货跌价准备。

在对存货的计价实施细节测试之前，注册会计师通常先要了解被审计单位本年度的存货计价方法与以前年度是否保持一致。如发生变化，变化的理由是否合理，是否经过适当的审批。

（一）存货单位成本测试

针对原材料的单位成本，注册会计师通常基于企业的原材料计价方法（如先进先出法，加权平均法等），结合原材料的历史购买成本，测试其账面成本是否准确，测试程序包括核对原材料采购的相关凭证（主要是与价格相关的凭证，如合同、采购订单、发票等）以及验证原材料计价方法的运用是否正确。

针对产成品和在产品的单位成本，注册会计师需要对成本核算过程实施测试，包括直接材料成本测试、直接人工成本测试、制造费用测试和生产成本在当期完工产品与在产品之间分配的测试四项内容，具体如下：

1. 直接材料成本测试。对采用定额单耗的企业，可选择某一成本报告期若干种具有代表性的产品成本计算单，获取样本的生产指令或产量统计记录及其直接材料单位消耗定额，根据材料明细账或采购业务测试工作底稿中各该直接材料的单位实际成本，计算直接材料的总消耗量和总成本，与该样本成本计算单中的直接材料成本核对。

对未采用定额单耗的企业，可获取材料费用分配汇总表、材料发出汇总表（或领料单）、材料明细账（或采购业务测试工作底稿）中各该直接材料的单位成本，作如下检查：成本计算单中直接材料成本与材料费用分配汇总表中该产品负担的直接材料费用是否相符，分配标准是否合理；将抽取的材料发出汇总表或领料单中若干种直接材料的发出总量和各该种材料的实际单位成本之积，与材料费用分配汇总表中各该种材料费用进行比较。

对采用标准成本法的企业，获取样本的生产指令或产量统计记录、直接材料单位标准用量、直接材料标准单价及发出材料汇总表或领料单，检查下列事项：根据生产量、直接材料单位标准用量和标准单价计算的标准成本与成本计算单中的直接材料成本核对是否相符；直接材料成本差异的计算与账务处理是否正确；直接材料的标准成本在当年内有无重大变更。

2. 直接人工成本测试。对采用计时工资制的企业，获取样本的实际工时统计记录、员工分类表和员工工薪手册（工资率）及人工费用分配汇总表，作如下检查：成本计算单中直接人工成本与人工费用分配汇总表中该样本的直接人工费用核对是否相符；样本的实际工时统计记录与人工费用分配汇总表中该样本的实际工时核对是否相符；抽取生产部门若干天的工时台账与实际工时统计记录核对是否相符；当没有实际工时统计记录时，则可根据员工分类表及员工工薪手册中的工资率，计算复核人工费用分配汇总表中该样本的直接人工费用是否合理。

对采用计件工资制的企业，获取样本的产量统计报告、个人（小组）产量记录和经批准的单位工薪标准或计件工资制度，检查下列事项：根据样本的统计产量和单位工薪标准计算的人工费用与成本计算单中直接人工成本核对是否相符；抽取若干个直接人工（小组）的产量记录，检查是否被汇总计入产量统计报告。

对采用标准成本法的企业，获取样本的生产指令或产量统计报告、工时统计报告和经批准的单位标准工时、标准工时工资率、直接人工的工薪汇总表等资料，检查下列事项：根据产量和单位标准工时计算的标准工时总量与标准工时工资率之积同成本计算单中直接人工成本核对是否相符；直接人工成本差异的计算与账务处理是否正确，并注意直接人工的标准成本在当年内有无重大变更。

3. 制造费用测试。获取样本的制造费用分配汇总表、按项目分列的制造费用明细账、与制造费用分配标准有关的统计报告及其相关原始记录，作如下检查：制造费用分配汇总表中，样本分担的制造费用与成本计算单中的制造费用核对是否相符；制造费用分配汇总表中的合计数与样本所属成本报告期的制造费用明细账总计数核对是否相符；制造费用分配汇总表选择的分配标准（机器工时数、直接人工工资、直接人工工时数、产量等）与相关的统计报告或原始记录核对是否相符，并对费用分配标准的合理性作出评估；如果企业采用预计费用分配率分配制造费用，则应针对制造费用分配过多或过少的差额，检查其是否作了适当的账务处理；如果企业采用标准成本法，则应检查样本中标准制造费用的确定是否合理，计入成本计算单的数额是否正确，制造费用差异的计算与账务处理是否正确，并注意标准制造费用在当年度内有无重大变更。

4. 生产成本在当期完工产品与在产品之间分配的测试。检查成本计算单中在产品数量与生产统计报告或在产品盘存表中的数量是否一致；检查在产品约当产量计算或其他分配标准是否合理；计算复核样本的总成本和单位成本。

（二）存货跌价准备的测试

注册会计师在测试存货跌价准备时，需要从以下两个方面进行测试：

1. 识别需要计提存货跌价准备的存货项目。

注册会计师可以通过询问管理层和相关部门（生产、仓储、财务、销售等）员工，了解被审计单位如何收集有关滞销、过时、陈旧、毁损、残次存货的信息并为之计提必要的存货跌价准备。如被审计单位编制存货货龄分析表，则可以通过审阅分析表识别滞销或陈旧的存货。此外，注册会计师还要结合存货监盘过程中检查存货状况而获取的信息，以判断被审计单位的存货跌价准备计算表是否有遗漏。

2. 检查可变现净值的计量是否合理。

在存货计价审计中，由于被审计单位对期末存货采用成本与可变现净值孰低的方法计价，所以注册会计师应充分关注其对存货可变现净值的确定及存货跌价准备的计提。

可变现净值是指企业在日常活动中，存货的估计售价减去至完工时估计将要发生的成本、估计的销售费用以及相关税费后的金额。企业确定存货的可变现净值，应当以取得的确凿证据为基础，并且考虑持有存货的目的以及资产负债表日后事项的影响等因素。注册会计师应抽样检查可变现净值确定的依据，相关计算是否正确。

五、针对与存货相关的舞弊风险采取的应对措施

正如本章第三节所述，在实务中，存货领域亦属于财务舞弊的易发高发领域。如果识别出与存货相关的舞弊风险，注册会计师可以特别关注或考虑实施以下程序：

1. 针对虚构存货相关舞弊风险。（1）根据存货的特点、盘存制度和存货内部控制，设计和执行存货监盘程序；（2）关注是否存在金额较大且占比较高、库龄较长、周转率低于同行业可比公司等情形的存货，分析评价其合理性；（3）严格实施分析程序，检查存货结构波动情况，分析其与收入结构变动的匹配性，评价产成品存货与收入、成本之间变动的匹配性；（4）对异地存放或由第三方保管或控制的存货，严格实施函证或异地监盘等程序。

2. 针对账外存货相关舞弊风险。（1）在其他资产审计中，关注是否有转移资产形成账外存货的情况；（2）关注存货盘亏、报废的内部控制程序，关注是否有异常大额存货盘亏、报废的情况；（3）存货监盘中，关注存货的所有权及完整性；（4）关注是否存在通过多结转成本、多报耗用数量、少报产成品入库等方式，形成账外存货。

第十二章　货币资金的审计

第一节　货币资金审计概述

货币资金是企业资产的重要组成部分，是企业资产中流动性最强的资产。任何企业进行生产经营活动都必须拥有一定数额的货币资金，持有货币资金是企业生产经营活动的基本条件。货币资金主要来源于股东投入、债权人借款和企业经营累积，主要用于资产的取得和费用的结付。总的来说，只有保持健康的、正的现金流，企业才能够持续生存；如果出现现金流逆转迹象，产生了不健康的、负的现金流，长此以往，企业将会陷入财务困境，并导致对企业的持续经营能力产生疑虑。

根据货币资金存放地点及用途的不同，货币资金分为库存现金、银行存款及其他货币资金。

一、货币资金与业务循环

企业资金营运过程，从资金流入企业形成货币资金开始，到通过销售收回货币资金、成本补偿确定利润、部分资金流出企业为止。企业资金的不断循环，构成企业的资金周转。

货币资金与各业务循环均直接相关，如图 12－1 所示。需要说明的是，图 12－1 仅选取各业务循环中具有代表性的会计科目或财务报表项目予以列示，并未包括各业务循环中与货币资金有关的全部会计科目或财务报表项目。

二、涉及的主要单据和会计记录

货币资金审计涉及的单据和会计记录主要有：(1) 现金盘点表；(2) 银行对账单；(3) 银行存款余额调节表；(4) 有关科目的记账凭证；(5) 有关会计账簿。

三、涉及的主要业务活动

货币资金的增减变动与企业的日常经营活动密切相关，且涉及多个业务循环，本书已在第九章至第十一章中分别演示了对销售与收款循环、采购与付款循环、生产与存货循环的业务活动（包括内部控制）的了解，并在此基础上实施了进一步审计程序。

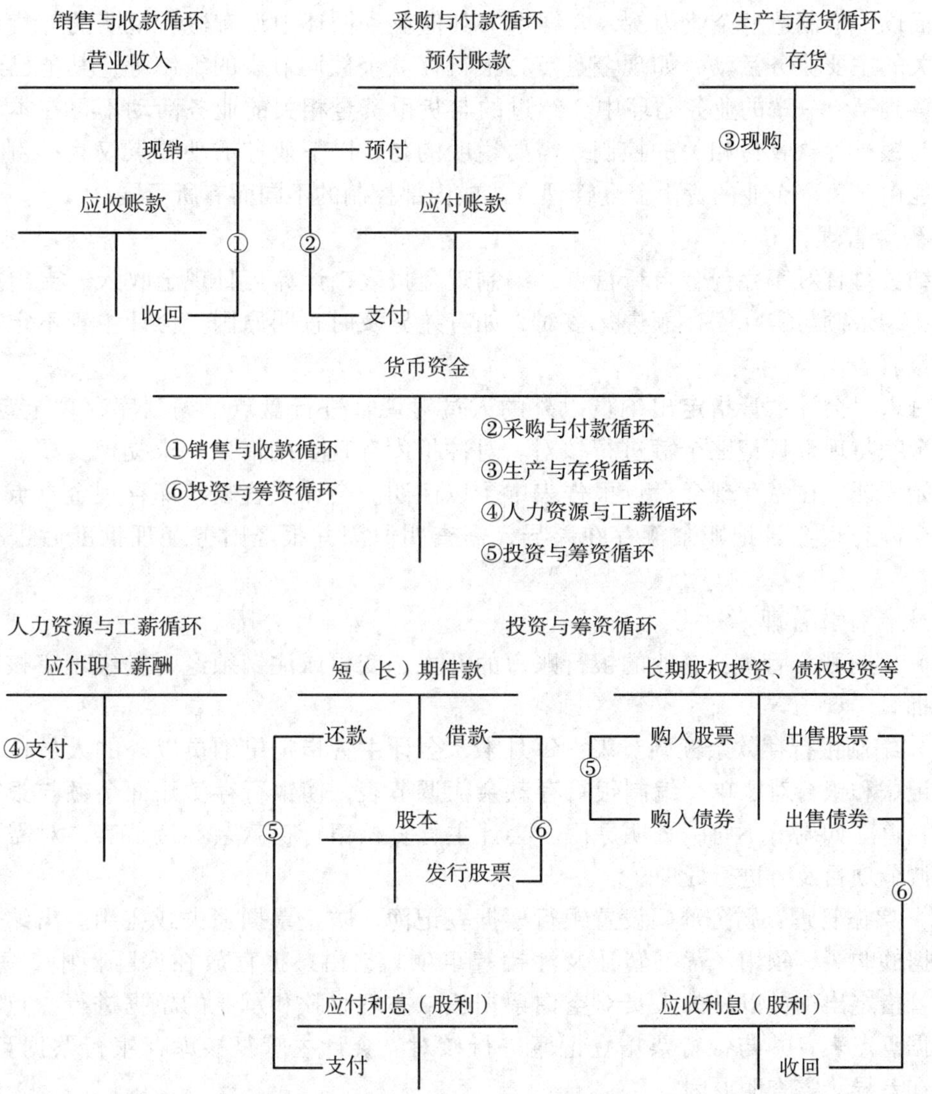

图 12－1　货币资金与业务循环的关系

注册会计师通常实施以下程序，以了解与货币资金相关的业务活动及内部控制：

1. 询问参与货币资金业务活动的被审计单位人员，如销售部门、采购部门和财务部门的员工和管理人员。

2. 观察货币资金业务流程中特定控制的运行，例如，观察被审计单位的出纳人员如何进行现金盘点。

3. 检查相关文件和报告，例如，检查银行余额调节表是否恰当编制以及其中的调节项是否经会计主管的恰当复核等。

实施穿行测试，即追踪货币资金业务在与财务报表编制相关的信息系统中的处理过程。穿行测试通常综合了询问、观察、检查等多种程序。通过实施穿行测试，注册会计师通常能获取充分的信息以评价控制的设计和运行。例如，选取一笔已收款的银行借款，追踪该笔交易从借款预算审批直至收到银行借款的整个过程。

下面以一般制造型企业为例，介绍本书其他业务循环中没有进行说明的与货币资金业务相关的主要业务活动，如现金盘点、银行存款余额调节表的编制等；其他已经在本书第九章到第十一章的业务循环中介绍过的与货币资金相关的业务活动不再在本节中重复，如与银行存款收付相关的控制。需要说明的是，以下业务活动要点仅为举例，在实务中可能由于每个企业的货币资金管理方式或内部控制的不同而有所不同。

1. 现金管理。

出纳员每日对库存现金自行盘点，编制现金报表，计算当日现金收入、支出及结余额，并将结余额与实际库存额进行核对，如有差异及时查明原因。会计主管不定期检查现金日报表。

每月末，会计主管指定出纳员以外的人员对现金进行盘点，编制库存现金盘点表，将盘点金额与现金日记账余额进行核对。对冲抵库存现金的借条、未提现支票、未做报销的原始票证，在库存现金盘点报告表中予以注明。会计主管复核库存现金盘点表，如果盘点金额与现金日记账余额存在差异，需查明原因并报经财务经理批准后进行财务处理。

2. 银行存款管理。

（1）银行账户管理：企业的银行账户的开立、变更或注销须经财务经理审核，报总经理审批。

（2）编制银行存款余额调节表：每月末，会计主管指定出纳员以外的人员核对银行存款日记账和银行对账单，编制银行存款余额调节表，使银行存款账面余额与银行对账单调节相符。如调节不符，查明原因。会计主管复核银行存款余额调节表，对需要进行调整的调节项目及时进行处理。

（3）票据管理：财务部门设置银行票据登记簿，防止票据遗失或盗用。出纳员登记银行票据的购买、领用、背书转让及注销等事项。空白票据存放在保险柜中。每月末，会计主管指定出纳员以外的人员对空白票据、未办理收款和承兑的票据进行盘点，编制银行票据盘点表，并与银行票据登记簿进行核对。会计主管复核库存银行票据盘点表，如果存在差异，需查明原因。

（4）印章管理：企业的财务专用章由财务经理保管，办理相关业务中使用的个人名章由出纳员保管。

四、货币资金内部控制概述

由于货币资金是企业流动性最强的资产，企业必须加强对货币资金的管理，建立良好的货币资金内部控制，以确保全部应收取的货币资金均能收取，并及时正确地予以记录；全部货币资金支出是按照经批准的用途进行的，并及时正确地予以记录；库存现金、银行存款报告正确，并得以恰当保管；正确预测企业正常经营所需的货币资金收支额，确保企业有充足又不过剩的货币资金余额。

在实务中，库存现金、银行存款和其他货币资金的转换比较频繁，三者的内部控制目标、内部控制制度的制定与实施大致相似，因此，先统一对货币资金的内部控制作一个概述，各自内部控制的特点以及控制测试将在后面分述。一般而言，一个良好的货币资金内部控制应该达到以下几点：(1) 货币资金收支与记账的岗位分离。(2) 货币资金收支要有合理、合法的凭据。(3) 全部收支及时准确入账，并且资金支付应严格履行审批、复核制度。(4) 控制现金坐支，当日收入现金应及时送存银行。(5) 按月盘点现金，编制银行存款余额调节表，以做到账实相符。(6) 对货币资金进行内部审计。

尽管由于每个企业的性质、所处行业、规模以及内部控制健全程度等不同，使得其与货币资金相关的内部控制内容有所不同，但以下要求是通常应当共同遵循的：

1. 岗位分工及授权批准。

(1) 企业应当建立货币资金业务的岗位责任制，明确相关部门和岗位的职责权限，确保办理货币资金业务的不相容岗位相互分离、制约和监督。出纳人员不得兼任稽核、会计档案保管和收入、支出、费用、债权债务账目的登记工作。企业不得由一人办理货币资金业务的全过程。

(2) 企业应当对货币资金业务建立严格的授权审批制度，明确审批人对货币资金业务的授权批准方式、权限、程序、责任和相关控制措施，规定经办人办理货币资金业务的职责范围和工作要求。审批人应当根据货币资金授权批准制度的规定，在授权范围内进行审批，不得超越审批权限。经办人应当在职责范围内，按照审批人的批准意见办理货币资金业务。对于审批人超越授权范围审批的货币资金业务，经办人员有权拒绝办理，并及时向审批人的上级授权部门报告。

(3) 企业应当按照规定的程序办理货币资金支付业务。

①支付申请。企业有关部门或个人用款时，应当提前向审批人提交货币资金支付申请，注明款项的用途、金额、预算、支付方式等内容，并附有效经济合同或相关证明。

②支付审批。审批人根据其职责、权限和相应程序对支付申请进行审批，审核付款业务的真实性、付款金额的准确性，以及申请人提交票据或者证明的合法性，严格监督资金支付。对不符合规定的货币资金支付申请，审批人应当拒绝批准。

③支付复核。财务部门收到经审批人审批签字的相关凭证或证明后，应再次复核业务的真实性、金额的准确性，以及相关票据的齐备性、相关手续的合法性和完整性，并签字认可。复核无误后，交由出纳人员办理支付手续。

④办理支付。出纳人员应当根据复核无误的支付申请，按规定办理货币资金支付手续，及时登记库存现金和银行存款日记账。

(4) 企业对于重要货币资金支付业务，应当实行集体决策和审批，并建立责任追究制度，防范贪污、侵占、挪用货币资金等行为。

(5) 严禁未经授权的机构或人员办理货币资金业务或直接接触货币资金。

2. 现金和银行存款的管理。

(1) 企业应当加强现金库存限额的管理，超过库存限额的现金应及时存入银行。

(2) 企业必须根据《现金管理暂行条例》的规定，结合本企业的实际情况，确定本企业现金的开支范围。不属于现金开支范围的业务应当通过银行办理转账结算。

（3）企业现金收入应当及时存入银行，不得从企业的现金收入中直接支付（即坐支）。因特殊情况需坐支现金的，应事先报经开户银行审查批准，由开户银行核定坐支范围和限额。

企业借出款项必须执行严格的授权批准程序，严禁擅自挪用、借出货币资金。

（4）企业取得的货币资金收入必须及时入账，不得私设"小金库"，不得账外设账，严禁收款不入账。

（5）企业应当严格按照《支付结算办法》等国家有关规定，加强银行账户的管理，严格按照规定开立账户，办理存款、取款和结算。银行账户的开立应当符合企业经营管理实际需要，不得随意开立多个账户，禁止企业内设管理部门自行开立银行账户。

企业应当定期检查、清理银行账户的开立及使用情况，发现问题应及时处理。

企业应当加强对银行结算凭证的填制、传递及保管等环节的管理与控制。

（6）企业应当严格遵守银行结算纪律，不准签发没有资金保证的票据或远期支票，套取银行信用；不准签发、取得和转让没有真实交易和债权债务的票据，套取银行和他人资金；不准违反规定开立和使用银行账户。

（7）企业应当指定专人定期核对银行账户（每月至少核对一次），编制银行存款余额调节表，使银行存款账面余额与银行对账单调节相符。如调节不符，应查明原因，及时处理。

出纳人员一般不得同时从事银行对账单的获取、银行存款余额调节表的编制工作。确需出纳人员办理上述工作的，应当指定其他人员定期进行审核、监督。

实行网上交易、电子支付等方式办理资金支付业务的企业，应当与承办银行签订网上银行操作协议，明确双方在资金安全方面的责任与义务、交易范围等。操作人员应当根据操作授权和密码进行规范操作。使用网上交易、电子支付方式的企业办理资金支付业务，不应因支付方式的改变而随意简化、变更所必需的授权审批程序。企业在严格实行网上交易、电子支付操作人员不相容岗位相互分离控制的同时，应当配备专人加强对交易和支付行为的审核。

（8）企业应当定期和不定期地进行现金盘点，确保现金账面余额与实际库存相符。发现不符，及时查明原因并作出处理。

3. 票据及有关印章的管理。

（1）企业应当加强与货币资金相关的票据的管理，明确各种票据的购买、保管、领用、背书转让、注销等环节的职责权限和程序，并专设登记簿进行记录，防止空白票据的遗失和被盗用。

企业因填写、开具失误或者其他原因导致作废的法定票据，应当按规定予以保存，不得随意处置或销毁。对超过法定保管期限、可以销毁的票据，在履行审核手续后进行销毁，但应当建立销毁清册并由授权人员监销。

（2）企业应当加强银行预留印鉴的管理。财务专用章应由专人保管，个人名章必须由本人或其授权人员保管。严禁一人保管支付款项所需的全部印章。

按规定需要有关负责人签字或盖章的经济业务，必须严格履行签字或盖章手续。

4. 监督检查。

（1）企业应当建立对货币资金业务的监督检查制度，明确监督检查机构或人员的职责权限，定期和不定期地进行检查。

（2）货币资金监督检查的内容主要包括：

①货币资金业务相关岗位及人员的设置情况。重点检查是否存在货币资金业务不相容岗位职责未分离的现象。

②货币资金授权批准制度的执行情况。重点检查货币资金支出的授权批准手续是否健全，是否存在越权审批行为。

③支付款项印章的保管情况。重点检查是否存在办理付款业务所需的全部印章交由一人保管的现象。

④票据的保管情况。重点检查票据的购买、领用、保管手续是否健全，票据保管是否存在漏洞。

（3）对监督检查过程中发现的货币资金内部控制中的薄弱环节，应当及时采取措施，加以纠正和完善。

第二节　货币资金的重大错报风险

货币资金主要包括库存现金、银行存款及其他货币资金。

库存现金包括企业的人民币现金和外币现金。现金是企业流动性最强的资产，尽管其在企业资产总额中的比重不大，但企业发生的舞弊事件大多与现金有关，因此，注册会计师应该重视库存现金的审计。

银行存款是指企业存放在银行或其他金融机构的各种款项。按照国家有关规定，凡是独立核算的企业都必须在当地银行开设账户。企业在银行开设账户以后，除按核定的限额保留库存现金外，超过限额的现金必须存入银行；除了在规定的范围内可以用现金直接支付款项外，在经营过程中所发生的一切货币收支业务，都必须通过银行存款账户进行结算。

一、货币资金可能发生错报的环节

与货币资金相关的会计项目主要为库存现金、银行存款、应收（付）款项、短（长）期借款、财务费用、长期投资等。以一般制造型企业为例，与货币资金有关的交易和余额的可能发生错报环节通常包括（括号内为相应的认定）：

1. 被审计单位资产负债表的货币资金在资产负债表日不存在。（“存在”认定）

2. 被审计单位所有应当记录的与货币资金相关的收支业务未得到完整记录，存在遗漏。（“完整性”认定）

3. 被审计单位的货币资金通过舞弊手段被侵占。（“完整性”认定）

4. 记录的货币资金不是为被审计单位所拥有或控制。（“权利和义务”认定）

5. 货币资金金额未被恰当地列报于财务报表中，与之相关的计价调整未得到恰当记录。（“准确性、计价和分摊”认定）

6. 货币资金未按照企业会计准则的规定在财务报表中作出恰当列报。（“列报”认定）

二、识别应对可能发生错报环节的内部控制

为评估与货币资金的交易、账户余额和披露相关的认定层次重大错报风险，注册会计师应了解与货币资金相关的业务活动和内部控制，包括为了应对相关认定发生重大错报的固有风险（即可能发生错报的环节）而设置的控制。注册会计师可以通过审阅以前年度审计工作底稿、观察内部控制运行情况、询问管理层和员工、检查相关的文件和资料等方法对这些控制进行了解，例如，通过检查财务人员编制的银行余额调节表，可以了解该控制的设计和运行情况。

需要强调的是，在识别与货币资金的交易、账户余额和披露相关的认定层次重大错报风险时，注册会计师应当基于对相关业务活动等方面的了解，仅考虑固有风险因素和固有风险等级。在评估与货币资金相关的重大错报风险时，应分别评估固有风险和控制风险。注册会计师必须恰当评估该重大错报风险，以帮助其设计和实施进一步审计程序，应对风险。

1. 库存现金内部控制。

由于现金是企业流动性最强的资产，加强现金管理对于保护企业资产安全完整具有重要的意义。在良好的现金内部控制下，企业的现金收支记录应及时、准确、完整，全部现金支出均按经批准的用途进行，现金得以安全保管。一般而言，一个良好的现金内部控制应该达到以下几点：（1）现金收支与记账的岗位分离。（2）现金收支要有合理、合法的凭据。（3）全部收入及时准确入账，并且现金支出应严格履行审批、复核制度。（4）控制现金坐支，当日收入现金应及时送存银行。（5）按月盘点现金，以做到账实相符。（6）对现金收支业务进行内部审计。

注册会计师通常通过内部控制流程图来了解企业对现金的内部控制。编制现金内部控制流程图是了解企业对库存现金内部控制的重要步骤。注册会计师在编制之前应先通过询问、观察、检查等程序收集必要的资料，然后根据所了解的情况编制流程图。对中小企业，也可采用编写现金内部控制说明的方法。

若以前年度审计时已经编制了现金内部控制流程图，注册会计师可根据本年了解的情况对以前年度的内部控制流程图加以更新，以供本年度审计之用。一般地，了解现金内部控制时，注册会计师应当注意检查库存现金内部控制的设计和运行情况，重点包括：

（1）库存现金的收支是否按规定的程序和权限办理。

（2）是否存在与被审计单位经营无关的款项收支情况。

（3）出纳与会计的职责是否严格分离。

（4）库存现金是否妥善保管，是否定期盘点、核对等。

2. 银行存款内部控制。

一般而言，一个良好的银行存款的内部控制同库存现金的内部控制类似，应达到以下几点：

（1）银行存款收支与记账的岗位分离。

（2）银行存款收支要有合理、合法的凭据。

（3）全部收支及时准确入账，全部支出要有核准手续。

（4）按月编制银行存款余额调节表，以做到账实相符。

（5）加强对银行存款收支业务的内部审计。

按照我国现金管理的有关规定，超过规定限额以上的现金支出一律使用支票。因此，企业应建立相应的支票申领制度，明确申领范围、申领批准及支票签发、支票报销等。

对于支票报销和现金报销，企业应建立报销制度。报销人员在报销时应当有正常的报批手续、适当的付款凭据，有关采购支出还应具有验收手续。会计部门应对报销单据加以审核，出纳员见到加盖核准戳记的支出凭据后方可付款。

付款应及时登记入账，相关凭证应按顺序或内容编制并作为会计记录的附件。

注册会计师对银行存款内部控制的了解一般与了解现金的内部控制同时进行。注册会计师应当注意的内容包括：（1）银行存款的收支是否按规定的程序和权限办理。（2）银行账户的开立是否符合《人民币银行结算管理办法》等相关法律法规的要求。（3）银行账户是否存在与本单位经营无关的款项收支情况。（4）是否存在出租、出借银行账户的情况。（5）出纳与会计的职责是否严格分离。（6）是否定期取得银行对账单并编制银行存款余额调节表等。

三、与货币资金相关的重大错报风险

在评价与货币资金的交易、账户余额和披露相关的认定层次重大错报风险时，注册会计师通常运用职业判断，依据受相关固有风险因素影响的认定易于发生错报的可能性（即固有风险），以及风险评估是否考虑了与之相关的控制（即控制风险），形成对与货币资金相关的重大错报风险的评估，进而影响进一步审计程序。

与货币资金的交易、账户余额和披露相关的认定层次重大错报风险可能包括：

1. 被审计单位存在虚假的货币资金余额或交易，因而导致银行存款余额的“存在”认定或交易的“发生”认定存在重大错报风险。

2. 被审计单位存在大额的外币交易和余额，可能存在外币交易或余额未被准确记录的风险。例如，对于有外币现金或外币银行存款的被审计单位，企业有关外币交易的增减变动或年底余额可能因未采用正确的折算汇率而导致计价错误（“准确性、计价和分摊”认定）。

3. 银行存款的期末收支存在大额的截止性错误（“截止”认定）。例如，被审计单位期末存在金额重大且异常的银付企未付，企收银未收事项。

4. 被审计单位可能存在未能按照企业会计准则的规定对货币资金作出恰当披露的风险。例如，被审计单位期末持有使用受限制的大额银行存款，但在编制财务报表时未在财务报表附注中对其进行披露。

此外，货币资金领域也是财务舞弊的易发高发领域。实践中的案例表明，一些被审计单位可能由于某些压力、动机和机会，通过虚构货币资金、大股东侵占货币资金和虚构现金交易等方式实施舞弊。在实施货币资金审计的过程中，如果被审计单位存在以下事项或情形，注册会计师需要保持警觉：

1. 被审计单位的现金交易比例较高，并且与其所在行业的常用结算模式不同。

2. 库存现金规模明显超过业务周转所需资金。

3. 银行账户开立数量与企业实际业务规模不匹配，或存在多个零余额账户且长期不注销。

4. 在没有经营业务的地区开立银行账户，或将高额资金存放于其经营和注册地之外的异地。

5. 被审计单位资金存放于管理层或员工个人账户，或通过个人账户进行被审计单位交易的资金结算。

6. 货币资金收支金额与现金流量表中的经营活动、筹资活动、投资活动的现金流量不匹配，或经营活动现金流量净额与净利润不匹配。

7. 不能提供银行对账单或银行存款余额调节表，或提供的银行对账单没有银行印章、交易对方名称或摘要。

8. 存在长期或大量银行未达账项。

9. 银行存款明细账存在非正常转账。例如，短期内相同金额的一收一付或相同金额的分次转入转出等大额异常交易。

10. 存在期末余额为负数的银行账户。

11. 受限货币资金占比较高。

12. 存款收益金额与存款的规模明显不匹配。

13. 针对同一交易对方，在报告期内存在现金和其他结算方式并存的情形。

14. 违反货币资金存放和使用规定，如上市公司将募集资金违规用于质押、未经批准开立账户转移募集资金、未经许可将募集资金转作其他用途等。

15. 存在大额外币收付记录，而被审计单位并不涉足进出口业务。

16. 被审计单位以各种理由不配合注册会计师实施银行函证、不配合注册会计师至中国人民银行或基本户开户行打印“已开立银行结算账户清单”。

17. 与实际控制人（或控股股东）、银行（或财务公司）签订集团现金管理账户协议或类似协议。

注册会计师在审计其他财务报表项目时，还可能关注到其他需保持警觉的事项或情形。例如：

1. 存在没有真实业务支持或与交易不相匹配的大额资金或汇票往来。

2. 存在长期挂账的大额预付款项等。

3. 存在大量货币资金的情况下仍高额或高息举债。

4. 付款方全称与销售客户名称不一致、收款方全称与供应商名称不一致。

5. 开具的银行承兑汇票没有银行承兑协议支持。

6. 银行承兑票据保证金余额与应付票据相应余额比例不合理。

7. 存在频繁的票据贴现。

8. 实际控制人（或控股股东）频繁进行股权质押（冻结）且累计被质押（冻结）的股权占其持有被审计单位总股本的比例较高。

9. 存在大量货币资金的情况下，频繁发生债务违约，或者无法按期支付股利或偿付债务本息。

10. 首次公开发行股票（IPO）公司申报期内持续现金分红。

11. 工程付款进度或结算周期异常等。

当被审计单位存在以上事项或情形时，可能表明存在舞弊风险。

四、拟实施的进一步审计程序的总体方案

注册会计师基于以上识别的重大错报风险评估结果，制定实施进一步审计程序的总体方案（包括综合性方案和实质性方案），继而实施控制测试和实质性审计程序，以应对识别出的重大错报风险。注册会计师通过综合性方案或实质性方案获取的审计证据应足以应对识别出的认定层次的重大错报风险。

第三节　货币资金的控制测试

一、概述

如果在评估认定层次重大错报风险时预期信赖控制，或仅实施实质性程序不能够提供认定层次充分、适当的审计证据，注册会计师应当实施控制测试，以就与认定相关的控制在相关期间或时点的运行有效性获取充分、适当的审计证据。如果根据注册会计师的判断，决定对货币资金采取实质性审计方案，在此情况下，无需实施本节所述的测试内部控制运行的有效性的程序。

本教材第九章到第十一章所述的其他业务循环（如销售循环、采购循环等）中可能已包含某些针对货币资金的控制测试，例如，检查付款是否已经适当批准等。

二、库存现金的控制测试

在已识别的重大错报风险的基础上，注册会计师选取拟测试的控制并实施控制测试。以下举例说明几种常见的库存现金内部控制以及注册会计师相应可能实施的内部控制测试程序。

（一）现金付款的审批和复核

例如，被审计单位针对现金付款审批作出以下内部控制要求：部门经理审批本部门的付款申请，审核付款业务是否真实发生、付款金额是否准确，以及后附票据是否齐备，并在复核无误后签字认可。财务部门在安排付款前，财务经理再次复核经审批的付款申请及后附相关凭据或证明，如核对一致，进行签字认可并安排付款。针对该内部控制，注册会计师可以在选取适当样本的基础上实施以下控制测试程序：（1）询问相关业务部门的部门经理和财务经理其在日常现金付款业务中执行的内部控制，以确定其是否与被审计单位内部控制政策要求保持一致。（2）观察财务经理复核付款申请的过程，是否核对了付款申请的用途、金额及后附相关凭据，以及在核对无误后是否进行了签字确认。（3）重新核对经审批及复核的付款申请及其相关凭据，并检查是否经签字确认。

（二）现金盘点

注册会计师针对被审计单位的现金盘点实施的现金监盘可能涉及：（1）检查现金以确定其是否存在，并检查现金盘点结果。（2）观察执行现金盘点的人员对盘点计划的遵循情况，以及用于记录和控制现金盘点结果的程序的实施情况。（3）获取有关被审计单位现金

盘点程序可靠性的审计证据。现金监盘程序是用作控制测试还是实质性程序，取决于注册会计师对风险评估结果、审计方案和实施的特定程序的判断。注册会计师可以将现金监盘同时用作控制测试和实质性程序。如被审计单位库存现金存放部门有两处或两处以上的，注册会计师可以考虑同时实施监盘。

例如，被审计单位针对现金盘点作出了以下内部控制要求：会计主管指定应付账款会计每月末的最后一天对库存现金进行盘点，根据盘点结果编制库存现金盘点表，将盘点余额与现金日记账余额进行核对，并对差异调节项进行说明。会计主管复核库存现金盘点表，如盘点金额与现金日记账余额存在差异且差异金额超过2万元，需查明原因并报财务经理批准后进行财务处理。针对该内部控制，注册会计师可以在选取适当样本的基础上实施以下控制测试程序：（1）在月末最后一天参与被审计单位的现金盘点，检查是否由应付账款会计进行现金盘点。（2）观察现金盘点程序是否按照盘点计划的指令和程序运行，是否编制了现金盘点表并根据内控要求经财务部相关人员签字复核。（3）检查现金盘点表中记录的现金盘点余额是否与实际盘点金额保持一致，现金盘点表中记录的现金日记账余额是否与被审计单位现金日记账中余额保持一致。（4）针对调节差异金额超过2万元的调节项，检查是否经财务经理批准后进行财务处理。

如果被审计单位的现金交易比例较高，注册会计师可以考虑在了解和评价被审计单位与现金交易相关的内部控制的基础上，针对拟信赖的控制运行的有效性获取充分、适当的审计证据。

三、银行存款的控制测试

在已识别的重大错报风险的基础上，注册会计师选取拟测试的控制并实施控制测试。以下举例说明几种常见的银行存款内部控制以及注册会计师相应可能实施的内部控制测试程序。

（一）银行账户的开立、变更和注销

例如，被审计单位针对银行账户的开立、变更和注销作出了以下内部控制要求：会计主管根据被审计单位的实际业务需要就银行账户的开立、变更和注销提出申请，经财务经理审核后报总经理审批。针对该内部控制，注册会计师可以实施以下控制测试程序：（1）询问会计主管被审计单位本年开户、变更、撤销的整体情况。（2）取得本年度账户开立、变更、撤销申请项目清单，检查清单的完整性，并在选取适当样本的基础上检查账户的开立、变更、撤销项目是否已经财务经理和总经理审批。

（二）银行付款的审批和复核

例如，被审计单位针对银行付款审批作出以下内部控制要求：部门经理审批本部门的付款申请，审核付款业务是否真实发生、付款金额是否准确，以及后附票据是否齐备，并在复核无误后签字认可。财务部门在安排付款前，财务经理再次复核经审批的付款申请及后附相关凭据或证明，如核对一致，进行签字认可并安排付款。针对该内部控制，注册会计师可以在选取适当样本的基础上实施以下控制测试程序：（1）询问相关业务部门的部门经理和财务经理在日常银行付款业务中执行的内部控制，以确定其是否与被审计单位内部控制政策要求保持一致。（2）观察财务经理复核付款申请的过程，是否核对了付款申请的用途、金额及后附相关凭据，以及在核对无误后是否进行了签字确认。

（3）重新核对经审批及复核的付款申请及其相关凭据，并检查是否经签字确认。

（三）编制银行存款余额调节表

例如，被审计单位为保证财务报表中银行存款余额的存在性、完整性和准确性作出了以下内部控制要求：每月末，会计主管指定应收账款会计核对银行存款日记账和银行对账单，编制银行存款余额调节表，使银行存款账面余额与银行对账单调节相符。如存在差异项，查明原因并进行差异调节说明。会计主管复核银行存款余额调节表，对需要进行调整的调节项目及时进行处理，并签字确认。针对该内部控制，注册会计师可以实施以下控制测试程序：（1）询问应收账款会计和会计主管，以确定其执行的内部控制是否与被审计单位内部控制政策要求保持一致，特别是针对未达账项的编制及审批流程。（2）针对选取的样本，检查银行存款余额调节表，查看调节表中记录的企业银行存款日记账余额是否与银行存款日记账余额保持一致，调节表中记录的银行对账单余额是否与被审计单位提供的银行对账单中的余额保持一致。（3）针对调节项目，检查是否经会计主管的签字复核。（4）针对大额未达账项进行期后收付款的检查。

第四节　货币资金的实质性程序

一、概述

如果实施了本章第三节所述的控制测试，注册会计师根据控制测试的结果（即控制运行是否有效），确定从控制测试中已获得的审计证据及其保证程度，进而确定还需要从实质性程序中获取的审计证据及其保证程度，在此过程中也可能需要对制定具体审计计划时初步确定的实质性程序的性质、时间安排和范围作出适当调整。例如，如果控制测试的结果表明内部控制未能有效运行，注册会计师需要从实质性程序中获取更多的相关审计证据，注册会计师可以修改实质性程序的性质，如采用细节测试而非实质性分析程序、获取更多的外部证据等，或修改实质性审计程序的范围，如扩大样本规模等。

如果根据注册会计师的判断，注册会计师未实施本章第三节所述的控制测试，而直接对货币资金采取实质性审计方案，注册会计师需要确定其实施的实质性程序的性质、时间安排和范围是否能够提供充分、适当的审计证据。本书第九章至第十一章所述的其他业务循环中可能已包含某些针对货币资金的实质性程序，例如，检查收款凭证或付款凭证上记录的收款方或付款方账户名称是否为合同对方等。

二、库存现金的实质性程序

根据重大错报风险的评估和从控制测试（如实施）中所获取的审计证据和保证程度，注册会计师就库存现金实施的实质性程序可能包括：

1. 核对库存现金日记账与总账的金额是否相符，检查非记账本位币库存现金的折算汇率及折算金额是否正确。注册会计师测试现金余额的起点是，核对库存现金日记账与总账的金额是否相符。如果不相符，应查明原因，必要时应建议作出适当调整。

2. 监盘库存现金。对被审计单位现金盘点实施的监盘程序是用作控制测试还是实质性程序，取决于注册会计师对风险评估结果、审计方案和实施的特定程序的判断。如果注册会计师可能基于风险评估的结果判断无需对现金盘点实施控制测试，仅实施实质性程序。

企业盘点库存现金，通常包括对已收到但未存入银行的现金、零用金、找换金等的盘点。盘点库存现金的时间和人员应视被审计单位的具体情况而定，但现金出纳员和被审计单位会计主管人员必须参加，并由注册会计师进行监盘。监盘库存现金的步骤与方法主要有：

（1）查看被审计单位制定的盘点计划，以确定监盘时间。对库存现金的监盘最好实施突击性的检查，时间最好选择在上午上班前或下午下班时，监盘范围一般包括被审计单位各部门经管的所有现金。

（2）查阅库存现金日记账并同时与现金收付凭证相核对。一方面检查库存现金日记账的记录与凭证的内容和金额是否相符；另一方面了解凭证日期与库存现金日记账日期是否相符或接近。

（3）检查被审计单位现金实存数，并将该监盘金额与库存现金日记账余额进行核对，如有差异，应要求被审计单位查明原因，必要时应提请被审计单位作出调整；如无法查明原因，应要求被审计单位按管理权限批准后作出调整。若有冲抵库存现金的借条、未提现支票、未作报销的原始凭证，应在“库存现金监盘表”中注明，必要时应提请被审计单位作出调整。

（4）在非资产负债表日进行监盘时，应将监盘金额调整至资产负债表日的金额，并对变动情况实施程序。

3. 抽查大额库存现金收支。查看大额现金收支，并检查原始凭证是否齐全、原始凭证内容是否完整、有无授权批准、记账凭证与原始凭证是否相符、账务处理是否正确、是否记录于恰当的会计期间等项内容。

4. 检查库存现金是否在财务报表中作出恰当列报。根据有关规定，库存现金在资产负债表的“货币资金”项目中反映，注册会计师应在实施上述审计程序后，确定“库存现金”账户的期末余额是否恰当，进而确定库存现金是否在资产负债表中恰当披露。

三、银行存款的实质性程序

根据重大错报风险的评估和从控制测试（如实施）中所获取的审计证据和保证程度，注册会计师就银行存款实施的实质性程序可能包括：

1. 获取银行存款余额明细表，复核加计是否正确，并与总账数和日记账合计数核对是否相符；检查非记账本位币银行存款的折算汇率及折算金额是否正确。注册会计师核对银行存款日记账与总账的余额是否相符。如果不相符，应查明原因，必要时应建议作出适当调整。

如果对被审计单位银行账户的完整性存有疑虑，例如，当被审计单位可能存在账外账或资金体外循环时，注册会计师可以考虑额外实施以下实质性程序：

（1）注册会计师在企业人员陪同下到中国人民银行或基本存款账户开户行查询并打印《已开立银行结算账户清单》，观察银行办事人员的查询、打印过程，并检查被审计单位账面记录的银行人民币结算账户是否完整。

（2）结合其他相关细节测试，关注交易相关单据中被审计单位的收（付）款银行账户是否均包含在注册会计师已获取的开立银行账户清单内。

2. 实施实质性分析程序。计算银行存款累计余额应收利息收入，分析比较被审计单位银行存款应收利息收入与实际利息收入的差异是否恰当，评估利息收入的合理性，检查是否存在高息资金拆借，确认银行存款余额是否存在，利息收入是否已经完整记录。

3. 检查银行存款账户发生额。注册会计师还可以考虑对银行存款账户的发生额实施以下程序：

（1）结合银行账户性质，分析不同账户发生银行存款日记账漏记银行交易的可能性，获取相关账户相关期间的全部银行对账单。

（2）利用数据分析等技术，对比银行对账单上的收付款流水与被审计单位银行存款日记账的收付款信息是否一致，对银行对账单及被审计单位银行存款日记账记录进行双向核对。

注册会计师通常可以考虑选择以下银行账户进行核对：基本户，余额较大的银行账户，发生额较大且收付频繁的银行账户，发生额较大但余额较小、零余额或当期注销的银行账户，募集资金账户等。

针对同一银行账户，注册会计师可以根据具体情况实施下列审计程序：

①选定同一期间（月度、年度）的银行存款日记账、银行对账单的发生额合计数（借方及贷方）进行总体核对。

②对银行对账单及被审计单位银行存款日记账记录进行双向核对，即在选定的账户和期间，从被审计单位银行存款日记账上选取样本，核对至银行对账单，以及自银行对账单中进一步选取样本，与被审计单位银行存款日记账记录进行核对。在运用数据分析技术时，可选择全部项目进行核对。核对内容包括日期、金额、借贷方向、收付款单位、摘要等。

对相同金额的一收一付、相同金额的多次转入转出等大额异常货币资金发生额，检查银行存款日记账和相应交易及资金划转的文件资料，关注有关交易及相应资金流转安排是否具有合理的商业理由。

（3）浏览资产负债表日前后的银行对账单和被审计单位银行存款账簿记录，关注是否存在大额、异常资金变动以及大量大额红字冲销或调整记录，如存在，需要实施进一步的审计程序。

4. 取得并检查银行对账单和银行存款余额调节表。取得并检查银行对账单和银行存款余额调节表是证实资产负债表中所列银行存款是否存在的重要程序。银行存款余额调节表通常应由被审计单位根据不同的银行账户及货币种类分别编制，其格式如表 12 – 1 所示。具体测试程序通常包括：

（1）取得并检查银行对账单。

①取得被审计单位加盖银行印章的银行对账单，注册会计师应对银行对账单的真实

性保持警觉，必要时，亲自到银行获取对账单，并对获取过程保持控制。此外，注册会计师还可以观察被审计单位人员登录并操作网银系统导出信息的过程，核对网银界面的真实性，核对网银中显示或下载的信息与提供给注册会计师的对账单中信息的一致性；

②将获取的银行对账单余额与银行日记账余额进行核对，如存在差异，获取银行存款余额调节表；

③将被审计单位资产负债表日的银行对账单与银行询证函回函核对，确认是否一致。

（2）取得并检查银行存款余额调节表。

①检查调节表中加计数是否正确，调节后银行存款日记账余额与银行对账单余额是否一致。

②检查调节事项。对于企付银未付款项，检查被审计单位付款的原始凭证，并检查该项付款是否已在期后银行对账单上得以反映；在检查期后银行对账单时，就对账单上所记载的内容，如支票编号、金额等，与被审计单位支票存根进行核对。对于企收银未收款项，检查被审计单位收款入账的原始凭证，检查其是否已在期后银行对账单上得以反映。对于银收企未收、银付企未付款项，检查收、付款项的内容及金额，确定是否为截止错报。如果企业的银行存款余额调节表存在大额或长期未达账项，注册会计师应追查原因并检查相应的支持文件，判断是否为错报事项，确定是否需要提请被审计单位进行调整。

③关注长期未达账项，查看是否存在挪用资金等事项。

④特别关注银付企未付、企付银未付中支付异常的领款事项，包括没有载明收款人、签字不全等支付事项，确认是否存在舞弊。

表 12－1　　银行存款余额调节表

年　　月　　日

索引号：

页　次：

户别：　　　　币　别：

项目（摘要）	金额（元）	项目（摘要）	金额（元）
企业银行存款日记账余额：		银行对账单余额：	
加：银行已收、企业未收款项		加：企业已收、银行未收款项	
其中：1		其中：1	
2		2	
3		3	
减：银行已付、企业未付款项		减：企业已付、银行未付款项	
其中：1		其中：1	
2		2	
3		3	
调节后的存款余额：		调节后的存款余额：	

编制人：　　　　复核人：

日期：　　　　日期：

5. 函证银行存款余额，编制银行函证结果汇总表，检查银行回函。需要关注的是，银行函证程序是证实资产负债表所列银行存款是否存在的重要程序。通过向往来银行函证，注册会计师不仅可了解企业资产的存在，还可了解企业账面反映所欠银行债务的情况，并有助于发现企业未入账的银行借款和未披露的或有负债。

注册会计师应当对银行存款（包括零余额账户和在本期内注销的账户）、借款及与金融机构往来的其他重要信息实施函证程序，除非有充分证据表明某一银行存款、借款及与金融机构往来的其他重要信息对财务报表不重要且与之相关的重大错报风险很低。如果不对这些项目实施函证程序，注册会计师应当在审计工作底稿中说明理由。

当实施函证程序时，注册会计师应当对询证函保持控制，当函证信息与银行回函结果不符时，注册会计师应当调查不符事项，以确定是否表明存在错报。

在实施银行函证时，注册会计师需要以被审计单位名义向银行发函询证，以验证被审计单位的银行存款是否真实、合法、完整。根据《关于进一步规范银行函证及回函工作的通知》（财会〔2020〕12 号）（以下简称《通知》），银行业金融机构应当自收到符合规定的询证函之日起 10 个工作日内，按照要求将回函直接回复会计师事务所或交付跟函注册会计师。参考格式 12－1 列示了通知中给出的银行询证函格式（格式一）。

参考格式 12－1：审计业务银行询证函（格式一）

银行询证函（格式一）

编号：

××（银行）××（分支机构，如适用）（以下简称“贵行”，即“函证收件人”）：

本公司聘请的［××会计师事务所］正在对本公司［________年度（或期间）］的财务报表进行审计，按照［中国注册会计师审计准则］［列明其他相关审计准则名称］的要求，应当询证本公司与贵行相关的信息。下列第 1～14 项及附表（如适用）信息出自本公司的记录：

（1）如与贵行记录相符，请在本函“结论”部分［签字和签章］或［签发电子签名］①；

（2）如有不符，请在本函“结论”部分列明不符项目及具体内容，并［签字和签章］或［签发电子签名］。

本公司谨授权贵行将回函直接寄至××会计师事务所［或直接转交××会计师事务所函证经办人②］，地址及联系方式③如下：

回函地址：

联系人：　　　　　电话：　　　　　传真：　　　　　邮编：

电子邮箱：

本公司谨授权贵行可从本公司××账户支取办理本询证函回函服务的费用（如适

① 根据《中华人民共和国电子签名法》（以下简称《电子签名法》），可靠的电子询证函属于《电子签名法》规定的一种数据电文。可靠的电子签名与手写签名或者盖章具有同等法律效力。函证各相关方在数字函证平台中使用符合《电子签名法》相关规定的数据电文和电子签名具有法律效力。

② 会计师事务所应按照相关银行公示的函证具体要求提供相关人员的证明文件等。

③ “回函地址、联系人、电话、传真、邮编、电子邮箱”等要素应完整、准确填写。

用）。

截至［____年____月____日］（即“函证基准日”），本公司与贵行相关的信息①列示如下：

1. 银行存款。

账户名称	银行账号	币种	利率	账户类型	账户余额	是否属于资金归集（资金池或其他资金管理）账户	起始日期	终止日期	是否存在冻结、担保或其他使用限制（如是，请注明）	备注

除上述列示的银行存款（包括余额为零的存款账户）外，本公司并无在贵行的其他存款。

2. 银行借款。

借款人名称	借款账号	币种	余额	借款日期	到期日期	利率	抵（质）押品/担保人	备注

除上述列示的银行借款外，本公司并无在贵行的其他借款。

3. 自____年____月____日起至____年____月____日期间内注销的银行存款账户。

账户名称	银行账号	币　种	注销账户日

除上述列示的注销账户外，本公司在此期间并未在贵行注销其他账户。

4. 本公司作为委托人的委托贷款。

账户名称	银行结算账号	资金借入方	币种	利率	余额	贷款起止日期	备注

除上述列示的委托贷款外，本公司并无通过贵行办理的其他以本公司作为委托人的委托贷款。

---

① 本询证函所列示的 1～14 项及附表（如适用）信息，以银行印章所代表的总分支机构主体范围进行回函。

5. 本公司作为借款人的委托贷款。

账户名称	银行结算账号	资金借出方	币种	利率	余额	贷款起止日期	备注

除上述列示的委托贷款外，本公司并无通过贵行办理的其他以本公司作为借款人的委托贷款。

6. 担保。

（1）本公司为其他单位提供的、以贵行为担保受益人的担保。

被担保人	担保方式	币种	担保余额	担保到期日	担保合同编号	备注

除上述列示的担保外，本公司并无其他以贵行为担保受益人的担保。

（2）贵行向本公司提供的担保（如保函业务、备用信用证业务等）。

被担保人	担保方式	币种	担保金额	担保到期日	担保合同编号	备注

除上述列示的担保外，本公司并无贵行提供的其他担保。

7. 本公司为出票人且由贵行承兑而尚未支付的银行承兑汇票。

银行承兑汇票号码	结算账户账号	币种	票面金额	出票日	到期日	抵（质）押品

除上述列示的银行承兑汇票外，本公司并无由贵行承兑而尚未支付的其他银行承兑汇票。

8. 本公司向贵行已贴现而尚未到期的商业汇票。

商业汇票号码	承兑人名称	币种	票面金额	出票日	到期日	贴现日	贴现率	贴现净额

除上述列示的商业汇票外，本公司并无向贵行已贴现而尚未到期的其他商业汇票。

9. 本公司为持票人且由贵行托收的商业汇票。

商业汇票号码	承兑人名称	币种	票面金额	出票日	到期日

除上述列示的商业汇票外，本公司并无由贵行托收的其他商业汇票。

10. 本公司为申请人，由贵行开具的、未履行完毕的不可撤销信用证。

信用证号码	受益人	币种	信用证金额	到期日	未使用金额

除上述列示的不可撤销信用证外，本公司并无由贵行开具的、未履行完毕的其他不可撤销信用证。

11. 本公司与贵行之间未履行完毕的外汇买卖合约。

类别	合约号码	贵行卖出币种	贵行买入币种	未履行的合约买卖金额	汇率	交收日期

除上述列示的外汇买卖合约外，本公司并无与贵行之间未履行完毕的其他外汇买卖合约。

12. 本公司存放于贵行托管的证券或其他产权文件。

证券或其他产权文件名称	证券代码或产权文件编号	数量	币种	金额

除上述列示的证券或其他产权文件外，本公司并无存放于贵行托管的其他证券或其他产权文件。

13. 本公司购买的由贵行发行的未到期银行理财产品。

产品名称	产品类型（封闭式/开放式）	币种	持有份额	产品净值	购买日	到期日	是否被用于担保或存在其他使用限制

除上述列示的银行理财产品外，本公司并未购买其他由贵行发行的理财产品。

14. 其他。

附表　资金归集（资金池或其他资金管理）账户具体信息

序号	资金提供机构名称（即拨入资金的具体机构）	资金提供机构账号	资金使用机构名称（即向该具体机构拨出资金）	资金使用机构账号	币种	截至函证基准日拨入或拨出资金余额（拨出填列正数，拨入填列负数）	备注
1	举例：A公司					××××	
2			举例：B公司			××××	
……	……		……			……	

（预留签章）

年　　月　　日

经办人：

职　务：

电　话：

以下由被询证银行填列

结论：

经本行核对，所函证项目与本行记载信息相符。特此函复。 年 月 日 经办人： 职务： 电话： 复核人： 职务： 电话： （银行盖章）
经本行核对，存在以下不符之处。 年 月 日 经办人： 职务： 电话： 复核人： 职务： 电话： （银行盖章）

6. 检查银行存款账户存款人是否为被审计单位，若存款人非被审计单位，应获取该账户户主和被审计单位的书面声明，确认资产负债表日是否需要提请被审计单位进行调整。

7. 关注是否存在质押、冻结等对变现有限制或存在境外的款项。如果存在，是否已提请被审计单位作必要的调整和披露。

8. 对不符合现金及现金等价物条件的银行存款在审计工作底稿中予以列明，以考虑对现金流量表的影响。

9. 抽查大额银行存款收支的原始凭证，检查原始凭证是否齐全、记账凭证与原始凭证是否相符、账务处理是否正确、是否记录于恰当的会计期间等项内容。检查是否存在非营业目的的大额货币资金转移，并核对相关账户的进账情况；如有与被审计单位生产经营无关的收支事项，应查明原因并作相应的记录。

10. 检查银行存款收支的截止是否正确。选取资产负债表日前后若干张、一定金额以上的凭证实施截止测试，关注业务内容及对应项目，如有跨期收支事项，应考虑是否提请被审计单位进行调整。

11. 检查银行存款是否在财务报表中作出恰当列报。根据有关规定，企业的银行存款在资产负债表的“货币资金”项目中反映，所以，注册会计师应在实施上述审计程序后，确定银行存款账户的期末余额是否恰当，进而确定银行存款是否在资产负债表中被恰当披露。此外，如果企业的银行存款存在抵押、冻结等使用限制情况或者潜在回收风险，注册会计师应关注企业是否已经恰当披露有关情况。

如果被审计单位有定期存款，注册会计师可以考虑实施以下审计程序：

（1）如果定期存款占银行存款的比例偏高，或同时负债比例偏高，注册会计师需要向管理层询问定期存款存在的商业理由并评估其合理性。

（2）获取定期存款明细表，检查是否与账面记录金额一致，存款人是否为被审计单位，定期存款是否被质押或限制使用。

（3）监盘定期存款凭据，或实地观察被审计单位登录网银系统查询定期存款信息，并将查询信息截屏保存。如果被审计单位在资产负债表日有大额定期存款，基于对风险的判断，考虑选择在资产负债表日实施监盘。

（4）对存款期限跨越资产负债表日的未质押定期存款，检查开户证实书原件而非复印件，以防止被审计单位提供的复印件是未质押或未提现前原件的复印件，特别关注被审计单位在定期存单到期之前，是否存在先办理质押贷款或提前套现，再用质押贷款所得货币资金或套取的货币资金虚增收入、挪作他用或从事其他违规业务的情形。在检查时，还要认真核对相关信息，包括存款人、金额、期限等，如有异常，需实施进一步审计程序。

（5）对已质押的定期存款，检查定期存单复印件，并与相应的质押合同核对，核对存款人、金额、期限等相关信息；对于用于质押借款的定期存单，关注定期存单对应的质押借款有无入账；对于超过借款期限但仍处于质押状态的定期存款，还需要关注相关借款的偿还情况，了解相关质权是否已被行使；对于为他人担保的定期存单，关注相关担保是否合规，担保是否逾期及相关质权是否已被行使。

（6）函证定期存款相关信息。按照《中国注册会计师审计准则第 1312 号——函证》的要求实施函证程序，关注银行回函是否对包括“是否用于担保或存在其他使用限制”在内的项目给予完整回复。

（7）结合财务费用和投资收益审计，分析利息收入的合理性，判断定期存款是否真实存在，或是否存在体外资金循环的情形。如果账面利息收入远大于根据定期存款计算的应得利息，很可能表明被审计单位存在账外定期存款。如果账面利息收入远小于根据定期存款计算的应得利息，很可能表明被审计单位存在转移利息收入或挪用、虚构定期存款的情况。

（8）对于在报告期内到期结转的定期存款、资产负债表日后已提取的定期存款，检查、核对相应的兑付凭证、银行对账单或网银记录等。

（9）关注被审计单位是否在财务报表附注中对定期存款及其受限情况（如有）给予充分披露。

四、其他货币资金的实质性程序

注册会计师在对其他货币资金实施审计程序时，通常可能需要特别关注以下事项：

1. 保证金存款的检查，检查开立银行承兑汇票的协议或银行授信审批文件。可以将保证金账户对账单与相应的交易进行核对，根据被审计单位应付票据的规模合理推断保证金数额。检查信用证的开立协议与保证金是否相符，检查保证金与相关债务的比例是否与合同约定一致，特别关注是否存在有保证金发生而被审计单位无对应保证事项的情形。

2. 对于存出投资款，跟踪资金流向，并获取董事会决议等批准文件、开户资料、授权操作资料等。如果投资于证券交易业务，通常结合相应金融资产项目审计，核对证券账户户名是否与被审计单位相符，获取证券公司证券交易结算资金账户的交易流水，抽查大额的资金收支，关注资金收支的账面记录与资金流水是否相符。

3. 检查因互联网支付留存于第三方支付平台的资金。了解是否开立支付宝、微信等第三方支付账户，如是，获取相关开户信息资料，了解其用途和使用情况，获取与第三方支付平台签订的协议，了解第三方平台使用流程等内部控制，比照验证银行存款或银行交易的方式对第三方平台支付账户函证交易发生额和余额（如可行）。获取第三方支付平台发生额及余额明细，在验证这些明细信息可靠性的基础上（如观察被审计单位人员登录并操作相关支付平台导出信息的过程，核对界面的真实性，核对平台界面显示或下载的信息与提供给注册会计师的明细信息的一致性等），将其与账面记录进行核对，对大额交易考虑实施进一步的检查程序。

五、针对与货币资金相关的舞弊风险采取的应对措施

正如本章第二节所述，货币资金领域是财务舞弊的易发高发领域。如果识别出与货币资金相关的舞弊风险，注册会计师应当设计和实施进一步审计程序，审计程序的性质、时间安排和范围应当能够应对评估的舞弊导致的认定层次重大错报风险。针对常见的与货币资金相关的舞弊风险，注册会计师可以特别关注或考虑实施以下程序：

1. 针对虚构货币资金相关舞弊风险。(1) 严格实施银行函证程序，保持对函证全过程的控制，恰当评价回函可靠性，深入调查不符事项或函证程序中发现的异常情况；(2) 关注货币资金的真实性和巨额货币资金余额以及大额定期存单的合理性；(3) 了解企业开立银行账户的数量及分布，是否与企业实际经营需要相匹配且具有合理性，检查银行账户的完整性和银行对账单的真实性；(4) 分析利息收入和财务费用的合理性，关注存款规模与利息收入是否匹配，是否存在“存贷双高”现象；(5) 关注是否存在大额境外资金，是否存在缺少具体业务支持或与交易金额不相匹配的大额资金或汇票往来等异常情况。

2. 针对大股东侵占货币资金相关舞弊风险。(1) 识别企业银行对账单中与实际控制人、控股股东或高级管理人员的大额资金往来交易，关注是否存在异常的大额资金流动，关注资金往来是否以真实、合理的交易为基础，关注利用无商业实质的购销业务进行资金占用的情况；(2) 分析企业的交易信息，识别交易异常的疑似关联方，检查企业银行对账单中与疑似关联方的大额资金往来交易，关注资金或商业汇票往来是否以真实、合理的交易为基础；(3) 关注期后货币资金重要账户的划转情况以及资金受限情况；(4) 通过公开信息等可获取的信息渠道了解实际控制人、控股股东财务状况，关注其是否存在资金紧张或长期占用企业资金等情况，检查大股东有无高比例股权质押的情况。

3. 针对虚构现金交易相关舞弊风险。(1) 结合企业所在行业的特征恰当评价现金交易的合理性，检查相关的内部控制是否健全、运行是否有效，是否保留了充分的资料和证据；(2) 计算月现金销售收款、现金采购付款的占比，关注现金收、付款比例是否与企业业务性质相匹配，识别现金收、付款比例是否存在异常波动，并追查波动原因；(3) 了解现金交易对方的情况，关注使用现金结算的合理性和交易的真实性；(4) 检查大额现金收支，追踪来源和去向，核对至交易的原始单据，关注收付款方、收付款金额与合同、订单、出入库单相关信息是否一致；(5) 检查交易对象的相关外部证据，验证其交易真实性；(6) 检查是否存在洗钱等违法违规行为。

第四编

对特殊事项的考虑

第十三章　对舞弊和法律法规的考虑

第一节　财务报表审计中与舞弊相关的责任

一、舞弊的概念和种类

（一）舞弊的概念

舞弊是指被审计单位的管理层、治理层、员工或第三方使用欺骗手段获取不当或非法利益的故意行为。舞弊是现代经济社会中的一个“毒瘤”，其发生比较普遍。

（二）舞弊的种类

舞弊是一个宽泛的法律概念，但在财务报表审计中，注册会计师关注的是导致财务报表发生重大错报的舞弊。与财务报表审计相关的故意错报，包括编制虚假财务报告导致的错报和侵占资产导致的错报。

1. 编制虚假财务报告导致的错报。编制虚假财务报告涉及为欺骗财务报表使用者而作出的故意错报（包括对财务报表金额或披露的遗漏）。这可能是由于管理层通过操纵利润来影响财务报表使用者对被审计单位业绩和盈利能力的看法而造成的。此类利润操纵可能从一些小的行为，或对假设的不恰当调整和对管理层判断的不恰当改变开始。压力和动机可能使这些行为上升到编制虚假财务报告的程度。美国的安然、世通（Worldcom）以及我国的琼民源、银广夏、红光实业等舞弊案件都属于这一种类。在某些被审计单位，管理层可能有动机大幅降低利润以降低税负，或虚增利润以向银行融资。

管理层可能通过以下方式编制虚假财务报告：

（1）对编制财务报表所依据的会计记录或支持性文件进行操纵、弄虚作假（包括伪造）或篡改；

（2）在财务报表中错误表达或故意漏记事项、交易或其他重要信息；

（3）故意地错误使用与金额、分类、列报或披露相关的会计原则。

2. 侵占资产导致的错报。侵占资产包括盗窃被审计单位资产，通常的做法是员工盗窃金额相对较小且不重要的资产。侵占资产也可能涉及管理层，管理层通常更能通过难以发现的手段掩饰或隐瞒侵占资产的行为。侵占资产可以通过以下方式实现：

（1）贪污收到的款项。例如，侵占收到的应收账款或将与已注销账户相关的收款转移至个人银行账户。

（2）盗窃实物资产或无形资产。例如，盗窃存货以自用或出售、盗窃废料以再销售、通过向被审计单位竞争者泄露技术资料与其串通以获取回报。

（3）使被审计单位对未收到的商品或未接受的劳务付款。例如，向虚构的供应商支付款项、供应商向采购人员提供回扣以作为其提高采购价格的回报、向虚构的员工支付工资。

（4）将被审计单位资产挪为私用。例如，将被审计单位资产作为个人或关联方贷款的抵押。

侵占资产通常伴随着虚假或误导性的记录或文件，其目的是隐瞒资产丢失或未经适当授权而被抵押的事实。

二、治理层、管理层的责任与注册会计师的责任

（一）治理层、管理层的责任

被审计单位治理层和管理层对防止或发现舞弊负有主要责任。管理层在治理层的监督下，高度重视对舞弊的防范和遏制是非常重要的。对舞弊进行防范可以减少舞弊发生的机会；对舞弊进行遏制，即发现和惩罚舞弊行为，能够警示被审计单位人员不要实施舞弊。对舞弊的防范和遏制需要管理层营造诚实守信和合乎道德的文化，并且这一文化能够在治理层的有效监督下得到强化。

治理层的监督包括考虑管理层凌驾于控制之上或对财务报告过程施加其他不当影响的可能性，例如，管理层为了影响分析师对被审计单位业绩和盈利能力的看法而操纵利润。

（二）注册会计师的责任

对于注册会计师发现舞弊的责任，注册会计师职业界与社会公众之间存在期望差。在重大的财务报告舞弊案件发生后，社会公众总是会问“注册会计师干什么去了”。注册会计师职业界往往会辩解财务报表审计不是专门的舞弊调查，在发现舞弊方面有很大的局限性。期望差的存在会影响社会公众对注册会计师行业的信心，也是审计准则制定机构不断修订这方面审计准则的主要动力。

注册会计师对于发现舞弊的责任可以从正反两个方面界定：

一方面，在按照审计准则的规定执行审计工作时，注册会计师有责任对财务报表整体是否不存在舞弊或错误导致的重大错报获取合理保证。

编制虚假财务报告直接导致财务报表产生错报，侵占资产通常伴随着虚假或误导性的文件或记录。因此，对可能导致财务报表产生重大错报的舞弊，无论是编制虚假财务报告，还是侵占资产，注册会计师均应当合理保证能够予以发现，这是实现财务报表审计目标的内在要求，也是财务报表审计的价值所在。审计准则还规定，注册会计师应当在整个审计过程中保持职业怀疑，认识到存在舞弊导致的重大错报的可能性，而不应受到以前对管理层、治理层正直和诚信形成的判断的影响，并认识到对发现错误有效的审计程序未必对发现舞弊有效。

另一方面，由于审计的固有限制，即使注册会计师按照审计准则的规定恰当计划和执行了审计工作，也不可避免地存在财务报表中的某些重大错报未被发现的风险。注册会计师不能对财务报表整体不存在重大错报获取绝对保证。

在舞弊导致错报的情况下，固有限制的潜在影响尤其重大。舞弊导致的重大错报未被发现的风险，大于错误导致的重大错报未被发现的风险。其原因是舞弊可能涉及精心策划和蓄意实施以进行隐瞒（如伪造证明或故意漏记交易），或者故意向注册会计师提供虚假陈述。如果涉及串通舞弊，注册会计师可能更加难以发现蓄意隐瞒的企图。串通舞弊可能导致原本虚假的审计证据被注册会计师误认为具有说服力。

因此，如果在完成审计工作后发现舞弊导致的财务报表重大错报，特别是串通舞弊或伪造文件或记录导致的重大错报，并不必然表明注册会计师没有遵守审计准则。注册会计师是否按照审计准则的规定实施了审计工作，取决于其是否根据具体情况实施了审计程序，是否获取了充分、适当的审计证据，以及是否根据证据评价结果出具了恰当的审计报告。

三、项目组内部的讨论

项目组成员之间应当进行讨论，并由项目合伙人确定将哪些事项向未参与讨论的项目组成员通报。项目组就舞弊导致财务报表发生重大错报的可能性进行的讨论可以达到以下目的：

1. 使经验较丰富的项目组成员有机会与其他成员分享关于财务报表易于发生舞弊导致的重大错报的方式和领域的见解；

2. 针对财务报表易于发生舞弊导致的重大错报的方式和领域考虑适当的应对措施，并确定分派哪些项目组成员实施特定的审计程序；

3. 确定如何在项目组成员中共享实施审计程序的结果，以及如何处理可能引起注册会计师关注的舞弊指控。

项目组内部讨论的内容可能包括：

1. 项目组成员认为财务报表易于发生舞弊导致的重大错报的方式和领域、管理层可能编制和隐瞒虚假财务报告的方式以及侵占资产的方式等；

2. 可能表明管理层操纵利润的迹象，以及管理层可能采取的导致虚假财务报告的利润操纵手段；

3. 管理层企图通过晦涩难懂的披露使披露事项无法得到正确理解的风险（例如，包含太多不重要的信息或使用不明晰或模糊的语言）；

4. 已知悉的对被审计单位产生影响的外部和内部因素，这些因素可能产生动机或压力使管理层或其他人员实施舞弊，可能提供实施舞弊的机会，可能表明存在为舞弊行为寻找借口的文化或环境；

5. 对接触现金或其他易被侵占资产的员工，管理层对其实施监督的情况；

6. 关注到的管理层或员工在行为或生活方式上出现的异常或无法解释的变化；

7. 强调在整个审计过程中对舞弊导致重大错报的可能性保持适当关注的重要性；

8. 遇到的哪些情形可能表明存在舞弊；

9. 如何在拟实施审计程序的性质、时间安排和范围中增加不可预见性；

10. 为应对舞弊导致财务报表发生重大错报的可能性而选择实施的审计程序，以及特定类型的审计程序是否比其他审计程序更为有效；

11. 注册会计师关注到的舞弊指控；

12. 管理层凌驾于控制之上的风险。

在讨论过程中，项目组成员不应假定管理层和治理层是正直和诚信的。

四、风险评估程序和相关活动

注册会计师在财务报表审计中考虑舞弊时，同样需要采用风险导向审计的总体思路，即首先识别和评估舞弊风险，然后采取恰当的措施有针对性地予以应对。注册会计师应当实施下列程序，以获取用以识别舞弊导致的重大错报风险所需的信息。

（一）询问

1. 询问对象。询问程序对于注册会计师获取信息、评估舞弊风险十分有用。注册会计师应当询问管理层和被审计单位内部的其他合适人员，以确定其是否知悉任何影响被审计单位的舞弊事实、舞弊嫌疑或舞弊指控。注册会计师通过询问管理层可以获取有关员工舞弊导致的财务报表重大错报风险的有用信息。然而，这种询问难以获取有关管理层舞弊导致的财务报表重大错报风险的有用信息。因此，注册会计师还应当询问被审计单位内部的其他相关人员，为这些人员提供机会，使其能够向注册会计师传递一些信息，而这些信息是其本没有机会与其他人沟通的。注册会计师可以就是否存在或可能存在舞弊，直接询问被审计单位内部除管理层以外的下列人员：

（1）不直接参与财务报告过程的业务人员；

（2）拥有不同级别权限的人员；

（3）参与生成、处理或记录复杂或异常交易的人员及对其进行监督的人员；

（4）内部法律顾问；

（5）负责道德事务的主管人员或承担类似职责的人员；

（6）负责处理舞弊指控的人员。

2. 询问内容。注册会计师应当根据不同的询问对象，运用职业判断，确定询问内容。

注册会计师应当向管理层询问下列事项：

（1）管理层对财务报表可能存在舞弊导致的重大错报风险的评估，包括评估的性质、范围和频率等；

（2）管理层对舞弊风险的识别和应对过程，包括管理层识别出的或关注到的特定舞弊风险，或可能存在舞弊风险的各类交易、账户余额或披露；

（3）管理层就其对舞弊风险的识别和应对过程向治理层的通报；

（4）管理层就其经营理念和道德观念向员工的通报。

除非治理层全部成员参与管理被审计单位，注册会计师应当：（1）了解治理层如何监督管理层对舞弊风险的识别和应对过程，以及为降低舞弊风险而建立的内部控制；（2）询问治理层，以确定其是否知悉任何影响被审计单位的舞弊事实、舞弊嫌疑或舞弊指控。治理层对这些询问的答复，还可在一定程度上作为管理层答复的佐证信息。注册会计师可通过参加相关会议、阅读会议纪要或询问治理层等审计程序了解有关情况。

如果被审计单位设有内部审计，注册会计师应当询问内部审计人员，以确定其是否知悉任何影响被审计单位的舞弊事实、舞弊嫌疑或舞弊指控，并获取这些人员对舞弊风险的看法。

（二）实施分析程序

注册会计师实施分析程序有助于识别异常的交易或事项，以及对财务报表产生影响的金额、比率和趋势。在实施分析程序以了解被审计单位及其环境等方面的情况时，注册会计师应当评价在实施分析程序时识别出的异常或偏离预期的关系（包括与收入账户有关的关系），是否表明存在舞弊导致的重大错报风险。

（三）考虑其他信息

除运用分析程序获取的信息外，注册会计师获取的有关被审计单位及其环境等方面情况的其他信息可能有助于识别舞弊导致的重大错报风险。注册会计师应当考虑获取的其他信息是否表明存在舞弊导致的重大错报风险。其他信息可能来源于项目组内部的讨论、客户关系和具体业务的接受与保持过程以及向被审计单位提供其他服务所获得的经验。

（四）评价舞弊风险因素

注册会计师应当评价通过其他风险评估程序和相关活动获取的信息，是否表明存在舞弊风险因素。存在舞弊风险因素并不必然表明发生了舞弊，但在舞弊发生时通常存在舞弊风险因素，因此，舞弊风险因素可能表明存在舞弊导致的重大错报风险。

根据舞弊存在时通常伴随着的三种情况，这些风险因素可以分为以下三类：

1. 实施舞弊的动机或压力。舞弊者具有舞弊的动机是舞弊发生的首要条件。例如，高级管理人员的报酬与财务业绩或公司股票的市场表现挂钩、公司正在申请融资等情况都可能促使管理层产生舞弊的动机。

2. 实施舞弊的机会。舞弊者需要具有舞弊的机会，舞弊才可能成功。舞弊的机会一般源于内部控制在设计和运行上的缺陷，如公司对资产管理松懈，公司管理层能够凌驾于内部控制之上因而可以随意操纵会计记录等。

3. 为舞弊行为寻找借口的能力。借口是指存在某种态度、性格或价值观念，使得管理层或员工能够作出不诚实的行为，或者管理层或员工所处的环境促使其能够将舞弊行为予以合理化。借口是舞弊发生的重要条件之一。只有舞弊者能够对舞弊行为予以合理化，舞弊者才可能作出舞弊行为，作出舞弊行为后才能心安理得。例如，侵占资产的员工可能认为单位对自身的待遇不公，编制虚假财务报告者可能认为造假不是出于个人私利而是出于公司集体利益。

上述风险因素也被称为“舞弊三角”。这三个风险因素在两类舞弊行为中有不同的体现，表 13－1 和表 13－2 分别列示了注册会计师在执业过程中可能遇到的与两类舞弊行为相关的风险因素。尽管所列示的风险因素涵盖了多种情形，但它们只是一些举例，注册会计师还可能识别出其他不同的风险因素。这些举例并非在所有情况下都相关，对于不同规模、不同所有权特征或情况的被审计单位而言，风险因素的重要性可能不同。此外，风险因素示例的列示顺序并不反映它们的相对重要性或发生频率。

注册会计师应当运用职业判断，考虑被审计单位的规模、复杂程度、所有权结构及所处行业等，以确定舞弊风险因素的相关性和重要程度及其对重大错报风险评估可能产生的影响。

表 13－1 与编制虚假财务报告导致的错报相关的舞弊风险因素

舞弊发生的因素	舞弊风险因素细类	舞弊风险因素具体示例
动机或压力	财务稳定性或盈利能力受到经济环境、行业状况或被审计单位经营情况的威胁	竞争激烈或市场饱和，且伴随着利润率的下降
		难以应对技术变革、产品过时、利率调整等因素的急剧变化
		客户需求大幅下降，所在行业或总体经济环境中经营失败的情况增多
		经营亏损使被审计单位可能破产、丧失抵押品赎回权或遭恶意收购
		在财务报表显示盈利或利润增长的情况下，经营活动产生的现金流量经常出现负数，或经营活动不能产生现金流入
		高速增长或具有异常的盈利能力，特别是在与同行业其他企业相比时
		新发布的会计准则、法律法规或监管要求
	管理层为满足第三方要求或预期而承受过度的压力	投资分析师、机构投资者、重要债权人或其他外部人士对盈利能力或增长趋势存在预期（特别是过分激进的或不切实际的预期），包括管理层在新闻报道和年报信息中作出过于乐观的预期
		需要进行额外的举债或权益融资以保持竞争力，包括为重大研发项目或资本性支出融资
		满足交易所的上市要求、偿债要求或其他债务合同要求的能力较弱
		报告较差财务成果将对正在进行的重大交易（如企业合并或签订合同）产生可察觉的或实际的不利影响
	管理层或治理层的个人财务状况受到被审计单位财务业绩的影响	在被审计单位中拥有重大经济利益
		其报酬中有相当一部分（如奖金、股票期权、基于盈利能力的支付计划）取决于被审计单位能否实现激进的目标（如在股价、经营成果、财务状况或现金流量方面）
		个人为被审计单位的债务提供了担保
	管理层或经营者受到更高级管理层或治理层对财务或经营指标过高要求的压力	治理层为管理层设定了过高的销售业绩或盈利能力等激励指标
机会	被审计单位所在行业或其业务的性质为编制虚假财务报告提供了机会	从事超出正常经营过程的重大关联方交易，或者与未经审计或由其他会计师事务所审计的关联企业进行重大交易
		被审计单位具有强大的财务实力或能力，使其在特定行业中处于主导地位，能够对与供应商或客户签订的条款或条件作出强制规定，从而可能导致不适当或不公允的交易
		资产、负债、收入或费用建立在重大估计的基础上，这些估计涉及主观判断或不确定性，难以印证
		从事重大、异常或高度复杂的交易（特别是临近期末发生的复杂交易，对该交易是否按照“实质重于形式”原则处理存在疑问）
		在经济环境及文化背景不同的国家或地区从事重大经营或重大跨境经营
		利用商业中介，而此项安排似乎不具有明确的商业理由
		在属于“避税天堂”的国家或地区开立重要银行账户或者设立子公司或分公司进行经营，而此类安排似乎不具有明确的商业理由
	组织结构复杂或不稳定	难以确定对被审计单位持有控制性权益的组织或个人
		组织结构过于复杂，存在异常的法律实体或管理层级
		高级管理人员、法律顾问或治理层频繁更换

续表

舞弊发生的因素	舞弊风险因素细类	舞弊风险因素具体示例
机会	对管理层的监督失效	管理层由一人或少数人控制（在非业主管理的实体中），且缺乏补偿性控制
		治理层对财务报告过程和内部控制实施的监督无效
	内部控制要素存在缺陷	对控制的监督不充分，包括自动控制以及针对中期财务报告（如要求对外报告）的控制
		由于会计人员、内部审计人员或信息技术人员不能胜任而频繁更换
		会计系统和信息系统无效，包括内部控制存在值得关注的缺陷的情况
态度或借口	管理层态度不端或缺乏诚信	管理层未能有效地传递、执行、支持或贯彻被审计单位的价值观或道德标准，或传递了不适当的价值观或道德标准
		非财务管理人员过度参与或过于关注会计政策的选择或重大会计估计的确定
		被审计单位、高级管理人员或治理层存在违反证券法或其他法律法规的历史记录，或由于舞弊或违反法律法规而被指控
		管理层过于关注保持或提高被审计单位的股票价格或利润趋势
		管理层向分析师、债权人或其他第三方承诺实现激进的或不切实际的预期
		管理层未能及时纠正发现的值得关注的内部控制缺陷
		为了避税的目的，管理层表现出有意通过使用不适当的方法使报告利润最小化
		高级管理人员缺乏士气
		业主兼经理未对个人事务与公司业务进行区分
		股东人数有限的被审计单位股东之间存在争议
		管理层总是试图基于重要性原则解释处于临界水平的或不适当的会计处理
	管理层与现任或前任注册会计师之间的关系紧张	在会计、审计或报告事项上经常与现任或前任注册会计师产生争议
		对注册会计师提出不合理的要求，如对完成审计工作或出具审计报告提出不合理的时间限制
		对注册会计师接触某些人员、信息或与治理层进行有效沟通施加不适当的限制
		管理层对注册会计师表现出盛气凌人的态度，特别是试图影响注册会计师的工作范围，或者影响对执行审计业务的人员或被咨询人员的选择和保持

表 13－2　与侵占资产导致的错报相关的舞弊风险因素

舞弊发生的因素	舞弊风险因素细类	舞弊风险因素具体示例
动机或压力	个人的生活方式或财务状况问题	接触现金或其他易被侵占（通过盗窃）资产的管理层或员工负有个人债务，可能会产生侵占这些资产的压力
	接触现金或其他易被盗窃资产的员工与被审计单位之间存在的紧张关系	已知或预期会发生裁员
		近期或预期员工报酬或福利计划会发生变动
		晋升、报酬或其他奖励与预期不符

续表

舞弊发生的因素	舞弊风险因素细类	舞弊风险因素具体示例
机会	资产的某些特性或特定情形可能增加其被侵占的可能性	持有或处理大额现金
		体积小、价值高或需求较大的存货
		易于转手的资产，如无记名债券、钻石或计算机芯片
		体积小、易于销售或不易识别所有权归属的固定资产
	与资产相关的不恰当的内部控制可能增加资产被侵占的可能性	职责分离或独立审核不充分
		对高级管理人员的支出（如差旅费及其他报销费用）的监督不足
		管理层对负责保管资产的员工的监管不足（如对保管处于偏远地区的资产的员工监管不足）
		对接触资产的员工选聘不严格
		对资产的记录不充分
		对交易（如采购）的授权及批准制度不健全
		对现金、投资、存货或固定资产等的实物保管措施不充分
		未对资产作出完整、及时的核对调节
		未对交易作出及时、适当的记录（如销货退回未作冲销处理）
		对处于关键控制岗位的员工未实行强制休假制度
		管理层对信息技术缺乏了解，从而使信息技术人员有机会侵占资产
		对自动生成的记录的访问控制（包括对计算机系统日志的控制和复核）不充分
态度或借口	管理层或员工不重视相关控制	忽视监控或降低与侵占资产相关的风险的必要性
		忽视与侵占资产相关的内部控制，如凌驾于现有的控制之上或未对已知的内部控制缺陷采取适当的补救措施
		被审计单位人员在行为或生活方式方面发生的变化可能表明资产已被侵占
		容忍小额盗窃资产的行为
	对被审计单位存在不满甚至敌对情绪	被审计单位人员的行为表明其对被审计单位感到不满，或对被审计单位对待员工的态度感到不满

五、识别和评估舞弊导致的重大错报风险

舞弊导致的重大错报风险属于需要注册会计师特别考虑的重大错报风险，即特别风险。注册会计师实施舞弊风险评估程序的目的在于识别因舞弊导致的重大错报风险。因此，在识别和评估财务报表层次以及各类交易、账户余额、披露的认定层次的重大错报风险时，注册会计师应当识别和评估舞弊导致的重大错报风险。

在评估舞弊导致的重大错报风险时，注册会计师应当特别关注被审计单位收入确认方面的舞弊风险。审计准则规定，在识别和评估舞弊导致的重大错报风险时，注册会计师应当基于收入确认存在舞弊风险的假定，评价哪些类型的收入、收入交易或认定导致舞弊风险。如果认为收入确认存在舞弊风险的假定不适用于业务的具体情况，从而未将

收入确认作为舞弊导致的重大错报风险领域，注册会计师应当在审计工作底稿中记录得出该结论的理由。本教材第九章第三节对收入确认方面的舞弊风险作了比较详细的阐述。

六、应对评估的舞弊导致的重大错报风险

在识别和评估舞弊导致的重大错报风险后，注册会计师需要采取适当的应对措施，以将审计风险降至可接受的低水平。舞弊导致的重大错报风险属于特别风险，注册会计师应当按照审计准则及相关法律法规的规定予以应对。

（一）总体应对措施

在针对评估的舞弊导致的财务报表层次重大错报风险确定总体应对措施时，注册会计师应当：

1. 在分派和督导项目组成员时，考虑承担重要业务职责的项目组成员所具备的知识、技能和能力，并考虑舞弊导致的重大错报风险的评估结果；

2. 评价被审计单位对会计政策（特别是涉及主观计量和复杂交易的会计政策）的选择和运用，是否可能表明管理层通过操纵利润对财务信息作出虚假报告；

3. 在选择审计程序的性质、时间安排和范围时，增加审计程序的不可预见性。

（二）针对评估的舞弊导致的认定层次重大错报风险实施的审计程序

按照《中国注册会计师审计准则第 1231 号——针对评估的重大错报风险采取的应对措施》的规定，注册会计师应当设计和实施进一步审计程序，审计程序的性质、时间安排和范围应当能够应对评估的舞弊导致的认定层次重大错报风险。

为应对评估的舞弊导致的认定层次重大错报风险，注册会计师采取的具体措施可能包括通过下列方式改变审计程序的性质、时间安排和范围：

1. 改变拟实施审计程序的性质，以获取更可靠、相关的审计证据，或获取额外的佐证信息。例如，对特定资产进行实地观察或检查；设计询证函时，增加交易日期、退货权、交货条款等销售协议的细节；向被审计单位的非财务人员询问销售协议和交货条款的变化，以对函证获取的信息进行补充。

2. 调整实施审计程序的时间安排。例如，在期末或接近期末实施实质性程序，以更好地应对舞弊导致的重大错报风险；由于涉及不恰当收入确认的舞弊可能已在期中发生，针对本期较早期间发生的交易或整个报告期内的交易实施实质性程序。

3. 调整实施审计程序的范围，以应对评估的舞弊导致的重大错报风险。例如，扩大样本规模；在更详细的层次上实施分析程序；利用计算机辅助审计技术对电子交易和会计文档实施更广泛的测试。

注册会计师针对评估的舞弊导致的认定层次重大错报风险所采取的具体应对措施，取决于已发现的舞弊风险因素类型以及各类交易、账户余额及披露的相关认定。表 13 - 3 和表 13 - 4 分别列举了针对两大类舞弊风险的具体应对措施。表中所列程序不可能穷尽所有可实施的审计程序，在不同业务中各个审计程序的相关性和效果也存在差异，因此，表中所列仅供参考。

表 13-3 具体应对措施——由于编制虚假财务报告导致的错报

特定方面	应对程序	举例或解释
收入确认	针对收入项目，使用分解的数据实施实质性分析程序	例如，按照月份、产品线或业务分部将本期收入与具有可比性的以前期间收入进行比较。利用计算机辅助审计技术可能有助于发现异常的或未预期到的收入关系或交易
	向被审计单位的客户函证相关的特定合同条款、条件以及是否存在背后协议	因为相关的会计处理是否适当，往往会受到这些合同条款、条件或协议的影响，并且这些合同条款、条件或协议所涉及的销售折扣或其相关期间往往记录得不清楚。例如，商品接受标准、交货与付款条件、不承担期后或持续性的卖方义务、退货权、保证转售金额以及撤销或退款等条款在此种情形下通常是相关的
	向被审计单位的销售人员或内部法律顾问询问临近期末的销售或发货情况，及其所了解的与这些交易相关的异常条款或条件	—
	期末在被审计单位的一处或多处发货现场实地观察发货情况或准备发出的货物情况（或待处理的退货），并实施其他适当的销售及存货截止测试	实施此类程序的目的在于验证收入的真实性和确认截止时点的准确性
	对于通过电子方式自动生成、处理、记录的销售交易实施控制测试	此类控制测试非常必要，可以确定这些控制是否能够为所记录的收入交易已真实发生并得到适当的记录提供保证
存货数量	检查被审计单位的存货记录	识别在被审计单位盘点过程中或结束后需要特别关注的存货存放地点或存货项目
	在不预先通知的情况下对特定存放地点的存货实施监盘，或在同一天对所有存放地点实施存货监盘	—
	要求被审计单位在报告期末或临近期末的时点实施存货盘点	目的是降低被审计单位在盘点日与报告期末之间操纵存货数量的风险
	在观察存货盘点的过程中实施额外的程序	例如，更严格地检查包装箱中的货物、货物堆放方式（如堆为中空）或标记方式、液态物质（如香水、特殊的化学物质）的质量特征（如纯度、品级或浓度）。利用专家的工作可能在此方面有所帮助
	按照存货的等级或类别、存放地点或其他分类标准，将本期存货数量与前期进行比较，或将盘点数量与永续盘存记录进行比较	—
	利用计算机辅助审计技术进一步测试存货实物盘点目录的编制	例如，按标签号进行检索以测试存货的标签控制，或按照项目的顺序编号进行整理以检查是否存在漏记或重复编号
管理层估计	聘用专家作出独立估计，并与管理层的估计进行比较	—
	将询问范围延伸至管理层和会计部门以外的人员，以印证管理层完成与作出会计估计相关的计划的能力和意图	—

表 13-4 具体应对措施——由于侵占资产导致的错报

特定方面	应对程序	举例或解释
货币资金、有价证券	在期末或临近期末对现金或有价证券进行监盘	—
	直接向被审计单位的客户询证所审计期间的交易活动	包括赊销记录、销售退回情况、付款日期等
	分析已注销账户的恢复使用情况	—
存货	按照存货存放地点或产品类型分析存货短缺情况	—
	将关键存货指标与行业平均水平进行比较	如存货周转率、存货周转天数等
	对于发生减计的永续盘存记录，复核其支持性文件	—
采购活动	利用计算机技术将供货商名单与被审计单位员工名单进行对比，以识别地址或电话号码相同的数据	该程序可用以识别员工在采购环节牟取私利的行为
劳务（包括应付工资、相关费用等）	利用计算机技术检查工资单记录中是否存在重复的地址、员工身份证明、纳税识别编号或银行账号	该程序可用以识别虚领工资或薪酬的行为
	检查人事档案中是否存在只有很少记录或缺乏记录的档案，如缺少绩效考评的档案	该程序可用以识别虚假的员工身份记录及潜在的舞弊（如虚领工资、虚开劳务报酬）
销售活动	分析销售折扣和销售退回等	该程序可以识别异常的模式或趋势
	向第三方函证合同的具体条款或条件	—
	获取合同是否按照规定的条款或条件得以执行的审计证据	—
费用开支	复核大额和异常的费用开支是否适当	—
	复核高级管理人员提交的费用报告的金额及适当性	—
向员工提供资金或担保	复核被审计单位向高级管理人员和关联方提供的贷款的授权及其账面价值	—

（三）针对舞弊易发高发领域的重点应对措施

注册会计师在审计过程中，要严格执行审计准则，加大对审计重点领域的关注力度，合理运用职业判断，有效应对可能存在的舞弊风险。财政部发布了《关于加大审计重点领域关注力度、控制审计风险、进一步有效识别财务舞弊的通知》（财会〔2022〕28号），指导注册会计师在做好其他领域审计的同时，加大对下列近年来舞弊易发高发领域的关注力度并采取有效应对措施。

1. 货币资金相关舞弊风险应对措施。

（1）针对虚构货币资金相关舞弊风险。

①严格实施银行函证程序，保持对函证全过程的控制，恰当评价回函可靠性，深入调查不符事项或函证程序中发现的异常情况；

②关注货币资金的真实性和巨额货币资金余额以及大额定期存单的合理性；

③了解企业开立银行账户的数量及分布，是否与企业实际经营需要相匹配且具有合理性，检查银行账户的完整性和银行对账单的真实性；

④分析利息收入和财务费用的合理性，关注存款规模与利息收入是否匹配，是否存在“存贷双高”现象；

⑤关注是否存在大额境外资金，是否存在缺少具体业务支持或与交易金额不相匹配

的大额资金或汇票往来等异常情况。

（2）针对大股东侵占货币资金相关舞弊风险。

①识别企业银行对账单中与实际控制人、控股股东或高级管理人员的大额资金往来交易，关注是否存在异常的大额资金流动，关注资金往来是否以真实、合理的交易为基础，关注利用无商业实质的购销业务进行资金占用的情况；

②分析企业的交易信息，识别交易异常的疑似关联方，检查企业银行对账单中与疑似关联方的大额资金往来交易，关注资金或商业汇票往来是否以真实、合理的交易为基础；

③关注期后货币资金重要账户的划转情况以及资金受限情况；

④通过公开信息等可获取的信息渠道了解实际控制人、控股股东财务状况，关注其是否存在资金紧张或长期占用企业资金等情况，检查大股东有无高比例股权质押的情况。

（3）针对虚构现金交易相关舞弊风险。

①结合企业所在行业的特征恰当评价现金交易的合理性，检查相关内部控制是否健全、运行是否有效，是否保留了充分的资料和证据；

②计算月现金销售收款、现金采购付款的占比，关注现金收、付款比例是否与企业业务性质相匹配，识别现金收、付款比例是否存在异常波动，并追查波动原因；

③了解现金交易对方的情况，关注使用现金结算的合理性和交易的真实性；

④检查大额现金收支，追踪来源和去向，核对至交易的原始单据，关注收付款方、收付款金额与合同、订单、出入库单相关信息是否一致；

⑤检查交易对象的相关外部证据，验证其交易真实性；

⑥检查是否存在洗钱等违法违规行为。

2. 存货相关舞弊风险应对措施。

（1）针对虚构存货相关舞弊风险。

①根据存货的特点、盘存制度和存货内部控制，设计和执行存货监盘程序；

②关注是否存在金额较大且占比较高、库龄较长、周转率低于同行业可比公司等情形的存货，分析评价其合理性；

③严格执行分析性程序，检查存货结构波动情况，分析其与收入结构变动的匹配性，评价产成品存货与收入、成本之间变动的匹配性；

④对异地存放或由第三方保管或控制的存货，严格执行函证或异地监盘等程序。

（2）针对账外存货相关舞弊风险。

①在其他资产审计中，关注是否有转移资产形成账外存货的情况；

②关注存货盘亏、报废的内部控制程序，关注是否有异常大额存货盘亏、报废的情况；

③存货监盘中，关注存货的所有权及完整性；

④关注是否存在通过多结转成本、多报耗用数量、少报产成品入库等方式，形成账外存货。

3. 在建工程和购置资产相关舞弊风险应对措施。

（1）针对利用在建工程掩盖舞弊的风险。

①检查是否存在与企业整体生产经营规划不符或与预算不符的异常在建工程项目；

②检查是否存在非正常停工或长期未完工的工程项目，关注有无通过虚构在建工程

项目或虚增在建工程成本进行舞弊的情形。

(2) 针对通过购置固定资产实施舞弊的风险。

①复核购置固定资产的理由及其合理性;

②检查购置固定资产相关的采购合同、采购发票等,判断固定资产计价的准确性,关注是否存在混淆资本化和费用化支出来操纵利润的情形;

③复核已入账固定资产的验收情况,观察固定资产是否确实存在并了解其使用情况。

4. 资产减值相关舞弊风险应对措施。

(1) 针对通过不恰当计提减值准备人为调整资产账面价值的舞弊风险。

①对于存在减值迹象的资产,复核企业资产减值的测试过程和结果,评价管理层作出的与资产减值相关的重大判断和估计,必要时利用专家工作;

②对于持续存在减值迹象的资产,关注一次性大额计提减值的合理性,以及是否存在以前年度未予充分计提减值的情况。

(2) 针对通过不恰当计提坏账准备人为调整利润的舞弊风险。

①复核企业对应收账款进行信用风险评估的相关考虑和客观证据,评价是否恰当识别各项应收账款的信用风险特征;

②评价应收账款账龄与预期信用损失计算的合理性,复核计提坏账准备的准确性,检查计提方法是否按照坏账政策执行;

③检查应收账款的期后回款情况,关注是否存在通过虚构回款冲减往来款等情形,评价应收账款坏账准备计提的合理性。

5. 收入相关舞弊风险应对措施。

(1) 针对收入确认存在的舞弊风险因素。

①客观评价企业哪些类型的收入或收入认定可能存在重大舞弊风险;

②严格核查收入的交易背景,关注是否存在复杂的收入安排,收入确认是否取决于较高层次的管理层判断等;

③详细查阅是否存在股权激励等可能构成舞弊动机的事项;

④关注企业管理层变更后,收入确认政策是否发生重大变化。

(2) 针对虚增或隐瞒收入舞弊风险。

①严格执行针对收入的分析程序,关注报告期毛利率明显偏高或毛利率波动较大、经营活动现金流量与收入不匹配等情况;

②借助数据分析工具,加强对收入财务数据与业务运营数据的多维度分析,有效识别异常情况;

③检查交易合同,并综合运用函证、走访、实地调查等方法,关注商业背景的真实性、资金资产交易的真实性、销售模式的合理性和交易价格的公允性等,识别是否存在虚构交易或进行显失公允的交易等情况,必要时,延伸验证有关交易的真实性;

④将业务系统和财务系统纳入信息技术一般控制和信息处理控制进行评价和测试,关注有无异常设定的超级用户等情况;

⑤分析收入确认政策的合规性,关注是否存在不恰当地以总额法代替净额法核算等情形。

（3）针对提前或延迟确认收入舞弊风险。

①严格实施收入截止测试，关注收入是否被计入恰当的期间；

②检查临近期末执行的重要销售合同，关注是否存在异常的定价、结算、发货、退货、换货或验收条款，关注期后是否存在退货以及改变或撤销合同条款的情况；

③复核重要合同的重要条款，关注是否存在通过高估履约进度，或将单项履约义务的销售交易拆分为多项履约义务实现提前确认收入以及通过将多项履约义务合并为单项履约义务延迟确认收入的情况。

6. 境外业务相关舞弊风险应对措施。

（1）针对虚构境外经营相关舞弊风险。

①结合境外业务所在国家或地区的经济环境和企业自身发展情况，评价境外经营的合理性；

②检查境外业务供应链、交易流程、相关内部控制和财务报告编制流程，关注境外经营的真实性；

③充分了解企业内外部风险因素，关注企业面临业绩压力、存在扭亏为盈等重大变化下管理层的舞弊风险，评价是否存在可能导致对其持续经营能力产生重大疑虑的情况，重点关注企业境外经营所在地是否存在影响持续经营的事项。

（2）针对虚构境外收入相关舞弊风险。

①分析境外销售毛利率是否存在异常，相同或类似产品是否存在境外销售价格明显高于境内、境外销售毛利率明显高于境内等情形；

②核查企业海关出口数据、出口退税金额、境外客户应收账款函证情况、物流运输记录、发货验收单据、出口信用保险数据等，评估其是否与境外销售收入相匹配；

③检查企业汇兑损益的计算是否准确，是否与现有销售收入相匹配；

④关注境外业务的结算方式，销售回款是否来自签订业务合同的往来客户，对存在第三方代收货款情形的，关注是否与第三方回款的支付方存在关联关系或其他利益安排，充分评估第三方回款的必要性和商业合理性。

（3）针对利用境外业务虚增虚构资产舞弊风险。

①对于储存在境外银行的货币资金，执行银行函证程序，关注是否存在被冻结的货币资金，是否存在大额境外资金，以及缺少具体业务支持或与交易金额不相匹配的大额资金或汇票往来等异常情况；

②对于源自境外客户的应收款项，考虑相关公司的信用风险、当前状况及未来经济情况的预测，评估管理层计提的预期信用减值损失是否恰当，检查是否存在大额应收款项减值或核销等情况；

③对于已通过海运或空运等方式发货但尚未到达海外客户的存货，向货运公司函证以验证存货的数量和金额，关注有关交易的真实性；

④关注税收缴纳等特殊领域，考虑利用专家工作，并充分评估专家的胜任能力、专业素质、客观性和工作结果。

7. 企业合并相关舞弊风险应对措施。

（1）针对操纵合并范围实施舞弊的风险。

①检查控制的判断依据，充分关注与被投资企业相关安排的设计目的与意图，综合

考虑有关合同、协议等约定的相关主体财务和经营决策、决策人员权力限制、利润分享或损失承担机制等因素，判断是否对被投资企业具有控制，并据此确定合并财务报表的合并范围是否恰当；

②评估未纳入合并范围的子公司可能对财务会计报告整体产生的影响，关注有无人为调整合并范围的情形。

（2）针对滥用企业合并实施舞弊的风险。

①关注企业合并的商业实质，是否与合并方的发展战略协同，特别是涉及复杂的交易、付款安排，相关的会计处理是否符合实质重于形式原则；

②检查被合并企业的业绩真实性、财务数据合理性，是否存在通过虚增收入达到高溢价并购以及并购业绩承诺精准达标的情况；

③关注被合并企业的内部控制情况，是否存在隐性关联方交易、违规为关联方担保、大股东违规占用资金等问题。

8. 商誉相关舞弊风险应对措施。

（1）针对确认高额商誉相关舞弊风险。

①分析企业合并对价合理性、商誉金额的合理性、企业合并过程中专家意见的合理性；

②复核企业合并中合并成本计量的准确性，判断是否存在应计入合并成本中的或有对价；

③检查企业是否以购买日公允价值重新确认和计量被购买方所有可辨认资产和负债（包括被购买方拥有但未在个别财务报表中确认的资产和负债），是否因未能恰当识别和确认被购买方的可辨认资产（尤其是无形资产）和负债而形成高额商誉。

（2）针对商誉未被恰当分摊至相关资产组或资产组组合的舞弊风险。

①评价管理层商誉分摊方法的恰当性，判断是否存在为了避免计提商誉减值准备而扩大分摊商誉资产组或资产组组合的范围，将商誉分摊至可收回金额较高但与商誉不相关的资产组的情况；

②检查购买日后相关资产组或资产组组合发生了重组、处置等变化，或某些资产组已经与商誉不再相关时，是否对商誉进行重新分摊；

（3）针对商誉减值测试过程中的相关舞弊风险。

①评价与管理层进行商誉减值测试相关的内部控制设计和运行的有效性；

②复核管理层商誉减值测试方法的合理性及一致性，评价管理层在减值测试中采用的关键假设的合理性并核实与上年关键假设相比发生的变化及其原因和合理性，关注盈利预测所使用基础数据和参数的相关性、准确性及完整性；

③利用专家的工作，评价专家的胜任能力、专业素质和客观性，判断专家工作结果的恰当性。

（4）针对商誉减值确认相关舞弊风险。

①复核企业以前年度商誉减值计提情况，有无以前年度未计提或少计提而在本年度大幅计提商誉减值的情形，检查其理由和依据；

②关注企业是否存在与商誉有关的业绩承诺并分析其达标情况，关注是否存在精准达标或未达标，但未充分计提商誉减值的情况；

③检查商誉减值测试所依据的信息与管理层年度展望等相关信息的一致性。

9. 金融工具相关舞弊风险应对措施。

（1）针对金融工具分类和计量相关舞弊风险。

①检查金融工具分类的恰当性，关注债务工具和权益工具的区分不当、混淆业务模式与管理层投资时的主观意图、金融工具分类随意调整、复合金融工具或混合金融工具的拆分错误等情形；

②检查金融工具计价的准确性，关注因企业自身信用风险变化导致的金融负债公允价值变动的会计处理方式是否恰当，复核摊余成本计算的结果，并对公允价值计量的金融工具检查其报告期末公允价值数据来源或测试其估值模型。

（2）针对金融工具终止确认相关舞弊风险。

①关注金融资产终止确认是否满足合同权利终止或满足规定的转移，关注交易对手方的履约能力、交易条件、是否存在关联方关系等，分析其商业合理性，关注有无人为安排交易以满足某些监管要求或合同义务等情形；

②关注金融负债现时义务是否解除、终止确认的时点是否恰当，是否存在以承担新金融负债的方式替换原金融负债，人为提前或者不当终止确认金融负债虚增利润。

（3）针对利用复杂金融产品实施舞弊的风险。

①了解金融产品和服务的业务模式和盈利方式，是否符合企业会计准则和监管规范要求，特别关注混合金融工具会计处理的恰当性；

②关注是否存在“资金池”、刚性兑付、违规承诺收益或其他利用多层嵌套、通道业务等方式将表内信用风险表外化的迹象；

③关注保理业务的商业实质，对相关的应收账款本身的真实性、可收回性进行分析，分析保理业务涉及的应收账款是否存在虚构交易或空转贸易情形。

10. 滥用会计政策和会计估计相关舞弊风险应对措施。

（1）针对滥用会计政策和会计估计变更实施舞弊的风险。

①结合企业经营状况，充分了解变更会计政策和会计估计的意图及其合理性；

②评价会计政策和会计估计变更前后经营成果发生的重大变化，检查是否存在通过会计政策和会计估计变更实现扭亏为盈，是否存在滥用会计政策和会计估计变更调节资产和利润等情况。

（2）针对混淆会计政策变更、会计估计变更和前期差错更正实施舞弊的风险。关注是否正确划分会计政策变更、会计估计变更和前期差错更正，是否如实反映有关的交易和事项，并进行相应会计处理和披露。特别是重要项目的会计政策、重大和异常交易的会计处理方法、在新领域和缺乏权威性标准或共识的领域采用重要会计政策产生的影响、会计政策的变更等，以及其对财务会计报告反映的信息质量的影响。

11. 关联方相关舞弊风险应对措施。

（1）针对通过未识别出或未披露的关联方实施舞弊的风险。

①保持职业怀疑态度，关注交易金额重大、交易发生频次较少且交易时间集中、交

易条件与其他对手方明显不同、交易规模和性质与对方的能力明显不匹配，以及其他不具有合理商业理由的交易，关注是否存在关联交易非关联化；

②针对不具有合理商业理由的交易采取进一步审计程序，通过背景调查、交易信息分析等方法，评估对手方与企业的关系，识别将原关联方非关联化行为的动机及后续交易的真实性、公允性，以及是否存在通过有关交易调节利润的可能。

（2）针对通过关联方实施舞弊的风险。

①加强关联交易舞弊风险的评估与控制，关注是否存在通过以显失公允的交易条款与关联方进行交易、与关联方或特定第三方串通舞弊进行虚假交易或侵占被审计单位资产、实际控制人或控股股东通过凌驾于被审计单位内部控制之上侵占被审计单位资产等方式影响关联交易真实性、价格公允性，从而粉饰财务会计报告或进行利益输送的舞弊行为；

②关注交易商业安排的合理性、资金资产交易的真实性、销售模式的合理性和公允性、关联交易金额上限的合规性等内部控制流程和控制措施的有效性。

（四）针对管理层凌驾于控制之上的风险实施的程序

由于管理层在被审计单位的地位较高，管理层凌驾于控制之上的风险在所有被审计单位都可能存在。对财务信息作出虚假报告通常与管理层凌驾于控制之上有关。管理层通过凌驾于控制之上实施舞弊的手段主要包括：

（1）故意作出虚假会计分录，特别是在临近会计期末时，从而操纵经营成果或实现其他目的；

（2）故意不恰当地调整对账户余额作出估计时使用的假设和判断；

（3）故意在财务报表中漏记、提前或推迟确认报告期内发生的事项和交易；

（4）故意遗漏、掩盖或歪曲适用的财务报告编制基础要求的披露或为实现公允反映所需的披露；

（5）故意隐瞒可能影响财务报表金额的事实；

（6）故意构造复杂交易，以歪曲财务状况或经营成果；

（7）故意篡改与重大和异常交易相关的记录和条款。

管理层凌驾于控制之上的风险属于特别风险。无论对管理层凌驾于控制之上的风险的评估结果如何，注册会计师都应当设计和实施审计程序，用以：（1）测试日常会计核算过程中作出的会计分录以及编制财务报表过程中作出的其他调整是否适当；（2）复核会计估计是否存在偏向，并评价产生这种偏向的环境是否表明存在舞弊导致的重大错报风险；（3）对于超出被审计单位正常经营过程的重大交易，或基于对被审计单位及其环境等方面情况的了解以及在审计过程中获取的其他信息而显得异常的重大交易，评价其商业理由（或缺乏商业理由）是否表明被审计单位从事交易的目的是为了对财务信息作出虚假报告或掩盖侵占资产的行为。

1. 测试会计分录及其他调整。

舞弊导致的财务报表重大错报通常涉及通过作出不恰当或未经授权的会计分录对财务报告过程进行操纵。在设计和实施审计程序，以测试日常会计核算过程中作出的会计分录以及编制财务报表过程中作出的其他调整是否适当时，注册会计师应当：

（1）向参与财务报告过程的人员询问与处理会计分录和其他调整相关的不恰当或异

常的活动；

（2）选择在报告期末作出的会计分录和其他调整；

（3）考虑是否有必要测试整个会计期间的会计分录和其他调整。

在识别和选择拟测试的会计分录和其他调整，并针对已选择项目的支持性文件确定适当的测试方法时，注册会计师可以考虑的相关因素包括：

（1）对舞弊导致的重大错报风险的评估。注册会计师识别出的舞弊风险因素和在评估舞弊导致的重大错报风险过程中获取的其他信息，可能有助于注册会计师识别需要测试的特定类别的会计分录和其他调整。

（2）对会计分录和其他调整已实施的控制。在注册会计师已经测试了这些控制运行有效性的前提下，针对会计分录和其他调整的编制和过账所实施的有效控制，可以缩小所需实施的实质性程序的范围。

（3）被审计单位的财务报告过程以及所能获取的证据的性质。在很多被审计单位，会计分录和其他调整的处理过程可能同时涉及人工和自动化的程序和控制。当信息技术应用于财务报告过程时，会计分录和其他调整可能仅以电子形式存在。

（4）虚假会计分录或其他调整的特征。不恰当的会计分录或其他调整通常具有独特的识别特征，这类特征可能包括：①分录记录到不相关、异常或很少使用的账户；②分录由平时不负责作出会计分录的人员作出；③分录在期末或结账过程中编制，且没有或只有很少的解释或描述；④分录在编制财务报表之前或编制过程中编制且没有账户编号；⑤分录金额为约整数或尾数一致。

（5）账户的性质和复杂程度。不恰当的会计分录或其他调整可能体现在以下账户中：①包含复杂或性质异常的交易的账户；②包含重大估计及期末调整的账户；③过去易于发生错报的账户；④未及时调节的账户，或含有尚未调节差异的账户；⑤包含集团内部不同公司间交易的账户；⑥其他虽不具备上述特征但与已识别的舞弊导致的重大错报风险相关的账户。在审计拥有多个经营地点或组成部分的被审计单位时，注册会计师需考虑从不同的地点选取会计分录进行测试。

（6）在常规业务流程之外处理的会计分录或其他调整。针对非标准分录实施的控制的水平与针对为记录日常交易（如每月的销售、采购及现金支出）所编制的分录实施的控制的水平可能不同。

2. 复核会计估计。

在编制财务报表的过程中，管理层需要作出影响重大会计估计的一系列判断或假设，并对这些估计的合理性进行持续地监督。管理层通常通过故意作出不当会计估计来编制虚假财务报告。在复核会计估计是否存在偏向时，注册会计师应当：

（1）评价管理层作出会计估计时所作的判断和决策是否反映出管理层的某种偏向（即使判断和决策单独看起来是合理的），从而可能表明存在舞弊导致的重大错报风险。如果存在偏向，注册会计师应当从整体上重新评价会计估计。

（2）追溯复核与以前年度财务报表反映的重大会计估计相关的管理层判断和假设。

3. 评价重大交易的商业理由。

以下迹象可能表明被审计单位从事超出其正常经营过程的重大交易，或虽然未超出其正常经营过程但显得异常的重大交易：

（1）交易的形式显得过于复杂（例如，交易涉及集团内部多个实体，或涉及多个非关联的第三方）；

（2）管理层未与治理层就此类交易的性质和会计处理进行过讨论，且缺乏充分的记录；

（3）管理层更强调采用某种特定的会计处理的需要，而不是交易的经济实质；

（4）对于涉及不纳入合并范围的关联方（包括特殊目的实体）的交易，治理层未进行适当的审核与批准；

（5）交易涉及以往未识别出的关联方，或涉及在没有被审计单位帮助的情况下不具备物质基础或财务能力完成交易的第三方。

七、评价审计证据

在就财务报表与所了解的被审计单位的情况是否一致形成总体结论时，注册会计师应当评价在临近审计结束时实施的分析程序，是否表明存在此前尚未识别的舞弊导致的重大错报风险。确定哪些特定趋势和关系可能表明存在舞弊导致的重大错报风险，需要运用职业判断。涉及期末收入和利润的异常关系尤其值得关注。这些趋势和关系可能包括：在报告期的最后几周内记录了不寻常的大额收入或异常交易，或收入与经营活动产生的现金流量趋势不一致。

如果识别出某项错报，注册会计师应当评价该项错报是否表明存在舞弊。如果存在舞弊的迹象，由于舞弊涉及实施舞弊的动机或压力、机会或借口，因此一个舞弊事项不太可能是孤立发生的事项（例如，在某个经营地点发生了大量的错报，即使这些错报的累积影响并不重大，但仍可能表明存在舞弊导致的重大错报风险），注册会计师应当评价该项错报对审计工作其他方面的影响，特别是对管理层声明可靠性的影响。

如果识别出某项错报，并有理由认为该项错报是或可能是舞弊导致的，且涉及管理层，特别是涉及较高层级的管理层，无论该项错报是否重大，注册会计师都应当重新评价对舞弊导致的重大错报风险的评估结果，以及该结果对旨在应对评估的风险的审计程序的性质、时间安排和范围的影响。

在重新考虑此前获取的审计证据的可靠性时，注册会计师还应当考虑相关的情形是否表明可能存在涉及员工、管理层或第三方的串通舞弊。

如果确认财务报表存在舞弊导致的重大错报，或无法确定财务报表是否存在舞弊导致的重大错报，注册会计师应当评价这两种情况对审计的影响。

八、无法继续执行审计业务

（一）对继续执行审计业务的能力产生怀疑

如果舞弊或舞弊嫌疑导致出现错报，致使注册会计师遇到对其继续执行审计业务的能力产生怀疑的异常情形，注册会计师应当：

1. 确定适用于具体情况的职业责任和法律责任，包括是否需要向审计业务委托人或监管机构报告；

2. 在相关法律法规允许的情况下，考虑是否需要解除业务约定。

注册会计师可能遇到的对其继续执行审计业务的能力产生怀疑的异常情形如下：

1. 被审计单位没有针对舞弊采取适当的、注册会计师根据具体情况认为必要的措施，即使该舞弊对财务报表并不重大；

2. 注册会计师对舞弊导致的重大错报风险的考虑以及实施审计测试的结果，表明存在重大且广泛的舞弊风险；

3. 注册会计师对管理层或治理层的胜任能力或诚信产生重大疑虑。

（二）解除业务约定

由于可能出现的情形各不相同，因而难以确切地说明在何时解除业务约定是适当的。影响注册会计师得出结论的因素包括管理层或治理层成员参与舞弊可能产生的影响（可能会影响到管理层声明的可靠性），以及与被审计单位之间保持客户关系对注册会计师的影响。

如果决定解除业务约定，注册会计师应当采取下列措施：

1. 与适当层级的管理层和治理层讨论解除业务约定的决定和理由；

2. 考虑是否存在职业责任或法律责任，需要向审计业务委托人或监管机构报告解除业务约定的决定和理由。

九、书面声明

不论被审计单位的规模大小，除认可已经履行了编制财务报表的责任外，管理层和治理层（如适用）还认可其设计、执行和维护内部控制以防止和发现舞弊的责任也是非常重要的。

由于舞弊的性质以及注册会计师在发现舞弊导致的财务报表重大错报时遇到的困难，注册会计师向管理层和治理层（如适用）获取书面声明，确认其已向注册会计师披露了下列信息是非常重要的：

1. 管理层对财务报表可能存在舞弊导致的重大错报风险的评估结果；

2. 对影响被审计单位的舞弊事实、舞弊嫌疑或舞弊指控的了解程度。

基于上述原因，注册会计师应当就下列事项向管理层和治理层（如适用）获取书面声明：

1. 管理层和治理层认可其设计、执行和维护内部控制以防止和发现舞弊的责任；

2. 管理层和治理层已向注册会计师披露了管理层对舞弊导致的财务报表重大错报风险的评估结果；

3. 管理层和治理层已向注册会计师披露了已知的涉及管理层、在内部控制中承担重要职责的员工以及其舞弊行为可能导致财务报表出现重大错报的其他人员的舞弊或舞弊嫌疑；

4. 管理层和治理层已向注册会计师披露了从现任和前任员工、分析师、监管机构等方面获知的、影响财务报表的舞弊指控或舞弊嫌疑。

十、与管理层、治理层及被审计单位之外的适当机构的沟通

（一）与管理层的沟通

当已获取的证据表明存在或可能存在舞弊时，除非法律法规禁止，注册会计师应当

及时提请适当层级的管理层关注这一事项。即使该事项（如被审计单位组织结构中处于较低职位的员工挪用小额公款）可能被认为不重要，注册会计师也应当这样做。确定拟沟通的适当层级的管理层，需要运用职业判断，并且这一决定受串通舞弊的可能性、舞弊嫌疑的性质和严重程度等事项的影响。通常情况下，适当层级的管理层至少要比涉嫌舞弊的人员高出一个级别。

（二）与治理层的沟通

如果确定或怀疑舞弊涉及管理层、在内部控制中承担重要职责的员工以及其舞弊行为可能导致财务报表出现重大错报的其他人员，注册会计师应当及时就此类事项与治理层沟通，除非治理层全部成员参与管理被审计单位。如果怀疑舞弊涉及管理层，注册会计师应当与治理层沟通这一怀疑，并与其讨论为完成审计工作所必需的审计程序的性质、时间安排和范围。除非法律法规禁止，注册会计师应当与治理层沟通这些事项。

如果根据判断认为还存在与治理层职责相关的、涉及舞弊的其他事项，除非法律法规禁止，注册会计师应当就此与治理层沟通。这些事项可能包括：

1. 对管理层评估的性质、范围和频率的疑虑，这些评估是针对旨在防止和发现舞弊的控制及财务报表可能存在的重大错报风险而实施的；

2. 管理层未能恰当应对识别出的值得关注的内部控制缺陷或舞弊；

3. 注册会计师对被审计单位控制环境的评价，包括对管理层胜任能力和诚信的疑虑；

4. 可能表明存在编制虚假财务报告的管理层行为，例如，对会计政策的选择和运用可能表明管理层操纵利润，以影响财务报表使用者对被审计单位业绩和盈利能力的看法，从而欺骗财务报表使用者；

5. 对超出正常经营过程交易的授权的适当性和完整性的疑虑。

（三）与被审计单位之外的适当机构的沟通

如果识别出舞弊或怀疑存在舞弊，注册会计师应当确定是否有责任向被审计单位以外的适当机构报告。

尽管注册会计师对客户信息负有的保密义务可能妨碍这种报告，但如果法律法规或相关职业道德要求规定了相关报告责任，注册会计师应当遵守法律法规或相关职业道德要求的规定。

第二节　财务报表审计中对法律法规的考虑

违反法律法规，是指被审计单位、治理层、管理层或者为被审计单位工作或受其指导的其他人，有意或无意违背除适用的财务报告编制基础以外的现行法律法规的行为，违反法律法规不包括与被审计单位经营活动无关的个人不当行为。

不同的法律法规对财务报表的影响差异很大。被审计单位需要遵守的所有法律法规，构成注册会计师在财务报表审计中需要考虑的法律法规框架。某些法律法规的规定对财务报表有直接影响，决定财务报表中报告的金额和披露。而有些法律法规需要管理层遵守，或规定了允许被审计单位开展经营活动的条件，但不会对财务报表产生直接影响。因此，概括起来，被审计单位需要遵守以下两类不同的法律法规：

1. 通常对决定财务报表中的重大金额和披露有直接影响的法律法规（如税收和企业年金方面的法律法规）。

2. 对决定财务报表中的金额和披露没有直接影响的其他法律法规，但遵守这些法律法规（如遵守经营许可条件、监管机构对偿债能力的规定或环境保护要求）对被审计单位的经营活动、持续经营能力或避免大额罚款至关重要；违反这些法律法规，可能对财务报表产生重大影响。

违反法律法规可能导致被审计单位面临罚款、诉讼或其他对财务报表产生重大影响的后果。

被审计单位的违反法律法规行为可能与财务报表相关，有些违反法律法规行为还可能产生重大财务后果，进而影响财务报表的合法性和公允性。如果不实施必要的审计程序，则可能导致注册会计师出具不恰当的审计报告。因此，在设计和实施审计程序以及评价和报告审计结果时，注册会计师应当充分关注被审计单位违反法律法规行为可能对财务报表产生的重大影响。

在考虑被审计单位的一项行为是否违反法律法规时，注册会计师可以考虑征询法律意见。因为确定某行为是否违反法律法规，需要法院或其他适当的监管机构作出裁决，这通常超出了注册会计师的专业胜任能力。虽然注册会计师通过培训获得的知识、个人执业经验和对被审计单位及其所在行业或部门的了解，可能为确定引起其关注的某些行为是否违反法律法规提供了基础，但注册会计师通常根据有资格从事法律业务的专家的意见，确定某项行为是否违反法律法规或可能违反法律法规。值得关注的是，某项行为是否违反法律法规最终只能由法院或其他适当的监管机构作出裁决。

一、管理层遵守法律法规的责任

管理层有责任在治理层的监督下确保被审计单位的经营活动符合法律法规的规定。法律法规可能以不同的方式影响被审计单位的财务报表。最直接的方式是可能规定了适用的财务报告编制基础或者影响被审计单位需要在财务报表中作出的具体披露。法律法规也可能确立了被审计单位的某些法定权利和义务，其中部分权利和义务将在财务报表中予以确认。此外，法律法规还可能规定了对违反法律法规行为的惩罚。

二、注册会计师的责任

注册会计师有责任对财务报表整体不存在舞弊或错误导致的重大错报获取合理的保证。

在执行财务报表审计时，注册会计师需要考虑适用于被审计单位的法律法规框架。由于审计的固有限制，即使注册会计师按照审计准则的规定恰当地计划和执行审计工作，也不可避免地存在财务报表中的某些重大错报未被发现的风险。就法律法规而言，由于下列原因，审计的固有限制对注册会计师发现重大错报的能力的潜在影响会加大：

1. 许多法律法规主要与被审计单位经营活动相关，通常不影响财务报表，且不能被与财务报告相关的信息系统所获取；

2. 违反法律法规可能涉及故意隐瞒的行为，如共谋、伪造、故意漏记交易、管理层凌驾于控制之上或故意向注册会计师提供虚假陈述；

3. 某行为是否构成违反法律法规，最终只能由法院或其他适当的监管机构认定。

因此，注册会计师没有责任防止被审计单位的违反法律法规行为，也不能期望其发现所有的违反法律法规行为。

针对前述被审计单位需要遵守的两类不同的法律法规，注册会计师应当承担不同的责任：

1. 针对被审计单位需要遵守的第一类法律法规，注册会计师的责任是，就被审计单位遵守这些法律法规的规定获取充分、适当的审计证据；

2. 针对被审计单位需要遵守的第二类法律法规，注册会计师的责任仅限于实施特定的审计程序，以有助于识别可能对财务报表产生重大影响的违反这些法律法规的行为。

在审计过程中，为了对财务报表形成审计意见而实施的其他审计程序，可能使注册会计师识别出或怀疑被审计单位存在违反法律法规行为，注册会计师对此应保持警觉。事实上，考虑到法律法规对被审计单位产生影响的范围，注册会计师在整个审计过程中均应保持职业怀疑。

三、对被审计单位遵守法律法规的考虑

（一）对法律法规框架的了解

在了解被审计单位及其环境等方面的情况时，注册会计师应当总体了解下列事项：（1）适用于被审计单位及其所处行业或领域的法律法规框架；（2）被审计单位如何遵守这些法律法规框架。

为了总体了解法律法规框架以及被审计单位如何遵守该框架，注册会计师可以采取下列措施：

1. 利用对被审计单位行业状况、监管环境以及其他外部因素的了解；
2. 更新对直接决定财务报表中的报告金额和列报的法律法规的了解；
3. 向管理层询问对被审计单位经营活动预期可能产生至关重要影响的其他法律法规；
4. 向管理层询问被审计单位制定的有关遵守法律法规的政策和程序；
5. 向管理层询问在识别、评价诉讼索赔并对其进行会计处理时采用的政策和程序。

（二）对决定财务报表中的重大金额和披露有直接影响的法律法规

某些法律法规已经较为完善，为被审计单位及其所在行业或部门所知悉，并与被审计单位财务报表相关。这些法律法规可能与下列事项相关：

1. 财务报表的格式和内容；
2. 特定行业的财务报告问题；
3. 根据政府合同对交易进行的会计处理；
4. 所得税费用或退休金成本的计提或确认。

这些法律法规的某些规定可能与财务报表中的特定认定直接相关（如所得税费用的

完整性），而其他规定可能与财务报表整体直接相关（如规定的构成整套财务报表的报表）。针对通常对决定财务报表中的重大金额和披露有直接影响的法律法规的规定，注册会计师应当获取被审计单位遵守这些规定的充分、适当的审计证据。

（三）识别违反其他法律法规的行为的程序

其他法律法规可能因其对被审计单位的经营活动具有至关重要的影响，需要注册会计师予以特别关注。违反此类法律法规可能导致被审计单位终止业务活动或对其持续经营能力产生疑虑。例如，违反许可证规定或经营的权限（如对银行来说违反资本或投资规定），可能产生这种后果。同时，存在许多与被审计单位经营活动相关的法律法规，它们并不对财务报表产生影响，也不会被与财务报告相关的信息系统所反映。

因此，注册会计师应当实施下列审计程序，以有助于识别可能对财务报表产生重大影响的违反其他法律法规的行为：

1. 向管理层和治理层（如适用）询问被审计单位是否遵守了这些法律法规；

2. 检查被审计单位与许可证颁发机构或监管机构的往来函件。

（四）实施其他审计程序使注册会计师关注到违反法律法规行为

为形成审计意见所实施的审计程序，可能使注册会计师关注到识别出的或怀疑存在的违反法律法规行为。这些审计程序可能包括：

1. 阅读会议纪要；

2. 向被审计单位管理层、内部或外部法律顾问询问诉讼、索赔及评估情况；

3. 对某类交易、账户余额和披露实施细节测试。

（五）书面声明

由于法律法规对财务报表的影响差异很大，对于管理层识别出的或怀疑存在的、可能对财务报表产生重大影响的违反法律法规行为，书面声明可以提供必要的审计证据。然而，书面声明本身并不提供充分、适当的审计证据，因此，不影响注册会计师拟获取的其他审计证据的性质和范围。

四、识别出或怀疑存在违反法律法规行为时实施的审计程序

（一）关注到与识别出的或怀疑存在的违反法律法规行为相关的信息时的审计程序

如果注册会计师发现下列事项或相关信息，可能表明被审计单位存在违反法律法规行为：

1. 受到监管机构、政府部门的调查，或者支付罚金或受到处罚；

2. 向未指明的服务付款，或向顾问、关联方、员工或政府雇员提供贷款；

3. 与被审计单位或所处行业正常支付水平或实际收到的服务相比，支付过多的销售佣金或代理费用；

4. 采购价格显著高于或低于市场价格；

5. 异常的现金支付，以银行本票向持票人付款的方式采购；

6. 与在“避税天堂”注册的公司存在异常交易；

7. 向货物或服务原产地以外的国家或地区付款；

8. 在没有适当的交易控制记录的情况下付款；

9. 现有的信息系统不能（因系统设计存在问题或因突发性故障）提供适当的审计轨迹或充分的证据；

10. 交易未经授权或记录不当；

11. 负面的媒体评论。

如果关注到与识别出的或怀疑存在的违反法律法规行为相关的上述信息，注册会计师应当：

1. 了解违反法律法规行为的性质及其发生的环境；

2. 获取进一步的信息，以评价对财务报表可能产生的影响。包括：

（1）识别出的或怀疑存在的违反法律法规行为对财务报表产生的潜在财务后果，如受到罚款、处分、赔偿、封存财产、强制停业和诉讼等；

（2）潜在财务后果是否需要披露；

（3）潜在财务后果是否非常严重，以致对财务报表的公允反映产生怀疑或导致财务报表产生误导。

（二）怀疑被审计单位存在违反法律法规行为时的审计程序

如果怀疑被审计单位存在违反法律法规行为，注册会计师应当就此与适当层级的管理层和治理层（如适用）进行讨论，因其可能能够提供额外的审计证据，除非法律法规禁止。例如，对与可能导致怀疑违反法律法规的交易或事项相关的事实和情况，注册会计师可以证实管理层和治理层（如适用）是否对此具有相同的理解。

如果管理层或治理层（如适用）不能向注册会计师提供充分的信息，证明被审计单位遵守了法律法规，注册会计师可以考虑向被审计单位内部或外部的法律顾问咨询有关法律法规在具体情况下的运用，包括舞弊的可能性以及对财务报表的可能影响。如果认为向被审计单位法律顾问咨询是不适当的或不满意其提供的意见，注册会计师可能认为，在保密基础上向所在会计师事务所的其他人员、网络事务所、职业团体或注册会计师的法律顾问咨询被审计单位是否涉及违反法律法规行为（包括舞弊的可能性、可能导致的法律后果，以及注册会计师可能采取的进一步行动）是适当的。

（三）评价识别出的或怀疑存在的违反法律法规行为的影响

注册会计师应当评价识别出的或怀疑存在的违反法律法规行为对审计的其他方面可能产生的影响，包括对注册会计师风险评估和被审计单位书面声明可靠性的影响。注册会计师识别出的或怀疑存在的特定违反法律法规行为的影响，取决于该行为的实施和隐瞒与具体控制活动之间的关系，以及牵涉的管理人员或个人（为被审计单位工作或受其指导）的级别，尤其是被审计单位最高权力机构牵涉其中所产生的影响。

在某些情形下，当管理层或治理层没有采取注册会计师认为适合具体情况的补救措施，或者识别出的或怀疑存在的违反法律法规行为导致对管理层或治理层的诚信产生质疑（即使违反法律法规行为对财务报表不重要），注册会计师可能考虑在法律法规允许的情况下解除业务约定。在决定是否有必要解除业务约定时，注册会计师可能认为征询法律意见是适当的。在特殊情况下，管理层或治理层没有采取注册会计师认为在具体情形下适当的补救行动，并且不可能解除业务约定，在其他事项段中描述识别出的或怀疑存在的违反法律法规行为。

五、对识别出的或怀疑存在的违反法律法规行为的沟通和报告

（一）与治理层沟通

1. 与治理层沟通的总体要求。

除非治理层全部成员参与管理被审计单位，因而知悉注册会计师已沟通的、涉及识别出的或怀疑存在的违反法律法规行为的事项，注册会计师应当与治理层沟通审计过程中关注到的有关违反法律法规的事项（除非法律法规禁止），但不必沟通明显不重要的事项。这有利于注册会计师尽到职业责任，为治理层履行对管理层的监督责任提供有用信息。

沟通通常采用书面形式，注册会计师将文件副本作为审计工作底稿。如果采用口头沟通方式，应形成沟通记录并作为审计工作底稿保存。

2. 违反法规行为情节严重时的沟通要求。

（1）对故意和重大的违反法律法规行为的沟通要求。

如果根据判断认为需要沟通的违反法律法规行为是故意和重大的，注册会计师应当就此尽快与治理层沟通。

（2）怀疑违反法律法规行为涉及管理层或治理层时的沟通要求。

如果怀疑违反法律法规行为涉及管理层或治理层，注册会计师应当向被审计单位审计委员会或监事会等更高层级的机构通报。如果不存在更高层级的机构，或者注册会计师认为被审计单位可能不会对通报作出反应，或者注册会计师不能确定向谁报告，注册会计师应当考虑是否需要向外部监管机构（如有）报告或征询法律意见。

之所以要求注册会计师向被审计单位内部的审计委员会或监事会等更高层次的机构报告，是因为审计委员会或监事会等机构的一项重要职责就是监督和评价管理层等是否存在违反法律法规或者公司章程的行为，并对违反法律法规行为予以纠正。

（二）出具审计报告

1. 考虑违反法律法规行为的影响。

如果认为识别出的或怀疑存在的违反法律法规行为对财务报表具有重大影响，注册会计师应当要求被审计单位在财务报表中予以恰当反映。

如果认为识别出的或怀疑存在的违反法律法规行为对财务报表具有重大影响，且未能在财务报表中得到恰当反映，注册会计师应当出具保留意见或否定意见的审计报告。

2. 考虑审计范围受到限制的影响。

（1）来自被审计单位的限制。如果因管理层或治理层阻挠而无法获取充分、适当的审计证据，以评价是否存在或可能存在对财务报表产生重大影响的违反法律法规行为，注册会计师应当根据审计范围受到限制的程度，发表保留意见或无法表示意见。

（2）其他方面的限制。如果由于审计范围受到管理层或治理层以外的其他方面的限制而无法确定被审计单位是否存在违反法律法规行为，注册会计师应当评价这一情况对审计意见的影响。实务中，审计范围受到其他方面限制的情况较多，例如，客观因素致使注册会计师不能实施审计程序。

（三）向被审计单位之外的适当机构报告识别出的或怀疑存在的违反法律法规行为

如果识别出或怀疑存在违反法律法规行为，注册会计师应当考虑是否有责任向被审

计单位以外的适当机构报告。

值得关注的是，注册会计师考虑是否报告的是经注册会计师发现和确定的严重违反法律法规的行为。所谓“严重”主要是指有重大法律后果或涉及社会公众利益。注册会计师应当了解相关法律法规是否要求报告违反法律法规行为，例如，商业银行监管法规可能要求注册会计师报告商业银行参与“洗钱”行为。同时，注册会计师应考虑采取何种方式、何时以及向谁进行报告。

如果无法确定是否有相关法律法规要求向被审计单位之外的适当机构报告发现的被审计单位的违反法律法规行为，或者无法确定某项违反法律法规行为是否应向被审计单位之外的适当机构报告，注册会计师通常可以考虑征询相关的法律意见，以了解注册会计师的可能选择，以及采取任何特定行动的职业及法律后果。

第十四章 审计沟通

第一节 注册会计师与治理层的沟通

现代企业普遍存在由于所有权和经营权的分离而引发的代理问题，部分企业还可能存在处于控制地位的大股东与中小股东之间的代理问题，因此，为了合理保证实现企业目标，包括中小股东在内的所有者（股东）价值最大化，需要引入一系列的结构和机制，即公司治理。一般认为，公司治理主要解决的是股东、董事会、监事会和经理之间的关系（有时也包括控股股东与中小股东之间的关系）。

在公司治理所涉及的机构中，经理的主要职责是经营管理，因而属于管理层而非治理层（需要强调的是，《公司法》中所称的“经理”，指的是企业层次上的经营管理负责人，即通常所说的总经理。除了经理以外，管理层还包括副经理，以及相当于副经理职位的财务总监、总会计师等其他高级管理人员）。董事会的主要职责是制定战略、进行重大决策、聘任经理并对经营管理活动进行监督；监事会的主要职责是对公司财务以及公司董事、经理的行为进行监督。因此，一般认为，董事会和监事会属于治理层。但是，往往存在着董事兼任高级管理人员的情形，即治理层参与管理。股东大会（股东会）一般具有选举董事和监事、进行重大决策以及审议批准公司财务预算、决算方案和利润分配（亏损弥补）方案等法定职责，因而显然属于重要的治理机构。不过，它属于以会议形式存在的公司权力机关，并非常设机构，一般不将其列为注册会计师应予沟通的治理层。但是，在有必要与治理层整体进行沟通的情况下，尤其是公司章程规定对注册会计师的聘任、解聘由股东大会（股东会）决定时，注册会计师可能也需要与股东大会（股东会）进行沟通。

编制财务报告一般是企业管理层的责任，具体工作由管理层领导下的财务会计部门承担。对于财务报告的编制和披露过程，治理层负有监督职责。这种监督职责主要包括：审核或监督企业的重大会计政策；审核或监督企业财务报告和披露程序；审核或监督与财务报告相关的企业内部控制；组织和领导企业内部审计；审核和批准企业的财务报告和相关信息披露；聘任和解聘负责企业外部审计的注册会计师并与其进行沟通等。

在不同组织形式的主体中，治理层可能意味着不同的人员或组织。对于有限责任公司而言，其治理层一般是指董事会（不设董事会时为执行董事）和监事会（不设监事会时为监事），在前文所述的特殊情形下，可能还涉及股东会；对于一人有限责任公司而言，其治理层一般为自然人股东本人，或法人股东的代表；对于国有独资公司而言，其治理层一般为董事会和监事会；对于股份有限公司而言，其治理层一般为董事会和监事会。上市公司董事会一般设有若干专门委员会，其中，审计委员会的职责通常包括与注册会计师的沟通。

被审计单位的治理层在财务报告编制过程中的监督职责与注册会计师对财务报表的审计职责存在着共同的关注点，在履行职责方面存在着很强的互补性，这也正是注册会计师需要与治理层保持有效的双向沟通的根本原因。具体而言，有效的双向沟通有助于：（1）注册会计师和治理层了解与审计相关事项的背景，并建立建设性的工作关系，在建立这种关系时，注册会计师需要保持独立性和客观性；（2）注册会计师向治理层获取与审计相关的信息，例如，治理层可以帮助注册会计师了解被审计单位及其环境等方面的情况，确定审计证据的适当来源，以及提供有关具体交易或事项的信息；（3）治理层履行其对财务报告过程的监督责任，从而降低财务报表重大错报风险。

注册会计师应当就与财务报表审计相关且根据职业判断认为与治理层责任相关的重大事项，以适当的方式及时与治理层进行明晰的沟通。这是注册会计师与治理层沟通的总体要求。“明晰的沟通”指沟通内容、沟通目标、沟通方式、沟通结果均要清晰明了。注册会计师与治理层沟通的主要目的是：（1）就注册会计师与财务报告审计相关的责任、计划的审计范围和时间安排的总体情况，与治理层进行清晰的沟通；（2）向治理层获取与审计相关的信息；（3）及时向治理层通报审计中发现的与治理层对财务报告过程的监督责任相关的重大事项；（4）推动注册会计师和治理层之间有效的双向沟通。明确与治理层沟通的目的，有助于注册会计师全面理解与治理层进行沟通的必要性，意识到自己承担着向治理层告知审计中发现的与治理层责任相关事项的义务，以与治理层就履行各自职责达成共识并共享信息。

一、沟通的对象

（一）总体要求

1. 确定沟通对象的一般要求。包括：

（1）确定适当的沟通人员。注册会计师应当确定与被审计单位治理结构中的哪些适当人员沟通，适当人员可能因拟沟通事项的不同而不同。

被审计单位不同，适当的沟通对象可能就不同。即使是同一家被审计单位，由于组织形式的变化、章程的修改或其他方面的变动，也可能使适当的沟通对象发生变动。

另外，由于沟通事项的不同，适当的沟通对象也会有所不同。尽管一般情况下适当的沟通对象可能是相对固定的，但是，针对一些特殊事项，注册会计师应当运用职业判断考虑是否应当与被审计单位治理结构中的其他适当对象进行沟通。例如，在上市公司审计中，有关注册会计师独立性问题的沟通，其沟通对象最好是被审计单位治理结构中有权决定聘任、解聘注册会计师的组织或人员。再如，有关管理层的胜任能力和诚信问题方面的事项，就不宜与兼任高级管理职务的治理层成员沟通。

（2）确定适当的沟通人员时应当利用的信息。在确定与哪些适当人员沟通特定事项时，注册会计师应当利用在了解被审计单位及其环境等方面的情况时获取的有关治理结构和治理过程的信息。通常，了解被审计单位的法律结构、组织形式，查阅被审计单位的章程、组织结构图，询问被审计单位的相关人员等，都有助于获取有关被审计单位治理结构和治理过程的信息，能够帮助注册会计师清楚地识别出适当的沟通对象。

2. 需要商定沟通对象的特殊情形。一般而言，注册会计师通过上述了解，并运用职业判断，可以确定适当的沟通对象。通常，被审计单位也会指定其治理结构中相对固定的人员或组织（如审计委员会）负责与注册会计师进行沟通。如果由于被审计单位的治理结构没有被清楚地界定，导致注册会计师无法清楚地识别适当的沟通对象，被审计单位也没有指定适当的沟通对象，注册会计师就应当尽早与审计委托人商定沟通对象，并就商定的结果形成备忘录或其他形式的书面记录。

（二）与治理层的下设组织或个人沟通

1. 决定与治理层的下设组织或个人沟通时应当考虑的主要因素。通常，注册会计师没有必要（实际上也不可能）就全部沟通事项与治理层整体进行沟通。适当的沟通对象往往是治理层的下设组织和人员，如董事会下设的审计委员会、独立董事、监事会或者被审计单位特别指定的组织和人员等。

在决定与治理层某下设组织或个人沟通时，注册会计师需要考虑下列事项：

（1）治理层的下设组织与治理层各自的责任。这种责任划分是确定适当沟通对象的直接依据。

（2）拟沟通事项的性质。不同性质的沟通事项，其适当的沟通对象可能并不相同。这就意味着，尽管合适的沟通对象可能是治理层下设的某个组织、某些人员，但是，如果出现涉及内容和对象、重要程度等方面比较特殊的事项，可能需要适当改变沟通对象。

（3）相关法律法规的要求。法律法规可能会就治理结构、治理层下设组织和人员的职责作出规定，如有这方面的规定，注册会计师在确定适当的沟通对象时，应当从其规定。

（4）下设组织是否有权就沟通的信息采取行动，以及是否能够提供注册会计师可能需要的进一步信息和解释。对于需要通过与治理层沟通以寻求配合或解决问题的事项，注册会计师应当在合理考虑治理层的职责分工的基础上，选择有利于得到配合、有利于解决问题的适当的沟通对象。

在决定是否需要与治理机构沟通信息时，注册会计师可能受到其对下设组织与治理机构沟通相关信息的有效性和适当性的评估的影响。注册会计师可以在就审计业务约定条款达成一致意见时明确指出，除非法律法规禁止，注册会计师保留与治理机构直接沟通的权利。

2. 被审计单位设有审计委员会的情形。在许多国家或地区，被审计单位设有审计委员会（或类似下设组织）。尽管审计委员会的具体权力和职责可能不同，但与其沟通已成为注册会计师与治理层沟通的一个关键要素。

良好的治理原则建议：

（1）邀请注册会计师定期参加审计委员会会议；

（2）审计委员会主席和其他相关成员定期与注册会计师联系；

（3）审计委员会每年至少一次在管理层不在场的情况下会见注册会计师。

3. 需要与治理层整体沟通的特殊情形。在某些情况下，治理层全部成员参与管理被审计单位，例如，在一家小企业中，仅有的一名业主管理该企业，并且没有其他人负有治理责任。此时，如果就审计准则要求沟通的事项已与负有管理责任的人员沟通，且这些人员同时负有治理责任，注册会计师无需就这些事项再次与负有治理责任的相同人员沟通。然而，注册会计师应当确信与负有管理责任人员的沟通能够向所有负有治理责任的人员充分传递应予沟通的内容。这是因为，有时与负有管理责任的人员的沟通，可能不能向所有负有治理责任的人员充分传递应予沟通的内容。例如，在一家所有董事都参与管理的公司中，某一董事（如负责市场营销的董事）可能并不知道注册会计师与另一董事（如负责财务报表编制的董事）讨论的重大事项。在这种情况下，注册会计师需要对如何运用沟通的要求进行调整。

二、沟通的事项

（一）注册会计师与财务报表审计相关的责任

注册会计师应当就其与财务报表审计相关的责任与治理层进行沟通，包括：

1. 注册会计师负责对管理层在治理层监督下编制的财务报表形成和发表意见；

2. 财务报表审计并不减轻管理层或治理层的责任。

注册会计师与财务报表审计相关的责任应当包含在审计业务约定书或记录审计业务约定条款的其他适当形式的书面协议中。向治理层提供审计业务约定书或其他适当形式的书面协议的副本，可能是与其就下列相关事项进行沟通的适当方式：

1. 注册会计师按照审计准则执行审计工作的责任，主要集中在对财务报表发表意见上。审计准则要求沟通的事项包括财务报表审计中发现的、与治理层对财务报告过程的监督有关的重大事项。

2. 审计准则并不要求注册会计师设计程序来识别与治理层沟通的补充事项。

3. 当《中国注册会计师审计准则第 1504 号——在审计报告中沟通关键审计事项》适用时，注册会计师确定并在审计报告中沟通关键审计事项的责任。

4. 依据法律法规的规定、与被审计单位的协议或适用于该业务的其他规定，注册会计师沟通特定事项的责任（如适用）。

（二）计划的审计范围和时间安排

注册会计师应当与治理层沟通计划的审计范围和时间安排的总体情况，包括识别出的特别风险。就计划的审计范围和时间安排进行沟通可以：（1）帮助治理层更好地了解注册会计师工作的结果，与注册会计师讨论风险问题和重要性的概念，以及识别可能需要注册会计师追加审计程序的领域；（2）帮助注册会计师更好地了解被审计单位及其环境等方面的情况。

在与治理层就计划的审计范围和时间安排进行沟通时，尤其是在治理层部分或全部成员参与管理被审计单位的情况下，注册会计师需要保持职业谨慎，避免损害审计的有效性。例如，沟通具体审计程序的性质和时间安排，可能因这些程序易于被预见而降低其有效性。

沟通的事项可能包括：

1. 注册会计师拟如何应对舞弊或错误导致的特别风险以及重大错报风险评估水平较高的领域；

2. 注册会计师对与审计相关的内部控制采取的方案；

3. 在审计中对重要性概念的运用；

4. 实施计划的审计程序或评价审计结果需要的专门技术或知识的性质和程度，包括利用注册会计师的专家的工作；

5. 当《中国注册会计师审计准则第 1504 号——在审计报告中沟通关键审计事项》适用时，注册会计师对哪些事项可能需要重点关注因而可能构成关键审计事项所作的初步判断；

6. 针对适用的财务报告编制基础或者被审计单位所处的环境、财务状况或活动发生的重大变化对单一报表及披露产生的影响，注册会计师拟采取的应对措施。

可能适合与治理层讨论的计划方面的其他事项包括：

1. 如果被审计单位设有内部审计，注册会计师和内部审计人员如何以建设性和互补的方式更好地协调和配合工作，包括拟利用内部审计工作，以及拟利用内部审计人员提供直接协助的性质和范围。

2. 治理层对下列问题的看法：

（1）与被审计单位治理结构中的哪些适当人员沟通；

（2）治理层和管理层之间的责任分配；

（3）被审计单位的目标和战略，以及可能导致重大错报的相关经营风险；

（4）治理层认为审计过程中需要特别关注的事项，以及治理层要求注册会计师追加审计程序的领域；

（5）被审计单位与监管机构之间的重要沟通；

（6）治理层认为可能会影响财务报表审计的其他事项。

3. 治理层对下列问题的态度、认识和措施：

（1）被审计单位的内部控制及其在被审计单位中的重要性，包括治理层如何监督内部控制的有效性；

（2）舞弊发生的可能性或如何发现舞弊。

4. 治理层应对会计准则、公司治理实务、交易所上市规则和相关事项变化及这些变化对财务报表的总体列报、结构和内容等方面的影响所采取的措施，包括：

（1）财务报表中信息的相关性、可靠性、可比性和可理解性；

（2）考虑财务报表是否因包含不相关或有碍正确理解所披露事项的信息而受到不利影响。

5. 治理层对以前与注册会计师沟通作出的反应。

尽管与治理层的沟通可以帮助注册会计师计划审计的范围和时间安排，但并不改变注册会计师独自承担制定总体审计策略和具体审计计划（包括获取充分、适当的审计证据所需程序的性质、时间安排和范围）的责任。

（三）审计中的重大发现

注册会计师应当与治理层沟通审计中发现的下列事项：

1. 注册会计师对被审计单位会计实务（包括会计政策、会计估计和财务报表披露）重大方面的质量的看法。在适当的情况下，注册会计师应当向治理层解释为何某项在适用的财务报告编制基础下可以接受的重大会计实务，并不一定最适合被审计单位的具体情况。

财务报告编制基础通常允许被审计单位作出会计估计以及有关会计政策和财务报表披露的判断，例如，当存在重大计量不确定性的情况下作出会计估计时，对运用的关键假设作出的判断。此外，法律法规或财务报告编制基础可能要求披露重要会计政策概要、提及“重要的会计估计”或“重要的会计政策和实务”，以向财务报表使用者指明管理层在编制财务报表时作出的最困难、最主观或最复杂的判断，并提供相关的进一步信息。

注册会计师对于财务报表主观方面的看法可能与治理层履行对财务报告过程的监督职责尤其相关。例如，注册会计师对与导致特别风险的会计估计相关的估计不确定性是否得到充分披露进行了评价，治理层可能对这一评价感兴趣。

就被审计单位会计实务重大方面的质量进行开放的、建设性的沟通，可能包括评价重大会计实务和披露的质量的可接受性。

2. 审计工作中遇到的重大困难。审计工作中遇到的重大困难可能包括下列事项：

（1）在提供审计所需信息时管理层严重拖延或不愿意提供，或者被审计单位的人员不予配合；

（2）不合理地要求缩短完成审计工作的时间；

（3）为获取充分、适当的审计证据需要付出的努力远远超过预期；

（4）无法获取预期的信息；

（5）管理层对注册会计师施加的限制；

（6）管理层不愿意按照要求对被审计单位持续经营能力进行评估，或不愿意延长评估期间。

在某些情况下，这些困难可能构成对审计范围的限制，导致注册会计师发表非无保留意见。

3. 已与管理层讨论或需要书面沟通的重大事项，以及注册会计师要求提供的书面声明，除非治理层全部成员参与管理被审计单位。

已与管理层讨论或需要书面沟通的重大事项可能包括：

（1）影响被审计单位的业务环境，以及可能影响重大错报风险的经营计划和战略；

（2）对管理层就会计或审计问题向其他专业人士进行咨询的关注；

（3）管理层在首次委托或连续委托注册会计师时，就会计实务、审计准则应用、审计或其他服务费用与注册会计师进行的讨论或书面沟通；

（4）当年发生的重大事项或交易；

（5）与管理层存在意见分歧的重大事项，但因事实不完整或初步信息造成并在随后通过进一步获取相关事实或信息得以解决的初始意见分歧除外。

4. 影响审计报告形式和内容的情形（如有）。

按照相关审计准则的规定，注册会计师应当或可能认为有必要在审计报告中包含更多信息并应当就此与治理层沟通的情形包括：

（1）根据《中国注册会计师审计准则第 1502 号——在审计报告中发表非无保留意见》的规定，注册会计师预期在审计报告中发表非无保留意见；

（2）根据《中国注册会计师审计准则第 1324 号——持续经营》的规定，报告与持续经营相关的重大不确定性；

（3）根据《中国注册会计师审计准则第 1504 号——在审计报告中沟通关键审计事项》的规定，沟通关键审计事项；

（4）根据《中国注册会计师审计准则第 1503 号——在审计报告中增加强调事项段和其他事项段》或其他审计准则的规定，注册会计师认为有必要（或应当）增加强调事项段或其他事项段。

在这些情形下，注册会计师可能认为有必要向治理层提供审计报告的草稿，以便讨论如何在审计报告中处理这些事项。

5. 审计中出现的、根据职业判断认为与监督财务报告过程相关的所有其他重大事项。

审计中出现的、与治理层履行对财务报告过程的监督职责直接相关的其他重大事项，可能包括已更正的其他信息存在的对事实的重大错报或重大不一致。

沟通审计中发现的重大问题可能包括要求治理层提供进一步信息以完善获取的审计证据。例如，注册会计师可以证实治理层对与特定的交易或事项有关的事实和情况有着与其相同的理解。

（四）注册会计师的独立性

注册会计师需要遵守与财务报表审计相关的职业道德要求，包括对独立性的要求。

如果被审计单位是上市实体，注册会计师还应当与治理层沟通下列内容：

1. 就审计项目组成员、会计师事务所其他相关人员，以及会计师事务所和网络事务所按照相关职业道德要求保持了独立性作出声明。

2. 根据职业判断，注册会计师认为会计师事务所、网络事务所与被审计单位之间存在的可能影响独立性的所有关系和其他事项，包括会计师事务所和网络事务所在财务报表涵盖期间为被审计单位和受被审计单位控制的组成部分提供审计、非审计服务的收费总额。这些收费应当分配到适当的业务类型中，以帮助治理层评估这些服务对注册会计师独立性的影响。

3. 为消除对独立性的不利影响或将其降至可接受的水平，已经采取的相关防范措施。

拟沟通的关系和其他事项以及防范措施因业务具体情况的不同而不同，但是通常包括：

1. 对独立性的不利影响，包括因自身利益、自我评价、过度推介、密切关系和外在压力产生的不利影响；

2. 法律法规和职业规范规定的防范措施、被审计单位采取的防范措施，以及会计师事务所内部自身的防范措施。

适用于上市实体的有关注册会计师独立性的沟通要求，可能对其他被审计单位也是适当的，包括涉及重大公众利益的被审计单位，例如，由于实体拥有数量众多且分布广泛的利益相关者，以及由于其业务的性质和范围。这些实体举例而言包括金融机构（如银行、保险公司和养老基金）以及慈善机构等。

（五）补充事项

注册会计师可能关注到一些补充事项，虽然这些事项不一定与监督财务报告流程有关，但对治理层监督被审计单位的战略方向或与被审计单位受托责任相关的义务很可能是重要的。这些事项可能包括与治理结构或过程有关的重大问题、缺乏适当授权的高级管理层作出的重大决策或行动。例如，《中国注册会计师审计准则第 1152 号——向治理层和管理层通报内部控制缺陷》要求注册会计师应当以书面形式及时向治理层通报审计过程中识别出的值得关注的内部控制缺陷。

在确定是否与治理层沟通补充事项时，注册会计师可能就其关注到的某类事项与适当层级的管理层进行讨论，除非在具体情形下不适合这么做。

如果需要沟通补充事项，注册会计师提请治理层关注下列事项可能是适当的：

1. 识别和沟通这类事项对审计目的（旨在对财务报表形成意见）而言，只是附带的；

2. 除对财务报表形成审计意见所需实施的审计程序外，没有专门针对这些事项实施其他程序；

3. 没有实施程序来确定是否还存在其他的同类事项。

三、沟通的过程

（一）确立沟通过程

1. 基本要求。清楚地沟通注册会计师的责任、计划的审计范围和时间安排以及期望沟通的大致内容，有助于为有效的双向沟通确立基础。通常，讨论下列事项可能有助于实现有效的双向沟通：

（1）沟通的目的。如果目的明确，注册会计师和治理层就可以更好地就相关问题和在沟通过程中期望采取的行动取得相互了解。

（2）沟通拟采取的形式。与治理层就沟通形式进行讨论，有利于合理确定拟采取的沟通形式，或及时对沟通形式进行必要的调整，同时也有利于得到治理层的理解和配合。

（3）由审计项目组和治理层中的哪些人员就特定事项进行沟通。这方面的讨论有利于双方合理确定参与沟通的人员，以及找到适当的沟通对象。

（4）注册会计师对沟通的期望，包括将进行双向沟通以及治理层就其认为与审计工作相关的事项与注册会计师沟通。与审计工作相关的事项包括：可能对审计程序的性质、时间安排和范围产生重大影响的战略决策，对舞弊的怀疑或检查，对高级管理人员的诚信或胜任能力的疑虑。

（5）对注册会计师沟通的事项采取措施和进行反馈的过程。讨论该事项有利于让治理层知悉注册会计师如何对沟通事项作出反应。

（6）对治理层沟通的事项采取措施和进行反馈的过程。讨论该事项有利于让注册会计师知悉治理层如何对沟通事项作出反应。

沟通过程随着具体情况的不同而不同，这些具体情况包括被审计单位的规模和治理结构、治理层如何开展工作，以及注册会计师对拟沟通事项的重要性的看法。难以建立有效的双向沟通可能意味着注册会计师与治理层之间的沟通不足以实现审计目的。

2. 与管理层的沟通。许多事项可以在正常的审计过程中与管理层讨论，包括审计准则要求与治理层沟通的事项。这种讨论有助于确认管理层对被审计单位经营活动的执行以及（特别是）对财务报表的编制承担的责任。

在与治理层沟通某些事项前，注册会计师可能就这些事项与管理层讨论，除非这种做法并不适当。例如，就管理层的胜任能力或诚信与其讨论可能是不适当的。除确认管理层的执行责任外，这些初步的讨论还可以澄清事实和问题，并使管理层有机会提供进一步的信息和解释。如果被审计单位设有内部审计，注册会计师可以在与治理层沟通前与内部审计人员讨论相关事项。

3. 与第三方的沟通。治理层可能希望向第三方（如银行或特定监管机构）提供注册会计师书面沟通文件的副本。在某些情况下，向第三方披露书面沟通文件可能是违法或不适当的。在向第三方提供为治理层编制的书面沟通文件时，在书面沟通文件中声明以下内容，告知第三方这些书面沟通文件不是为其编制，可能是非常重要的：

（1）书面沟通文件仅为治理层的使用而编制，在适当的情况下也可供集团管理层和集团注册会计师使用，但不应被第三方依赖；

（2）注册会计师对第三方不承担责任；

（3）书面沟通文件向第三方披露或分发的任何限制。

另外，法律法规也可能要求注册会计师：（1）向监管机构或执法机构报告与治理层沟通的特定事项。例如，如果管理层和治理层没有采取纠正措施，注册会计师有义务向监管机构或执法机构报告错报。（2）将为治理层编制的特定报告的副本提交给相关监管机构、出资机构或其他机构，例如对某些公共部门实体，需要提交给某些主管部门。（3）向公众公开为治理层编制的报告。值得关注的是，除非法律法规要求向第三方提供注册会计师与治理层的书面沟通文件的副本，否则注册会计师在向第三方提供前可能需要事先征得治理层同意。

（二）沟通的形式

有效的沟通可能包括结构化的陈述、书面报告以及不太正式的沟通（包括讨论）。对于审计中发现的重大问题，如果根据职业判断认为采用口头形式沟通不适当，注册会计师应当以书面形式与治理层沟通，当然，书面沟通不必包括审计过程中的所有事项；对于审计准则要求的注册会计师的独立性，注册会计师也应当以书面形式与治理层沟通。注册会计师还应当以书面形式向治理层通报值得关注的内部控制缺陷。除上述事项外，对于其他事项，注册会计师可以采取口头或书面的方式沟通。书面沟通可能包括向治理层提供审计业务约定书。

除特定事项的重要程度外，沟通的形式（口头沟通或书面沟通，沟通内容的详略程度，以正式或非正式的方式沟通）可能还受下列因素的影响：

1. 对该事项的讨论是否将包含在审计报告中。例如，在审计报告中沟通关键审计事项时，注册会计师可能认为有必要就确定为关键审计事项的事项进行书面沟通。

2. 特定事项是否已经得到满意的解决。

3. 管理层是否已事先就该事项进行沟通。通常，在注册会计师确信管理层已经就拟沟通事项与治理层有效沟通的情况下，如果该事项属于审计准则规定应当直接与治理层沟通的事项，注册会计师在与治理层进行沟通时可以相对简略；如果沟通事项属于审计准则规定的补充事项，注册会计师可能就没有必要就该事项再与治理层进行沟通。

4. 被审计单位的规模、经营结构、控制环境和法律结构。通常，被审计单位的规模越大、经营和法律结构越复杂，注册会计师就越倾向于采取书面的、更为详细的和更加正式的沟通形式。相对于上市实体或大型被审计单位，在对中小型被审计单位的审计中，注册会计师可以以非正式的方式来与治理层沟通。

5. 在特殊目的财务报表审计中，注册会计师是否还审计被审计单位的通用目的财务报表。在同时审计的情况下，对于已经在通用目的财务报表审计中充分沟通的事项，就可以仅做简要沟通。

6. 法律法规要求。如果法律法规规定对某些特定事项的沟通必须采用书面、正式形式，应当从其规定。

7. 治理层的期望，包括与注册会计师定期会谈或沟通的安排。在不违背法律法规和审计准则要求、有利于实现沟通目的的前提下，注册会计师在确定沟通形式时一般会尽可能地尊重治理层的预期和愿望。

8. 注册会计师与治理层持续接触和对话的次数。如果双方保持频繁的有效联系和对话，对于一些治理层已经了解的事项，沟通的形式就可以比较简略。

9. 治理机构的成员是否发生了重大变化。通常，如果治理层成员发生了重大变化，注册会计师对相关事项的沟通就应当更加详细，以便让新接任的治理层成员全面了解相关的情况。

需要强调的是，要想有效地实现沟通目的，注册会计师需要根据实际情况灵活选择适当的沟通形式。对于沟通形式的选择不必拘泥于固定的模式，也没有必要对所有的沟通事项都采取正式、详细和书面的形式，这样做有时反而会影响沟通的实际效果。

在审计实务中，对于审计准则规定的应当以书面形式沟通的事项，注册会计师一般采用致治理层的沟通函件的方式进行书面沟通。参考格式 14－1 列示了沟通函件的形式。

参考格式 14－1：

致治理层的沟通函件

××公司董事会（审计委员会）：

根据《中国注册会计师审计准则第 1151 号——与治理层的沟通》的规定，注册会计师应当就与财务报表审计相关且根据职业判断认为与治理层责任相关的重大事项，以适当的方式及时与治理层沟通。保持有效的双向沟通关系，有利于注册会计师与治理层履行各自的职责。

必须特别强调的是，除法律法规和审计准则另有规定的情形之外，这份书面沟通文件仅供贵公司治理层使用，我们对第三方不承担任何责任，未经我们事先书面同意，沟通文件不得被引用、提及或向其他人披露。

以下内容是与我们对贵公司20×1年度财务报表进行的审计相关的、按规定应予沟通的重大事项：

（一）对贵公司所采用的会计政策、会计估计和财务报表披露的看法

（二）审计工作中遇到的重大困难

（三）尚未更正的重大错报

……

我们发现，贵公司将20×1年×月×日向××银行支付的银行借款利息××元计入了××在建工程成本。我们认为，根据适用的会计准则和相关会计制度的规定，该笔利息支出不符合借款费用资本化的条件，应当确认为本年度的财务费用。我们已于20×2年×月×日与贵公司管理层沟通并提请更正，但至今尚未得到更正。如不更正，将会导致少计费用从而虚增年度利润的后果，根据该笔业务的性质和重要程度，我们对贵公司20×1年度的财务报表将不能出具无保留意见的审计报告。现再次提请贵公司予以更正。

……

（四）其他事项

……

××会计师事务所（盖章）

中国注册会计师：（签名并盖章）

二〇×二年×月×日

（三）沟通的时间安排

注册会计师应当及时与治理层沟通。怎样才算及时并非一成不变的，适当的沟通时间安排因业务环境的不同而不同。相关的环境包括事项的重要程度和性质，以及期望治理层采取的行动。例如：

1. 对于计划事项的沟通，通常在审计业务的早期阶段进行，如系首次接受委托，沟通可以随同就审计业务条款达成一致意见一并进行。

2. 对于审计中遇到的重大困难，如果治理层能够协助注册会计师克服这些困难，或者这些困难可能导致发表非无保留意见，可能需要尽快沟通。如果识别出值得关注的内部控制缺陷，注册会计师可能在进行书面沟通前，尽快向治理层口头沟通。无论何时（如承接一项非审计服务和在总结性讨论中）就对独立性的不利影响和相关防范措施作出了重要判断，就独立性进行沟通都可能是适当的。总结性讨论可能还是沟通审计中发现的问题（包括注册会计师对被审计单位会计实务质量的看法）的适当的时间。

3. 当《中国注册会计师审计准则第1504号——在审计报告中沟通关键审计事项》适用时，注册会计师可以在讨论审计工作的计划范围及时间安排时沟通对关键审计事项的初步看法，注册会计师在沟通重大审计发现时也可以与治理层进行更加频繁的沟通，以进一步讨论此类事项。

4. 无论何时（如承接一项非审计服务和在总结性讨论中）就对独立性的不利影响和相关防范措施作出了重要判断，就独立性进行沟通都可能是适当的。

5. 沟通审计中发现的问题，包括注册会计师对被审计单位会计实务质量的看法，也可能作为总结性讨论的一部分。

6. 当同时审计通用目的和特殊目的财务报表时，注册会计师协调沟通的时间安排可能是适当的。

除了沟通事项的重要程度以外，可能与沟通的时间安排相关的其他因素包括：

1. 被审计单位的规模、经营结构、控制环境和法律结构；

2. 在规定的时限内沟通特定事项的法定义务；

3. 治理层的期望，包括与注册会计师定期会谈或沟通的安排；

4. 注册会计师识别出特定事项的时间。例如，注册会计师可能未能在可以采取预防措施的时间内识别出某一特定事项（如违反某项法律法规），但是沟通该事项可能有助于采取补救措施。

（四）沟通过程的充分性

注册会计师应当评价其与治理层之间的双向沟通对实现审计目的是否充分。如果认为双向沟通不充分，注册会计师应当评价其对重大错报风险评估以及获取充分、适当的审计证据的能力的影响，并采取适当的措施。

1. 有助于评价沟通过程充分性的审计证据。

注册会计师不需要设计专门程序以支持其对与治理层之间的双向沟通的评价，这种评价可以建立在为其他目的而实施的审计程序所获取的见解的基础上。这些见解可能涉及：

（1）针对注册会计师提出的沟通事项，治理层采取的措施的适当性和及时性。如果前期沟通中提出的重大事项没有得到有效解决，注册会计师可能需要询问没有采取适当措施的原因，并考虑再次提出该事项。这样能避免治理层形成错误印象，误认为注册会计师因觉得该事项已经充分解决或不再重要而感到满意。

（2）治理层在与注册会计师沟通的过程中表现出来的坦率程度。

（3）治理层在没有管理层在场的情况下与注册会计师会谈的意愿和能力。

（4）治理层表现出来的对注册会计师所提出的事项的全面理解能力。例如，治理层在多大程度上对相关问题展开调查以及质疑向其提出的建议。

（5）就拟沟通的形式、时间安排和期望的大致内容与治理层达成相互理解的难度。

（6）当治理层全部或部分成员参与管理被审计单位时，其表现出的对与注册会计师讨论的事项如何影响其治理责任和管理责任的了解。

（7）注册会计师与治理层之间的双向沟通是否符合法律法规的规定。

2. 沟通不充分的应对措施。

有效的双向沟通对于注册会计师和治理层都有帮助。治理层的参与（包括其与内部审计人员和注册会计师的互动）是被审计单位控制环境的一个要素。不充分的双向沟通可能意味着令人不满意的控制环境，影响注册会计师对重大错报风险的评估。同时存在一种风险，即注册会计师可能不能获取充分、适当的审计证据以形成对财务报表的审计意见。

如果注册会计师与治理层之间的双向沟通不充分，并且这种情况得不到解决，注册会计师可以采取下列措施：

（1）根据范围受到的限制发表非无保留意见；

（2）就采取不同措施的后果征询法律意见；

（3）与第三方（如监管机构）、被审计单位外部的在治理结构中拥有更高权力的组织或人员（如企业的业主、股东大会中的股东）或对公共部门负责的政府部门进行沟通；

（4）在法律法规允许的情况下解除业务约定。

四、审计工作底稿

注册会计师应当记录与治理层沟通的重大事项，包括记录那些对于表明形成审计报告的合理基础、证明审计工作的执行遵循了审计准则和其他法律法规要求而言很重要的事项。

如果审计准则要求沟通的事项是以口头形式沟通的，注册会计师应当将其包括在审计工作底稿中，并记录沟通的时间和对象；如果审计准则要求沟通的事项是以书面形式沟通的，注册会计师应当保存一份沟通文件的副本，作为审计工作底稿的一部分。

如果被审计单位编制的会议纪要是沟通的适当记录，注册会计师可以将其副本作为对口头沟通的记录，并作为审计工作底稿的一部分。如果发现这些记录不能恰当地反映沟通的内容，且有差别的事项比较重大，注册会计师一般会另行编制能恰当记录沟通内容的纪要，将其副本连同被审计单位编制的纪要一起致送治理层，提示两者的差别，以免引起不必要的误解。

如果根据业务环境不容易识别出适当的沟通人员，注册会计师还应当记录识别治理结构中的适当沟通人员的过程。记录的内容一般包括从被审计单位获取的治理结构和组织结构图、项目组内部就确定沟通对象的讨论、与委托人就沟通对象进行沟通的过程和商定的结果等。它可以记录于注册会计师的工作底稿中，必要时也可以载入业务约定书或记录商定的业务约定条款的其他形式的合约中。

如果治理层全部参与管理，注册会计师还应当记录对沟通的充分性进行考虑的过程，即考虑与负有管理责任人员的沟通能否向所有负有治理责任的人员充分传递应予沟通内容的过程。

第二节 前任注册会计师和后任注册会计师的沟通

一、前任注册会计师和后任注册会计师的概念

前任注册会计师，是指已对被审计单位上期财务报表进行审计，但被现任注册会计师接替的其他会计师事务所的注册会计师。接受委托但未完成审计工作，已经或可能与

委托人解除业务约定的注册会计师，也被视为前任注册会计师。

当被审计单位变更会计师事务所时（正在进行变更或已经变更），前任注册会计师通常包含两种情况：(1) 已对上期财务报表发表了审计意见的某会计师事务所的注册会计师。例如，对于执行20×2年度财务报表审计业务的A会计师事务所的注册会计师而言，前任注册会计师是指执行20×1年度财务报表审计业务的B会计师事务所的注册会计师。(2) 接受委托但未完成审计工作的某会计师事务所的注册会计师。例如，对于执行20×2年度财务报表审计业务的A会计师事务所的注册会计师而言，前任注册会计师是指之前接受委托执行20×2年度财务报表审计业务但尚未完成审计工作的B会计师事务所的注册会计师。而20×1年度的财务报表，可能是由B会计师事务所审计，也可能是由其他会计师事务所审计。

值得关注的是，前任注册会计师的定义中包括“可能与委托人解除约定”的情形，即虽然委托人尚未正式与会计师事务所解除业务约定，但业务约定有可能终止。这种情形通常出现在会计师事务所接受委托但尚未完成审计工作的情况下。委托人（被审计单位）可能与前任注册会计师在重大的会计、审计问题上存在意见分歧，并试图通过接触其他会计师事务所寻求有利于自己的审计意见，而一旦其他会计师事务所提供了有利于被审计单位的审计意见，被审计单位就会解聘前任注册会计师。这就是通常所说的“购买审计意见”（Opinion Shopping）的情况。在这种情况下，如果后任注册会计师通过与前任注册会计师沟通而拒绝接受委托，委托人就不敢轻易解聘前任注册会计师，从而使前任注册会计师的利益得到保护。

在实务中，还可能出现委托人在相邻两个会计年度中连续变更多家会计师事务所的情况（最极端的情况是，不仅在相邻两个会计年度中连续变更多家会计师事务所，而且在本期财务报表审计过程中也变更会计师事务所）。在这些情况下，相对于执行本期财务报表审计业务的注册会计师而言，前任注册会计师是指为上期财务报表出具了审计报告的注册会计师，以及之后接受委托对本期财务报表进行审计但未完成审计工作的所有其他会计师事务所的注册会计师。

需要特别说明的是，如果上期财务报表仅经过代编或审阅，执行代编或审阅业务的注册会计师不能被视为前任注册会计师。

后任注册会计师，是指正在考虑接受委托或已经接受委托，接替前任注册会计师对被审计单位本期财务报表进行审计的注册会计师。如果被审计单位委托注册会计师对已审计财务报表进行重新审计，正在考虑接受委托或已经接受委托的注册会计师也被视为后任注册会计师。

当会计师事务所发生变更时（正在进行变更或已经变更），后任注册会计师通常包括两种情况：(1) 在签订业务约定书之前，正在考虑接受委托的注册会计师。此时，后任注册会计师对于是否接受委托尚未作出最后决定，正准备与前任注册会计师沟通，待了解有关情况之后再做决定。(2) 已接受委托并签订业务约定书，接替前任注册会计师执行财务报表审计业务的注册会计师。

由于某些特殊原因或需要，委托人有可能委托注册会计师对已审计财务报表进行重新审计。在这种情况下，之前对已审计财务报表发表审计意见的注册会计师应被视为前任注册会计师，而正在考虑接受委托或已经接受委托的注册会计师应被视为后任注册会计师。这实际上是对前后任注册会计师含义的进一步拓展，即前后任注册会计师并不一定意味着后任将取代前任。当被审计单位的财务报表已经审计但需要重新审计时，就不属于后任取代前任的情况。例如，当被审计单位的股东对某会计师事务所的审计报告不满意或不放心时，就可能会再聘请另一家会计师事务所进行重新审计。

需要说明的是，前任注册会计师和后任注册会计师是就会计师事务所发生变更时的情况而言。在未发生会计师事务所变更的情况下，同处于某一会计师事务所中的不同注册会计师不属于前后任注册会计师的范畴。

对前后任注册会计师沟通的总体要求是，前后任注册会计师的沟通通常由后任注册会计师主动发起，但需征得被审计单位的同意。这一总体要求包括以下几层含义：

1. 沟通的发起方。在前后任注册会计师的沟通过程中，后任注册会计师负有主动沟通的义务。其理由在于，如果前任注册会计师与被审计单位解除了业务约定，就不再对之后的财务报表审计承担任何责任和风险，通常也不会关注后任注册会计师的审计计划和审计程序。只有后任注册会计师主动与前任注册会计师进行沟通，才有可能在更大程度上发现财务报表中潜在的重大错报，以降低审计风险。

2. 沟通的前提。前任注册会计师和后任注册会计师的沟通通常由后任注册会计师主动发起，但需征得被审计单位的同意。这主要是因为，无论是前任注册会计师还是后任注册会计师，都负有为被审计单位的信息保密的义务。当前后任注册会计师的沟通涉及被审计单位的有关信息时，应当征得被审计单位的同意，这也是注册会计师职业道德的基本要求。

3. 沟通的方式。沟通可以采用书面或口头的方式进行。

4. 对沟通情况的记录。尽管沟通可以采用书面或口头的方式进行，但后任注册会计师应当将沟通的情况记录于审计工作底稿，以便完整反映审计工作的轨迹。

此外，前后任注册会计师应当对沟通过程中获知的信息保密。即使未接受委托，后任注册会计师仍应履行保密义务。

二、接受委托前的沟通

（一）沟通的要求

在接受委托前，后任注册会计师应当与前任注册会计师进行必要沟通，并对沟通结果进行评价，以确定是否接受委托。这是审计准则对注册会计师接受委托前进行必要沟通的核心要求，它包括以下三层含义：

1. 沟通的目的。在接受委托前，后任注册会计师与前任注册会计师进行沟通的目的，是了解被审计单位更换会计师事务所的原因以及是否存在不应接受委托的情况，以确定是否接受委托。后任注册会计师一般只有通过与前任注册会计师直接沟通，才有可能了解更换会计师事务所的真实原因。

2. 接受委托前的沟通是必要的审计程序。与前任注册会计师进行沟通，是后任注册会计师在接受委托前应当执行的必要审计程序。如果没有进行必要沟通，则应视为后任注册会计师没有实施必要的审计程序。

3. 评价沟通结果。在进行必要沟通后，后任注册会计师应当对沟通结果进行评价，以确定是否接受委托。为使沟通真正发挥效用，后任注册会计师应当对前任注册会计师提供的信息给予应有的重视，对其进行评价，并与被审计单位提供的信息进行比较。如果前任注册会计师提供的信息与被审计单位提供的更换会计师事务所的原因不符，特别是当被审计单位与前任注册会计师在重大会计、审计问题上存在意见分歧时，被审计单位可能会试图通过后任注册会计师寻求有利于自己的审计意见，在这种情况下，后任注册会计师应慎重考虑是否接受委托。当出现上述情况时，后任注册会计师一般应拒绝接受委托，以抑制被审计单位购买审计意见的企图，并保护前任注册会计师的利益。

（二）沟通的前提

后任注册会计师进行主动沟通的前提是征得被审计单位的同意。后任注册会计师应当提请被审计单位以书面方式同意前任注册会计师对其询问作出充分答复。如果被审计单位不同意前任注册会计师作出答复，或限制答复的范围，后任注册会计师应当向被审计单位询问原因，并考虑是否接受委托。当出现这种情况时，后任注册会计师一般需要拒绝接受委托，除非可以通过其他方式获知必要的事实，或有充分的证据表明审计风险水平非常低。

（三）沟通的内容

如前所述，接受委托前，向前任注册会计师进行询问是一项必要的沟通程序。但后任注册会计师向前任注册会计师询问的内容应当合理、具体。既不能过于宽泛，也不宜过于琐碎。必要沟通过程中通常值得关注和询问的事项包括：（1）是否发现被审计单位管理层存在诚信方面的问题。例如，向前任注册会计师了解被审计单位的商业信誉如何，是否发现管理层存在缺乏诚信的行为，被审计单位是否过分考虑将会计师事务所的审计收费维持在尽可能低的水平，审计范围是否受到不适当限制等。（2）前任注册会计师与管理层在重大会计、审计等问题上存在的意见分歧。例如，在会计政策和会计估计的运用、财务报表的披露方面存在重大的意见分歧，管理层不接受注册会计师的调整建议等。（3）前任注册会计师向被审计单位治理层通报的管理层舞弊、违反法律法规行为以及值得关注的内部控制缺陷。例如，向前任注册会计师询问其从被审计单位监事会或审计委员会是否了解到管理层的任何舞弊事实、舞弊嫌疑，或针对管理层的舞弊指控，以及违反法律法规行为，特别是被审计单位是否存在涉嫌洗钱或其他刑事犯罪的行为或迹象等。了解这些信息也有助于对管理层的诚信状况作出判断。（4）前任注册会计师认为导致被审计单位变更会计师事务所的原因。变更会计师事务所的要求，可能是由客户提出的，也可能是由会计师事务所提出的。变更的原因各种各样，有些原因是正当的，有些原因是不正当的。如果变更会计师事务所的原因可能是由于前任注册会计师在重大会计、审计问题上与被审计单位管理层存在意见分歧，管理层对前任注册会计师的审计意见不满意，经多次沟通仍难以达成一致意见，则后任注册会计师要慎重考虑是否接受该项业务委托。

上述事项都属于可能对后任注册会计师执行财务报表审计业务产生重大影响的信息，对后任注册会计师来说，是决定是否接受委托的至关重要的因素。

（四）前任注册会计师的答复

在被审计单位允许前任注册会计师对后任注册会计师的询问作出充分答复的情况下，前任注册会计师应当根据所了解的事实，对后任注册会计师的合理询问及时作出充分答复。当有多家会计师事务所正在考虑是否接受被审计单位的委托时，前任注册会计师应在被审计单位明确选定其中的一家会计师事务所作为后任注册会计师之后，才对该后任注册会计师的询问作出答复。例如，当会计师事务所以投标方式承接审计业务时，前任注册会计师只需对中标的会计师事务所（后任注册会计师）的询问作出答复，而无需对所有参与投标的会计师事务所的询问进行答复。

如果受到被审计单位的限制或存在法律诉讼的顾虑，决定不向后任注册会计师作出充分答复，前任注册会计师应当向后任注册会计师表明其答复是有限的，并说明原因。此时，后任注册会计师需要判断是否存在由被审计单位或潜在法律诉讼引起的答复限制，并考虑对接受委托的影响；如果未得到答复，且没有理由认为变更会计师事务所的原因异常，后任注册会计师需要设法以其他方式与前任注册会计师再次进行沟通。如果仍得不到答复，后任注册会计师可以致函前任注册会计师，说明如果在适当的时间内得不到答复，将假设不存在专业方面的原因使其拒绝接受委托，并表明拟接受委托。

三、接受委托后的沟通

接受委托后的沟通与接受委托前有所不同，它不是必要程序，而是由后任注册会计师根据审计工作需要自行决定的。这一阶段的沟通主要包括查阅前任注册会计师的工作底稿及询问有关事项等。沟通可以采用电话询问、举行会谈、致送审计问卷等方式，但最有效、最常用的方式是查阅前任注册会计师的工作底稿。

（一）查阅前任注册会计师工作底稿的前提

接受委托后，如果需要查阅前任注册会计师的工作底稿，后任注册会计师应当征得被审计单位同意，并与前任注册会计师进行沟通。

审计实务中，在接受审计业务委托前，几乎不可能存在前任注册会计师允许后任注册会计师查阅其审计工作底稿的情况。但在接受委托后，前任注册会计师可以考虑允许后任注册会计师查阅其审计工作底稿。如果上期财务报表由前任注册会计师审计，后任注册会计师可考虑通过查阅前任注册会计师的工作底稿获取有关期初余额的审计证据，并考虑前任注册会计师的独立性和专业胜任能力。

（二）查阅相关工作底稿及其内容

审计工作底稿的所有权属于会计师事务所，前任注册会计师所在的会计师事务所可自主决定是否允许后任注册会计师获取工作底稿部分内容，或摘录部分工作底稿。

如果前任注册会计师决定向后任注册会计师提供工作底稿，一般可考虑进一步从被审计单位（前审计客户）处获取一份确认函，以便降低在与后任注册会计师进行沟通时发生误解的可能性。前任注册会计师应当自主决定可供后任注册会计师查阅、复印或摘录的工作底稿内容，这些内容通常可能包括有关审计计划、控制测试、审计结论的工作底稿，以及其他具有延续性的对本期审计产生重大影响的会计、审计事项（如有关资产负债表账户的分析和或有事项）的工作底稿。

（三）前任注册会计师和后任注册会计师就使用工作底稿达成一致意见

在允许查阅工作底稿之前，前任注册会计师应当向后任注册会计师获取确认函，就工作底稿的使用目的、范围和责任等与其达成一致意见。

在实务中，如果后任注册会计师在工作底稿的使用方面作出了更高程度的限制性保证，那么，前任注册会计师可能会愿意向其提供更多的接触工作底稿的机会。相应地，为了获取对工作底稿的更多的接触机会，后任注册会计师可以考虑同意前任注册会计师在自己查阅工作底稿过程中可能作出的限制。例如：（1）不将查阅工作底稿获得的信息用于其他任何目的；（2）在查阅工作底稿后，不对任何人作出关于前任注册会计师的审计是否遵循了审计准则的口头或书面评论；（3）当涉及前任注册会计师的审计质量时，后任注册会计师不应提供任何专家证词、诉讼服务或承接关于前任注册会计师审计质量的评论业务。

（四）利用工作底稿的责任

查阅前任注册会计师工作底稿获取的信息可能影响后任注册会计师实施审计程序的性质、时间安排和范围，但后任注册会计师应当对自身实施的审计程序和得出的审计结论负责。后任注册会计师不应在审计报告中表明，其审计意见全部或部分地依赖前任注册会计师的审计报告或工作。

四、发现前任注册会计师审计的财务报表可能存在重大错报时的处理

（一）安排三方会谈

如果发现前任注册会计师审计的财务报表可能存在重大错报，后任注册会计师应当提请被审计单位告知前任注册会计师。必要时，后任注册会计师应当要求被审计单位安排三方会谈。前后任注册会计师应当就在已审计财务报表报出后发现的、对已审计财务报表可能存在重大影响的任何信息进行沟通，以便双方按照有关审计准则作出妥善处理。

（二）无法参加三方会谈的处理

如果被审计单位拒绝告知前任注册会计师，或前任注册会计师拒绝参加三方会谈，或后任注册会计师对解决问题的方案不满意，后任注册会计师应当考虑对审计意见的影响或解除业务约定。具体讲，后任注册会计师应当考虑：（1）这种情况对当前审计业务的潜在影响，并根据具体情况出具恰当的审计报告；（2）是否退出当前审计业务。此外，后任注册会计师可考虑向其法律顾问咨询，以便决定如何采取进一步措施。

第十五章　注册会计师利用他人的工作

为完成审计工作，实现审计目标，注册会计师可能需要利用他人的工作。本章主要介绍注册会计师利用内部审计工作和专家的工作。

第一节　利用内部审计人员的工作

内部审计是指被审计单位负责执行鉴证和咨询活动，以评价和改进被审计单位的治理、风险管理和内部控制流程有效性的部门、岗位或人员。内部审计的职能包括检查、评价和监督内部控制的恰当性和有效性等。

内部审计人员，是指执行内部审计活动的人员。内部审计人员可能属于内部审计部门或履行内部审计职责的类似部门。

注册会计师在审计过程中，通常需要了解和测试被审计单位的内部控制，而内部审计是被审计单位内部控制的一个重要组成部分。因此，注册会计师应当考虑内部审计活动及其在内部控制中的作用，以评估财务报表重大错报风险及其对注册会计师审计程序的影响。

虽然注册会计师对发表审计意见以及确定审计程序的性质、时间安排和范围独自承担责任，但内部审计与注册会计师审计用以实现各自目标的某些手段存在相近之处，利用内部审计工作或利用内部审计人员提供直接协助可能有助于注册会计师的审计工作。例如，内部审计人员在评估销售与收款循环的内部控制时，其工作底稿可能包括相关控制政策的说明和控制流程图等。注册会计师可以通过复核和评价内部审计人员的工作底稿，获得对内部控制的了解。注册会计师通过了解与评估内部审计工作，利用可信赖的内部审计工作相关部分的成果，或利用内部审计人员提供直接协助，可以减少不必要的重复劳动，提高审计工作效率。

一、内部审计的目标

被审计单位内部审计的目标由其管理层和治理层确定。由于被审计单位的规模、组织结构以及管理层和治理层（如适用）的要求不同，内部审计的目标、范围、职责及其在被审计单位中的地位（包括权威性和问责机制）可能有较大差别。内部审计可能包括下列一项或多项活动：

（一）与公司治理有关的活动

内部审计可能评估被审计单位的治理流程是否能够实现下列方面的目标：道德和价值观，绩效管理和问责机制，向组织内的适当范围传达风险和控制信息，以及治理层、注册会计师、内部审计人员和管理层之间的有效沟通。

（二）与风险管理有关的活动

1. 内部审计可能有助于被审计单位识别和评价面临的重大风险，改善风险管理和内部控制（包括财务报告过程的有效性）；

2. 内部审计可能实施程序，以有助于被审计单位发现舞弊情形。

（三）与内部控制有关的活动

1. 评价内部控制。内部审计可能承担复核内部控制、评价内部控制的运行以及对内部控制提出改进建议等方面的特定责任。在这种情形下，内部审计为内部控制提供鉴证。例如，内部审计可能计划并实施测试或其他程序，为管理层和治理层就内部控制的设计、执行和运行有效性提供鉴证，包括与审计相关的内部控制。

2. 检查财务和经营信息。内部审计可能被要求复核用以识别、确认、计量、分类和报告财务和经营信息的方法，并针对个别事项实施专门调查，包括对交易、账户余额和程序进行详细测试。

3. 复核经营活动。内部审计可能被要求复核被审计单位经营活动（包括非财务活动）的经济性、效率和效果。

4. 复核遵守法律法规的情况。内部审计可能被要求复核被审计单位对法律法规、其他外部要求以及管理层的政策、指令和其他内部要求的遵守情况。

二、内部审计和注册会计师的关系

（一）内部审计与注册会计师审计的联系

尽管内部审计与注册会计师审计存在诸多差异，但两者用以实现各自目标的某些方式却通常是相似的。例如，为支持所得出的结论，审计人员都需要获取充分、适当的审计证据，都可以运用观察、询问、函证和分析程序等审计方法。此外，内部审计对象与注册会计师审计对象也密切相关，甚至存在部分重叠。因此，注册会计师应当考虑内部审计工作的某些方面是否有助于确定审计程序的性质、时间安排和范围，包括了解内部控制采用的程序、评估财务报表重大错报风险采用的程序和实质性程序。

通过了解内部审计工作的情况，注册会计师可以掌握内部审计发现的、可能对被审计单位财务报表和注册会计师审计产生重大影响的事项。如果内部审计的工作结果表明被审计单位的财务报表在某些领域存在重大错报风险，注册会计师应当对这些领域给予特别关注。注册会计师在审计中利用内部审计人员的工作包括：（1）在获取审计证据的过程中利用内部审计的工作；（2）在注册会计师的指导、监督和复核下利用内部审计人员提供直接协助。

（二）利用内部审计工作不能减轻注册会计师的责任

相关内部审计准则要求内部审计机构和人员保持独立性和客观性，但考虑到内部审计是被审计单位的内设机构，其自主程度和客观性毕竟有限，无法达到注册会计师审计要求的水平。因此，尽管内部审计工作的某些部分或利用内部审计人员提供直接协助，可能对注册会计师的工作有所帮助，但注册会计师必须对与财务报表审计相关的所有重大事项独立作出职业判断，而不应完全依赖内部审计工作。通常，审计过程中涉及的职业判断，如重大错报风险的评估、重要性水平的确定、样本规模的确定、对会计政策和会计估计的评估等，均应由注册会计师负责执行。

同样地，注册会计师对发表的审计意见独立承担责任，这种责任并不因利用内部审计工作或利用内部审计人员对该项审计业务提供直接协助而减轻。

三、确定是否利用、在哪些领域利用以及在多大程度上利用内部审计的工作

当被审计单位存在内部审计，且注册会计师预期将利用内部审计工作以调整注册会计师直接实施的审计程序的性质和时间安排，或缩小审计程序的范围时，注册会计师应当确定：（1）是否能够利用内部审计的工作；（2）如能利用，在哪些领域利用以及在多大程度上利用；（3）内部审计的工作是否足以实现审计目的。

注册会计师应当通过评价下列事项，确定是否能够利用内部审计的工作以实现审计目的：

1. 内部审计在被审计单位中的地位，以及相关政策和程序支持内部审计人员客观性的程度；

2. 内部审计人员的胜任能力；

3. 内部审计是否采用系统、规范化的方法（包括质量管理）。

如果存在下列情形之一，注册会计师不得利用内部审计的工作：

1. 内部审计在被审计单位的地位以及相关政策和程序不足以支持内部审计人员的客观性；

2. 内部审计人员缺乏足够的胜任能力；

3. 内部审计没有采用系统、规范化的方法（包括质量管理）。

注册会计师应当考虑内部审计已执行和拟执行工作的性质和范围，以及这些工作与注册会计师总体审计策略和具体审计计划的相关性，以作为确定能够利用内部审计工作的领域和程度的基础。

注册会计师应当作出审计业务中的所有重大判断，并防止不当利用内部审计工作。当存在下列情形之一时，注册会计师应当计划较少地利用内部审计工作，而更多地直接执行审计工作：

1. 在下列方面涉及较多判断时：

（1）计划和实施相关的审计程序；

（2）评价收集的审计证据。

2. 评估的认定层次重大错报风险较高，需要对识别出的特别风险予以特殊考虑。

3. 内部审计在被审计单位中的地位以及相关政策和程序对内部审计人员客观性的支

持程度较弱。

4. 内部审计人员的胜任能力较低。

由于注册会计师对发表的审计意见独立承担责任，注册会计师应当评价从总体上而言，在计划的范围内利用内部审计工作是否仍然能够使注册会计师充分地参与审计工作。

当注册会计师按照《中国注册会计师审计准则第1151号——与治理层的沟通》的规定与治理层沟通计划的审计范围和时间安排的总体情况时，应当包括注册会计师计划如何利用内部审计工作。

四、利用内部审计的工作

如果计划利用内部审计工作，注册会计师应当与内部审计人员讨论利用其工作的计划，以作为协调各自工作的基础。

注册会计师应当阅读与拟利用的内部审计工作相关的内部审计报告，以了解其实施的审计程序的性质和范围以及相关发现。

注册会计师应当针对计划利用的全部内部审计工作实施充分的审计程序，以确定其对于实现审计目的是否适当，包括评价下列事项：

1. 内部审计工作是否经过恰当的计划、实施、监督、复核和记录；

2. 内部审计是否获取了充分、适当的证据，以使其能够得出合理的结论；

3. 内部审计得出的结论在具体环境下是否适当，编制的报告与执行工作的结果是否一致。

注册会计师实施审计程序的性质和范围应当与其对以下事项的评价相适应，并应当包括重新执行内部审计的部分工作：

1. 涉及判断的程度；

2. 评估的重大错报风险；

3. 内部审计在被审计单位的地位以及相关政策和程序支持内部审计人员客观性的程度；

4. 内部审计人员的胜任能力。

五、确定是否利用、在哪些领域利用以及在多大程度上利用内部审计人员提供直接协助

当被审计单位存在内部审计，并且注册会计师预期将利用内部审计人员提供直接协助时，注册会计师应当：(1) 确定是否能够利用内部审计人员提供直接协助；(2) 如能利用，确定在哪些领域利用以及在多大程度上利用；(3) 如果拟利用内部审计人员提供直接协助，适当地指导、监督和复核其工作。

如果法律法规不禁止利用内部审计人员提供直接协助，并且注册会计师计划利用内部审计人员在审计中提供直接协助，注册会计师应当评价是否存在对内部审计人员客观性的不利影响及其严重程度，以及提供直接协助的内部审计人员的胜任能力。注册会计师在评价是否存在对内部审计人员客观性的不利影响及其严重程度时，应当包括询问内部审计人员可能对其客观性产生不利影响的利益和关系。

当存在下列情形之一时，注册会计师不得利用内部审计人员提供直接协助：

1. 存在对内部审计人员客观性的重大不利影响；

2. 内部审计人员对拟执行的工作缺乏足够的胜任能力。

在确定可能分配给内部审计人员的工作的性质和范围，以及根据具体情形对内部审计人员进行指导、监督和复核的性质、时间安排和范围时，注册会计师应当考虑下列方面：

1. 在计划和实施相关审计程序以及评价收集的审计证据时，涉及判断的程度；

2. 评估的重大错报风险；

3. 针对拟提供直接协助的内部审计人员，注册会计师关于是否存在对其客观性的不利影响及其严重程度的评价结果，以及关于其胜任能力的评价结果。

注册会计师不得利用内部审计人员提供直接协助以实施具有下列特征的程序：

1. 在审计中涉及作出重大判断；

2. 涉及较高的重大错报风险，在实施相关审计程序或评价收集的审计证据时需要作出较多的判断；

3. 涉及内部审计人员已经参与并且已经或将要由内部审计向管理层或治理层报告的工作；

4. 涉及注册会计师按照规定就内部审计，以及利用内部审计工作或利用内部审计人员提供直接协助作出的决策。

在恰当评价是否利用以及在多大程度上利用内部审计人员在审计中提供直接协助后，注册会计师在按照《中国注册会计师审计准则第 1151 号——与治理层的沟通》的规定与治理层沟通计划的审计范围和时间安排的总体情况时，应当沟通拟利用内部审计人员提供直接协助的性质和范围，以使双方就在业务的具体情形下并未过度利用内部审计人员提供直接协助达成共识。

由于注册会计师对发表的审计意见独立承担责任，注册会计师应当评价在计划的范围内利用内部审计人员提供直接协助，连同对内部审计工作的利用，从总体上而言，是否仍然能够使注册会计师充分地参与审计工作。

六、利用内部审计人员提供直接协助

在利用内部审计人员提供直接协助之前，注册会计师应当：

1. 从拥有相关权限的被审计单位代表人员处获取书面协议，允许内部审计人员遵循注册会计师的指令，并且被审计单位不干涉内部审计人员为注册会计师执行的工作；

2. 从内部审计人员处获取书面协议，表明其将按照注册会计师的指令对特定事项保密，并将对其客观性产生的任何不利影响告知注册会计师。

注册会计师应当按照《中国注册会计师审计准则第 1121 号——对财务报表审计实施的质量管理》的规定对内部审计人员执行的工作进行指导、监督和复核。在进行指导、监督和复核时：

1. 注册会计师在确定指导、监督和复核的性质、时间安排和范围时应当认识到内部审计人员并不独立于被审计单位，并且指导、监督和复核的性质、时间安排和范围应恰当应对注册会计师对涉及判断的程度、评估的重大错报风险、拟提供直接协助的内部审计人员客观性（包括产生的不利影响及其严重程度）和胜任能力的评价结果；

2. 复核程序应当包括由注册会计师检查内部审计人员执行的部分工作所获取的审计证据。

注册会计师对内部审计人员执行的工作的指导、监督和复核应当足以使注册会计师对内部审计人员就其执行的工作已获取充分、适当的审计证据以支持相关审计结论感到满意。

七、审计工作底稿

如果利用内部审计工作，注册会计师应当在审计工作底稿中记录：

1. 对下列事项的评价：

（1）内部审计在被审计单位中的地位、相关政策和程序是否足以支持内部审计人员的客观性；

（2）内部审计人员的胜任能力；

（3）内部审计是否采用系统、规范化的方法（包括质量管理）。

2. 利用内部审计工作的性质和范围以及作出该决策的基础。

3. 注册会计师为评价利用内部审计工作的适当性而实施的审计程序。

如果利用内部审计人员为审计提供直接协助，注册会计师应当在审计工作底稿中记录：

1. 关于是否存在对内部审计人员客观性的不利影响及其严重程度的评价，以及关于提供直接协助的内部审计人员的胜任能力的评价；

2. 就内部审计人员执行工作的性质和范围作出决策的基础；

3. 根据《中国注册会计师审计准则第 1131 号——审计工作底稿》的规定，所执行工作的复核人员及复核的日期和范围；

4. 从拥有相关权限的被审计单位代表人员和内部审计人员处获取的书面协议；

5. 在审计业务中提供直接协助的内部审计人员编制的审计工作底稿。

第二节 利用专家的工作

本节所称专家，即注册会计师的专家，是指在会计或审计以外的某一领域具有专长的个人或组织，并且其工作被注册会计师利用，以协助注册会计师获取充分、适当的审计证据。专家既可能是会计师事务所内部专家（如会计师事务所或网络事务所的合伙人或员工，包括临时员工），也可能是会计师事务所外部专家。

这里的专长，是指在某一特定领域中拥有的专门技能、知识和经验。例如：

1. 对下列方面进行估价：复杂的金融工具、土地及建筑物、厂房和机器设备、珠宝、艺术品、古董、无形资产、企业合并中收购的资产和承担的负债，以及可能发生减值的资产；

2. 对与保险合同或员工福利计划相关的负债进行精算；

3. 对石油和天然气储量进行估算；

4. 对环境负债和场地清理费用进行估价；

5. 对合同、法律和法规进行解释；

6. 对复杂或异常的纳税问题进行分析。

专家通常可以是工程师、律师、资产评估师、精算师、环境专家、地质专家、IT 专家以及税务专家，也可以是这些个人所从属的组织，如律师事务所、资产评估公司以及各种咨询公司等。

就利用专家的工作问题，注册会计师的目标是：（1）确定是否利用专家的工作；（2）如果利用专家的工作，确定专家的工作是否足以实现审计目的。如果注册会计师按照审计准则的规定利用了专家的工作，并得出结论认为专家的工作足以实现审计目的，注册会计师可以接受专家在其专业领域的工作结果或结论，并作为适当的审计证据。但注册会计师对发表的审计意见独立承担责任，这种责任并不因利用专家的工作而减轻。

一、确定是否利用专家的工作

如果在会计或审计以外的某一领域的专长对获取充分、适当的审计证据是必要的，注册会计师应当确定是否利用专家的工作。

（一）可能需要利用专家工作的情形

注册会计师在执行下列工作时可能需要利用专家的工作：

1. 了解被审计单位及其环境等方面的情况；

2. 识别和评估重大错报风险；

3. 针对评估的财务报表层次风险，确定并实施总体应对措施；

4. 针对评估的认定层次风险，设计和实施进一步审计程序，包括控制测试和实质性程序；

5. 在对财务报表形成审计意见时，评价已获取的审计证据的充分性和适当性。

（二）确定是否利用专家工作时可能考虑的因素

如果编制财务报表需要利用会计以外某一领域的专长，尽管注册会计师拥有会计和审计技能，但可能不具备审计这些财务报表的必要的专长。项目合伙人需要确信项目组和不属于项目组的专家整体上具备适当的胜任能力和专业素质以执行审计业务。并且，注册会计师需要确定完成审计项目所需资源的性质、时间安排和范围。注册会计师需要确定是否利用专家的工作，如果需要利用，确定何时利用以及在多大程度上利用，以满足上述要求。

在确定是否利用专家的工作，以协助获取充分、适当的审计证据时，注册会计师可能考虑的因素包括：

1. 管理层在编制财务报表时是否利用了管理层的专家的工作。管理层的专家，是指在会计、审计以外的某一领域具有专长的个人或组织，其工作被管理层利用以协助编制财务报表。如果管理层在编制财务报表时利用了管理层的专家的工作，可能意味着编制财务报表具有复杂性，重大错报风险可能增加。

2. 事项的性质和重要性，包括复杂程度。

3. 事项存在的重大错报风险。

4. 应对识别出的风险的预期程序的性质，包括注册会计师对与这些事项相关的专家工作的了解和具有的经验，以及是否可以获得替代性的审计证据。

随着审计的进行或环境的变化，注册会计师可能需要修改之前有关利用专家工作的决定。

（三）审计程序的性质、时间安排和范围

在考虑利用专家的工作时，注册会计师应当实施审计程序，评价专家是否具有实现审计目的所必需的胜任能力、专业素质和客观性，充分了解专家的专长领域，与专家就相关重要事项达成一致意见，评价专家的工作是否足以实现审计目的。在确定这些审计程序的性质、时间安排和范围时，注册会计师应当考虑下列事项：

1. 与专家工作相关的事项的性质；
2. 与专家工作相关的事项中存在的重大错报风险；
3. 专家的工作在审计中的重要程度；
4. 注册会计师对专家以前所做工作的了解，以及与之接触的经验；
5. 专家是否需要遵守会计师事务所的质量管理体系。

这些审计程序的性质、时间安排和范围，将随着具体情况的变化而变化。例如，下列情形可能表明需要实施与一般情形相比不同的或更广泛的审计程序：

1. 专家的工作与涉及主观和复杂判断的重大事项相关；
2. 注册会计师以前没有利用某个专家的工作，也不了解其胜任能力、专业素质和客观性；
3. 专家实施的程序构成审计工作必要的组成部分，而不是就某一事项提供建议；
4. 专家是会计师事务所外部专家，因此不受会计师事务所质量管理政策和程序的约束。

在考虑专家是否需要遵守会计师事务所的质量管理政策和程序时，应当区分内部专家和外部专家。内部专家可能是会计师事务所的合伙人或员工（包括临时员工），因此需要遵守所在会计师事务所根据《会计师事务所质量管理准则第 5101 号——业务质量管理》制定的政策和程序。内部专家也可能是与会计师事务所共享统一的质量管理政策和程序的网络事务所的合伙人或员工（包括临时员工）。而外部专家不是项目组成员，不受会计师事务所按照《会计师事务所质量管理准则第 5101 号——业务质量管理》制定的质量管理政策和程序的约束。

二、专家的胜任能力、专业素质和客观性

专家的胜任能力、专业素质和客观性，对评价专家的工作是否适合审计目的具有重大影响。专家的胜任能力与其专长的性质和水平有关。专家的专业素质与在具体业务情形下对胜任能力的发挥相关。影响专业素质发挥的因素包括地理位置（专家所在的国家或地区）、可用的时间和资源等。专家的客观性与其偏见、利益冲突及其他可能影响其职业判断或商业判断的因素相关。

注册会计师应当评价专家是否具有实现审计目的所必需的胜任能力、专业素质和客观性。在评价外部专家的客观性时，注册会计师应当询问可能对外部专家客观性产生不

利影响的利益和关系。

三、了解专家的专长领域

（一）总体要求

注册会计师应当充分了解专家的专长领域，以能够：（1）为了实现审计目的，确定专家工作的性质、范围和目标；（2）评价专家的工作是否足以实现审计目的。

注册会计师可以凭借审计工作经验或通过与专家及其他有关人士进行讨论的方式，了解专家的专长领域。

（二）对专家的专长领域的了解事项

注册会计师对专家的专长领域的了解可能包括下列方面：

1. 专家的专长领域是否与审计工作相关；

2. 职业准则或其他准则以及法律法规是否适用；

3. 专家使用哪些假设和方法（包括专家使用的模型，如适用），及其在专家的专长领域是否得到普遍认可，对实现财务报告目的是否适当；

4. 专家使用的内外部数据或信息的性质。

四、与专家达成一致意见

（一）总体要求

专家工作的性质、范围和目标可能会随着情况的变化而发生较大的变化，相应地，注册会计师和专家各自的角色与责任、注册会计师和专家沟通的性质、时间安排和范围等也可能因情况的变化而发生较大变化。因此，无论是对外部专家还是内部专家，注册会计师应当就这些事项与其达成一致意见，并根据需要形成书面协议。

（二）专家工作的性质、范围和目标

当就专家工作的性质、范围和目标达成一致意见时，注册会计师通常需要与专家讨论需要遵守的相关技术标准、其他职业准则或行业要求。

（三）注册会计师和专家各自的角色与责任

注册会计师与专家就各自角色和责任达成的一致意见可能包括下列内容：

1. 由注册会计师还是专家对原始数据实施细节测试；

2. 同意注册会计师与被审计单位或其他人员讨论专家的工作结果或结论，必要时，包括同意注册会计师将专家的工作结果或结论的细节作为注册会计师在审计报告中发表非无保留意见的基础；

3. 将注册会计师对专家工作形成的结论告知专家。

注册会计师和专家就各自角色和责任达成的一致意见，可能还包括就各自的工作底稿的使用和保管达成的一致意见。当专家是项目组的成员时，专家的工作底稿是审计工作底稿的一部分。除非协议另作安排，外部专家的工作底稿属于外部专家，不是审计工作底稿的一部分。

（四）注册会计师和专家之间沟通的性质、时间安排和范围

有效的双向沟通有利于将专家工作的性质、时间安排和范围与审计的其他工作整合

在一起，也有利于在审计过程中对专家工作的目标进行适当的调整。例如，如果专家的工作与注册会计师针对某项特别风险形成的结论相关，专家不仅要在工作结束时提交一份正式的书面报告，而且要随着工作的推进随时作出口头报告。明确与专家保持联络的合伙人或员工，以及专家和被审计单位的沟通程序，有助于及时、有效地沟通，特别是在较大的业务项目中。

（五）对专家遵守保密规定的要求

适用于注册会计师的相关职业道德要求中的保密条款同样也适用于专家。法律法规可能对保密作出额外规定。被审计单位也可能要求外部专家同意遵守特定的保密条款。

五、评价专家工作的恰当性

（一）总体要求

对专家胜任能力、专业素质和客观性的评价，对专家的专长领域的熟悉程度和专家所执行工作的性质，影响注册会计师为评价专家工作是否足以实现审计目的所实施的审计程序的性质、时间安排和范围。

注册会计师应当评价专家的工作是否足以实现审计目的，包括：（1）专家的工作结果或结论的相关性和合理性，以及与其他审计证据的一致性；（2）如果专家的工作涉及使用重要的假设和方法，这些假设和方法在具体情况下的相关性和合理性；（3）如果专家的工作涉及使用重要的原始数据，这些原始数据的相关性、完整性和准确性。

（二）评价专家工作是否足以实现审计目的所实施的特定程序

评价专家工作是否足以实现审计目的所实施的特定程序可能包括：

1. 询问专家。

2. 复核专家的工作底稿和报告。

3. 实施用于证实的程序，包括：

（1）观察专家的工作；

（2）检查已公布的数据，如来源于信誉高、权威的渠道的统计报告；

（3）向第三方询证相关事项；

（4）执行详细的分析程序；

（5）重新计算。

4. 必要时（如当专家的工作结果或结论与其他审计证据不一致时）与具有相关专长的其他专家讨论。

5. 与管理层讨论专家的报告。

（三）评价专家的工作结果或结论的相关性和合理性

当评价专家的工作结果或结论（无论采取报告还是其他形式）的相关性和合理性时，注册会计师可能需要考虑：

1. 专家提交其工作结果或结论的方式是否符合专家所在的职业或行业标准；

2. 专家的工作结果或结论是否得到清楚的表述，包括提及与注册会计师达成一致的目标，执行工作的范围和运用的标准；

3. 专家的工作结果或结论是否基于适当的期间，并考虑期后事项（如相关）；

4. 专家的工作结果或结论在使用方面是否有任何保留、限制或约束，如果有，是否对注册会计师的工作产生影响；

5. 专家的工作结果或结论是否适当考虑了专家遇到的错误或偏差情况。

（四）评价专家工作涉及使用重要的假设和方法的相关性和合理性

虽然注册会计师不具备与专家同等的专业技能，对专家选择的假设和方法提出异议存在一定的困难，但是，注册会计师应当了解专家选择的假设和方法，并根据专家工作的具体情况，评价专家工作涉及使用重要的假设和方法的相关性和合理性。此外，还要考虑专家选择的假设和方法与以前期间采用的假设和方法是否一致。

如果专家的工作是评价管理层作出会计估计时使用的基础假设和方法（包括模型，如适用），注册会计师实施的程序可能主要是评价专家是否已经充分复核了这些假设和方法。如果专家的工作是形成注册会计师的点估计，或是形成注册会计师用来与管理层的点估计进行比较的范围，注册会计师实施的程序可能主要是评价专家使用的假设和方法（包括专家使用的模型，如适用）。

当专家的工作涉及使用重要的假设和方法时，注册会计师评价这些假设和方法时需要考虑：

1. 这些假设和方法在专家的专长领域是否得到普遍认可；

2. 这些假设和方法是否与适用的财务报告编制基础的要求相一致；

3. 这些假设和方法是否依赖某些专用模型的应用；

4. 这些假设和方法是否与管理层的假设、方法相一致，如果不一致，差异的原因及影响。

（五）评价专家工作涉及使用重要的原始数据的相关性、完整性和准确性

专家在工作过程中需要用到大量的原始数据，原始数据是否适合所涉及项目的具体情况直接关系到专家工作的恰当性。部分原始数据是从被审计单位内部获得的，部分数据来源于外部。注册会计师应当实施相应的审计程序，评价专家工作涉及使用重要的原始数据的相关性、完整性和准确性。

当专家的工作涉及使用对专家工作具有重要影响的原始数据时，注册会计师可以实施下列程序测试这些数据：

1. 核实数据的来源，包括了解和测试（适用时）针对数据的内部控制，以及向专家传送数据的方式（如相关）；

2. 复核数据的完整性和内在一致性。

在许多情况下，注册会计师可能测试原始数据。然而，在另外一些情况下，如果专家使用的是其领域中高度专业化的原始数据，该专家可能会测试这些原始数据。如果专家已测试，注册会计师可以通过询问专家、监督或复核专家的测试来评价数据的相关性、完整性和准确性。

（六）评价结果为不恰当时的措施

如果确定专家的工作不足以实现审计目的，注册会计师应当采取下列措施之一：

1. 就专家拟执行的进一步工作的性质和范围，与专家达成一致意见；

2. 根据具体情况，实施追加的审计程序。

如果注册会计师认为专家的工作不足以实现审计目的，且注册会计师通过实施追加的审计程序（如专家和注册会计师执行进一步工作），或者通过雇用、聘请其他专家仍不能解决问题，则意味着没有获取充分、适当的审计证据，注册会计师有必要按照《中国注册会计师审计准则第1502号——在审计报告中发表非无保留意见》的规定发表非无保留意见。

六、在审计报告中提及专家

注册会计师不应在无保留意见的审计报告中提及专家的工作，除非法律法规另有规定。如果法律法规要求提及专家的工作，注册会计师应当在审计报告中指明，这种提及并不减轻注册会计师对审计意见承担的责任。

如果注册会计师在审计报告中提及专家的工作，并且这种提及与理解审计报告中的非无保留意见相关，注册会计师仍应在审计报告中指明，这种提及并不减轻注册会计师对审计意见承担的责任。

第十六章　对集团财务报表审计的特殊考虑

随着企业生产经营活动的规模不断扩大，涌现了越来越多的企业集团。除单一实体财务报表审计中遇到的问题外，集团财务报表审计还涉及集团项目组与组成部分注册会计师之间的责任如何划分及相互之间工作如何配合、集团项目组如何对合并过程收集充分、适当的审计证据、重要性概念在集团财务报表审计中如何运用等诸多问题。

第一节　与集团财务报表审计相关的概念

一、集团

集团，是指由所有组成部分构成的整体，并且所有组成部分的财务信息包括在集团财务报表中。集团至少拥有一个以上的组成部分。

二、组成部分

组成部分，是指某一实体或某项业务活动，其财务信息由集团或组成部分管理层编制并应包括在集团财务报表中。

集团结构影响如何识别组成部分。例如，有些集团的组织结构规定，由母公司、子公司、合营企业以及按权益法或成本法核算的被投资实体编制财务信息；或由集团本部、分支机构编制财务信息；或是将两者结合。这些集团的财务报告系统可能是按照这样的组织结构来组织的。相应地，母公司、子公司、合营企业以及按权益法或成本法核算的被投资实体，或者集团本部、分支机构可被视为组成部分。而其他一些集团可能按照职能部门、生产过程、单项产品或劳务（或一组产品或劳务）或地区分布来组织财务报告系统。在这种情况下，集团管理层或组成部分管理层可能以职能部门、生产过程、单项产品或劳务（或一组产品或劳务）或地区为单位（报告主体或业务活动）编制财务信息并将其包括在集团财务报表中。相应地，这些职能部门、生产过程、单项产品或劳务（或一组产品或劳务）或地区可被视为组成部分。

集团财务报告系统中可能存在不同层次的组成部分。在这种情况下，在汇总层次上识别组成部分，可能比逐一识别更为合适。

三、重要组成部分

重要组成部分，是指集团项目组识别出的具有下列特征之一的组成部分：（1）单个组成部分对集团具有财务重大性；（2）由于单个组成部分的特定性质或情况，可能存在导致集团财务报表发生重大错报的特别风险。

随着单个组成部分对集团具有的财务重大性的增加，集团财务报表的重大错报风险通常也会增加。集团项目组可以将选定的基准乘以某一百分比，以协助识别对集团具有财务重大性的单个组成部分。确定基准和应用于该基准的百分比属于职业判断。根据集团的性质和具体情况，适当的基准可能包括集团资产、负债、现金流量、利润总额或营业收入。例如，集团项目组可能认为超过选定基准15%的组成部分是重要组成部分。然而，较高或较低的百分比也可能是适合具体情况的。

某些组成部分由于其特定性质或情况，可能存在导致集团财务报表发生重大错报的特别风险，集团项目组可能将其识别为重要组成部分。例如，某组成部分进行外汇交易，虽然其对集团并不具有财务重大性，但仍使集团面临导致重大错报的特别风险。

四、集团财务报表

集团财务报表，是指包括一个以上组成部分财务信息的财务报表。集团财务报表也指没有母公司但处在同一控制下的各组成部分编制的财务信息所汇总生成的财务报表。

五、集团审计和集团审计意见

集团审计，是指对集团财务报表进行的审计。

集团审计意见，是指对集团财务报表发表的审计意见。

六、集团项目合伙人和集团项目组

集团项目合伙人，是指会计师事务所中负责某项集团审计业务及其执行，并代表会计师事务所在对集团财务报表出具的审计报告上签字的合伙人。

集团项目组，是指参与集团审计的，包括集团项目合伙人在内的所有合伙人和员工。集团项目组负责制定集团总体审计策略，与组成部分注册会计师沟通，针对合并过程执行相关工作，并评价根据审计证据得出的结论，作为形成集团审计意见的基础。

七、组成部分注册会计师

组成部分注册会计师，是指基于集团审计目的，按照集团项目组的要求，对组成部分财务信息执行相关工作的注册会计师。基于集团审计目的，集团项目组成员可能按照集团项目组的工作要求，对组成部分财务信息执行相关工作。在这种情况下，该成员也是组成部分注册会计师。

八、集团管理层和组成部分管理层

集团管理层，是指负责编制集团财务报表的管理层。

组成部分管理层，是指负责编制组成部分财务信息的管理层。

九、集团层面控制

集团层面控制，是指集团管理层设计、执行和维护的与集团财务报告相关的控制。

十、合并过程

合并过程，是指：（1）通过合并、比例合并、权益法或成本法，在集团财务报表中对组成部分财务信息进行确认、计量、列报与披露；（2）对没有母公司但处在同一控制下的各组成部分编制的财务信息进行汇总。

第二节 集团审计中的责任设定和注册会计师的目标

一、集团审计中的责任设定

目前，各国对集团审计中的责任设定有两种模式：一种模式是集团项目组对整个集团审计工作及审计意见负全部责任，这一责任不因利用组成部分注册会计师的工作而减轻。另外一种模式是，集团项目组和组成部分注册会计师就各自执行的审计工作分别负责，集团项目组在执行集团审计时完全基于组成部分注册会计师的工作。为保证审计质量，《中国注册会计师审计准则第 1401 号——对集团财务报表审计的特殊考虑》采用了第一种模式。在这种模式下，尽管组成部分注册会计师基于集团审计目的对组成部分财务信息执行相关工作，并对所有发现的问题、得出的结论或形成的意见负责，集团项目合伙人及其所在的会计师事务所仍对集团审计意见负全部责任。

相应地，按照职业准则和适用的法律法规的规定，集团项目合伙人应当确信执行集团审计业务的人员（包括组成部分注册会计师）从整体上具备适当的胜任能力和必要素质。集团项目合伙人还需要对指导、监督和执行集团审计业务承担责任，并出具适合具体情况的审计报告。注册会计师对集团财务报表出具的审计报告不应提及组成部分注册会计师，除非法律法规另有规定。如果法律法规要求在审计报告中提及组成部分注册会计师，审计报告应当指明，这种提及并不减轻集团项目合伙人及其所在的会计师事务所对集团审计意见承担的责任。

如果因未能就组成部分财务信息获取充分、适当的审计证据，导致集团项目组在对集团财务报表出具的审计报告中发表非无保留意见，集团项目组需要在审计报告中“形成保留/否定/无法表示意见的基础”部分说明不能获取充分、适当审计证据的原因。此时不应提及组成部分注册会计师，除非法律法规另有规定，并且这样做对充分说明情况是必要的。

二、注册会计师的目标

在集团审计中，注册会计师的目标是：（1）确定是否担任集团审计的注册会计师；（2）如果担任集团审计的注册会计师，就组成部分注册会计师对组成部分财务信息执行工作的范围、时间安排和发现的问题，与组成部分注册会计师进行清晰的沟通；针对组成部分财务信息和合并过程，获取充分、适当的审计证据，以对集团财务报表是否在所有重大方面按照适用的财务报告编制基础编制发表审计意见。

第三节　集团审计业务的接受与保持

一、在接受与保持阶段获取了解

集团项目合伙人应当确定是否能够合理预期获取与合并过程和组成部分财务信息相关的充分、适当的审计证据，以作为形成集团审计意见的基础。因此，集团项目组应当了解集团及其环境、集团组成部分及其环境，以足以识别可能的重要组成部分。如果组成部分注册会计师对重要组成部分财务信息执行相关工作，集团项目合伙人应当评价集团项目组参与组成部分注册会计师工作的程度是否足以获取充分、适当的审计证据。

如果是新业务，集团项目组可以通过下列途径了解集团及其环境、集团组成部分及其环境：（1）集团管理层提供的信息；（2）与集团管理层的沟通；（3）如适用，与前任集团项目组、组成部分管理层或组成部分注册会计师的沟通。

集团项目组可能需要对下列事项进行了解：（1）集团结构，包括法律意义上的结构和组织结构（即集团财务报告系统是如何组织的）；（2）组成部分中对集团重要的业务活动，包括业务活动在何种行业状况、监管环境以及经济和政治环境下发生；（3）对服务机构的利用，包括共享服务中心；（4）对集团层面控制的描述；（5）合并过程的复杂程度；（6）是集团项目合伙人所在的会计师事务所还是网络以外的组成部分注册会计师对组成部分财务信息执行相关工作，以及集团管理层委托多家会计师事务所的理由；（7）集团项目组是否可以不受限制地接触集团治理层和管理层、组成部分治理层和管理层、组成部分信息和组成部分注册会计师（包括集团项目组需要获取的相关审计工作底稿），以及是否可以对组成部分财务信息执行必要的工作。

如果是连续审计业务，集团项目组获取充分、适当的审计证据的能力可能受某些方面重大变化的影响，例如：（1）集团组织结构的变化（如发生收购、处置或重组，或集团财务报告系统的组织方式发生变化）；（2）对集团具有重要影响的组成部分业务活动的变化；（3）集团治理层、管理层或重要组成部分的关键管理人员在构成上的变化；（4）对集团或组成部分管理层诚信和胜任能力的疑虑；（5）集团层面控制的变化；（6）适用的财务报告编制基础的变化。

二、审计范围受到限制

如果集团项目合伙人认为由于集团管理层施加的限制，使集团项目组不能获取充分、适当的审计证据，由此产生的影响可能导致对集团财务报表发表无法表示意见，集团项目合伙人应当视具体情况采取下列措施：（1）如果是新业务，拒绝接受业务委托，如果是连续审计业务，在法律法规允许的情况下，解除业务约定；（2）如果法律法规禁止注册会计师拒绝接受业务委托，或者注册会计师不能解除业务约定，在可能的范围内对集团财务报表实施审计，并对集团财务报表发表无法表示意见。

集团项目组接触信息可能受到集团管理层无法克服的情况的限制。例如，受到保密性或数据隐私有关的法律法规的限制，或组成部分注册会计师拒绝集团项目组接触相关审计工作底稿的要求。某些限制也可能来自于集团管理层。

即使接触信息受到限制，集团项目组仍有可能获取充分、适当的审计证据，然而这种可能性随着组成部分对集团重要程度的增加而降低。例如，对于按权益法核算的组成部分，集团项目组无法接触组成部分的治理层、管理层或注册会计师（包括集团项目组需要获取的相关审计工作底稿）。在这种情况下，如果该组成部分不是重要组成部分，且集团项目组拥有其整套财务报表和审计报告，并能够接触集团管理层拥有的与该组成部分相关的信息，则集团项目组可能认为这些信息已构成与该组成部分相关的充分、适当的审计证据。然而，如果该组成部分是重要组成部分，集团项目组就无法遵守审计准则中与集团审计相关的要求。例如，集团项目组无法按照准则的要求参与组成部分注册会计师的工作。因此，集团项目组无法获取与该组成部分相关的充分、适当的审计证据。集团项目组需要按照《中国注册会计师审计准则第 1502 号——在审计报告中发表非无保留意见》的规定考虑无法获取充分、适当的审计证据对其形成审计意见的影响。

如果集团管理层限制集团项目组或组成部分注册会计师接触重要组成部分的信息，则集团项目组将无法获取充分、适当的审计证据。

如果这类限制与不重要的组成部分有关，集团项目组仍有可能获取充分、适当的审计证据，但是受到限制的原因可能影响集团审计意见。例如，可能影响集团管理层对集团项目组的询问所作回复的可靠性，以及集团管理层对集团项目组所作的声明的可靠性。

三、业务约定条款

集团项目合伙人应当按照《中国注册会计师审计准则第 1111 号——就审计业务约定条款达成一致意见》的规定，就集团审计业务约定条款与管理层或治理层（如适用）达成一致意见。

业务约定条款需要明确适用的财务报告编制基础。集团审计业务约定条款可能还需要包括下列事项：（1）在法律法规允许的范围内，集团项目组与组成部分注册会计师的沟通应当尽可能地不受限制；（2）组成部分注册会计师与组成部分治理层、组成部分管理层之间进行的重要沟通（包括就值得关注的内部控制缺陷进行的沟通），也应当告知集团项目组；（3）监管机构与组成部分就财务报告事项进行的重要沟通，应当告知集团项目组；（4）如果集团项目组认为有必要，应当允许集团项目组接触组成部分信息、组成部分治理层、组成部分管理层和组成部分注册会计师（包括集团项目组需要获取的相关审计工作底稿），以及允许集团项目组或允许其要求组成部分注册会计师对组成部分财务信息执行相关工作。

在集团项目合伙人接受集团审计业务委托后，下列方面受到的限制将导致无法获取充分、适当的审计证据，从而可能影响集团审计意见：（1）集团项目组接触组成部分信息、组成部分治理层和管理层，或组成部分注册会计师（包括集团项目组需要获取的相关审计工作底稿）；（2）拟对组成部分财务信息执行的工作。在极其特殊的情况下，如果适用的法律法规允许，这些限制可能导致解除业务约定。

确定接受集团审计业务委托后，集团项目组应当按照《中国注册会计师审计准则第1201号——计划审计工作》的规定，制定集团总体审计策略和具体审计计划。集团项目合伙人应当复核集团总体审计策略和具体审计计划。集团项目合伙人对集团总体审计策略和具体审计计划的复核，是其履行集团审计业务指导责任的重要内容。

第四节　了解集团及其环境、集团组成部分及其环境

注册会计师应当通过了解被审计单位及其环境，识别和评估财务报表重大错报风险。在集团审计中，集团项目组应当对集团及其环境、集团组成部分及其环境获取充分的了解，以足以：（1）确认或修正最初识别的重要组成部分；（2）评估舞弊或错误导致集团财务报表发生重大错报的风险。

因此，集团项目组应当：（1）在业务接受或保持阶段获取信息的基础上，进一步了解集团及其环境、集团组成部分及其环境，包括集团层面控制；（2）了解合并过程，包括集团管理层向组成部分下达的指令。

一、集团管理层下达的指令

为实现财务信息的一致性和可比性，集团管理层通常对组成部分下达指令。这些指令具体说明了对包括在集团财务报表中的组成部分财务信息的要求，通常采用财务报告程序手册和报告文件包的形式。报告文件包通常由标准模板组成，用以提供包括在集团财务报表中所需的财务信息，但报告文件包通常不采用按照适用的财务报告编制基础编制和列报的整套财务报表的形式。

集团管理层下达的指令通常包括：（1）运用的会计政策；（2）适用于集团财务报表的法定和其他披露要求，包括分部的确定和报告、关联方关系及其交易、集团内部交易、未实现内部交易损益以及集团内部往来余额；（3）报告的时间要求。

集团项目组对指令的了解可能包括下列方面：（1）就完成报告文件包而言，指令是否清晰、实用；（2）指令是否充分说明了适用的财务报告编制基础的特点；（3）指令是否规定了为遵守适用的财务报告编制基础的要求而需要充分披露的事项（如关联方关系

及其交易和分部信息的披露）；（4）指令是否规定了如何确定合并调整事项（如集团内部交易、未实现内部交易损益和集团内部往来余额）；（5）指令是否规定了组成部分管理层对财务信息的批准程序。

二、舞弊

注册会计师需要识别和评估舞弊导致财务报表发生重大错报的风险，针对评估的风险设计和实施适当的应对措施。用以识别舞弊导致的集团财务报表重大错报风险所需的信息可能包括：

1. 集团管理层对集团财务报表可能存在舞弊导致的重大错报风险的评估；

2. 集团管理层对集团舞弊风险的识别和应对过程，包括集团管理层识别出的任何特定舞弊风险，或可能存在舞弊风险的账户余额、某类交易或披露；

3. 是否有特定组成部分可能存在舞弊风险；

4. 集团治理层如何监督集团管理层识别和应对集团舞弊风险的过程，以及集团管理层为降低集团舞弊风险而建立的控制；

5. 就集团项目组对是否知悉任何影响组成部分或集团的舞弊事实、舞弊嫌疑或舞弊指控的询问，集团治理层、管理层和内部审计人员（如适用，还包括组成部分管理层、组成部分注册会计师和其他人员）作出的答复。

三、集团项目组成员和组成部分注册会计师对集团财务报表重大错报风险（包括舞弊风险）的讨论

项目组关键成员需要讨论舞弊或错误导致被审计单位财务报表发生重大错报的可能性，并特别强调舞弊导致的风险。在集团审计中，参与讨论的成员还可能包括组成部分注册会计师。集团项目合伙人对参与讨论的项目组成员、讨论的方式、时间和内容的确定，受多项因素（如以前与集团交往的经验）的影响。

讨论可以提供下列机会：

1. 分享对组成部分及其环境的了解，包括对集团层面控制的了解。

2. 交流有关组成部分或集团的经营风险的信息。

3. 交流对下列有关舞弊问题的看法：

（1）集团财务报表可能如何以及在何处易于发生舞弊或错误导致的重大错报；

（2）集团管理层和组成部分管理层如何编制并隐瞒虚假财务报告；

（3）组成部分的资产可能如何被侵占。

4. 识别集团管理层或组成部分管理层可能倾向或有意操纵利润导致虚假财务报告而采取的惯常手段，例如，采用与适用的财务报告编制基础的规定不符的收入确认政策以操纵收入。

5. 考虑已知的、对集团产生影响的外部和内部因素。这些因素可能形成集团管理层、组成部分管理层或其他人员实施舞弊的动机或压力，从而为实施舞弊提供机会。这些因素还可能显示能够使集团管理层、组成部分管理层或其他人员将舞弊行为予以合理化的文化或环境。

6. 考虑集团或组成部分管理层可能凌驾于控制之上的风险。

7. 考虑是否基于集团财务报表编制目的而采用统一的会计政策编制组成部分财务信息，如果未采用统一的会计政策，如何识别和调整会计政策差异。

8. 讨论识别出的组成部分的舞弊，或显示组成部分存在舞弊的信息。

9. 分享可能显示违反法律法规的信息（如有关商业贿赂或不适当的转移定价的信息）。

四、风险评估

集团项目组可以基于下列信息，在集团层面评估集团财务报表重大错报风险：（1）在了解集团及其环境、集团组成部分及其环境和合并过程时获取的信息，包括在评价集团层面控制以及与合并过程相关的控制的设计和执行时获取的审计证据；（2）从组成部分注册会计师获取的信息。

第五节　了解组成部分注册会计师

只有当基于集团审计目的，计划要求由组成部分注册会计师执行组成部分财务信息的相关工作时，集团项目组才需要了解组成部分注册会计师。如果计划要求组成部分注册会计师执行组成部分财务信息的相关工作，集团项目组应当了解下列事项：

1. 组成部分注册会计师是否了解并将遵守与集团审计相关的职业道德要求，特别是独立性要求；

2. 组成部分注册会计师是否具备专业胜任能力；

3. 集团项目组参与组成部分注册会计师工作的程度是否足以获取充分、适当的审计证据；

4. 组成部分注册会计师是否处于积极的监管环境中。

一、与集团审计相关的职业道德要求

当基于集团审计目的对组成部分财务信息执行相关工作时，组成部分注册会计师需要遵守与集团审计相关的职业道德要求。这些要求与组成部分注册会计师在其所在国家或地区执行法定审计时所需遵守的职业道德要求可能不同，或需要遵守更多的要求。因此，集团项目组需要了解组成部分注册会计师是否了解并将遵守与集团审计相关的职业道德要求，组成部分注册会计师了解和遵守的程度是否足以使其履行其在集团审计中承担的责任。

二、组成部分注册会计师的专业胜任能力

集团项目组对组成部分注册会计师的专业胜任能力的了解可能包括下列方面：

1. 组成部分注册会计师是否对适用于集团审计的审计准则和其他职业准则有充分的

了解，以足以履行其在集团审计中的责任；

2. 组成部分注册会计师是否拥有对特定组成部分财务信息执行相关工作所必需的专门技能（如行业专门知识）；

3. 如果相关，组成部分注册会计师是否对适用的财务报告编制基础（集团管理层向组成部分下达的指令，通常说明适用的财务报告编制基础的特征）有充分的了解，以足以履行其在集团审计中的责任。

三、利用对组成部分注册会计师的了解

如果组成部分注册会计师不符合与集团审计相关的独立性要求，或集团项目组对下列事项存有重大疑虑：（1）组成部分注册会计师是否了解并将遵守与集团审计相关的职业道德要求；（2）组成部分注册会计师是否具备专业胜任能力；（3）集团项目组参与组成部分注册会计师工作的程度是否足以获取充分、适当的审计证据，集团项目组应当就组成部分财务信息亲自获取充分、适当的审计证据，而不应要求组成部分注册会计师对组成部分财务信息执行相关工作。

如果组成部分注册会计师不符合与集团审计相关的独立性要求，集团项目组不能通过参与组成部分注册会计师的工作、实施追加的风险评估程序或对组成部分财务信息实施进一步审计程序，消除组成部分注册会计师不具有独立性的影响。

但是，集团项目组可以通过参与组成部分注册会计师的工作、实施追加的风险评估程序或对组成部分财务信息实施进一步审计程序，消除对组成部分注册会计师专业胜任能力的并非重大的疑虑（如认为其缺乏行业专门知识），或消除组成部分注册会计师未处于积极有效的监管环境中的影响。

第六节 重 要 性

《中国注册会计师审计准则第 1221 号——计划和执行审计工作时的重要性》要求注册会计师在制定总体审计策略时，确定财务报表整体的重要性和适用于这些交易、账户余额或披露的一个或多个重要性水平（如有），并确定实际执行的重要性。在将该准则运用到集团审计时，集团项目组应当确定与重要性相关的下列事项：

一、集团财务报表整体的重要性

在制定集团总体审计策略时，集团项目组确定集团财务报表整体的重要性。

二、适用于特定的交易类别、账户余额或披露的一个或多个重要性水平

根据集团的特定情况，如果集团财务报表中存在特定的交易类别、账户余额或披露，其发生的错报金额低于集团财务报表整体的重要性，但合理预期将影响财务报表使用者依据集团财务报表作出的经济决策，则确定适用于这些交易、账户余额或披露的一个或多个重要性水平。

三、组成部分重要性

如果组成部分注册会计师对组成部分财务信息实施审计或审阅，集团项目组应当基于集团审计目的，为这些组成部分确定组成部分重要性。为将未更正和未发现错报的汇总数超过集团财务报表整体的重要性的可能性降至适当的低水平，集团项目组应当将组成部分重要性设定为低于集团财务报表整体的重要性。针对不同的组成部分确定的重要性可能有所不同。但是，在确定组成部分重要性时，无需采用将集团财务报表整体重要性按比例分配的方式，因此，对不同组成部分确定的重要性的汇总数，有可能高于集团财务报表整体重要性。在制定组成部分总体审计策略时，需要使用组成部分的重要性。

组成部分注册会计师需要使用组成部分重要性，评价识别出的未更正错报单独或汇总起来是否重大。

在审计组成部分财务信息时，组成部分注册会计师（或集团项目组）需要确定组成部分层面实际执行的重要性。这对于将组成部分财务信息中未更正和未发现错报的汇总数超过组成部分重要性的可能性降至适当的低水平是必要的。实务中，集团项目组可能按这一较低的水平确定组成部分重要性。在这种情况下，组成部分注册会计师需要使用组成部分重要性，评估组成部分财务信息的重大错报风险，针对评估的风险设计进一步审计程序，以及评价识别出的错报单独或汇总起来是否重大。

如果基于集团审计目的，由组成部分注册会计师对组成部分财务信息执行审计工作，集团项目组应当评价在组成部分层面确定的实际执行的重要性的适当性。

四、明显微小错报的临界值

注册会计师需要设定临界值，不能将超过该临界值的错报视为对集团财务报表明显微小的错报。组成部分注册会计师需要将在组成部分财务信息中识别出的超过临界值的错报通报给集团项目组。

第七节 针对评估的风险采取的应对措施

注册会计师应当针对评估的财务报表重大错报风险设计和实施恰当的应对措施。在集团审计中，对于组成部分财务信息，集团项目组应当确定由其亲自执行或由组成部分注册会计师代为执行的相关工作的类型。集团项目组还应当确定参与组成部分注册会计师工作的性质、时间安排和范围。集团项目组确定对组成部分财务信息拟执行工作的类型以及参与组成部分注册会计师工作的程度，受下列因素影响：

1. 组成部分的重要程度；
2. 识别出的可能导致集团财务报表发生重大错报的特别风险；
3. 对集团层面控制的设计的评价，以及其是否得到执行的判断；
4. 集团项目组对组成部分注册会计师的了解。

在确定对合并过程或组成部分财务信息拟执行的工作的性质、时间安排和范围时，如果预期集团层面控制运行有效，或者仅实施实质性程序不能提供认定层次的充分、适当的审计证据，集团项目组应当测试集团层面控制运行的有效性。如果组成部分执行了集团层面控制，集团项目组可以要求组成部分注册会计师代为测试这些控制运行的有效性。

一、对重要组成部分需执行的工作

就集团而言，对于具有财务重大性的单个组成部分，集团项目组或代表集团项目组的组成部分注册会计师应当运用该组成部分的重要性，对组成部分财务信息实施审计。

对由于其特定性质或情况，可能存在导致集团财务报表发生重大错报的特别风险的重要组成部分，集团项目组或代表集团项目组的组成部分注册会计师应当执行下列一项或多项工作：

1. 使用组成部分重要性对组成部分财务信息实施审计；
2. 针对与可能导致集团财务报表发生重大错报的特别风险相关的一个或多个账户余额、一类或多类交易或披露实施审计；
3. 针对可能导致集团财务报表发生重大错报的特别风险实施特定的审计程序。

由于某一组成部分的特定性质或情况，该组成部分可能存在导致集团财务报表发生重大错报的特别风险，集团项目组可能将该组成部分识别为重要组成部分。在这种情况下，集团项目组可能能够识别出受到可能存在的特别风险影响的账户余额、某类交易或披露，并可能决定仅对这些账户余额、交易或披露实施审计，或要求组成部分注册会计师仅对这些账户余额、交易或披露实施审计。例如，某组成部分进行外汇交易，虽然其对集团并不具有财务重大性，但可能存在导致集团财务报表发生重大错报的特别风险，集团项目组将该组成部分识别为重要组成部分，对该组成部分财务信息执行的工作可能仅限于受外汇交易影响的账户余额、交易和披露的审计。

如果集团项目组要求组成部分注册会计师仅针对一个或多个账户余额、一类或多类交易或披露实施审计，在与组成部分注册会计师沟通时，集团项目组需要考虑多数财务报表项目是相互关联的这一事实。

集团项目组可以设计审计程序，应对可能导致集团财务报表发生重大错报的特别风险。例如，如果可能存在存货过时的特别风险，对于持有大量过时存货的组成部分，集团项目组可以针对存货计价实施或要求组成部分注册会计师实施指定的审计程序。

二、对不重要组成部分需执行的工作

对于不重要的组成部分，集团项目组应当在集团层面实施分析程序。

根据业务的具体情况，集团项目组可以将组成部分财务信息在不同层面进行汇总，用以实施分析程序。实施分析程序的结果，可以佐证集团项目组得出的结论，即汇总的不重要的组成部分的财务信息不存在特别风险。

三、已执行的工作仍不能提供充分、适当审计证据时的处理

如果集团项目组认为对重要组成部分财务信息执行的工作、对集团层面控制和合并

过程执行的工作以及在集团层面实施的分析程序还不能获取形成集团审计意见所需要的充分、适当的审计证据，集团项目组应当选择某些不重要的组成部分，并对已选择的组成部分财务信息执行或要求组成部分注册会计师执行下列一项或多项工作：

1. 使用组成部分重要性对组成部分财务信息实施审计；
2. 对一个或多个账户余额、一类或多类交易或披露实施审计；
3. 使用组成部分重要性对组成部分财务信息实施审阅；
4. 实施特定程序。

集团项目组确定选择多少组成部分、选择哪些组成部分以及对所选择的每个组成部分财务信息执行工作的类型，可能受到下列因素的影响：

1. 预期就重要组成部分财务信息获取审计证据的程度；
2. 组成部分是新设立的还是收购的；
3. 组成部分是否发生重大变化；
4. 内部审计是否对组成部分执行了工作，以及内部审计工作对集团审计的影响；
5. 组成部分是否应用相同的系统和程序；
6. 集团层面控制运行的有效性；
7. 通过在集团层面实施分析程序识别出的异常波动；
8. 与同类其他组成部分相比，某组成部分是否对集团具有财务重大性，或可能导致风险；
9. 是否因法律法规要求或其他原因需要对组成部分执行审计。

集团项目组可以按照《中国注册会计师审阅准则第 2101 号——财务报表审阅》的相关要求，根据具体情况对组成部分财务信息实施审阅。集团项目组还可以实施追加的程序，作为对审阅程序的补充。

集团项目组应当在一段时间之后更换所选择的组成部分。选择不为被审计单位预见的同类其他组成部分，可以增加识别组成部分财务信息重大错报的可能性。对组成部分的选择通常实行定期轮换。

图 16－1 说明了在确定对组成部分财务信息拟执行工作的类型时，集团项目组作出决策的过程。

四、参与组成部分注册会计师的工作

如果组成部分注册会计师对重要组成部分财务信息执行审计，集团项目组应当参与组成部分注册会计师实施的风险评估程序，以识别可能导致集团财务报表发生重大错报的特别风险。集团项目组参与的性质、时间安排和范围受其对组成部分注册会计师所了解情况的影响，但至少应当包括：

1. 与组成部分注册会计师或组成部分管理层讨论对集团而言重要的组成部分业务活动；
2. 与组成部分注册会计师讨论舞弊或错误导致组成部分财务信息发生重大错报的可能性；
3. 复核组成部分注册会计师对识别出的可能导致集团财务报表发生重大错报的特别

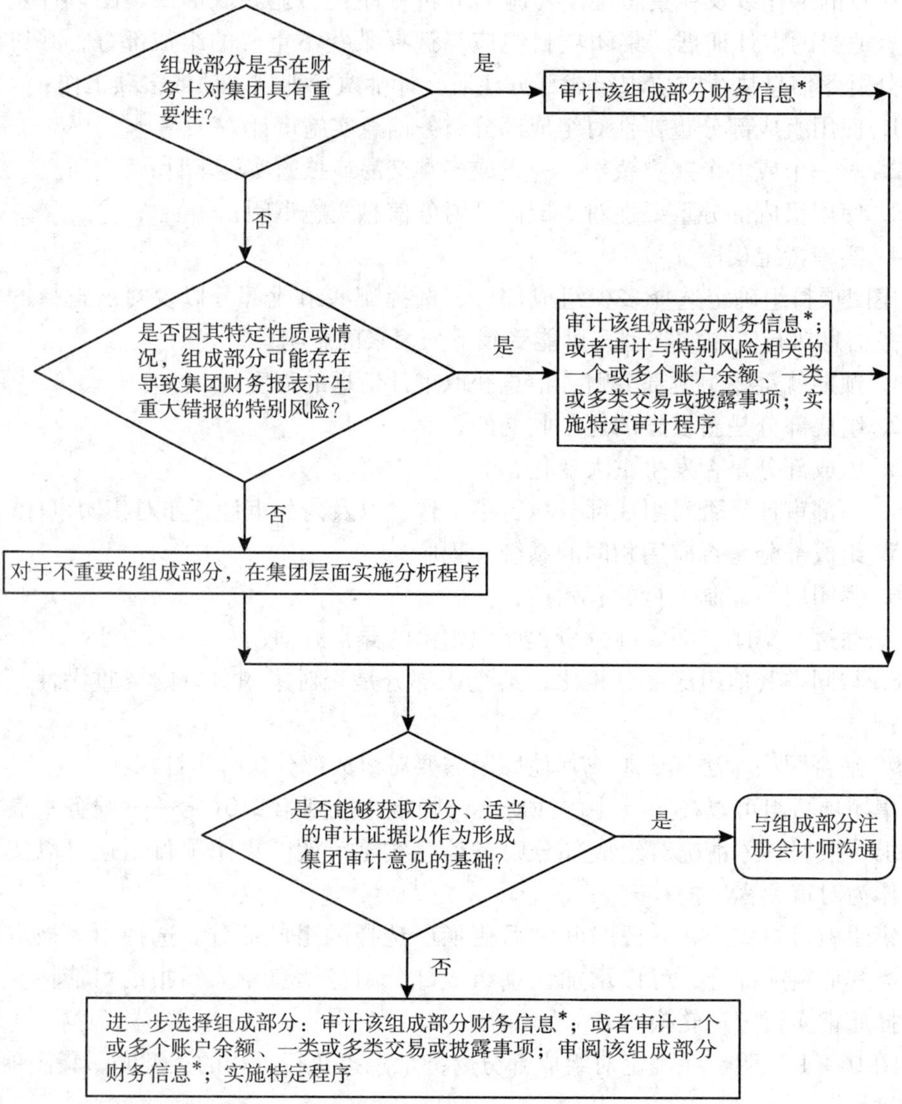

注：* 为应当使用组成部分重要性。

图 16－1　确定对组成部分财务信息拟执行工作的类型

风险形成的审计工作底稿。审计工作底稿可以采用备忘录的形式，反映组成部分注册会计师针对识别出的特别风险得出的结论。

如果在由组成部分注册会计师执行相关工作的组成部分内，识别出可能导致集团财务报表发生重大错报的特别风险，集团项目组应当评价针对识别出的特别风险拟实施的进一步审计程序的恰当性。根据对组成部分注册会计师的了解，集团项目组应当确定是否有必要参与进一步审计程序。可能影响集团项目组参与组成部分注册会计师工作的因素包括：

1. 组成部分的重要程度；
2. 识别出的可能导致集团财务报表发生重大错报的特别风险；

3. 集团项目组对组成部分注册会计师的了解。

如果组成部分是不重要的组成部分，集团项目组参与组成部分注册会计师工作的性质、时间安排和范围，将根据集团项目组对组成部分注册会计师的了解的不同而不同。而该组成部分不是重要组成部分这一事实，成为次要考虑的因素。例如，即使某一组成部分未被视为重要组成部分，集团项目组仍可能决定参与组成部分注册会计师的风险评估，因为集团项目组对组成部分注册会计师专业胜任能力的并非重大的疑虑（如认为其缺乏行业专门知识），或者组成部分注册会计师未处于积极有效的监管环境中。

集团项目组参与组成部分注册会计师工作的方式，可能取决于集团项目组对组成部分注册会计师的了解。这些方式可能还包括：

1. 与组成部分管理层或组成部分注册会计师会谈，获取对组成部分及其环境的了解。

2. 复核组成部分注册会计师的总体审计策略和具体审计计划。

3. 实施风险评估程序，识别和评估组成部分层面的重大错报风险。集团项目组可以单独或与组成部分注册会计师共同实施这类程序。

4. 设计和实施进一步审计程序。集团项目组可以单独或与组成部分注册会计师共同设计和实施这类程序。

5. 参加组成部分注册会计师与组成部分管理层的总结会议和其他重要会议。

6. 复核组成部分注册会计师的审计工作底稿的其他相关部分。

第八节　合并过程及期后事项

一、合并过程

前已述及，集团项目组应当了解集团层面的控制和合并过程，包括集团管理层向组成部分下达的指令。如果对合并过程执行工作的性质、时间安排和范围基于预期集团层面控制有效运行，或者仅实施实质性程序不能提供认定层次的充分、适当的审计证据，集团项目组应当测试或要求组成部分注册会计师代为测试集团层面控制运行的有效性。

集团项目组应当针对合并过程设计和实施进一步审计程序，以应对评估的、由合并过程导致的集团财务报表发生重大错报的风险。设计和实施的进一步审计程序应当包括评价所有组成部分是否均已包括在集团财务报表中。

集团项目组应当评价合并调整和重分类事项的适当性、完整性和准确性，并评价是否存在舞弊风险因素或可能存在管理层偏向的迹象。合并过程可能需要对集团财务报表中列报的金额作出调整，这类调整不经过常规交易处理系统，可能不会受到针对其他财务信息的控制的约束。集团项目组对这类调整的适当性、完整性和准确性的评价可能包括：

1. 评价重大调整是否恰当反映了相关事项和交易；

2. 确定重大调整是否得到集团管理层和组成部分管理层（如适用）的正确计算、处理和授权；

3. 确定重大调整是否有适当的证据支持并得到充分的记录；

4. 检查集团内部交易、未实现内部交易损益以及集团内部往来余额是否核对一致并抵销。

如果组成部分财务信息没有按照集团财务报表采用的会计政策编制，集团项目组应当评价组成部分财务信息是否已得到适当调整，以满足编制和列报集团财务报表的要求。

集团项目组应当确定，组成部分注册会计师在沟通与集团项目组得出集团审计结论相关的事项时，提及的财务信息是否就是包括在集团财务报表中的财务信息。如果集团财务报表包括的组成部分财务报表的报告期末不同于集团财务报表，集团项目组应当评价是否已按照适用的财务报告编制基础对这些财务报表作出恰当调整。

二、期后事项

如果集团项目组或组成部分注册会计师对组成部分财务信息实施审计，集团项目组或组成部分注册会计师应当实施审计程序，以识别组成部分自组成部分财务信息日至对集团财务报表出具审计报告日之间发生的、可能需要在集团财务报表中调整或披露的事项。

如果组成部分注册会计师执行组成部分财务信息审计以外的工作，集团项目组应当要求组成部分注册会计师告知其注意到的、可能需要在集团财务报表中调整或披露的期后事项。

第九节　与组成部分注册会计师的沟通

如果集团项目组与组成部分注册会计师之间未能建立有效的双向沟通关系，则存在集团项目组可能无法获取形成集团审计意见所依据的充分、适当的审计证据的风险。集团项目组清晰、及时地通报工作要求，是集团项目组和组成部分注册会计师之间形成有效的双向沟通关系的基础。

一、集团项目组向组成部分注册会计师沟通

集团项目组应当及时向组成部分注册会计师通报工作要求。通报的内容应当明确组成部分注册会计师应执行的工作和集团项目组对其工作的利用，以及组成部分注册会计师与集团项目组沟通的形式和内容。

通报的内容还应当包括：

1. 在组成部分注册会计师知悉集团项目组将利用其工作的前提下，要求组成部分注册会计师确认其将配合集团项目组的工作。

2. 与集团审计相关的职业道德要求，特别是独立性要求。

3. 在对组成部分财务信息实施审计或审阅的情况下，组成部分的重要性和针对特定的交易类别、账户余额或披露采用的一个或多个重要性水平（如适用）以及临界值，超过临界值的错报不能视为对集团财务报表明显微小的错报。

4. 识别出的与组成部分注册会计师工作相关的、舞弊或错误导致集团财务报表发生重大错报的特别风险。集团项目组应当要求组成部分注册会计师及时沟通所有识别出的、在组成部分内的其他舞弊或错误可能导致集团财务报表发生重大错报的特别风险，以及组成部分注册会计师针对这些特别风险采取的应对措施。

5. 集团管理层编制的关联方清单和集团项目组知悉的任何其他关联方。集团项目组应当要求组成部分注册会计师及时沟通集团管理层或集团项目组以前未识别出的关联方。集团项目组应当确定是否需要将新识别的关联方告知其他组成部分注册会计师。

二、组成部分注册会计师向集团项目组沟通

集团项目组应当要求组成部分注册会计师沟通与集团项目组得出集团审计结论相关的事项。沟通的内容应当包括：

1. 组成部分注册会计师是否已遵守与集团审计相关的职业道德要求，包括对独立性和专业胜任能力的要求；

2. 组成部分注册会计师是否已遵守集团项目组的要求；

3. 指出作为组成部分注册会计师出具报告对象的组成部分财务信息；

4. 因违反法律法规而可能导致集团财务报表发生重大错报的信息；

5. 组成部分财务信息中未更正错报的清单（清单不必包括低于集团项目组通报的临界值且明显微小的错报）；

6. 表明可能存在管理层偏向的迹象；

7. 描述识别出的组成部分层面值得关注的内部控制缺陷；

8. 组成部分注册会计师向组成部分治理层已通报或拟通报的其他重大事项，包括涉及组成部分管理层、在组成部分层面内部控制中承担重要职责的员工以及其他人员（在舞弊行为导致组成部分财务信息出现重大错报的情况下）的舞弊或舞弊嫌疑；

9. 可能与集团审计相关或者组成部分注册会计师期望集团项目组加以关注的其他事项，包括在组成部分注册会计师要求组成部分管理层提供的书面声明中指出的例外事项；

10. 组成部分注册会计师的总体发现、得出的结论和形成的意见。

在配合集团项目组时，如果法律法规未予禁止，组成部分注册会计师可以允许集团项目组接触相关审计工作底稿。

三、评价与组成部分注册会计师的沟通

集团项目组应当评价与组成部分注册会计师的沟通。集团项目组应当：

1. 与组成部分注册会计师、组成部分管理层或集团管理层（如适用）讨论在评价过程中发现的重大事项；

2. 确定是否有必要复核组成部分注册会计师审计工作底稿的相关部分。

组成部分注册会计师的审计工作底稿中哪些部分与集团审计相关，可能因具体情况

的不同而不同。集团项目组在复核时，通常关注的是与可能导致集团财务报表发生重大错报的特别风险相关的审计工作底稿。组成部分注册会计师的审计工作底稿按照组成部分注册会计师所在会计师事务所的复核程序进行复核这一事实，可能将影响集团项目组的复核范围。

如果认为组成部分注册会计师的工作不充分，集团项目组应当确定需要实施哪些追加的程序，以及这些程序是由组成部分注册会计师还是由集团项目组实施。

第十节　评价审计证据的充分性和适当性

注册会计师应当获取充分、适当的审计证据，将审计风险降至可接受的低水平，从而得出合理的结论以作为形成审计意见的基础。在集团审计中，集团项目组应当评价，通过对合并过程实施的审计程序以及由集团项目组和组成部分注册会计师对组成部分财务信息执行的工作，是否已获取充分、适当的审计证据，作为形成集团审计意见的基础。

如果认为未能获取充分、适当的审计证据作为形成集团审计意见的基础，集团项目组可以要求组成部分注册会计师对组成部分财务信息实施追加的程序。如果不可行，集团项目组可以直接对组成部分财务信息实施程序。

集团项目合伙人应当评价未更正错报（无论该错报是由集团项目组识别出还是由组成部分注册会计师告知）和未能获取充分、适当审计证据的情况对集团审计意见的影响。集团项目合伙人对错报（无论该错报是由集团项目组识别出还是由组成部分注册会计师告知）汇总影响的评价，使其能够确定集团财务报表整体是否存在重大错报。

第十一节　与集团管理层和集团治理层的沟通

一、与集团管理层的沟通

集团项目组应当按照《中国注册会计师审计准则第 1152 号——向治理层和管理层通报内部控制缺陷》的规定，确定哪些识别出的内部控制缺陷需要向集团治理层和集团管理层通报。在确定通报的内容时，集团项目组应当考虑：

1. 集团项目组识别出的集团层面内部控制缺陷；

2. 集团项目组识别出的组成部分层面内部控制缺陷；

3. 组成部分注册会计师提请集团项目组关注的内部控制缺陷。

《中国注册会计师审计准则第 1141 号——财务报表审计中与舞弊相关的责任》对注册会计师向管理层和治理层（如果管理层涉嫌舞弊）通报舞弊事项作出了规定。如果集团项目组识别出舞弊或组成部分注册会计师提请集团项目组关注舞弊，或者有关信息表明可能存在舞弊，集团项目组应当及时向适当层级的集团管理层通报，以便管理层告知对防止和发现舞弊事项承担主要责任的人员。

因法律法规要求或其他原因，组成部分注册会计师可能需要对组成部分财务报表发表审计意见。在这种情况下，集团项目组应当要求集团管理层告知组成部分管理层其尚未知悉的、集团项目组注意到的可能对组成部分财务报表产生重要影响的事项。如果集团管理层拒绝向组成部分管理层通报该事项，集团项目组应当与集团治理层进行讨论。如果该事项仍未得到解决，集团项目组在遵守法律法规和职业准则有关保密要求的前提下，应当考虑是否建议组成部分注册会计师在该事项得到解决之前，不对组成部分财务报表出具审计报告。

二、与集团治理层的沟通

集团项目组向集团治理层通报的事项，可能包括组成部分注册会计师提请集团项目组关注，并且集团项目组根据职业判断认为与集团治理层责任相关的重大事项。除《中国注册会计师审计准则第 1151 号——与治理层的沟通》和其他审计准则要求沟通的事项外，集团项目组还应当与集团治理层沟通下列事项：

1. 对组成部分财务信息拟执行工作的类型的概述；

2. 在组成部分注册会计师对重要组成部分财务信息拟执行的工作中，集团项目组计划参与其工作的性质的概述；

3. 对组成部分注册会计师的工作作出的评价，引起集团项目组对其工作质量产生疑虑的情形；

4. 集团审计受到的限制，例如，集团项目组接触某些信息受到的限制；

5. 涉及集团管理层、组成部分管理层、在集团层面控制中承担重要职责的员工以及其他人员（在舞弊行为导致集团财务报表出现重大错报的情况下）的舞弊或舞弊嫌疑。

与集团治理层的沟通可以在集团审计过程中的不同时点进行。

第十七章　其他特殊项目的审计

对会计估计、关联方和期初余额等特殊项目的审计，尽管也可以与具体财务报表项目一样，先由有关的审计项目组成员分别执行，而后再加以综合，但由于这些项目通常具有内容特殊、性质敏感、金额较大、情况复杂等特点，因此，在审计实务中往往是由专业理论知识比较扎实、执业经验比较丰富的注册会计师专门实施，并编制相应的审计工作底稿。

第一节　审计会计估计和相关披露

一、会计估计的性质

会计估计，是指根据适用的财务报告编制基础的规定，计量涉及估计不确定性的某项金额。由于经营活动具有内在不确定性，某些财务报表项目只能进行估计。进一步讲，某项资产、负债或权益组成部分的具体特征或财务报告编制基础规定的计量基础或方法，可能导致有必要对某一财务报表项目作出估计。

举例来说，与各类交易、账户余额和披露相关的会计估计包括：（1）存货跌价准备；（2）固定资产折旧；（3）投资性房地产的估值；（4）金融工具的估值；（5）未决诉讼的结果；（6）金融资产减值准备；（7）保险合同负债的估值；（8）产品质量保证义务；（9）职工退休福利负债；（10）股份支付；（11）企业合并中取得的资产或负债的公允价值，包括商誉和无形资产的确定；（12）长期资产的减值；（13）独立各方之间进行的非货币性资产（或负债）交换；（14）针对长期合同确认的收入。

作出会计估计的难易程度取决于估计对象的性质。例如，估计预提租金费用可能只需要简单的计算，而对滞销或过剩存货跌价准备的估计则包括对现有数据的详细分析和对未来销售的预测。复杂的会计估计可能对特定的知识和判断有较高要求。被审计单位管理层应当对其作出的包括在财务报表中的会计估计负责。而按照中国注册会计师审计准则的规定，获取充分、适当的审计证据，以确定依据适用的财务报告编制基础，财务报表中的会计估计和相关披露是否合理。

会计估计通常是被审计单位在不确定情况下作出的，其准确程度取决于管理层对不确定的交易或事项的结果作出的主观判断。由于会计估计的主观性、复杂性和不确定性，管理层作出的会计估计发生重大错报的可能性较大，注册会计师应当按照《中国注册会计师审计准则第 1211 号——重大错报风险的识别和评估》的规定，确定会计估计的重大错报风险是否属于特别风险。

但同时需要提醒的是，会计估计的结果与财务报表中原来已确认或披露的金额存在差异，并不必然表明财务报表存在错报，因为任何已观察到的结果都不可避免地受到作出会计估计的时点后所发生的事项或情况的影响。

二、风险评估程序和相关活动

在实施风险评估程序和相关活动时，注册会计师应当了解下列内容，作为识别和评估会计估计重大错报风险的基础：

（一）了解被审计单位及其环境、适用的财务报告编制基础和内部控制体系各要素

按照《中国注册会计师审计准则第 1211 号——重大错报风险的识别和评估》的规定，了解被审计单位及其环境、适用的财务报告编制基础和内部控制体系各要素时，注册会计师应当了解与被审计单位会计估计相关的下列方面：

1. 可能需要作出会计估计并在财务报表中确认或披露，或者可能导致会计估计发生变化的交易、事项或情况。

例如，下列情形可能需要作出会计估计，或者可能导致会计估计发生变化：

（1）被审计单位是否已从事新型交易；

（2）交易条款是否已改变；

（3）是否已发生新事项或情况。

2. 适用的财务报告编制基础，包括：

（1）适用的财务报告编制基础中与会计估计相关的规定，包括确认标准、计量基础以及有关列报（包括披露）的规定；

（2）结合被审计单位的具体情况，如何运用上述规定，以及固有风险因素如何影响认定易于发生错报的可能性。

了解适用的财务报告编制基础的规定，为注册会计师就下列方面与管理层和治理层（如适用）进行讨论提供了基础：（1）管理层如何遵守适用的财务报告编制基础中与会计估计相关的规定；（2）注册会计师对这些规定是否得到恰当遵守的判断。当注册会计师认为某项在适用的财务报告编制基础下可以接受的重大会计实务，并不一定最适合被审计单位的具体情况时，了解适用的财务报告编制基础的规定，也有助于注册会计师与治理层沟通。

3. 与被审计单位会计估计相关的监管因素，包括与审慎监管相关的监管框架（如适用）。

了解与会计估计相关的监管因素有助于注册会计师识别适用的监管框架（如由银行或保险行业的审慎监管机构设立的监管框架），并确定此类监管框架是否：

（1）涵盖会计估计的确认条件或计量方法，或者就此提供相关指引；

（2）列明适用的财务报告编制基础规定以外的其他披露，或者就此提供相关指引；

（3）指出为满足监管要求而可能存在管理层偏向的领域；

（4）包含出于监管目的的、与适用的财务报告编制基础规定不一致的要求，从而可能表明存在潜在的重大错报风险。

4. 根据对上述三个方面的了解，注册会计师初步认为应当反映在被审计单位财务报表中的会计估计和相关披露的性质。

了解注册会计师预期应当包含于被审计单位财务报表中的会计估计和相关披露的性质，有助于注册会计师了解这些会计估计的计量基础以及可能相关的披露的性质和范围，从而为注册会计师就管理层如何作出会计估计与管理层进行讨论提供基础。

5. 被审计单位针对与会计估计相关的财务报告过程的监督和治理措施。

注册会计师可以了解治理层是否：

（1）具备相应的技能或知识，以了解用以作出会计估计的特定方法或模型的特征，或者与会计估计相关的风险（例如，与作出会计估计时使用的方法或信息技术相关的风险）；

（2）具备相应的技能或知识，以了解管理层是否按照适用的财务报告编制基础作出会计估计；

（3）独立于管理层，掌握必要信息以及时评价管理层如何作出会计估计，并有权在管理层的行动似乎不充分或不适当时质疑这些行动；

（4）监督管理层作出会计估计的过程（包括模型的使用）；

（5）监督管理层实施的监控活动。这可能包括某些监督和复核程序，这些程序旨在发现并纠正针对会计估计的控制在设计或运行有效性方面存在的缺陷。

6. 对是否需要运用与会计估计相关的专门技能或知识，管理层是怎样决策的，以及管理层怎样运用与会计估计相关的专门技能或知识，包括利用管理层的专家的工作。

注册会计师可以考虑下列情况是否会增加管理层需要聘请专家的可能性：

（1）需要作出会计估计的事项具有特殊性质，例如，会计估计可能涉及在采掘行业对矿产或油气储量的测量，或者对运用复杂合同条款可能发生的结果的评价；

（2）为遵守适用的财务报告编制基础的相关规定所需的模型具有复杂性；

（3）需要作出会计估计的交易、事项或情况具有异常性或偶发性。

7. 被审计单位如何识别和应对与会计估计相关的风险。

了解被审计单位如何识别和应对与会计估计相关的风险，有助于注册会计师考虑下列方面的变化：

（1）与会计估计相关的、适用的财务报告编制基础的规定；

（2）数据来源的可获得性或性质，这些数据来源与作出会计估计相关，或者可能影响所使用数据的可靠性；

（3）被审计单位的信息系统或信息技术环境；

（4）关键人员。

在了解管理层如何识别和应对作出会计估计时因管理层偏向或舞弊导致的错报发生的可能性时，注册会计师可以考虑管理层是否以及如何：

（1）特别关注对作出会计估计时使用的方法、假设和数据的选择或运用；

（2）监控关键业绩指标，这些指标可能表明与历史或预算业绩或其他已知因素相比，业绩偏离预期或存在不一致；

（3）识别可能引起偏向的财务或其他激励政策；

（4）监控作出会计估计时使用的方法、重大假设或数据发生变化的必要性；

（5）针对作出会计估计时使用的模型进行适当的监督和复核；

（6）要求记录作出会计估计时作出的重大判断的理由，或要求对这些重大判断实施独立复核。

8. 被审计单位与会计估计相关的信息系统，包括：

（1）对于相关交易类别、账户余额和披露涉及的会计估计和相关披露，有关信息是如何在被审计单位的信息系统中传递的。

（2）对于相关交易类别、账户余额和披露涉及的会计估计和相关披露，管理层作出会计估计的过程，包括：

①管理层如何根据适用的财务报告编制基础，确定适当的方法、假设和数据来源及其是否需要作出变化，例如，如何选择或设计并运用方法（包括模型）；如何选择假设（包括考虑替代性的假设）并确定重大假设；如何选择数据。

②管理层如何了解估计不确定性的程度，是否考虑了可能发生的计量结果的区间。

③管理层如何应对估计不确定性，包括如何选择财务报表中的点估计并作出相关披露。

9. 在控制活动中识别的、针对管理层对于相关交易类别、账户余额和披露涉及的会计估计和相关披露作出会计估计过程的控制。

在识别控制、评价控制的设计并确定其是否得到执行时，注册会计师可以考虑下列事项：

（1）管理层如何确定作出会计估计所使用的数据的适当性，包括管理层从外部信息来源或从总账和明细账之外的其他途径获取的数据；

（2）由适当层级的管理层和治理层（如适用）对会计估计（包括使用的假设或数据）进行复核和批准；

（3）将负责作出会计估计的人员和从事有关交易的人员进行职责分离，包括职责分配是否适当地考虑了被审计单位的性质及其产品或服务的性质；

（4）控制设计的有效性。

对于设有内部审计的被审计单位，内部审计的工作可能尤其有助于注册会计师了解下列事项：（1）管理层使用会计估计的性质和范围；（2）控制的设计和执行（这些控制旨在应对与作出会计估计所用数据、假设和模型相关的风险）；（3）生成会计估计所依据数据的信息系统的各个方面；（4）如何识别、评估和管理与会计估计相关的新风险。

10. 管理层如何复核以前期间会计估计的结果以及如何应对该复核结果。

注册会计师为了解上述方面而实施的审计程序，应当足以使注册会计师获取为识别和评估财务报表层次和认定层次的重大错报风险提供适当依据的审计证据。

（二）复核以前期间会计估计的结果或管理层对以前期间会计估计作出的后续重新估计

注册会计师应当复核以前期间会计估计的结果，或者复核管理层对以前期间会计估计作出的后续重新估计（追溯复核），这有助于识别和评估本期的重大错报风险。在确定复核的性质和范围时，注册会计师应当考虑会计估计的特征。注册会计师复核的目的不是质疑以前期间依据当时可获得的信息作出的适当判断。

如果以前期间会计估计的结果通过本期资产或负债的转移或变现得以确定，或者管理层在本期对以前期间会计估计作出后续重新估计，注册会计师实施追溯复核有助于识别和评估重大错报风险。通过实施追溯复核，注册会计师可以获取下列信息：

（1）关于以前期间会计估计过程有效性的信息，据此能够获取关于当前过程的有效性的审计证据；

（2）有关可能需要在财务报表中披露的事项（如变化的原因）的审计证据；

（3）关于与会计估计相关的复杂性或估计不确定性的信息；

（4）关于会计估计对管理层偏向的敏感性的信息，或者显示可能存在管理层偏向的信息。

追溯复核可能提供审计证据，以支持对本期重大错报风险的识别和评估。注册会计师可以针对上期财务报表作出的会计估计实施追溯复核，也可以针对若干期间或更短的期间（如每半年或每季度）实施追溯复核。在某些情况下，如果会计估计的结果在较长期间内才能确定，针对若干期间实施追溯复核可能是适当的。

根据注册会计师对以前期间重大错报风险的评估结果，如果一项或多项重大错报风险的固有风险被评估为较高，注册会计师可能认为需要进行更加详细的追溯复核。作为详细追溯复核的一部分，在可行的情况下，注册会计师可以特别关注以前期间作出会计估计时使用的数据和重大假设的影响。反之，对因记录常规和重复发生交易而产生的会计估计，注册会计师可能认为运用分析程序作为风险评估程序足以实现复核目的。

会计估计的结果与以前期间财务报表中已确认金额之间的差异，并不必然表明以前期间财务报表存在错报。但是，由于没有运用或错误运用下列两类信息而产生的差异可能表明以前期间财务报表存在错报：

（1）在以前期间财务报表编制完成阶段管理层可以获得的信息；

（2）合理预期管理层已经获得并根据适用的财务报告编制基础已予以考虑的信息。

该差异可能使注册会计师质疑管理层作出会计估计时考虑相关信息的过程。因此，注册会计师可能需要重新评估相关控制测试计划以及对控制风险的评估结果，或者可能确定需要就该事项获取更具说服力的审计证据。

（三）确定是否需要专门技能或知识

对会计估计进行审计时，注册会计师应当确定，为开展下列工作，项目组是否需要具备专门技能或知识：

1. 实施风险评估程序，以识别和评估重大错报风险；

2. 设计和实施审计程序，以应对重大错报风险；

3. 评价获取的审计证据。

当确定项目组是否需要具备专门技能或知识时，注册会计师可能考虑的事项包括：

1. 特定业务或行业涉及的会计估计的性质（例如，矿产储量、生物资产、复杂金融工具和保险合同负债）；

2. 估计不确定性的程度；

3. 使用的方法或模型的复杂性；

4. 与会计估计相关的适用的财务报告编制基础的规定的复杂性，包括是否存在容易产生不同解释或会计实务的领域，或者在如何作出会计估计方面存在不一致的领域；

5. 注册会计师拟采取的、应对评估的重大错报风险的审计程序；

6. 是否需要就适用的财务报告编制基础未明确的事项作出判断；

7. 选择数据和假设所需的判断程度；

8. 被审计单位作出会计估计时使用信息技术的复杂性和范围。

当涉及会计或审计以外的领域（如估值技能）时，注册会计师可能不具备必要的专门技能或知识，从而可能需要利用专家的工作。

三、识别和评估重大错报风险

按照《中国注册会计师审计准则第 1211 号——重大错报风险的识别和评估》的规定，识别和评估与会计估计和相关披露有关的认定层次重大错报风险（包括分别评估固有风险和控制风险）时，注册会计师应当考虑下列事项，以识别重大错报风险和评估固有风险：

1. 估计不确定性的程度。

2. 复杂性、主观性和其他固有风险因素对下列方面的影响程度：

（1）管理层作出会计估计时，对方法、假设和数据的选择和运用；

（2）管理层对财务报表中的点估计的选择，以及作出的相关披露。

形成认定层次固有风险评估结果的依据可能来自一个或多个固有风险因素，包括估计不确定性、复杂性、主观性或其他固有风险因素。

（一）估计不确定性

估计不确定性，是指会计估计在计量时易于产生内在不精确性。在考虑会计估计涉及估计不确定性的程度时，注册会计师可以考虑下列事项：

1. 适用的财务报告编制基础是否要求：

（1）使用具有固有高度估计不确定性的方法作出会计估计。例如，财务报告编制基础可能要求使用不可观察的输入值；

（2）使用具有固有高度估计不确定性的假设（如预测期较长的假设、依据不可观察数据因而管理层难以作出的假设），或者使用相互关联的各种假设；

（3）披露估计不确定性。

2. 经营环境。被审计单位所处的市场可能经历动荡或发生中断（如重大汇率变动或市场不活跃），因此会计估计可能依赖于不易观察到的数据。

3. 管理层是否有可能（或在适用的财务报告编制基础允许的情况下，是否可行）：

（1）对过去交易的未来实现情况（如根据或有合同条款将支付的金额），或者未来事项或情况的发生和影响（如未来信用损失的金额，或保险索赔的结算金额和结算时间）作出准确和可靠的预测；

（2）获取关于当前状况的准确和完整的信息（如用于作出公允价值估计的、反映财务报表日市场参与方观点的估值属性信息）。

在某些情况下，估计不确定性可能非常高，以致难以作出合理的会计估计，适用的财务报告编制基础可能禁止在财务报表中对此进行确认或以公允价值计量。在这种情况下，可能存在的重大错报风险不仅涉及会计估计是否应予确认或是否应以公允价值计量，而且涉及披露的合理性。针对此类会计估计，适用的财务报告编制基础可能要求披露会计估计和与之相关的估计不确定性。

（二）复杂性或主观性

在考虑复杂性对作出会计估计所使用方法的选择和运用的影响程度时，注册会计师可以考虑下列事项：

1. 管理层需要具备专门技能或知识，可能表明用以作出会计估计的方法具有固有复杂性，因此会计估计可能更易于发生重大错报。如果管理层使用了内部开发的模型且经验相对较少，或者所使用的模型运用的不是特定行业或环境中公认或通用的方法，可能更易于发生重大错报。

2. 适用的财务报告编制基础规定的计量基础的性质，可能导致需要使用复杂的方法，且需要使用从多个来源获取的、相互之间存在多种相互关系的历史和前瞻性数据或假设。

在考虑复杂性对作出会计估计所使用数据的选择和运用的影响程度时，注册会计师可以考虑下列事项：

1. 数据生成过程的复杂性，并考虑数据来源的相关性和可靠性；

2. 在保持数据准确性、完整性和有效性时存在的固有复杂性（如存在大量数据和多个数据来源）；

3. 是否需要解读复杂合同条款，例如，确定供应商或客户返利产生的现金流入或流出可能基于非常复杂的合同条款，需要具备特定的经验或胜任能力来理解或解读此类条款。

在考虑主观性对方法、假设或数据的选择和运用的影响程度时，注册会计师可以考虑下列事项：

1. 适用的财务报告编制基础在多大程度上未对估计方法中使用的估值方法、概念、技术和因素予以明确；

2. 金额或时间的不确定性，包括预测期的长度。金额和时间是固有估计不确定性的原因之一，导致管理层在选择点估计时需要作出判断，进而形成管理层偏向的机会。

（三）其他固有风险因素

与会计估计相关的主观性程度会影响会计估计发生因管理层偏向或影响固有风险的其他舞弊风险因素导致的错报的可能性。例如，如果会计估计具有高度主观性，则很可能更易于发生因管理层偏向或影响固有风险的其他舞弊风险因素导致的错报，并且导致可能发生的计量结果的区间范围较广。管理层从该区间中选择的点估计可能在具体情况下并不适当，或者不当地受到有意或无意的管理层偏向的影响，从而导致发生错报。对于连续审计，以前期间审计中识别出的可能存在管理层偏向的迹象，可能对本期的计划审计工作和风险评估程序产生影响。

（四）特别风险

对于识别和评估的重大错报风险，注册会计师应当作出职业判断，确定其是否为特别风险。如果存在特别风险，注册会计师应当识别针对该风险实施的控制，评价这些控制的设计是否有效，并确定其是否得到执行。

注册会计师对固有风险的评估结果（包括考虑会计估计涉及估计不确定性的程度，或者受到复杂性、主观性和其他固有风险因素影响的程度），有助于注册会计师确定识别和评估的重大错报风险是否为特别风险。

在确定特别风险时，注册会计师还可以考虑下列事项：

1. 舞弊导致会计估计和相关披露发生重大错报的可能性；

2. 会计估计和相关披露是否受到下列方面的影响：

（1）需要特别关注的近期经济环境、会计处理方法或其他方面的重大变化；

（2）重大的关联方交易；

（3）异常或超出正常经营过程的重大交易。

四、应对评估的重大错报风险

按照《中国注册会计师审计准则第1231号——针对评估的重大错报风险采取的应对措施》的规定，注册会计师应当针对评估的认定层次重大错报风险，在考虑形成风险评估结果的依据的基础上，设计和实施进一步审计程序。注册会计师应当实施下列一项或多项审计程序：

1. 从截至审计报告日发生的事项获取审计证据；

2. 测试管理层如何作出会计估计；

3. 作出注册会计师的点估计或区间估计。

（一）注册会计师的进一步审计程序

评估的重大错报风险越高，在设计和实施进一步审计程序时，注册会计师需要获取越有说服力的审计证据。注册会计师不应当偏向于获取佐证性的审计证据，也不应当排斥相矛盾的审计证据。

注册会计师的进一步审计程序的性质、时间安排和范围会受到下列因素的影响：

1. 评估的重大错报风险。评估的重大错报风险影响所需审计证据的说服力，并影响注册会计师对审计会计估计方法的选择。

2. 形成评估的重大错报风险的依据。

（二）注册会计师拟信赖控制运行有效性时实施的审计程序

按照《中国注册会计师审计准则第1231号——针对评估的重大错报风险采取的应对措施》的规定，如果存在下列情形之一，注册会计师应当设计和实施控制测试，针对控制运行的有效性，获取充分、适当的审计证据：（1）在评估认定层次重大错报风险时，预期控制的运行是有效的；（2）仅实施实质性程序并不能够提供认定层次充分、适当的审计证据。

在确定与会计估计相关的控制测试的性质、时间安排和范围时，注册会计师可以考虑下列因素：

1. 交易的性质、频率和数量；

2. 控制的设计有效性（包括控制的设计是否适当，以应对评估的固有风险）以及治理效力；

3. 特定控制对总体控制目标和被审计单位已建立的流程的重要性，包括支持交易的信息系统的复杂程度；

4. 对控制的监督以及已识别的内部控制缺陷；

5. 控制旨在应对的风险的性质（例如，是与运用判断相关的控制，还是针对支持性数据的控制）；

6. 控制活动所涉及人员的胜任能力；

7. 执行控制活动的频率；

8. 执行控制活动的证据。

（三）注册会计师为应对特别风险实施的审计程序

对于与会计估计相关的特别风险，如果拟信赖针对该风险实施的控制，注册会计师应当在本期测试这些控制运行的有效性。如果针对特别风险实施的程序仅为实质性程序，这些程序应当包括细节测试。

针对与会计估计相关的特别风险的细节测试可能包括：

1. 检查，例如，检查合同以佐证条款或假设；

2. 重新计算，例如，核实模型计算的准确性；

3. 检查所使用的假设与支持性文件（如第三方公布的信息）是否相符。

（四）从截至审计报告日发生的事项获取审计证据

如果进一步审计程序包括从截至审计报告日发生的事项获取审计证据，注册会计师应当评价这些审计证据是否充分、适当，以应对与会计估计相关的重大错报风险。在评价时，注册会计师应当根据适用的财务报告编制基础，考虑事项发生日与计量日之间具体情况的变化是否会影响这些审计证据的相关性。

在某些情况下，从截至审计报告日发生的事项获取审计证据可能提供充分、适当的审计证据以应对重大错报风险。例如，期后不久出售某停产产品的全部存货，可能为其期末可变现净值的估计提供充分、适当的审计证据。

而对于某些会计估计，截至审计报告日发生的事项不太可能提供有关会计估计的充分、适当的审计证据。例如，与某些会计估计相关的事项或情况需要较长时间才有进展；同样，由于公允价值会计估计的计量目标，期后信息可能无法反映资产负债表日存在的事项或情况，因而可能与公允价值会计估计的计量无关。

即使决定对特定会计估计不采取这种测试方法，注册会计师仍需要遵守《中国注册会计师审计准则第1332号——期后事项》及其应用指南的相关规定，实施审计程序，获取充分、适当的审计证据，以确定财务报表日至审计报告日之间发生的、需要在财务报表中调整或披露的事项是否已经按照适用的财务报告编制基础在财务报表中得到恰当反映。由于除公允价值会计估计外的许多会计估计的计量通常取决于未来交易、事项或情况的结果，《中国注册会计师审计准则第 1332 号——期后事项》规定的审计工作对于这些会计估计尤为相关。

（五）测试管理层如何作出会计估计

如果测试管理层如何作出会计估计，注册会计师应当设计和实施进一步审计程序，以针对与下列事项相关的重大错报风险获取充分、适当的审计证据：（1）管理层作出会计估计时，对方法、重大假设和数据的选择和运用；（2）管理层如何选择点估计，并就估计不确定性作出披露。

1. 评价管理层使用的方法。评价管理层使用的方法时，注册会计师应当针对下列方面设计和实施进一步审计程序：

（1）依据适用的财务报告编制基础，选择的方法是否适当，该方法相对于上期发生的变化是否适当（如适用）。

（2）是否有迹象表明，管理层在选择方法时作出的判断可能存在管理层偏向。

（3）是否按照所选择的方法计算、计算是否准确。

（4）如果运用的方法涉及复杂建模，相关判断是否保持了一贯性，并且：①模型的设计是否符合适用的财务报告编制基础中的计量目标，是否适合于具体情况，以及该模型相对于上期发生的变化是否适合于具体情况（如适用）；②对模型输出结果的调整是否与适用的财务报告编制基础中的计量目标一致，以及是否适合于具体情况。

（5）在运用方法时是否保持了重大假设和数据的准确性、完整性和有效性。

2. 评价管理层使用的重大假设。评价管理层使用的重大假设时，注册会计师应当针对下列方面设计和实施进一步审计程序：

（1）依据适用的财务报告编制基础，重大假设是否适当，重大假设相对于上期发生的变化是否适当（如适用）；

（2）是否有迹象表明，管理层在选择重大假设时作出的判断可能存在管理层偏向；

（3）根据注册会计师在审计中了解到的情况，重大假设之间是否相互一致，重大假设是否与其他会计估计中所使用的假设一致、是否与被审计单位业务活动的其他领域中所使用的相关假设一致；

（4）管理层是否具有采取与重大假设相关的特定行动的意图和能力（如适用）。

3. 评价管理层使用的数据。评价管理层使用的数据时，注册会计师应当针对下列方面设计和实施进一步审计程序：

（1）依据适用的财务报告编制基础，数据是否适当，数据相对于上期发生的变化是否适当（如适用）；

（2）是否有迹象表明，管理层在选择数据时作出的判断可能存在管理层偏向；

（3）数据在具体情况下是否相关和可靠；

（4）是否已经恰当理解和解读数据，包括合同条款。

4. 评价管理层作出的会计估计。评价管理层作出的会计估计时，注册会计师应当设计和实施进一步审计程序，以确定管理层是否已根据适用的财务报告编制基础，就下列方面采取适当措施：

（1）了解估计不确定性；

（2）选择适当的点估计，并就估计不确定性作出披露，以应对估计不确定性。

在考虑管理层是否已采取适当措施以了解和应对估计不确定性时，注册会计师可以考虑管理层是否：

（1）识别产生估计不确定性的原因，并评估计量结果的固有可变性的程度以及相应合理可能发生的计量结果的区间，以了解估计不确定性。

（2）确定在计量过程中复杂性或主观性对重大错报风险的影响程度，并通过下列措施应对相应的潜在错报：①作出会计估计时，运用适当技能和知识；②运用职业判断，包括识别和应对产生管理层偏向的可能性。

（3）适当选择管理层的点估计，并作出与估计不确定性相关的披露，以应对估计不确定性。

在考虑管理层的点估计的选择以及与估计不确定性相关的披露时，注册会计师可以考虑下列事项：

（1）是否适当选择所使用的方法和数据（包括作出会计估计时存在替代性的方法和数据来源时）；

（2）所使用的估值属性是否适当和完整；

（3）是否从一系列合理可能发生的金额中选择所使用的假设，且假设得到相关和可靠的适当数据的支持；

（4）所使用的数据是否适当、相关和可靠，且数据的准确性、完整性和有效性得到保持；

（5）是否按照方法计算且准确计算；

（6）是否从合理可能发生的计量结果中适当选择管理层的点估计；

（7）相关披露是否适当地说明金额属于估计，并说明估计流程的性质和局限性（包括合理可能发生的计量结果的可变性）。

针对管理层的点估计是否适当，注册会计师可以考虑下列事项：

（1）如果适用的财务报告编制基础规定在考虑替代性的假设和结果后所使用的点估计，或者规定特定计量方法，管理层是否已遵守适用的财务报告编制基础的规定；

（2）如果适用的财务报告编制基础没有规定如何从合理可能发生的计量结果中选择金额，管理层是否已运用判断并考虑适用的财务报告编制基础的规定。

根据获取的审计证据，如果认为管理层没有为了解和应对估计不确定性采取适当措施，注册会计师应当：

（1）要求管理层实施追加程序以了解估计不确定性，或者要求管理层重新考虑对点估计的选择或就估计不确定性作出额外披露以应对估计不确定性，并评价管理层的应对措施；

（2）如果管理层的上述应对措施不能充分应对估计不确定性，则在可行的范围内，作出注册会计师的点估计或区间估计；

（3）评价是否存在内部控制缺陷，如果存在内部控制缺陷，则按照《中国注册会计师审计准则第 1152 号——向治理层和管理层通报内部控制缺陷》的规定进行沟通。

（六）作出注册会计师的点估计或使用注册会计师的区间估计

如果注册会计师作出点估计或区间估计，用以评价管理层的点估计以及与估计不确定性相关的披露，注册会计师应当依据适用的财务报告编制基础，评价注册会计师在作出点估计或区间估计时，所使用的方法、假设或数据是否适当。无论使用的是管理层的方法、假设或数据，还是注册会计师的方法、假设或数据，注册会计师均应当就这些方法、假设或数据，设计和实施进一步审计程序。

如果注册会计师作出区间估计，注册会计师应当：

（1）确定区间估计范围内的金额均有充分、适当的审计证据支持，并根据适用的财务报告编制基础中的计量目标和其他规定，确定区间估计范围内的金额均是合理的；

（2）针对所评估的、与估计不确定性的披露有关的重大错报风险，设计和实施进一步审计程序，以获取充分、适当的审计证据。

当存在下列情形时，注册会计师作出点估计或区间估计以评价管理层的点估计以及与估计不确定性相关的披露，可能是适当的方法：

（1）注册会计师对管理层在上期财务报表中作出的类似事项的会计估计进行复核后认为管理层本期的会计估计过程预期是无效的；

（2）被审计单位针对作出会计估计过程的控制没有得到有效设计或恰当执行；

（3）管理层在需要考虑财务报表日至审计报告日之间发生的交易或事项时未予以恰当考虑，且这些交易或事项似乎与管理层的点估计相互矛盾；

（4）存在适当的替代性假设或数据来源，能够被用于作出注册会计师的点估计或区间估计；

（5）管理层没有采取适当的措施以了解和应对估计不确定性。

注册会计师可以采用下列方法作出点估计或区间估计：

（1）使用与管理层的模型不同的模型，如公开出售供特定部门或行业使用的模型，或专有的模型，或注册会计师自行开发的模型；

（2）使用管理层的模型，但使用有别于管理层使用的假设或数据来源的替代性假设或数据来源；

（3）使用注册会计师的自有方法，但使用有别于管理层使用的假设的替代性假设；

（4）雇用或聘请在专门领域具有专长的人员开发或运用模型，或者提供相关假设；

（5）考虑其他类似的交易、事项或情况，或者类似的资产或负债的市场（如相关）。

注册会计师还可以仅针对会计估计的一部分作出点估计或区间估计（例如，针对特定的假设，或者当会计估计仅有特定部分导致重大错报风险时）。

（七）与审计证据相关的其他考虑

在针对与会计估计相关的重大错报风险获取审计证据时，无论作为审计证据的信息来源如何，注册会计师均应当遵守《中国注册会计师审计准则第 1301 号——审计证据》的相关规定。针对与会计估计相关的重大错报风险，用作审计证据的信息可能由被审计单位生成，或在编制时利用了管理层的专家的工作，或由外部信息来源提供。

五、其他相关审计程序

（一）关注与会计估计相关的披露

注册会计师应当针对所评估的、与会计估计相关披露有关的认定层次重大错报风险，设计和实施进一步审计程序，以获取充分、适当的审计证据。

针对管理层作出的、与估计不确定性相关的披露，注册会计师需要考虑适用的财务报告编制基础的规定。这些规定可能要求披露下列信息：

（1）说明金额属于估计，并说明作出估计过程的性质和局限性（包括合理可能发生的计量结果的可变性），财务报告编制基础还可能要求作出额外披露以满足披露目标；

（2）与会计估计相关的重要会计政策，可能包括在财务报表中编制和列报会计估计时运用的特定原则、基础、惯例、规则和实务等事项；

（3）重大或关键的判断（如对财务报表中确认的金额具有最重大影响的判断），以及重大的前瞻性假设或产生估计不确定性的其他原因。

当会计估计涉及高度估计不确定性时，注册会计师可能确定有必要作出额外披露以实现财务报表的公允反映。如果管理层没有在财务报表中作出额外披露，注册会计师可能认为财务报表存在重大错报。

当注册会计师认为管理层在财务报表中作出的披露（如与估计不确定性相关的披露）不充分或存在误导时，《中国注册会计师审计准则第 1502 号——在审计报告中发表非无保留意见》及其应用指南针对注册会计师在这种情况下如何发表审计意见作出了规定并提供了指引。

（二）识别可能存在管理层偏向的迹象

对于管理层就财务报表中的会计估计所作的判断和决策，注册会计师应当评价是否有迹象表明可能存在管理层偏向，即使这些判断和决策孤立地看是合理的。如果识别出可能存在管理层偏向的迹象，注册会计师应当评价这一情况对审计的影响。如果是管理层有意误导，则管理层偏向具有舞弊性质。

管理层偏向可能难以在账户层面发现。注册会计师可能只有在对一组会计估计或所有会计估计汇总加以考虑时，或者对连续几个会计期间进行观察时，才能识别出管理层偏向。例如，如果包含于财务报表中的会计估计单独而言被认为是合理的，但管理层的点估计始终倾向于注册会计师关于合理结果的区间估计的一端，从而为管理层提供了更有利的财务报告结果，此类情况可能是存在管理层偏向的迹象。

与会计估计相关的、可能存在管理层偏向的迹象包括：

（1）管理层主观地认为环境已经发生变化，并相应地改变会计估计或估计方法；

（2）管理层选择或作出重大假设或数据以产生有利于管理层目标的点估计；

（3）选择带有乐观或悲观倾向的点估计。

可能存在管理层偏向的迹象可能影响注册会计师对有关风险评估结果和相关应对措施是否仍然适当的判断。注册会计师同时可能有必要考虑对审计其他方面的影响，包括是否需要进一步质疑管理层作出会计估计时所作判断的适当性。可能存在管理层偏向的迹象也可能影响注册会计师对财务报表整体是否不存在重大错报得出的结论。

此外，根据《中国注册会计师审计准则第 1141 号——财务报表审计中与舞弊相关的责任》的规定，注册会计师应当评价管理层作出会计估计时所作的判断和决策是否反映出管理层的某种偏向，从而可能表明存在舞弊导致的重大错报风险。管理层通常通过故意作出不当会计估计来编制虚假财务报告，这可能包括故意低估或高估会计估计。可能存在管理层偏向的迹象也可能是一项舞弊风险因素，从而可能导致注册会计师重新评估其风险评估结果（特别是对舞弊风险的评估结果）和相关应对措施是否仍然适当。

（三）实施审计程序之后作出总体评价

注册会计师应当根据已经实施的审计程序以及获取的审计证据，作出下列评价：

（1）认定层次重大错报风险的评估结果是否仍然适当（包括识别出可能存在管理层偏向的迹象时）；

（2）管理层对于财务报表中会计估计的确认、计量和列报（包括披露）作出的决策，是否符合适用的财务报告编制基础；

（3）是否已经获取充分、适当的审计证据，无论这些审计证据是佐证性的，还是相矛盾的。

如果无法获取充分、适当的审计证据，注册会计师应当评价这一情况对审计的影响，或者按照《中国注册会计师审计准则第 1502 号——在审计报告中发表非无保留意见》的规定，评价这一情况对财务报表审计意见的影响。

注册会计师应当确定，依据适用的财务报告编制基础，会计估计和相关披露是否合理。如不合理，则构成错报。根据实施的审计程序和获取的审计证据，在确定管理层的点估计和相关披露是合理的还是存在错报时，注册会计师可以考虑具体情况作出职业判断：

（1）当审计证据支持区间估计时，区间可能较大，且在某些情况下可能数倍于财务报表整体的重要性。尽管较大的区间在具体情况下可能是适当的，但这可能表明注册会计师有必要重新考虑是否已就区间估计范围内的金额的合理性获取充分、适当的审计证据；

（2）审计证据支持的点估计可能不同于管理层的点估计。在这种情况下，注册会计师的点估计与管理层的点估计之间的差异构成错报；

（3）审计证据支持的区间估计可能不包括管理层的点估计。在这种情况下，错报为管理层的点估计与注册会计师的区间估计之间的最小差异。

对于与会计估计相关的披露，注册会计师应当评价，除适用的财务报告编制基础明确规定的披露外，管理层是否已作出其他必要的披露，以使财务报表整体实现公允反映。

（四）获取书面声明

注册会计师应当要求管理层和治理层（如适用）就以下事项提供书面声明：根据适用的财务报告编制基础有关确认、计量或披露的规定，管理层和治理层（如适用）作出会计估计和相关披露时使用的方法、重大假设和数据是适当的。

注册会计师还应当考虑是否需要获取关于特定会计估计（包括所使用的方法、假设或数据）的声明。有关特定会计估计的书面声明可能包括下列内容：

（1）作出会计估计时作出的重大判断已经考虑了管理层知悉的所有相关信息；

（2）管理层作出会计估计时对所使用的方法、假设和数据的选择或运用的一致性和适当性；

（3）假设适当地反映了管理层代表被审计单位采取特定行动的意图和能力（当这些意图和能力与会计估计和披露相关时）；

（4）在适用的财务报告编制基础下与会计估计相关的披露（包括与估计不确定性相关的披露）的完整性和合理性；

（5）作出会计估计时已运用适当的专门技能或知识；

（6）不存在需要对财务报表中会计估计和相关披露作出调整的期后事项；

（7）对于未在财务报表中确认或披露的会计估计，管理层关于这些会计估计不满足适用的财务报告编制基础规定的确认或披露标准的决策是否适当。

（五）与治理层、管理层以及其他相关机构和人员进行沟通

按照《中国注册会计师审计准则第 1151 号——与治理层的沟通》和《中国注册会计师审计准则第 1152 号——向治理层和管理层通报内部控制缺陷》的规定，与治理层或管理层进行沟通时，注册会计师应当根据形成重大错报风险评估结果的依据，考虑是否需要沟通与会计估计相关的事项。此外，在特定情况下，法律法规可能要求注册会计师就特定事项与其他相关机构和人员进行沟通。

根据《中国注册会计师审计准则第 1151 号——与治理层的沟通》的规定，注册会计师应当与治理层沟通注册会计师对被审计单位会计实务（包括会计估计和相关披露）重大方面的质量的看法。

根据《中国注册会计师审计准则第 1152 号——向治理层和管理层通报内部控制缺陷》的规定，注册会计师应当以书面形式向治理层通报审计过程中识别出的值得关注的内部控制缺陷。此类值得关注的内部控制缺陷可能与针对下列方面的控制相关：

（1）对重要会计政策的选择和运用，以及对方法、假设和数据的选择和运用；

（2）风险管理及相关系统；

（3）数据的准确性、完整性和有效性；

（4）模型的使用、开发和验证，以及可能需要作出的调整。

除了与治理层沟通外，注册会计师可能被允许或被要求直接与其他相关机构和人员（如监管机构）沟通，这些沟通可能有助于注册会计师识别、评估和应对重大错报风险。

第二节 关联方的审计

一、关联方关系及其交易的性质

许多关联方交易是在正常经营过程中发生的，与类似的非关联方交易相比，这些关联方交易可能并不具有更高的财务报表重大错报风险。但是，在某些情况下，关联方关系及其交易的性质可能导致关联方交易比非关联方交易具有更高的财务报表重大错报风险。例如：

1. 关联方可能通过广泛而复杂的关系和组织结构进行运作，相应增加关联方交易的复杂程度；

2. 信息系统可能无法有效识别或汇总被审计单位与关联方之间的交易和未结算项目

的金额；

3. 关联方交易可能未按照正常的市场交易条款和条件进行，例如，某些关联方交易可能没有相应的对价。

由于关联方之间彼此并不独立，为使财务报表使用者了解关联方关系及其交易的性质，以及关联方关系及其交易对财务报表实际或潜在的影响，许多财务报告编制基础对关联方关系及其交易的会计处理和披露作出了规定。在适用的财务报告编制基础作出规定的情况下，注册会计师有责任实施审计程序，以识别、评估和应对被审计单位未能按照适用的财务报告编制基础对关联方关系及其交易进行恰当会计处理或披露导致的重大错报风险。即使适用的财务报告编制基础对关联方作出很少的规定或没有作出规定，注册会计师仍然需要了解被审计单位的关联方关系及其交易，以足以确定财务报表（就其受到关联方关系及其交易的影响而言）是否实现公允反映。

但是，由于审计的固有限制，即使注册会计师按照审计准则的规定恰当计划和实施了审计工作，也不可避免地存在财务报表中的某些重大错报未被发现的风险。就关联方而言，由于下列原因，审计的固有限制对注册会计师发现重大错报能力的潜在影响会加大：(1) 管理层可能未能识别出所有关联方关系及其交易，特别是在适用的财务报告编制基础没有对关联方作出规定时；(2) 关联方关系可能为管理层的串通舞弊、隐瞒或操纵行为提供更多机会。

正是由于存在未披露关联方关系及其交易的可能性，注册会计师在计划和实施与关联方关系及其交易有关的审计工作时，保持职业怀疑尤为重要。

注册会计师的目标在于：

1. 无论适用的财务报告编制基础是否对关联方作出规定，充分了解关联方关系及其交易，以便能够确认由此产生的、与识别和评估舞弊导致的重大错报风险相关的舞弊风险因素（如有）；根据获取的审计证据，就财务报表受到关联方关系及其交易的影响而言，确定财务报表是否实现公允反映。

2. 如果适用的财务报告编制基础对关联方作出规定，获取充分、适当的审计证据，确定关联方关系及其交易是否已按照适用的财务报告编制基础得到恰当识别、会计处理和披露。

二、风险评估程序和相关工作

注册会计师在审计过程中应当实施风险评估程序和相关工作，以获取与识别关联方关系及其交易相关的重大错报风险的信息。

（一）了解关联方关系及其交易

1. 项目组内部的讨论。

项目组按照《中国注册会计师审计准则第 1211 号——重大错报风险的识别和评估》和《中国注册会计师审计准则第 1141 号——财务报表审计中与舞弊相关的责任》的规定进行内部讨论时，应当特别考虑由于关联方关系及其交易导致的舞弊或错误使得财务报表存在重大错报的可能性。

项目组内部讨论的内容可能包括：

（1）关联方关系及其交易的性质和范围（如利用在每次审计后更新的有关识别出的关联方的记录进行讨论）；

（2）强调在整个审计过程中对关联方关系及其交易导致的潜在重大错报风险保持职业怀疑的重要性；

（3）可能显示管理层以前未识别或未向注册会计师披露的关联方关系或关联方交易的情形或状况（如被审计单位组织结构复杂，利用特殊目的实体从事表外交易，或信息系统不够完善）；

（4）可能显示存在关联方关系或关联方交易的记录或文件；

（5）管理层和治理层对关联方关系及其交易（如果适用的财务报告编制基础对关联方作出规定）进行识别、恰当会计处理和披露的重视程度，以及管理层凌驾于相关控制之上的风险。

在对舞弊进行讨论时，项目组内部讨论的内容还可能包括对关联方可能如何参与舞弊的特殊考虑。例如：（1）如何利用管理层控制的特殊目的实体进行利润操纵；（2）如何安排被审计单位与已知关键管理人员的商业伙伴之间进行交易，以达到侵占资产的目的。

2. 询问管理层。

注册会计师应当向管理层询问下列事项：

（1）关联方的名称和特征，包括关联方自上期以来发生的变化；

（2）被审计单位和关联方之间关系的性质；

（3）被审计单位在本期是否与关联方发生交易，如发生，交易的类型、定价政策和目的。

如果适用的财务报告编制基础对关联方作出了规定，管理层可能容易获得有关关联方名称和特征的信息，因为被审计单位的信息系统需要记录、处理和汇总关联方关系及其交易，以满足适用的财务报告编制基础对关联方关系及其交易的会计处理和披露的要求。因此，管理层可能拥有关联方的详细清单以及自上期以来关联方发生变化情况的详细清单。在连续审计的情况下，向管理层进行询问，可以为注册会计师提供将其在以前审计中形成的有关关联方的工作记录与管理层提供的信息进行比较的基础。

如果适用的财务报告编制基础没有对关联方作出规定，被审计单位可能就没有上述信息系统。在这种情况下，管理层可能无法知悉所有关联方。尽管如此，管理层仍可能关注到存在关联方。在这种情况下，注册会计师对被审计单位关联方名称和特征的询问，可能构成其根据《中国注册会计师审计准则第 1211 号——重大错报风险的识别和评估》的规定所实施风险评估程序和相关活动的一部分。注册会计师实施这些程序和活动旨在获得被审计单位的组织结构、所有权和治理结构、业务模式方面的信息。

如果被审计单位与另一实体受同一方控制，且这种关系对被审计单位具有重大经济影响，则管理层更可能关注到这种关系。此时，如果注册会计师重点询问与被审计单位从事重大交易或共享众多资源的另一实体是否为关联方，则询问可能更有效。

对于集团审计业务，审计准则要求集团项目组向组成部分注册会计师提供集团管理层编制的关联方清单，以及集团项目组知悉的任何其他关联方。如果被审计单位是集团的一个组成部分，这些信息有助于注册会计师就关联方的名称和特征向管理层进行询问。

当然，通过在业务接受或保持过程中对管理层的询问，注册会计师也可以获取有关关联方名称和特征的某些信息。

3. 与关联方关系及其交易相关的控制。

如果管理层建立了下列与关联方关系及其交易相关的控制，注册会计师应当询问管理层和被审计单位内部其他人员，实施其他适当的风险评估程序，以获取对相关控制的了解：（1）按照适用的财务报告编制基础，对关联方关系及其交易进行识别、会计处理和披露；（2）授权和批准重大关联方交易和安排；（3）授权和批准超出正常经营过程的重大交易和安排。

被审计单位内部的其他人员在某种程度上并不构成管理层，但也可能知悉关联方关系及其交易以及相关控制。这些人员可能包括：（1）治理层成员；（2）负责生成、处理或记录超出正常经营过程的重大交易的人员，以及对其进行监督或监控的人员；（3）内部审计人员；（4）内部法律顾问；（5）负责道德事务的人员。

执行审计工作的前提是管理层和治理层（如适用）已认可并理解其应当承担按照适用的财务报告编制基础编制财务报表，包括使其实现公允反映（如适用）的责任，以及设计、执行和维护内部控制，使得编制的财务报表不存在舞弊或错误导致的重大错报的责任。因此，如果适用的财务报告编制基础对关联方作出规定，编制财务报表要求管理层在治理层的监督下设计、执行和维护与关联方关系及其交易相关的适当控制，使得关联方关系及其交易能够按照适用的财务报告编制基础的要求得到识别、适当的会计处理和披露。

治理层担当监督的角色，负责监督管理层如何履行这些控制责任。无论适用的财务报告编制基础是否对关联方作出规定，在履行监督责任的过程中，治理层需要向管理层获取信息，以了解关联方关系及其交易的性质和商业理由。

在实务中，由于某些原因，被审计单位可能不存在与关联方关系及其交易相关的控制或控制存在缺陷。例如：（1）管理层对识别和披露关联方关系及其交易的重视程度较低；（2）缺乏治理层的适当监督；（3）由于披露关联方可能会泄露管理层认为敏感的某些信息（如关联方交易涉及管理层家庭成员），管理层有意忽视相关控制；（4）管理层未能充分了解适用的财务报告编制基础对关联方的有关规定；（5）适用的财务报告编制基础没有对关联方披露作出规定。

如果这些控制无效或者不存在，注册会计师可能无法就关联方关系及其交易获取充分、适当的审计证据。在这种情况下，注册会计师需要考虑对审计工作（包括审计意见）的影响。

虚假财务报告通常与管理层凌驾于控制之上有关，而此时控制可能看似有效运行。如果管理层和参与交易的另一方之间具有控制或重大影响的关系，管理层凌驾于控制之上的风险就越高，其原因是这些关系可能表明管理层有更大的动机和机会实施舞弊。管理层在特定关联方中的财务利益可能驱使其通过下列方式凌驾于控制之上：（1）指示被审计单位从事损害自身利益但能够使关联方获益的交易；（2）与关联方串通或控制其行动。

实施舞弊的手段很多，例如：（1）虚构关联方交易条款，以对交易的商业理由作出不实表述；（2）采用欺诈方式，安排与管理层或其他人员之间按照显著高于或低于市价的金额进行资产转让交易；（3）与关联方（如特殊目的实体）从事复杂的交易，以使被审计单位财务状况或经营成果存在不实表述。

（二）在检查记录或文件时对关联方信息保持警觉

某些安排或其他信息可能显示管理层以前未识别或未向注册会计师披露的关联方关系或关联方交易，在审计过程中检查记录或文件时，注册会计师应当对这些安排或其他信息保持警觉。

注册会计师应当检查下列记录或文件，以确定是否存在管理层以前未识别或未向注册会计师披露的关联方关系或关联方交易：

（1）注册会计师实施审计程序时获取的银行和律师的询证函回函；

（2）股东会和治理层会议的纪要；

（3）注册会计师认为必要的其他记录或文件。

在实施上述审计程序或其他审计程序时，如果识别出被审计单位超出正常经营过程的重大交易，注册会计师应当向管理层询问这些交易的性质以及是否涉及关联方。注册会计师针对超出正常经营过程的重大交易的性质所进行的询问，涉及了解交易的商业理由、交易的条款和条件。关联方参与超出正常经营过程的重大交易，可以通过成为交易的一方直接影响该交易，或是通过中间机构间接影响该交易。这些影响可能表明存在舞弊风险因素。

超出正常经营过程的交易的例子可能包括：

（1）复杂的股权交易，如公司重组或收购；

（2）与处于公司法制不健全的国家或地区的境外实体之间的交易；

（3）对外提供厂房租赁或管理服务，而没有收取对价；

（4）具有异常大额折扣或退货的销售业务；

（5）循环交易，如售后回购交易；

（6）在合同期限届满之前变更条款的交易。

注册会计师就超出正常经营过程的重大交易获取的进一步信息，使其能够评价是否存在舞弊风险因素，并能够在适用的财务报告编制基础对关联方作出规定的情况下识别重大错报风险。

（三）项目组内部分享与关联方有关的信息

在整个审计过程中，注册会计师应当与项目组其他成员分享获取的关联方的相关信息。例如：

（1）关联方的名称和特征；

（2）关联方关系及其交易的性质；

（3）可能被确定为存在特别风险的重大或复杂的关联方关系或关联方交易，特别是涉及管理层或治理层财务利益的交易。

三、识别和评估重大错报风险

根据《中国注册会计师审计准则第 1211 号——重大错报风险的识别和评估》的规

定，注册会计师应当识别和评估关联方关系及其交易导致的重大错报风险，并确定这些风险是否为特别风险。在确定时，注册会计师应当将识别出的、超出被审计单位正常经营过程的重大关联方交易导致的风险确定为特别风险。

如果在实施与关联方有关的风险评估程序和相关工作中识别出舞弊风险因素，包括与能够对被审计单位或管理层施加支配性影响的关联方有关的情形，注册会计师应当按照《中国注册会计师审计准则第 1141 号——财务报表审计中与舞弊相关的责任》的规定，在识别和评估舞弊导致的重大错报风险时考虑这些信息。

管理层由一人或少数人控制且缺乏相应的补偿性控制是一项舞弊风险因素。关联方施加的支配性影响可能表现在下列方面：

（1）关联方否决管理层或治理层作出的重大经营决策；

（2）重大交易需经关联方的最终批准；

（3）对关联方提出的业务建议，管理层和治理层未曾或很少进行讨论；

（4）对涉及关联方（或与关联方关系密切的家庭成员）的交易，极少进行独立复核和批准。

此外，如果关联方在被审计单位的设立和日后管理中均发挥主导作用，也可能表明存在支配性影响。

在出现其他风险因素的情况下，存在具有支配性影响的关联方，可能表明存在舞弊导致的特别风险。例如：

（1）异常频繁变更高级管理人员或专业顾问，可能表明被审计单位为关联方谋取利益而从事不道德或虚假的交易；

（2）利用中间机构从事难以判断是否具有正当商业理由的重大交易，可能表明关联方出于欺诈目的，通过控制这些中间机构从交易中获利；

（3）有证据显示关联方过度干涉或关注会计政策的选择或重大会计估计的作出，可能表明存在虚假财务报告。

四、应对评估的重大错报风险

注册会计师应当按照《中国注册会计师审计准则第 1231 号——针对评估的重大错报风险采取的应对措施》的规定，针对评估的与关联方关系及其交易相关的重大错报风险，设计和实施进一步审计程序，以获取充分、适当的审计证据。注册会计师可能选择的进一步审计程序的性质、时间安排和范围，取决于风险的性质和被审计单位的具体情况。

如果管理层未能按照适用的财务报告编制基础的规定对特定关联方交易进行恰当会计处理和披露，且注册会计师将其评估为一项特别风险，可能实施的实质性程序的例子包括：

（1）如果可行且法律法规或注册会计师职业道德守则未予禁止，向银行、律师事务所、担保人或者代理商等中间机构函证或与之讨论交易的具体细节；

（2）向关联方函证交易目的、具体条款或金额（如果注册会计师认为被审计单位有可能对关联方的回函施加影响，可能降低这一审计程序的效果）；

（3）如果适用并且可行，查阅关联方的财务报表或其他相关财务信息，以获取关联方对关联方交易进行会计处理的证据。

如果存在具有支配性影响的关联方，并且因此存在舞弊导致的重大错报风险，注册会计师将其评估为一项特别风险。除了遵守《中国注册会计师审计准则第 1141 号——财务报表审计中与舞弊相关的责任》的总体要求外，注册会计师还可以实施诸如下列审计程序，以了解关联方与被审计单位直接或间接建立的业务关系，并确定是否有必要实施进一步的恰当的实质性程序：

（1）询问管理层和治理层并与之讨论；

（2）询问关联方；

（3）检查与关联方之间的重要合同；

（4）通过互联网或某些外部商业信息数据库，进行适当的背景调查；

（5）如果被审计单位保留了员工的举报报告，查阅该报告。

根据实施风险评估程序的结果，注册会计师可能认为在获取审计证据时不对与关联方关系及其交易相关的内部控制实施控制测试是恰当的。但是在某些情况下，针对与关联方关系及其交易相关的重大错报风险，仅实施实质性程序可能无法获取充分、适当的审计证据。例如，被审计单位与其组成部分发生大量的内部交易，有关这些交易的大量信息在一个集成系统中以电子形式生成、记录、处理和报告，注册会计师可能认为不能通过设计有效的实质性程序，将与这些交易相关的重大错报风险降低至可接受的低水平。在这种情况下，注册会计师需要测试与关联方关系及其交易记录的完整性和准确性相关的控制。

（一）识别出以前未识别或未披露的关联方或重大关联方交易

如果识别出可能表明存在管理层以前未识别出或未向注册会计师披露的关联方关系或交易的安排或信息，注册会计师应当确定相关情况是否能够证实关联方关系或关联方交易的存在。

如果识别出管理层以前未识别出或未向注册会计师披露的关联方关系或重大关联方交易，注册会计师应当：

（1）立即将相关信息向项目组其他成员通报；

（2）在适用的财务报告编制基础对关联方作出规定的情况下，要求管理层识别与新识别出的关联方之间发生的所有交易，以便注册会计师作出进一步评价，并询问与关联方关系及其交易相关的控制为何未能识别或披露该关联方关系或交易；

（3）对新识别出的关联方或重大关联方交易实施恰当的实质性程序；

（4）重新考虑可能存在管理层以前未识别出或未向注册会计师披露的其他关联方或重大关联方交易的风险，如有必要，实施追加的审计程序；

（5）如果管理层不披露关联方关系或交易看似是有意的，因而显示可能存在舞弊导致的重大错报风险，评价这一情况对审计的影响。

（二）识别出超出正常经营过程的重大关联方交易

对于识别出的超出正常经营过程的重大关联方交易，注册会计师应当：

1. 检查相关合同或协议（如有）。

如果检查相关合同或协议，注册会计师应当评价：

（1）交易的商业理由（或缺乏商业理由）是否表明被审计单位从事交易的目的可能是为了对财务信息作出虚假报告或为了隐瞒侵占资产的行为；

（2）交易条款是否与管理层的解释一致；

（3）关联方交易是否已按照适用的财务报告编制基础得到恰当会计处理和披露。

在评价超出正常经营过程的重大关联方交易的商业理由时，注册会计师可能考虑下列事项：

（1）交易是否过于复杂（如交易是否涉及集团内部多个关联方）；

（2）交易条款是否异常（如价格、利率、担保或付款等条件是否异常）；

（3）交易的发生是否缺乏明显且符合逻辑的商业理由；

（4）交易是否涉及以前未识别的关联方；

（5）交易的处理方式是否异常；

（6）管理层是否已与治理层就这类交易的性质和会计处理进行讨论；

（7）管理层是否更强调需要采用某项特定的会计处理方式，而不够重视交易的经济实质。

如果管理层的解释与关联方交易条款存在重大不一致，注册会计师需要按照《中国注册会计师审计准则第 1301 号——审计证据》的规定，考虑管理层对其他重大事项作出的解释和声明的可靠性。

2. 获取交易已经恰当授权和批准的审计证据。

如果超出正常经营过程的重大关联方交易经管理层、治理层或股东（如适用）授权和批准，可以为注册会计师提供审计证据，表明该项交易已在被审计单位内部的适当层面进行了考虑，并在财务报表中恰当披露了交易的条款和条件。

当然，授权和批准本身不足以就是否不存在舞弊或错误导致的重大错报风险得出结论，原因在于如果被审计单位与关联方串通舞弊或关联方对被审计单位具有支配性影响，被审计单位与授权和批准相关的控制可能是无效的。

如果存在未经授权和批准的这类交易，且注册会计师与管理层或治理层进行讨论后仍未获取合理解释，可能表明存在舞弊或错误导致的重大错报风险。在这种情况下，注册会计师可能需要对其他类似性质的交易保持警觉。

（三）对关联方交易是否按照等同于公平交易中的通行条款执行的认定

如果管理层在财务报表中作出认定，声明关联方交易是按照等同于公平交易中通行的条款执行的，注册会计师应当就该项认定获取充分、适当的审计证据。

针对关联方交易与类似公平交易的价格比较情况，注册会计师可以比较容易地获取审计证据。但实务中存在的困难，限制了注册会计师获取关联方交易与公平交易在所有其他方面都等同的审计证据。例如，注册会计师可能能够确定关联方交易是按照市场价格执行的，却不能确定该项交易的其他条款和条件（如信用条款、或有事项以及特定收费等）是否与独立各方之间通常达成的交易条款相同。因此，如果管理层认定关联方交易是按照等同于公平交易中通行的条款执行的，则可能存在重大错报风险。

如果管理层认定关联方交易是按照等同于公平交易中通行的条款执行的，则管理层在编制财务报表时需要证实这项认定。管理层用于支持这项认定的措施可能包括：（1）将关联方交易条款与相同或类似的非关联方交易的条款进行比较；（2）聘请外部专家确定交易的市场价格，并确认交易的条款和条件；（3）将关联方交易条款与公开市场进行的类似交易的条款进行比较。

注册会计师应当检查关联方交易披露的充分性，同时就关联方交易为公平交易的披露进行评价。评价管理层如何支持这项认定，可能涉及以下一个或多个方面：

（1）考虑管理层用于支持其认定的程序是否恰当；

（2）验证支持管理层认定的内部或外部数据来源，对这些数据进行测试，以判断其准确性、完整性和相关性；

（3）评价管理层认定所依据的重大假设的合理性。

需要关注的是，有些财务报告编制基础要求披露未按照等同于公平交易中通行的条款执行的关联方交易。在这种情况下，如果管理层未在财务报表中披露关联方交易，则可能隐含着一项认定，即关联方交易是按照等同于公平交易中通行的条款执行的。

五、其他相关审计程序

（一）评价会计处理和披露

当按照《中国注册会计师审计准则第1501号——对财务报表形成审计意见和出具审计报告》的规定对财务报表形成审计意见时，注册会计师应当评价：

（1）识别出的关联方关系及其交易是否已按照适用的财务报告编制基础得到恰当会计处理和披露；

（2）关联方关系及其交易是否导致财务报表未实现公允反映。

《中国注册会计师审计准则第1251号——评价审计过程中识别出的错报》要求注册会计师在评价错报是否重大时，考虑错报的金额和性质以及错报发生的特定情况。对财务报表使用者而言，某项交易的重要程度，可能不仅取决于所记录的交易金额，还取决于其他特定的相关因素，如关联方关系的性质。

注册会计师按照适用的财务报告编制基础的规定评价被审计单位对关联方关系及其交易的披露，需要考虑被审计单位是否已对关联方关系及其交易进行了恰当汇总和列报，以使披露具有可理解性。当存在下列情形之一时，表明管理层对关联方交易的披露可能不具有可理解性：

（1）关联方交易的商业理由以及交易对财务报表的影响披露不清楚，或存在错报；

（2）未适当披露为理解关联方交易所必需的关键条款、条件或其他要素。

（二）获取书面声明

如果适用的财务报告编制基础对关联方作出规定，注册会计师应当向管理层和治理层（如适用）获取下列书面声明：

（1）已经向注册会计师披露了全部已知的关联方名称和特征、关联方关系及其交易；

（2）已经按照适用的财务报告编制基础的规定，对关联方关系及其交易进行了恰当的会计处理和披露。

在下列情况下，注册会计师向治理层获取书面声明可能是适当的：

（1）治理层批准某项特定关联方交易，该项交易可能对财务报表产生重大影响或涉及管理层；

（2）治理层就某些关联方交易的细节向注册会计师作出口头声明；

（3）治理层在关联方或关联方交易中享有财务或者其他利益。

注册会计师还可能决定就管理层作出的某项特殊认定获取书面声明，如管理层对特殊关联方交易不涉及某些未予披露的“背后协议”的声明。

（三）与治理层沟通

除非治理层全部成员参与管理被审计单位，注册会计师应当与治理层沟通审计工作中发现的与关联方相关的重大事项。

注册会计师与治理层沟通审计工作中发现的与关联方相关的重大事项，有助于双方就这些事项的性质和解决方法达成共识。下列情形是与关联方相关的重大事项的举例：

（1）管理层有意或无意未向注册会计师披露关联方关系或重大关联方交易。沟通这一情况可以提醒治理层关注以前未识别的重要关联方和关联方交易。

（2）识别出的未经适当授权和批准的、可能产生舞弊嫌疑的重大关联方交易。

（3）注册会计师与管理层在按照适用的财务报告编制基础的规定披露重大关联方交易方面存在分歧。

（4）违反适用的法律法规有关禁止或限制特定类型关联方交易的规定。

（5）在识别被审计单位最终控制方时遇到的困难。

第三节　考虑持续经营假设

持续经营假设是指被审计单位在编制财务报表时，假定其经营活动在可预见的将来会继续下去，不拟也不必终止经营或破产清算，可以在正常的经营过程中变现资产、清偿债务。持续经营假设通常是会计确认和计量的基本假定之一，对财务报表的编制和审计关系重大。是否以持续经营假设为基础编制财务报表，对会计确认、计量和列报将产生很大影响。例如，对于固定资产，企业在持续经营假设基础上，以历史成本计价，并在预计使用年限内对该项资产计提折旧。通过此方式，可将资产的成本分摊到不同期间的费用中去，据以核算各个期间的损益。如果这一假设不再成立，该项资产应以清算价格计价。

通用目的财务报表是在持续经营基础上编制的，除非管理层计划将被审计单位予以清算或终止经营，或者除此之外没有其他现实可行的选择。

一、管理层的责任和注册会计师的责任

（一）管理层的责任

某些适用的财务报告编制基础明确要求管理层对持续经营能力作出评估，并规定了与此相关的需要考虑的事项和作出的披露。相关法律法规还可能对管理层评估持续经营能力的责任和相关财务报表披露作出具体规定。

而其他财务报告编制基础可能没有明确要求管理层对持续经营能力作出评估。但由于持续经营假设是编制财务报表的基本原则，即使其他财务报告编制基础没有对此作出明确规定，管理层也需要在编制财务报表时评估持续经营能力。

管理层对持续经营能力的评估涉及在特定时点对事项或情况的未来结果作出判断，这些事项或情况的未来结果具有固有不确定性。下列因素与管理层的判断相关：

1. 某一事项或情况或其结果出现的时点距离管理层作出评估的时点越远，与事项或情况的结果相关的不确定性程度将显著增加。因此，明确要求管理层对持续经营能力作出评估的大多数财务报告编制基础可能规定了管理层应当考虑所有可获得信息的期间。

2. 被审计单位的规模和复杂程度、经营活动的性质和状况以及被审计单位受外部因素影响的程度，将影响对事项或情况的结果作出的判断。

3. 对未来的所有判断都以作出判断时可获得的信息为基础。管理层作出的判断在当时情况下可能是合理的，但之后发生的事项可能导致事项或情况的结果与作出的判断不一致。

（二）注册会计师的责任

在执行财务报表审计业务时，注册会计师的责任是就管理层在编制和列报财务报表时运用持续经营假设的适当性获取充分、适当的审计证据，并就持续经营能力是否存在重大不确定性得出结论。即使编制财务报表时采用的财务报告编制基础没有明确要求管理层对持续经营能力作出专门评估，注册会计师的这种责任仍然存在。

如果存在可能导致被审计单位不再持续经营的未来事项或情况，审计的固有限制对注册会计师发现重大错报能力的潜在影响会加大。注册会计师不能对这些未来事项或情况作出预测。相应地，注册会计师未在审计报告中提及持续经营的不确定性，不能被视为对被审计单位持续经营能力的保证。

二、风险评估程序和相关活动

在按照《中国注册会计师审计准则第 1211 号——重大错报风险的识别和评估》的规定实施风险评估程序时，注册会计师应当考虑是否存在可能导致对被审计单位持续经营能力产生重大疑虑的事项或情况，并确定管理层是否已对被审计单位持续经营能力作出初步评估。

如果管理层已对持续经营能力作出初步评估，注册会计师应当与管理层进行讨论，并确定管理层是否已识别出单独或汇总起来可能导致对被审计单位持续经营能力产生重大疑虑的事项或情况；如果管理层已识别出这些事项或情况，注册会计师应当与其讨论应对计划；如果管理层未对持续经营能力作出初步评估，注册会计师应当与管理层讨论其拟运用持续经营假设的基础，询问管理层是否存在单独或汇总起来可能导致对被审计单位持续经营能力产生重大疑虑的事项或情况。

在计划审计工作和实施风险评估程序时，注册会计师应当考虑是否存在可能导致对持续经营能力产生重大疑虑的事项或情况及相关的经营风险，评价管理层对持续经营能力作出的评估，并考虑已识别的事项或情况对重大错报风险评估的影响。

被审计单位在财务、经营以及其他方面存在的某些事项或情况可能导致经营风险，这些事项或情况单独或连同其他事项或情况可能导致对持续经营假设产生重大疑虑。

（一）财务方面

被审计单位在财务方面存在的可能导致对持续经营假设产生重大疑虑的事项或情况主要包括：

1. 净资产为负或营运资金出现负数。资不抵债有可能使被审计单位在近期内无法偿还到期债务，从而引发债务危机。

2. 定期借款即将到期，但预期不能展期或偿还，或过度依赖短期借款为长期资产筹资。过度依赖短期借款为长期资产筹资，将使被审计单位长期面临巨大的短期偿债压力，如果无法及时偿还到期债务，将陷入财务困境。

3. 存在债权人撤销财务支持的迹象。如果被审计单位不再能够获得供应商正常商业信用，就意味着无法通过赊购取得生产经营所必需的原材料或其他物资，现金偿付压力巨大。一旦资金短缺，生产经营就有可能中断。

4. 历史财务报表或预测性财务报表表明经营活动产生的现金流量净额为负数。如果被审计单位的营运资金以及经营活动产生的现金流量净额出现负数，表明被审计单位的现金流量可能不能有效维持正常的生产经营，从而影响被审计单位的盈利能力和偿债能力，降低其在市场竞争中的信用等级，最终可能因资金周转困难而导致破产。

5. 关键财务比率不佳。

6. 发生重大经营亏损或用以产生现金流量的资产的价值出现大幅下跌。经营亏损可能是由于被审计单位经营管理不善引起的，也可能是行业整体不景气造成的。巨额经营亏损可能意味着被审计单位丧失盈利能力，并导致其持续经营能力存在着重大的不确定性。

7. 拖欠或停止发放股利。

8. 在到期日无法偿还债务。

9. 无法履行借款合同的条款。为了保证贷款的安全，银行往往在借款合同中订有诸如流动资金保持量、资本支出的限制等条款。一旦被审计单位无法履行这些条款，银行为保全其债权，就有可能要求被审计单位提前偿还借款，从而导致被审计单位的资金周转出现困难。

10. 与供应商由赊购变为货到付款。

11. 无法获得开发必要的新产品或进行其他必要的投资所需的资金。被审计单位无法获得必需的资金，则没有能力在盈利前景良好的项目上进行投资并获取未来收益。当现有产品失去市场竞争力时，将直接影响到被审计单位的盈利能力，从而对被审计单位的持续经营能力产生重大影响。

（二）经营方面

被审计单位在经营方面存在的可能导致对持续经营假设产生重大疑虑的事项或情况主要包括：

1. 管理层计划清算被审计单位或终止经营。

2. 关键管理人员离职且无人替代。通常，关键管理人员负责管理企业的日常经营活动，在被审计单位中起着重要作用。如果关键管理人员离职且无人替代，则会对被审计单位的经营活动产生重大不利影响，从而使持续经营能力存在重大的不确定性。

3. 失去主要市场、关键客户、特许权、执照或主要供应商。如果被审计单位失去主要市场、关键客户、特许权、执照或主要供应商，表明其在销售、经营和采购方面将面临极大困境，从而影响其持续经营能力。

4. 出现用工困难问题。一些企业的生产经营高度依赖于科技研发人员、技术熟练工人等，比如软件开发公司从事软件设计的关键人员。如果企业缺乏这些对持续经营具有决定性影响的人力资源，将可能无法持续经营。

5. 重要供应短缺。一些企业的生产经营高度依赖于重要原材料供应，一旦短缺，企业将可能无法持续经营。

6. 出现非常成功的竞争者。一旦出现非常成功的竞争者，将可能对企业产品市场、原材料供应、关键管理人员和重要员工的稳定性等诸多方面产生影响，进而可能影响企业的持续经营能力。

（三）其他方面

被审计单位在其他方面存在的可能导致对持续经营假设产生重大疑虑的事项或情况主要包括：

1. 违反有关资本或其他法定要求。被审计单位在生产经营过程中如果严重违反有关法律法规或政策，则有可能被有关部门撤销或责令关闭，或被处以较大数额的罚款，这将导致被审计单位无法持续经营或对其持续经营能力产生重大影响。

2. 未决诉讼或监管程序，可能导致其无法支付索赔金额。未决诉讼或监管程序可能导致企业财产被冻结或被有关部门责令停产整改，也可能导致其无法支付索赔金额，从而影响其持续经营。

3. 法律法规或政府政策的变化预期会产生不利影响。例如，被审计单位的利润和现金流量主要来自于对境外子公司的投资分得的红利。如果该子公司所在国家加强了外汇管制，被审计单位能否收到红利存在重大不确定性，就可能影响其持续经营。

4. 对发生的灾害未购买保险或保额不足。不可抗力因素超出了企业可控制和预测的范围，企业可能因此无法开展正常的经营活动，从而导致无法持续经营。

需要说明的是，以上是单独或汇总起来可能导致对持续经营假设产生重大疑虑的事项或情况的示例。这些示例并不能涵盖所有事项或情况，也不意味着存在其中一个或多个项目就一定表明存在重大不确定性，就必然导致被审计单位无法持续经营。某些措施通常可以减轻这些事项或情况的严重性，注册会计师对此应作出职业判断。例如，被审计单位无法正常偿还债务的影响，可能被管理层通过替代方法（如处置资产、重新安排贷款偿还或获得额外资本金计划）保持足够的现金流量所抵销。类似地，主要供应商的流失也可以通过寻找适当的替代供应来源以降低损失。在这种情况下，注册会计师不一定会得出被审计单位无法持续经营的结论。

针对有关可能导致对被审计单位持续经营能力产生重大疑虑的事项或情况的审计证据，注册会计师应当在整个审计过程中保持警觉。注册会计师对此类事项或情况的考虑应当随着审计工作的开展而不断深入。如果被审计单位存在资不抵债、无法偿还到期债务等事项或情况，这可能表明被审计单位存在因持续经营问题导致的重大错报风险，该项风险与财务报表整体广泛相关，从而会影响多项认定。

三、评价管理层对持续经营能力作出的评估

任何企业都可能面临终止经营的风险，因此，管理层应当定期对其持续经营能力作出分析和判断，确定以持续经营假设为基础编制财务报表的适当性。管理层对被审计单位持续经营能力的评估，是注册会计师考虑管理层运用持续经营假设的一个关键部分。注册会计师应当评价管理层对持续经营能力作出的评估。

（一）管理层评估涵盖的期间

在评价管理层对被审计单位持续经营能力作出的评估时，注册会计师的评价期间应当与管理层按照适用的财务报告编制基础或法律法规（如果法律法规要求的期间更长）的规定作出评估的涵盖期间相同。

通常来讲，财务报告编制基础规定了管理层需要在多长期间考虑所有可获得的持续经营信息。持续经营假设是指被审计单位在编制财务报表时，假定其经营活动在可预见的将来会继续下去，而可预见的将来通常是指财务报表日后12个月。因此，管理层对持续经营能力的合理评估期间应是自财务报表日起的下一个会计期间。如果管理层评估持续经营能力涵盖的期间短于自财务报表日起的12个月，注册会计师应当提请管理层将其至少延长至自财务报表日起的12个月。

（二）管理层的评估、支持性分析和注册会计师的评价

纠正管理层缺乏分析的错误不是注册会计师的责任。在某些情况下，管理层缺乏详细分析以支持其评估，可能不妨碍注册会计师确定管理层运用持续经营假设是否适合具体情况。例如，如果被审计单位具有盈利经营的记录并很容易获得财务支持，管理层可能不需要进行详细分析就能作出评估。在这种情况下，如果其他审计程序足以使注册会计师认为管理层在编制财务报表时运用的持续经营假设适合具体情况，注册会计师可能无需实施详细的评价程序，就可以对管理层评估的适当性得出结论。

在其他情况下，注册会计师评价管理层对被审计单位持续经营能力所作的评估，可能包括评价管理层作出评估时遵循的程序、评估依据的假设、管理层的未来应对计划以及管理层的计划在当前情况下是否可行。

注册会计师应当考虑管理层作出的评估是否已考虑所有相关信息，其中包括注册会计师实施审计程序获取的信息。

管理层的评估所遵循的程序包括对可能导致对其持续经营能力产生重大疑虑的事项或情况的识别、对相关事项或情况结果的预测、对拟采取改善措施的考虑和计划以及最终的评估结论。在考虑管理层的评估程序时，注册会计师需要关注管理层是如何识别可能导致对其持续经营能力产生重大疑虑的事项或情况的，所识别的事项或情况是否完整，是否已经对注册会计师在实施审计程序过程中发现的所有相关信息进行了充分考虑。

在考虑管理层作出的评估所依据的假设时，注册会计师需要考虑管理层对相关事项或情况结果的预测所依据的假设是否合理，并特别关注具有以下几类特征的假设：（1）对预测性信息具有重大影响的假设；（2）特别敏感的或容易发生变动的假设；

（3）与历史趋势不一致的假设。注册会计师应当基于对被审计单位的了解，比较以前年度的预测与实际结果、本期的预测和截至目前的实际结果。如果发现某些因素的影响尚未反映在相关预测中，注册会计师需要与管理层讨论这些因素，必要时，要求管理层对相关预测所依据的假设作出修正。

四、超出管理层评估期间的事项或情况

注册会计师应当询问管理层是否知悉超出评估期间的、可能导致对持续经营能力产生重大疑虑的事项或情况。可能存在着已知的事项（预定的或非预定的）或情况，是超出管理层评估期间发生的，可能导致注册会计师对管理层编制财务报表时运用持续经营假设的适当性产生怀疑。注册会计师需要对存在这些事项或情况的可能性保持警觉。由于事项或情况发生的时点距离作出评估的时点越远，与事项或情况的结果相关的不确定性的程度也相应增加，因此在考虑更远期间发生的事项或情况时，只有持续经营事项的迹象达到重大时，注册会计师才需要考虑采取进一步措施。如果识别出这些事项或情况，注册会计师可能需要提请管理层评价这些事项或情况对于其评估被审计单位持续经营能力的潜在重要性。在这种情况下，注册会计师应当通过实施追加的审计程序（包括考虑缓解因素），获取充分、适当的审计证据，以确定是否存在重大不确定性。

除询问管理层外，注册会计师没有责任实施其他任何审计程序，以识别超出管理层评估期间并可能导致对被审计单位持续经营能力产生重大疑虑的事项或情况。

五、识别出事项或情况时实施追加的审计程序

如果识别出可能导致对持续经营能力产生重大疑虑的事项或情况，注册会计师应当通过实施追加的审计程序（包括考虑缓解因素），获取充分、适当的审计证据，以确定是否存在重大不确定性。

这些程序应当包括：

1. 如果管理层尚未对被审计单位持续经营能力作出评估，提请其进行评估。

如果管理层没有对持续经营能力作出初步评估，注册会计师应当与管理层讨论运用持续经营假设的理由，询问是否存在导致对持续经营能力产生重大疑虑的事项或情况，并提请管理层对持续经营能力作出评估。

2. 评价管理层与持续经营能力评估相关的未来应对计划，这些计划的结果是否可能改善目前的状况，以及管理层的计划对于具体情况是否可行。

评价管理层未来应对计划可能包括向管理层询问该计划。管理层的应对计划可能包括管理层变卖资产、对外借款、重组债务、削减或延缓开支或者获得新的资本。

3. 如果被审计单位已编制现金流量预测，且对预测的分析是评价管理层未来应对计划时所考虑的事项或情况的未来结果的重要因素，评价用于编制预测的基础数据的可靠性，并确定预测所基于的假设是否具有充分的支持。

此外，注册会计师还可能：（1）将最近若干期间的预测性财务信息与实际结果相比较；（2）将本期预测性财务信息与截至目前的实际结果相比较。

如果管理层的假设包括第三方通过放弃贷款优先求偿权、承诺保持或提供补充资金

或担保等方式向被审计单位提供持续的支持，且这种支持对于被审计单位的持续经营能力很重要，注册会计师可能需要考虑要求该第三方提供书面确认（包括条款和条件），并获得有关该第三方有能力提供这种支持的证据。

4. 考虑自管理层作出评估后是否存在其他可获得的事实或信息。

5. 要求管理层和治理层（如适用）提供有关未来应对计划及其可行性的书面声明。

如果合理预期不存在其他充分、适当的审计证据，注册会计师应当就对财务报表有重大影响的事项向管理层和治理层（如适用）获取书面声明。

由于管理层就持续经营能力而提出的应对计划和其他缓解措施通常基于假设基础之上，注册会计师在进行评价时，取得的审计证据多为说服性而非结论性的，因此，注册会计师应当向管理层获取有关应对计划的书面声明。

此外，尽管被审计单位当前可能是盈利的，但一些特殊的事项或情况可能导致被审计单位发生重大损失。为避免诸如诉讼事项可能发生的巨额赔偿支出，管理层将会考虑主动寻求破产保护。在这种情况下，获取管理层和治理层（如适用）声明是非常有必要的。注册会计师可以要求管理层和治理层（如适用）作出如下声明："在财务报表日起的12个月内，管理层和治理层（如适用）没有申请破产保护的计划。"

六、审计结论

注册会计师应当评价是否就管理层编制财务报表时运用持续经营假设的适当性获取了充分、适当的审计证据，并就运用持续经营假设的适当性得出结论。

注册会计师应当根据获取的审计证据，运用职业判断，确定是否存在与事项或情况相关的重大不确定性（且这些事项或情况单独或汇总起来可能导致对被审计单位持续经营能力产生重大疑虑）并考虑对审计意见的影响。

如果注册会计师根据职业判断认为，鉴于不确定性潜在影响的严重程度和发生的可能性，为了使财务报表实现公允反映，有必要适当披露该不确定性的性质和影响，则表明存在重大不确定性。

如果认为运用持续经营假设适合具体情况，但存在重大不确定性，注册会计师应当确定：

1. 财务报表是否已充分描述可能导致对持续经营能力产生重大疑虑的主要事项或情况，以及管理层针对这些事项或情况的应对计划；

2. 财务报表是否已清楚披露可能导致对持续经营能力产生重大疑虑的事项或情况存在重大不确定性，并由此导致被审计单位可能无法在正常的经营过程中变现资产和清偿债务。

如果已识别出可能导致对被审计单位持续经营能力产生重大疑虑的事项或情况，但根据获取的审计证据，注册会计师认为不存在重大不确定性，则注册会计师应当根据适用的财务报告编制基础的规定，评价财务报表是否对这些事项或情况作出充分披露。

七、对审计报告的影响

（一）被审计单位运用持续经营假设适当但存在重大不确定性

如果运用持续经营假设是适当的，但存在重大不确定性，且财务报表对重大不确定性已作出充分披露，注册会计师应当发表无保留意见，并在审计报告中增加以“与持续经营相关的重大不确定性”为标题的单独部分，以：

1. 提醒财务报表使用者关注财务报表附注中对所述事项的披露；

2. 说明这些事项或情况表明存在可能导致对被审计单位持续经营能力产生重大疑虑的重大不确定性，并说明该事项并不影响发表的审计意见。

《中国注册会计师审计准则第 1502 号——在审计报告中发表非无保留意见》规定，在极少数情况下，可能存在多个不确定事项。尽管注册会计师对每个单独的不确定事项获取了充分、适当的审计证据，但由于不确定事项之间可能存在相互影响，以及可能对财务报表产生累积影响，注册会计师不可能对财务报表形成审计意见。在这种情况下，注册会计师应当发表无法表示意见。

如果财务报表未作出充分披露，注册会计师应当发表保留意见或否定意见。注册会计师应当在审计报告中说明，存在可能导致对被审计单位持续经营能力产生重大疑虑的重大不确定性。

（二）运用持续经营假设不适当

如果财务报表按照持续经营基础编制，而注册会计师运用职业判断认为管理层在编制财务报表时运用持续经营假设是不适当的，则无论财务报表中对管理层运用持续经营假设的不适当性是否作出披露，注册会计师均应发表否定意见。

如果在具体情况下运用持续经营假设是不适当的，但管理层被要求或自愿选择编制财务报表，则可以采用替代基础（如清算基础）编制财务报表。注册会计师可以对财务报表进行审计，前提是注册会计师确定替代基础在具体情况下是可接受的编制基础。如果财务报表对此作出了充分披露，注册会计师可以发表无保留意见，但也可能认为在审计报告中增加强调事项段是适当或必要的，以提醒财务报表使用者关注替代基础及其使用理由。

（三）严重拖延对财务报表的批准

如果管理层或治理层在财务报表日后严重拖延对财务报表的批准，注册会计师应当询问拖延的原因。如果认为拖延可能涉及与持续经营评估相关的事项或情况，注册会计师有必要实施前述识别出可能导致对持续经营能力产生重大疑虑的事项或情况时追加的审计程序，并就存在的重大不确定性考虑对审计结论的影响。

八、与治理层的沟通

注册会计师应当与治理层就识别出的可能导致对被审计单位持续经营能力产生重大疑虑的事项或情况进行沟通，除非治理层全部成员参与管理被审计单位。

与治理层的沟通应当包括下列方面：

1. 这些事项或情况是否构成重大不确定性；

2. 管理层在编制财务报表时运用持续经营假设是否适当；

3. 财务报表中的相关披露是否充分；

4. 对审计报告的影响（如适用）。

第四节 首次接受委托时对期初余额的审计

广义地讲，期初余额的审计，既包括注册会计师首次接受委托对被审计单位的财务报表进行审计时所涉及的如何审计财务报表期初余额问题，也包括注册会计师执行连续审计业务时所涉及的如何审计财务报表期初余额问题。对于后者，注册会计师在当期审计中通常只需关注被审计单位经审计的上期期末余额是否已正确结转至本期，或在适当的情况下已作出重新表述，很少再实施其他专门的审计程序。因此，本节主要针对注册会计师首次接受委托对被审计单位的财务报表进行审计时所涉及的期初余额审计问题进行阐述。

从目前看，注册会计师首次接受被审计单位委托主要有两类情况：一是指会计师事务所在被审计单位财务报表首次接受审计的情况下接受的审计委托；二是指会计师事务所在被审计单位上期财务报表由其他会计师事务所审计的情况下接受的审计委托，即由于各种原因，被审计单位更换会计师事务所对其本期财务报表进行审计。

一、期初余额的概念

期初余额是指期初存在的账户余额。期初余额以上期期末余额为基础，反映了以前期间的交易和事项以及上期采用的会计政策的结果。正确理解期初余额的含义，需要把握以下三点：

1. 期初余额是期初已存在的账户余额。期初已存在的账户余额是由上期结转至本期的金额，或是上期期末余额调整后的金额。期初余额与上期期末余额是一个事物的两个方面。通常，期初余额是上期账户结转至本期账户的余额，在数额上与相应账户的上期期末余额相等。但是，由于受上期期后事项、会计政策变更、前期会计差错更正等因素的影响，上期期末余额结转至本期时，有时需经过调整或重新表述。

例如，根据《企业会计准则第 28 号——会计政策、会计估计变更和差错更正》的规定，对于会计政策变更，企业应当采用追溯调整法处理，将会计政策变更累积影响数调整列报前期最早期初留存收益，其他相关项目的期初余额、列报前期披露的其他比较数据也应当一并调整；对于前期会计差错更正事项，企业应当采用追溯重述法更正重要的前期差错。实际上，采用追溯调整法或者追溯重述法，就是在上期期末数的基础上进行适当调整，形成本期期初数。

2. 期初余额反映了以前期间的交易和事项以及上期采用的会计政策的结果。期初余额应以客观存在的经济业务为根据，是被审计单位按照上期采用的会计政策对以前会计期间发生的交易和事项进行处理的结果。

3. 期初余额与注册会计师首次审计业务相联系。所谓首次审计业务，是指在上期财务报表未经审计，或上期财务报表由前任注册会计师审计的情况下接受的审计业务。

注册会计师对财务报表进行审计，是对被审计单位所审期间财务报表发表审计意见，一般无需专门对期初余额发表审计意见，但因为期初余额是本期财务报表的基础，所以要对期初余额实施适当的审计程序。注册会计师应当根据期初余额对财务报表的影响程度，合理运用职业判断，以确定期初余额的审计范围。判断期初余额对本期财务报表的影响程度应着眼于以下三方面：一是上期结转至本期的金额；二是上期所采用的会计政策；三是上期期末已存在的或有事项及承诺。注册会计师应以这三方面的内容为重点，确定期初余额对本期财务报表的影响。

二、期初余额的审计目标

在执行首次审计业务时，注册会计师针对期初余额的审计目标是获取充分、适当的审计证据以确定：（1）期初余额是否含有对本期财务报表产生重大影响的错报；（2）期初余额反映的恰当的会计政策是否在本期财务报表中得到一贯运用，或会计政策的变更是否已按照适用的财务报告编制基础作出恰当的会计处理和适当的列报。

（一）确定期初余额是否含有对本期财务报表产生重大影响的错报

要确定期初余额是否存在对本期财务报表产生重大影响的错报，主要是判断期初余额的错报对本期财务报表使用者进行决策的影响程度，是否足以改变或影响其判断。如果期初余额存在对本期财务报表产生重大影响的错报，则注册会计师在审计中必须对此提出恰当的审计调整或披露建议；反之，注册会计师无需对此予以特别关注和处理。

例如，上期财务报表中对某项新增固定资产的初始计量存在重大差错，这一差错不仅会影响本期期末资产负债表中固定资产项目和资产总额项目的正确列报，同时还会因此影响本期损益核算的正确性，进而可能使得本期财务报表使用者在决策时作出错误判断。

（二）确定期初余额反映的恰当的会计政策是否在本期财务报表中得到一贯运用，或会计政策的变更是否已按照适用的财务报告编制基础作出恰当的会计处理和充分的列报与披露

按照《企业会计准则第28号——会计政策、会计估计变更和差错更正》的规定，企业采用的会计政策，在每一会计期间和前后各期应当保持一致，不得随意变更。但是，在满足下列条件之一的情形下，可以变更会计政策：（1）法律、行政法规或者国家统一的会计制度等要求变更会计政策。（2）会计政策变更能够提供更可靠、更相关的会计信息。会计政策变更能够提供更可靠、更相关的会计信息的，应当采用追溯调整法处理，即将会计政策变更累积影响数调整列报前期最早期初留存收益，其他相关项目的期初余额和列报前期披露的其他比较数据也应当一并调整，但确定该项会计政策变更累积影响数不切实可行的情况除外。《企业会计准则第28号——会计政策、会计估计变更和差错更正》同时对本期财务报表附注中披露与会计政策变更有关的信息方面的问题提出了明确要求。

因此，在审计期初余额时，注册会计师应当按照《企业会计准则第28号——会计政策、会计估计变更和差错更正》的有关要求，评价被审计单位是否一贯运用恰当的会计政策，或是否对会计政策的变更作出了正确的会计处理和恰当的列报。

三、审计程序

为达到上述期初余额的审计目标，注册会计师应当阅读被审计单位最近期间的财务报表和相关披露，以及前任注册会计师出具的审计报告（如有），获取与期初余额相关的信息。注册会计师对期初余额需要实施的审计程序的性质和范围取决于下列事项：（1）被审计单位运用的会计政策；（2）账户余额、各类交易和披露的性质以及本期财务

报表存在的重大错报风险；（3）期初余额相对于本期财务报表的重要程度；（4）上期财务报表是否经过审计，如果经过审计，前任注册会计师的意见是否为非无保留意见。

注册会计师对期初余额实施的审计程序应当包括：

（一）确定上期期末余额是否已正确结转至本期，或在适当的情况下已作出重新表述

上期期末余额已正确结转至本期，主要是指：（1）上期账户余额计算正确；（2）上期总账余额与各明细账余额合计数或日记账余额合计数相等；（3）上期各总账余额和相应的明细账余额或日记账余额已经分别恰当地过入本期的总账和相应的明细账或日记账。

上期期末余额通常应直接结转至本期。但在出现某些情形时，上期期末余额不应直接结转至本期，而应当作出重新表述。例如，企业会计准则和相关会计制度的要求发生变化；或者上期期末余额存在重大的前期差错，如果前期差错累积影响数能够确定，按规定应当采用追溯重述法进行更正。

（二）确定期初余额是否反映对恰当会计政策的运用

注册会计师首先应了解、分析被审计单位所选用的会计政策是否恰当，是否符合适用的财务报告编制基础的要求，按照所选用会计政策对被审计单位发生的交易或事项进行处理，是否能够提供可靠、相关的会计信息；其次，如果认定被审计单位所选用的会计政策恰当，应确认该会计政策是否在每一会计期间和前后各期得到一贯执行，有无变更；最后，如果发现会计政策发生变更，应确定其变更理由是否充分，是否按规定予以变更，或者由于具体情况发生变化，会计政策变更能够提供更可靠、更相关的会计信息，并关注被审计单位是否已经按照选用的财务报告编制基础的要求，对会计政策变更作出适当的会计处理和充分披露。

如果被审计单位上期选用的会计政策不恰当或与本期不一致，注册会计师在实施期初余额审计时应提请被审计单位进行调整或予以披露。

（三）实施一项或多项审计程序

注册会计师实施的一项或多项审计程序包括：

1. 如果上期财务报表已经审计，查阅前任注册会计师的审计工作底稿，以获取有关期初余额的审计证据。包括进行以下工作：

（1）查阅前任注册会计师的工作底稿。查阅的重点通常限于对本期审计产生重大影响的事项，如前任注册会计师对上期财务报表发表的审计意见的类型和主要内容，针对上期财务报表的审计计划和审计总结等，具体来讲：

①查阅前任注册会计师工作底稿中的所有重要审计领域；

②考虑前任注册会计师是否已实施审计程序，收集充分、适当的审计证据，以支持资产负债表重要账户期初余额；

③复核前任注册会计师建议的调整分录和未更正错报汇总表，并评价其对当期审计的影响。

（2）考虑前任注册会计师的独立性和专业胜任能力。注册会计师可能通过复核前任注册会计师的审计工作底稿获取有关期初余额的充分、适当的审计证据，这种复核是否能够获取充分、适当的审计证据，受前任注册会计师的独立性和专业胜任能力的影响。如果认为前任注册会计师不具有独立性，或者不具有应有的专业胜任能力，则无法通过查阅其审计工作底稿获取有关期初余额的充分、适当的审计证据。

（3）与前任注册会计师沟通时的考虑。在与前任注册会计师沟通时，注册会计师应当遵守职业道德守则和《中国注册会计师审计准则第1153号——前任注册会计师和后任注册会计师的沟通》的规定。

2. 评价本期实施的审计程序是否提供了有关期初余额的审计证据。

3. 实施其他专门的审计程序，以获取有关期初余额的审计证据。

注册会计师应当根据期初余额有关账户的不同性质实施相应的审计程序。账户的性质主要按照账户属于资产类还是负债类、属于流动性还是非流动性等标准加以区分。

（1）对流动资产和流动负债的审计程序。对流动资产和流动负债，注册会计师可以通过本期实施的审计程序获取部分审计证据。

例如，本期应收账款的收回（或应付账款的支付）为其在期初的存在、权利和义务、完整性以及准确性、计价和分摊提供了部分审计证据。然而，就存货而言，如果因为委托时间滞后，注册会计师可能未能对上期期末存货实施监盘，本期对存货的期末余额实施的审计程序，几乎无法提供有关期初持有存货的审计证据。因此，注册会计师有必要实施追加的审计程序。下列一项或多项审计程序可以为存货期初余额提供充分、适当的审计证据：①监盘当前的存货数量并调节至期初存货数量；②对期初存货项目的计价实施审计程序；③对毛利和存货截止实施审计程序。

（2）对非流动资产和非流动负债的审计程序。对非流动资产和非流动负债，如长期股权投资、固定资产和长期借款，注册会计师可以通过检查形成期初余额的会计记录和其他信息获取审计证据。在某些情况下，注册会计师还可以通过向第三方函证获取有关期初余额（如长期借款和长期股权投资的期初余额）的部分审计证据。而在另外一些情况下，注册会计师还可能需要实施追加的审计程序。

如果获取的审计证据表明期初余额存在可能对本期财务报表产生重大影响的错报，注册会计师应当实施适合具体情况的追加的审计程序，以确定对本期财务报表的影响。如果认为本期财务报表中存在这类错报，注册会计师应当按照《中国注册会计师审计准则第1251号——评价审计过程中识别出的错报》的规定，就这类错报与适当层级的管理层和治理层进行沟通。

如果上期财务报表已由前任注册会计师审计，并发表了非无保留意见，注册会计师应当按照《中国注册会计师审计准则第1211号——重大错报风险的识别和评估》的规定，在评估本期财务报表重大错报风险时，评价导致对上期财务报表发表非无保留意见的事项的影响。

四、审计结论和审计报告

在对期初余额实施审计程序后，注册会计师应当分析已获取的审计证据，区分不同情况形成对被审计单位期初余额的审计结论，在此基础上确定其对本期财务报表出具审计报告的影响。

（一）审计后不能获取有关期初余额的充分、适当的审计证据

如果不能针对期初余额获取充分、适当的审计证据，注册会计师应当在审计报告中

发表下列类型之一的非无保留意见：

1. 发表适合具体情况的保留意见或无法表示意见；

2. 除非法律法规禁止，对经营成果和现金流量（如相关）发表保留意见或无法表示意见，而对财务状况发表无保留意见。

（二）期初余额存在对本期财务报表产生重大影响的错报

如果期初余额存在对本期财务报表产生重大影响的错报，注册会计师应当告知管理层；如果上期财务报表由前任注册会计师审计，注册会计师还应当提请管理层告知前任注册会计师。如果错报的影响未能得到正确的会计处理和恰当的列报与披露，注册会计师应当对财务报表发表保留意见或否定意见。

（三）会计政策变更对审计报告的影响

如果认为按照适用的财务报告编制基础与期初余额相关的会计政策未能在本期得到一贯运用，或者会计政策的变更未能得到恰当的会计处理或适当的列报与披露，注册会计师应当对财务报表发表保留意见或否定意见。

（四）前任注册会计师对上期财务报表发表了非无保留意见

如果前任注册会计师对上期财务报表发表了非无保留意见，注册会计师应当考虑该审计报告对本期财务报表的影响。如果导致发表非无保留意见的事项对本期财务报表仍然相关和重大，注册会计师应当对本期财务报表发表非无保留意见。

导致前任注册会计师对上期财务报表发表非无保留意见的事项，对本期财务报表可能产生影响，也可能不再产生影响，注册会计师在审计中应当对具体问题作具体分析，不能一概而论。在某些情况下，导致前任注册会计师发表非无保留意见的事项可能与对本期财务报表发表的意见既不相关也不重大。例如，上期存在范围限制，但在本期导致范围限制的事项已得到解决，那么注册会计师在本期审计时就无需因此而发表非无保留意见。反之，如果该重大事项在本期仍然未得到解决并且对本期财务报表的影响仍然重大，那么注册会计师在本期审计时仍需因此而发表非无保留意见。

第五编

完成审计工作与出具审计报告

第十八章　完成审计工作

第一节　完成审计工作概述

完成审计工作阶段是审计的最后一个阶段。注册会计师按业务循环完成各财务报表项目的审计测试和一些特殊项目的审计工作后，在完成审计工作阶段汇总审计测试结果，进行更具综合性的审计工作，如评价审计中的重大发现，评价审计过程中发现的错报，关注期后事项对财务报表的影响，复核审计工作底稿和财务报表等。在此基础上，评价审计结果，在与被审计单位沟通后，获取管理层书面声明，确定应出具的审计报告的意见类型和措辞，进而编制并致送审计报告，终结审计工作。

需要说明的是，以上只是对完成审计工作阶段注册会计师主要工作的列举，并不完整。并且，在审计实务中，这些工作有的在审计实施阶段就已经开始，有的主要在审计完成阶段执行，未必机械地按照上述列示顺序依次进行。为便于阐述，把主要工作有选择地汇总在本节介绍，对于与期后事项和书面声明相关的内容在本章第二节和第三节中进行介绍。

一、评价审计中的重大发现

在完成审计工作阶段，项目合伙人和审计项目组考虑的重大发现和事项的例子包括：

1. 期中复核中的重大发现及其对审计方法的影响；
2. 涉及会计政策的选择、运用和一贯性的重大事项，包括相关披露；
3. 就识别出的特别风险，对总体审计策略和具体审计计划所作的重大修改；
4. 在与管理层和其他人员讨论重大发现和事项时得到的信息；
5. 与注册会计师的最终审计结论相矛盾或不一致的信息。

对实施的审计程序的结果进行评价，可能全部或部分地揭示出以下事项：

1. 为了实现计划的审计目标，是否有必要对重要性进行修订；
2. 对总体审计策略和具体审计计划的重大修改，包括对重大错报风险评估结果作出的重要修改；

3. 对审计方法有重要影响的值得关注的内部控制缺陷和其他缺陷；

4. 财务报表中存在的重大错报；

5. 项目组内部，或项目组与项目质量复核人员或提供咨询的其他人员之间，就重大会计和审计事项达成最终结论所存在的意见分歧；

6. 审计工作中遇到的重大困难；

7. 向事务所内部有经验的专业人士或外部专业顾问咨询的事项；

8. 与管理层或其他人员就重大发现以及与注册会计师的最终审计结论相矛盾或不一致的信息进行的讨论。

二、评价审计过程中识别出的错报

在评价审计过程中识别出的错报时，注册会计师的目标是：（1）评价识别出的错报对审计的影响；（2）评价未更正错报对财务报表的影响。未更正错报，是指注册会计师在审计过程中累积的且被审计单位未予更正的错报。

（一）累积识别出的错报

注册会计师应当累积审计过程中识别出的错报，除非错报明显微小。

（二）随着审计的推进考虑识别出的错报

如果出现下列情形之一，注册会计师应当确定是否需要修改总体审计策略和具体审计计划：

（1）识别出的错报的性质以及错报发生的环境表明可能存在其他错报，并且可能存在的其他错报与审计过程中累积的错报合计起来可能是重大的；

（2）审计过程中累积的错报合计数接近按照《中国注册会计师审计准则第1221号——计划和执行审计工作时的重要性》的规定确定的重要性。

如果管理层应注册会计师的要求，检查了某类交易、账户余额或披露并更正了已发现的错报，注册会计师应当实施追加的审计程序，以确定错报是否仍然存在。

本教材第二章详细阐述了上述第（一）项和第（二）项内容。

（三）沟通和更正错报

除非法律法规禁止，注册会计师应当及时将审计过程中累积的所有错报（即超过明显微小错报临界值的所有错报）与适当层级的管理层进行沟通。注册会计师还应当要求管理层更正这些错报。

注册会计师及时与适当层级的管理层沟通错报事项是重要的，因为这能使管理层评价各类交易、账户余额和披露是否存在错报，如有异议则告知注册会计师，并采取必要行动。适当层级的管理层通常是指有责任和权限对错报进行评价并采取必要行动的人员。

法律法规可能限制注册会计师就某些错报与管理层或被审计单位的其他人员沟通。例如，如果与管理层沟通可能不利于适当机构对被审计单位发生的或怀疑存在的违反法律法规行为进行调查，法律法规可能明确禁止进行沟通。在某些情况下，注册会计师的保密义务与通报义务之间存在的潜在冲突可能很复杂。此时，注册会计师可以考虑征询法律意见。

管理层更正所有错报（包括注册会计师通报的错报），能够保持会计账簿和记录的准确性，降低由于与本期相关的、非重大的且尚未更正的错报的累积影响而导致未来期间财务报表出现重大错报的风险。

如果管理层拒绝更正沟通的部分或全部错报，注册会计师应当了解管理层不更正错报的理由，并在评价财务报表整体是否不存在重大错报时考虑该理由。《中国注册会计师审计准则第 1501 号——对财务报表形成审计意见和出具审计报告》要求注册会计师评价财务报表是否在所有重大方面按照适用的财务报告编制基础编制。这项评价包括考虑被审计单位会计实务的质量（包括表明管理层的判断可能出现偏向的迹象）。注册会计师对管理层不更正错报的理由的理解，可能影响其对被审计单位会计实务质量的考虑。

（四）评价未更正错报的影响

1. 重新评估重要性。

在评价未更正错报的影响之前，注册会计师应当重新评估按照《中国注册会计师审计准则第 1221 号——计划和执行审计工作时的重要性》的规定确定的重要性，以根据被审计单位的实际财务结果确认其是否适当。这是因为注册会计师在确定重要性时，通常依据对被审计单位财务结果的估计，此时可能尚不知道实际的财务结果。因此，在评价未更正错报的影响之前，注册会计师可能有必要依据实际的财务结果对重要性作出修改。如果注册会计师对重要性或重要性水平（如适用）进行的重新评估导致需要确定较低的金额，则应重新考虑实际执行的重要性和进一步审计程序的性质、时间安排和范围的适当性，以获取充分、适当的审计证据，作为发表审计意见的基础。

例如，注册会计师在计划审计工作时确定的财务报表整体的重要性为 100 万元（经常性业务的税前利润 2 000 万元 ×5%），实际执行的重要性为 50 万元。在审计过程中注册会计师识别出若干项重大错报，管理层已同意调整，合计调减税前利润 800 万元。在评价未更正错报之前，注册会计师根据调整后的税前利润 1 200 万元，重新计算财务报表整体的重要性（60 万元）和实际执行的重要性（30 万元）。在这种情况下，注册会计师需要考虑以下几个方面的问题：（1）识别出的重大错报 800 万元远远超出计划阶段确定的财务报表整体的重要性 100 万元，表明存在比可接受的低风险水平更大的风险，注册会计师需要重新考虑对重大错报风险的评估结果及其应对措施；（2）基于调整后的财务报表整体的重要性和实际执行的重要性，已经实施的审计程序是否充分（例如，实际执行的重要性降低可能意味着在采用审计抽样实施细节测试时需要增加样本量）；（3）注册会计师应当用调整后的财务报表整体的重要性 60 万元评价未更正错报是否重大。

2. 确定未更正错报单独或汇总起来是否重大。

注册会计师应当确定未更正错报单独或汇总起来是否重大。在确定时，注册会计师应当考虑：

（1）相对特定的交易类别、账户余额或披露以及财务报表整体而言，错报的金额和性质以及错报发生的特定环境。

注册会计师在评价未更正错报是否重大时，除考虑未更正错报单独或连同其他未更正错报的金额是否超过财务报表整体的重要性（即定量因素）外，还需要考虑错报性质以及错报发生的特定环境（即定性因素）。具体而言：

注册会计师需要考虑每一项与金额相关的错报，以评价其对有关的交易类别、账户余额或披露的影响，包括评价该项错报是否超过特定的交易类别、账户余额或披露的重要性水平（如适用）。如果注册会计师认为某一单项错报是重大的，则该项错报不太可能被其他错报抵销。例如，如果收入存在重大高估，即使这项错报对收益的影响完全可被相同金额的费用高估所抵销，注册会计师仍认为财务报表整体存在重大错报。对于同一账户余额或同一交易类别内部的错报，这种抵销可能是适当的。然而，在得出抵销非重大错报是适当的这一结论之前，需要考虑可能存在其他未被发现的错报的风险。

确定一项分类错报是否重大，需要进行定性评估。例如，分类错报对负债或其他合同条款的影响，对单个财务报表项目或小计数的影响，以及对关键比率的影响。即使分类错报超过了在评价其他错报时运用的重要性水平，注册会计师可能仍然认为该分类错报对财务报表整体不产生重大影响。例如，如果资产负债表项目之间的分类错报金额相对于所影响的资产负债表项目金额较小，并且对利润表或所有关键比率以及披露不产生影响，注册会计师可能认为这种分类错报对财务报表整体不产生重大影响。

在某些情况下，即使某些错报低于财务报表整体的重要性，但因与这些错报相关的某些情况，在将其单独或连同在审计过程中累积的其他错报一并考虑时，注册会计师也可能将这些错报评价为重大错报。例如，某项错报的金额虽然低于财务报表整体的重要性，但对被审计单位的盈亏状况有决定性的影响，注册会计师可能认为该项错报是重大错报。

下列情况也可能影响注册会计师对错报的评价：

①错报对遵守监管要求的影响程度。

②错报对遵守债务合同或其他合同条款的影响程度。

③错报与会计政策的不正确选择或运用相关，这些会计政策的不正确选择或运用对当期财务报表不产生重大影响，但可能对未来期间财务报表产生重大影响。

④错报掩盖收益的变化或其他趋势的程度（尤其是在结合宏观经济背景和行业状况进行考虑时），或对用于评价被审计单位财务状况、经营成果或现金流量的有关比率的影响程度。

⑤错报对财务报表中列报的分部信息的影响程度。例如，错报事项对某一分部或对被审计单位的经营或盈利能力有重大影响的其他组成部分的重要程度。

⑥错报对增加管理层薪酬的影响程度。例如，管理层通过达到有关奖金或其他激励政策规定的要求以增加薪酬。

⑦相对于注册会计师所了解的以前向财务报表使用者传达的信息（如盈利预测），错报是重大的。

⑧错报对涉及特定机构或人员的项目的相关程度。例如，与被审计单位发生交易的外部机构或人员是否与管理层成员有关联关系。

⑨错报涉及对某些信息的遗漏，尽管适用的财务报告编制基础未对这些信息作出明确规定，但是注册会计师根据职业判断认为这些信息对财务报表使用者了解被审计单位的财务状况、经营成果或现金流量是重要的。

⑩错报对其他信息（如包含在“管理层讨论与分析”或“经营与财务回顾”中的信息）的影响程度，这些信息与已审计财务报表一同披露，并被合理预期可能影响财务报表使用者作出的经济决策。

注册会计师还需要考虑定性披露中的单项错报（如涉及国际贸易活动的被审计单位对汇率变化的敏感性的描述不充分），以评价其对相关披露的影响以及对财务报表整体的综合影响。

（2）与以前期间相关的未更正错报对有关的交易类别、账户余额或披露以及财务报表整体的影响。

与以前期间相关的非重大未更正错报的累积影响，可能对本期财务报表产生重大影响。有多种可接受的方法供注册会计师评价这些未更正错报对本期财务报表的影响。在不同期间使用相同的评价方法可以保持一致性。

除非法律法规禁止，注册会计师应当与治理层沟通未更正错报，以及这些错报单独或汇总起来可能对审计意见产生的影响。在沟通时，注册会计师应当逐项指明重大的未更正错报。注册会计师应当要求被审计单位更正未更正错报。如果存在大量单项不重大的未更正错报，注册会计师可能就未更正错报的笔数和总金额的影响进行沟通，而不是逐笔沟通单项未更正错报的细节。

注册会计师还应当与治理层沟通与以前期间相关的未更正错报对有关的交易类别、账户余额或披露以及财务报表整体的影响。

（五）书面声明

注册会计师应当要求管理层和治理层（如适用）提供书面声明，说明其是否认为未更正错报单独或汇总起来对财务报表整体的影响不重大。这些错报项目的概要应当包含在书面声明中或附在其后。由于编制财务报表要求管理层和治理层（如适用）调整财务报表以更正重大错报，注册会计师应当要求其提供有关未更正错报的书面声明。在某些情况下，管理层和治理层（如适用）可能并不认为注册会计师提出的某些未更正的错报是错报。基于这一原因，他们可能在书面声明中增加以下表述："因为［描述理由］，我们不同意……事项和……事项构成错报。"然而，即使获取了这一声明，注册会计师仍需要对未更正错报的影响形成结论。

三、实施分析程序

在临近审计结束时，注册会计师应当运用分析程序，帮助其对财务报表形成总体结论，以确定财务报表是否与其对被审计单位的了解一致。

实施分析程序的结果可能有助于注册会计师识别出以前未识别的重大错报风险，在这种情况下，注册会计师需要修改重大错报风险的评估结果，并相应修改原计划实施的进一步审计程序。

四、复核审计工作

对审计工作的复核包括项目组内部复核和作为会计师事务所业务质量管理措施而执行的项目质量复核（如适用）。

（一）项目组内部复核

1. 复核人员。

《会计师事务所质量管理准则第 5101 号——业务质量管理》规定，会计师事务所针对业务执行的质量目标应当包括由经验较为丰富的项目组成员对经验较为缺乏的项目组成员的工作进行指导、监督和复核。会计师事务所应当基于这一质量目标，确定有关复核的政策和程序。

对一些较为复杂、审计风险较高的领域，例如，舞弊风险的评估与应对、重大会计估计及其他复杂的会计问题、审核会议记录和重大合同、关联方关系和交易、持续经营存在的问题等，需要指派经验丰富的项目组成员执行复核，必要时可以由项目合伙人执行复核。

2. 复核范围。

执行复核时，复核人员需要考虑的事项包括但不限于：

（1）审计工作是否已按照职业准则和适用的法律法规的规定执行；

（2）重大事项是否已提请进一步考虑；

（3）相关事项是否已进行适当咨询，由此形成的结论是否已得到记录和执行；

（4）是否需要修改已执行审计工作的性质、时间安排和范围；

（5）已执行的审计工作是否支持形成的结论，并已得到适当记录；

（6）已获取的审计证据是否充分、适当；

（7）审计程序的目标是否已实现。

3. 复核时间。

审计项目复核贯穿审计全过程，随着审计工作的开展，复核人员在审计计划阶段、执行阶段和完成阶段及时复核相应的审计工作底稿。例如，在审计计划阶段复核记录总体审计策略和具体审计计划的审计工作底稿；在审计执行阶段复核记录控制测试和实质性程序的审计工作底稿等。在完成审计工作阶段复核记录重大事项、审计调整及未更正错报的审计工作底稿等。

4. 项目合伙人复核。

项目合伙人应当对管理和实现审计项目的高质量承担总体责任。项目合伙人应当在审计过程中的适当时点复核审计工作底稿，包括与下列方面相关的审计工作底稿：

（1）重大事项；

（2）重大判断，包括与在审计中遇到的困难或有争议事项相关的判断，以及得出的结论；

（3）根据项目合伙人的职业判断，与项目合伙人的职责有关的其他事项。

在审计报告日或审计报告日之前，项目合伙人应当通过复核审计工作底稿与项目组讨论，确信已获取充分、适当的审计证据，支持得出的结论和拟出具的审计报告。此外，项目合伙人应当在签署审计报告前复核财务报表、审计报告以及相关的审计工作底稿，包括对关键审计事项的描述（如适用）。项目合伙人还应当在与管理层、治理层或相关监管机构签署正式书面沟通文件之前对其进行复核。《中国注册会计师审计准则第 1131 号——审计工作底稿》要求项目合伙人记录复核的范围和时间。

（二）项目质量复核

根据《会计师事务所质量管理准则第 5101 号——业务质量管理》的规定，会计师事务所应当就项目质量复核制定政策和程序，并对上市实体财务报表审计业务、法律法规要求实施项目质量复核的审计业务或其他业务，以及会计师事务所认为，为应对一项或多项质量风险，有必要实施项目质量复核的审计业务或其他业务实施项目质量复核。本教材将在第二十一章第二节对项目质量复核进行全面阐述。

第二节　期后事项

企业的经营活动是连续不断、持续进行的，但财务报表的编制却是建立在“会计分期假设”基础之上的。也就是说，作为主要审计对象的财务报表，其编制基础不过是对连续不断的经营活动的一种人为划分。因此，注册会计师在审计被审计单位某一会计年度的财务报表时，除了对所审会计年度内发生的交易和事项实施必要的审计程序外，还必须考虑所审会计年度之后发生和发现的事项对财务报表和审计报告的影响，以保证一个会计期间的财务报表的真实性和完整性。

一、期后事项的种类

期后事项是指财务报表日至审计报告日之间发生的事项，以及注册会计师在审计报告日后知悉的事实。

财务报表可能受到财务报表日后发生的事项的影响。适用的财务报告编制基础通常专门提及期后事项，将其区分为下列两类：一是对财务报表日已经存在的情况提供证据的事项，即对财务报表日已经存在的情况提供了新的或进一步证据的事项，这类事项影响财务报表金额，需提请被审计单位管理层调整财务报表及与之相关的披露信息，称为“财务报表日后调整事项”；二是对财务报表日后发生的情况提供证据的事项，即表明财务报表日后发生的情况的事项。这类事项虽不影响财务报表金额，但可能影响对财务报表的正确理解，需提请被审计单位管理层在财务报表附注中作适当披露，称为“财务报表日后非调整事项”。

审计报告的日期向财务报表使用者表明，注册会计师已考虑其知悉的、截至审计报告日发生的事项和交易的影响。

（一）财务报表日后调整事项

这类事项既为被审计单位管理层确定财务报表日账户余额提供信息，也为注册会计师核实这些余额提供补充证据。如果这类期后事项的金额重大，应提请被审计单位对本期财务报表及相关的账户金额进行调整。诸如：

1. 财务报表日后诉讼案件结案，法院判决证实了企业在财务报表日已经存在现时义务，需要调整原先确认的与该诉讼案件相关的预计负债，或确认一项新负债。

例如，被审计单位由于某种原因在财务报表日前被起诉，法院于财务报表日后判决被审计单位应赔偿对方损失。因这一负债实际上在财务报表日之前就已存在，所以，如果赔偿数额比较大，注册会计师应考虑提请被审计单位调整或增加财务报表有关负债项目的金额，并加以说明。

2. 财务报表日后取得确凿证据，表明某项资产在财务报表日发生了减值或者需要调整该项资产原先确认的减值金额。

例如，财务报表日被审计单位认为可以收回的大额应收款项，因财务报表日后债务人突然破产而无法收回。在这种情况下，债务人财务状况显然早已恶化，所以注册会计师应考虑提请被审计单位计提坏账准备或增加计提坏账准备，调整财务报表有关项目的金额。

3. 财务报表日后进一步确定了财务报表日前购入资产的成本或售出资产的收入。

例如，被审计单位在财务报表日前购入一项固定资产，并投入使用。由于购入时尚未确定准确的购买价款，故先以估计的价格并考虑其达到预定可使用状态前所发生的可归属于该项固定资产的运输费、装卸费、安装费和专业人员服务费等因素暂估入账，且按规定计提固定资产折旧。如果在财务报表日后商定了购买价款，取得了采购发票，被审计单位就应该据此调整该固定资产原值。

4. 财务报表日后发现了财务报表舞弊或差错。

例如，在财务报表日以前，被审计单位根据合同规定所销售的商品已经发出，并经客户签收，当时认为客户已经取得对该项商品的控制，按照收入确认原则确认了收入并结转了相关成本，即在财务报表日被审计单位确认为销售实现，并在财务报表上反映。但在财务报表日后至审计报告日之间所取得的证据证明该批已确认为销售的商品确实已经退回。如果金额较大，注册会计师应考虑提请被审计单位调整财务报表有关项目的金额。

利用期后事项审计以确认被审计单位财务报表所列金额时，应对财务报表日已经存在的事项和财务报表日后出现的事项严加区分，不能混淆。如果确认发生变化的事项直到财务报表日后才发生，就不应将财务报表日后的信息并入财务报表中。

（二）财务报表日后非调整事项

这类事项由于不影响财务报表日财务状况，因此不需要调整被审计单位的本期财务报表。但如果被审计单位的财务报表因此可能受到误解，就应在财务报表中以附注的形式予以适当披露。

被审计单位在财务报表日后发生的，需要在财务报表中披露而非调整的事项通常包括：

1. 财务报表日后发生重大诉讼、仲裁、承诺；
2. 财务报表日后资产价格、税收政策、外汇汇率发生重大变化；
3. 财务报表日后因自然灾害导致资产发生重大损失；
4. 财务报表日后发行股票和债券以及其他巨额举债；
5. 财务报表日后资本公积转增资本；
6. 财务报表日后发生巨额亏损；
7. 财务报表日后发生企业合并或处置子公司；
8. 财务报表日后企业利润分配方案中拟分配的以及经审议批准宣告发放的股利或利润。

如图 18－1 所示，根据期后事项的上述定义，期后事项可以按时段划分为三个时段：

第一个时段是财务报表日后至审计报告日，我们可以把在这一期间发生的事项称为“第一时段期后事项”；第二个时段是审计报告日后至财务报表报出日，我们可以把这一期间发现的事项称为“第二时段期后事项”；第三个时段是财务报表报出日后，我们可以把这一期间发现的事项称为“第三时段期后事项”。

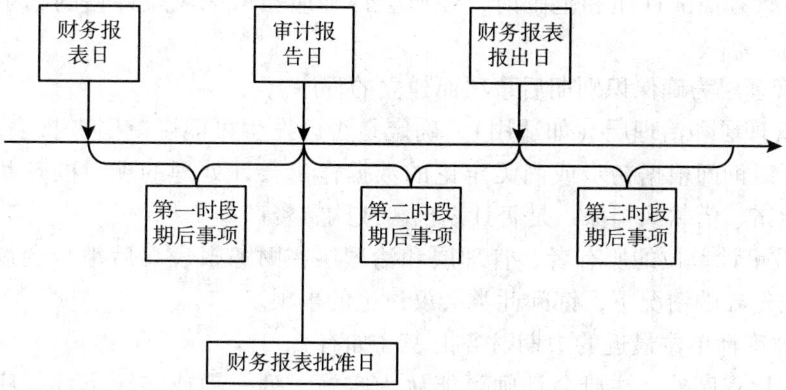

图 18-1 期后事项分段示意

图 18-1 中，财务报表日是指财务报表涵盖的最近期间的截止日期；财务报表批准日是指构成整套财务报表的所有报表（含披露）已编制完成，并且被审计单位的董事会、管理层或类似机构已经认可其对财务报表负责的日期；财务报表报出日是指审计报告和已审计财务报表提供给第三方的日期。按照《中国注册会计师审计准则第 1501 号——对财务报表形成审计意见和出具审计报告》的规定，审计报告日不应早于注册会计师获取充分、适当的审计证据（包括管理层认可对财务报表的责任且已批准财务报表的证据），并在此基础上对财务报表形成审计意见的日期。因此，在实务中审计报告日与财务报表批准日通常是相同的日期。

二、财务报表日至审计报告日之间发生的事项

（一）主动识别第一时段期后事项

注册会计师应当设计和实施审计程序，获取充分、适当的审计证据，以确定所有在财务报表日至审计报告日之间发生的、需要在财务报表中调整或披露的事项均已得到识别。但是，注册会计师并不需要对之前已实施审计程序并已得出满意结论的事项执行追加的审计程序。

财务报表日至审计报告日之间发生的期后事项属于第一时段期后事项。对于这一时段的期后事项，注册会计师负有主动识别的义务，应当设计专门的审计程序来识别这些期后事项，并根据这些事项的性质判断其对财务报表的影响，进而确定是进行调整还是披露。

（二）用以识别期后事项的审计程序

注册会计师应当按照审计准则的规定实施审计程序，以使审计程序能够涵盖财务报表日至审计报告日（或尽可能接近审计报告日）之间的期间。

通常情况下，针对期后事项的专门审计程序，其实施时间越接近审计报告日越好。越接近审计报告日，也就意味着距离财务报表日越远，被审计单位这段时间内累积的对财务报表日已经存在的情况提供的进一步证据也就越多；越接近审计报告日，注册会计师遗漏期后事项的可能性也就越小。

在确定审计程序的性质和范围时，注册会计师应当考虑风险评估的结果。这些程序应当包括：

1. 了解管理层为确保识别期后事项而建立的程序。

2. 询问管理层和治理层（如适用），确定是否已发生可能影响财务报表的期后事项。注册会计师可以询问根据初步或尚无定论的数据作出会计处理的项目的现状，以及是否已发生新的承诺、借款或担保，是否计划出售或购置资产等。

3. 查阅被审计单位的所有者、管理层和治理层在财务报表日后举行会议的纪要，在不能获取会议纪要的情况下，询问此类会议讨论的事项。

4. 查阅被审计单位最近的中期财务报表（如有）。

除上述审计程序外，注册会计师可能认为实施下列一项或多项审计程序是必要和适当的：

1. 查阅被审计单位在财务报表日后最近期间内的预算、现金流量预测和其他相关的管理报告；

2. 就诉讼和索赔事项询问被审计单位的法律顾问，或扩大之前口头或书面查询的范围；

3. 考虑是否有必要获取涵盖特定期后事项的书面声明以支持其他审计证据，从而获取充分、适当的审计证据。

（三）知悉对财务报表有重大影响的期后事项时的考虑

在实施上述审计程序后，如果注册会计师识别出对财务报表有重大影响的期后事项，应当确定这些事项是否按照适用的财务报告编制基础的规定在财务报表中得到恰当反映。

如果所知悉的期后事项属于调整事项，注册会计师应当考虑被审计单位是否已对财务报表作出适当的调整。如果所知悉的期后事项属于非调整事项，注册会计师应当考虑被审计单位是否在财务报表附注中予以充分披露。

（四）书面声明

注册会计师应当要求管理层和治理层（如适用）提供书面声明，确认所有在财务报表日后发生的、按照适用的财务报告编制基础的规定应予调整或披露的事项均已得到调整或披露。

三、注册会计师在审计报告日后至财务报表报出日前知悉的事实

（一）被动识别第二时段期后事项

在审计报告日后，注册会计师没有义务针对财务报表实施任何审计程序。审计报告日后至财务报表报出日前发现的事实属于第二时段期后事项，注册会计师针对被审计单位的审计业务已经结束，要识别可能存在的期后事项比较困难，因而无法承担主动识别第二时段期后事项的审计责任。但是，在这一阶段，被审计单位的财务报表并未报出，

管理层有责任将发现的可能影响财务报表的事实告知注册会计师。当然，注册会计师还可能从媒体报道、举报信或者证券监管部门告知等途径获悉影响财务报表的期后事项。

（二）知悉第二时段期后事项时的考虑

在审计报告日后至财务报表报出日前，如果知悉了某事实，且若在审计报告日知悉可能导致修改审计报告，注册会计师应当与管理层和治理层（如适用）讨论该事项；确定财务报表是否需要修改；如果需要修改，询问管理层将如何在财务报表中处理该事项。

1. 管理层修改财务报表时的处理。

如果管理层修改财务报表，注册会计师应当根据具体情况对有关修改实施必要的审计程序；同时，除非下文述及的特定情形适用，注册会计师应当将用以识别期后事项的上述审计程序延伸至新的审计报告日，并针对修改后的财务报表出具新的审计报告。新的审计报告日不应早于修改后的财务报表被批准的日期。

此时，注册会计师需要获取充分、适当的审计证据，以验证管理层根据期后事项所作出的财务报表调整或披露是否符合适用的财务报告编制基础的规定。

在有关法律法规或适用的财务报告编制基础未禁止的情况下，如果管理层对财务报表的修改仅限于反映导致修改的期后事项的影响，被审计单位的董事会、管理层或类似机构也仅对有关修改进行批准，注册会计师可以仅针对有关修改将用以识别期后事项的上述审计程序延伸至新的审计报告日（简称特定情形）。在这种情况下，注册会计师应当选用下列处理方式之一：

（1）修改审计报告，针对财务报表修改部分增加补充报告日期，从而表明注册会计师对期后事项实施的审计程序仅限于财务报表相关附注所述的修改。

在这种处理方式下，注册会计师修改审计报告，针对财务报表修改部分增加补充报告日期，而对管理层作出修改前的财务报表出具的原审计报告日期保持不变。之所以这样处理是因为，原审计报告日期告知财务报表使用者针对该财务报表的审计工作何时完成；补充报告日期告知财务报表使用者自原审计报告日之后实施的审计程序仅针对财务报表的后续修改。

（2）出具新的或经修改的审计报告，在强调事项段或其他事项段中说明注册会计师对期后事项实施的审计程序仅限于财务报表相关附注所述的修改。

2. 管理层不修改财务报表且审计报告未提交时的处理。

如果认为管理层应当修改财务报表而没有修改，并且审计报告尚未提交给被审计单位，注册会计师应当按照《中国注册会计师审计准则第1502号——在审计报告中发表非无保留意见》的规定发表非无保留意见，然后再提交审计报告。

3. 管理层不修改财务报表且审计报告已提交时的处理。

如果认为管理层应当修改财务报表而没有修改，并且审计报告已经提交给被审计单位，注册会计师应当通知管理层和治理层（除非治理层全部成员参与管理被审计单位）在财务报表作出必要修改前不要向第三方报出。如果财务报表在未经必要修改的情况下仍被报出，注册会计师应当采取适当措施，以设法防止财务报表使用者信赖该审计报告。例如，针对上市公司，注册会计师可以利用证券传媒等刊登必要的声明，防止使用者信赖审计报告。注册会计师采取的措施取决于自身的权利和义务以及所征询的法律意见。

四、注册会计师在财务报表报出后知悉的事实

（一）没有义务识别第三时段的期后事项

财务报表报出日后知悉的事实属于第三时段期后事项，注册会计师没有义务针对财务报表实施任何审计程序。但是，并不排除注册会计师通过媒体等其他途径获悉可能对财务报表产生重大影响的期后事项的可能性。

（二）知悉第三时段期后事项时的考虑

在财务报表报出后，如果知悉了某事实，且若在审计报告日知悉可能导致修改审计报告，注册会计师应当：

（1）与管理层和治理层（如适用）讨论该事项；

（2）确定财务报表是否需要修改；

（3）如果需要修改，询问管理层将如何在财务报表中处理该事项。

应当指出的是，需要注册会计师在知悉后采取行动的第三时段期后事项是有严格限制的：（1）这类期后事项应当是在审计报告日已经存在的事实。（2）该事实如果被注册会计师在审计报告日前获知，可能影响审计报告。只有同时满足这两个条件，注册会计师才需要采取行动。

1. 管理层修改财务报表时的处理。

如果管理层修改了财务报表，注册会计师应当采取下列措施：

（1）根据具体情况对有关修改实施必要的审计程序。例如，查阅法院判决文件、复核会计处理或披露事项，确定管理层对财务报表的修改是否恰当。

（2）复核管理层采取的措施能否确保所有收到原财务报表和审计报告的人士了解这一情况。

在修改了财务报表的情况下，管理层应当采取恰当措施（如上市公司可以在证券类报纸、网站刊登公告，重新公布财务报表和审计报告），使所有收到原财务报表和审计报告的人士了解这一情况。注册会计师需要对这些措施进行复核，判断它们是否能达到这样的目标。例如，上市公司管理层刊登公告的媒体是否是中国证券监督管理委员会指定的媒体，若仅刊登在其注册地的媒体上，则异地的使用者可能无法了解这一情况。

（3）延伸实施审计程序，并针对修改后的财务报表出具新的审计报告。

除非上文所述的特定情形适用，将用以识别期后事项的上述审计程序延伸至新的审计报告日，并针对修改后的财务报表出具新的审计报告，新的审计报告日不应早于修改后的财务报表被批准的日期。

（4）如果上文所述特定情形适用，修改审计报告或提供新的审计报告。

需要提醒的是，注册会计师应当在新的或经修改的审计报告中增加强调事项段或其他事项段，提醒财务报表使用者关注财务报表附注中有关修改原财务报表的详细原因和注册会计师提供的原审计报告。

2. 管理层未采取任何行动时的处理。

如果管理层没有采取必要措施确保所有收到原财务报表的人士了解这一情况，也没有在注册会计师认为需要修改的情况下修改财务报表，注册会计师应当通知管理层和治

理层（除非治理层全部成员参与管理被审计单位），注册会计师将设法防止财务报表使用者信赖该审计报告。

如果注册会计师已经通知管理层或治理层，而管理层或治理层没有采取必要措施，注册会计师应当采取适当措施，以设法防止财务报表使用者信赖该审计报告。注册会计师采取的措施取决于自身的权利和义务。因此，注册会计师可能认为寻求法律意见是适当的。

第三节　书面声明

书面声明，是指管理层向注册会计师提供的书面陈述，用以确认某些事项或支持其他审计证据。书面声明不包括财务报表及其认定，以及支持性账簿和相关记录。在本节中单独提及管理层时，应当理解为管理层和治理层（如适用）。管理层负责按照适用的财务报告编制基础编制财务报表并使其实现公允反映。

书面声明是注册会计师在财务报表审计中需要获取的必要信息，是审计证据的重要来源。如果管理层修改书面声明的内容或不提供注册会计师要求的书面声明，可能使注册会计师警觉存在重大问题的可能性。而且，在很多情况下，要求管理层提供书面声明而非口头声明，可以促使管理层更加认真地考虑声明所涉及的事项，从而提高声明的质量。

尽管书面声明提供了必要的审计证据，但其本身并不为所涉及的任何事项提供充分、适当的审计证据。而且，管理层已提供可靠书面声明的事实，并不影响注册会计师就管理层责任履行情况或具体认定获取的其他审计证据的性质和范围。

一、针对管理层责任的书面声明

针对财务报表的编制，注册会计师应当要求管理层提供书面声明，确认其根据审计业务约定条款，履行了按照适用的财务报告编制基础编制财务报表并使其实现公允反映（如适用）的责任。

针对提供的信息和交易的完整性，注册会计师应当要求管理层就下列事项提供书面声明：（1）按照审计业务约定条款，已向注册会计师提供所有相关信息，并允许注册会计师不受限制地接触所有相关信息以及被审计单位内部人员和其他相关人员；（2）所有交易均已记录并反映在财务报表中。

如果未从管理层获取其确认已履行责任的书面声明，注册会计师在审计过程中获取的有关管理层已履行这些责任的其他审计证据是不充分的。这是因为，仅凭其他审计证据不能判断管理层是否在认可并理解其责任的基础上，编制和列报财务报表并向注册会计师提供了相关信息。例如，如果未向管理层询问其是否提供了审计业务约定条款中要求提供的所有相关信息，也没有获得管理层的确认，注册会计师就不能认为管理层已提供了这些信息。

基于管理层认可并理解在审计业务约定条款中提及的管理层的责任，注册会计师可能还要求管理层在书面声明中再次确认其对自身责任的认可与理解。当存在下列情况时，这种确认尤为适当：

1. 代表被审计单位签订审计业务约定条款的人员不再承担相关责任；

2. 审计业务约定条款是在以前年度签订的；

3. 有迹象表明管理层误解了其责任；

4. 情况的改变需要管理层再次确认其责任。

当然，与《中国注册会计师审计准则第 1111 号——就审计业务约定条款达成一致意见》的要求相一致，再次确认管理层对自身责任的认可与理解，并不限于管理层已知的全部事项。

二、其他书面声明

除《中国注册会计师审计准则第 1341 号——书面声明》和其他审计准则要求的书面声明外，如果注册会计师认为有必要获取一项或多项其他书面声明，以支持与财务报表或者一项或多项具体认定相关的其他审计证据，注册会计师应当要求管理层提供这些书面声明。

（一）关于财务报表的额外书面声明

除了针对财务报表的编制，注册会计师应当要求管理层提供基本书面声明以确认其履行了责任外，注册会计师可能认为有必要获取有关财务报表的其他书面声明。其他书面声明可能是对基本书面声明的补充，但不构成其组成部分。其他书面声明可能包括针对下列事项作出的声明：

1. 会计政策的选择和运用是否适当。

2. 是否按照适用的财务报告编制基础对下列事项（如相关）进行了确认、计量、列报或披露：

（1）可能影响资产和负债账面价值或分类的计划或意图；

（2）负债（包括实际负债和或有负债）；

（3）资产的所有权或控制权，资产的留置权或其他物权，用于担保的抵押资产；

（4）可能影响财务报表的法律法规及合同（包括违反法律法规及合同的行为）。

（二）与向注册会计师提供信息有关的额外书面声明

除了针对管理层提供的信息和交易的完整性的书面声明外，注册会计师可能认为有必要要求管理层提供书面声明，确认其已将注意到的所有内部控制缺陷向注册会计师通报。

（三）关于特定认定的书面声明

在获取有关管理层的判断和意图的证据时，或在对判断和意图进行评价时，注册会计师可能考虑下列一项或多项事项：

1. 被审计单位以前对声明的意图的实际实施情况；

2. 被审计单位选取特定措施的理由；

3. 被审计单位实施特定措施的能力；

4. 是否存在审计过程中已获取的、可能与管理层判断或意图不一致的任何其他信息。

此外，注册会计师可能认为有必要要求管理层提供有关财务报表特定认定的书面声明，尤其是支持注册会计师就管理层的判断或意图或者完整性认定从其他审计证据中获取的了解。例如，如果管理层的意图对投资的计价基础非常重要，但若不能从管理层获取有关该项投资意图的书面声明，注册会计师就不可能获取充分、适当的审计证据。尽管这些书面声明能够提供必要的审计证据，但其本身并不能为财务报表特定认定提供充分、适当的审计证据。

三、书面声明的日期和涵盖的期间

书面声明的日期应当尽量接近对财务报表出具审计报告的日期，但不得在审计报告日后。书面声明应当涵盖审计报告针对的所有财务报表和期间。

由于书面声明是必要的审计证据，在管理层签署书面声明前，注册会计师不能发表审计意见，也不能签署审计报告。而且，由于注册会计师关注截至审计报告日发生的、可能需要在财务报表中作出相应调整或披露的事项，书面声明的日期应当尽量接近对财务报表出具审计报告的日期，但不得在其之后。

在某些情况下，注册会计师在审计过程中获取有关财务报表特定认定的书面声明可能是适当的。此时，可能有必要要求管理层更新书面声明。管理层有时需要再次确认以前期间作出的书面声明是否依然适当，因此，书面声明需要涵盖审计报告中提及的所有期间。注册会计师和管理层可能认可某种形式的书面声明，以更新以前期间所作的书面声明。更新后的书面声明需要表明，以前期间所作的声明是否发生了变化，以及发生了什么变化（如有）。

在实务中可能会出现这样的情况，即在审计报告中提及的所有期间内，现任管理层均尚未就任。他们可能由此声称无法就上述期间提供部分或全部书面声明。然而，这一事实并不能减轻现任管理层对财务报表整体的责任。相应地，注册会计师仍然需要向现任管理层获取涵盖整个相关期间的书面声明。

四、书面声明的形式

书面声明应当以声明书的形式致送注册会计师。参考格式 18－1 列示了声明书的参考格式。

参考格式 18－1：声明书

背景信息：

1. 被审计单位采用企业会计准则编制财务报表；

2.《中国注册会计师审计准则第 1324 号——持续经营》中有关获取书面声明的要求不相关；

3. 所要求的书面声明不存在例外情况。如果存在例外情况，则需要对本参考格式列示的书面声明的内容予以调整，以反映这些例外情况。

（ABC 公司信笺）

（致注册会计师）：

本声明书是针对你们审计 ABC 公司截至 20×1 年 12 月 31 日的年度财务报表而提供的。审计的目的是对财务报表发表意见，以确定财务报表是否在所有重大方面已按照企业会计准则的规定编制，并实现公允反映。

尽我们所知，并在作出了必要的查询和了解后，我们确认：

一、财务报表

1. 我们已履行［插入日期］签署的审计业务约定书中提及的责任，即根据企业会计准则的规定编制财务报表，并对财务报表进行公允反映；

2. 根据企业会计准则有关确认、计量或披露的规定，作出会计估计和相关披露时使用的方法、重大假设和数据是适当的；

3. 已按照企业会计准则的规定对关联方关系及其交易作出了恰当的会计处理和披露；

4. 根据企业会计准则的规定，所有需要调整或披露的资产负债表日后事项都已得到调整或披露；

5. 未更正错报，无论是单独还是汇总起来，对财务报表整体的影响均不重大。未更正错报汇总表附在本声明书后；

6. [插入注册会计师可能认为适当的其他任何事项]。

二、提供的信息

7. 我们已向你们提供下列工作条件：

(1) 允许接触我们注意到的、与财务报表编制相关的所有信息（如记录、文件和其他事项）；

(2) 提供你们基于审计目的要求我们提供的其他信息；

(3) 允许在获取审计证据时不受限制地接触你们认为必要的本公司内部人员和其他相关人员。

8. 所有交易均已记录并反映在财务报表中；

9. 我们已向你们披露了舞弊可能导致的财务报表重大错报风险的评估结果；

10. 我们已向你们披露了我们注意到的、可能影响本公司的与舞弊或舞弊嫌疑相关的所有信息，这些信息涉及本公司的：

(1) 管理层；

(2) 在内部控制中承担重要职责的员工；

(3) 其他人员（在舞弊行为导致财务报表重大错报的情况下）。

11. 我们已向你们披露了从现任和前任员工、分析师、监管机构等方面获知的、影响财务报表的舞弊指控或舞弊嫌疑的所有信息；

12. 我们已向你们披露了所有已知的、在编制财务报表时应当考虑其影响的违反或涉嫌违反法律法规的行为；

13. 我们已向你们披露了我们注意到的关联方的名称和特征、所有关联方关系及其交易；

14. [插入注册会计师可能认为必要的其他任何事项]。

附：未更正错报汇总表（在本参考格式中予以省略）

ABC 公司　　　　　　　　　　　　　　　　　ABC 公司管理层

（盖章）　　　　　　　　　　　　　　　　　（签名并盖章）

中国××市　　　　　　　　　　　　　　　　20×2 年×月×日

五、对书面声明可靠性的疑虑以及管理层不提供要求的书面声明

（一）对书面声明可靠性的疑虑

1. 对管理层的胜任能力、诚信、道德价值观或勤勉尽责存在疑虑。

如果对管理层的胜任能力、诚信、道德价值观或勤勉尽责存在疑虑，或者对管理层

在这些方面的承诺或贯彻执行存在疑虑，注册会计师应当确定这些疑虑对书面或口头声明和审计证据总体的可靠性可能产生的影响。注册会计师可能认为，管理层在财务报表中作出不实陈述的风险很大，以至于审计工作无法进行。在这种情况下，除非治理层采取适当的纠正措施，否则注册会计师可能需要考虑解除业务约定（如果法律法规允许）。很多时候，治理层采取的纠正措施可能并不足以使注册会计师发表无保留意见。

2. 书面声明与其他审计证据不一致。

如果书面声明与其他审计证据不一致，注册会计师应当实施审计程序以设法解决这些问题。注册会计师可能需要考虑风险评估结果是否仍然适当。如果认为不适当，注册会计师需要修改风险评估结果，并确定进一步审计程序的性质、时间安排和范围，以应对评估的风险。如果问题仍未解决，注册会计师应当重新考虑对管理层的胜任能力、诚信、道德价值观或勤勉尽责的评估，或者重新考虑对管理层在这些方面的承诺或贯彻执行的评估，并确定书面声明与其他审计证据的不一致对书面或口头声明和审计证据总体的可靠性可能产生的影响。

如果认为书面声明不可靠，注册会计师应当采取适当措施，包括确定其对审计意见可能产生的影响。

（二）管理层不提供要求的书面声明

如果管理层不提供要求的一项或多项书面声明，注册会计师应当：

1. 与管理层讨论该事项；

2. 重新评价管理层的诚信，并评价该事项对书面或口头声明和审计证据总体的可靠性可能产生的影响；

3. 采取适当措施，包括确定该事项对审计意见可能产生的影响。

如果存在下列情形之一，注册会计师应当对财务报表发表无法表示意见：

（1）注册会计师对管理层的诚信产生重大疑虑，以至于认为其针对管理层责任作出的书面声明不可靠；

（2）管理层不提供针对管理层责任的书面声明。

针对管理层责任的书面声明包括：①针对财务报表的编制，管理层确认其根据审计业务约定条款，履行了按照适用的财务报告编制基础编制财务报表并使其实现公允反映（如适用）的责任。②针对提供的信息和交易的完整性，管理层确认：按照审计业务约定条款，已向注册会计师提供所有相关信息，并允许注册会计师不受限制地接触所有相关信息以及被审计单位内部人员和其他相关人员；所有交易均已记录并反映在财务报表中。

这是因为，仅凭其他审计证据，注册会计师不能判断管理层是否履行了上述两方面的责任。因此，如果注册会计师认为有关这些事项的书面声明不可靠，或者管理层不提供有关这些事项的书面声明，则注册会计师无法获取充分、适当的审计证据，这对财务报表的影响可能是广泛的，并不局限于财务报表的特定要素、账户或项目。在这种情况下，注册会计师需要按照《中国注册会计师审计准则第 1502 号——在审计报告中发表非无保留意见》的规定，对财务报表发表无法表示意见。

第十九章 审计报告

第一节 审计报告概述

一、审计报告的概念

审计报告是指注册会计师根据审计准则的规定，在执行审计工作的基础上，对财务报表发表审计意见的书面文件。

审计报告是注册会计师在完成审计工作后向委托人提交的最终产品，具有以下特征：

1. 注册会计师应当按照审计准则的规定执行审计工作；
2. 注册会计师在实施审计工作的基础上才能出具审计报告；
3. 注册会计师通过对财务报表发表意见履行业务约定书约定的责任；
4. 注册会计师应当以书面形式出具审计报告。

注册会计师应当根据由审计证据得出的结论，清楚表达对财务报表的意见。注册会计师一旦在审计报告上签名并盖章，就表明对其出具的审计报告负责。

审计报告是注册会计师对财务报表是否在所有重大方面按照财务报告编制基础编制并实现合法、公允反映发表审计意见的书面文件，因此，注册会计师应当将已审计的财务报表附于审计报告之后，以便于财务报表使用者正确理解和使用审计报告，并防止被审计单位替换、更改已审计的财务报表。

二、审计报告的作用

注册会计师签发的审计报告，主要具有鉴证、保护和证明三方面的作用。

（一）鉴证作用

注册会计师签发的审计报告，不同于政府审计和内部审计的审计报告，是以超然独立的第三方身份，对被审计单位财务报表的合法性和公允性发表意见。这种意见，具有鉴证作用，得到了政府、投资者和其他利益相关者的普遍认可。政府有关部门判断财务报表是否合法、公允，主要依据注册会计师的审计报告。企业的投资者，主要依据注册会计师的审计报告来判断被投资企业的财务报表是否合法、公允地反映了财务状况和经营成果，以进行投资决策等。

（二）保护作用

审计的目的是提高财务报表预期使用者对财务报表的信赖程度。这一目的可以通过注册会计师对财务报表是否在所有重大方面按照适用的财务报表编制基础发表意见得以实现。审计报告是注册会计师对财务报表发表审计意见的书面文件，能够在一定程度上对被审计单位的债权人和股东以及其他利害关系人的利益起到保护作用。例如，投资者为降低投资风险，需要在进行投资之前查阅被投资企业的财务报表和注册会计师的审计报告，了解被投资企业的经营情况和财务状况。

（三）证明作用

审计报告是对注册会计师审计任务完成情况及其结果所作的总结，它可以表明审计工作的质量并明确注册会计师的审计责任。因此，审计报告可以对审计工作质量和注册会计师的审计责任起证明作用。例如，注册会计师是否以获取的审计证据为依据发表审计意见，发表的审计意见是否与被审计单位的实际情况相一致，审计工作的质量是否符合要求。

第二节 审计意见的形成

一、得出审计结论时考虑的领域

注册会计师应当就财务报表是否在所有重大方面按照适用的财务报告编制基础编制并实现公允反映形成审计意见。为了形成审计意见，针对财务报表整体是否不存在由于舞弊或错误导致的重大错报，注册会计师应当得出结论，确定是否已就此获取合理保证。

在得出结论时，注册会计师应当考虑下列方面：

1. 按照《中国注册会计师审计准则第 1231 号——针对评估的重大错报风险采取的应对措施》的规定，是否已获取充分、适当的审计证据。

在得出总体结论之前，注册会计师应当根据实施的审计程序和获取的审计证据，评价对认定层次重大错报风险的评估是否仍然适当。在形成审计意见时，注册会计师应当考虑所有相关的审计证据，无论该证据与财务报表认定相互印证还是相互矛盾。

如果对重大的财务报表认定没有获取充分、适当的审计证据，注册会计师应当尽可能获取进一步的审计证据。

2. 按照《中国注册会计师审计准则第 1251 号——评价审计过程中识别出的错报》的规定，未更正错报单独或汇总起来是否构成重大错报。

在确定时，注册会计师应当考虑：

（1）相对特定的交易类别、账户余额或披露以及财务报表整体而言，错报的金额和性质以及错报发生的特定环境；

（2）与以前期间相关的未更正错报对有关的交易类别、账户余额或披露以及财务报表整体的影响。

3. 评价财务报表是否在所有重大方面按照适用的财务报告编制基础编制。

注册会计师应当依据适用的财务报告编制基础特别评价下列内容：

（1）财务报表是否恰当披露了所选择和运用的重要会计政策。作出这一评价时，注册会计师应当考虑会计政策与被审计单位的相关性，以及会计政策是否以可理解的方式予以表述，包括：

①适用的财务报告编制基础要求包括的所有与重要会计政策相关的披露是否均已披露；

②已披露的重要会计政策是否相关，从而反映在被审计单位经营及环境的特定情况下，适用的财务报告编制基础所规定的确认、计量和列报标准如何运用于财务报表中的各类交易、账户余额和披露；

③披露的重要会计政策的明晰性。

（2）选择和运用的会计政策是否符合适用的财务报告编制基础，并适合被审计单位的具体情况。会计政策是被审计单位在会计确认、计量和报告中采用的原则、基础和会计处理方法。被审计单位选择和运用的会计政策既应符合适用的财务报告编制基础，也应适合被审计单位的具体情况。在评价被审计单位选用的会计政策是否适当时，注册会计师需要关注重要的事项。重要事项可能包括重要项目的会计政策和行业惯例、重大和异常交易的会计处理方法、在新兴领域和缺乏权威性标准或共识的领域采用重要会计政策产生的影响、会计政策的变更等。

（3）管理层作出的会计估计和相关披露是否合理。会计估计，是指在缺乏精确计量手段的情况下，采用的某项金额的近似值。由于会计估计的主观性、复杂性和不确定性，管理层作出的会计估计和相关披露发生重大错报的可能性较大。因此，注册会计师应当获取充分、适当的审计证据，以确定根据适用的财务报告编制基础，财务报表中确认或披露的会计估计是否合理，相关披露是否充分。

（4）财务报表列报的信息是否具有相关性、可靠性、可比性和可理解性。作出这一评价时，注册会计师应当考虑：

①应当包括的信息是否均已包括，这些信息的分类、汇总或分解以及描述是否适当；

②财务报表的总体列报（包括披露）是否由于包括不相关的信息或有碍正确理解所披露事项的信息而受到不利影响，包括考虑财务报表中的信息是否以清晰、简洁的形式列报，重要的披露的位置是否能够使披露得以适当的突出显示，以及披露的交叉索引是否适当。

（5）财务报表是否作出充分披露，使财务报表预期使用者能够理解重大交易和事项对财务报表所传递的信息的影响。

按照通用目的编制基础编制的财务报表通常反映被审计单位的财务状况、经营成果和现金流量。基于适用的财务报告编制基础，注册会计师需要评价财务报表是否作出充分披露，以使财务报表预期使用者能够理解重大交易和事项对被审计单位财务状况、经营成果和现金流量的影响。

（6）财务报表使用的术语（包括每一财务报表的标题）是否适当。

在评价财务报表是否在所有重大方面按照适用的财务报告编制基础编制时，注册会计师应当考虑被审计单位会计实务的质量，包括表明管理层的判断可能出现偏向的迹象。

管理层需要对财务报表中的金额和披露作出大量判断。在考虑被审计单位会计实务的质量时，注册会计师可能注意到管理层判断中可能存在的偏向。注册会计师可能认为缺乏中立性产生的累积影响，连同未更正错报的影响，导致财务报表整体存在重大错报。管理层缺乏中立性可能影响注册会计师对财务报表整体是否存在重大错报的评价。缺乏中立性的迹象包括下列情形：

（1）管理层对注册会计师在审计期间提请其更正的错报进行选择性更正。例如，如果更正某一错报将增加盈利，则对该错报予以更正，反之如果更正某一错报将减少盈利，则对该错报不予更正。

（2）管理层在作出会计估计时可能存在偏向。

《中国注册会计师审计准则第 1321 号——会计估计和相关披露的审计》涉及管理层在作出会计估计时可能存在的偏向。在得出某项会计估计是否合理的结论时，可能存在管理层偏向的迹象本身并不构成错报。然而，这些迹象可能影响注册会计师对财务报表整体是否不存在重大错报的评价。

4. 评价财务报表是否实现公允反映。

在评价财务报表是否实现公允反映时，注册会计师应当考虑下列方面：

（1）财务报表的整体列报（包括披露）、结构和内容是否合理；

（2）财务报表是否公允地反映了相关交易和事项。

5. 评价财务报表是否恰当提及或说明适用的财务报告编制基础。

管理层和治理层（如适用）编制的财务报表需要恰当说明适用的财务报告编制基础。由于这种说明向财务报表使用者告知编制财务报表所依据的编制基础，因此非常重要。只有当财务报表符合适用的财务报告编制基础的所有要求（在财务报表所涵盖的期间内有效）时，声明财务报表按照该编制基础编制才是恰当的。在对适用的财务报告编制基础的说明中使用不严密的修饰语或限定性的语言（如“财务报表实质上符合国际财务报告准则的要求”）是不恰当的，因为这可能误导财务报表使用者。

二、审计意见的类型

注册会计师的目标是在评价根据审计证据得出的结论的基础上，对财务报表形成审计意见，并通过书面报告的形式清楚地表达审计意见。

如果认为财务报表在所有重大方面按照适用的财务报告编制基础编制并实现公允反映，注册会计师应当发表无保留意见。无保留意见，是指当注册会计师认为财务报表在所有重大方面按照适用的财务报告编制基础编制并实现公允反映时发表的审计意见。

当存在下列情形之一时，注册会计师应当按照《中国注册会计师审计准则第 1502 号——在审计报告中发表非无保留意见》的规定，在审计报告中发表非无保留意见：（1）根据获取的审计证据，得出财务报表整体存在重大错报的结论；（2）无法获取充分、适当的审计证据，不能得出财务报表整体不存在重大错报的结论。非无保留意见，是指对财务报表发表的保留意见、否定意见或无法表示意见。

如果财务报表没有实现公允反映，注册会计师应当就该事项与管理层讨论，并根据适用的财务报告编制基础的规定和该事项得到解决的情况，决定是否有必要按照《中国注册会计师审计准则第1502号——在审计报告中发表非无保留意见》的规定在审计报告中发表非无保留意见。

第三节 审计报告的基本内容

一、审计报告的要素

审计报告应当包括下列要素：（1）标题；（2）收件人；（3）审计意见；（4）形成审计意见的基础；（5）管理层对财务报表的责任；（6）注册会计师对财务报表审计的责任；（7）按照相关法律法规的要求报告的事项（如适用）；（8）注册会计师的签名和盖章；（9）会计师事务所的名称、地址和盖章；（10）报告日期。

在适用的情况下，注册会计师还应当按照《中国注册会计师审计准则第1324号——持续经营》《中国注册会计师审计准则第1504号——在审计报告中沟通关键审计事项》和《中国注册会计师审计准则第1521号——注册会计师对其他信息的责任》的相关规定，在审计报告中对与持续经营相关的重大不确定性、关键审计事项、被审计单位年度报告中包含的除财务报表和审计报告之外的其他信息进行报告。

二、标题

审计报告应当具有标题，统一规范为“审计报告”。

三、收件人

审计报告应当按照审计业务的约定载明收件人。在某些国家或地区，法律法规或业务约定条款可能指定审计报告致送的对象。注册会计师通常将审计报告致送给财务报表使用者，一般是被审计单位的股东或治理层。

四、审计意见

审计意见部分由两部分构成。第一部分指出已审计财务报表，应当包括下列方面：

1. 指出被审计单位的名称；
2. 说明财务报表已经审计；
3. 指出构成整套财务报表的每一财务报表的名称；
4. 提及财务报表附注；
5. 指明构成整套财务报表的每一财务报表的日期或涵盖的期间。

为体现上述要求，审计报告中需要说明：注册会计师审计了被审计单位的财务报表，包括［指明适用的财务报告编制基础规定的构成整套财务报表的每一财务报表的名称、日期或涵盖的期间］以及相关财务报表附注。

第二部分应当说明注册会计师发表的审计意见。如果对财务报表发表无保留意见，除非法律法规另有规定，审计意见应当使用“我们认为，财务报表在所有重大方面按照［适用的财务报告编制基础（如企业会计准则等）］编制，公允反映了［……］”的措辞。审计意见涵盖由适用的财务报告编制基础所确定的整套财务报表。例如，在许多通用目的财务报告编制基础中，财务报表包括资产负债表、利润表、现金流量表、所有者权益变动表和相关附注（通常包括重大会计政策和会计估计以及其他解释性信息）。审计意见说明财务报表在所有重大方面按照适用的财务报告编制基础编制，公允反映了财务报表旨在反映的事项。例如，对于按照企业会计准则编制的财务报表，这些事项是“被审计单位期末的财务状况、截至期末某一期间的经营成果和现金流量”。

五、形成审计意见的基础

审计报告应当包含标题为“形成审计意见的基础”的部分。该部分提供关于审计意见的重要背景，应当紧接在审计意见部分之后，并包括下列方面：

1. 说明注册会计师按照审计准则的规定执行了审计工作。

2. 提及审计报告中用于描述审计准则规定的注册会计师责任的部分。

3. 声明注册会计师按照与审计相关的职业道德要求对被审计单位保持了独立性，并履行了职业道德方面的其他责任。声明中应当指明适用的职业道德要求，如中国注册会计师职业道德守则。

4. 说明注册会计师是否相信获取的审计证据是充分、适当的，为发表审计意见提供了基础。

六、管理层对财务报表的责任

审计报告应当包含标题为“管理层对财务报表的责任”的部分，其中应当说明管理层负责下列方面：

1. 按照适用的财务报告编制基础的规定编制财务报表，使其实现公允反映，并设计、执行和维护必要的内部控制，以使财务报表不存在由于舞弊或错误导致的重大错报；

2. 评估被审计单位的持续经营能力和使用持续经营假设是否适当，并披露与持续经营相关的事项（如适用）。对管理层评估责任的说明应当包括描述在何种情况下使用持续经营假设是适当的。

当对财务报告过程负有监督责任的人员与履行上述责任的人员不同时，管理层对财务报表的责任部分还应当提及对财务报告过程负有监督责任的人员。在这种情况下，该部分的标题还应当提及“治理层”或者特定国家或地区法律框架中的恰当术语。

七、注册会计师对财务报表审计的责任

审计报告应当包含标题为“注册会计师对财务报表审计的责任”的部分，其中应当包括下列内容：

1. 说明注册会计师的目标是对财务报表整体是否不存在由于舞弊或错误导致的重大错报获取合理保证，并出具包含审计意见的审计报告。

2. 说明合理保证是高水平的保证，但并不能保证按照审计准则执行的审计在某一重大错报存在时总能发现。

3. 说明错报可能由于舞弊或错误导致。在说明错报可能由于舞弊或错误导致时，注册会计师应当从下列两种做法中选取一种：

（1）描述如果合理预期错报单独或汇总起来可能影响财务报表使用者依据财务报表作出的经济决策，则通常认为错报是重大的；

（2）根据适用的财务报告编制基础，提供关于重要性的定义或描述。

注册会计师对财务报表审计的责任部分还应当包括下列内容：

1. 说明在按照审计准则执行审计工作的过程中，注册会计师运用职业判断，并保持职业怀疑。

2. 通过说明注册会计师的责任，对审计工作进行描述。这些责任包括：

（1）识别和评估由于舞弊或错误导致的财务报表重大错报风险，设计和实施审计程序以应对这些风险，并获取充分、适当的审计证据，作为发表审计意见的基础。由于舞弊可能涉及串通、伪造、故意遗漏、虚假陈述或凌驾于内部控制之上，未能发现由于舞弊导致的重大错报的风险高于未能发现由于错误导致的重大错报的风险。

（2）了解与审计相关的内部控制，以设计恰当的审计程序，但目的并非对内部控制的有效性发表意见。当注册会计师有责任在财务报表审计的同时对内部控制的有效性发表意见时，应当略去上述“目的并非对内部控制的有效性发表意见”的表述。

（3）评价管理层选用会计政策的恰当性和作出会计估计及相关披露的合理性。

（4）对管理层使用持续经营假设的恰当性得出结论。同时，根据获取的审计证据，就可能导致对被审计单位持续经营能力产生重大疑虑的事项或情况是否存在重大不确定性得出结论。如果注册会计师得出结论认为存在重大不确定性，审计准则要求注册会计师在审计报告中提请报表使用者关注财务报表中的相关披露；如果披露不充分，注册会计师应当发表非无保留意见。注册会计师的结论基于截至审计报告日可获得的信息。然而，未来的事项或情况可能导致被审计单位不能持续经营。

（5）评价财务报表的总体列报、结构和内容（包括披露），并评价财务报表是否公允反映相关交易和事项。

3. 当《中国注册会计师审计准则第1401号——对集团财务报表审计的特殊考虑》适用时，通过说明下列事项，进一步描述注册会计师在集团审计中的责任：

（1）注册会计师的责任是就集团中实体或业务活动的财务信息获取充分、适当的审计证据，以对合并财务报表发表审计意见；

（2）注册会计师负责指导、监督和执行集团审计；

（3）注册会计师对审计意见承担全部责任。

注册会计师对财务报表审计的责任部分还应当包括下列内容：

1. 说明注册会计师与治理层就计划的审计范围、时间安排和重大审计发现等事项进行沟通，包括沟通注册会计师在审计中识别的值得关注的内部控制缺陷；

2. 对于上市实体财务报表审计，指出注册会计师就已遵守与独立性相关的职业道德要求向治理层提供声明，并与治理层沟通可能被合理认为影响注册会计师独立性的所有关系和其他事项，以及相关的防范措施（如适用）；

3. 对于上市实体财务报表审计，以及决定按照《中国注册会计师审计准则第1504号——在审计报告中沟通关键审计事项》的规定沟通关键审计事项的其他情况，说明注册会计师从已与治理层沟通的事项中确定哪些事项对本期财务报表审计最为重要，因而构成关键审计事项。注册会计师应当在审计报告中描述这些事项，除非法律法规禁止公开披露这些事项，或在极少数情形下，注册会计师合理预期在审计报告中沟通某事项造成的负面后果超过在公众利益方面产生的益处，因而决定不应在审计报告中沟通该事项。

八、按照相关法律法规的要求报告的事项（如适用）

除审计准则规定的注册会计师对财务报表出具审计报告的责任外，相关法律法规可能对注册会计师设定了其他报告责任。例如，如果注册会计师在财务报表审计中注意到某些事项，可能被要求对这些事项予以报告。此外，注册会计师可能被要求实施额外的规定的程序并予以报告，或对特定事项（如会计账簿和记录的适当性）发表意见。

如果注册会计师在对财务报表出具的审计报告中履行其他报告责任，应当在审计报告中将其单独作为一部分，并以“按照相关法律法规的要求报告的事项”为标题，或使用适合于该部分内容的其他标题，除非其他报告责任涉及的事项与审计准则规定的报告责任涉及的事项相同。

九、注册会计师的签名和盖章

审计报告应当由项目合伙人和另一名负责该项目的注册会计师签名和盖章。为进一步增强对审计报告使用者的透明度，在对上市实体整套通用目的财务报表出具的审计报告中应当注明项目合伙人。

十、会计师事务所的名称、地址和盖章

审计报告应当载明会计师事务所的名称和地址，并加盖会计师事务所公章。

根据《中华人民共和国注册会计师法》的规定，注册会计师承办业务，由其所在的会计师事务所统一受理并与委托人签订委托合同。因此，审计报告除了应由注册会计师签名和盖章外，还应载明会计师事务所的名称和地址，并加盖会计师事务所公章。

注册会计师在审计报告中载明会计师事务所地址时，标明会计师事务所所在的城市即可。在实务中，审计报告通常载于会计师事务所统一印刷的、标有该所详细通讯地址的信笺上，因此，无需在审计报告中注明详细地址。

十一、报告日期

审计报告应当注明报告日期。审计报告日不应早于注册会计师获取充分、适当的审计证据，并在此基础上对财务报表形成审计意见的日期。在确定审计报告日时，注册会计师应当确信已获取下列两方面的审计证据：（1）构成整套财务报表的所有报表（含披露）已编制完成；（2）被审计单位的董事会、管理层或类似机构已经认可其对财务报表负责。

审计报告的日期向审计报告使用者表明，注册会计师已考虑其知悉的、截至审计报告日发生的事项和交易的影响。注册会计师对审计报告日后发生的事项和交易的责任，在《中国注册会计师审计准则第1332号——期后事项》中作出了规定。审计报告的日期非常重要。注册会计师对不同时段的财务报表日后事项有着不同的责任，而审计报告的日期是划分时段的关键时点。由于审计意见是针对财务报表发表的，并且编制财务报表是管理层的责任，所以只有在注册会计师获取证据证明构成整套财务报表的所有报表（含披露）已经编制完成，并且管理层已认可其对财务报表的责任的情况下，注册会计师才能得出已经获取充分、适当的审计证据的结论。财务报表需经董事会或类似机构批准后才可对外报出。法律法规明确了负责确定构成整套财务报表的所有报表及披露已经编制完成的个人或机构（如董事会），并规定了必要的批准程序。在这种情况下，注册会计师需要在签署审计报告前获取财务报表已得到批准的证据。财务报表的批准日期是一个比较早的日期，即被审计单位的董事会、管理层或类似机构确定构成整套财务报表的所有报表及披露已经编制完成，并声称对此负责的日期。在实务中，如果法律法规没有对财务报表在报出前获得批准作出规定，则注册会计师在正式签署审计报告前，通常把审计报告草稿随同附管理层已按审计调整建议修改后的财务报表一起提交给管理层。如果管理层签署已按审计调整建议修改后的财务报表，注册会计师即可签署审计报告。注册会计师签署审计报告的日期可能与管理层签署已审计财务报表的日期为同一天，也可能晚于管理层签署已审计财务报表的日期。

十二、与财务报表一同列报的补充信息

在某些情况下，被审计单位根据法律法规的要求，或出于自愿选择，与财务报表一同列报适用的财务报告编制基础未作要求的补充信息。例如，被审计单位列报补充信息以增强财务报表使用者对适用的财务报告编制基础的理解，或者对财务报表的特定项目提供进一步解释。这种补充信息通常在补充报表中或作为额外的附注进行列示。

如果被审计单位将适用的财务报告编制基础未作要求的补充信息与已审计财务报表一同列报，注册会计师应当根据职业判断，评价补充信息是否由于其性质和列报方式而构成财务报表的必要组成部分。如果补充信息构成财务报表的必要组成部分，应当将其涵盖在审计意见中。

如果认为适用的财务报告编制基础未作要求的补充信息不构成已审计财务报表的必要组成部分，注册会计师应当评价这些补充信息的列报方式是否充分、清楚地使其与已审计财务报表相区分。如果未能充分、清楚地区分，注册会计师应当要求管理层改变未审计补充信息的列报方式。如果管理层拒绝改变，注册会计师应当指出未审计的补充信息，并在审计报告中说明补充信息未审计。

参考格式19－1列示了对上市实体财务报表出具的无保留意见的审计报告。

参考格式19－1：对上市实体财务报表出具的无保留意见的审计报告

背景信息：

1. 对上市实体整套财务报表进行审计。该审计不属于集团审计（即不适用《中国注

册会计师审计准则第1401号——对集团财务报表审计的特殊考虑》)。

2. 管理层按照企业会计准则编制财务报表。

3. 审计业务约定条款体现了《中国注册会计师审计准则第1111号——就审计业务约定条款达成一致意见》关于管理层对财务报表责任的描述。

4. 基于获取的审计证据，注册会计师认为发表无保留意见是恰当的。

5. 适用的相关职业道德要求为中国注册会计师职业道德守则。

6. 基于获取的审计证据，根据《中国注册会计师审计准则第1324号——持续经营》，注册会计师认为可能导致对被审计单位持续经营能力产生重大疑虑的相关事项或情况不存在重大不确定性。

7. 已按照《中国注册会计师审计准则第1504号——在审计报告中沟通关键审计事项》的规定沟通了关键审计事项。

8. 注册会计师在审计报告日前已获取所有其他信息，且未识别出信息存在重大错报。

9. 负责监督财务报表的人员与负责编制财务报表的人员不同。

10. 除财务报表审计外，按照法律法规的要求，注册会计师负有其他报告责任，且注册会计师决定在审计报告中履行其他报告责任。

审 计 报 告

ABC股份有限公司全体股东：

一、对财务报表出具的审计报告

(一) 审计意见

我们审计了ABC股份有限公司（以下简称"ABC公司"）财务报表，包括20×1年12月31日的资产负债表，20×1年度的利润表、现金流量表、股东权益变动表以及相关财务报表附注。

我们认为，后附的财务报表在所有重大方面按照企业会计准则的规定编制，公允反映了ABC公司20×1年12月31日的财务状况以及20×1年度的经营成果和现金流量。

(二) 形成审计意见的基础

我们按照中国注册会计师审计准则的规定执行了审计工作。审计报告的"注册会计师对财务报表审计的责任"部分进一步阐述了我们在这些准则下的责任。按照中国注册会计师职业道德守则，我们独立于ABC公司，并履行了职业道德方面的其他责任。我们相信，我们获取的审计证据是充分、适当的，为发表审计意见提供了基础。

(三) 关键审计事项

关键审计事项是根据我们的职业判断，认为对本期财务报表审计最为重要的事项。这些事项是在对财务报表整体进行审计并形成意见的背景下进行处理的，我们不对这些事项提供单独的意见。

[按照《中国注册会计师审计准则第1504号——在审计报告中沟通关键审计事项》的规定描述每一关键审计事项。]

(四) 其他信息

[按照《中国注册会计师审计准则第1521号——注册会计师对其他信息的责任》的

规定报告。]

（五）管理层和治理层对财务报表的责任

管理层负责按照企业会计准则的规定编制财务报表，使其实现公允反映，并设计、执行和维护必要的内部控制，以使财务报表不存在由于舞弊或错误导致的重大错报。

在编制财务报表时，管理层负责评估ABC公司的持续经营能力，披露与持续经营相关的事项（如适用），并运用持续经营假设，除非计划清算ABC公司、停止营运或别无其他现实的选择。

治理层负责监督ABC公司的财务报告过程。

（六）注册会计师对财务报表审计的责任

我们的目标是对财务报表整体是否不存在由于舞弊或错误导致的重大错报获取合理保证，并出具包含审计意见的审计报告。合理保证是高水平的保证，但并不能保证按照审计准则执行的审计在某一重大错报存在时总能被发现。错报可能由于舞弊或错误导致，如果合理预期错报单独或汇总起来可能影响财务报表使用者依据财务报表作出的经济决策，则通常认为错报是重大的。

在按照审计准则执行审计的过程中，我们运用职业判断，并保持职业怀疑。同时，我们也执行下列工作：

（1）识别和评估由于舞弊或错误导致的财务报表重大错报风险；对这些风险有针对性地设计和实施审计程序；获取充分、适当的审计证据，作为发表审计意见的基础。由于舞弊可能涉及串通、伪造、故意遗漏、虚假陈述或凌驾于内部控制之上，未能发现由于舞弊导致的重大错报的风险高于未能发现由于错误导致的重大错报的风险。

（2）了解与审计相关的内部控制，以设计恰当的审计程序，但目的并非对内部控制的有效性发表意见。

（3）评价管理层选用会计政策的恰当性和作出会计估计及相关披露的合理性。

（4）对管理层使用持续经营假设的恰当性得出结论。同时，根据获取的审计证据，就可能导致对ABC公司持续经营能力产生重大疑虑的事项或情况是否存在重大不确定性得出结论。如果我们得出结论认为存在重大不确定性，审计准则要求我们在审计报告中提请报表使用者注意财务报表中的相关披露；如果披露不充分，我们应当发表非无保留意见。我们的结论基于审计报告日可获得的信息。然而，未来的事项或情况可能导致ABC公司不能持续经营。

（5）评价财务报表的总体列报、结构和内容，并评价财务报表是否公允反映相关交易和事项。

我们与治理层就计划的审计范围、时间安排和重大审计发现等事项进行沟通，包括沟通我们在审计中识别出的值得关注的内部控制缺陷。

我们还就已遵守与独立性相关的职业道德要求向治理层提供声明，并与治理层沟通可能被合理认为影响我们独立性的所有关系和其他事项，以及相关的防范措施（如适用）。

从与治理层沟通的事项中，我们确定哪些事项对本期财务报表审计最为重要，因而构成关键审计事项。我们在审计报告中描述这些事项，除非法律法规禁止公开披露这些事项，或在极其罕见的情形下，如果合理预期在审计报告中沟通某事项造成的负面后果超过在公众利益方面产生的益处，我们确定不应在审计报告中沟通该事项。

二、按照相关法律法规的要求报告的事项

[本部分的格式和内容，取决于法律法规对其他报告责任的性质的规定。本部分应当说明相关法律法规规范的事项（其他报告责任），除非其他报告责任涉及的事项与审计准则规定的报告责任涉及的事项相同。如果涉及相同的事项，其他报告责任可以在审计准则规定的同一报告要素部分中列示。当其他报告责任和审计准则规定的报告责任涉及同一事项，并且审计报告中的措辞能够将其他报告责任与审计准则规定的责任（如差异存在）予以清楚地区分时，可以将两者合并列示（即包含在“对财务报表出具的审计报告”部分中，并使用适当的副标题）。]

××会计师事务所　　　　　　　　中国注册会计师：×××（项目合伙人）
（盖章）　　　　　　　　　　　　（签名并盖章）
　　　　　　　　　　　　　　　　中国注册会计师：×××
　　　　　　　　　　　　　　　　（签名并盖章）
中国××市　　　　　　　　　　　二〇×二年×月×日

第四节　在审计报告中沟通关键审计事项

《中国注册会计师审计准则第 1504 号——在审计报告中沟通关键审计事项》明确了注册会计师在审计报告中沟通关键审计事项的责任。该准则适用于对上市实体整套通用目的财务报表进行审计，以及注册会计师决定或委托方要求在审计报告中沟通关键审计事项的其他情形。如果法律法规要求注册会计师在审计报告中沟通关键审计事项，该准则亦适用。

关键审计事项，是指注册会计师根据职业判断认为对当期财务报表审计最为重要的事项。关键审计事项从注册会计师与治理层沟通过的事项中选取。

在审计报告中沟通关键审计事项，旨在通过提高已执行审计工作的透明度增加审计报告的沟通价值。沟通关键审计事项能为财务报表预期使用者提供额外的信息，帮助其了解注册会计师根据职业判断认为对本期财务报表审计最为重要的事项，并帮助其了解被审计单位，以及已审计财务报表中涉及重大管理层判断的领域。

在审计报告中沟通关键审计事项以注册会计师已就财务报表整体形成审计意见为背景。在审计报告中沟通关键审计事项不能代替下列事项：

1. 管理层按照适用的财务报告编制基础在财务报表中作出的披露，或为使财务报表实现公允反映而作出的披露（如适用）；

2. 注册会计师按照《中国注册会计师审计准则第 1502 号——在审计报告中发表非无保留意见》的规定，按照审计业务的具体情况发表非无保留意见；

3. 当可能导致对被审计单位持续经营能力产生重大疑虑的事项或情况存在重大不确定性时，注册会计师按照《中国注册会计师审计准则第 1324 号——持续经营》的规定进行报告。

在审计报告中沟通关键审计事项不是注册会计师就单一事项单独发表意见。

一、确定关键审计事项

根据关键审计事项的概念，注册会计师在确定关键审计事项时，需要遵循以下决策框架（如图 19－1 所示）。

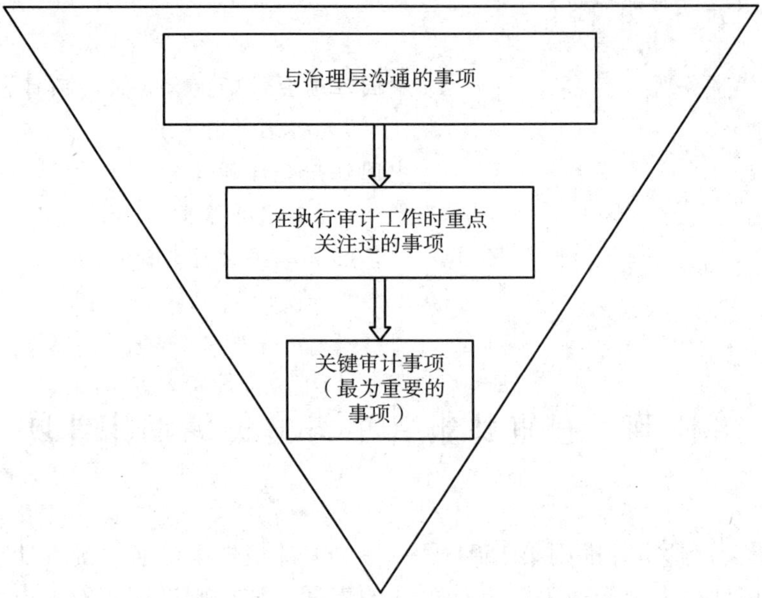

图 19－1 关键审计事项的决策框架

（一）以“与治理层沟通过的事项”为起点选择关键审计事项

《中国注册会计师审计准则第 1151 号——与治理层的沟通》要求注册会计师与被审计单位治理层沟通审计过程中的重大发现，包括注册会计师对被审计单位的重要会计政策、会计估计和财务报表披露等会计实务重大方面的质量的看法，审计过程中遇到的重大困难，已与管理层讨论或需要书面沟通的重大事项等，以便治理层履行其监督财务报告过程的职责。对财务报表和审计报告使用者信息需求的调查结果表明，他们对这些事项感兴趣，并且呼吁增加这些沟通的透明度。因此，注册会计师应当从与治理层沟通过的事项中选取关键审计事项。

（二）从“与治理层沟通过的事项”中确定“在执行审计工作时重点关注过的事项”

重点关注的概念基于这样的认识：审计是风险导向的，注重识别和评估财务报表重大错报风险，设计和实施应对这些风险的审计程序，获取充分、适当的审计证据，以作为形成审计意见的基础。对于特定账户余额、交易类别或披露，评估的认定层次重大错报风险越高，在计划和实施审计程序并评价审计程序的结果时通常涉及的判断就越多。

在设计进一步审计程序时，注册会计师评估的风险越高，就越需要获取有说服力的审计证据。当由于评估的风险较高而需要获取更具说服力的审计证据时，注册会计师可能需要增加所需审计证据的数量，或者获取更具相关性或可靠性的审计证据，如更注重从第三方获取审计证据或从多个独立渠道获取互相印证的审计证据。因此，对注册会计师获取充分、适当的审计证据或对财务报表形成审计意见构成挑战的事项可能与注册会计师确定关键审计事项尤其相关。

注册会计师重点关注过的领域通常与财务报表中复杂、重大的管理层判断领域相关，因而通常涉及困难或复杂的注册会计师职业判断。相应地，重点关注过的事项通常影响注册会计师的总体审计策略以及对这些事项分配的审计资源和审计工作力度。这些影响的例子可能包括高级审计人员参与审计业务的程度，或者注册会计师的专家或在会计、审计的特殊领域具有专长的人员（包括会计师事务所聘请或雇用的人员）对这些领域的参与。

注册会计师在确定哪些事项属于在执行审计工作时重点关注过的事项时，应当考虑下列方面：

1. 按照《中国注册会计师审计准则第 1211 号——重大错报风险的识别和评估》的规定，评估的重大错报风险较高的领域或识别出的特别风险。

《中国注册会计师审计准则第 1151 号——与治理层的沟通》要求注册会计师与治理层沟通识别出的特别风险，以帮助治理层了解存在特别风险的事项以及需要注册会计师予以特别考虑的原因。此外，注册会计师还可以与治理层沟通计划如何应对评估的重大错报风险较高的领域。

对于评估的重大错报风险较高的领域或识别出的特别风险，注册会计师通常需要在审计中投放更多的审计资源予以应对。因此，注册会计师在确定的重点关注过的事项时需要特别考虑这一方面。

2. 与财务报表中涉及重大管理层判断（包括涉及高度估计不确定性的会计估计）的领域相关的重大审计判断。

《中国注册会计师审计准则第 1151 号——与治理层的沟通》要求注册会计师与治理层沟通注册会计师对被审计单位会计实务（包括会计政策、会计估计和财务报表披露）重大方面质量的看法。在很多情况下，这涉及关键会计估计和相关披露，很可能属于重点关注领域，也可能被识别为特别风险。

财务报表中涉及复杂、重大的管理层判断领域，通常涉及困难、复杂的审计判断，并且可能同时需要管理层的专家和注册会计师的专家的参与。因此，注册会计师在确定的重点关注过的事项时需要特别考虑这一方面。

3. 本期重大交易或事项对审计的影响。

对财务报表或审计工作具有重大影响的事项或交易可能属于重点关注领域，并可能被识别为特别风险。例如，在审计过程中的各个阶段，注册会计师可能已与管理层和治理层就重大关联方交易或超出被审计单位正常经营过程之外的重大交易，或在其他方面显得异常的交易对财务报表的影响进行了大量讨论。管理层可能已就这些交易的确认、计量、列报或披露作出困难或复杂的判断，这可能已对注册会计师的总体审计策略产生重大影响。影响管理层假设或判断的经济、会计、法规、行业或其他方面的重大变化也可能影响注册会计师的总体审计方法，由此成为需要注册会计师重点关注的事项。

（三）从“在执行审计工作时重点关注过的事项”中确定哪些事项对本期财务报表审计“最为重要”，从而构成关键审计事项

注册会计师可能已就需要重点关注的事项与治理层进行了较多的沟通。就这些事项与治理层进行沟通的性质和范围，通常能够表明哪些事项对审计而言最为重要。例如，对于较为困难和复杂的事项，注册会计师与治理层的互动可能更加深入、频繁或充分，这些事项（如重大会计政策的运用）构成重大的注册会计师判断或管理层判断的对象。

在确定某一与治理层沟通过的事项的相对重要程度以及该事项是否构成关键审计事项时，下列考虑也可能是相关的：

1. 该事项对预期使用者理解财务报表整体的重要程度，尤其是对财务报表的重要性。

2. 与该事项相关的会计政策的性质或者与同行业其他实体相比，管理层在选择适当的会计政策时涉及的复杂程度或主观程度。

3. 从定性和定量方面考虑，与该事项相关的舞弊或错误导致的已更正错报和累积未更正错报（如有）的性质和重要程度。

4. 为应对该事项所需要付出的审计努力的性质和程度，包括：

（1）为应对该事项而实施审计程序或评价这些审计程序的结果（如有）在多大程度上需要特殊的知识或技能。

（2）就该事项在项目组之外进行咨询的性质。

5. 在实施审计程序、评价实施审计程序的结果、获取相关和可靠的审计证据以作为发表审计意见的基础时，注册会计师遇到的困难的性质和严重程度，尤其是当注册会计师的判断变得更加主观时。

6. 识别出的与该事项相关的控制缺陷的严重程度。

7. 该事项是否涉及数项可区分但又相互关联的审计考虑。例如，长期合同的收入确认、诉讼或其他或有事项等方面，可能需要重点关注，并且可能影响其他会计估计。

从需要重点关注的事项中，确定哪些事项以及多少事项对本期财务报表审计最为重要属于职业判断问题。“最为重要的事项”并不意味着只有一项。需要在审计报告中包含的关键审计事项的数量可能受被审计单位规模和复杂程度、业务和经营环境的性质，以及审计业务具体事实和情况的影响。一般而言，最初确定为关键审计事项的事项越多，注册会计师越需要重新考虑每一事项是否符合关键审计事项的定义。罗列大量关键审计事项可能与这些事项是审计中最为重要的事项这一概念相抵触。

二、在审计报告中沟通关键审计事项

（一）在审计报告中单设关键审计事项部分

为能够突出关键审计事项，同时向财务报表预期使用者展示项目特定信息在其眼中的价值，注册会计师应当在审计报告中单设一部分，以“关键审计事项”为标题，并在该部分使用恰当的子标题逐项描述关键审计事项。关键审计事项部分的引言应当同时说明下列事项：

1. 关键审计事项是注册会计师根据职业判断，认为对本期财务报表审计最为重要的事项。

2. 关键审计事项的应对以对财务报表整体进行审计并形成审计意见为背景，注册会计师对财务报表整体形成审计意见，而不对关键审计事项单独发表意见。

（二）描述单一关键审计事项

为帮助财务报表预期使用者了解注册会计师确定的关键审计事项，注册会计师应当在审计报告中逐项描述每一关键审计事项，并分别索引至财务报表的相关披露（如有），以使预期使用者能够进一步了解管理层在编制财务报表时如何应对这些事项。在描述时，注册会计师应当同时说明下列内容：

1. 该事项被认定为审计中最为重要的事项之一，因而被确定为关键审计事项的原因。

2. 该事项在审计中是如何应对的。

对一项关键审计事项在审计中如何应对的描述的详细程度属于职业判断，注册会计师可以描述下列要素：

1. 审计应对措施或审计方法中，与该事项最为相关或对评估的重大错报风险最有针对性的方面；

2. 对已实施审计程序的简要概述；

3. 实施审计程序的结果；

4. 对该事项的主要看法。

为使预期使用者能够理解在对财务报表整体进行审计的背景下的关键审计事项重要程度，以及关键审计事项与审计报告其他要素（包括审计意见）之间的关系，注册会计师可能需要注意用于描述关键审计事项的语言，使之：

1. 不暗示注册会计师在对财务报表形成审计意见时尚未恰当解决该事项；

2. 将该事项直接联系到被审计单位的具体情况，避免使用一般化或标准化的语言；

3. 能够体现出对该事项在相关财务报表披露（如有）中如何应对的考虑；

4. 不对财务报表单一要素发表意见，也不暗示是对财务报表单一要素单独发表意见。

需要特别强调的是，对某项关键审计事项的描述是否充分属于职业判断。对关键审计事项进行描述的目的在于提供一种简明、不偏颇的解释，以使预期使用者能够了解为何该事项是对审计最为重要的事项之一，以及这些事项是如何在审计中加以应对的。限制使用过于专业的审计术语也能够帮助那些不具备适当审计知识的预期使用者了解注册会计师在审计过程中关注特定事项的原因。注册会计师提供信息的性质和范围需要在相关方各自责任的背景下作出权衡（即注册会计师以一种简明且可理解的形式提供有用的信息，但避免不恰当地提供有关被审计单位的原始信息）。

原始信息是指与被审计单位相关、尚未由被审计单位公布（例如，未包含在财务报表中、未包含在审计报告日可获取的其他信息或者管理层或治理层的其他口头或书面沟通中，如财务信息的初步公告或投资者简报）的信息。这些信息是被审计单位管理层和治理层的责任。

在描述关键审计事项时，注册会计师需要避免不恰当地提供与被审计单位相关的原始信息。对关键审计事项的描述本身通常不构成有关被审计单位的原始信息，这是由于对关键审计事项的描述是在对财务报表进行审计的背景下进行的。然而，注册会计师可能认为提供进一步信息用于解释为何该事项被认为对审计最为重要因而被确定为关键审计事项，以及这些事项如何在审计中加以应对是有必要的，除非法律法规禁止披露这些信息。如果确定披露这些信息是必要的，注册会计师可以鼓励管理层或治理层进一步披露信息，而不是在审计报告中提供原始信息。

三、不在审计报告中沟通关键审计事项的情形

一般而言，在审计报告中沟通关键审计事项，通常有助于提高审计的透明度，是符合公众利益的。然而，在极少数情况下，关键审计事项可能涉及某些“敏感信息”，沟通这些信息可能会给被审计单位带来较为严重的负面影响。在某些情况下，法律法规也可能禁止公开披露某事项。例如，公开披露某事项可能影响相关机构对某项违反法律法规行为或疑似违反法律法规行为进行的调查。

因此，除非存在下列情形之一，注册会计师应当在审计报告中逐项描述关键审计事项：

1. 法律法规禁止公开披露某事项；

2. 在极少数的情况下，如果合理预期在审计报告中沟通某事项造成的负面后果超过产生的公众利益方面的益处，注册会计师确定不应在审计报告中沟通该事项。

如果被审计单位存在上述情形，注册会计师确定不在审计报告中沟通某一关键审计事项，并且不存在其他关键审计事项，注册会计师可以在审计报告单设的关键审计事项部分表述为“我们确定不存在需要在审计报告中沟通的关键审计事项。”

四、其他情形下关键审计事项部分的形式和内容

1. 如果根据被审计单位和审计业务的具体事项和情况，注册会计师确定不存在需要沟通的关键审计事项，可以在审计报告单设的关键审计事项部分表述为“我们确定不存在需要在审计报告中沟通的关键审计事项。”

需要说明的是，确定关键审计事项涉及对需要重点关注的事项的相对重要程度作出判断。因此，对上市实体整套通用目的财务报表进行审计的注册会计师，确定与治理层沟通过的事项中不存在任何一项需要在审计报告中沟通的关键审计事项，可能是较为少见的。

2. 仅有的需要沟通的关键审计事项是导致发表保留意见或否定意见的事项，或者是可能导致对被审计单位持续经营能力产生重大疑虑的事项或情况存在重大不确定性，注册会计师可以在审计报告单设的关键审计事项部分表述为“除形成保留（否定）意见的基础部分或与持续经营相关的重大不确定性部分所描述的事项外，我们确定不存在其他需要在审计报告中沟通的关键审计事项。”

需要说明的是，根据《中国注册会计师审计准则第 1502 号——在审计报告中发表非无保留意见》的规定导致发表保留意见或否定意见的事项，或者根据《中国注册会计师审计准则第 1324 号——持续经营》的规定可能导致对被审计单位持续经营能力产生重大

疑虑的事项或情况存在重大不确定性，就其性质而言都属于关键审计事项，但这些事项在审计报告中专门的部分披露，不在审计报告的关键审计事项部分进行描述。进一步说，在关键审计事项部分披露的关键审计事项是已经得到满意解决的事项，既不存在审计范围受到限制，也不存在注册会计师与被审计单位管理层意见分歧的情况。注册会计师应当按照适用的审计准则的规定报告这些事项，并在关键审计事项部分提及形成保留（否定）意见的基础部分或与持续经营相关的重大不确定性部分。

3. 如果根据《中国注册会计师审计准则第1502号——在审计报告中发表非无保留意见》的规定，确定对财务报表发表无法表示意见，注册会计师不得在审计报告中沟通关键审计事项，除非法律法规要求沟通。

4. 如果注册会计师认为有必要在审计报告中增加强调事项段或其他事项段，审计报告中的强调事项段或其他事项段需要与关键审计事项部分分开列示。如果某事项被确定为关键审计事项，则不能以强调事项或其他事项代替对关键审计事项的描述。

五、就关键审计事项与治理层沟通

治理层在监督财务报告过程中担当重要角色。就关键审计事项与治理层沟通，能够使治理层了解注册会计师就关键审计事项作出的审计决策的基础以及这些事项将如何在审计报告中作出描述，也能够使治理层考虑鉴于这些事项将在审计报告中进行沟通，作出新的披露或提高披露质量是否有用。因此，注册会计师应当就下列事项与治理层沟通：

1. 注册会计师确定的关键审计事项；

2. 根据被审计单位和审计业务的具体情况，注册会计师确定不存在需要在审计报告中沟通的关键审计事项（如适用）。

六、审计工作底稿记录要求

注册会计师应当在审计工作底稿中记录下列事项：

1. 注册会计师确定的在执行审计工作时重点关注过的事项，以及针对每一事项，是否将其确定为关键审计事项及其理由；

2. 注册会计师确定不存在需要在审计报告中沟通的关键审计事项的理由，或者仅需要沟通的关键审计事项是导致非无保留意见的事项，或者是可能导致对被审计单位持续经营能力产生重大疑虑的事项或情况存在重大不确定性（如适用）；

3. 注册会计师确定不在审计报告中沟通某项关键审计事项的理由（如适用）。

参考格式19－2列示了审计报告中关键审计事项——商誉的减值测试。

参考格式19－2：关键审计事项——商誉的减值测试

相关信息披露详见财务报表附注——××

（一）事项描述

截至201×年12月31日，集团因收购YYY公司而确认了×××万元的商誉。贵公司管理层于每年年末对商誉进行减值测试。本年度，YYY公司产生了经营损失，该商誉出现减值迹象。

报告期末，集团管理层对YYY公司的商誉进行了减值测试，以评价该项商誉是否存在减值。管理层采用现金流预测模型来计算商誉的可收回金额，并将其与商誉的账面价值相比较。该模型所使用的折现率、预计现金流，特别是未来收入增长率等关键指标需要作出重大的管理层判断。通过测试，管理层得出商誉没有减值的结论。

（二）实施的审计程序

我们针对管理层减值测试所实施的审计程序包括：

1. 对管理层的估值方法予以了评估；

2. 基于我们对相关行业的了解，我们检查了管理层假设的合理性，如收入增长率、折现率等；

3. 检查录入数据与支持证据的一致性，例如，已批准的预算以及考虑这些预算的合理性。

……

参考格式19－3列示了审计报告中关键审计事项——研发费用资本化。

参考格式19－3：关键审计事项——研发费用资本化

相关信息披露详见财务报表附注——××

（一）事项描述

公司开发了大量的系统运行软件以及业务相关技术，并正在进一步开发其他技术以提高效率和产能。本年度，公司资本化的研发费用为×××万元。

由于资本化的研发费用金额较大，且评估其是否达到企业会计准则规定的资本化标准涉及重大的管理层判断（特别是以下领域），因此该领域是关键审计事项。

1. 项目的技术可行性；

2. 项目产生足够未来经济利益的可能性。

我们尤其注意到公司目前正在投资开发新技术以满足其未来发展的需要，因此我们重点关注了这些在建项目的未来经济利益是否能够支撑资本化金额，这些项目包括：

1. 为提高公司开发、运营和拓展能力，重建其技术平台的项目，如能够投入使用，其经济利益需要在较长的期限内实现，因此涉及更多判断；

2. 由于某些开发技术的创新性而使其未来经济利益涉及重大判断的项目。

鉴于新软件和系统的开发，我们也关注了已经资本化的现有软件及系统的账面余额是否发生减值。

（二）实施的审计程序及结果

我们获取了本年度资本化的研发费用的明细表，并将其调节至总账中记录的金额，未发现重大异常。

我们测试了资本化金额超过××万元的所有项目和剩余样本中抽取的金额较小的项目，具体如下：

1. 我们获取了管理层就这些项目进行资本化的原因作出的解释，包括项目的技术可行性以及项目产生足够未来经济利益的可能性等方面。我们还与负责各选定项目的项目开发经理进行访谈，以印证上述解释并了解具体项目，从而使我们能够独立评估这些项目是否满足企业会计准则规定的资本化条件。我们发现项目经理给出的解释与我们从管理层获得的解释，以及我们对业务发展的理解一致，并认可管理层得出的这些支出满足资本化条件的评价。

2. 我们询问了管理层及相关项目经理，新软件和系统的开发是否代替了资产负债表中任何现有资产或使其减值。除财务报表附注××所披露的××万元的减值准备外，我们未发现进一步的减值迹象。我们还根据我们对于新建项目及现有项目的了解，考虑是否存在任何项目中的软件因受开发活动的影响而停止使用或减少使用年限。我们未发现重大异常。

3. 为确定支出是否可直接归属于各个项目，我们获取了单个项目耗用工时的清单，抽查了项目记录的某些工时数，并与相关项目经理讨论以了解项目，确认所测试的员工的确参与了项目，并确定这些员工所执行工作的性质。我们通过将耗用工时清单中某位员工的总工时数与其标准费率相乘来确认记录的工时工资与资本化的金额相一致。

4. 我们还按照相当于公司技术开发小组平均工资的每小时费率对上述的标准小时费率进行了调节。我们认为所用费率能恰当反映内部开发员工的薪酬水平，未发现重大异常。

……

第五节 非无保留意见审计报告

一、非无保留意见的概念

非无保留意见，是指对财务报表发表的保留意见、否定意见或无法表示意见。

当存在下列情形之一时，注册会计师应当在审计报告中发表非无保留意见：

（一）根据获取的审计证据，得出财务报表整体存在重大错报的结论

为了形成审计意见，针对财务报表整体是否不存在舞弊或错误导致的重大错报，注册会计师应当得出结论，确定是否已就此获取合理保证。在得出结论时，注册会计师需要评价未更正错报对财务报表的影响。

错报是指某一财务报表项目所报告的金额、分类或列报，与按照适用的财务报告编制基础应当列示的金额、分类或列报之间存在的差异。财务报表的重大错报可能源于：

1. 选择的会计政策的恰当性。

在选择的会计政策的恰当性方面，当出现诸如下列情形时，财务报表可能存在重大错报：

（1）选择的会计政策与适用的财务报告编制基础不一致；

（2）财务报表没有正确描述与资产负债表、利润表、所有者权益变动表或现金流量表中的重大项目相关的会计政策；

（3）财务报表没有按照公允反映的方式列报交易和事项。

财务报告编制基础通常对会计处理、披露和会计政策变更提出要求。如果被审计单位变更了重大会计政策，且没有遵守这些要求，财务报表可能存在重大错报。

2. 对所选择的会计政策的运用。

在对所选择的会计政策的运用方面，当出现下列情形时，财务报表可能存在重大错报：

（1）管理层没有按照适用的财务报告编制基础的要求一贯运用所选择的会计政策，包括管理层未在不同会计期间或对相似的交易和事项一贯运用所选择的会计政策（运用的一致性）；

（2）不当运用所选择的会计政策（如运用中的无意错误）。

3. 财务报表披露的恰当性或充分性。

在财务报表披露的恰当性或充分性方面，当出现下列情形时，财务报表可能存在重大错报：

（1）财务报表没有包括适用的财务报告编制基础要求的所有披露；

（2）财务报表的披露没有按照适用的财务报告编制基础列报；

（3）财务报表没有作出适用的财务报告编制基础特定要求之外的其他必要的披露以实现公允反映。

（二）无法获取充分、适当的审计证据，不能得出财务报表整体不存在重大错报的结论

下列情形可能导致注册会计师无法获取充分、适当的审计证据（也称为审计范围受到限制）：

1. 超出被审计单位控制的情形。例如，被审计单位的会计记录已被毁坏，或重要组成部分的会计记录已被政府有关机构无限期地查封。

2. 与注册会计师工作的性质或时间安排相关的情形。例如：①被审计单位需要使用权益法对联营企业进行核算，注册会计师无法获取有关联营企业财务信息的充分、适当的审计证据以评价是否恰当运用了权益法；②注册会计师接受审计委托的时间安排，使注册会计师无法实施存货监盘；③注册会计师确定仅实施实质性程序是不充分的，但被审计单位的控制是无效的。

3. 管理层对审计范围施加限制的情形。例如，管理层阻止注册会计师实施存货监盘，或管理层阻止注册会计师对特定账户余额实施函证。管理层施加的限制可能对审计产生其他影响，如注册会计师对舞弊风险的评估和对业务保持的考虑。

如果注册会计师能够通过实施替代程序获取充分、适当的审计证据，则无法实施特定的程序并不构成对审计范围的限制。

在导致非无保留意见的事项中，财务报表存在重大错报和注册会计师无法获取充分、适当的审计证据两种情形的性质明显不同，对财务报表使用者经济决策的影响也可能不同。注册会计师需要恰当区分这两种情形，以发表恰当的非无保留意见。

在对财务报表的某些方面（如存在不确定性的事项）执行审计时，如果注册会计师就被审计单位管理层对存在不确定性的事项的会计处理或披露发表非无保留意见，区分导致非无保留意见的事项的性质究竟是属于“财务报表存在重大错报”还是“无法获取充分、适当的审计证据”所涉及的判断有时可能较为复杂。

财务报表中的某些项目涉及的事项的未来结果可能存在不确定性，并且注册会计师在执行审计时可能还不能获得有关这些事项未来最终结果的结论性证据。在这种情况下，管理层负责按照适用的财务报告编制基础的规定对当前状况进行分析，估计相关事项未来进展对财务报表的影响并进行确认和计量，或由于在某些极端罕见的情况下无法作出合理估计而在财务报表中作出必要披露。这些存在不确定性的事项可能包括应收款项的坏账准备、存货的跌价准备、产品质量保证准备金、提供担保的连带偿还责任、尚未判决生效的诉讼或仲裁等。注册会计师在审计中需要评估所获取的审计证据是否足以支持管理层对相关事项的判断及其处理。缺乏与这些事项的最终结果相关的信息并不必然导致注册会计师无法获取与管理层判断相关的审计证据。换言之，存在不确定性并不必然导致审计范围受到限制。在存在不确定性的情况下，管理层应当合理利用财务报表编制时已经存在且能够取得的可靠信息，依据适用的财务报告编制基础的规定作出估计和判断，注册会计师应在获取充分、适当的审计证据的基础上评价管理层估计和判断的合理性，不应回避作出实质性判断。注册会计师还应当恰当区分审计范围受到限制因而就相关事项无法获取充分、适当的审计证据的情形，以及由于不符合财务报告编制基础中与不确定事项的确认、计量和列报相关的规定而导致相关事项存在重大错报（如作出不恰当的会计估计）的情形。

例如，被审计单位的法定代表人违规以被审计单位名义为一些关联公司和外部单位提供了大量担保，导致被审计单位因多个债务人逾期未还款而被起诉。由于该法定代表人已失联，被审计单位管理层无法确定是否还存在其他未知的违规担保事项，注册会计师无法就或有事项和关联方交易披露的完整性实施审计程序，这种情况即属于“无法获取充分、适当的审计证据”。

又如，被审计单位由于关联方交易的转移定价问题受到税务机关的稽查，管理层没有计提可能需要补缴的税款。注册会计师在税务专家的协助下评估了补缴税款的可能性，并对可能需要补缴的税款作出了区间估计，据此提出了审计调整。被审计单位管理层以税务稽查结果存在重大不确定性、无法可靠估计为由拒绝接受调整建议。截至审计报告日，税务机关尚未就稽查结果提供明确信息。在这种情况下，如果注册会计师根据所获得的信息和基于这些信息所作的合理判断已经足以认定财务报表存在重大错报，这种情况即属于“财务报表存在重大错报”。

二、非无保留意见的类型

（一）在确定非无保留意见类型时需要考虑的因素

注册会计师在确定恰当的非无保留意见类型时，需要考虑下列因素：（1）导致非无保留意见的事项的性质，是财务报表存在重大错报，还是在无法获取充分、适当的审计证据的情况下，财务报表可能存在重大错报；（2）注册会计师就导致非无保留意见的事项对财务报表产生或可能产生影响的广泛性作出的判断。

注册会计师对相关事项的影响的重大性和广泛性的判断均会影响审计意见的类型。

1. 影响的重大性。

注册会计师需要从定量和定性两个方面考虑错报对财务报表的影响或未发现的错报（如存在）对财务报表可能产生的影响是否重大。定量的标准通常是注册会计师确定的财务报表整体的重要性或特定的交易类别、账户余额或披露的重要性水平（如适用）。例如，对于以营利为目的且并非微利或微亏的企业，注册会计师可能将财务报表整体的重要性设定为经常性业务税前利润的5%。定性考虑错报是否重大时，注册会计师需要运用判断评估错报的性质是否严重，是否会影响财务报表使用者的经济决策。例如，错报是否影响被审计单位实现盈利预期或达到监管要求，错报是否影响被审计单位的盈亏状况，错报是否是舞弊导致的。

2. 影响的广泛性。

广泛性是描述错报影响的术语，用以说明错报对财务报表的影响，或者由于无法获取充分、适当的审计证据而未发现的错报（如存在）对财务报表可能产生的影响。根据注册会计师的判断，对财务报表的影响具有广泛性的情形包括以下三个方面：

（1）不限于对财务报表的特定要素、账户或项目产生影响。

①重大错报对财务报表的影响。如果注册会计师发现了多项重大错报（例如商誉、固定资产、存货和应收账款的减值准备计提均不充分），这些重大错报影响多个财务报表项目（商誉、固定资产、存货、应收账款、营业成本、信用减值损失、资产减值损失等），通常认为这些重大错报对财务报表的影响具有广泛性。

②在无法获取充分、适当的审计证据时，未发现的错报（如存在）对财务报表可能产生的影响。如果注册会计师无法对被审计单位某一重要子公司的财务信息执行审计工作，因而无法就被审计单位合并财务报表中与该子公司有关的项目获取充分、适当的审计证据，由于该子公司可能存在的错报影响被审计单位合并财务报表的大多数项目，通常认为该事项对被审计单位合并财务报表可能产生的影响重大且具有广泛性。

又如，注册会计师新承接的某生产制造业审计客户与存货相关的会计记录和物流记录不完整、不准确，注册会计师因此无法就期末和期初存货余额以及当期的存货增减变动情况获取充分、适当的审计证据。由于存货对利润表的营业收入、营业成本、资产减值损失、所得税费用等项目以及资产负债表的应收账款、应付账款、应交税费等项目均有重大影响，该事项导致注册会计师对这些相关项目也无法获取充分、适当的审计证据，对财务报表可能产生的影响重大且具有广泛性。

（2）虽然仅对财务报表的特定要素、账户或项目产生影响，但这些要素、账户或项目是或可能是财务报表的主要组成部分。

例如，被审计单位处于筹建期，其年末账面资产余额的80%为在建工程。注册会计师无法就年末在建工程余额获取充分、适当的审计证据。由于在建工程构成财务报表的主要组成部分，注册会计师认为上述事项对财务报表可能产生的影响重大且具有广泛性。

又如，某上市公司的控股股东违规占用上市公司资金，且上市公司违规为控股股东的借款提供担保，截至资产负债表日，上述违规占用资金和违规担保余额合计为上市公司年末净资产余额的数倍。控股股东财务状况持续恶化，偿债能力严重不足，其由上市公司提供担保的借款均已进入诉讼程序。注册会计师认为上市公司未就与被占用资金相关的应收款项计提减值准备、未就与违规担保相关的偿付义务计提预计负债构成重大错报。在这种情况下，尽管涉及的财务报表项目较为有限，但金额特别重大，因此，可以认为与控股股东资金占用和违规担保有关的交易和余额构成财务报表的主要组成部分，该事项的影响重大且具有广泛性。

再如，某被审计单位对某一项金额特别重大的资产（占年末总资产余额的比例超过60%）计提了大额减值准备，与该项资产相关的资产减值损失是导致被审计单位当年出现重大亏损的主要原因。注册会计师无法实施审计程序就该项资产的实际性质和减值准备的合理性获取充分、适当的审计证据。在这种情况下，虽然涉及的财务报表项目较为有限，但对资产负债表和利润表而言金额均特别重大，可以认为构成了财务报表的主要组成部分，该事项的影响重大且具有广泛性。

（3）当与披露相关时，产生的影响对财务报表使用者理解财务报表至关重要。

例如，基于获取的审计证据，注册会计师认为可能导致对被审计单位持续经营能力产生重大疑虑的事项或情况存在重大不确定性，且该公司正考虑申请破产。管理层在财务报表中遗漏了与重大不确定性相关的必要披露（即完全未披露）。注册会计师认为该漏报对财务报表的影响重大且具有广泛性。

（二）确定非无保留意见的类型

总体而言，导致注册会计师发表非无保留意见的事项单独或汇总起来对财务报表的影响或可能产生的影响一定是重大的。在这个前提下，注册会计师应当发表保留意见，还是否定意见或无法表示意见，取决于导致非无保留意见的事项（即财务报表存在重大错报，或注册会计师无法获取充分、适当的审计证据，财务报表可能存在重大错报）对财务报表整体产生的影响或可能产生的影响是否具有广泛性。

表19－1列示了注册会计师对导致发表非无保留意见的事项的性质和这些事项对财务报表产生或可能产生影响的广泛性作出的判断，以及注册会计师的判断对审计意见类型的影响。

表19－1　　注册会计师发表非无保留意见的情形

导致发表非无保留意见的事项的性质	这些事项对财务报表产生或可能产生影响的广泛性	
	重大但不具有广泛性	重大且具有广泛性
财务报表存在重大错报	保留意见	否定意见
无法获取充分、适当的审计证据	保留意见	无法表示意见

1. 发表保留意见。

当存在下列情形之一时，注册会计师应当发表保留意见：

（1）在获取充分、适当的审计证据后，注册会计师认为错报单独或汇总起来对财务报表影响重大，但不具有广泛性。

（2）注册会计师无法获取充分、适当的审计证据以作为形成审计意见的基础，但认为未发现的错报（如存在）对财务报表可能产生的影响重大，但不具有广泛性。

2. 发表否定意见。

在获取充分、适当的审计证据后，如果认为错报单独或汇总起来对财务报表的影响重大且具有广泛性，注册会计师应当发表否定意见。

3. 发表无法表示意见。

如果无法获取充分、适当的审计证据以作为形成审计意见的基础，但认为未发现的错报（如存在）对财务报表可能产生的影响重大且具有广泛性，注册会计师应当发表无法表示意见。

在少数情况下，可能存在多个不确定事项。尽管注册会计师对每个单独的不确定事项获取了充分、适当的审计证据，但由于不确定事项之间可能存在相互影响，以及可能对财务报表产生累积影响，注册会计师不可能对财务报表形成审计意见。在这种情况下，注册会计师应当发表无法表示意见。

当存在多项对财务报表整体具有重要影响的与持续经营相关的重大不确定性时，在极少数情况下，注册会计师可能认为发表无法表示意见是适当的，而非在审计报告中增加“与持续经营相关的重大不确定性”为标题的单独部分。

（三）在确定非无保留意见的类型时需要注意的事项

1. 在承接审计业务后，如果注意到管理层对审计范围施加了限制，且认为这些限制可能导致对财务报表发表保留意见或无法表示意见，注册会计师应当要求管理层消除这些限制。如果管理层拒绝消除限制，除非治理层全部成员参与管理被审计单位，注册会计师应当就此事项与治理层沟通，并确定能否实施替代程序以获取充分、适当的审计证据。

如果无法获取充分、适当的审计证据，注册会计师应当通过下列方式确定其影响：（1）如果未发现的错报（如存在）可能对财务报表产生的影响重大，但不具有广泛性，应当发表保留意见；（2）如果未发现的错报（如存在）可能对财务报表产生的影响重大且具有广泛性，以至于发表保留意见不足以反映情况的严重性，应当在可行时解除业务约定（除非法律法规禁止），并在解除业务约定前，与治理层沟通在审计过程中发现的、将会导致发表非无保留意见的所有错报事项。如果在出具审计报告之前解除业务约定被禁止或不可行，应当发表无法表示意见。

在某些情况下，如果法律法规要求注册会计师继续执行审计业务，则注册会计师可能无法解除审计业务约定。这种情况可能包括：（1）注册会计师接受委托审计公共部门实体的财务报表；（2）注册会计师接受委托审计涵盖特定期间的财务报表，或者接受一定期间的委托，在完成财务报表审计前或在受托期间结束前，不允许解除审计业务约定。在这些情况下，注册会计师可能认为需要在审计报告中增加其他事项段。

2. 如果认为有必要对财务报表整体发表否定意见或无法表示意见，注册会计师不应在同一审计报告中对按照相同财务报告编制基础编制的单一财务报表或者财务报表特定要素、账户或项目发表无保留意见。在同一审计报告中包含无保留意见，将会与对财务报表整体发表的否定意见或无法表示意见相矛盾。

三、非无保留意见审计报告的格式和内容

（一）形成非无保留审计意见的基础

1. 审计报告格式和内容的一致性。

审计报告格式和内容的一致性有助于提高使用者的理解和识别存在的异常情况。因此，尽管不可能统一非无保留意见的措辞和对导致非无保留意见的事项的说明，但仍有必要保持审计报告格式和内容的一致性。

如果对财务报表发表非无保留意见，注册会计师应当将审计报告中“形成审计意见的基础”部分的标题修改为恰当的标题，如“形成保留意见的基础”“形成否定意见的基础”“形成无法表示意见的基础”，说明导致发表非无保留意见的事项。

当发表保留意见或否定意见时，注册会计师应当修改“形成保留（否定）审计意见的基础”部分的描述，以说明：注册会计师相信，注册会计师获取的审计证据是充分、适当的，为发表保留（否定）意见提供了基础。

当发表无法表示意见时，注册会计师应当修改“形成无法表示意见的基础”部分的表述，不应提及审计报告中用于描述注册会计师责任的部分，也不应说明注册会计师是否已获取充分、适当的审计证据以作为形成审计意见的基础。

2. 量化财务影响。

如果财务报表中存在与具体金额（包括定量披露）相关的重大错报，注册会计师应当在形成审计意见的基础部分说明并量化该错报的财务影响。举例来说，如果存货被高估，注册会计师可以在审计报告中形成审计意见的基础部分说明该重大错报的财务影响，即量化其对所得税、税前利润、净利润和所有者权益的影响。如果无法量化财务影响，注册会计师应当在该部分说明这一情况。

3. 存在与定性披露相关的重大错报。

如果财务报表中存在与定性披露相关的重大错报，注册会计师应当在形成审计意见的基础部分解释该错报错在何处。

4. 存在与应披露而未披露信息相关的重大错报。

如果财务报表中存在与应披露而未披露信息相关的重大错报，注册会计师应当：

（1）与治理层讨论未披露信息的情况；

（2）在形成审计意见的基础部分描述未披露信息的性质；

（3）如果可行并且已针对未披露信息获取了充分、适当的审计证据，在形成审计意见的基础部分包含对未披露信息的披露，除非法律法规禁止。

如果存在下列情形之一，则在形成审计意见的基础部分披露遗漏的信息是不可行的：①管理层还没有作出这些披露，或管理层已作出但注册会计师不易获取这些披露；②根据注册会计师的判断，在审计报告中披露该事项过于庞杂。

5. 无法获取充分、适当的审计证据。

如果因无法获取充分、适当的审计证据而导致发表非无保留意见，注册会计师应当在形成审计意见的基础部分说明无法获取审计证据的原因。

6. 披露其他事项。

即使发表了否定意见或无法表示意见，注册会计师也应当在形成审计意见的基础部分说明注意到的、将导致发表非无保留意见的所有其他事项及其影响。这是因为，对注册会计师注意到的其他事项的披露可能与财务报表使用者的信息需求相关。

在执行审计的过程中，即使已发现的重大错报具有广泛性，足以导致发表否定意见，注册会计师仍然需要对其余不涉及上述重大错报的财务报表项目按照审计准则的规定执行并完成审计工作；即使审计范围受到限制可能产生的影响足以导致发表无法表示意见，除非属于在可行时解除业务约定的情形，注册会计师仍然需要对审计范围没有受到限制的方面按照审计准则的规定执行并完成审计工作。并且，注册会计师应当在“形成否定（无法表示）意见的基础”部分说明注意到的、将导致发表非无保留意见的所有其他事项及其影响。

例如，因管理层未提供完整的相关资料，注册会计师无法就被审计单位的存货、应付账款、营业成本、管理费用和资产减值损失等多个重大的财务报表项目获取充分、适当的审计证据；此外，注册会计师发现被审计单位期末某项金额重大的、以公允价值计量的交易性金融资产存在重大错报。在这种情况下，由于前一个事项对财务报表可能产生的影响重大且具有广泛性，注册会计师应当发表无法表示意见。在审计报告的“形成无法表示意见的基础”部分，除了说明导致无法表示意见的事项外，还应当说明识别出的重大错报。

又如，被审计单位连续多年严重亏损，资不抵债，大量债务违约并涉及诉讼，多个银行账户被冻结，大量资产被查封，主营业务处于停滞状态，管理层制定的各种应对措施是否能够落实具有很高的不确定性。注册会计师认为导致对被审计单位持续经营能力产生重大疑虑的事项和情况存在多个重大不确定性，这些不确定事项之间存在相互影响，对财务报表产生累积影响，注册会计师无法判断被审计单位采用持续经营假设编制本期财务报表是否适当，从而无法对财务报表整体形成审计意见。同时，被审计单位在财务报表附注中对与持续经营相关的多个重大不确定性作出了一些披露但披露并不充分，属于与应披露未披露信息相关的重大错报。在这种情况下，注册会计师应当发表无法表示意见，在“形成无法表示意见的基础”部分，除了说明由于与持续经营相关的多个重大不确定性而发表无法表示意见外，还要说明财务报表附注未予以充分披露的情况。

7. 对“形成非无保留意见的基础”部分的可理解性的考虑。

就“形成非无保留意见的基础”部分的整体结构而言，注册会计师可以考虑采取以下方式提高这部分内容的可理解性：

（1）如果非无保留意见涉及多个事项，可以以简要概括方式对每一事项分别增加一个小标题，这有助于使用者更直观地了解相关事项影响到的财务报表具体领域及判断相关事项对财务报表整体的影响程度。

（2）如果非无保留意见涉及的事项在财务报表附注中有相关披露内容，索引至相关财务报表附注有助于使用者了解这些事项的具体情况。

（3）就“形成非无保留意见的基础”部分中单个事项的描述而言，注册会计师需要从对使用者决策有用性角度考虑如何恰当体现相关描述的恰当性和可理解性。以“因无法获取充分、适当的审计证据，因而对财务报表整体发表保留意见”的情形为例，注册会计师在描述相关事项时可能考虑采取的做法：

①说明审计范围受到限制相关事项影响的财务报表项目、金额及可能存在的具体影响。这有助于使用者将注册会计师发表的保留意见与已审计财务报表的特定要素联系起来。特别是在审计范围受到限制相关事项所影响的金额并非相关财务报表项目的全部金额，或只影响相关财务报表项目的部分相关认定的情况下，对此作出进一步说明可以帮助使用者更准确地了解相关事项的性质，并判断相应的影响程度。

②在说明无法获取充分、适当的审计证据的原因时，描述导致审计范围受到限制的具体情形。例如，被审计单位管理层没有提供与某事项相关的详细资料；被审计单位管理层没有就注册会计师提出的某个异常情况提供合理解释及相关证据；因某一客观条件所限，注册会计师无法对被审计单位位于某地的重要实物资产实施检查；由于某联营企业的控股股东和管理层拒绝配合，注册会计师无法对被审计单位以权益法核算的相关长期股权投资执行必要的审计工作等。上述描述有助于使用者了解注册会计师审计范围受到限制的具体性质，并判断相应影响程度。

（二）审计意见部分

1. 标题。

在发表非无保留意见时，注册会计师应当对审计意见部分使用恰当的标题，如“保留意见”“否定意见”“无法表示意见”。审计意见部分的标题能够使财务报表使用者清楚注册会计师发表了非无保留意见，并能够表明非无保留意见的类型。

2. 发表保留意见。

当由于财务报表存在重大错报而发表保留意见时，注册会计师应当在审计意见部分说明：注册会计师认为，除形成保留意见的基础部分所述事项产生的影响外，后附的财务报表在所有重大方面按照适用的财务报告编制基础编制，公允反映了［……］。

当无法获取充分、适当的审计证据而导致发表保留意见时，注册会计师应当在审计意见部分使用“除……可能产生的影响外”等措辞。

当注册会计师发表保留意见时，在审计意见部分使用“由于上述解释”或“受……影响”等措辞是不恰当的，因为这些措辞不够清晰或没有足够的说服力。

3. 发表否定意见。

当发表否定意见时，注册会计师应当在审计意见部分说明：注册会计师认为，由于形成否定意见的基础部分所述事项的重要性，后附的财务报表没有在所有重大方面按照适用的财务报告编制基础编制，未能公允反映［……］。

4. 发表无法表示意见。

当由于无法获取充分、适当的审计证据而发表无法表示意见时，注册会计师应当在审计意见部分说明注册会计师不对后附的财务报表发表审计意见，并说明：由于形成无法表示意见的基础部分所述事项的重要性，注册会计师无法获取充分、适当的审计证据以为发表审计意见提供基础。同时，注册会计师应当将有关财务报表已经审计的说明，修改为注册会计师接受委托审计财务报表。

（三）注册会计师对财务报表审计的责任部分

当由于无法获取充分、适当的审计证据而发表无法表示意见时，注册会计师应当对无保留意见审计报告中注册会计师对财务报表审计的责任部分的表述进行修改，使之仅包含下列内容：

（1）注册会计师的责任是按照中国注册会计师审计准则的规定，对被审计单位财务报表执行审计工作，以出具审计报告；

（2）但由于形成无法表示意见的基础部分所述的事项，注册会计师无法获取充分、适当的审计证据以作为发表审计意见的基础；

（3）声明注册会计师在独立性和职业道德方面的其他责任。

四、非无保留意见审计报告的参考格式

参考格式 19－4 列示了由于财务报表存在重大错报而发表保留意见的审计报告。

参考格式 19－4：由于财务报表存在重大错报而发表保留意见的审计报告

背景信息：

1. 对上市实体整套财务报表进行审计，该审计不属于集团审计（即不适用《中国注册会计师审计准则第 1401 号——对集团财务报表审计的特殊考虑》）。

2. 管理层按照企业会计准则编制财务报表。

3. 审计业务约定条款体现了《中国注册会计师审计准则第 1111 号——就审计业务约定条款达成一致意见》关于管理层对财务报表责任的描述。

4. 存货存在错报，该错报对财务报表影响重大但不具有广泛性（即保留意见是恰当的）。

5. 适用的相关职业道德要求为中国注册会计师职业道德守则。

6. 基于获取的审计证据，根据《中国注册会计师审计准则第 1324 号——持续经营》，注册会计师认为可能导致对被审计单位持续经营能力产生重大疑虑的相关事项或情况不存在重大不确定性。

7. 已按照《中国注册会计师审计准则第 1504 号——在审计报告中沟通关键审计事项》的规定沟通了关键审计事项。

8. 注册会计师在审计报告日前已获取所有其他信息，且导致对财务报表发表保留意见的事项也影响了其他信息。

9. 负责监督财务报表的人员与负责编制财务报表的人员不同。

10. 除财务报表审计外，按照法律法规的要求，注册会计师还承担法律法规要求的其他报告责任，且注册会计师决定在审计报告中履行其他报告责任。

审 计 报 告

ABC 股份有限公司全体股东：

一、对财务报表出具的审计报告

（一）保留意见

我们审计了 ABC 股份有限公司（以下简称“ABC 公司”）财务报表，包括 20×1 年 12 月 31 日的资产负债表，20×1 年度的利润表、现金流量表、股东权益变动表以及相关财务报表附注。

我们认为，除“形成保留意见的基础”部分所述事项产生的影响外，后附的财务报

表在所有重大方面按照企业会计准则的规定编制，公允反映了ABC公司20×1年12月31日的财务状况以及20×1年度的经营成果和现金流量。

（二）形成保留意见的基础

ABC公司20×1年12月31日资产负债表中存货的列示金额为×元。ABC公司管理层（以下简称“管理层”）根据成本对存货进行计量，而没有根据成本与可变现净值孰低的原则进行计量，这不符合企业会计准则的规定。ABC公司的会计记录显示，如果管理层以成本与可变现净值孰低来计量存货，存货列示金额将减少×元。相应地，资产减值损失将增加×元，所得税、净利润和股东权益将分别减少×元、×元和×元。

我们按照中国注册会计师审计准则的规定执行了审计工作。审计报告的“注册会计师对财务报表审计的责任”部分进一步阐述了我们在这些准则下的责任。按照中国注册会计师职业道德守则，我们独立于ABC公司，并履行了职业道德方面的其他责任。我们相信，我们获取的审计证据是充分、适当的，为发表保留意见提供了基础。

（三）其他信息

[按照《中国注册会计师审计准则第1521号——注册会计师对其他信息的责任》的规定报告，其他信息部分的最后一段需要进行改写，以描述导致注册会计师对财务报表发表保留意见并且影响其他信息的事项。]

（四）关键审计事项

关键审计事项是根据我们的职业判断，认为对本期财务报表审计最为重要的事项。这些事项是在对财务报表整体进行审计并形成意见的背景下进行处理的，我们不对这些事项提供单独的意见。除“形成保留意见的基础”部分所述事项外，我们确定下列事项是需要在审计报告中沟通的关键审计事项。

[按照《中国注册会计师审计准则第1504号——在审计报告中沟通关键审计事项》的规定描述每一关键审计事项。]

（五）管理层和治理层对财务报表的责任

[按照《中国注册会计师审计准则第1501号——对财务报表形成审计意见和出具审计报告》的规定报告，参见参考格式19－1。]

（六）注册会计师对财务报表审计的责任

[按照《中国注册会计师审计准则第1501号——对财务报表形成审计意见和出具审计报告》的规定报告，参见参考格式19－1。]

二、按照相关法律法规的要求报告的事项

[按照《中国注册会计师审计准则第1501号——对财务报表形成审计意见和出具审计报告》的规定报告，参见参考格式19－1。]

××会计师事务所 （盖章）	中国注册会计师：×××（项目合伙人） （签名并盖章）
	中国注册会计师：××× （签名并盖章）
中国××市	二〇×二年×月×日

参考格式 19－5 列示了由于合并财务报表存在重大错报而发表否定意见的审计报告。

参考格式 19－5：由于合并财务报表存在重大错报而发表否定意见的审计报告

背景信息：

1. 对上市实体整套合并财务报表进行审计。该审计属于集团审计，被审计单位拥有多个子公司（即适用《中国注册会计师审计准则第 1401 号——对集团财务报表审计的特殊考虑》）。

2. 管理层按照××财务报告编制基础编制合并财务报表。

3. 审计业务约定条款体现了《中国注册会计师审计准则第 1111 号——就审计业务约定条款达成一致意见》关于管理层对合并财务报表责任的描述。

4. 合并财务报表因未合并某一子公司而存在重大错报，该错报对合并财务报表影响重大且具有广泛性（即否定意见是恰当的），但量化该错报对合并财务报表的影响是不切实际的。

5. 适用的相关职业道德要求为中国注册会计师职业道德守则。

6. 基于获取的审计证据，根据《中国注册会计师审计准则第 1324 号——持续经营》，注册会计师认为可能导致对被审计单位持续经营能力产生重大疑虑的相关事项或情况不存在重大不确定性。

7. 适用《中国注册会计师审计准则第 1504 号——在审计报告中沟通关键审计事项》。然而，注册会计师认为，除形成否定意见的基础部分所述事项外，无其他关键审计事项。

8. 注册会计师在审计报告日前已获取所有其他信息，且导致对合并财务报表发表否定意见的事项也影响了其他信息。

9. 负责监督合并财务报表的人员与负责编制合并财务报表的人员不同。

10. 除合并财务报表审计外，注册会计师还承担法律法规要求的其他报告责任，且注册会计师决定在审计报告中履行其他报告责任。

审 计 报 告

ABC 股份有限公司全体股东：

一、对合并财务报表出具的审计报告

（一）否定意见

我们审计了 ABC 股份有限公司及其子公司（以下简称“ABC 集团”）的合并财务报表，包括 20×1 年 12 月 31 日的合并资产负债表，20×1 年度的合并利润表、合并现金流量表、合并股东权益变动表以及相关合并财务报表附注。

我们认为，由于“形成否定意见的基础”部分所述事项的重要性，后附的合并财务报表没有在所有重大方面按照××财务报告编制基础的规定编制，未能公允反映 ABC 集团 20×1 年 12 月 31 日的合并财务状况以及 20×1 年度的合并经营成果和合并现金流量。

（二）形成否定意见的基础

如财务报表附注×所述，20×1 年 ABC 集团通过非同一控制下的企业合并获得对 XYZ 公司的控制权，因未能取得购买日 XYZ 公司某些重要资产和负债的公允价值，故未将 XYZ 公司纳入合并财务报表的范围。按照××财务报告编制基础的规定，该集团应将这一子公司纳入合并范围，并以暂估金额为基础核算该项收购。如果将 XYZ 公司纳入合并财务报表的范围，后附的 ABC 集团合并财务报表的多个报表项目将受到重大影响。但我们无法确定未将 XYZ 公司纳入合并范围对合并财务报表产生的影响。

我们按照中国注册会计师审计准则的规定执行了审计工作。审计报告的“注册会计师对财务报表审计的责任”部分进一步阐述了我们在这些准则下的责任。按照中国注册会计师职业道德守则，我们独立于 ABC 集团，并履行了职业道德方面的其他责任。我们相信，我们获取的审计证据是充分、适当的，为发表否定意见提供了基础。

（三）其他信息

[按照《中国注册会计师审计准则第 1521 号——注册会计师对其他信息的责任》的规定报告，其他信息部分的最后一段需要进行改写，以描述导致注册会计师对财务报表发表否定意见并且也影响其他信息的事项。]

（四）关键审计事项

除“形成否定意见的基础”部分所述事项外，我们认为，没有其他需要在审计报告中沟通的关键审计事项。

（五）管理层和治理层对合并财务报表的责任

[按照《中国注册会计师审计准则第 1501 号——对财务报表形成审计意见和出具审计报告》的规定报告，参见参考格式 19－1。]

（六）注册会计师对合并财务报表审计的责任

[按照《中国注册会计师审计准则第 1501 号——对财务报表形成审计意见和出具审计报告》的规定报告，参见参考格式 19－1。]

二、按照相关法律法规的要求报告的事项

[按照《中国注册会计师审计准则第 1501 号——对财务报表形成审计意见和出具审计报告》的规定报告，参见参考格式 19－1。]

××会计师事务所 （盖章）	中国注册会计师：×××（项目合伙人） （签名并盖章）
	中国注册会计师：××× （签名并盖章）
中国××市	二〇×二年×月×日

参考格式 19－6 列示了由于注册会计师无法针对财务报表多个要素获取充分、适当的审计证据而发表无法表示意见的审计报告。

参考格式 19－6：由于注册会计师无法针对财务报表多个要素获取充分、适当的审计证据而发表无法表示意见的审计报告

背景信息：

1. 对非上市实体整套财务报表进行审计。该审计不属于集团审计（即不适用《中国注册会计师审计准则第1401号——对集团财务报表审计的特殊考虑》)。

2. 管理层按照企业会计准则编制财务报表。

3. 审计业务约定条款体现了《中国注册会计师审计准则第1111号——就审计业务约定条款达成一致意见》关于管理层对财务报表责任的描述。

4. 对财务报表的多个要素，注册会计师无法获取充分、适当的审计证据。例如，对被审计单位的存货和应收账款，注册会计师无法获取审计证据，这一事项对财务报表可能产生的影响重大且具有广泛性。

5. 适用的相关职业道德要求为中国注册会计师职业道德守则。

6. 负责监督财务报表的人员与负责编制财务报表的人员不同。

7. 按照审计准则要求在注册会计师的责任部分作出有限的表述。

8. 除财务报表审计外，按照法律法规的要求，注册会计师负有其他报告责任，且注册会计师决定在审计报告中履行其他报告责任。

审 计 报 告

ABC股份有限公司全体股东：

一、对财务报表出具的审计报告

（一）无法表示意见

我们接受委托，审计ABC股份有限公司（以下简称“ABC公司”）财务报表，包括20×1年12月31日的资产负债表，20×1年度的利润表、现金流量表、股东权益变动表以及相关财务报表附注。

我们不对后附的ABC公司财务报表发表审计意见。由于“形成无法表示意见的基础”部分所述事项的重要性，我们无法获取充分、适当的审计证据以作为对财务报表发表审计意见的基础。

（二）形成无法表示意见的基础

我们于20×2年1月接受ABC公司的审计委托，因而未能对ABC公司20×1年初金额为×元的存货和年末金额为×元的存货实施监盘程序。此外，我们也无法实施替代审计程序获取充分、适当的审计证据。并且，ABC公司于20×1年9月采用新的应收账款电算化系统，由于存在系统缺陷导致应收账款出现大量错误。截至报告日，管理层仍在纠正系统缺陷并更正错误，我们也无法实施替代审计程序，以对截至20×1年12月31日的应收账款总额×元获取充分、适当的审计证据。因此，我们无法确定是否有必要对存货、应收账款以及财务报表其他项目作出调整，也无法确定应调整的金额。

（三）管理层和治理层对财务报表的责任

[按照《中国注册会计师审计准则第1501号——对财务报表形成审计意见和出具审计报告》的规定报告，参见参考格式19－1。]

（四）注册会计师对财务报表审计的责任

我们的责任是按照中国注册会计师审计准则的规定，对ABC公司的财务报表执行审计工作，以出具审计报告。但由于“形成无法表示意见的基础”部分所述的事项，我们无法获取充分、适当的审计证据以作为发表审计意见的基础。

按照中国注册会计师职业道德守则，我们独立于 ABC 公司，并履行了职业道德方面的其他责任。

二、对其他法律和监管要求的报告

[按照《中国注册会计师审计准则第 1501 号——对财务报表形成审计意见和出具审计报告》的规定报告，参见参考格式 19 - 1。]

××会计师事务所　　　　　　　　　　　　中国注册会计师：×××
（盖章）　　　　　　　　　　　　　　　　（签名并盖章）
　　　　　　　　　　　　　　　　　　　　中国注册会计师：×××
　　　　　　　　　　　　　　　　　　　　（签名并盖章）
中国××市　　　　　　　　　　　　　　　二〇×二年×月×日

第六节　在审计报告中增加强调事项段和其他事项段

一、强调事项段

（一）强调事项段的概念

审计报告的强调事项段，是指审计报告中含有的一个段落，该段落提及已在财务报表中恰当列报或披露的事项，且根据注册会计师的职业判断，该事项对财务报表使用者理解财务报表至关重要。

（二）需要增加强调事项段的情形

如果认为有必要提醒财务报表使用者关注已在财务报表中列报或披露，且根据职业判断认为对财务报表使用者理解财务报表至关重要的事项，在同时满足下列条件时，注册会计师应当在审计报告中增加强调事项段：

1. 按照《中国注册会计师审计准则第 1502 号——在审计报告中发表非无保留意见》的规定，该事项不会导致注册会计师发表非无保留意见；

2. 当《中国注册会计师审计准则第 1504 号——在审计报告中沟通关键审计事项》适用时，该事项未被确定为在审计报告中沟通的关键审计事项。

按照《中国注册会计师审计准则第 1504 号——在审计报告中沟通关键审计事项》被确定为关键审计事项的事项，根据注册会计师的职业判断，也可能对财务报表使用者理解财务报表至关重要。在这些情况下，按照《中国注册会计师审计准则第 1504 号——在审计报告中沟通关键审计事项》的规定将该事项作为关键审计事项沟通时，注册会计师可能希望突出或提请进一步关注其相对重要程度。在关键审计事项部分，注册会计师可以使该事项的列报更为突出（如作为第一个事项），或在关键审计事项的描述中增加额外信息，以指明该事项对财务报表使用者理解财务报表的重要程度。

某一事项可能不符合《中国注册会计师审计准则第 1504 号——在审计报告中沟通关

键审计事项》的规定，因而未被确定为关键审计事项（因该事项不是重点关注过的事项），但根据注册会计师的判断，其对财务报表使用者理解财务报表至关重要（如期后事项）。如果认为有必要提请财务报表使用者关注该事项，注册会计师应当将该事项包含在审计报告的强调事项段中。

某些审计准则对注册会计师在特定情况下在审计报告中增加强调事项段提出具体要求。这些情形包括：

1. 法律法规规定的财务报告编制基础不可接受，但其是基于法律或法规作出的规定；

2. 提醒财务报表使用者注意财务报表按照特殊目的编制基础编制；

3. 注册会计师在审计报告日后知悉了某些事实（即期后事项），并且出具了新的或经修改的审计报告。

除上述审计准则要求增加强调事项的情形外，注册会计师可能认为需要增加强调事项段的情形举例如下：

1. 异常诉讼或监管行动的未来结果存在不确定性；

2. 在财务报表日至审计报告日之间发生的重大期后事项；

3. 在允许的情况下，提前应用对财务报表有重大影响的新会计准则；

4. 存在已经或持续对被审计单位财务状况产生重大影响的特大灾难。

过于广泛地使用强调事项段，可能会降低注册会计师对强调事项所作沟通的有效性。

（三）在审计报告中包含强调事项段时注册会计师应采取的措施

如果在审计报告中包含强调事项段，注册会计师应当采取下列措施：

1. 将强调事项段作为单独的一部分置于审计报告中，并使用包含“强调事项”这一术语的适当标题。

2. 明确提及被强调事项以及相关披露的位置，以便能够在财务报表中找到对该事项的详细描述。强调事项段应当仅提及已在财务报表中列报或披露的信息。

3. 指出审计意见没有因该强调事项而改变。

在审计报告中包含强调事项段不影响审计意见。包含强调事项段不能代替下列情形：

（1）根据审计业务的具体情况，按照《中国注册会计师审计准则第 1502 号——在审计报告中发表非无保留意见》的规定发表非无保留意见；

（2）适用的财务报告编制基础要求管理层在财务报表中作出的披露，或为实现公允列报所需的其他披露；

（3）按照《中国注册会计师审计准则第 1324 号——持续经营》的规定，当可能导致对被审计单位持续经营能力产生重大疑虑的事项或情况存在重大不确定性时作出的报告。

二、其他事项段

（一）其他事项段的概念

其他事项段，是指审计报告中含有的一个段落，该段落提及未在财务报表中列报或披露的事项，且根据注册会计师的职业判断，该事项与财务报表使用者理解审计工作、注册会计师的责任或审计报告相关。

（二）可能需要增加其他事项段的情形

如果认为有必要沟通虽然未在财务报表中列报或披露，但根据职业判断认为与财务报表使用者理解审计工作、注册会计师的责任或审计报告相关的事项，在同时满足下列条件时，注册会计师应当在审计报告中增加其他事项段：

1. 未被法律法规禁止；

2. 当《中国注册会计师审计准则第 1504 号——在审计报告中沟通关键审计事项》适用时，该事项未被确定为在审计报告中沟通的关键审计事项。

具体讲，可能需要在审计报告中增加其他事项段的情形包括：

1. 与使用者理解审计工作相关的情形。

《中国注册会计师审计准则第 1151 号——与治理层的沟通》要求注册会计师就计划的审计范围和时间安排与治理层进行沟通，包括注册会计师识别的特别风险。尽管与特别风险相关的事项可能被确定为关键审计事项，根据《中国注册会计师审计准则第 1504 号——在审计报告中沟通关键审计事项》对关键审计事项的定义，其他与计划及范围相关的事项（比如计划的审计范围或审计时对重要性的运用）不太可能成为关键审计事项。然而，法律法规可能要求注册会计师在审计报告中沟通与计划及范围相关的事项，或者注册会计师可能认为有必要在其他事项段中沟通这些事项。

在极少数情况下，即使由于管理层对审计范围施加的限制导致无法获取充分、适当的审计证据可能产生的影响具有广泛性，注册会计师也不能解除业务约定。在这种情况下，注册会计师可能认为有必要在审计报告中增加其他事项段，解释为何不能解除业务约定。

2. 与使用者理解注册会计师的责任或审计报告相关的情形。

法律法规或得到广泛认可的惯例可能要求或允许注册会计师详细说明某些事项，以进一步解释注册会计师在财务报表审计中的责任或审计报告。当其他事项部分包含多个事项，并且根据注册会计师的职业判断，这些事项与财务报表使用者理解审计工作、注册会计师的责任或审计报告相关时，注册会计师可以使用一个或多个子标题来描述其他事项段的内容。

增加其他事项段不涉及以下两种情形：（1）除根据审计准则的规定有责任对财务报表出具审计报告外，注册会计师还有其他报告责任；（2）注册会计师可能被要求实施额外的规定程序并予以报告，或对特定事项发表意见。

3. 对两套以上财务报表出具审计报告的情形。

被审计单位可能按照通用目的编制基础（如 × 国财务报告编制基础）编制一套财务报表，且按照另一个通用目的编制基础（如国际财务报告准则）编制另一套财务报表，并委托注册会计师同时对两套财务报表出具审计报告。如果注册会计师已确定两个财务报告编制基础在各自情形下是可接受的，可以在审计报告中增加其他事项段，说明该被审计单位根据另一个通用目的编制基础（如国际财务报告准则）编制了另一套财务报表以及注册会计师对这些财务报表出具了审计报告。

4. 限制审计报告分发和使用的情形。

为特定目的编制的财务报表可能按照通用目的编制基础编制，因为财务报表预期使用者已确定这种通用目的财务报表能够满足他们对财务信息的需求。由于审计报告旨在提供给特定使用者，注册会计师可能认为在这种情况下需要增加其他事项段，说明审计报告只是提供给财务报表预期使用者，不应被分发给其他机构或人员或者被其他机构或人员使用。

需要注意的是，其他事项段的内容明确反映了未被要求在财务报表中列报的其他事项。其他事项段不包括法律法规或其他职业准则（如中国注册会计师职业道德守则中与信息保密相关的规定）禁止注册会计师提供的信息。其他事项段也不包括要求管理层提供的信息。

如果在审计报告中包含其他事项段，注册会计师应当将该段落作为单独的一部分，并使用“其他事项”或其他适当标题。

参考格式 19－7 列示了当审计报告中同时包含关键审计事项部分、强调事项段和其他事项段时，有关它们之间相互影响的参考格式。

参考格式 19－7：包含关键审计事项部分、强调事项段和其他事项段的审计报告

背景信息：

1. 对上市实体整套财务报表进行审计。该审计不属于集团审计（即不适用《中国注册会计师审计准则第 1401 号——对集团财务报表审计的特殊考虑》）。

2. 管理层按照企业会计准则编制财务报表。

3. 审计业务约定条款体现了《中国注册会计师审计准则第 1111 号——就审计业务约定条款达成一致意见》关于管理层对财务报表责任的描述。

4. 基于获取的审计证据，注册会计师认为发表无保留意见是恰当的。

5. 适用的相关职业道德要求为中国注册会计师职业道德守则。

6. 基于获取的审计证据，根据《中国注册会计师审计准则第 1324 号——持续经营》，注册会计师认为可能导致对被审计单位持续经营能力产生重大疑虑的相关事项或情况不存在重大不确定性。

7. 在财务报表日至审计报告日之间，被审计单位的生产设备发生了火灾，被审计单位已将其作为期后事项披露。根据注册会计师的判断，该事项对财务报表使用者理解财务报表至关重要，但在本期财务报表审计中不是重点关注过的事项。

8. 已按照《中国注册会计师审计准则第 1504 号——在审计报告中沟通关键审计事项》的规定沟通了关键审计事项。

9. 注册会计师在审计报告日前已获取所有其他信息，且未识别出信息存在重大错报。

10. 已列报对应数据，且上期财务报表已由前任注册会计师审计。法律法规不禁止注册会计师提及前任注册会计对对应数据出具的审计报告，并且注册会计师已决定提及。

11. 负责监督财务报表的人员与负责编制财务报表的人员不同。

12. 除财务报表审计外，注册会计师还承担法律法规要求的其他报告责任，且注册会计师决定在审计报告中履行其他报告责任。

审 计 报 告

ABC股份有限公司全体股东：

一、对财务报表出具的审计报告

（一）审计意见

我们审计了ABC股份有限公司（以下简称“ABC公司”）财务报表，包括20×1年12月31日的资产负债表，20×1年度的利润表、现金流量表、股东权益变动表以及相关财务报表附注。

我们认为，后附的财务报表在所有重大方面按照企业会计准则的规定编制，公允反映了ABC公司20×1年12月31日的财务状况以及20×1年度的经营成果和现金流量。

（二）形成审计意见的基础

我们按照中国注册会计师审计准则的规定执行了审计工作。审计报告的“注册会计师对财务报表审计的责任”部分进一步阐述了我们在这些准则下的责任。按照中国注册会计师职业道德守则，我们独立于ABC公司，并履行了职业道德方面的其他责任。我们相信，我们获取的审计证据是充分、适当的，为发表审计意见提供了基础。

（三）强调事项

我们提醒财务报表使用者关注，财务报表附注×描述了火灾对ABC公司的生产设备造成的影响。本段内容不影响已发表的审计意见。

（四）关键审计事项

关键审计事项是根据我们的职业判断，认为对本期财务报表审计最为重要的事项。这些事项是在对财务报表整体进行审计并形成意见的背景下进行处理的，我们不对这些事项单独发表意见。

[按照《中国注册会计师审计准则第1504号——在审计报告中沟通关键审计事项》的规定描述每一关键审计事项。]

（五）其他事项

20×0年12月31日的资产负债表、20×0年度的利润表、现金流量表、股东权益变动表以及相关财务报表附注由其他会计师事务所审计，并于20×1年3月31日发表了无保留意见。

（六）其他信息

[按照《中国注册会计师审计准则第1521号——注册会计师对其他信息的责任》的规定报告，参见参考格式19－11。]

（七）管理层和治理层对财务报表的责任

[按照《中国注册会计师审计准则第1501号——对财务报表形成审计意见和出具审计报告》的规定报告，参见参考格式19－1。]

（八）注册会计师对财务报表审计的责任

[按照《中国注册会计师审计准则第1501号——对财务报表形成审计意见和出具审计报告》的规定报告，参见参考格式19－1。]

二、按照相关法律法规的要求报告的事项

[按照《中国注册会计师审计准则第 1501 号——对财务报表形成审计意见和出具审计报告》的规定报告，参见参考格式 19 - 1。]

××会计师事务所　　　　　　　　　　中国注册会计师：×××（项目合伙人）
（盖章）　　　　　　　　　　　　　　　（签名并盖章）
　　　　　　　　　　　　　　　　　　中国注册会计师：×××
　　　　　　　　　　　　　　　　　　　（签名并盖章）
中国××市　　　　　　　　　　　　　二〇×二年×月×日

三、与治理层的沟通

如果拟在审计报告中增加强调事项段或其他事项段，注册会计师应当就该事项和拟使用的措辞与治理层沟通。

与治理层的沟通能使治理层了解注册会计师拟在审计报告中所强调的特定事项的性质，并在必要时为治理层提供向注册会计师作出进一步澄清的机会。对于连续审计业务，当某一特定事项在每期审计报告中的其他事项段中重复出现时，除非法律法规另有规定，注册会计师可能认为没有必要在每次审计业务中重复沟通。

第七节　比较信息

财务报表使用者为了确定在一段时期内被审计单位财务状况和经营成果的变化趋势，需要了解涉及一个或多个以前会计期间的比较信息。为满足这种需求，我国的企业会计准则对重要会计事项的信息披露作出了明确规定，多项具体会计准则都对比较信息的列报提出了要求，现行的其他相关法律法规对比较信息的披露也作出了明确规定。例如，《企业会计准则第 30 号——财务报表列报》第十二条就明确规定："当期财务报表的列报，至少应当提供所有列报项目上一可比会计期间的比较数据，以及与理解当期财务报表相关的说明。"可见，比较信息是当期财务报表的不可缺少的组成部分。并且，当存在重大会计政策变更、重大会计差错，或者企业执行的会计制度发生变化而引起财务报表格式变化，或者发生共同控制下的企业合并等情形，均要求对比较信息作出相应调整。相应地，注册会计师在对财务报表发表审计意见时，就应当考虑比较信息对审计意见的影响。

审计准则规定，财务报表中列报的比较信息的性质取决于适用的财务报告编制基础的要求。比较信息包括对应数据和比较财务报表，相应地，注册会计师履行比较信息的报告责任有两种不同的方法。采用的方法通常由法律法规规定，但也可能在业务约定条款中作出约定。两种方法导致审计报告存在的主要差异表现在：对于对应数据，审计意见仅提及本期；对于比较财务报表，审计意见提及列报的财务报表所属的各期。两种方法下不同的审计报告要求将在下文具体阐述。

一、比较信息的概念

比较信息，是指包含于财务报表中的、符合适用的财务报告编制基础的、与一个或多个以前期间相关的金额和披露。

对应数据，属于比较信息，是指作为本期财务报表组成部分的上期金额和相关披露，这些金额和披露只能与本期相关的金额和披露（称为“本期数据”）联系起来阅读。对应数据列报的详细程度主要取决于其与本期数据的相关程度。

比较财务报表，属于比较信息，是指为了与本期财务报表相比较而包含的上期金额和相关披露。比较财务报表包含信息的详细程度与本期财务报表包含信息的详细程度相似。如果上期金额和相关披露已经审计，则将在审计意见中提及。

不同的财务报告编制基础对比较信息的列报要求不同，有的要求列报对应数据，而有的则要求列报比较财务报表。对于法定年度财务报表审计而言，按照企业会计准则编制的财务报表中的上期金额和相关披露是本期财务报表的组成部分，属于对应数据。

对于比较信息，注册会计师的目标是：（1）获取充分、适当的审计证据，确定在财务报表中包含的比较信息是否在所有重大方面按照适用的财务报告编制基础有关比较信息的要求进行列报；（2）按照注册会计师的报告责任出具审计报告。

二、审计程序

（一）一般审计程序

注册会计师应当确定财务报表中是否包括适用的财务报告编制基础要求的比较信息，以及比较信息是否得到恰当分类。基于上述目的，注册会计师应当评价：

1. 比较信息是否与上期财务报表列报的金额和相关披露一致，如果必要，比较信息是否已经重述。

本期财务报表中的比较信息来源于上期财务报表列报的金额和相关披露。但是，某些情况可能导致两者并不一致。例如，根据《企业会计准则第 33 号——合并财务报表》规定，母公司在报告期内因同一控制下企业合并增加的子公司及业务，在编制合并资产负债表时，应当调整合并资产负债表的期初数，同时应当对比较报表的相关项目进行调整，视同合并后的报告主体自最终控制方开始控制时点起一直存在。又如，《企业会计准则第 28 号——合并财务报表》规定，当财务报表存在重要的前期差错时，如前期差错累积影响数能够确定，应当采用追溯重述法进行更正，在重要的前期差错发现后的财务报表中，调整前期比较信息。因此，有必要将比较信息与上期财务报表列报的金额和相关披露进行核对，以确定两者之间是否一致。

如果比较信息与上期财务报表列报的金额和相关披露不一致，注册会计师检查的内容通常包括：

（1）出现不一致是否是由于适用的财务报告编制基础引起的，或是法律法规的要求；

（2）金额是否作出适当调整，包括报表项目的重新分类和归集，以及附注中前期对应数的调整等；

（3）是否已在附注中充分披露对比较信息作出调整的原因和性质，以及比较信息中受影响的项目名称和更正金额。

如果发现对比较信息的调整缺乏合理依据，注册会计师需要提请管理层对比较信息作出更正，并视更正情况出具恰当意见类型的审计报告。

2. 在比较信息中反映的会计政策是否与本期采用的会计政策一致，如果会计政策已发生变更，这些变更是否得到恰当处理并得到充分列报与披露。

适用的财务报告编制基础通常要求企业采用的会计政策在每一会计期间和前后各期应当保持一致，不得随意变更。因此，注册会计师应当检查在比较信息反映的会计政策是否与本期采用的会计政策一致。但是，适用的财务报告编制基础并非绝对不允许企业变更会计政策。当法律法规或者适用的财务报告编制基础等要求变更会计政策，或者会计政策变更能够提供更可靠、更相关的会计信息时，企业可以变更会计政策。如果可以计算累积影响数的，还应当采用追溯调整法进行处理，对本期财务报表中列报的比较信息进行调整。

当被审计单位变更会计政策时，注册会计师检查的内容通常包括：

（1）会计政策变更是否符合适用的财务报告编制基础的规定；

（2）会计政策变更是否经过被审计单位有权限机构的批准；

（3）会计政策变更的会计处理是否恰当，如是否对比较信息进行了适当的调整；

（4）是否充分披露了会计政策变更，包括变更的性质、内容和原因，比较信息中受影响的项目名称和调整金额，无法进行追溯调整的事实和原因等。

（二）注意到比较信息可能存在重大错报时的审计要求

1. 在实施本期审计时，如果注意到比较信息可能存在重大错报，注册会计师应当根据实际情况追加必要的审计程序，获取充分、适当的审计证据，以确定是否存在重大错报。

实施本期审计是指对本期财务报表实施审计，既包括对本期财务报表中所含的本期数据的审计，也包括对本期财务报表中所含的比较信息的审计。

本期财务报表中的比较信息出现重大错报的情形通常包括：

（1）上期财务报表存在重大错报，该财务报表虽经审计，但注册会计师因未发现而未在针对上期财务报表出具的审计报告中对该事项发表非无保留意见，本期财务报表中的比较信息未作更正；

（2）上期财务报表存在重大错报，该财务报表未经注册会计师审计，比较信息未作更正；

（3）上期财务报表不存在重大错报，但比较信息与上期财务报表存在重大不一致，由此导致重大错报；

（4）上期财务报表不存在重大错报，但在某些特殊情形下，比较信息未按照适用的财务报告编制基础的要求恰当重述。

当注册会计师注意到比较信息可能存在重大错报时，应当根据重大错报的性质、影响程度和范围等实际情况，有针对性地实施追加的审计程序，以确定是否确实存在重大错报。

2. 如果上期财务报表已经审计，注册会计师还应当遵守《中国注册会计师审计准则第1332号——期后事项》的相关规定。如果上期财务报表已经得到更正，注册会计师应当确定比较信息与更正后的财务报表是否一致。

注册会计师在对本期财务报表进行审计时，可能注意到影响上期财务报表的重大错报，而以前未就该重大错报出具非无保留意见的审计报告。在这种情况下，由于针对上期财务报表的审计报告已经出具，注册会计师应当根据《中国注册会计师审计准则第1332号——期后事项》的规定，考虑是否需要修改上期财务报表，并与管理层讨论，同时根据具体情况采取适当措施：一是如前所述，如果上期财务报表未经更正，也未重新出具审计报告，且比较数据未经恰当重述和充分披露，注册会计师应当对本期财务报表出具非无保留意见的审计报告，说明比较数据对本期财务报表的影响；二是如果上期财务报表已经更正，并已重新出具审计报告，注册会计师应当获取充分、适当的审计证据，以确定比较信息与更正的财务报表是否一致。

（三）获取书面声明

注册会计师应当按照《中国注册会计师审计准则第1341号——书面声明》的规定，获取与审计意见中提及的所有期间相关的书面声明。对于管理层作出的、更正上期财务报表中影响比较信息的重大错报的任何重述，注册会计师还应当获取特定书面声明。

《中国注册会计师审计准则第1341号——书面声明》规定：针对财务报表的编制，注册会计师应当要求管理层提供书面声明，确认其根据审计业务约定条款，履行了按照适用的财务报告编制基础编制财务报表并使其实现公允反映（如适用）的责任；书面声明应当涵盖审计报告针对的所有财务报表和期间。在比较财务报表的情形下，由于管理层需要再次确认其以前作出的与上期相关的书面声明仍然适当，注册会计师需要要求管理层提供与审计意见所提及的所有期间相关的书面声明。在对应数据的情形下，由于审计意见针对包括对应数据的本期财务报表，注册会计师需要要求管理层仅就本期财务报表提供书面声明。然而，对上期财务报表中影响比较信息的重大错报进行更正而作出的任何重述，注册会计师应当要求管理层提供特定书面声明。

三、审计报告：对应数据

（一）总体要求

注册会计师发表的审计意见是针对包括对应数据的本期财务报表整体。当财务报表中列报对应数据时，如果以前针对上期财务报表发表了保留意见、无法表示意见或否定意见，注册会计师首先需要判断导致对上期财务报表发表非无保留意见的事项是否已经解决。例如，对于上期财务报表存在重大错报的情形，如果上期财务报表中的错报已经得到更正，通常视为已经解决；对于上期财务报表审计范围受限的情形，如果原来的审计范围受限情形已消除，注册会计师能够就上期财务报表获取充分、适当的审计证据，通常视为已经解决。在作出判断时，注册会计师不仅要考虑相关事项对本期财务报表的资产负债表余额的影响，也要考虑相关事项对本期利润表、现金流量表以及股东（所有者）权益变动表的影响，以及对本期数据和对应数据的可比性的影响。如果事项已解决，并且被审计单位已经按照适用的财务报告编制基础进行恰当的会计处理，或在财务报表中作出适当的披露，则注册会计师可以针对本期财务报表发表无保留意见，且无需提及之前发表的非无保留意见。

当财务报表中列报对应数据时，除下列情形外，审计意见不应提及对应数据：

1. 导致对上期财务报表发表非无保留意见的事项在本期仍未解决。

如果事项仍未解决，在就未解决事项对本期财务报表的影响或可能产生的影响进行评价后，注册会计师应当对本期财务报表发表恰当的非无保留意见。具体而言：

（1）对上期财务报表发表了否定意见或无法表示意见，且事项仍未解决，且这些事项对本期财务报表的影响或可能产生的影响仍然重大且具有广泛性，注册会计师应当对本期财务报表发表否定意见或无法表示意见；如果这些未解决事项对本期财务报表的影响或可能产生的影响仍然重大，但影响程度降低或影响范围缩小，不再具有广泛性，则注册会计师应当对本期财务报表发表保留意见。

（2）对上期财务报表发表了保留意见，且事项仍未解决，注册会计师应当对本期财务报表发表非无保留意见。

（3）对上期财务报表发表了非无保留意见，且事项未解决，该未解决事项可能与本期数据无关。但是，由于未解决事项对本期数据和对应数据的可比性存在影响或可能存在影响，仍需要对本期财务报表发表非无保留意见。

以下举例说明注册会计师如何考虑导致对上期财务报表发表非无保留意见的事项是否已解决，以及在未解决的情况下如何评价其对本期财务报表及审计意见的影响。

例1：注册会计师由于无法对被审计单位的某一重要子公司执行审计工作而对被审计单位上一年度合并财务报表发表了无法表示意见。本年度审计中注册会计师仍然无法对该子公司执行审计工作。

场景（1）：被审计单位在本年12月出售了其持有的该子公司全部股权。在这种情况下，尽管该子公司在被审计单位本年年末合并资产负债表中已出表，但本年合并利润表、合并现金流量表以及合并股东（所有者）权益变动表中仍然包括该子公司被处置前的经营业绩和现金流量，对被审计单位的合并财务报表本期数仍有重大且广泛的影响。此外，该事项对合并财务报表的对应数据可能产生的影响仍然没有消除，且该子公司于股权处置日的净资产直接影响被审计单位本期就股权处置交易确认的损益，注册会计师对该项处置损益也无法获取充分、适当的审计证据。综合考虑这些情况，导致对上期合并财务报表发表无法表示意见的事项并未解决，对本期合并财务报表的影响重大且具有广泛性，注册会计师无法获取充分、适当的审计证据，应当对本期合并财务报表发表无法表示意见。

场景（2）：被审计单位在本年1月1日出售了其持有的该子公司全部股权。在这种情况下，无法对该子公司执行审计工作导致注册会计师无法就本期确认的股权处置损益获取充分、适当的审计证据，且对对应数据可能产生的影响仍然没有消除。假定上述股权处置损益金额重大但不构成本期合并财务报表的主要组成部分，注册会计师综合考虑上述因素之后可能认为导致对上期合并财务报表发表无法表示意见的事项对本期合并财务报表的影响重大但不具有广泛性，因而发表保留意见。

例2：由于上期财务报表中的应收账款、存货、营业收入、营业成本等多个项目存在重大错报，注册会计师对被审计单位上期财务报表发表了否定意见。被审计单位管理层就上期财务报表中存在的重大错报调整了本期财务报表的对应数据，并在财务报表附注中作出了充分披露，注册会计师对本期数据和更正后的对应数据均获取了充分、适当的审计证据，认为不存在重大错报，应当对本期财务报表发表无保留意见。

例3：由于被审计单位在上期未对金额重大的商誉和固定资产实施减值测试，注册会计师无法就商誉和固定资产是否存在减值以及可能需要计提的减值准备获取充分、适当的审计证据，因此对上期财务报表发表了保留意见。被审计单位管理层在本期期末实施了商誉和固定资产减值测试并计提了大额减值准备，确认了资产减值损失。注册会计师执行审计工作后认可了本期期末的减值准备金额，但认为一部分资产减值损失应当在上期财务报表中确认，相关金额对本期财务报表的本期数据和对应数据均有重大影响。在这种情况下，导致对上期财务报表发表保留意见的事项并未解决，相关错报对本期财务报表的影响重大但不具有广泛性，注册会计师应当对本期财务报表发表保留意见。

在审计报告的形成非无保留意见的基础部分，注册会计师应当分下列两种情况予以处理：

①如果未解决事项对本期数据的影响或可能的影响是重大的，注册会计师应当在形成非无保留意见的基础部分同时提及本期数据和对应数据；

②如果未解决事项对本期数据的影响或可能的影响不重大，注册会计师应当说明，由于未解决事项对本期数据和对应数据之间可比性的影响或可能的影响，因此发表了非无保留意见。

2. 上期财务报表存在重大错报，而以前对该财务报表发表了无保留意见，且对应数据未经适当重述或恰当披露。

如果注册会计师已经获取上期财务报表存在重大错报的审计证据，而以前对该财务报表发表了无保留意见，且对应数据未经适当重述或恰当披露，注册会计师应当就包括在财务报表中的对应数据，在审计报告中对本期财务报表发表保留意见或否定意见。

如果存在错报的上期财务报表尚未更正，并且没有重新出具审计报告，但对应数据已在本期财务报表中得到适当重述或恰当披露。此时，注册会计师可以在审计报告中增加强调事项段，以描述这一情况，并提及详细描述该事项的相关披露在财务报表中的位置。

（二）上期财务报表未经审计时的报告要求

如果上期财务报表未经审计，注册会计师应当在审计报告的其他事项段中说明对应数据未经审计。但这种说明并不减轻注册会计师获取充分、适当的审计证据，以确定期初余额不含有对本期财务报表产生重大影响的错报的责任。

当上期财务报表未经审计时，注册会计师应当按照《中国注册会计师审计准则第1331号——首次审计业务涉及的期初余额》的规定，对本期期初余额实施恰当的审计程序，获取充分、适当的审计证据，以确定期初余额不存在重大错报。尽管如此，针对期初余额实施的审计程序的范围往往要小于针对当期余额和发生额实施的审计程序的范围，并且，客观地说，针对期初余额实施某些审计程序的难度往往要大一些，而效果却要差一些。为使财务报表使用者以谨慎的态度利用对应数据作出决策，避免加重注册会计师的责任，降低注册会计师的执业风险，如果上期财务报表未经审计，注册会计师应当在审计报告的其他事项段中予以说明。

（三）上期财务报表已由前任注册会计师审计时的报告要求

如果上期财务报表已由前任注册会计师审计，注册会计师在审计报告中可以提及前任注册会计师对对应数据出具的审计报告。当注册会计师决定提及时，应当在审计报告的其他事项段中说明：（1）上期财务报表已由前任注册会计师审计；（2）前任注册会计师发表的意见的类型（如果是非无保留意见，还应当说明发表非无保留意见的理由）；（3）前任注册会计师出具的审计报告的日期。

四、审计报告：比较财务报表

（一）总体要求

当列报比较财务报表时，审计意见应当提及列报财务报表所属的各期，以及发表的审计意见涵盖的各期。

由于对比较财务报表出具的审计报告涵盖所列报的每期财务报表，注册会计师可以对一期或多期财务报表发表保留意见、否定意见或无法表示意见，或者在审计报告中增加强调事项段，而对其他期间的财务报表发表不同的审计意见。

（二）对上期财务报表发表的意见与以前发表的意见不同

当因本期审计而对上期财务报表发表审计意见时，如果对上期财务报表发表的意见与以前发表的意见不同，注册会计师应当按照《中国注册会计师审计准则第1503号——在审计报告中增加强调事项段和其他事项段》的规定，在其他事项段中披露导致不同意见的实质性原因。

当结合本期审计对上期财务报表出具审计报告时，如果注册会计师在本期审计过程中注意到严重影响上期财务报表的情形或事项，对上期财务报表发表的意见可能与以前发表的意见不同。在某些国家或地区，注册会计师可能负有额外的报告责任，因此，要求注册会计师在审计报告的其他事项段中披露导致不同意见的实质性原因，以防止信赖注册会计师以前对上期财务报表出具的报告。

（三）上期财务报表已由前任注册会计师审计

如果上期财务报表已由前任注册会计师审计，除非前任注册会计师对上期财务报表出具的审计报告与财务报表一同对外提供，注册会计师除对本期财务报表发表意见外，还应当在其他事项段中说明：（1）上期财务报表已由前任注册会计师审计；（2）前任注册会计师发表的意见的类型（如果是非无保留意见，还应当说明发表非无保留意见的理由）；（3）前任注册会计师出具的审计报告的日期。

（四）存在影响上期财务报表的重大错报

如果认为存在影响上期财务报表的重大错报，而前任注册会计师以前出具了无保留意见的审计报告，注册会计师应当就此与适当层级的管理层沟通，并要求其告知前任注册会计师。注册会计师还应当与治理层进行沟通，除非治理层全部成员参与管理被审计单位。如果上期财务报表已经更正，且前任注册会计师同意对更正后的上期财务报表出具新的审计报告，注册会计师应当仅对本期财务报表出具审计报告。

前任注册会计师可能无法或不愿对上期财务报表重新出具审计报告。注册会计师可以在审计报告中增加其他事项段，指出前任注册会计师对更正前的上期财务报表出具了报告。此外，如果注册会计师针对作出更正的调整事项接受委托实施审计并获取充分、适当的审计证据，可以在审计报告中增加以下段落：

"作为20×2年度财务报表审计的一部分，我们同时审计了附注×中所描述的用于对20×1年度财务报表作出更正的调整事项。我们认为这些调整是恰当的，并得到了适当运用。除了与调整相关的事项外，我们没有接受委托对公司20×1年度财务报表实施审计、审阅或其他程序，因此，我们不对20×1年度财务报表整体发表意见或提供任何形式的保证。"

（五）上期财务报表未经审计

如果上期财务报表未经审计，注册会计师应当在其他事项段中说明比较财务报表未经审计。但这种说明并不减轻注册会计师获取充分、适当的审计证据，以确定期初余额不含有对本期财务报表产生重大影响的错报的责任。

参考格式19-8列示了非上市实体有关对应数据的审计报告。

参考格式19-8：有关对应数据的审计报告

背景信息：

1. 对非上市实体整套财务报表进行审计。该审计不属于集团审计（即不适用《中国注册会计师审计准则第1401号——对集团财务报表审计的特殊考虑》）。

2. 管理层按照企业会计准则编制财务报表。

3. 审计业务约定条款体现了《中国注册会计师审计准则第1111号——就审计业务约定条款达成一致意见》关于管理层对财务报表责任的描述。

4. 以前对上期财务报表出具了保留意见的审计报告。

5. 导致保留意见的事项仍未解决。

6. 该尚未解决的事项对本期数据的影响或可能的影响是重大的，需要对本期数据发表非无保留意见。

7. 适用的相关职业道德要求为中国注册会计师职业道德守则。

8. 基于获取的审计证据，根据《中国注册会计师审计准则第1324号——持续经营》，注册会计师认为可能导致对被审计单位持续经营能力产生重大疑虑的相关事项或情况不存在重大不确定性。

9. 注册会计师未被要求，并且也决定不沟通关键审计事项。

10. 注册会计师在审计报告日前未获取任何其他信息。

11. 负责监督财务报表的人员与负责编制财务报表的人员不同。

12. 除财务报表审计外，按照法律法规的要求，注册会计师负有其他报告责任，且注册会计师决定在审计报告中履行其他报告责任。

审 计 报 告

ABC 股份有限公司全体股东：

一、对财务报表出具的审计报告

（一）保留意见

我们审计了 ABC 股份有限公司（以下简称“ABC 公司”）财务报表，包括 20×1 年 12 月 31 日的资产负债表，20×1 年度的利润表、现金流量表、股东权益变动表以及相关财务报表附注。

我们认为，除“形成保留意见的基础”部分所述事项产生的影响外，后附的财务报表在所有重大方面按照企业会计准则的规定编制，公允反映了 ABC 公司 20×1 年 12 月 31 日的财务状况以及 20×1 年度的经营成果和现金流量。

（二）形成保留意见的基础

如财务报表附注×所述，ABC 公司未按照企业会计准则的规定对房屋建筑物和机器设备计提折旧。这项决定是管理层在上一会计年度开始时作出的，导致我们对该年度财务报表发表了保留意见。如果按照房屋建筑物 5% 和机器设备 20% 的年折旧率计提折旧，20×1 年度和 20×0 年度的当年亏损将分别增加×元和×元，20×1 年末和 20×0 年末的房屋建筑物和机器设备的净值将因累计折旧而减少×元和×元，并且 20×1 年末和 20×0 年末的累计亏损将分别增加×元和×元。

我们按照中国注册会计师审计准则的规定执行了审计工作。审计报告的“注册会计师对财务报表审计的责任”部分进一步阐述了我们在这些准则下的责任。按照中国注册会计师职业道德守则，我们独立于 ABC 公司，并履行了职业道德方面的其他责任。我们相信，我们获取的审计证据是充分、适当的，为发表保留意见提供了基础。

（三）管理层和治理层对财务报表的责任

[按照《中国注册会计师审计准则第 1501 号——对财务报表形成审计意见和出具审计报告》的规定报告，参见参考格式 19－1。]

（四）注册会计师对财务报表审计的责任

[按照《中国注册会计师审计准则第 1501 号——对财务报表形成审计意见和出具审计报告》的规定报告，参见参考格式 19－1。]

二、按照相关法律法规的要求报告的事项

[按照《中国注册会计师审计准则第 1501 号——对财务报表形成审计意见和出具审计报告》的规定报告，参见参考格式 19－1。]

××会计师事务所 （盖章）	中国注册会计师：××× （签名并盖章） 中国注册会计师：××× （签名并盖章）
中国××市	二〇×二年×月×日

参考格式 19－9 列示了非上市实体有关对应数据的审计报告。

参考格式 19－9：有关对应数据的审计报告

背景信息：

1. 对非上市实体整套财务报表进行审计。该审计不属于集团审计（即不适用《中国注册会计师审计准则第 1401 号——对集团财务报表审计的特殊考虑》）。

2. 管理层按照企业会计准则编制财务报表。

3. 审计业务约定条款体现了《中国注册会计师审计准则第 1111 号——就审计业务约定条款达成一致意见》关于管理层对财务报表责任的描述。

4. 以前对上期财务报表出具了保留意见的审计报告。

5. 导致保留意见的事项仍未解决。

6. 尽管尚未解决的事项对本期数据的影响或可能的影响并不重大，但由于尚未解决的事项对本期数据和对应数据的可比性存在影响或可能存在影响，需要对本期数据发表非无保留意见。

7. 适用的相关职业道德要求为中国注册会计师职业道德守则。

8. 基于获取的审计证据，根据《中国注册会计师审计准则第 1324 号——持续经营》，注册会计师认为可能导致对被审计单位持续经营能力产生重大疑虑的相关事项或情况不存在重大不确定性。

9. 注册会计师未被要求，并且也决定不沟通关键审计事项。

10. 注册会计师在审计报告日前未获取任何其他信息。

11. 负责监督财务报表的人员与负责编制财务报表的人员不同。

12. 除财务报表审计外，按照法律法规的要求，注册会计师负有其他报告责任，且注册会计师决定在审计报告中履行其他报告责任。

审 计 报 告

ABC 股份有限公司全体股东：

一、对财务报表出具的审计报告

（一）保留意见

我们审计了 ABC 股份有限公司（以下简称“ABC 公司”）财务报表，包括 20×1 年 12 月 31 日的资产负债表，20×1 年度的利润表、现金流量表、股东权益变动表以及相关财务报表附注。

我们认为，除对“形成保留意见的基础”部分所述事项的对应数据可能产生的影响外，后附的财务报表在所有重大方面按照企业会计准则的规定编制，公允反映了 ABC 公司 20×1 年 12 月 31 日的财务状况以及 20×1 年度的经营成果和现金流量。

（二）形成保留意见的基础

由于我们在 20×0 年末接受 ABC 公司的委托，我们无法对 20×0 年年初的存货实施监盘，也不能实施替代程序确定存货的数量。鉴于年初存货影响经营成果的确定，我们不能确定是否应对 20×0 年度的经营成果和年初留存收益作出必要的调整。因此，我们对

20×0 年度的财务报表发表了保留意见。由于该事项对本期数据和对应数据的可比性存在影响或可能存在影响，我们对本期财务报表发表了保留意见。

我们按照中国注册会计师审计准则的规定执行了审计工作。审计报告的“注册会计师对财务报表审计的责任”部分进一步阐述了我们在这些准则下的责任。按照中国注册会计师职业道德守则，我们独立于 ABC 公司，并履行了职业道德方面的其他责任。我们相信，我们获取的审计证据是充分、适当的，为发表保留意见提供了基础。

（三）管理层和治理层对财务报表的责任

[按照《中国注册会计师审计准则第 1501 号——对财务报表形成审计意见和出具审计报告》的规定报告，参见参考格式 19－1。]

（四）注册会计师对财务报表审计的责任

[按照《中国注册会计师审计准则第 1501 号——对财务报表形成审计意见和出具审计报告》的规定报告，参见参考格式 19－1。]

二、按照相关法律法规的要求报告的事项

[按照《中国注册会计师审计准则第 1501 号——对财务报表形成审计意见和出具审计报告》的规定报告，参见参考格式 19－1。]

××会计师事务所　　　　　　　　　　中国注册会计师：×××
（盖章）　　　　　　　　　　　　　　（签名并盖章）
　　　　　　　　　　　　　　　　　　中国注册会计师：×××
　　　　　　　　　　　　　　　　　　（签名并盖章）
中国××市　　　　　　　　　　　　　二〇×二年×月×日

参考格式 19－10 列示了非上市实体有关对应数据的审计报告。

参考格式 19－10：有关对应数据的审计报告

背景信息：

1. 对非上市实体整套财务报表进行审计。该审计不属于集团审计（即不适用《中国注册会计师审计准则第 1401 号——对集团财务报表审计的特殊考虑》）。

2. 管理层按照企业会计准则编制财务报表。

3. 审计业务约定条款体现了《中国注册会计师审计准则第 1111 号——就审计业务约定条款达成一致意见》关于管理层对财务报表责任的描述。

4. 基于获取的审计证据，注册会计师认为发表无保留意见是恰当的。

5. 适用的相关职业道德要求为中国注册会计师职业道德守则。

6. 基于获取的审计证据，根据《中国注册会计师审计准则第 1324 号——持续经营》，注册会计师认为可能导致对被审计单位持续经营能力产生重大疑虑的相关事项或情况不存在重大不确定性。

7. 注册会计师未被要求，并且也决定不沟通关键审计事项。

8. 注册会计师在审计报告日前已获取所有其他信息，且未识别出信息存在重大错报。

9. 已列报对应数据，且上期财务报表已由前任注册会计师审计。

10. 法律法规不禁止注册会计师提及前任注册会计师对对应数据出具的审计报告，并且注册会计师决定提及。

11. 负责监督财务报表的人员与负责编制财务报表的人员不同。

12. 除财务报表审计外，按照法律法规的要求，注册会计师负有其他报告责任，且注册会计师决定在审计报告中履行其他报告责任。

审 计 报 告

ABC 股份有限公司全体股东：

一、对财务报表出具的审计报告

（一）审计意见

我们审计了 ABC 股份有限公司（以下简称“ABC 公司”）财务报表，包括 20×1 年 12 月 31 日的资产负债表，20×1 年度的利润表、现金流量表、股东权益变动表以及相关财务报表附注。

我们认为，后附的财务报表在所有重大方面按照企业会计准则的规定编制，公允反映了 ABC 公司 20×1 年 12 月 31 日的财务状况以及 20×1 年度的经营成果和现金流量。

（二）形成审计意见的基础

我们按照中国注册会计师审计准则的规定执行了审计工作。审计报告的“注册会计师对财务报表审计的责任”部分进一步阐述了我们在这些准则下的责任。按照中国注册会计师职业道德守则，我们独立于 ABC 公司，并履行了职业道德方面的其他责任。我们相信，我们获取的审计证据是充分、适当的，为发表审计意见提供了基础。

（三）其他事项

20×0 年 12 月 31 日的资产负债表，20×0 年度的利润表、现金流量表和股东权益变动表以及财务报表附注由其他会计师事务所审计，并于 20×1 年 3 月 31 日发表了无保留意见。

（四）其他信息

[按照《中国注册会计师审计准则第 1521 号——注册会计师对其他信息的责任》的规定报告，参见参考格式 19－1。]

（五）管理层和治理层对财务报表的责任

[按照《中国注册会计师审计准则第 1501 号——对财务报表形成审计意见和出具审计报告》的规定报告，参见参考格式 19－1。]

（六）注册会计师对财务报表审计的责任

[按照《中国注册会计师审计准则第 1501 号——对财务报表形成审计意见和出具审计报告》的规定报告，参见参考格式 19－1。]

二、按照相关法律法规的要求报告的事项

[按照《中国注册会计师审计准则第 1501 号——对财务报表形成审计意见和出具审

计报告》的规定报告，参见参考格式 19－1。]

××会计师事务所（盖章）

中国注册会计师：×××（签名并盖章）

中国注册会计师：×××（签名并盖章）

中国××市

二○×二年×月×日

参考格式 19－11 列示了有关比较财务报表的审计报告。

参考格式 19－11：有关比较财务报表的审计报告

背景信息：

1. 对非上市实体整套财务报表进行审计。该审计不属于集团审计（即不适用《中国注册会计师审计准则第 1401 号——对集团财务报表审计的特殊考虑》）。
2. 管理层按照企业会计准则编制财务报表。
3. 审计业务约定条款体现了《中国注册会计师审计准则第 1111 号——就审计业务约定条款达成一致意见》关于管理层对财务报表责任的描述。
4. 注册会计师需要结合本年审计对本期和上期财务报表同时出具审计报告。
5. 对上期财务报表发表了保留意见。
6. 导致非无保留意见的事项仍未解决。
7. 尚未解决的事项对本期数据产生的影响或可能产生的影响，对于本期财务报表是重大的，需要发表非无保留意见。
8. 适用的相关职业道德要求为中国注册会计师职业道德守则。
9. 基于获取的审计证据，根据《中国注册会计师审计准则第 1324 号——持续经营》，注册会计师认为可能导致对被审计单位持续经营能力产生重大疑虑的相关事项或情况不存在重大不确定性。
10. 注册会计师未被要求，并且也决定不沟通关键审计事项。
11. 注册会计师在审计报告日前未获取任何其他信息。
12. 负责监督财务报表的人员与负责编制财务报表的人员不同。
13. 除财务报表审计外，按照法律法规的要求，注册会计师负有其他报告责任，且注册会计师决定在审计报告中履行其他报告责任。

审 计 报 告

ABC 股份有限公司全体股东：

一、对财务报表出具的审计报告

（一）保留意见

我们审计了 ABC 股份有限公司（以下简称“ABC 公司”）财务报表，包括 20×1 年 12 月 31 日和 20×0 年 12 月 31 日的资产负债表，20×1 年度和 20×0 年度的利润表、现金流量表、股东权益变动表以及相关财务报表附注。

我们认为，除“形成保留意见的基础”部分所述事项产生的影响外，后附的财务报表在所有重大方面按照企业会计准则的规定编制，公允反映了ABC公司20×1年12月31日和20×0年12月31日的财务状况以及20×1年度和20×0年度的经营成果和现金流量。

（二）形成保留意见的基础

如财务报表附注×所述，ABC公司未按照企业会计准则的规定对房屋建筑物和机器设备计提折旧。如果按照房屋建筑物5%和机器设备20%的年折旧率计提折旧，20×1年度和20×0年度的当年亏损将分别增加×元和×元，20×1年末和20×0年末的房屋建筑物和机器设备的净值将因累计折旧而分别减少×元和×元，并且20×1年末和20×0年末的累计亏损将分别增加×元和×元。

我们按照中国注册会计师审计准则的规定执行了审计工作。审计报告的“注册会计师对财务报表审计的责任”部分进一步阐述了我们在这些准则下的责任。按照中国注册会计师职业道德守则，我们独立于ABC公司，并履行了职业道德方面的其他责任。我们相信，我们获取的审计证据是充分、适当的，为发表保留意见提供了基础。

（三）管理层和治理层对财务报表的责任

[按照《中国注册会计师审计准则第1501号——对财务报表形成审计意见和出具审计报告》的规定报告，参见参考格式19－1。]

（四）注册会计师对财务报表审计的责任

[按照《中国注册会计师审计准则第1501号——对财务报表形成审计意见和出具审计报告》的规定报告，参见参考格式19－1。]

二、按照相关法律法规的要求报告的事项

[按照《中国注册会计师审计准则第1501号——对财务报表形成审计意见和出具审计报告》的规定报告，参见参考格式19－1。]

××会计师事务所　　　　中国注册会计师：×××
（盖章）　　　　（签名并盖章）
　　　　中国注册会计师：×××
　　　　（签名并盖章）
中国××市　　　　二〇×二年×月×日

第八节　注册会计师对其他信息的责任

《中国注册会计师审计准则第1521号——注册会计师对其他信息的责任》规范了注册会计师对被审计单位年度报告中包含的除财务报表和审计报告之外的其他信息的责任，要求注册会计师阅读和考虑其他信息，这是因为如果其他信息与财务报表或者与注册会计师在审计中了解到的情况存在重大不一致，可能表明财务报表或其他信息存在重大错报，两者均会损害财务报表和审计报告的可信性。此类重大错报也可能不恰当地影响审计报告使用者的经济决策。需要说明的是，审计准则对注册会计师设定的责任，不构成对其他信息的鉴证，审计准则也不要求注册会计师对其他信息提供一定程度的保证。

一、年度报告、其他信息及其他信息错报的概念

（一）年度报告

年度报告，是指管理层或治理层根据法律法规的规定或惯例，一般以年度为基础编制的、旨在向所有者（或类似的利益相关方）提供实体经营情况和财务业绩及财务状况（财务业绩及财务状况反映于财务报表）信息的一个文件或系列文件组合。一份年度报告包含或随附财务报表和审计报告，通常包括实体的发展，未来前景、风险和不确定事项，治理层声明，以及包含治理事项的报告等信息。

根据法律法规或惯例，以下一项或多项文件可能构成年度报告：

1. 董事会报告；

2. 公司董事会、监事会及董事、监事、高级管理人员保证年度报告内容的真实、准确、完整，不存在虚假记载、误导性陈述或重大遗漏，并承担个别和连带法律责任的声明；

3. 公司治理情况说明；

4. 内部控制自我评价报告；

5. 年度财务报表。

年度报告可能以纸质的形式提供给使用者，也可能以电子形式，包括载于被审计单位网站的形式提供给使用者。

（二）其他信息

其他信息，是指在被审计单位年度报告中包含的除财务报表和审计报告以外的财务信息和非财务信息。例如，分部或分支的资本性支出、主要商品或原材料的市场价格走势描述。

（三）其他信息的错报

其他信息的错报，是指对其他信息作出的不正确陈述或其他信息具有误导性，包括遗漏或掩饰对恰当理解其他信息披露的事项必要的信息。例如，其他信息声称说明了管理层使用的关键业绩指标，则遗漏某项管理层使用的关键业绩指标可能表明其他信息未经正确陈述或具有误导性。

二、获取其他信息

注册会计师应当：

1. 通过与管理层讨论，确定哪些文件组成年度报告，以及被审计单位计划公布这些文件的方式和时间安排。

2. 就及时获取组成年度报告的文件的最终版本与管理层作出适当安排。如果可能，在审计报告日之前获取。

3. 如果组成年度报告的部分或全部文件在审计报告日后才能取得，要求管理层提供

书面声明，声明上述文件的最终版本将在可获取时并且在被审计单位公布前提供给注册会计师，以使注册会计师可以完成准则要求的程序。

如果治理层需要在被审计单位发布其他信息前批准其他信息，其他信息的最终版本应为治理层已经批准的用于发布的版本。

如果使用者只能通过被审计单位的网站获取其他信息，从被审计单位获取的、而不是直接从被审计单位网站获取的其他信息的版本，就是注册会计师应当根据审计准则对其执行程序的相关文件。注册会计师没有责任去查找其他信息，包括可能在被审计单位网站存在的其他信息，也不需要执行任何程序以确认其他信息在被审计单位网站得到恰当显示，或者已经以电子形式得以恰当传递或显示。

三、阅读并考虑其他信息

注册会计师应当阅读其他信息。在阅读时，注册会计师应当：

1. 考虑其他信息和财务报表之间是否存在重大不一致。作为考虑的基础，注册会计师应当将其他信息中选取的金额或其他项目与财务报表中的相应金额或其他项目进行比较，以评价其一致性。

其他信息可能包括金额或其他项目，这些金额或其他项目与财务报表中的金额或其他项目相一致，或对其进行概括，或为其提供更详细的信息。例如：

（1）包含了财务报表摘录的表格、图表或图形。

（2）对财务报表中列示的余额或账户提供进一步细节的披露，例如“20×1 年度的收入，由来自产品 X 的××万元和来自产品 Y 的××万元组成。”

（3）对财务结果的描述，例如，“20×1 年度研究和开发费用合计数是××万元。”

在考虑这些其他信息与财务报表之间是否存在重大不一致时，注册会计师应当将这类其他信息中选取的金额或其他项目与财务报表中的相应金额或其他项目进行比较。

选取哪些金额或其他项目进行比较属于职业判断，注册会计师无需对其他信息中的所有金额或其他项目与财务报表中的金额或其他项目进行比较。

2. 在已获取审计证据并已得出审计结论的背景下，考虑其他信息与注册会计师在审计中了解到的情况是否存在重大不一致。

注册会计师应当按照《中国会计师审计准则第 1211 号——重大错报风险的识别和评估》的规定了解被审计单位及其环境等方面的情况，其他信息可能包括注册会计师与在审计中了解到的情况相关的金额或项目，例如：

（1）对产量的披露，或者按地理区域汇总产量的表格；

（2）对“公司本年度新推出产品 X 和产品 Y”的声明；

（3）对被审计单位主要经营地点的概括，例如“被审计单位的主要经营中心在 X 国，同时在 Y 国和 Z 国也有经营场所。”

针对这部分其他信息，在阅读时，注册会计师应当考虑其与在审计中了解到的情况是否存在重大不一致。注册会计师可以重点关注其他信息中的重要事项，该事项足够重要以至于其相关的其他信息的错报可能是重大的。

3. 对与财务报表或注册会计师在审计中了解到的情况不相关的其他信息中似乎存在

重大错报的迹象保持警觉。

对与财务报表或注册会计师在审计过程中了解到的情况不相关的其他信息中似乎存在重大错报的迹象保持警觉，有助于注册会计师遵循相关职业道德要求，并可能能够使注册会计师识别下列事项：

（1）其他信息与阅读其他信息的项目组成员的一般性了解（除审计过程中了解到的情况之外）之间的差异，使注册会计师相信其他信息似乎存在重大错报；

（2）其他信息内部不一致，使注册会计师相信其他信息似乎存在重大错报。

四、当似乎存在重大不一致或其他信息似乎存在重大错报时的应对

如果注册会计师识别出似乎存在重大不一致，或者知悉其他信息似乎存在重大错报，注册会计师应当与管理层讨论该事项，必要时，实施其他程序以确定：

1. 其他信息是否存在重大错报；
2. 财务报表是否存在重大错报；
3. 注册会计师对被审计单位及其环境等方面情况的了解是否需要更新。

五、当注册会计师认为其他信息存在重大错报时的应对

如果注册会计师认为其他信息存在重大错报，应当要求管理层更正其他信息：

1. 如果管理层同意作出更正，注册会计师应当确定更正已经完成；
2. 如果管理层拒绝作出更正，注册会计师应当就该事项与治理层进行沟通，并要求作出更正。

如果注册会计师认为审计报告日前获取的其他信息存在重大错报，且在与治理层沟通后其他信息仍未得到更正，注册会计师应当采取恰当措施，包括：

1. 考虑对审计报告的影响，并就注册会计师计划如何在审计报告中处理重大错报与治理层进行沟通。注册会计师可在审计报告中指明其他信息存在重大错报。在少数情况下，当拒绝更正其他信息的重大错报导致对管理层和治理层的诚信产生怀疑，进而质疑审计证据总体上的可靠性时，对财务报表发表无法表示意见可能是恰当的。
2. 在相关法律法规允许的情况下，解除业务约定。当拒绝更正其他信息的重大错报导致对管理层和治理层的诚信产生怀疑，进而质疑审计过程中从其获取声明的可靠性时，解除业务约定可能是适当的。

如果注册会计师认为审计报告日后获取的其他信息存在重大错报，应当采取以下措施：

1. 如果其他信息得以更正，注册会计师应当根据具体情形实施必要的程序，包括确定更正已经完成，也可能包括复核管理层为与收到其他信息（如果之前已经公告）的人士沟通并告知其修改而采取的步骤。
2. 如果与治理层沟通后其他信息未得到更正，注册会计师应当考虑其法律权利和义务，并采取恰当的措施，以提醒审计报告使用者恰当关注未更正的重大错报。在法律法规允许的情况下，注册会计师可能采取的设法提醒审计报告使用者适当关注未更正错报的措施包括：

（1）向管理层提供一份新的或修改后的审计报告，其中指出其他信息的重大错报。同时要求管理层将该新的或修改后的审计报告提供给审计报告使用者。在此过程中，注册会计师可能需要基于审计准则和适用的法律法规的要求，考虑对新的或修改后的审计报告的日期产生的影响。注册会计师也可以复核管理层采取的、向这些使用者提供新的或修改后的审计报告的步骤。

（2）提醒审计报告使用者关注其他信息的重大错报，例如，在股东大会上通报该事项。

（3）与监管机构或相关职业团体沟通未更正的重大错报。

（4）考虑对持续承接业务的影响。

六、当财务报表存在重大错报或注册会计师对被审计单位及其环境等方面情况的了解需要更新时的应对

如果注册会计师认为财务报表存在重大错报，或者注册会计师对被审计单位及其环境等方面情况的了解需要更新，注册会计师应当根据其他审计准则作出恰当应对。例如，在阅读其他信息时，注册会计师可能知悉下列方面的新信息：

1. 注册会计师对被审计单位及其环境等方面情况的了解，因而可能表明需要修改注册会计师对重大错报风险的识别或评估结果；

2. 注册会计师评价已识别的错报对审计的影响和未更正错报（如有）对财务报表的影响的责任；

3. 注册会计师关于期后事项的责任。

七、其他信息的报告

如果在审计报告日存在下列两种情况之一，审计报告应当包括一个单独部分，以“其他信息”为标题：

1. 对于上市实体财务报表审计，注册会计师已获取或预期将获取其他信息；

2. 对于上市实体以外其他被审计单位的财务报表审计，注册会计师已获取部分或全部其他信息。

审计报告包含的其他信息部分应当包括：

1. 管理层对其他信息负责的说明。

2. 指明：

（1）注册会计师于审计报告日前已获取的其他信息（如有）。

（2）对于上市实体财务报表审计，预期将于审计报告日后获取的其他信息（如有）。

（3）说明注册会计师的审计意见未涵盖其他信息，因此，注册会计师对其他信息不发表（或不会发表）审计意见或任何形式的鉴证结论。

（4）描述注册会计师根据审计准则的要求，对其他信息进行阅读、考虑和报告的责任。

（5）如果审计报告日前已经获取其他信息，则选择下列两种做法之一进行说明：

①说明注册会计师无任何需要报告的事项；

②如果注册会计师认为其他信息存在未更正的重大错报，说明其他信息中的未更正

重大错报。如果注册会计师根据《中国注册会计师审计准则第 1502 号——在审计报告中发表非无保留意见》的规定发表保留或者否定意见，注册会计师应当考虑导致非无保留意见的事项对上述说明的影响。例如，注册会计师对财务报表发表了否定意见，并在其他信息部分的说明中指出其他信息中的金额和其他项目因导致对财务报表发表否定意见的同一事项或相关事项也存在重大错报。

当注册会计师对财务报表发表无法表示意见时，提供审计的进一步详细情况，包括其他信息，可能会使财务报表整体的无法表示意见显得逊色，因此，无法表示意见的审计报告不包括其他信息部分。

参考格式 19－12 列示了当注册会计师在审计报告日前已获取所有其他信息，且未识别出其他信息存在重大错报时，适用于任何被审计单位，无论是上市实体还是非上市实体的无保留意见审计报告。

参考格式 19－12：审计报告日前获取的其他信息不存在重大错报时的审计报告

审 计 报 告

一、对财务报表出具的审计报告

（一）审计意见（略）

（二）形成审计意见的基础（略）

（三）关键审计事项（略）

（四）其他信息

管理层对其他信息负责。其他信息包括［X 报告中涵盖的信息，但不包括财务报表和我们的审计报告］。

我们对财务报表发表的审计意见并不涵盖其他信息，我们也不对其他信息发表任何形式的鉴证结论。

结合我们对财务报表的审计，我们的责任是阅读其他信息，在此过程中，考虑其他信息是否与财务报表或我们在审计过程中了解到的情况存在重大不一致或者似乎存在重大错报。基于我们已经执行的工作，如果我们确定其他信息存在重大错报，我们应当报告该事实。在这方面，我们无任何事项需要报告。

（五）管理层和治理层对财务报表的责任（略）

（六）注册会计师对财务报表审计的责任（略）

二、按照相关法律法规的要求报告的事项（略）

××会计师事务所　　　　中国注册会计师：×××（项目合伙人）
（盖章）　　　　（签名并盖章）

中国注册会计师：×××
（签名并盖章）

中国××市　　　　二〇×二年×月×日

第六编

企业内部控制审计

第二十章　企业内部控制审计

第一节　内部控制审计的概念

一、内部控制的概念和目标

内部控制，是指由企业董事会、监事会、管理层和全体员工实施的旨在实现控制目标的过程。

内部控制的目标是合理保证企业经营管理合法合规、资产安全、财务报告及相关信息真实完整，提高经营效率和效果，促进企业实现发展战略。

二、财务报告内部控制

财务报告内部控制，是指公司的董事会、监事会、管理层及全体员工实施的旨在合理保证财务报告及相关信息真实、完整而设计和运行的内部控制，以及用于保护资产安全的内部控制中与财务报告可靠性目标相关的控制。具体而言，财务报告内部控制主要包括下列方面的政策和程序：

1. 保存充分、适当的记录，准确、公允地反映企业的交易和事项。

2. 合理保证按照适用的财务报告编制基础的规定编制财务报告。

3. 合理保证收入和支出的发生以及资产的取得、使用或处置经过适当授权。

4. 合理保证及时防止或发现并纠正未经授权的、对财务报表有重大影响的交易和事项。

财务报告内部控制以外的其他内部控制，属于非财务报告内部控制。

注册会计师考虑某项控制是否是财务报告内部控制的关键依据是控制目标，财务报告内部控制是那些与企业财务报告的可靠性目标相关的内部控制。例如，企业建立的与客户定期对账和差异处理相关的控制与应收账款的存在、权利和义务等认定相关，属于财务报告内部控制。又如，企业为达到最佳库存的经营目标而建立的对存货采购间隔时间进行监控的相关控制与经营效率效果相关，而不直接与财务报表的认定相关，属于非财务报告内部控制。

当然，相当一部分的内部控制能够实现多种目标，主要与经营目标或合规性目标相关的控制可能同时也与财务报告可靠性目标相关。因此，不能仅因为某一控制与经营目标或合规性目标相关而认定其属于非财务报告内部控制，注册会计师需要根据控制在特定企业环境中的目标、性质及作用，根据职业判断考虑该控制在具体情况下是否属于财务报告内部控制。

三、内部控制审计的概念和范围

内部控制审计，是指会计师事务所接受委托，对特定基准日内部控制设计与运行的有效性进行审计。

尽管这里提及的是内部控制审计，但无论从国外审计规定和实践看，还是从我国的相关规定看，注册会计师执行的内部控制审计严格限定在财务报告内部控制审计。之所以将内部控制审计严格限定在财务报告内部控制审计，是因为从注册会计师的专业胜任能力、审计成本效益的约束，以及投资者对财务信息质量的需求来看，财务报告内部控制审计是服务的核心要求。因此，针对财务报告内部控制，注册会计师对其有效性发表审计意见；针对非财务报告内部控制，注册会计师对内部控制审计过程中注意到的非财务报告内部控制的重大缺陷，在内部控制审计报告中增加“非财务报告内部控制重大缺陷描述段”予以披露。

四、内部控制审计基准日

内部控制审计基准日，是指注册会计师评价内部控制在某一时日是否有效所涉及的基准日，也是被审计单位评价基准日，即最近一个会计期间截止日。

注册会计师不可能对企业内部控制在某个期间段（如一年）内每天的运行情况进行描述，然后发表审计意见，这样做不切实际，并且无法向信息使用者提供准确清晰的信息（考虑到期间对内部控制缺陷的纠正），甚至会误导信息使用者。

注册会计师对特定基准日内部控制的有效性发表意见，并不意味着注册会计师只测试基准日这一天的内部控制，而是需要考察足够长一段时间内部控制设计和运行的情况。对控制有效性的测试涵盖的期间越长，提供的控制有效性的审计证据越多。单就内部控制审计业务而言，注册会计师应当获取内部控制在基准日之前一段足够长的期间内有效运行的审计证据。在整合审计中，控制测试所涵盖的期间应当尽量与财务报表审计中拟信赖内部控制的期间保持一致。

五、内部控制审计和财务报表审计的区别

内部控制审计是对内部控制的有效性发表意见，并对内部控制审计过程中注意到的非财务报告内部控制重大缺陷进行披露；财务报表审计是对财务报表是否在所有重大方面按照适用的财务报告编制基础编制发表审计意见。由于发表审计意见的对象不同，使得两者存在一定区别。主要的区别如表 20 - 1 所示。

表 20－1 内部控制审计与财务报表审计的主要区别

主要区别	财务报表审计	内部控制审计
对内部控制进行了解和测试的目的	识别、评估和应对重大错报风险，据此确定实质性程序的性质、时间安排和范围，并获取与财务报表是否在所有重大方面按照适用的财务报告编制基础编制相关的审计证据，以支持对财务报表发表的审计意见	对内部控制的有效性发表审计意见
测试内部控制运行有效性的范围要求	当存在下列情形之一时，注册会计师应当设计和实施控制测试：（1）在评估认定层次重大错报风险时，预期控制运行有效；（2）仅实施实质性程序不能提供认定层次充分、适当的审计证据。 如果以上两种情况均不存在，注册会计师可能对部分认定，甚至全部认定均不测试内部控制运行的有效性	针对所有重要账户和列报的每一相关认定获取控制设计和运行有效性的审计证据
测试内部控制的期间要求	（1）需要获取内部控制在整个拟信赖期间运行有效的审计证据。 （2）如果拟信赖的控制自上次测试后未发生变化，且不属于旨在减轻特别风险的控制，可以利用以前审计获取的有关控制运行有效性的审计证据，但每三年至少对控制测试一次	（1）需要获取内部控制在基准日前足够长的时间（可能短于整个审计期间）内运行有效的审计证据。 （2）不得采用“每三年至少对控制测试一次”的方法，应当在每一年度中测试内部控制（对自动化控制在满足特定条件情况下所采用的与基准相比较策略除外）
评价控制缺陷	需要确定识别出的内部控制缺陷单独或连同其他缺陷是否构成值得关注的内部控制缺陷	应当评价识别出的内部控制缺陷是否构成一般缺陷、重要缺陷或重大缺陷
沟通控制缺陷	（1）应当以书面形式及时向治理层通报值得关注的内部控制缺陷。 （2）应当及时向相应层级的管理层通报下列内部控制缺陷： ①已向或拟向治理层通报的值得关注的内部控制缺陷，除非在具体情况下不适用直接向管理层通报，此项需采用书面形式通报； ②在审计过程中识别出的，其他方尚未向管理层通报而注册会计师根据职业判断认为足够重要从而值得管理层关注的内部控制其他缺陷，可以采用书面或口头形式	（1）对于重大缺陷和重要缺陷，以书面形式与治理层和管理层沟通，书面沟通应当在注册会计师出具内部控制审计报告前进行；如果注册会计师认为审计委员会和内部审计机构对内部控制的监督无效，应当就此以书面形式直接与董事会沟通。 （2）以书面形式与管理层沟通在审计过程中识别的所有内部控制其他缺陷（包括注意到的非财务报告内部控制缺陷），并在沟通完成后告知治理层
审计报告的形式和内容以及所包括的意见类型	（1）按照中国注册会计师审计准则的规定出具财务报表审计报告。 （2）审计意见类型包括无保留意见、保留意见、否定意见和无法表示意见	（1）按照《企业内部控制审计指引》和《企业内部控制审计指引实施意见》的规定出具内部控制审计报告。 （2）审计意见类型包括无保留意见、否定意见和无法表示意见

六、整合审计

如表 20－1 所示，内部控制审计和财务报表审计虽然在测试目的等方面存在差异，但是，两者也存在多方面的联系，例如，两者都采用风险导向审计模式，均需要识别重点账户、重要的交易类别等重点审计领域。在技术层面和审计实务中，两者审计模式、程序、方法等存在着共同之处，风险识别、评估和应对等大量工作内容相近，有很多的基础工作可以共享，在一项审计工作中发现的问题还可以为另一项审计工作提供线索和思路。因此，为提高审计效果和效率，注册师可以单独进行内部控制审计，也可以将内部控制审计和财务报表审计整合进行（以下简称“整合审计”）。

第二节　计划内部控制审计工作

注册会计师应当恰当地计划内部控制审计工作，配备具有专业胜任能力的项目组，并对助理人员进行适当的督导。

一、计划审计工作时应当考虑的事项

在计划审计工作时，注册会计师应当评价下列事项对财务报告内部控制、财务报表及审计工作的影响：

（一）与企业相关的风险

了解企业面临的风险可以帮助识别重大错报风险，继而帮助注册会计师识别重要账户、重要列报和相关认定以及识别重大业务流程，对内部控制审计的重大风险形成初步评价。

注册会计师通常通过询问被审计单位的高级管理人员、考虑宏观形势对企业的影响并结合以往的审计经验，了解企业在经营活动中面临的各种风险，并重点关注那些对财务报表可能产生重要影响的风险以及这些风险当年的变化。例如，在国家货币政策趋于紧缩的形势下，企业可能较以前年度难于获得银行的贷款而普遍面临资金短缺的压力，如果被审计单位的应收账款余额较高且当年逾期应收账款有明显上升时，被审计单位的坏账风险很可能高于往年。这时，注册会计师可能认为应收账款坏账风险将导致认定层次重大错报风险，在计划内部控制审计工作时，将应收账款坏账准备识别为重要账户，将与计提应收账款坏账准备相关的内部控制设定为一项关键控制。

（二）相关法律法规和行业概况

注册会计师通常重点关注可能直接影响财务报表金额与披露的法律法规，如税法、高度监管行业的监管法规（如适用）等。同时，注册会计师通过询问董事会、管理人员和相关部门人员以及检查被审计单位与监管部门的往来函件，关注被审计单位的违法违规情况，考虑违法违规行为可能导致的罚款、诉讼及其他可能对企业财务报表产生重大影响的事件，并初步判断是否可能造成非财务报告内部控制的重大缺陷。

另外，注册会计师需要了解行业因素以确定其对被审计单位经营环境的影响。例如，注册会计师需要考虑：

1. 被审计单位的竞争环境，如市场容量、市场份额、竞争优势、季节性因素等；
2. 被审计单位与客户及供应商的关系，如信用条件、销售渠道、是否为关联方等；
3. 技术的发展，如与企业产品、能源供应及成本有关的技术发展。

（三）企业组织结构、经营特点和资本结构等相关重要事项

注册会计师需要了解被审计单位的股权结构、企业的实际控制人及关联方；企业的子公司、合营公司、联营公司以及财务报表合并范围；企业的组织机构、治理结构；业务及区域的分部设置和管理架构；企业的负债结构和主要条款，包括资产负债表外的筹资安排等。注册会计师了解企业的这些情况，以便评价企业是否存在重大的、可能引起财务报表重大错报的非常规业务和关联交易，是否构成财务报表重大错报风险，以及相关的内部控制是否可能存在重大缺陷。

（四）企业内部控制最近发生变化的程度

企业内部控制的变化（如新增业务流程、原有业务流程变更、内部控制执行人变更）将会直接影响注册会计师确定的内部控制审计程序的性质、时间安排和范围。因此，注册会计师需要了解被审计单位本期内部控制发生的变化以及变化的程度，以确定是否需要相应调整审计计划。例如，针对企业新增业务的重大业务流程，注册会计师需要安排有经验的审计人员了解该业务流程，并在实施审计工作的前期识别该流程相关的控制，以尽早与企业沟通该流程中的相关控制是否可能存在重大的设计缺陷。

（五）与企业沟通过的内部控制缺陷

注册会计师需要了解被审计单位对以前年度审计中发现的内部控制缺陷所采取的整改措施及整改结果，以确定是否需要相应调整本年的内部控制审计计划。如果以前年度发现的内部控制缺陷未得到有效整改，则注册会计师需要评价这些缺陷对当期的内部控制审计意见的影响。

（六）重要性、风险等与确定内部控制重大缺陷相关的因素

注册会计师需要对与确定内部控制重大缺陷相关的重要性、风险及其他因素进行初步判断。

对于已识别的风险，注册会计师评价其对财务报表和内部控制的影响程度。注册会计师更多关注内部控制审计的高风险领域，而没有必要测试那些即使有缺陷也不可能导致财务报表重大错报的控制。

（七）对内部控制有效性的初步判断

注册会计师综合上述考虑以及借鉴以前年度的审计经验，形成对企业内部控制有效性的初步判断。

对于内部控制可能存在重大缺陷的领域，注册会计师应给予充分的关注。例如，对相关的内部控制亲自进行测试而非利用他人工作；在接近内部控制评价基准日的时间测试内部控制；选择更多的组成部分进行测试；扩大相关内部控制的控制测试范围等。

（八）可获取的、与内部控制有效性相关的证据的类型和范围

注册会计师需要了解可获取的、与内部控制有效性相关的证据的类型和范围。例如，是第三方证据还是内部证据，是书面证据还是口头证据，所获得证据可以覆盖所有测试领域还是仅能覆盖部分领域。注册会计师还需要对可获取的审计证据的充分性和适当性进行评价，以更好地计划内部控制测试的时间安排、性质和范围。

二、总体审计策略和具体审计计划

内部控制审计计划分为总体审计策略和具体审计计划两个层次。

（一）总体审计策略

注册会计师应当在总体审计策略中体现下列内容：

1. 确定审计业务的特征，以界定审计范围。注册会计师通常需要考虑下列方面：

（1）被审计单位采用的内部控制标准；

（2）预期审计工作涵盖的范围，包括涵盖的组成部分的数量及所在地点；

（3）拟审计的经营分部的性质，包括是否需要具备专门知识；

（4）注册会计师对被审计单位内部控制评价工作的了解以及拟利用被审计单位内部相关人员工作的程度；

（5）被审计单位使用服务机构的情况，以及注册会计师如何取得有关服务机构内部控制设计和运行有效性的证据；

（6）对利用在以前审计工作中或财务报表审计工作中获取的审计证据的预期；

（7）信息技术对审计程序的影响，包括数据的可获得性和对使用计算机辅助审计技术的预期。

2. 明确审计业务的报告目标，以计划审计的时间安排和所需沟通的性质。注册会计师通常需要考虑下列方面：

（1）被审计单位对外公布内部控制审计报告的时间安排；

（2）注册会计师与管理层和治理层讨论内部控制审计工作的性质、时间安排和范围；

（3）注册会计师与管理层和治理层讨论注册会计师拟出具的报告的类型和时间安排以及沟通的其他事项；

（4）注册会计师与管理层讨论预期就整个审计业务中对审计工作的进展进行的沟通；

（5）项目组成员之间沟通的预期性质和时间安排；

（6）预期是否需要与第三方进行其他沟通。

3. 根据职业判断，考虑用以指导项目组工作方向的重要因素。注册会计师通常需要考虑下列方面：

（1）财务报表整体的重要性和实际执行的重要性；

（2）初步识别的可能存在较高重大错报风险的领域；

（3）评估的财务报表层次的重大错报风险对指导、监督和复核的影响；

（4）被审计单位经营活动或内部控制最近发生变化的程度；

（5）与被审计单位沟通过的内部控制缺陷；

（6）有关管理层对设计、执行和维护健全的内部控制重视程度的证据，包括有关这些控制得以适当记录的证据；

（7）注册会计师对内部控制有效性的初步判断和对内部控制重大缺陷的初步识别；

（8）可获取的、与内部控制有效性相关的证据的类型和范围；

（9）与评价财务报表发生重大错报的可能性和内部控制有效性相关的公开信息。

4. 考虑初步业务活动的结果，并考虑对被审计单位执行其他业务时获得的经验是否与内部控制审计业务相关。注册会计师通常需要考虑下列方面：

（1）注册会计师在执行其他业务时对被审计单位财务报告内部控制的了解；

（2）影响被审计单位所处行业的事项，如行业财务报告惯例、经济状况和技术革新等；

（3）与被审计单位相关的法律法规和监管环境；

（4）与被审计单位经营相关的事项，包括组织结构、经营特征和资本结构；

（5）被审计单位经营活动的复杂程度以及与被审计单位相关的风险；

（6）以前审计中对内部控制运行有效性评价的结果，包括识别出的缺陷的性质和应对措施；

（7）影响被审计单位的重大业务发展变化，包括信息技术和业务流程的变化，关键管理人员变化，以及收购、兼并和处置。

5. 确定执行业务所需资源的性质、时间安排和范围。例如，项目组成员的选择以及对项目组成员审计工作的分派，项目时间预算等。

（二）具体审计计划

注册会计师应当在具体审计计划中体现下列内容：

1. 了解和识别内部控制的程序的性质、时间安排和范围；
2. 测试控制设计有效性的程序的性质、时间安排和范围；
3. 测试控制运行有效性的程序的性质、时间安排和范围。

三、对应对舞弊风险的考虑

在计划和实施内部控制审计工作时，注册会计师应当考虑财务报表审计中对舞弊风险的评估结果。在识别和测试企业层面控制以及选择其他控制进行测试时，注册会计师应当评价被审计单位的内部控制是否足以应对识别出的、舞弊导致的重大错报风险，并评价为应对管理层和治理层凌驾于控制之上的风险而设计的控制。

如果在内部控制审计中识别出旨在防止或发现并纠正舞弊的控制存在缺陷，注册会计师应当按照《中国注册会计师审计准则第 1141 号——财务报表审计中与舞弊相关的责任》的规定，在财务报表审计中制定重大错报风险的应对方案时考虑这些缺陷。

第三节　自上而下的方法

注册会计师应当采用自上而下的方法选择拟测试的控制。自上而下的方法始于财务报表层次，从注册会计师对财务报告内部控制整体风险的了解开始，然后，将关注重点放在企业层面的控制上，并将工作逐渐下移至重要账户、列报及其相关认定。随后，确认其对被审计单位业务流程中风险的了解，并选择能足以应对评估的每个相关认定的重大错报风险的控制进行测试。

自上而下的方法分为下列步骤：

1. 从财务报表层次初步了解内部控制整体风险；
2. 识别、了解和测试企业层面控制；
3. 识别重要账户、列报及其相关认定；
4. 了解潜在错报的来源并识别相应的控制；

5. 选择拟测试的控制。

下面对上述步骤进行具体说明。

一、识别、了解和测试企业层面控制

（一）企业层面控制的内涵

企业的内部控制分为企业层面控制和业务流程、应用系统或交易层面的控制两个层面。

企业层面的控制通常为应对企业财务报表整体层面的风险而设计，或作为其他控制运行的“基础设施”，通常在比业务流程更高的层面上乃至整个企业范围内运行，其作用比较广泛，通常不局限于某个具体认定。企业层面控制包括下列内容：

1. 与控制环境（即内部环境）相关的控制；
2. 针对管理层和治理层凌驾于控制之上的风险而设计的控制；
3. 被审计单位的风险评估过程；
4. 对内部信息传递和期末财务报告流程的控制；
5. 对控制有效性的内部监督（即监督其他控制的控制）和内部控制评价。

此外，集中化的处理和控制（包括共享的服务环境）、监控经营成果的控制以及针对重大经营控制及风险管理实务的政策也属于企业层面控制。

（二）企业层面控制对其他控制及其测试的影响

不同的企业层面控制在性质和精确度上存在差异，注册会计师应当从下列方面考虑这些差异对其他控制及其测试的影响：

1. 某些企业层面控制，例如某些与控制环境相关的控制，对重大错报是否能够被及时防止或发现的可能性有重要影响，虽然这种影响是间接的，但这些控制可能影响注册会计师拟测试的其他控制及其对其他控制所执行程序的性质、时间安排和范围。

例如，被审计单位是否制定了合适的经营理念以及管理基调对于一个有效的内部控制是非常重要的。虽然这些与控制环境相关的控制与某个财务报表的认定没有直接关联，同时这些控制不能减少注册会计师为对财务报表认定相关的内部控制的有效性作出结论而所需获得的充分证据，但是由于这些控制可能会对其他控制的有效运行，以及注册会计师对财务报表是否存在重大错报的风险评估带来普遍性的影响，所以注册会计师可能需要考虑这些控制是否存在缺陷，以制定对其他控制所执行的程序。

2. 某些企业层面控制能够监督其他控制的有效性。管理层设计这些控制可能是为了识别其他控制可能出现的失效情况。但是，这些控制本身并非精确到足以及时防止或发现相关认定的重大错报。当这些控制运行有效时，注册会计师可以减少原本拟对其他控制的有效性进行的测试。

例如，被审计单位的财务总监定期审阅经营收入的详细月度分析报告。由于这个控制没有足够的精确度以及时防止或发现某个财务报表相关认定的重大错报，所以这个控制不可以完全替代注册会计师对其他控制的测试。但是，如果这个控制有效，可能可以使注册会计师修改其原本拟对其他控制所进行的测试程序。

3. 某些企业层面控制本身能精确到足以及时防止或发现一个或多个相关认定中存在

的重大错报。如果一项企业层面控制足以应对已评估的重大错报风险，注册会计师可能可以不必测试与该风险相关的其他控制。一般而言，注册会计师可以分析某个控制是否有足够的精确度以及时防止或发现财务报表重大错报，并且考虑以下因素：

（1）内部控制对应的重要账户及列报的性质；

（2）对某些比较稳定或具备预期内在关系的账户，管理层实施的分析对发现财务报表重大错报具有足够的精确度；

（3）管理层分析的细化程度。

一般而言，一个更精确的企业层面控制可能会对账户按照产品、地区作更细化的分析，并且会与其他资料作出比较分析，以确定财务报表相关认定的准确性。

例如，被审计单位制定了银行存款余额调节表的监督审阅流程，并且对下属所有分级机构作出定期检查，以确定所有下属单位已经做好银行存款余额调节表的编制、审阅及跟踪工作。如果这个监督审阅过程中的程序有足够的精确度以复核各个下属单位的工作是否恰当，那么注册会计师可以考虑测试这个企业层面的控制，并且不必对下属每个单位的银行余额调节表相关控制进行测试。

正是由于企业层面控制的上述作用，注册会计师应当识别、了解和测试对内部控制有效性结论有重要影响的企业层面控制。注册会计师对企业层面控制的评价，可能增加或减少本应对其他控制所进行的测试。此外，由于对企业层面控制的评价结果将影响注册会计师测试其他控制的性质、时间安排及范围，所以注册会计师可以考虑在执行业务的早期阶段对企业层面控制进行测试。在完成对企业层面控制的测试后，注册会计师可以根据测试结果评价被审计单位的企业层面控制是否有效，并且计划需要测试的其他控制及对其他控制所执行程序的性质、时间安排和范围。

本章第五节对企业层面控制的测试展开阐述。

二、识别重要账户、列报及其相关认定

注册会计师应当基于财务报表层次识别重要账户、列报及其相关认定。

如果某账户或列报可能存在一个错报，该错报单独或连同其他错报将导致财务报表发生重大错报，则该账户或列报为重要账户或列报。

如果某财务报表认定可能存在一个或多个错报，这个或这些错报将导致财务报表发生重大错报，则该认定为相关认定。

在识别重要账户、列报及其相关认定时，注册会计师需要从定性和定量两个方面作出评价，包括考虑舞弊的影响。

超过财务报表整体重要性的账户，无论是在内部控制审计还是在财务报表审计中，通常情况下被认定为重要账户。一个账户或列报，即使从性质方面考虑与之相关的风险较小，但其金额超过财务报表整体重要性越多，该账户或列报被认定为重要账户或列报的可能性也就越大。但是，一个账户或列报的金额超过财务报表整体重要性，并不必然表明其属于重要账户或列报，因为注册会计师还需要考虑定性的因素。同理，定性的因素也可能导致注册会计师将低于财务报表整体重要性的账户或列报认定为重要账户或列报。

从性质上说，注册会计师可能因为某账户或列报受固有风险或舞弊风险的影响而将其确定为重要账户或列报，因为即使该账户或列报从金额上看并不重大，但这些固有风险或舞弊风险很有可能导致重大错报（该错报单独或连同其他错报将导致财务报表发生重大错报）。例如，某负债类账户金额不重大，但很可能被显著低估，注册会计师因而将其确定为重要账户。

在识别重要账户、列报及其相关认定时，注册会计师不仅需要在重要账户或列报层面考虑风险，还需要深入账户或列报的明细项目（例如，固定资产账户由机器设备、房屋建筑物等部分组成）。如果某账户或列报的各明细项目存在的风险差异较大，被审计单位可能需要采用不同的控制以应对这些风险，注册会计师应当分别予以考虑。

在识别重要账户、列报及其相关认定时，注册会计师应当依据其固有风险，而不应考虑相关控制的影响，因为内部控制审计的目标本身就是评价控制的有效性。

在识别重要账户、列报及其相关认定时，注册会计师还应当确定重大错报的可能来源。注册会计师可以通过考虑在特定的重要账户或列报中错报可能发生的领域和原因，确定重大错报的可能来源。

以前年度审计中了解到的情况影响注册会计师对固有风险的评估，因而应当在确定重要账户、列报及其相关认定时加以考虑。以前年度审计中识别的错报会影响注册会计师对某账户、列报及其相关认定固有风险的评估。

在内部控制审计中，注册会计师在识别重要账户、列报及其相关认定时应当评价的风险因素，与财务报表审计中考虑的因素相同。因此，在这两种审计中识别的重要账户、列报及其相关认定应当相同。

例如，被审计单位本年度发生管理费用总额为1亿元。注册会计师确定的财务报表整体的重要性为2 000万元。由于管理费用的核算较为简单，由于错误或舞弊导致管理费用发生重大错报的固有风险很低，以前年度审计中从未发现管理费用存在错报，也从未发现过相关控制缺陷，因此，注册会计师确定管理费用账户属于重要账户，并确定“发生”和“完整性”认定为相关认定，因为只有这两项认定可能存在导致财务报表发生重大错报的风险。

三、了解潜在错报的来源并识别相应的控制

（一）了解潜在错报的来源

注册会计师应当实现下列目标，以进一步了解潜在错报的来源，并为选择拟测试的控制奠定基础：

1. 了解与相关认定有关的交易的处理流程，包括这些交易如何生成、批准、处理及记录；

2. 验证注册会计师识别出的业务流程中可能发生重大错报（包括舞弊导致的错报）的环节；

3. 识别被审计单位用于应对这些错报或潜在错报的控制；

4. 识别被审计单位用于及时防止或发现并纠正未经授权的、导致重大错报的资产取得、使用或处置的控制。

注册会计师应当亲自执行能够实现上述目标的程序，或对提供直接帮助的人员的工作进行督导。

（二）实施穿行测试

穿行测试通常是实现上述目标和评价控制设计的有效性以及确定控制是否得到执行的有效方法。穿行测试是指追踪某笔交易从发生到最终被反映在财务报表中的整个处理过程。

在下列情况下，注册会计师通常会实施穿行测试：

1. 存在较高固有风险的复杂领域；

2. 以前年度审计中识别出的缺陷（需要考虑缺陷的严重程度）；

3. 由于引入新的人员、新的系统、收购和采取新的会计政策而导致流程发生重大变化。

如果注册会计师首次接受委托执行内部控制审计，通常预期注册会计师会对重要流程实施穿行测试。

穿行测试涵盖交易生成、授权、记录、处理和报告整个过程，以及识别出的重要流程中的控制，包括针对舞弊风险的控制。一般而言，对每个重要流程，选取一笔交易或事项实施穿行测试即可。如果被审计单位采用集中化的系统为多个组成部分执行重要流程，则可能不必在每个重要的经营场所或业务单位选取一笔交易或事项实施穿行测试。

注册会计师在实施穿行测试时，通常需要综合运用询问、观察、检查相关文件记录。

在实施穿行测试时，针对重要处理程序发生的环节，注册会计师可以询问相关人员对既定程序和控制规定的了解程度，确定相关人员是否根据其设计的原意及时执行这些处理程序或控制。注册会计师应当关注那些不符合既定程序和控制规定的例外事项。

注册会计师需要使用与被审计单位人员使用的相同的文件和信息技术对业务流程实施穿行测试，并向参与该流程或控制重要方面的相关人员进行询问。为此，注册会计师可能需要通过不止一次的访谈，询问参与该流程中重要程序和控制的人员。

四、选择拟测试的控制

（一）基本要求

注册会计师应当针对每一相关认定获取控制有效性的审计证据，以便对内部控制整体的有效性发表意见，但没有责任对单项控制的有效性发表意见。

注册会计师应当对被审计单位的控制是否足以应对评估的每个相关认定的错报风险形成结论。因此，注册会计师应当选择对形成这一评价结论具有重要影响的控制进行测试。

对特定的相关认定而言，可能有多项控制用以应对评估的错报风险；反之，一项控制也可能应对评估的多项相关认定的错报风险。注册会计师没有必要测试与某项相关认定有关的所有控制。

在确定是否测试某项控制时，注册会计师应当考虑该项控制单独或连同其他控制，是否足以应对评估的某项相关认定的错报风险，而不论该项控制的分类和名称如何。

（二）选择拟测试的控制的考虑因素

注册会计师在选取拟测试的控制时，通常不会选取整个流程中的所有控制，而是选择关键控制，即能够为一个或多个重要账户或列报的一个或多个相关认定提供最有效果或最有效率的证据的控制。每个重要账户、认定和/或重大错报风险至少应当有一个对应的关键控制。

在选择关键控制时，注册会计师需要考虑：

1. 哪些控制是不可缺少的？

2. 哪些控制直接针对相关认定？

3. 哪些控制可以应对错误或舞弊导致的重大错报风险？

4. 控制的运行是否足够精确？

选取关键控制需要注册会计师作出职业判断。注册会计师无需测试那些即使有缺陷也合理预期不会导致财务报表重大错报的控制。

在采用自上而下的方法执行内部控制审计时，如果识别并选取了能够充分应对重大错报风险的控制，则不需要再测试针对同样认定的其他控制。注册会计师在考虑是否有必要测试业务流程、应用系统或交易层面的控制之前，首先要考虑测试那些与重要账户的认定相关的企业层面控制的有效性。如果企业层面控制是有效的且得到精确执行，能够及时防止或发现并纠正影响一个或多个认定的重大错报，注册会计师可能不必就所有流程、交易或应用层面的控制的运行有效性获取审计证据。

注册会计师需要选择测试那些对形成内部控制审计意见有重大影响的控制。对于与所有重要账户和列报相关的所有相关认定，注册会计师都需要取得关于控制设计和运行是否有效的证据。如果存在多个控制均应对相关认定的重大错报风险，注册会计师通常会选择那个（些）能够以最有效的方式予以测试的控制。

企业管理层在执行内部控制自我评价时选择测试的控制，可能多于注册会计师认为为了评价内部控制的有效性有必要测试的控制。管理层的这种决定，不影响注册会计师的控制测试决策，注册会计师只需要测试那些对形成内部控制审计意见有重大影响的控制。

第四节 测试控制的有效性

一、内部控制的有效性

内部控制的有效性包括内部控制设计的有效性和内部控制运行的有效性。

如果某项控制由拥有有效执行控制所需的授权和专业胜任能力的人员按规定的程序和要求执行，能够实现控制目标，从而有效地防止或发现并纠正可能导致财务报表发生重大错报的错误或舞弊，则表明该项控制的设计是有效的。

如果某项控制正在按照设计运行、执行人员拥有有效执行控制所需的授权和专业胜任能力，能够实现控制目标，则表明该项控制的运行是有效的。

注册会计师应当测试控制设计的有效性和控制运行的有效性。

注册会计师获取的有关控制运行有效性的审计证据包括：

1. 控制在所审计期间的相关时点是如何运行的；

2. 控制是否得到一贯执行；

3. 控制由谁或以何种方式执行。

二、与控制相关的风险

在测试所选定控制的有效性时，注册会计师应当根据与控制相关的风险，确定所需获取的审计证据。

与控制相关的风险包括一项控制可能无效的风险，以及如果该控制无效，可能导致重大缺陷的风险。与控制相关的风险越高，注册会计师需要获取的审计证据就越多。

下列因素影响与某项控制相关的风险：

1. 该项控制拟防止或发现并纠正的错报的性质和重要程度；

2. 相关账户、列报及其认定的固有风险；

3. 交易的数量和性质是否发生变化，进而可能对该项控制设计或运行的有效性产生不利影响；

4. 相关账户或列报是否曾经出现错报；

5. 企业层面控制（特别是监督其他控制的控制）的有效性；

6. 该项控制的性质及其执行频率；

7. 该项控制对其他控制（如控制环境或信息技术一般控制）有效性的依赖程度；

8. 执行该项控制或监督该项控制执行的人员的专业胜任能力，以及其中的关键人员是否发生变化；

9. 该项控制是人工控制还是自动化控制；

10. 该项控制的复杂程度，以及在运行过程中依赖判断的程度。

在连续审计中，影响与控制相关的风险的因素除上述因素外，还包括：

1. 以前审计所执行的审计程序的性质、时间安排和范围；

2. 以前审计控制测试的结果；

3. 自上次审计以来控制或流程是否发生变化。

三、测试控制有效性的程序

注册会计师测试控制有效性的程序通常为询问、观察、检查和重新执行。以下分别对四种审计程序类型予以说明：

（一）询问

注册会计师通过与被审计单位有关人员进行讨论可以取得与内部控制相关的信息。但是，仅实施询问程序不能为某一特定控制的有效性提供充分、适当的证据。注册会计师还需要获取其他信息以印证询问所取得的信息，包括被审计单位其他人员的佐证，控制执行时所使用的报告、手册或其他文件等。虽然询问是一种可用的手段，但它必须与其他测试手段结合使用才能发挥作用。

（二）观察

观察是测试运行不留下书面记录的控制的有效方法。例如，对于与职责分离相关的控制，注册会计师需要获得第一手证据，不仅通过询问取得关于责任分工的信息，而且通过实地观察，证实责任分工控制是按规定执行的。

观察也可运用于测试对实物的控制。例如，观察空白支票是否妥善保管。通常情况下，注册会计师通过观察直接获取的证据比间接获取的证据更可靠。

观察可以提供执行有关过程或程序的审计证据，但观察所提供的审计证据仅限于观察发生的时点，而且被观察人员的行为可能因被观察而受到影响，这也会使观察提供的审计证据受到限制。例如，注册会计师可以通过观察处理现金收款的过程以对现金收款的控制进行测试，但是由于观察只针对某一时点，因此，注册会计师需要结合运用询问以及检查相关的文件，以获得更多对于某一段时期内控制运行有效性的证据。

（三）检查

检查通常用于确认控制是否得以执行。例如，对偏差报告进行调查与跟进这一控制，负责调查和跟进的人员在偏差报告中添加的书面说明、管理人员审核时留下的记号或其他标记都可以作为控制得到执行的证据。注册会计师需要检查显示控制得以执行的、可以合理预期其存在的证据。缺乏证据可能表示控制没有按规定运行，注册会计师需要执行进一步程序以确定事实上是否存在有效的控制。

检查记录和文件可以提供可靠程度不同的审计证据，审计证据的可靠性取决于记录或文件的性质和来源，而在检查内部记录和文件时，其可靠性则取决于生成该记录或文件的内部控制的有效性。例如，被审计单位通过定期复核账龄分析表应对应收账款计价认定错报，如果账龄分析表不准确或不完整，就会影响控制的有效性。

在有些情况下，存在书面证据不一定表明控制一定有效。例如，凭证审核是一种常见的控制，但是看到签名不一定能证明审核人员认真审核了凭证，审核人员可能只粗略浏览凭证，甚至未审核而直接签名。因此通过检查凭证签名获得的审计证据的质量可能不具有说服力。

（四）重新执行

通常只有当综合运用询问、观察和检查程序仍无法获取充分、适当的证据时，注册会计师才会考虑重新执行程序。重新执行的目的是评价控制的有效性，而不是测试特定交易或余额的存在或准确性，即定性而非定量，因此一般不必选取大量的项目，也不必特意选取金额重大的项目进行测试。

例如，测试管理层审核银行存款余额调节表这一控制时，根据测试目的，注册会计师可以检查银行存款余额调节表是否存在，浏览调节事项是否得到适当处理，以及检查调节表上是否有编制者和审批者的签字。如果需要更多的审计证据，如发现调节表上有非正常项目时，可以考虑重新执行调节过程以确定控制是否有效。重新执行通常包括重新执行审核者实施的步骤，例如，将调节表上的金额与相关支持性文件进行核对；查看与非正常调节项目相关的支持性文件及对有关调节事项做进一步调查等。如果注册会计师认为银行存款余额调节表编制不当但审核者仍然签名，就需要跟进了解为什么在这种情况下审核者仍然认可调节表，以便决定这种审核是否有效。

四、控制测试的时间安排

对控制有效性的测试涵盖的期间越长，提供的控制有效性的审计证据越多。单就内部控制审计业务而言，注册会计师应当获取内部控制在基准日之前一段足够长的期间内有效运行的审计证据。在整合审计中，注册会计师控制测试所涵盖的期间应尽量与财务报表审计中拟信赖内部控制的期间保持一致。

对控制有效性测试的实施时间越接近基准日，提供的控制有效性的审计证据越有力。为了获取充分、适当的审计证据，注册会计师应当在下列两个因素之间作出平衡，以确定测试的时间：

1. 尽量在接近基准日实施测试；

2. 实施的测试需要涵盖足够长的期间。

整改后的内部控制需要在基准日之前运行足够长的时间，注册会计师才能得出整改后的内部控制是否有效的结论。因此，在接受或保持内部控制审计业务时，注册会计师应当尽早与被审计单位沟通这一情况，并合理安排控制测试的时间，留出提前量。此外，由于对企业层面内部控制的评价结果将影响注册会计师测试其他控制的性质、时间安排和范围，注册会计师可以考虑在执行业务的早期阶段对企业层面控制进行测试。

1. 期中测试的两种方法。

在整合审计中测试控制在整个会计年度的运行有效性时，注册会计师可以按照既定的样本规模进行期中测试，然后对剩余期间实施前推测试（有关前推测试的介绍详见下文“3. 期中测试和前推程序”），或将样本分成两部分，一部分在期中测试，另一部分在临近年末的期间测试。

与所测试的控制相关的风险越低，注册会计师需要对该控制获取的审计证据就越少，可能对该控制实施期中测试就可以为其运行有效性提供充分、适当的审计证据。相应地，如果与所测试的控制相关的风险越高，需要获取的证据就越多，注册会计师应当取得一部分更接近基准日的证据。

2. 以前审计获取的有关控制运行有效性的审计证据。

对于财务报表审计，注册会计师可以在某些方面利用以前审计中获取的有关控制运行有效性的审计证据。对于内部控制审计，除考虑对自动化信息处理控制实施与基准相比较的策略外（完全自动化的控制通常不会因人为失误而失效），注册会计师不能利用以前审计中获取的有关控制运行有效性的审计证据，而是需要每年获取有关控制有效性的审计证据。

3. 期中测试和前推程序。

注册会计师执行内部控制审计业务旨在对基准日内部控制有效性出具报告。如果已获取有关控制在期中运行有效性的审计证据，注册会计师应当确定还需要获取哪些补充审计证据，以证实剩余期间控制的运行情况。在将期中测试结果前推至基准日时，注册会计师应当考虑下列因素以确定需获取的补充审计证据：

（1）基准日之前测试的特定控制，包括与控制相关的风险、控制的性质和测试的结果；

（2）期中获取的有关审计证据的充分性和适当性；

（3）剩余期间的长短；

（4）期中测试之后，内部控制发生重大变化的可能性；

（5）注册会计师基于对控制的依赖程度拟减少进一步实质性程序的程度（仅适用于整合审计）；

（6）控制环境。

以下举例说明在整合审计中如何将期中控制测试的结果前推至基准日。

被审计单位的销售采用客户上门提货的方式，通常情况下产品出库即实现销售。内部控制审计的基准日为12月31日。注册会计师测试了截至9月30日应收账款流程中的关键控制（未发现控制偏差），并对10月31日的应收账款余额实施了细节测试。在确定是否需要在年末审计中对期中测试结果实施前推程序时，注册会计师考虑了自期中测试后到基准日（即剩余期间）之间的间隔长度，以及在制定财务报表审计计划时拟对这些控制取得较高程度的保证等因素，决定实施一定的前推测试。注册会计师制定的前推测试计划如下：

控制一：应收账款会计每天将分类账中的收款记录与在线银行收款记录进行核对，并调查任何超过某一金额的差异。

由于该控制并不复杂，执行时不需要作出重大判断。因此，注册会计师计划向应收账款会计询问该控制是否得到一贯执行以及在9月30日至12月31日期间是否出现任何异常现象，以为该控制是否持续有效运行提供充分的证据。

控制二：每月末财务总监取得该月最后三天的产品出库报告，将其与当月入账的应收账款明细进行核对，以确保应收账款余额的完整性和存在。

尽管该控制并不复杂，但每月最后一周的产品出库量占全月出库量的比例很重大。此外，通过将当月入账的应收账款与出库记录进行比较，财务总监可以监控是否存在故意错报应收账款的行为。因此，注册会计师认为该控制具有多重目的及其运行无效所导致的后果较严重，计划向财务总监和应收账款会计进行询问，并对财务总监执行该复核控制实施数次观察。

控制三：每月末财务总监、首席财务官和客户信用经理复核应收账款账龄分析表并共同决定是否需要对长期未收款的应收账款余额计提坏账准备。在此过程中他们利用了多方面的信息，包括客户以往付款记录以及与客户之间的沟通文件、账龄一年以上和两年以上的应收账款小计金额占应收账款总金额的比例，以及本年度至今为止的坏账核销金额与坏账准备的比较。

由于该控制具有较高的主观性（虽然并不复杂），且对资产负债表和利润表均具有潜在的重大影响，并且涉及管理层的估计，存在潜在的舞弊风险。因此，注册会计师决定检查关于该控制在基准日之前几次运行情况的证据，包括上述人员共同讨论的记录和与客户沟通的记录。内部控制是否持续有效运行，会影响注册会计师如何将期中实质性程序的结果延伸至期末。如果注册会计师在实施期中控制测试和上述控制前推程序中没有发现任何控制缺陷，注册会计师在制定计划以对10月31日已实施函证程序的应收账款实施前推程序时，可以对控制给予高度的信赖（即获得高度保证）。在这种情况下，注册会计师可能会决定将10月31日的应收账款余额前推至12月31日，并对该期间的收款金额进行非常有限的测试（实质性分析程序或选取大额/高风险项目进行细节测试）。反之，如果控制存在缺陷，则注册会计师可能决定对剩余期间的交易金额实施大量细节测试，甚至对12月31日的应收账款余额再次实施函证程序。

4. 针对信息技术一般控制和自动化信息处理控制的前推程序。

自动化信息处理控制一旦被证明其运行有效，通常不会发生运行故障或质量下降的情况，前提是存在适当且持续有效的信息技术一般控制。如果信息技术一般控制有效且关键的自动化信息处理控制未发生任何变化，注册会计师就不需要对该自动化控制实施前推测试。但是，如果注册会计师在期中对重要的信息技术一般控制实施了测试，则通常还需要对其实施前推程序。

如果注册会计师认为一个或一个以上重要的信息技术一般控制无效，注册会计师需要评估其对总体信息技术环境以及对任何依赖这些信息技术一般控制的自动化控制的持续有效性的影响。如果重要的信息技术一般控制无效，且无法获得其他替代证据以证实关键的自动化控制自其上次被测试后未发生变化，注册会计师在执行内部控制审计时，通常就需要获取有关该自动化控制在接近基准日的期间内是否有效运行的证据。

五、控制测试的范围

注册会计师在测试控制的运行有效性时，应当在考虑与控制相关的风险的基础上，确定测试的范围（样本规模）。注册会计师确定的测试范围，应当足以使其能够获取充分、适当的审计证据，为基准日内部控制是否不存在重大缺陷提供合理保证。

（一）测试人工控制的最小样本规模

在测试人工控制时，如果采用检查或重新执行程序，注册会计师测试的最小样本规模区间参见表20－2。

表20－2　　测试人工控制的最小样本规模区间

控制运行频率	控制运行的总次数	测试的最小样本规模区间
每年1次	1	1
每季1次	4	2
每月1次	12	2～5
每周1次	52	5～15
每天1次	250	20～40
每天多次	大于250次	25～60

在运用表20－2时，注册会计师应当注意下列事项：

1. 测试的最小样本规模是指所需测试的控制运行次数；

2. 注册会计师应当根据与控制相关的风险，基于最小样本规模区间确定具体的样本规模；

3. 表20－2假设控制的运行偏差率预计为零，如果预计偏差率不为零，注册会计师应当扩大样本规模；

4. 如果注册会计师不能确定控制运行的频率，但是知道控制运行的总次数，仍可根据“控制运行的总次数”确定测试的最小样本规模。

在下列情况下，注册会计师可以使用表 20－2 中测试的最小样本规模区间的最低值（如对于每天运行多次的控制，选择 25 个样本规模）：

1. 与账户及其认定相关的固有风险和舞弊风险为低水平；

2. 是日常控制，执行时需要的判断很少；

3. 从穿行测试得出的结论和以前年度审计的结果表明未发现控制缺陷；

4. 管理层针对该项控制的测试结果表明未发现控制缺陷；

5. 存在有效的补偿性控制，且管理层针对补偿性控制的测试结果为运行有效；

6. 根据对控制的性质以及内部审计人员客观性和胜任能力的考虑，注册会计师拟更多地利用他人的工作。

在作出使用表 20－2 中测试的最小样本规模区间最低值的判断时，上述条件无需全部具备。

例如，某公司存在一项每月运行 1 次的控制，如某一员工对 50 个银行账户每月编制银行存款余额调节表。第一步，计算控制每年运行的总次数为 600 次（12×50）。第二步，根据总次数选择表 20－2 中对应的部分，控制运行的总次数大于 250 次，控制运行频率为每天多次，样本规模应为 25～60。

如果由多个人员执行同一控制，应当分别确定总体，针对每个人员确定样本规模。如果由两个人执行 600 次控制，样本规模应为 25，即应针对每个人测试 25 次，一共 50 个样本。

在确定控制运行的总次数时，还要注意拟测试的控制是否是同质的，能否作为一个总体。在本例中，如果由统一的财务主管复核每个人编制的银行存款余额调节表，通过了解和评价财务主管的复核控制，可以保证经复核的控制是同质的，则可以将两个人执行的控制作为 1 个总体。

（二）测试自动化信息处理控制的最小样本规模

信息技术处理具有内在一贯性，除非系统发生变动，一项自动化信息处理控制应当一贯运行。对于一项自动化信息处理控制，一旦确定被审计单位正在执行该控制，注册会计师通常无需扩大控制测试的范围，但需要考虑执行下列测试以确定该控制持续有效运行：

1. 测试与该信息处理控制有关的信息技术一般控制的运行有效性；

2. 确定系统是否发生变动，如果发生变动，是否存在适当的系统变动控制；

3. 确定对交易的处理是否使用授权批准的软件版本。

例如，注册会计师可以检查信息系统安全控制记录，以确定是否存在未经授权的接触系统硬件和软件，以及系统是否发生变动。

在信息技术一般控制有效的前提下，除非系统发生变动，注册会计师或其专家可能只需要对某项自动化信息处理控制的每一相关属性进行一次系统查询以检查其系统设置，即可得出所测试自动化信息处理控制是否运行有效的结论。

如果无法采用系统查询的方法，注册会计师或其专家可以考虑采用其他的测试方法，例如，在系统中提交测试数据并与实际数据结果或根据业务规则预期将得到的数据相对比等方法。

除非系统（包括系统使用的表格、文档或其他永久性数据）发生变动，注册会计师通常不需要增加自动化控制的测试范围。

（三）发现控制偏差时的处理

如果发现控制偏差，注册会计师应当确定对下列事项的影响：

1. 与所测试控制相关的风险的评估；

2. 需要获取的审计证据；

3. 控制运行有效性的结论。

评价控制偏差的影响需要注册会计师运用职业判断，并受到控制的性质和所发现控制偏差数量的影响。如果发现的控制偏差是系统性偏差或人为有意造成的偏差，注册会计师应当考虑舞弊的可能迹象以及对审计方案的影响。

在评价控制测试中所发现的某项控制偏差是否为控制缺陷时，注册会计师可以考虑的因素包括：

1. 该控制偏差是如何被发现的。例如，如果某控制偏差是被另外一项控制所发现的，则可能意味着被审计单位存在有效的检查性控制。

2. 该控制偏差是与某一特定的地点、流程或应用系统相关，还是对被审计单位有广泛影响。

3. 就被审计单位的内部政策而言，该控制出现偏差的严重程度。例如，某项控制在执行上晚于被审计单位政策要求的时间，但仍在编制财务报表之前得以执行，还是该项控制根本没有得以执行。

4. 与控制运行频率相比，控制偏差发生的频率高低。

由于有效的内部控制不能为实现控制目标提供绝对保证，单项控制并非一定要毫无偏差地运行，才被认为有效。在按照表 20－2 所列示的样本规模进行测试的情况下，如果发现控制偏差，注册会计师应当考虑控制偏差的原因及性质，并考虑采用扩大样本规模等适当的应对措施以判断该控制偏差是否对总体不具有代表性。例如，对每日发生多次的控制，如果初始样本规模为 25 个，当测试发现一项控制偏差，且该控制偏差不是系统性偏差时，注册会计师可以扩大样本规模进行测试。如果测试后再次发现控制偏差，则注册会计师可以得出该控制无效的结论。如果扩大样本规模没有再次发现控制偏差，则注册会计师可以得出控制有效的结论。

六、控制变更时的特殊考虑

在基准日前，被审计单位可能为提高效率、效果或弥补控制缺陷而改变控制。

对内部控制审计而言，如果新控制实现了相关控制目标，且运行了足够长的时间，注册会计师能够通过对该控制进行测试评价其设计和运行的有效性，则无需测试被取代的控制。

对财务报表审计而言，如果被取代控制的运行有效性对控制风险的评估有重大影响，注册会计师应当测试被取代控制的设计和运行的有效性。

第五节 企业层面控制的测试

注册会计师应当采用自上而下的方法选择拟测试的控制。企业层面控制的测试是自上而下方法中的重要步骤，本节对此展开阐述。

一、与控制环境相关的控制

控制环境包括治理职能和管理职能，以及治理层和管理层对内部控制及其重要性的态度、认识和行动。控制环境设定了被审计单位的内部控制基调，影响员工的内部控制意识。良好的控制环境是实施有效内部控制的基础。在了解和评价控制环境时，注册会计师需要考虑与控制环境有关的各个要素及其相互联系。

在了解和测试控制环境时，注册会计师需要考虑的方面主要包括：

1. 管理层的理念和经营风格是否促进了有效的财务报告内部控制；

2. 管理层在治理层的监督下，是否营造并保持了诚信和合乎道德的文化；

3. 治理层是否了解并监督财务报告过程和内部控制。

在进行内部控制审计时，注册会计师可以首先了解控制环境的各个要素，在此过程中注册会计师应当考虑其是否得到执行。因为管理层可能建立了合理的内部控制，但却未能有效执行。在了解的基础上，注册会计师可以选择那些对财务报告内部控制有效性的结论产生重要影响的企业层面控制进行测试。

二、针对管理层和治理层凌驾于控制之上的风险而设计的控制

针对管理层和治理层凌驾于控制之上的风险（以下简称“凌驾风险”）而设计的控制，对所有企业保持有效的财务报告相关的内部控制都有重要的影响。在不同的企业，管理层和治理层凌驾于内部控制之上的风险水平不同。注册会计师可以根据对被审计单位进行的舞弊风险评估作出判断，选择相关的企业层面控制进行测试，并评价这些控制是否能有效应对已识别的可能导致财务报表发生重大错报的凌驾风险。

一般而言，针对凌驾风险采用的控制包括但不限于：

1. 针对重大的异常交易（尤其是那些导致会计分录延迟或异常的交易）的控制。

重大的异常交易一般指不是在被审计单位正常业务过程中产生，并且对被审计单位而言较为重大的交易。注册会计师可以了解被审计单位对于重大的异常交易的会计处理流程以及被审计单位是否已经建立了相关的控制，并考虑对这些控制的设计及运行有效性进行测试，以确定这些控制是否能有效降低管理层和治理层凌驾于内部控制之上的风险。

2. 针对关联方交易的控制。

注册会计师可以关注被审计单位的关联方交易管理及业务流程，了解企业的关联方交易是如何产生、审批以及记录在财务报表中的，在上述过程中是否存在管理层和治理层凌驾于

内部控制之上的风险，以及是否有相关的控制降低有关风险。在了解这些内部控制之后，注册会计师可以考虑对能降低与关联方交易相关的凌驾风险的内部控制进行测试。

3. 与管理层的重大估计相关的控制。

注册会计师可以了解被审计单位的财务报表中是否有对财务报表产生重大影响的会计估计，并了解管理层作出这些会计估计的过程。同时，注册会计师可以关注管理层针对这些重大会计估计的相关控制，是否能防止管理层因操纵这些重大会计估计而导致财务报表出现重大错报的风险。在了解这些内部控制之后，注册会计师可以考虑对能降低与重大会计估计相关的凌驾风险的内部控制进行测试。

4. 能够减弱管理层伪造或不恰当操纵财务结果的动机及压力的控制。

注册会计师可以关注管理层的薪酬及激励机制或是否面对较大的业绩压力，导致被审计单位出现较高的凌驾风险。对于这种情况，注册会计师可以了解被审计单位是否有相应的控制，以防止管理层因为激励机制及业绩压力而对财务报表作出虚假报告。在了解这些内部控制之后，注册会计师可以考虑对能降低与管理层动机及压力相关的凌驾风险的内部控制进行测试。

对于能够减弱管理层伪造或不恰当操纵财务结果的动机及压力的控制，注册会计师一般可以（但不限于）考虑下列流程及相关控制：

（1）薪酬委员会（或类似机构）在公司制定薪酬及激励过程中的角色，以及其薪酬激励是否通过该委员会的研究及审批，以确保激励部分不会过高从而增加人为错报的风险；

（2）管理层每年制定的预算是否是基于实际经营状况，并且通过合理的分析而编制的，以确保年度预算不会过于进取或保守从而增加人为错报的风险；

（3）内部审计部门是否会关注因管理层动机或压力而导致的错报风险，并且定期进行检查，查找被审计单位是否存在人为调整财务业绩的情况。

5. 建立内部举报投诉制度。

注册会计师可以关注被审计单位是否建立了内部举报投诉制度（如举报热线、电子邮件、举报信箱等）和举报人保护制度，鼓励员工对各类违法或不当行为予以举报，并严禁任何人向善意举报的人或参与调查的人施加报复。注册会计师还可以关注被审计单位对举报投诉的处理程序、办理时限和办理要求，如是否设置了专门机构对投诉内容进行调查处理等。同时，注册会计师还可关注上述相关制度是否已及时传达至全体员工。

三、被审计单位的风险评估过程

风险评估过程包括识别与财务报告相关的经营风险，以及针对这些风险所采取的措施。首先，被审计单位需要有充分的内部控制去识别来自外部环境的风险，例如监管环境和经营环境的变化、新的或升级的信息系统等方面。其次，充分、适当的风险评估过程应当包括对重大风险的估计，对风险发生可能性的评定以及应对方法的确定。注册会计师可以首先了解被审计单位及其环境的其他方面信息，以初步了解被审计单位的风险评估过程。

结合内部控制审计业务的目的和性质，在了解和测试被审计单位与风险评估过程相关的内部控制时，可以考虑以下因素：

1. 被审计单位是否根据既定的控制目标，有计划地全面、系统、持续地收集内外部相关信息，并结合实际情况，及时进行风险评估。

2. 被审计单位是否在目标设定的基础上，密切关注内外部主要风险因素，通过日常或定期的评估程序与方法对各种主要风险加以识别，并将各类风险进行分类整理，形成企业的风险清单。

3. 被审计单位是否在风险识别的基础上，采用定性和定量相结合的方法，按照风险发生的可能性及其影响程度等，对识别的风险进行分析和排序，确定关注重点和优先控制的风险。被审计单位在进行风险分析时，是否充分吸收专业人员，组成风险分析团队，按照严格规范的程序开展工作，确保风险分析结果的准确性。

4. 被审计单位是否根据内部控制目标，结合风险评估结果和风险应对策略，综合运用控制措施，将风险控制在可承受范围之内。

四、对内部信息传递和期末财务报告流程的控制

在企业中，相关信息需要以适当方式及时识别、保存和传递，并被不同层级的人员使用，以支持财务报告目标的实现。注册会计师可以重点关注被审计单位与财务报告相关的内部信息传递。

针对财务报告流程的内部控制可以确保管理层按照适当的会计准则编制合理、可靠的财务报告，以对外进行报告。

期末财务报告流程包括：

1. 将交易总额登入总分类账的程序；
2. 与会计政策的选择和运用相关的程序；
3. 总分类账中会计分录的编制、批准等处理程序；
4. 对财务报表进行调整的程序；
5. 编制财务报表的程序。

由于期末财务报告流程对内部控制审计和财务报表审计有重要影响，注册会计师应当从下列方面评价期末财务报告流程：

1. 被审计单位财务报表的编制流程，包括输入、处理及输出；
2. 期末财务报告流程中运用信息技术的程度；
3. 管理层中参与期末财务报告流程的人员；
4. 纳入财务报表编制范围的组成部分；
5. 调整分录及合并分录的类型；
6. 管理层和治理层对期末财务报告流程进行监督的性质及范围。

期末财务报告流程通常发生在管理层评价日之后，因此，注册会计师一般只能在该日之后测试相关控制。

同时，结合财务报表审计的要求，注册会计师还应当了解管理层为确保识别期后事

项而建立的程序。注册会计师可以基于对财务报告流程的了解，确定可能发生错报的环节，识别用于防止或发现并纠正错报的控制，并对控制的有效性进行评估。

五、对控制有效性的内部监督和内部控制评价

管理层的一项重要职责就是持续不断地建立和维护控制。管理层对控制的监督包括考虑控制是否按计划运行，以及控制是否根据情况的变化作出恰当修改。控制监督可以在企业层面或业务流程层面上实施。对于企业或业务流程层面的监督可以通过持续的监督和管理活动、审计委员会或内部审计部门的活动，以及自我评价的方式等来实现。

对控制的监督可能包括：对运营报告的复核和核对、与外部人士的沟通、其他未参与控制执行人员的监控活动，以及信息系统所记录的数据与实物资产的核对等。

在监督的组成部分中，一个有效的审计委员会可能针对企业财务报告方面的各项活动提出疑问。例如，审计委员会对管理层提出问题，包括对企业重大会计政策和会计估计提出问题，以获取相关了解。

结合内部控制审计业务的目的和性质，在对被审计单位对控制有效性的内部监督进行了解和对其有效性进行测试时，注册会计师还可以特别考虑如下因素：

1. 管理层是否定期地将会计系统中记录的数额与实物资产进行核对。

管理层可能进行周期性的存货盘点或者年度的固定资产盘点，将实际盘存资产的数量与相应的明细账记录作比较。通过监盘存货，注册会计师不仅可以获取被审计单位定期盘点的证据，还可以根据实际情况，在必要时对其运行有效性进行测试。

2. 管理层是否为保证内部审计活动的有效性而建立了相应的控制。

内部审计部门或者执行类似职能的人员对于有效监督企业活动可能具有重要的意义。很多被审计单位内部都有集中化的内部审计部门，通过对各业务单元或地区轮流的视察，进行控制复核并跟进前期发现的不足之处，实施有效的监控。某些企业的内部审计将工作重点放在评价内部控制的设计和测试其运行的有效性上，从而识别潜在的缺陷，提供有利于管理层做出成本效益分析的信息，并据此提出改进建议。

被审计单位对于内部审计人员的级别、胜任能力和经验应当有适当的控制。内部审计部门在企业组织内部的定位应是适当的，并且内部审计人员应有权向审计委员会或董事会汇报情况。内部审计部门的范围、职责及审计计划应与企业的需求和与财务报告相关的内部控制相适应。

3. 管理层是否建立了相关的控制以保证自我评价或定期的系统评价的有效性。

注册会计师可以关注被审计单位管理层对内部控制系统的评价是否有适当的范围和频率。管理层需要对内部控制进行评价，并且评价过程需由具备相应技能和了解企业控制设计和活动的人员来执行。评价的范围、覆盖深度以及频率都应是恰当的。

根据控制所应对的风险的重要性和控制在降低重大错报风险方面的重要性，管理层可能分别采用不同范围和频率的评价或自我评价措施，以监督财务报表相关内部控制的有效性。应对的风险越高及对于降低特定风险更为关键的控制可能会被更频繁地测试，并由更有经验、更客观以及更具胜任能力的人员来实施。

4. 管理层是否建立了相关的控制以保证监督性控制能够在一个集中的地点有效进行，如共享服务中心等。

在一些被审计单位中，某些重要的监督性控制是在集中处理中心或者共享服务中心以集中化或地区化的方式执行的。这些控制可能有效地监督在那些分散的地点或业务分部的特定控制。

六、集中化的处理和控制

集中化的处理可以视作一种企业内部的“外包”安排，以取得规模效益并通过将某些或全部的财务报告过程与负责经营的管理层分离以改进控制环境。例如，被审计单位可能会设立共享服务中心，并向被审计单位内部的其他下属单位或分部提供日常的会计处理及财务报表编制服务。由于采用集中化管理可以降低各个下属单位或分部负责人对该单位或分部财务报表的影响，并且可能会使财务报表相关的内部控制更为有效，所以集中化的财务管理可能有助于降低财务报表错报的风险。

注册会计师在对共享服务中心执行审计程序时，可以先了解共享服务中心的服务对象以及服务范围，并分析其服务对象的重大财务报表错报风险。针对这些风险，注册会计师可以分析被审计单位是否有相关的内部控制用以降低其下属单位或分部财务报表发生重大错报的风险。

一般而言，特定服务对象单位与财务报表相关的风险越大，注册会计师在进行内控测试过程中可能更需要到共享服务中心或其服务对象单位测试与特定服务对象单位相关的内部控制。

由于共享服务中心的内部控制的影响较大，注册会计师可以考虑在内部控制审计工作初期就开始分析其内部控制的性质、对被审计单位的影响等，并且考虑在较早的阶段执行对共享服务中心内部控制的有效性测试，以确定其对进一步审计程序性质、时间安排以及范围的影响。

此外，一般而言，在对共享服务中心的内部控制进行了解或测试时，注册会计师还可以关注共享服务中心与财务报表相关的信息技术系统，特别是系统的复杂程度、使用的软件等因素，以选择合适的内部控制进行测试，其中包括集中处理环境下的信息技术一般控制是否有效。

对于某些被审计单位而言，上级单位可能会定期检查下属单位或分部的财务数据的真实性，以降低下属单位或分部管理层在财务报表上作出不恰当的人为调整的风险。

七、监督经营成果的控制

监督经营成果的控制可以视为所有监督性内部控制的一种。一般而言，管理层对于各个单位或业务部门经营情况的监控是企业层面的主要内部控制之一。例如，被审计单位管理层可能将各个下属单位和业务部门上报的实际生产量、销售量和其他资料，与预算或者其预期的数据作对比分析，并且跟进这些差异（如有）的原因及其合理性，以确定财务报表上的金额是否有异常变动。此外，下属单位或业务部门的管理人员可能定期复核其上报的财务报表的准确性，并在上报的资料上签字确认，同时下属单位或业务部门对财务报表发生的错报承担责任。

注册会计师在了解和测试与监督经营成果相关的企业层面的内部控制时可以考虑的因素包括（但不限于）：

1. 管理层是否定期将经营成果与预算进行对比分析及复核，以分析财务资料是否存在异常情况；

2. 是否定期编制主要经营指标并对这些指标进行审阅及分析，以分析财务资料是否存在异常情况；

3. 是否定期更新经营预测，并且与期末的实际经营结果进行对比分析。

此外，监督经营成果的控制还可能包括在控制环境以及风险评估流程方面的监控，具体包括（但不限于）：

1. 对客户投诉报告的复核及分析，以查找被审计单位的各个下属单位或业务部门是否存在违规、不合法或管理不善的情况；

2. 对违反被审计单位政策或守则行为的处理的复核；

3. 对与员工报酬或晋升相关的员工业绩评价流程的复核，以确定企业内部公平及平衡的奖惩制度的执行；

4. 对企业记录的财务报表编制流程中存在的主要风险的复核，以考虑企业内部及外部存在的可能导致财务报表错报的重大风险是否已经被清楚地反映。

在了解监督经营成果相关的控制时，注册会计师可以从性质上分析这些监督经营成果的控制是否有足够的精确程度以取代对业务流程、应用系统或交易层面的控制的测试。例如，如果管理层对财务报表的定期复核缺乏足够的精确度，注册会计师可能需要对被审计单位的财务报表编制流程中的内部控制进行测试。但是，如果这些监督经营成果的内部控制是有效的，注册会计师可以考虑减少对其他控制的测试。

八、针对重大经营控制及风险管理实务的政策

保持良好的内部控制的企业通常针对重大经营控制及风险管理实务采用相应的内部控制政策，在对内部控制进行审计时，注册会计师在这方面可以考虑的主要因素包括（但不限于）：

1. 企业是否建立了重大风险预警机制，明确界定哪些风险是重大风险，哪些事项一旦出现必须启动应急处理机制。应急预案、预警机制等相关的政策和方案应非常明确地传达到相关人员，一旦出现紧急情况，企业能够在第一时间作出反应，将损失降到最低。

2. 企业是否建立了突发事件应急处理机制，确保突发事件得到及时妥善处理。注册会计师可以关注突发事件应急管理机制，例如，事前的预防、发生突发事件的应急处理、事后相关措施的改进。

参考格式 20－1 列示了控制环境的了解和测试工作底稿。

参考格式20－1：与控制环境（即内部环境）相关的控制

（一）测试控制设计和运行的有效性

1. 管理层的理念和经营风格。

（1）了解内部控制。

编号	内部控制	如何执行和记录内部控制	是否为反舞弊控制	内部控制性质（人工控制/自动化控制/包含自动化成分的人工控制）	内部控制频率（每年一次/每季一次/每月一次/每周一次/每天一次/每天多次/其他）	执行内部控制人员的知识、经验和技能	与控制相关的风险
CE1－1	职位说明书明确了各岗位的任职要求和职责权限	企业制定有职位说明书，经总经理批准后发放给员工。职位说明书规定了各岗位履行职责所需要的知识与技能等任职条件，并描述了各岗位的工作权限与义务	否	人工控制	每年一次	总经理具有10年以上相关行业经验，对企业经营有深入的了解	较低
CE1－2	设置恰当的组织结构并根据业务变化及时更新	（1）企业根据其自身业务需要设置了组织结构，并通过内部网页向所有员工传达。（2）董事会每年开会讨论组织结构的效率和效果，并根据业务的发展变化考虑是否需要更新	否	人工控制	每年一次	董事会成员均符合企业规定的任职条件，了解企业经营状况	较低
CE1－3	对候选员工的背景调查和聘用审批	（1）当需要招聘人员时，由拟聘用该人员的部门拟定招聘计划（包括岗位具体职责、任职条件及工作要求等），经部门负责人、人力资源部负责人和总经理批准后，由人力资源部负责招聘。（2）应聘人员提交的资料首先由人力资源部经理负责背景调查（包括但不限于联系推荐人，获取资格/专业证书复印件等），通过背景调查的人员由人力资源部负责人和相关部门负责人负责面试，其聘用须经人力资源部负责人和相关部门负责人共同批准。管理层岗位（包括部门负责人、承担重要财务报告职责的人员等）的任命还需总经理批准。（3）被聘用的人员须与企业签订标准的劳动合同。标准劳动合同模板由法律合规部和人力资源部共同拟定，包含工资、雇佣期限、试用期、保密要求等关键劳动合同条款	否	人工控制	每天多次（截至20××年9月期中测试时约新聘员工300人，这视为每天多次的人工控制）	人力资源部负责人具有10年以上人力资源管理经验。各部门负责人均有5年以上从业经验，了解本部门所需人员的能力要求	较低

（2）评价内部控制的设计有效性。

编号	内部控制	审计程序	工作底稿索引号	设计与执行的有效性（有效/无效）	是否实施内部运行有效性测试
CE1－1	职位说明书明确了各岗位的任职要求和职责权限	（1）就企业的职位说明书和年度更新情况向总经理进行询问；（2）获取并检查企业的职位说明书以及总经理审批职位说明书更新的相关记录	××	有效	是
CE1－2	设置恰当的组织结构并根据业务变化及时更新	（1）询问总经理企业的组织结构设置及职责分配情况；（2）检查企业当年度的组织结构图以及公开组织结构的内部网页；（3）检查董事会审议组织结构的会议记录	××	有效	是
CE1－3	对候选员工的背景调查和聘用审批	（1）询问人力资源部负责人企业的聘用流程；（2）查阅一位新聘用员工的档案资料，检查其招聘计划是否通过相关部门负责人、人力资源部负责人和总经理的审批；人力资源部是否已对其进行背景调查；该员工的聘用是否经适当人员批准；是否已签订标准的劳动合同	××	有效	是

（3）实施内部控制运行有效性测试。

编号	内部控制	与控制相关的风险	内部控制的性质	项目组是否在评价设计与执行的过程中已实施并记录了内部控制运行有效性测试	审计程序的性质、时间安排和范围	样本量	样本量相关说明（如适用）	是否执行前推程序	前推程序的性质、时间安排和范围	样本量	工作底稿索引号	运行的有效性（有效/无效）
CE1－1	职位说明书明确了各岗位的任职要求和职责权限	较低	人工控制	是	不适用（每年一次，上述控制设计与执行有效性测试同时适用于运行有效性测试）			否（年末执行测试，因此不必前推程序）			××	有效
CE1－2	设置恰当的组织结构并根据业务变化及时更新	较低	人工控制	是	不适用（每年一次，上述控制设计与执行有效性测试同时适用于运行有效性测试）			否（年末执行测试，因此不必前推程序）			××	有效

续表

编号	内部控制	与控制相关的风险	内部控制的性质	项目组是否在评价设计与执行的过程中已实施并记录了内部控制运行有效性测试	审计程序的性质、时间安排和范围	样本量	样本量相关说明（如适用）	是否执行前推程序	前推程序的性质、时间安排和范围	样本量	工作底稿索引号	运行的有效性（有效/无效）
CE1－3	对候选员工的背景调查和聘用审批	较低	人工控制	否	查阅当年度入职的25名员工的档案资料，确定其招聘计划是否经部门负责人和总经理批准；人力资源部是否已对其进行背景调查；该员工的聘用是否经适当人员批准；是否已签订标准的劳动合同	25	截至9月执行期中测试时新聘员工300人，视为每天多次的人工控制	是	对人力资源部负责人进行询问，确定员工的聘用流程在剩余期间是否发生变化	若未发生变化，则不再抽取样本进行测试	××	有效

2. 诚信和道德价值观念的沟通与落实。

（1）了解内部控制。

编号	内部控制	如何执行和记录内部控制	是否为反舞弊控制	内部控制性质（人工控制/自动化控制/包含自动化成分的人工控制）	内部控制频率（每年一次/每季一次/每月一次/每周一次/每天一次/每天多次/其他）	执行内部控制人员的知识、经验和技能	与控制相关的风险
CE1－4	《操守准则》	（1）企业制定了员工遵循的《操守准则》，要求员工正直诚信、遵守职业道德和公司政策要求，并制定了针对违规行为的相关惩戒政策。《操守准则》及网页信息由人力资源部负责更新。（2）员工入职培训中包括职业操守相关内容，员工需要参加培训后签署《操守准则》并提交人力资源部保存	否	人工控制	控制1：每年1次； 控制2：每天多次（截至9月执行期中测试时约新聘员工300人，视为每天多次的人工控制）	总经理具有10年以上相关行业经验，对企业经营有深入的了解	较低

（2）评价内部控制的设计有效性。

编号	内部控制	审计程序	工作底稿索引号	设计与执行的有效性（有效/无效）	是否实施内部运行有效性测试
CE1－4	《操守准则》	（1）就《操守准则》及员工培训情况向人力资源部负责人进行询问；（2）获取并复核企业《操守准则》，检查企业公布《操守准则》的内部网页；（3）获取并复核企业当年度的员工入职培训的培训资料和培训记录；（4）从当年度入职员工名单中抽取一位当年度新入职员工，检查其是否参加了有关职业操守培训并签署了《操守准则》	××	有效	是

（3）实施内部控制运行有效性测试。

编号	内部控制	与控制相关的风险	内部控制的性质	项目组是否在评价设计与执行的过程中已实施并记录了内部控制运行有效性测试	审计程序的性质、时间安排和范围	样本量	样本量相关说明（如适用）	是否执行前推程序	前推程序的性质、时间安排和范围	样本量	工作底稿索引号	运行的有效性（有效/无效）
CE1－4	《操守准则》	较低	人工控制	否	抽取当年度入职的25名员工，检查其是否已参加包括职业操守在内的入职培训并签署《操守准则》	25	截至9月执行期中测试时约新聘员工	是	询问人力资源部负责人《操守准则》是否有更新	若未发生变化，则不再抽取样本进行测试	××	有效

3. 治理层的参与程度。

（1）了解内部控制。

编号	内部控制	如何执行和记录内部控制	是否为反舞弊控制	内部控制性质（人工控制/自动化控制/包含自动化成分的人工控制）	内部控制频率（每年一次/每季一次/每月一次/每周一次/每天一次/每天多次/其他）	执行内部控制人员的知识、经验和技能	与控制相关的风险
CE1－5	审计委员会的权限与职责	（1）审计委员会成员中独立董事占多数，召集人为独立董事和会计专业人士。董事会每年对审计委员会成员的独立性和胜任能力进行评估。（2）每季度复核并审批财务报表，审阅公司会计政策与财务报表相关的重要管理层假设及其判断等事项。（3）每季度对内审部工作情况、发现的内部控制问题及跟进处理情况进行检查。（4）负责与外部审计机构的协调工作，每年与公司外部审计机构进行交流，讨论在内部控制自我评价中发现的问题以及外部审计中发现的问题等事项	否	人工控制	控制1及控制4：每年一次；控制2及控制3：每季一次	审计委员会成员拥有必要的财务知识，对企业的情况有适当的了解	较低

（2）评价内部控制的设计有效性。

编号	内部控制	审计程序	工作底稿索引号	设计与执行的有效性（有效/无效）	是否实施内部运行有效性测试
CE1－5	审计委员会的权限与职责	（1）就审计委员会成员的独立性、审计委员会职责等向审计委员会负责人进行询问。（2）获取并检查审计委员会成员的背景描述资料及董事会有关审计委员会成员年度评估的会议资料。（3）获取审计委员会第二季度的会议记录，检查其对财务报表的审批和内审工作情况的复核。（4）参加审计委员会与注册会计师的年末沟通会议，观察审计委员会就财务报告和内部控制等问题与注册会计师进行的沟通	××	有效	是

(3) 实施内部控制运行有效性测试。

编号	内部控制	与控制相关的风险	内部控制的性质	项目组是否在评价设计与执行的过程中已实施并记录了内部控制运行有效性测试	审计程序的性质、时间安排和范围	样本量	样本量相关说明（如适用）	是否执行前推程序	前推程序的性质、时间安排和范围	样本量	工作底稿索引号	运行的有效性（有效/无效）
CE1－5	审计委员会的权限与职责	较低	人工控制	否	获取审计委员会第二季度和第四季度的会议记录，检查其对财务报表的审批和内审工作情况的复核	2	对每季一次的控制	否（年末执行测试，因此不必前推程序）			××	有效

（二）结论

对于控制环境（即内部环境）相关的控制的设计和运行有效性形成的结论	有效	无效
	√	

如识别出控制缺陷，记录对审计工作的影响。

对于控制缺陷的描述	对审计工作的影响
无	无

第六节 业务流程、应用系统或交易层面的控制的测试

在内部控制审计中，注册会计师需要在初步计划审计工作时识别被审计单位财务报表中的重要账户、列报及其相关认定。注册会计师应当对每一相关认定获取有关控制有效性的审计证据，以便对内部控制整体的有效性发表意见。对相关认定获取有关控制有效性的审计证据包括与认定直接相关的企业层面控制（如业绩评价控制）有效性的审计证据和关于流程、交易和应用层面控制有效性的审计证据。

一、了解企业经营活动和业务流程

在实务中，通常可以将被审计单位的整个经营活动划分为几个重要的业务循环（又称“业务流程”），有助于注册会计师更有效地了解和评估重要业务流程及相关控制。通常，对制造业企业，可以划分为销售与收款循环、采购与付款循环、存货与生产循环、工资与人员循环、筹资与投资循环等。

业务流程通常包括一系列工作：输入数据的核准与修正、数据的分类与合并、计算、更新账簿资料和客户信息记录、生成新的交易、归集数据、列报数据。而与注册会计师审计工作相关的流程通常包括生成、记录、处理和报告交易等活动。例如，在销售与收款流程中，这些活动包括输入销售订单、编制货运单据和开具发票、更新应收账款记录等。

在了解业务流程前，注册会计师需要考虑以下事项：

1. 该业务流程中的交易所影响的重要账户及其相关认定；

2. 注册会计师已经识别的有关这些重要账户及其相关认定的经营风险和财务报表重大错报风险；

3. 交易生成、记录、处理和报告的过程以及相关的信息技术处理系统。

考虑上述事项可以帮助注册会计师确定询问对象，包括流程管理人员和信息技术人员。

注册会计师可以通过检查被审计单位的手册和其他书面指引获得有关信息，还可以通过询问和观察来获得全面的了解。向适当人员询问通常是比较有效的方法。需要注意的是，很多重要交易的流程涉及被审计单位的多个部门。例如，销售业务可能涉及销售部门（负责订单处理和开票）、会计部门（负责账务处理）和仓库（负责发货）等。因此，注册会计师需要考虑分别向不同部门的适当人员询问。

在了解过程中，注册会计师通常还能注意到许多正在执行的控制。虽然这个阶段的工作重点不是确定控制是否存在，但注册会计师仍需留意可能存在缺乏控制的情况，以及可能发生错报而需要控制的环节。

在询问过程中，注册会计师可以检查并在适当的情况下保存部分被审计单位文件（如流程图、程序手册、职责描述、文件、表格等）的复印件，以帮助其了解交易流程。通常，注册会计师会获得某些信息系统的文件资料，如系统的文字说明、系统图表以及流程图。为了有助于理解，注册会计师可以考虑在图表及流程图上加入自己的文字表述，归纳总结被审计单位提供的有关资料。

如果可行的话，流程图或文字表述应反映所有相关的处理程序，无论这些处理程序是人工还是自动完成的。流程图或文字表述应足够详细，以帮助注册会计师确定在什么环节可能会发生重大错报。因此，流程图或文字表述通常会反映业务流程中数据发生、入账或修改的活动。在较为复杂的环境中，一份流程图可能需要其他的流程图和文字表述予以支持。

注册会计师需要记录以下信息：（1）输入信息的来源；（2）所使用的重要数据档案，如客户清单；（3）重要的处理程序，包括在线输入和更新处理；（4）重要的输出文件、报告和记录；（5）基本的职责划分。

二、识别可能发生错报的环节

注册会计师需要了解和确认被审计单位应在哪些环节设置控制，以防止或发现并纠正各重要业务流程可能发生的错报。注册会计师所关注的控制，是那些能通过防止错报的发生，或者通过发现和纠正已有错报，从而确保每个流程中业务活动（从交易的发生到记录于账目）能够顺利运转的人工或自动化控制程序。

尽管不同的被审计单位为确保会计信息的可靠性而对业务流程设计和实施不同的控

制，但设计控制的目的是为实现某些控制目标（见表 20－3）。实际上，这些控制目标与财务报表重要账户的相关认定相联系。但注册会计师在此时通常不考虑列报认定，列报及其相关认定通常在财务报告流程中予以考虑。

表 20－3 控制目标

控制目标	内容
1. 完整性：所有的有效交易都已记录	必须有程序确保没有漏记实际发生的交易
2. 发生：每项已记录的交易均真实发生	必须有程序确保会计记录中没有虚构的或重复入账的项目
3. 准确性：准确计量交易	必须有程序确保交易以准确的金额入账
4. 截止：恰当确定交易生成的会计期间	必须有程序确保交易在适当的会计期间内入账（例如，月、季度、年等）
5. 分类	必须有程序确保将交易记入正确的总分类账，必要时，记入相应的明细账
6. 正确汇总和过账	必须有程序确保所有作为账簿记录中的借贷方余额都正确地归集（加总），确保加总后的金额正确过入总账和明细分类账

对于每个重要交易流程，注册会计师都会考虑这些控制目标。评价是否实现这些目标的重要标志是，是否存在控制来防止错报的发生，或发现并纠正错报，然后重新提交到业务流程处理程序中进行处理。

注册会计师通过设计一系列关于控制目标是否实现的问题，从而确认某项业务流程中需要加以控制的环节。这些问题针对的是业务流程中数据生成、转移或被转换的环节。表 20－4 列举了部分在销售交易中的控制目标是否实现的问题。

表 20－4 销售交易中的控制目标示例

控制目标是否实现	相关认定
怎样确保没有记录虚构或重复的销售？	发生
怎样确保所有的销售和收款均已记录？	完整性
怎样保证货物运送给正确的收货人？	发生
怎样保证发货单据只有在实际发货时才开具？	发生
怎样保证发票正确反映了发货的数量？	准确性

为实现某项审计目标而设计问题的数量，取决于下列因素：

1. 业务流程的复杂程度；

2. 业务流程中发生错报而未能被发现的概率；

3. 是否存在一种具有实效的总体控制来实现控制目标。例如，将仓库的发货日志中记录的发货数量与销售日记账中登记的数量定期进行核对调节，这一控制可以同时实现发生、完整性、截止等多个控制目标。

三、识别和了解相关控制

通过对被审计单位的了解，包括对被审计单位企业层面控制的了解，以及在上述程序中对重要业务流程的了解，注册会计师需要进一步了解流程、交易和应用层面的控制。针对业务流程中容易发生错报的环节，注册会计师应当确定：（1）被审计单位是否建立了有效的控制，以防止或发现并纠正这些错报；（2）被审计单位是否遗漏了必要的控制；（3）是否识别出可以最有效测试的控制。

（一）控制的类型

1. 预防性控制。

预防性控制通常用于正常业务流程的每一项交易，以防止错报的发生。在流程中防止错报是信息系统的重要目标。缺少有效的预防性控制增加了数据发生错报的可能性，特别是在相关账户及其认定存在较高重大错报风险时更是如此。

预防性控制可能是人工的，也可能是自动化的。表20－5是预防性控制及其能防止错报的示例。

表20－5　　预防性控制示例

对控制的描述	拟防止的错报
计算机程序自动生成收货报告，同时更新采购档案	防止出现购货漏记账的情况
在更新采购档案之前必须先有收货报告	防止记录未收到货物的采购交易
销货发票上的价格根据价格清单上的信息确定	防止销货计价错误
计算机将各凭证上的账户号码与会计科目表对比，然后进行一系列的逻辑测试	防止出现分类错报

与简单的业务流程相比，对于较复杂的业务流程，被审计单位通常更依赖自动化控制。例如，对于一个简单的业务流程，发运货物的计价控制包括人工对销货发票的复核，以确定发票采用了正确的价格和折扣。但在一个较复杂的业务流程中，被审计单位可能依赖数据录入控制判别那些不符合要求的价格和折扣，以及通过访问控制来控制对价格信息记录的访问。

对于处理大量业务的复杂业务流程，被审计单位通常使用对程序修改的控制和访问控制，来确保自动化控制的持续有效。

实施针对程序修改的控制，是为了确保所有对计算机程序的修改在实施前都经过适当的授权、测试以及核准。

实施访问控制，是为了确保只有经过授权的人员和程序才有权访问数据，且只能在预先授权情况下才能处理数据（如查询、执行和更新）。

程序修改的控制和访问控制通常不能直接防止错报，但对于确保自动化控制在整个拟信赖期间内的有效性有着十分重要的作用。

2. 检查性控制。

建立检查性控制的目的是发现流程中可能发生的错报（尽管有预防性控制还是会发生的错报）。被审计单位通过检查性控制，监督其流程和相应的预防性控制能否有效地发挥作用。检查性控制通常是管理层用来监督实现流程目标的控制。检查性控制可以由人工执行也可以由信息系统自动执行。

检查性控制通常并不适用于业务流程中的所有交易，而适用于一般业务流程以外的已经处理或部分处理的某类交易，可能一年只运行几次，如每月将应收账款明细账与总账比较；也可能每周运行，甚至一天运行几次。

与预防性控制相比，不同被审计单位之间检查性控制差别很大。许多检查性控制取决于被审计单位的性质，执行人员的能力、习惯和偏好。检查性控制可能是正式建立的程序，如编制银行存款余额调节表，并追查调节项目或异常项目，也可能是非正式的程序。

有些检查性控制虽然并没有正式地设定，但被审计单位人员会有规律地执行并作记录，这些控制也是被审计单位内部控制的有机组成部分。例如，财务总监复核月度毛利率的合理性；信用管理部经理可能有一本记录每月到期应收款的备查簿，以确定这些应收款是否收到，并追查挂账的项目；财务总监实施特定的分析程序来确定某些费用与销售的关系是否与经验数据相符，如果不符，调查不符的原因并纠正其中的错报等。

表20－6列示了检查性控制及其可能检查出的错报的示例。

表20－6 检查性控制示例

对控制的描述	控制预期查出的错报
定期编制银行存款余额调节表，跟踪调查调节项目	在对其他项目进行审核的同时，查找银收企未收项目、银付企未付项目或虚构入账的不真实的银行收支项目，未及时入账或未正确汇总分类的银行收支项目
计算机每天比较运出货物的数量和开票数量。如果发现差异，产生报告，由开票主管复核和追查	查找没有开票和记录的出库货物，以及与真实发货无关的发票
每季度复核应收账款贷方余额并找出原因	查找没有记录的发票和销售与现金收入中的分类错误

如果确信存在以下情况，则可以将检查性控制作为一个主要的手段，来合理保证某特定认定发生重大错报的可能性较小：（1）控制所检查的数据是完整、可靠的；（2）控制对于发现重大错报足够敏感；（3）发现的所有重大错报都将被纠正。

需要注意的是，对控制的分类取决于控制运用的目的和方式，以及被审计单位和注册会计师对控制的认识。从根本上看，控制被归为哪一类并不重要，重要的是它是否有效，以及注册会计师能否测试其有效性。业务流程中重要交易类别的控制需同时包括预防性控制和检查性控制，因为没有相应的预防性控制，检查性控制也不能充分发挥作用。

（二）识别和了解方法

注册会计师需要获取有关控制的足够信息，以使其能够识别控制，了解控制如何执行、由谁执行，以及执行中所使用的数据报告、文件和其他材料等。注册会计师还需要确认，执行控制后所形成的证据是什么，以及该控制是否足够敏感，是否能够及时防止或发现并纠正重大错报。

识别和了解控制采用的主要方法是，询问被审计单位各级别的负责人员。业务流程越复杂，注册会计师越有必要询问信息系统人员，以辨别有关的控制。通常，应首先询问那些级别较高的人员，再询问级别较低的人员，以确定他们认为应该运行哪些控制，以及哪些控制是重要的。这种“从高到低”的询问方法使注册会计师能迅速地辨别被审计单位重要的控制，特别是检查性控制。

对于从级别较低人员处获取的信息，注册会计师需要向级别较高的人员核实其完整性，并确定是否与级别较高的人员所理解的预定控制相符。这一步骤不仅可以向注册会计师提供有关实际执行的控制的信息，而且可以使注册会计师了解管理层对控制运行情况的熟悉程度。

在询问过程中，注册会计师还应当了解各层次监督和管理人员如何确认预定的预防性控制和检查性控制正在按计划运行。此时，注册会计师可以询问："你们是怎样防止或发现某项错报的?"然后问："你们采取什么措施来确保这些控制按设想的方式运行?"注册会计师应当重点关注被审计单位相关控制的运行情况，包括预防性控制和检查性控制的运行情况。

在许多情况下，注册会计师可以通过与被审计单位讨论，了解确保信息系统生成数据的完整性与准确性的控制。这些检查性控制可能包括对输入与输出的数据进行比较，定期复核信息记录的数据，或监督生成数据与预期数据的差异。这些控制可能是正式制定的程序，也可能是非正式的程序。对生成数据与预期数据的差异，注册会计师应当了解控制如何识别和判断这些差异，如何追查这些差异以及纠正发现的错报。在评价这些控制时，应重点看其是否足够敏感，是否能查出所有重要的错报，包括那些在自动化信息系统中可能发生的错报。

需要指出的是，注册会计师并不需要了解与每一控制目标相关的所有控制。在了解控制时，注册会计师应当重点考虑一项控制活动单独或连同其他控制，是否能够以及如何防止或发现并纠正重大错报。如果多项控制能够实现同一目标，注册会计师不必了解与该目标相关的每一项控制。

例如，防止或发现某一特定的错报可能需要有多重控制，或者一项特别的控制目标是为了发现一种以上的潜在错报，为了实现该目标需要设置多项控制。例如，为应对销售的"发生"这一认定，注册会计师可能要识别一项控制，该项控制的作用是保证出库单只为已经发出的货物编制。同时，注册会计师可能还要识别另一项控制，其作用是保证只有在与出库单相匹配时才能开具销售发票并登记入账。然而，注册会计师也可能认定不管存在多少种的潜在错报，某一特定的控制（如一个设计合理的检查性控制）自身可以足够有效地实现控制目标。例如，对实际发货数量与开票数量进行定期核对调节的程序本身就足以对销售流程中"存在"这一目标提供合理保证，并且也能对销售流程中"完整性"这一目标提供合理保证。因此，在这种情况下，注册会计师可能只需了解对实际发货数量与开票数量进行定期核对调节的控制。

在实务中，注册会计师还会特别考虑一项检查性控制发现和纠正错报的能力。例如，将实际发货数量与开票数量进行核对调节的程序，比复核毛利率或进行实际销售与预算销售的比较更能发现未开票的发货，因为进行上述复核或比较的主要目的不是为了查出未开票的发货，也就是说，控制与认定直接或间接相关；关系越间接，控制对防止或发现并纠正认定错报的效果越小。注册会计师应考虑识别和了解与认定关系更直接、更有效的控制。

如果在之后的穿行测试中，注册会计师发现已识别的控制实际并未得到执行，则应当重新针对该项控制目标识别是否存在其他控制。

四、记录相关控制

在被审计单位已设置的控制中，如果有可以对应"哪个环节需设置控制"问题的，注册会计师应将其记录于工作底稿，同时记录由谁执行该控制。注册会计师可以通过备忘录、笔记或复印被审计单位相关资料而逐步使信息趋于完整。

参考格式 20－2 列示了销售与收款流程内部控制测试工作底稿（节选）。

参考格式 20－2：业务层面——销售与收款流程（部分）内部控制测试工作底稿

一、识别重要账户、列报及其相关认定

在确定重要账户、列报及其相关认定时，注册会计师确定销售收入和应收账款是重要账户。其相关的认定如下：

账户	发生/存在	准确性	完整性	截止	准确性、计价和分摊	分类	权利和义务
销售收入	是	是	是	是	不适用	是	不适用
应收账款	是	不适用	是	不适用	是	是	是

二、了解、评估并测试与销售收入相关的业务层面控制

（一）了解业务流程及控制

销售与收款业务流程通常包括以下子流程：订单处理、发货、开票、收款、调整（包括由于销售退回、坏账准备等导致的调整）、主数据维护、职责分离。

控制编号	控制名称	控制目标	控制描述	控制频率	人工/自动化	预防性/检查性	账户	认定	是否为关键控制
订单－1	确定新客户授信额度	调查新客户的信用状况并由适当层级的管理人员批准新客户的授信额度	销售员对新客户的基本信息和信用状况进行调查并填写新客户信用调查表，交给销售经理、财务经理和总经理复核批准，应收账款会计根据三位管理人员的签字批准在信息系统中添加新客户并设定赊销限额	不定期	人工	预防性	销售收入 应收账款	发生 存在	否
订单－5	销售订单必须经过批准	销售条款和价格由适当层级的管理人员进行审批	所有的销售订单均交给销售经理审核；销售经理检查客户的剩余授信额度、约定价格等信息，与订单进行核对，以决定是否批准销售订单。仓储部根据经批准的订单开具提货单，准备发货	不定期	人工	预防性	销售收入 应收账款	发生 存在	是

续表

控制编号	控制名称	控制目标	控制描述	控制频率	人工/自动化	预防性/检查性	账户	认定	是否为关键控制
发货-4	仓储经理复核装运的货物	发出货物的规格和数量与销售订单一致	仓储经理每天随意抽查1~2笔出库产品，将堆放在装运区准备发送的货物与销售订单和提货单进行核对。该程序无书面记录	每天1次	人工	预防性	销售收入 应收账款	准确性 准确性、计价和分摊	否
发货-6	复核已批准未发货销售订单	经批准的订单及时安排发货	销售经理每周五查看已批准未发货的销售订单汇总表，调查延迟发货的原因并予以相应处理	每周1次	人工	预防性	不适用	不适用	否
开票-4	异常交易条款须经过审批	发票上的价格、金额和其他信息准确	超过预定价格范围的优惠价格和超出一定比例的折扣，必须由销售经理批准。开票人员查看了销售经理的批准签名后才开具发票	不定期	人工	预防性	销售收入 应收账款	发生/准确性 存在/准确性、计价和分摊	否
开票-6	销售收入入账前三单核对配比	根据实际发生的销售，准确记录销售收入和应收账款	应收账款会计将销售订单、客户/物流公司签收的提货单和发票三种单据进行核对，确认相关信息一致，再记入相应的销售收入明细账和应收账款明细账	每天数次	人工	预防性	销售收入 应收账款	发生/准确性 存在/准确性、计价和分摊	是
收款-3	收到款项与销售订单和发票核对	收款记入正确的客户应收账款明细账	应收账款会计逐笔将收到的款项与销售订单和发票进行核对，再记入对应的客户应收账款明细账冲抵对应的发票。对无法找到对应销售订单或发票的款项，与销售部门联系，调查原因并解决	每天数次	人工	预防性	应收账款	准确性、计价和分摊/权利和义务	是

续表

控制编号	控制名称	控制目标	控制描述	控制频率	人工/自动化	预防性/检查性	账户	认定	是否为关键控制
收款-9	与客户对账以及时发现错误	确认的销售收入和应收账款余额准确	应收账款会计每月末向20家主要客户寄送当月销售金额和月末应收账款余额对账单。对发现的差异进行调查，向财务经理和销售经理汇报，适当时作出调整	每月1次	人工	检查性	销售收入 应收账款	准确性/完整性/发生 存在/完整性/准确性、计价和分摊/权利和义务	否
调整-8	所有实现的销售得到及时准确记录	所有出库的产品均在当月确认销售	仓储部每月编制当月产成品收发存明细表。财务经理将该表中各种产品当月出库数量与应收账款会计编制的按产品列示的当月销售收入明细表进行核对，调查差异原因并决定是否需要调账	每月1次	人工	检查性	销售收入 应收账款	完整性/截止/发生 存在/完整性	是

（二）实施穿行测试

子流程	实施的穿行测试程序举例	查看的文件/记录举例
订单处理	（1）询问销售人员、销售经理； （2）观察销售人员如何处理收到的客户采购单； （3）检查经销售经理批准的销售订单； （4）重新执行将订单上的客户信息与系统内的客户信息进行核对	客户采购单； 销售订单； 系统内客户信息
发货	（1）询问仓储工作人员、仓储经理； （2）观察仓储人员如何根据经批准的销售订单填制提货单； （3）检查提货单上是否有客户或物流公司人员签字证明其收到货物； （4）重新执行提货单与销售订单的信息核对	提货单； 仓库台账； 存货明细账 （注：由于发货环节涉及存货流程与控制，注册会计师可以一并涵盖与存货——产成品相关的一部分穿行测试程序）
开票	（1）询问开票人员、应收账款会计、财务经理； （2）观察开票人员如何开具发票； （3）检查销售收入明细账和应收账款明细账中记录的会计分录； （4）重新执行销售订单、提货单和销售发票的三单核对控制	销售发票（及销售订单、提货单）； 销售收入明细账； 应收账款明细账

续表

子流程	实施的穿行测试程序举例	查看的文件/记录举例
收款	(1) 询问出纳、应收账款会计、财务经理； (2) 观察出纳如何处理收到的支票等票据； (3) 检查银行回执的付款方、付款金额是否与记入应收账款/银行明细账的记录一致； (4) 重新执行银行对账单收款记录与银行明细账收款记录的核对程序	银行回执； 银行对账单； 银行存款明细账； 应收账款明细账

（三）选取拟测试的控制并测试

测试编号及关键控制描述	控制频率	人工/自动化	与控制相关的风险	认定（注1）				测试性质	测试时间安排（注2）	测试范围
				发生	准确性	完整性	截止			
订单－5 所有的客户订单必须经销售经理批准才能安排发货	不定期	人工	高	是				检查	20×2年1月	60
开票－6 应收账款会计将销售订单、客户/物流公司签收的提货单和销售发票三种单据进行核对，确认相关信息一致，再记入相应的销售收入明细账和应收账款明细账	每日多次	人工	高	是	是			检查/重新执行	20×2年1月	60
调整－8 财务经理将仓储部门编制的每月产成品收发存明细表中的产品出库记录与当月确认销售收入所对应的产品信息进行核对并调查差异	每月1次	人工	中	是		是	是	询问/检查	20×2年1月	3

注1：本例未涉及销售收入的分类认定；

注2：本例中假设控制测试均在基准日后实施，未涉及期中测试及前推程序。

控制编号	控制描述	控制频率	人工/自动化	预防性/检查性	是否关键控制	判断是否为关键控制的理由
订单－1	销售员对新客户的基本信息和信用状况进行调查并填写新客户信用调查表，交给销售经理、财务经理和总经理复核批准，应收账款会计根据三位管理人员的签字批准在信息系统中添加新客户并设定赊销限额	不定期	人工	预防性	否	该项控制属于销售交易发起之前的控制，侧重于企业的经营效率效果，与销售收入的发生认定和计价认定只有间接的联系（发生—产品只销售给真实的经授权的客户；计价—执行客户信用管理，避免应收账款无法收回的损失），但不直接针对这些认定

续表

控制编号	控制描述	控制频率	人工/自动化	预防性/检查性	是否关键控制	判断是否为关键控制的理由
订单 -5	所有的销售订单均交给销售经理审核；销售经理检查客户的剩余授信额度、约定价格等信息，与订单进行核对，以决定是否批准销售订单。仓储部根据经批准的订单开具提货单，准备发货	不定期	人工	预防性	是	该项控制与销售收入的发生认定直接相关，能够防止未经授权的销售行为，是企业确保销售收入真实有效且经过适当授权的重要手段
发货 -4	仓储经理每天随意抽查 1 ~ 2 笔出库产品，将堆放在装运区准备发送的货物，与销售订单和提货单进行核对。该程序无书面记录	每天 1 次	人工	预防性	否	该项控制具有随意性，不够精确，而且未留下书面记录，注册会计师只能观察和询问，而无法实施检查程序以测试该控制的有效性
发货 -6	销售经理每周五查看已批准未发货的销售订单汇总表，调查延迟发货的原因并予以相应处理	每周 1 次	人工	预防性	否	该项控制旨在确保企业的经营效率和服务质量，与财务报表认定无关，不属于财务报表内部控制
开票 -4	超过预定价格范围的优惠价格和超出一定比例的折扣，必须由销售经理和总经理批准。开票人员查看了批准签名后才开具发票	不定期	人工	预防性	否	该项控制的目的是严格限制价格优惠和折扣，侧重于提高企业的经营业绩。而且 X 公司销售业务中超出既定价格或折扣的情况极少发生，导致财务报表重大错报的可能性很小
开票 -6	应收账款会计将销售订单、客户/物流公司签收确认的提货单和发票三种单据进行核对，确认相关信息一致，再记入相应的销售收入明细账和应收账款明细账	每天数次	人工	预防性	是	该项控制是针对企业常规交易的信息处理控制，通过各种单据相关信息的互相核对达到控制目标，执行过程精确，而且能同时涵盖销售收入的发生认定和准确性认定（以及应收账款的存在认定和准确性认定）
收款 -3	应收账款会计逐笔将收到的款项与销售订单和发票进行核对，再记入对应的客户应收账款明细账冲抵对应的发票。对无法找到对应销售订单或发票的款项，与销售部门联系，调查原因并解决	每天数次	人工	预防性	是	该项控制是针对企业常规交易的信息处理控制，通过各种单据相关信息的互相核对达到控制目标，执行过程精确，对应收账款贷方发生额的准确性认定起到关键作用

续表

控制编号	控制描述	控制频率	人工/自动化	预防性/检查性	是否关键控制	判断是否为关键控制的理由
收款－9	应收账款会计每月末向20家主要客户寄送当月销售金额和月末应收账款余额对账单。对发现的差异进行调查，向财务经理和销售经理汇报，适当时作出调整	每月1次	人工	检查性	否	该项控制针对的是一部分而非全部的销售收入和应收账款，其执行效果受到客户的配合程度、客户的内部控制及财务信息质量的影响；其所针对的认定还有其他控制可以涵盖
调整－8	仓储部每月编制当月产成品收发存明细表。财务经理将该表中各种产品当月出库数量与应收账款会计编制的按产品列示的当月销售收入明细表进行核对，调查差异原因并决定是否需要调账	每月1次	人工	检查性	是	该项控制与销售收入的完整性认定和截止认定直接相关，能够有效发现并纠正与这些认定相关的重大错报，将不同部门提供的信息进行互相核对，控制的执行较为精确

第七节 信息技术控制的测试

一、运用信息技术导致的风险

在信息技术环境下，传统的人工控制越来越多地被自动化控制代替。但是，信息技术在改进企业控制的同时，也产生了特定的风险：

1. 信息系统或相关系统程序可能会对数据进行错误处理，也可能会去处理那些本身存在错误的数据；

2. 自动化信息系统、数据库及操作系统的相关安全控制如果无效，会增加对数据信息非授权访问的风险，这种风险可能导致系统内数据遭到破坏和系统对非授权交易或不存在的交易作出记录，系统、系统程序、数据遭到不适当的改变，系统对交易进行不适当的记录，以及信息技术人员获得超过其职责范围的过大系统权限等；

3. 数据丢失风险或数据无法访问风险，如系统瘫痪；

4. 不适当的人工干预，或人为绕过自动化控制。

二、信息技术内部控制测试

在信息技术环境下，人工控制的基本原理与方式在信息环境下并不会发生实质性的改变，注册会计师仍需要按照标准执行相关的审计程序，而对于自动化控制，就需要从信息技术一般控制测试与信息处理控制测试两方面进行考虑。

（一）信息技术一般控制测试

信息技术一般控制是指为了保证信息系统的安全，对整个信息系统以及外部各种环境要素实施的、对所有的应用或控制模块具有普遍影响的控制措施，信息技术一般控制通常会对实现部分或全部财务报告认定做出间接贡献。在有些情况下，信息技术一般控制也可能对实现信息处理目标和财务报告认定做出直接贡献。这是因为有效的信息技术一般控制确保了应用系统控制和依赖计算机处理的自动化会计程序得以持续有效地运行。当人工控制依赖系统生成的信息时，信息技术一般控制同样重要。

信息技术一般控制包括程序开发、程序变更、程序和数据访问以及计算机运行四个方面。

1. 程序开发。

程序开发领域的目标是确保系统的开发、配置和实施能够实现管理层的信息处理控制目标。程序开发控制的一般要素包括：

（1）对开发和实施活动的管理；

（2）项目启动、分析和设计；

（3）对程序开发实施过程的控制软件包的选择；

（4）测试和质量确保；

（5）数据迁移；

（6）程序实施；

（7）记录和培训；

（8）职责分离。

2. 程序变更。

程序变更领域的目标是确保对程序和相关基础组件的变更是经过申请、授权、执行、测试和实施的，以达到管理层的信息处理控制目标。程序变更一般包括以下要素：

（1）对维护活动的管理；

（2）对变更请求的规范、授权与跟踪；

（3）测试和质量保证；

（4）程序实施；

（5）记录和培训；

（6）职责分离。

3. 程序和数据访问。

程序和数据访问这一领域的目标是确保分配的访问程序和数据的权限是经过用户身份认证并经过授权的。程序和数据访问的子组件一般包括安全活动管理、安全管理、数据安全、操作系统安全、网络安全和实物安全。

4. 计算机运行。

计算机运行这一领域的目标是确保生产系统根据管理层的控制目标完整准确地运行，

确保运行问题被完整准确地识别并解决，以维护财务数据的完整性。计算机运行的子组件一般包括计算机运行活动的总体管理、批调度和批处理、实时处理、备份和问题管理以及灾难恢复。

注册会计师需要清晰记录信息技术一般控制与关键的自动化信息处理控制及接口、关键的自动化会计程序、关键人工控制使用的系统生成数据和报告，或生成人工日记账时使用系统生成的数据和报告的关系。

由于程序变更控制、计算机运行控制及程序数据访问控制影响信息处理控制的持续有效运行，注册会计师需要对上述三个领域实施控制测试。

（二）信息处理控制测试

信息处理控制既包括人工进行的控制，也包括自动化控制。信息处理控制一般要经过输入、处理及输出等环节，与人工控制一样，自动化信息处理控制关注信息处理目标的四个要素：完整性、准确性、授权和访问限制。

1. 完整性。

（1）顺序标号，可以保证系统每笔日记账都是唯一的，并且系统不会接受相同编号或者在编号范围外的凭证。如果存在例外，系统将生成例外事项报告，相关人员需进行调查跟进；

（2）编辑检查，以确保无重复交易录入。

2. 准确性。

（1）编辑检查，包括限制检查、合理性检查、存在性检查和格式检查等；

（2）将客户、供应商、发票和采购订单等信息与现有数据进行比较。

3. 授权。

（1）交易流程中必须存在恰当的授权；

（2）将客户、供应商、发票和采购订单等信息与现有数据进行比较。

4. 访问限制。

（1）对于某些特殊的会计记录的访问，必须经过数据所有者的正式授权。管理层必须定期检查系统的访问权限来确保只有经过授权的用户才能够拥有访问权限，并且符合职责分离原则。如果存在例外，必须进行调查。

（2）访问控制必须满足适当的职责分离，例如，交易的审批和处理必须由不同的人员执行。

（3）对每个系统的访问控制都要单独考虑。密码必须要定期更换，并且在规定次数内不能重复；定期生成多次登录失败导致用户账号锁定的报告，管理层必须跟踪这些登录失败的具体原因。

所有的自动化信息处理控制都会有一个人工控制与之相对应。例如，通过批次汇总的方式验证数据传输的准确性和完整性时，如果出现例外，就需要有相应的人工控制进行跟踪调查。理论上，在测试的时候，每个自动化信息处理控制都要与其对应的人工控制一起进行测试，才能得到控制是否可信赖的结论。

（三）信息处理控制与信息技术一般控制之间的关系

信息处理控制是设计在计算机应用系统中的、有助于达到信息处理目标的控制。例如，许多应用系统中包含很多编辑检查来帮助确保录入数据的准确性。编辑检查可能包括格式检查（如日期格式或数字格式）、存在性检查（如客户编码存在于客户主数据文档之中），或合理性检查（如最大支付金额）。如果录入数据的某一要素未通过编辑检查，那么系统可能拒绝录入该数据或系统可能将该录入数据拖入系统生成的例外报告之中，留待后续跟进和处理。

如果带有关键的编辑检查功能的应用系统所依赖的计算机环境存在信息技术一般控制的缺陷，注册会计师可能就不能信赖上述编辑检查功能按设计发挥作用。例如，程序变更控制缺陷可能导致未授权人员对检查录入数据字段格式的编程逻辑进行修改，以至于系统接受不准确的录入数据。此外，与安全和访问权限相关的控制缺陷可能导致数据录入不恰当地绕过合理性检查，而该合理性检查在其他方面将使系统无法处理金额超过最大容差范围的支付操作。表 20 – 7 列示了考虑是否将信息系统纳入审计范围的记录示例。

表 20 – 7　　考虑是否将信息系统纳入审计范围的记录示例

系统名称	系统平台	设备所在地点	上线年份	所支持的业务流程、科目	复杂程度（高、低）	审计范围内（是/否）
填写系统的名称，如费用支付系统	系统的操作平台，如 Unix	系统的所在地点，如分布各省公司	初始上线年份，如 1998 年	如采购、费用支付流程		明确系统是否在审计范围内

第八节　内部控制缺陷评价

一、控制缺陷的分类

内部控制存在的缺陷包括设计缺陷和运行缺陷。

设计缺陷是指缺少为实现控制目标所必需的控制，或现有控制设计不适当，即使正常运行也难以实现预期的控制目标。

运行缺陷是指现存设计适当的控制没有按设计意图运行，或执行人员没有获得必要授权或缺乏胜任能力，无法有效地实施内部控制。

内部控制存在的缺陷，按其严重程度分为重大缺陷、重要缺陷和一般缺陷。

重大缺陷是内部控制中存在的、可能导致不能及时防止或发现并纠正财务报表出现重大错报的一项控制缺陷或多项控制缺陷的组合。

重要缺陷是内部控制中存在的、其严重程度不如重大缺陷但足以引起负责监督被审计单位财务报告的人员（如审计委员会或类似机构）关注的一项控制缺陷或多项控制缺陷的组合。

一般缺陷是内部控制中存在的、除重大缺陷和重要缺陷之外的控制缺陷。

二、评价控制缺陷的严重程度

注册会计师应当评价其识别的各项控制缺陷的严重程度，以确定这些缺陷单独或组合起来，是否构成内部控制的重大缺陷。但是，在计划和实施审计工作时，不要求注册会计师寻找单独或组合起来不构成重大缺陷的控制缺陷。

控制缺陷的严重程度取决于：

1. 控制不能防止或发现并纠正账户或列报发生错报的可能性的大小；
2. 因一项或多项控制缺陷导致的潜在错报的金额大小。

控制缺陷的严重程度与错报是否发生无关，而取决于控制不能防止或发现并纠正错报的可能性的大小。

在评价一项控制缺陷或多项控制缺陷的组合是否可能导致账户或列报发生错报时，注册会计师应当考虑的风险因素包括：

1. 所涉及的账户、列报及其相关认定的性质；
2. 相关资产或负债易于发生损失或舞弊的可能性；
3. 确定相关金额时所需判断的主观程度、复杂程度和范围；
4. 该项控制与其他控制的相互作用或关系；
5. 控制缺陷之间的相互作用；
6. 控制缺陷在未来可能产生的影响。

评价控制缺陷是否可能导致错报时，注册会计师无需将错报发生的概率量化为某特定的百分比或区间。

如果多项控制缺陷影响财务报表的同一账户或列报，错报发生的概率会增加。在存在多项控制缺陷时，即使这些缺陷从单项看不重要，但组合起来也可能构成重大缺陷。因此，注册会计师应当确定，对同一重要账户、列报及其相关认定或内部控制要素产生影响的各项控制缺陷，组合起来是否构成重大缺陷。

在评价因一项或多项控制缺陷导致的潜在错报的金额大小时，注册会计师应当考虑的因素包括：

1. 受控制缺陷影响的财务报表金额或交易总额；
2. 在本期或预计的未来期间受控制缺陷影响的账户余额或各类交易涉及的交易量。

在评价潜在错报的金额大小时，账户余额或交易总额的最大多报金额通常是已记录的金额，但其最大少报金额可能超过已记录的金额。通常，小金额错报比大金额错报发生的概率更高。

在确定一项控制缺陷或多项控制缺陷的组合是否构成重大缺陷时，注册会计师应当评价补偿性控制的影响。在评价补偿性控制是否能够弥补控制缺陷时，注册会计师应当考虑补偿性控制是否有足够的精确度以防止或发现并纠正可能发生的重大错报。图 20 – 1 展示了内部控制缺陷评价的步骤。

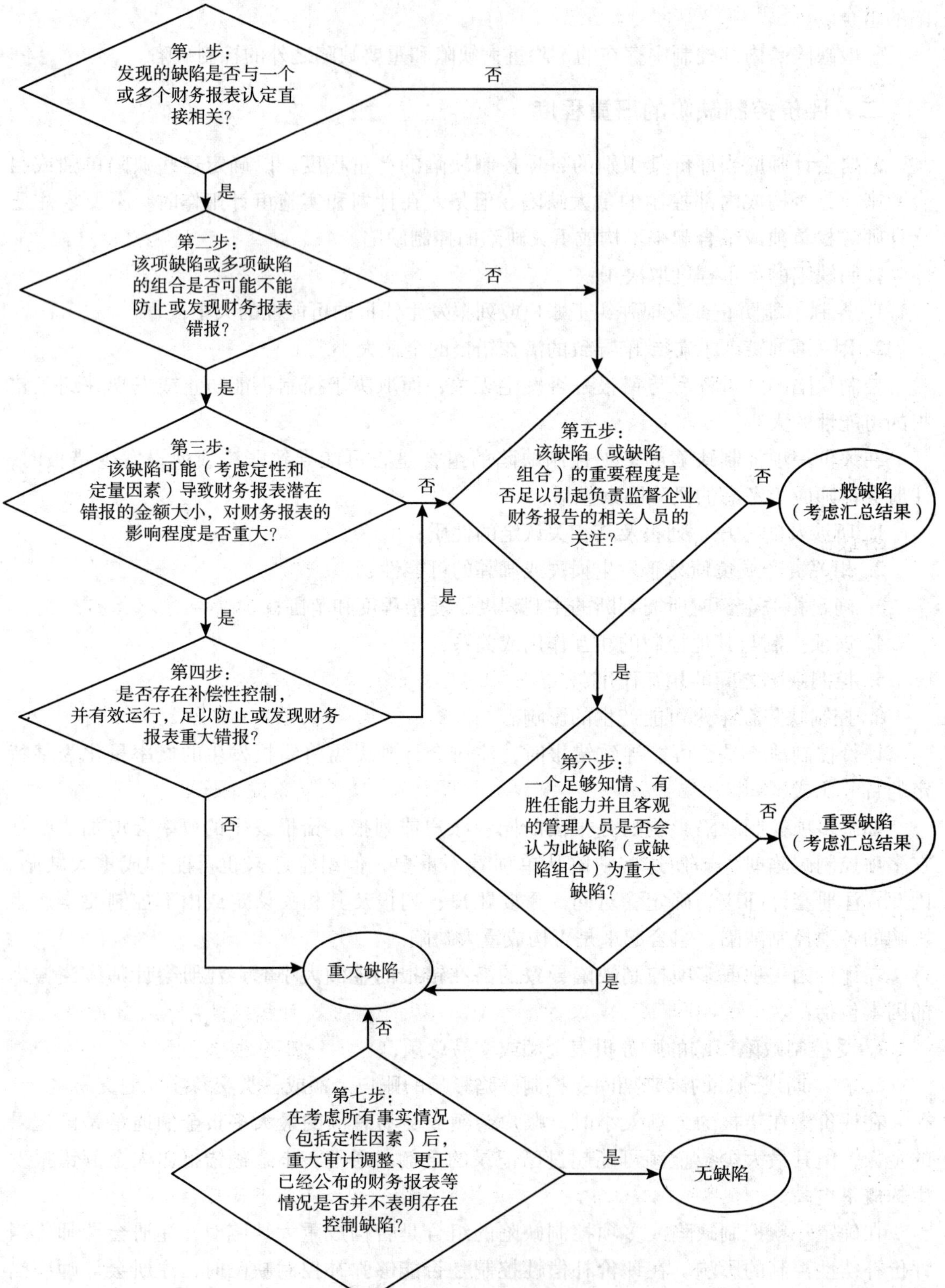

图 20－1 控制缺陷评价流程

以下举例说明控制缺陷评价流程：

例一：

一般缺陷

A 注册会计师执行甲公司内部控制审计，确定财务报表整体的重要性为 2 000 万元，实际执行的重要性为 1 000 万元。A 注册会计师将付款经适当审批并附有支持性文件作为一项关键控制（该项控制与 1 600 万元的交易相关）进行控制测试，预计偏差率为零。A 注册会计师选择了 25 笔付款进行测试后，发现 1 笔与维修相关的付款未经审批。

步骤一：发现的缺陷是否与一个或多个财务报表认定直接相关？

该缺陷涉及支出，直接影响财务报表认定。

步骤二：该项缺陷是否可能无法防止或发现财务报表错报？

付款未经审批，可能导致错报。

步骤三：该项缺陷可能导致财务报表潜在错报的金额大小？

涉及 1 600 万元的交易，大于实际执行的重要性。

步骤四：是否存在补偿性控制，并有效运行，足以防止或发现财务报表重大错报？

经了解和测试，维修与维护服务环节存在下列补偿性控制：

维修与维护服务环节的采购订单审批和付款审批流程中存在职责分离（已测试且该控制有效）。

对采购订单的审批与既定控制保持一致（已测试且该控制有效）。

每月将实际成本和费用与预算数据进行比较，如果差异大于 100 万元，将进行调查（已测试且控制有效）。

步骤五：该缺陷的重要程度是否足以引起负责监督企业财务报告的相关人员的关注？

否。

因此，该缺陷为一般缺陷。

例二：

重大缺陷

A 注册会计师执行甲公司内部控制审计，确定财务报表整体的重要性为 2 000 万元，实际执行的重要性为 1 000 万元。每月末，甲公司应收账款会计核对银行存款日记账和银行对账单，编制银行存款余额调节表。如存在差异，查明原因并进行差异调节说明。会计主管复核银行存款余额调节表，对需要调整的调节项目及时处理，并签字确认。A 注册会计师将这项控制作为一项关键控制（控制与 6 000 万元的交易相关）进行控制测试，预计偏差率为零。A 注册会计师选取了两个月的银行存款余额调节表进行测试后，发现银行存款余额和银行对账单存在 200 万元的重大差异，银行存款余额调节表中未对差异进行说明，并且差异已超过 1 年。

步骤一：发现的缺陷是否与一个或多个财务报表认定直接相关？

涉及银行存款和收付款问题，直接影响财务报表认定。

步骤二：该项缺陷是否可能无法防止或发现财务报表错报？

没有对差异及时进行处理，对账没有完成，可能导致错误不能及时发现。

步骤三：该项缺陷可能导致财务报表潜在错报的金额大小？

这项控制与交易相关且所涉及金额大于6 000万元，大于实际执行的重要性。

步骤四：是否存在补偿性控制，并有效运行，足以防止或发现财务报表重大错报？

财务经理每月复核银行存款余额调节表并签字确认。由于财务经理没有发现这些重大差异，补偿性控制运行无效。

因此，该缺陷为重大缺陷。

三、表明可能存在重大缺陷的迹象

如果注册会计师确定发现的一项控制缺陷或多项控制缺陷的组合将导致审慎的管理人员在执行工作时，认为自身无法合理保证按照适用的财务报告编制基础记录交易，应当将这一项控制缺陷或多项控制缺陷的组合视为存在重大缺陷的迹象。下列迹象可能表明内部控制存在重大缺陷：

1. 注册会计师发现董事、监事和高级管理人员的任何舞弊；
2. 被审计单位重述以前公布的财务报表，以更正舞弊或错误导致的重大错报；
3. 注册会计师发现当期财务报表存在重大错报，而被审计单位内部控制在运行过程中未能发现该错报；
4. 审计委员会和内部审计机构对内部控制的监督无效。

四、内部控制缺陷整改

如果被审计单位在基准日前对存在缺陷的控制进行了整改，整改后的控制需要运行足够长的时间，才能使注册会计师得出其是否有效的审计结论。注册会计师应当根据控制的性质和与控制相关的风险，合理运用职业判断，确定整改后控制运行的最短期间（或整改后控制的最少运行次数）以及最少测试数量。整改后控制运行的最短期间（或最少运行次数）和最少测试数量参见表20－8。

表20－8　整改后控制运行的最短期间（或最少运行次数）和最少测试数量

控制运行频率	整改后控制运行的最短期间或最少运行次数	最少测试数量
每季1次	2个季度	2
每月1次	2个月	2
每周1次	5周	5
每天1次	20天	20
每天多次	25次（分布于涵盖多天的期间，通常不少于15天）	25

如果被审计单位在基准日前对存在重大缺陷的内部控制进行了整改，但新控制尚没有运行足够长的时间，注册会计师应当将其视为内部控制在基准日存在重大缺陷。

参考格式 20-3 列示了内部控制缺陷（部分）及评价的汇总表。

参考格式 20-3：内部控制缺陷（部分）及评价的记录示例

内部控制缺陷（部分）及评价的汇总表

缺陷编号	相关业务流程、应用系统	业务单位	内部控制缺陷描述及影响	缺陷类型（执行/设计）	所影响的账户、交易	财务报表认定								补偿性控制	发生错报的可能性及错报的严重程度分析	缺陷认定结论	对相关的财务报表审计工作的影响
						发生	完整性	准确性	截止	分类	存在	权利和义务	准确性、计价和分摊				
1	财务报告—月末结账	总部、所有子公司	财务经理比对薪酬会计编制的《预提工资计算表》和人力资源部编制的《员工人数变动表》，确保公司预提了所有员工的工资且金额计算准确。注册会计师在审计中发现，财务经理由于工作忙碌，且公司人员变动较少，所以没有执行该控制	执行	营业成本、应付职工薪酬	√	√	√						财务经理仅仅比较当月预提工资与前3个月预提工资的变动，确认不存在重大差异	没有比对薪酬会计编制的《预提工资计算表》和人力资源部编制的《员工人数变动表》，可能导致工资预提错误或遗漏不能被及时发现。由于公司人员变动较少，且人工成本仅占公司总生产成本的1%，因此该控制缺陷对公司财务报表错报影响较小	一般缺陷	注册会计师对《预提工资计算表》和人力资源部编制的《员工人数变动表》，确认差异金额是否重大

第九节　完成内部控制审计工作

一、形成内部控制审计意见

注册会计师应当评价从各种来源获取的审计证据，包括对控制的测试结果、财务报表审计中发现的错报以及已识别的所有控制缺陷，形成对内部控制有效性的意见。在评价审计证据时，注册会计师应当查阅本年度涉及内部控制的内部审计报告或类似报告，并评价这些报告中指出的控制缺陷。

在对内部控制的有效性形成意见后，注册会计师应当评价企业内部控制评价报告对相关法律法规规定的要素的列报是否完整和恰当。

根据中国证监会《上市公司实施企业内部控制规范体系监管问题解答》的规定，公开发行证券的公司在年度报告中应披露的财务报告内部控制评价报告应包括以下内容：

1. 公司董事会关于建立健全和有效实施财务报告内部控制是公司董事会的责任，并就公司财务报告内部控制评价报告真实性作出的声明；

2. 财务报告内部控制评价的依据；

3. 根据自我评价情况，认定于评价基准日存在的财务报告内部控制重大缺陷情况；

4. 对发现的重大缺陷已采取或拟采取的整改措施的说明；

5. 公司董事会对评价基准日财务报告内部控制有效性的自我评价结论；

6. 在财务报告内部控制自我评价过程中关注到的非财务报告内部控制重大缺陷情况。

二、获取书面声明

注册会计师应当获取经被审计单位签署的书面声明。书面声明的内容应当包括：

1. 被审计单位董事会认可其对建立健全和有效实施内部控制负责；

2. 被审计单位已对内部控制进行了评价，并编制了内部控制评价报告；

3. 被审计单位没有利用注册会计师在内部控制审计和财务报表审计中执行的程序及其结果作为评价的基础；

4. 被审计单位根据内部控制标准评价内部控制有效性得出的结论；

5. 被审计单位已向注册会计师披露识别出的所有内部控制缺陷，并单独披露其中的重大缺陷和重要缺陷；

6. 被审计单位已向注册会计师披露导致财务报表发生重大错报的所有舞弊，以及其他不会导致财务报表发生重大错报，但涉及管理层、治理层和其他在内部控制中具有重要作用的员工的所有舞弊；

7. 注册会计师在以前年度审计中识别出的且已与被审计单位沟通的重大缺陷和重要缺陷是否已经得到解决，以及哪些缺陷尚未得到解决；

8. 在基准日后，内部控制是否发生变化，或者是否存在对内部控制产生重要影响的其他因素，包括被审计单位针对重大缺陷和重要缺陷采取的所有纠正措施。

如果被审计单位拒绝提供或以其他不当理由回避书面声明，注册会计师应当将其视为审计范围受到限制，解除业务约定或出具无法表示意见的内部控制审计报告。此外，注册会计师应当评价拒绝提供书面声明这一情况对其他声明（包括在财务报表审计中获取的声明）的可靠性的影响。

三、沟通相关事项

对于重大缺陷和重要缺陷，注册会计师应当以书面形式与管理层和治理层沟通。书面沟通应当在注册会计师出具内部控制审计报告之前进行。

注册会计师应当以书面形式与管理层沟通其在审计过程中识别的所有其他内部控制缺陷，并在沟通完成后告知治理层。在进行沟通时，注册会计师无需重复自身、内部审计人员或被审计单位其他人员以前书面沟通过的控制缺陷。

虽然并不要求注册会计师执行足以识别所有控制缺陷的程序，但是，注册会计师应当沟通其注意到的内部控制的所有缺陷。内部控制审计不能保证注册会计师能够发现严重程度低于重大缺陷的所有控制缺陷。注册会计师不应在内部控制审计报告中声明，在审计过程中没有发现严重程度低于重大缺陷的控制缺陷。

如果发现被审计单位存在或可能存在舞弊或违反法律法规行为，注册会计师应当按照《中国注册会计师审计准则第1141号——财务报表审计中与舞弊相关的责任》《中国注册会计师审计准则第1142号——财务报表审计中对法律法规的考虑》的规定，确定并履行自身的责任。

第十节 出具内部控制审计报告

一、内部控制审计报告要素

标准内部控制审计报告应当包括下列要素：

1. 标题。内部控制审计报告的标题统一规范为“内部控制审计报告”。

2. 收件人。内部控制审计报告的收件人是指注册会计师按照业务约定书的要求致送内部控制审计报告的对象，一般是指审计业务的委托人。内部控制审计报告需要载明收件人的全称。

3. 引言段。内部控制审计报告的引言段说明企业的名称和内部控制已经过审计。

4. 企业对内部控制的责任段。企业对内部控制的责任段说明，按照《企业内部控制基本规范》《企业内部控制应用指引》《企业内部控制评价指引》的规定，建立健全和有效实施内部控制，并评价其有效性是企业董事会的责任。

5. 注册会计师的责任段。注册会计师的责任段说明，在实施审计工作的基础上，对财务报告内部控制的有效性发表审计意见，并对注意到的非财务报告内部控制的重大缺陷进行披露是注册会计师的责任。

6. 内部控制固有局限性的说明段。内部控制无论如何有效，都只能为企业实现控制目标提供合理保证。内部控制实现目标的可能性受其固有限制的影响，包括：（1）在决策时人为判断可能出现错误和因人为失误而导致内部控制失效；（2）控制的运行也可能无效；（3）控制可能由于两个或更多的人员进行串通舞弊或管理层不当地凌驾于内部控制之上而被规避；（4）在设计和执行控制时，如果存在选择执行的控制以及选择承担的风险，管理层在确定控制的性质和范围时需要作出主观判断。

因此，注册会计师需要在内部控制固有局限性的说明段说明，内部控制具有固有局限性，存在不能防止和发现错报的可能性。此外，由于情况的变化可能导致内部控制变得不恰当，或对控制政策和程序遵循的程度降低，根据内部控制审计结果推测未来内部控制的有效性具有一定风险。

7. 财务报告内部控制审计意见段。审计意见段应当说明企业是否按照《企业内部控制基本规范》和相关规定在所有重大方面保持了有效的财务报告内部控制。

8. 非财务报告内部控制重大缺陷描述段。注册会计师应当在本段披露非财务报告内部控制的重大缺陷的性质及其对实现相关控制目标的影响程度。

9. 注册会计师的签名和盖章。

10. 会计师事务所的名称、地址及盖章。

11. 报告日期。审计报告的日期不应早于注册会计师获取充分、适当的审计证据（包括董事会认可对内部控制及评价报告的责任且已批准评价报告的证据），并在此基础上对内部控制的有效性形成审计意见的日期。如果内部控制审计和财务报表审计整合进行，注册会计师应对内部控制审计报告和财务报表审计报告签署相同的日期。

二、内部控制审计报告的意见类型

（一）无保留意见

如果符合下列所有条件，注册会计师应当对财务报告内部控制出具无保留意见的内部控制审计报告：

1. 在基准日，被审计单位按照适用的内部控制标准的要求，在所有重大方面保持了有效的内部控制；

2. 注册会计师已经按照《企业内部控制审计指引》的要求计划和实施审计工作，在审计过程中未受到限制。

（二）非无保留意见

1. 财务报告内部控制存在重大缺陷时的处理。

如果认为财务报告内部控制存在一项或多项重大缺陷，除非审计范围受到限制，注册会计师应当对财务报告内部控制发表否定意见。否定意见的内部控制审计报告还应当包括重大缺陷的定义、重大缺陷的性质及其对内部控制的影响程度。

如果财务报告内部控制存在的重大缺陷尚未包含在企业内部控制评价报告中，注册会计师应当在内部控制审计报告中说明重大缺陷已经识别、但没有包含在企业内部控制评价报告中。如果企业内部控制评价报告中包含了重大缺陷，但注册会计师认为这些重大缺陷未在所有重大方面得到公允反映，注册会计师应当在内部控制审计报告中说明这一结论，并公允表达有关重大缺陷的必要信息。

如果对财务报告内部控制的有效性发表否定意见，注册会计师应当确定该意见对财务报表审计意见的影响，并在内部控制审计报告中予以说明。例如，如果对财务报表发表的审计意见受到影响，注册会计师应当在内部控制审计报告的导致否定意见的事项段中增加以下类似说明："在××公司××年财务报表审计中，我们已经考虑了上述重大缺陷对审计程序的性质、时间安排和范围的影响。"

2. 审计范围受到限制时的处理。

注册会计师只有实施了必要的审计程序，才能对内部控制的有效性发表意见。如果审计范围受到限制，注册会计师应当解除业务约定或出具无法表示意见的内部控制审计报告。

如果法律法规的相关豁免规定允许被审计单位不将某些实体纳入内部控制的评价范围，注册会计师可以不将这些实体纳入内部控制审计的范围。这种情况不构成审计范围受到限制，但注册会计师应当在内部控制审计报告中增加强调事项段或者在注册会计师的责任段中，就这些实体未被纳入评价范围和内部控制审计范围这一情况，作出与被审计单位类似的恰当陈述。注册会计师应当评价相关豁免是否符合法律法规的规定，以及被审计单位针对该项豁免作出的陈述是否适当。如果认为被审计单位有关该项豁免的陈述不恰当，注册会计师应当提请其作出适当修改。如果被审计单位未作出恰当修改，注册会计师应当在内部控制审计报告的强调事项段中说明被审计单位的陈述需要修改的理由。

在出具无法表示意见的内部控制审计报告时，注册会计师应当在内部控制审计报告中指明审计范围受到限制，无法对内部控制的有效性发表意见，并单设段落说明无法表示意见的实质性理由。注册会计师不应在内部控制审计报告中指明所执行的程序，也不应描述内部控制审计的特征，以避免对无法表示意见的误解。如果在已执行的有限程序中发现内部控制存在重大缺陷，注册会计师应当在内部控制审计报告中对重大缺陷作出详细说明。

只要认为审计范围受到限制将导致无法获取发表审计意见所需的充分、适当的审计证据，注册会计师不必执行任何其他工作即可对内部控制出具无法表示意见的内部控制审计报告。在这种情况下，内部控制审计报告的日期应为注册会计师已就该报告中陈述的内容获取充分、适当的审计证据的日期。

三、强调事项

如果认为内部控制虽然不存在重大缺陷，但仍有一项或多项重大事项需要提请内部控制审计报告使用者注意，注册会计师应当在内部控制审计报告中增加强调事项段予以说明。注册会计师应当在强调事项段中指明，该段内容仅用于提醒内部控制审计报告使用者关注，并不影响对内部控制发表的审计意见。

如果确定企业内部控制评价报告对要素的列报不完整或不恰当，注册会计师应当在内部控制审计报告中增加强调事项段，说明这一情况并解释得出该结论的理由。

四、对期后事项的考虑

在基准日后至审计报告日前（以下简称期后期间），内部控制可能发生变化，或出现其他可能对内部控制产生重要影响的因素。注册会计师应当询问是否存在这类变化或因素，并获取被审计单位关于这类变化或因素的书面声明。

注册会计师应当针对期后期间，询问并检查下列信息：

1. 在期后期间出具的内部审计报告或类似报告；
2. 其他注册会计师出具的涉及被审计单位内部控制缺陷的报告；
3. 监管机构发布的涉及被审计单位内部控制的报告；
4. 注册会计师在执行其他业务中获取的、有关被审计单位内部控制有效性的信息。

此外，注册会计师还应当考虑获取期后期间的其他文件，并按照《中国注册会计师审计准则第 1332 号——期后事项》的规定，对其进行检查。

如果知悉对基准日内部控制有效性有重大负面影响的期后事项，注册会计师应当对内部控制发表否定意见。如果注册会计师不能确定期后事项对内部控制有效性的影响程度，应当出具无法表示意见的内部控制审计报告。

如果管理层在评价报告中披露了基准日之后采取的整改措施，注册会计师应当在内部控制审计报告中指明不对这些信息发表意见。

注册会计师可能知悉在基准日并不存在、但在期后期间发生的事项。如果这类期后事项对内部控制有重大影响，注册会计师应当在内部控制审计报告中增加强调事项段，描述该事项及其影响，或提醒内部控制审计报告使用者关注企业内部控制评价报告中披露的该事项及其影响。

在出具内部控制审计报告后，如果知悉在审计报告日已存在的、可能对审计意见产生影响的情况，注册会计师应当按照《中国注册会计师审计准则第 1332 号——期后事项》的相关规定处理。如果被审计单位更正以前公布的财务报表，注册会计师应当按照《中国注册会计师审计准则第 1332 号——期后事项》的相关规定重新考虑以前发表的内部控制审计意见的适当性。

五、非财务报告内部控制重大缺陷

如果在审计过程中注意到存在非财务报告内部控制缺陷，注册会计师应当区分具体情况予以处理：

1. 如果认为非财务报告内部控制缺陷为一般缺陷，注册会计师应当与企业进行沟通，提醒企业加以改进，但无需在内部控制审计报告中说明；

2. 如果认为非财务报告内部控制缺陷为重要缺陷，注册会计师应当以书面形式与企业董事会和管理层沟通，提醒企业加以改进，但无需在内部控制审计报告中说明；

3. 如果认为非财务报告内部控制缺陷为重大缺陷，注册会计师应当以书面形式与企业董事会和管理层沟通，提醒企业加以改进；同时应当在内部控制审计报告中增加非财务报告内部控制重大缺陷描述段，对重大缺陷的性质及其对实现相关控制目标的影响程度进行披露，提示内部控制审计报告使用者注意相关风险，但无需对其发表审计意见。

参考格式 20 -4、参考格式 20 -5、参考格式 20 -6、参考格式 20 -7、参考格式 20 -8 列示了不同类型的内部控制报告。

参考格式 20 -4：无保留意见内部控制审计报告

内部控制审计报告

××股份有限公司全体股东：

按照《企业内部控制审计指引》及中国注册会计师执业准则的相关要求，我们审计了××股份有限公司（以下简称“××公司”）××年×月×日的财务报告内部控制的有效性。

一、企业对内部控制的责任

按照《企业内部控制基本规范》《企业内部控制应用指引》《企业内部控制评价指引》的规定，建立健全和有效实施内部控制，并评价其有效性是××公司董事会的责任。

二、注册会计师的责任

我们的责任是在实施审计工作的基础上，对财务报告内部控制的有效性发表审计意见，并对注意到的非财务报告内部控制的重大缺陷进行披露。

三、内部控制的固有局限性

内部控制具有固有局限性，存在不能防止和发现错报的可能性。此外，由于情况的变化可能导致内部控制变得不恰当，或对控制政策和程序遵循的程度降低，根据内部控制审计结果推测未来内部控制的有效性具有一定风险。

四、财务报告内部控制审计意见

我们认为，××公司于××年×月×日按照《企业内部控制基本规范》和相关规定在所有重大方面保持了有效的财务报告内部控制。

××会计师事务所　　　　　　　　　　中国注册会计师：×××
（盖章）　　　　　　　　　　　　　　（签名并盖章）
　　　　　　　　　　　　　　　　　　中国注册会计师：×××
　　　　　　　　　　　　　　　　　　（签名并盖章）
中国××市　　　　　　　　　　　　　××年×月×日

参考格式 20－5：带强调事项段的无保留意见内部控制审计报告

内部控制审计报告

××股份有限公司全体股东：

按照《企业内部控制审计指引》及中国注册会计师执业准则的相关要求，我们审计了××股份有限公司（以下简称“××公司”）××年×月×日的财务报告内部控制的有效性。

[“一、企业对内部控制的责任”至“四、财务报告内部控制审计意见”参见标准内部控制审计报告相关段落表述。]

五、强调事项

我们提醒内部控制审计报告使用者关注，[描述强调事项的性质及其对内部控制的重大影响。]本段内容不影响已对财务报告内部控制发表的审计意见。

××会计师事务所　　　　　　　　　　中国注册会计师：×××
（盖章）　　　　　　　　　　　　　　（签名并盖章）
　　　　　　　　　　　　　　　　　　中国注册会计师：×××
　　　　　　　　　　　　　　　　　　（签名并盖章）
中国××市　　　　　　　　　　　　　××年×月×日

参考格式 20－6：否定意见内部控制审计报告

内部控制审计报告

××股份有限公司全体股东：

按照《企业内部控制审计指引》及中国注册会计师执业准则的相关要求，我们审计了××股份有限公司（以下简称“××公司”）××年×月×日的财务报告内部控制的有效性。

［“一、企业对内部控制的责任”至“三、内部控制的固有局限性”参见标准内部控制审计报告相关段落表述。］

四、导致否定意见的事项

重大缺陷是内部控制中存在的、可能导致不能及时防止或发现并纠正财务报表出现重大错报的一项控制缺陷或多项控制缺陷的组合。

［指出注册会计师已识别出的重大缺陷，并说明重大缺陷的性质及其对财务报告内部控制的影响程度。］

有效的内部控制能够为财务报告及相关信息的真实完整提供合理保证，而上述重大缺陷使××公司内部控制失去这一功能。

××公司管理层已识别出上述重大缺陷，并将其包含在企业内部控制评价报告中。上述缺陷在所有重大方面得到公允反映。

在××公司××年财务报表审计中，我们已经考虑了上述重大缺陷对审计程序的性质、时间安排和范围的影响。本报告并未对我们在××年×月×日对×公司××年财务报表出具的审计报告产生影响。

五、财务报告内部控制审计意见

我们认为，由于存在上述重大缺陷及其对实现控制目标的影响，××公司于××年×月×日未能按照《企业内部控制基本规范》和相关规定在所有重大方面保持有效的财务报告内部控制。

××会计师事务所　　　　　　　　　中国注册会计师：×××
（盖章）　　　　　　　　　　　　　（签名并盖章）
　　　　　　　　　　　　　　　　　中国注册会计师：×××
　　　　　　　　　　　　　　　　　（签名并盖章）
中国××市　　　　　　　　　　　　××年×月×日

参考格式20-7：无法表示意见内部控制审计报告

内部控制审计报告

××股份有限公司全体股东：

我们接受委托，对××股份有限公司（以下简称“××公司”）××年×月×日的财务报告内部控制进行审计。

［删除注册会计师的责任段，“一、企业对内部控制的责任”和“二、内部控制的固有局限性”参见标准内部控制审计报告相关段落表述。］

三、导致无法表示意见的事项

［描述审计范围受到限制的具体情况。］

四、财务报告内部控制审计意见

由于审计范围受到上述限制，我们未能实施必要的审计程序以获取发表意见所需的充分、适当证据，因此，我们无法对××公司财务报告内部控制的有效性发表意见。

五、识别的财务报告内部控制重大缺陷

[如在审计范围受到限制前，执行有限程序未能识别出重大缺陷，则应删除本段。]

重大缺陷是内部控制中存在的、可能导致不能及时防止或发现并纠正财务报表出现重大错报的一项控制缺陷或多项控制缺陷的组合。

尽管我们无法对××公司财务报告内部控制的有效性发表意见，但在我们实施的有限程序的过程中，发现了以下重大缺陷：

[指出注册会计师已识别出的重大缺陷，并说明重大缺陷的性质及其对财务报告内部控制的影响程度。]

有效的内部控制能够为财务报告及相关信息的真实完整提供合理保证，而上述重大缺陷使××公司内部控制失去这一功能。

××会计师事务所　　　　　　　　　　中国注册会计师：×××
（盖章）　　　　　　　　　　　　　　（签名并盖章）
　　　　　　　　　　　　　　　　　　中国注册会计师：×××
　　　　　　　　　　　　　　　　　　（签名并盖章）
中国××市　　　　　　　　　　　　　××年×月×日

参考格式 20-8：非财务报告重大缺陷的内部控制审计报告

内部控制审计报告

××股份有限公司全体股东：

按照《企业内部控制审计指引》及中国注册会计师执业准则的相关要求，我们审计了××股份有限公司（以下简称"××公司"）××年×月×日的财务报告内部控制的有效性。

["一、企业对内部控制的责任"至"四、财务报告内部控制审计意见"参见标准内部控制审计报告相关段落表述。]

五、非财务报告内部控制重大缺陷

在内部控制审计过程中，我们注意到××公司的非财务报告内部控制存在重大缺陷[描述该缺陷的性质及其对实现相关控制目标的影响程度]。由于存在上述重大缺陷，我们提醒本报告使用者注意相关风险。需要指出的是，我们并不对××公司的非财务报告内部控制发表意见或提供保证。本段内容不影响对财务报告内部控制有效性发表的审计意见。

××会计师事务所　　　　　　　　　　中国注册会计师：×××
（盖章）　　　　　　　　　　　　　　（签名并盖章）
　　　　　　　　　　　　　　　　　　中国注册会计师：×××
　　　　　　　　　　　　　　　　　　（签名并盖章）
中国××市　　　　　　　　　　　　　××年×月×日

第七编

质 量 管 理

第二十一章　会计师事务所业务质量管理

执业质量是会计师事务所的生命线，是注册会计师行业维护公众利益的专业基础和诚信义务。加强质量管理体系建设，制定并实施科学、严谨的质量管理政策和程序，积极主动地实施质量管理，是保障会计师事务所执业质量、实现注册会计师行业科学健康发展的重要制度保障和长效机制。设计、实施和运行完善的质量管理体系是一项系统工程，涉及会计师事务所的方方面面。会计师事务所应当按照《会计师事务所质量管理准则第 5101 号——业务质量管理》的要求，结合本会计师事务所及其业务的实际情况，设计、实施和运行适合本所的质量管理体系，并定期对质量管理体系进行评价。项目质量复核是会计师事务所防范质量风险的一项重要应对措施，按照质量管理体系的要求，会计师事务所应当制定与项目质量复核有关的政策和程序，并对符合特定条件的业务实施项目质量复核。财务报表审计是会计师事务所的核心业务，财务报表审计质量对会计师事务所的生存发展和市场信誉尤为重要。因此，项目合伙人及审计项目组应当针对财务报表审计业务严格实施质量管理，确保审计业务的高质量开展。

第一节　会计师事务所质量管理体系

本节主要探讨会计师事务所质量管理体系的目标、总体要求和组成要素，以及会计师事务所对质量管理体系的评价和记录。

一、质量管理体系的概念、目标和框架

（一）质量管理体系的概念和目标

质量管理体系是会计师事务所为实施质量管理而设计、实施和运行的系统，其目标是在以下两个方面提供合理保证：

1. 会计师事务所及其人员按照适用的法律法规和职业准则的规定履行职责，并根据这些规定执行业务；

2. 会计师事务所和项目合伙人出具适合具体情况的业务报告。

（二）质量管理体系的框架

会计师事务所质量管理体系的框架包括八个要素：

1. 会计师事务所的风险评估程序;
2. 治理和领导层;
3. 相关职业道德要求;
4. 客户关系和具体业务的接受与保持;
5. 业务执行;
6. 资源;
7. 信息与沟通;
8. 监控和整改程序。

上述各要素应当有效衔接、互相支撑、协同运行,以保障会计师事务所能够积极有效地实施质量管理。图 21 -1 展示了会计师事务所质量管理体系的框架。

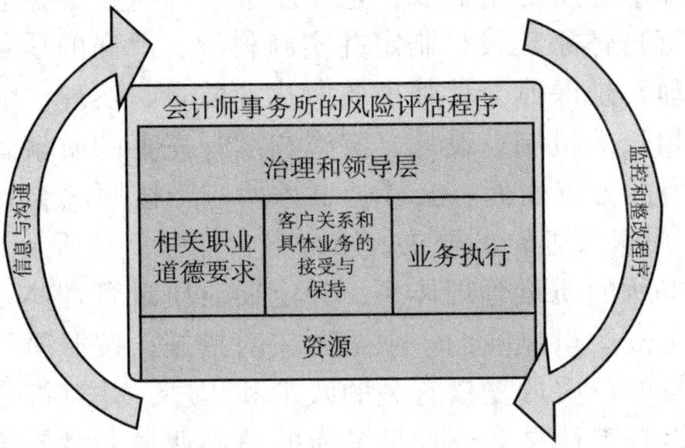

图 21 -1 会计师事务所质量管理体系的框架

二、质量管理体系的总体要求

会计师事务所质量管理体系应当满足以下总体要求:

1. 在全所范围内统一设计、实施和运行。会计师事务所应当在全所范围内(包括分所或分部)统一设计、实施和运行质量管理体系,实现人事、财务、业务、技术标准和信息管理五方面的统一管理;如果会计师事务所通过合并、新设等方式成立分所(或分部),应当将该分所(或分部)纳入质量管理体系中统一实施质量管理。

2. 风险导向的思路。会计师事务所在设计、实施和运行质量管理体系时,应当采用风险导向的思路。按照风险导向的思路,会计师事务所应当采取以下三个步骤:

(1) 针对质量管理体系的各个要素设定质量目标,即为了确保实现质量管理体系的目标,质量管理体系的各个要素需要达到的目标。根据会计师事务所质量管理的需要,质量目标可以进一步细化为若干子目标。例如,针对"治理和领导层"要素,会计师事务所可以设定如下质量目标:会计师事务所领导层通过实际行动展示其对质量的重视。而针对该质量目标,会计师事务所可以将其进一步细化为以下两个子目标:①会计师事务所领导层能够了解到所有与本会计师事务所执业质量相关的内外部投诉和举报及其处理情况;②对于涉及会计师事务所执业质量的重大问题,会计师事务所领导层亲自参与相关决策过程,并且在全所范围内形成一种"质量至上"的示范效应。

（2）识别和评估质量风险。质量风险是一种具有合理可能性会发生的风险，这种风险一旦发生，将单独或连同其他风险对质量目标的实现产生不利影响。

（3）设计和采取应对措施以应对质量风险。应对措施通常是指会计师事务所为应对质量风险而设计和实施的政策和程序，应对措施的性质、时间安排和范围取决于相关质量风险的评估结果及得出该评估结果的理由。

3. 根据本会计师事务所的实际需要进行"量身定制"。实务中，会计师事务所应当实事求是，根据本会计师事务所及业务的性质和具体情况，以及本会计师事务所质量管理的实际需要，"量身定制"适合本会计师事务所的质量管理体系，而不应当机械执行会计师事务所质量管理准则，也不应当盲目地"照搬照抄"其他事务所的政策和程序。由于不同会计师事务所的规模、组织结构、业务类型、业务风险等方面不同，质量管理体系在设计上会存在差异，特别是其复杂程度和规范程度也会存在差异。例如，如果一个会计师事务所规模较大，组织结构较为复杂，业务类型较多，并且执行上市实体审计业务，则该事务所很可能需要更加复杂和规范的质量管理体系和支持性工作记录。

会计师事务所在"量身定制"适合本所的质量管理体系时，针对前述质量管理体系的框架，可以使用与前述不同的名称来描述质量管理体系的要素，也可以根据实际情况调整这些要素，但调整的范围仅限于更改要素的名称、将某个要素进行拆分或将某些要素进行合并。

4. 不断优化和完善。质量管理体系是动态的，不应一成不变。实务中，会计师事务所应当根据本所及其业务在性质和具体情况方面的变化，对质量管理体系的设计、实施和运行进行动态调整。

三、会计师事务所的风险评估程序

按照风险导向的思路，会计师事务所应当设计和实施风险评估程序，以设定质量目标、识别和评估质量风险，并设计和采取应对措施以应对质量风险。

（一）识别和评估质量风险并采取应对措施

会计师事务所在识别和评估质量风险时，应当了解可能对实现质量目标产生不利影响的事项或情况，包括相关人员的作为或不作为。这些事项或情况包括下列方面：

1. 会计师事务所的性质和具体情况，具体包括：

（1）会计师事务所的复杂程度和经营特征；

（2）会计师事务所在战略和运营方面的决策与行动、业务流程及业务模式；

（3）会计师事务所领导层的特征和管理风格；

（4）会计师事务所的资源，包括其拥有的内部资源和可获得的外部资源；

（5）法律法规、职业准则的规定；

（6）会计师事务所运营所处的环境；

（7）会计师事务所所在网络向其成员组织统一提出的要求或统一提供的服务（如适用）。

2. 会计师事务所业务的性质和具体情况，具体包括：

（1）会计师事务所执行业务的类型和出具报告的类型（例如，所执行业务的类型是否是审计等要求提供保证程度较高的业务）；

(2) 业务执行对象的实体类型(例如,业务执行对象是否为上市公司)。

在了解上述事项或情况的基础上,会计师事务所应当考虑这些事项或情况可能对实现质量目标产生哪些不利影响,以及不利影响的程度。会计师事务所应当根据质量风险的评估结果及得出该评估结果的理由设计和采取应对措施,以应对质量风险。

(二) 对风险评估程序的动态调整

实务中,会计师事务所或其业务的性质和具体情况可能发生变化。会计师事务所应当制定政策和程序,以识别这些变化。如果识别出变化,会计师事务所应当考虑调整之前实施风险评估程序的结果,并在适当时采取下列措施:

1. 设定额外的质量目标或调整之前设定的额外质量目标;
2. 识别和评估额外的质量风险、调整之前评估的质量风险或重新评估质量风险;
3. 设计和采取额外的应对措施,或调整已采取的应对措施。

图 21-2 展示了会计师事务所风险评估程序的基本思路。

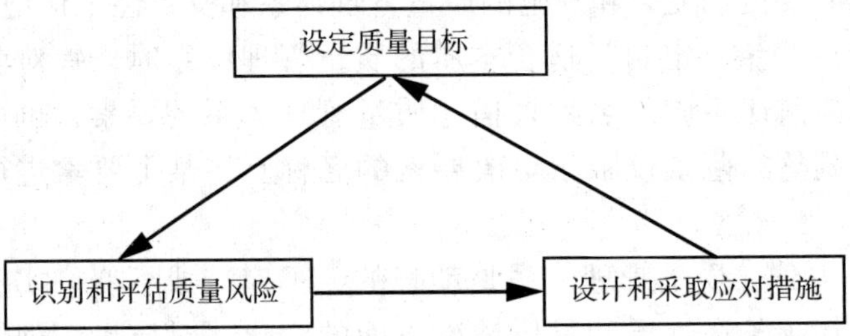

图 21-2 会计师事务所风险评估程序的基本思路

四、治理和领导层

会计师事务所的治理和领导层在全所范围内营造一种"质量至上"的文化氛围,能够为会计师事务所质量管理设定良好的"高层基调",从而对质量管理体系的设计、实施和运行产生广泛和积极的影响。因此,治理和领导层应当为质量管理体系的设计、实施和运行提供良好的支持性环境。

(一) 相关质量目标

针对"治理和领导层"要素,会计师事务所应当设定下列质量目标。

1. 会计师事务所在全所范围内形成一种"质量至上"的文化,树立质量意识。这种"质量至上"的文化应当认可并强调以下方面:

(1) 会计师事务所及其人员有责任持续高质量地执行业务,从而更好地服务于公众利益;

(2) 会计师事务所人员树立正确的职业价值观、职业道德和职业态度,对于持续高质量地执行业务至关重要;

(3) 会计师事务所所有人员都对其执行业务的质量承担责任,或者对其在质量管理体系中所执行工作的质量承担责任,并且这些人员的行为应当得当;

(4) 会计师事务所的所有战略决策和行动,都应当坚持质量优先,都不能以牺牲质量为代价。

2. 会计师事务所的领导层对质量负责,并通过实际行动展示出其对质量的重视。

3. 会计师事务所领导层向会计师事务所人员传递“质量至上”的执业理念，培育以质量为导向的文化。

4. 会计师事务所的组织结构以及对相关人员角色、职责、权限的分配是恰当的，能够满足质量管理体系设计、实施和运行的需要。

5. 会计师事务所的资源（包括财务资源）需求得到恰当的计划，并且资源的取得和分配能够为会计师事务所持续高质量地执行业务提供保障。

（二）会计师事务所质量管理领导层

会计师事务所应当在其质量管理领导层中设定以下三种角色，以保障该体系能够得以恰当地设计、实施和运行：

1. 会计师事务所主要负责人（如首席合伙人、主任会计师或者同等职位的人员）应当对质量管理体系承担最终责任；

2. 会计师事务所应当指定专门的合伙人（或类似职位的人员）对质量管理体系的运行承担责任；

3. 会计师事务所应当指定专门的合伙人（或类似职位的人员）对质量管理体系特定方面的运行承担责任。这里的“特定方面”，可以是质量管理体系的特定要素，也可以是特定要素进一步细分出来的特定方面。例如，会计师事务所可以指定专门的合伙人对相关职业道德要求、监控和整改等要素的运行承担责任，也可以指定专门的合伙人对独立性要求的履行（即“相关职业道德要求”要素细分出来的特定方面）承担责任。

会计师事务所应当确保上述三类人员同时满足下列条件：

1. 具备适当的知识、经验和资质；

2. 在会计师事务所内具有履行其责任所需要的权威性和影响力；

3. 具有充足的时间和资源履行其责任；

4. 充分理解其应负的责任并接受对这些责任履行情况的问责。

会计师事务所应当确保对质量管理体系的运行承担责任的人员、对质量管理体系特定方面的运行承担责任的人员，能够直接与对质量管理体系承担最终责任的人员（即主要负责人）沟通。良好的沟通有助于在质量管理体系领导层之间传递信息，有利于相关人员能够及时获取相关信息并迅速作出相关决策。图 21－3 展示了质量管理体系领导层中的三种角色及沟通方向。

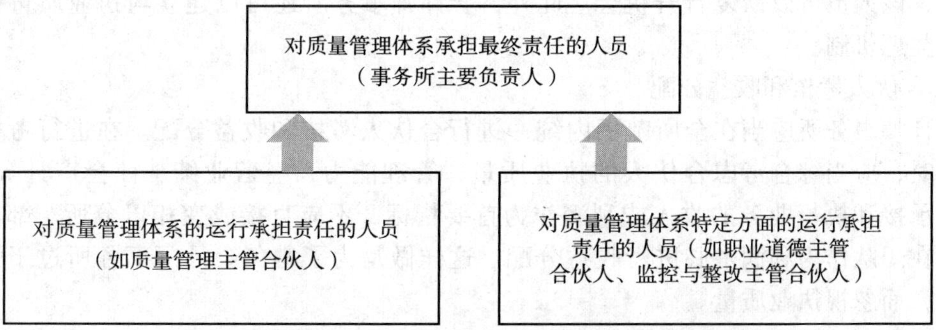

图 21－3　质量管理体系领导层中的三种角色及沟通方向

会计师事务所领导层应当建立健全一体化管理制度体系并确保有效实施，在合伙协议中明确一体化管理要求。会计师事务所主要负责人应当对一体化管理负主要责任。

会计师事务所领导层成员应当以身作则、率先垂范，带头遵守质量管理体系中的各项政策和程序，不得干扰项目组按照职业准则的要求执行业务、作出职业判断。

会计师事务所质量管理领导层示例参见附录21－1。

（三）人员管理

会计师事务所的组织形式通常采用合伙制，也有一些会计师事务所采用有限责任公司制。本章所称的人员，包括会计师事务所的合伙人和员工。其中，合伙人是一种统称，是指在提供专业服务方面有权代表会计师事务所的人员，包括非合伙制会计师事务所中处于同等职位的人员。会计师事务所应当建立实施统一的人员管理制度，制定统一的人员聘用、定级、晋升、业绩考核、薪酬、培训等方面的政策与程序并确保有效执行。会计师事务所的人员业绩考核、晋升和薪酬政策应当坚持以质量为导向，将质量因素作为人员考评、晋升和薪酬的重要因素。

1. 合伙人管理。

每一个合伙人的执业质量，以及其对执业质量的重视和追求，对会计师事务所的整体质量和声誉都至关重要。因此，会计师事务所有必要加强对合伙人晋升、培训、考核、分配、转入、退出的管理，体现以质量为导向的文化，确保合伙人能够按照质量管理体系的要求，切实履行其在质量管理方面的责任，防范执业风险。

2. 晋升合伙人的管理。

会计师事务所应当加强对其员工（包括外部转入人员）晋升合伙人的管理，在晋升时，应当综合考虑拟晋升人员的执业理念、职业价值观、职业道德、专业胜任能力和执业诚信记录，建立以质量为导向的晋升机制，不得以承接和执行业务的收入或利润作为晋升合伙人的首要指标。会计师事务所应当针对合伙人的晋升建立和实施质量"一票否决"制度，例如，会计师事务所可以制定政策和程序，要求在一定期间内执业有重大质量问题的人员，不得被提名晋升为合伙人。实务中，会计师事务所可以综合考虑重大质量问题的性质和影响程度，该问题是否表明相关人员缺乏必要的胜任能力和职业道德，以及相关人员的整改情况等因素，判定执业中的质量问题是否重大。如果在经过适当的期间后，会计师事务所认为该人员的执业质量已经得到全面提升，能够满足晋升合伙人的标准，该人员可以恢复晋升机会。此外，会计师事务所还可以建立与执业质量挂钩的合伙人奖惩机制。

3. 合伙人考核和收益分配。

会计师事务所应当在全所范围内统一进行合伙人考核和收益分配。在进行考核和收益分配时，应当综合考虑合伙人的执业质量、管理能力、经营业绩、社会声誉等指标，不得以承接和执行业务的收入或利润作为首要指标，不应直接或变相以分所、部门、合伙人所在团队作为利润中心进行收益分配。这样做是为了避免会计师事务所过于强调商业利益，而忽视执业质量。

4. 关键管理人员的调度和配置。

会计师事务所应当对分所（或分部）的负责人、质量管理负责人、财务负责人等关键管理人员实施统一委派、监督和考核，在全所范围内实施统一的调度和配置。

五、相关职业道德要求

对任何行业来说，职业道德都与质量密切相关，注册会计师行业尤其如此。注册会计师行业的宗旨是维护公众利益，围绕这一宗旨，注册会计师必须不断提高自身的职业道德水平，会计师事务所也必须制定相关政策和程序，对本所执业人员的职业道德水平给予充分关注并积极加强管理。

（一）相关质量目标

为确保会计师事务所执业人员按照相关职业道德要求（包括独立性要求）履行职责，会计师事务所应当设定下列质量目标：

1. 会计师事务所及其人员充分了解相关职业道德要求，并严格按照这些职业道德要求履行职责；

2. 受相关职业道德要求约束的其他组织或人员（例如网络事务所及其人员），充分了解与其相关的职业道德要求，并严格按照这些职业道德要求履行职责。

为此，会计师事务所应当制定下列政策和程序：

1. 识别、评价和应对对遵守相关职业道德要求的不利影响；

2. 识别、沟通、评价和报告任何违反相关职业道德要求的情况，并针对这些情况的原因和后果及时作出适当应对；

3. 至少每年一次向所有需要按照相关职业道德要求保持独立性的人员获取其已遵守独立性要求的书面确认。

（二）关键审计合伙人轮换机制

如果注册会计师长期连续执行同一审计客户的审计业务，将会因密切关系和自身利益对独立性产生不利影响。因此，《中国注册会计师职业道德守则》明确规定，注册会计师应当识别、评价和应对这种不利影响，尤其是，对于公众利益实体审计客户，关键审计合伙人应当严格遵守轮换要求。会计师事务所应当对本所关键审计合伙人轮换情况进行监督和管理。关于关键审计合伙人轮换的具体要求，请参见本教材第二十三章第五节“与审计客户长期存在业务关系”。

会计师事务所应当按照相关职业道德要求，建立并完善与公众利益实体审计业务有关的关键审计合伙人轮换机制，明确轮换要求，确保做到实质性轮换，防止流于形式。针对公众利益实体审计业务，会计师事务所应当对关键审计合伙人的轮换情况进行实时监控，通过建立关键审计合伙人服务年限清单等方式，管理关键审计合伙人相关信息，每年对轮换情况实施复核，并在全所范围内统一进行轮换。

会计师事务所应当完善利益分配机制，保证全所的人力资源和客户资源实现一体化统筹管理。会计师事务所应当定期评价利益分配机制的设计和执行情况。这样做是为了避免某合伙人或项目组的利益与特定客户长期直接挂钩，从根源上解决关键审计合伙人轮换机制“流于形式”的问题。

六、客户关系和具体业务的接受与保持

会计师事务所的执业质量在很大程度上受客户质量的影响。例如，如果客户的管理

层和治理层缺乏诚信，不配合注册会计师执行业务，甚至蓄意实施舞弊，注册会计师将面临很高的执业风险，其执业质量难以获得保障。

（一）相关质量目标

会计师事务所在作出是否承接与保持某项客户关系和具体业务的决策时，应当“知己知彼”。所谓“知彼”，是指这种决策应当建立在对客户及其管理层和治理层充分了解的基础之上；所谓“知己”，是指应当充分了解本所自己的专业胜任能力，包括遵守法律法规和相关职业道德要求的情况。基于“质量至上”的原则，会计师事务所在作出相关决策时，应当优先考虑的是质量方面的因素，而非商业利益。因此，针对客户关系和具体业务的接受与保持，会计师事务所应当设定下列质量目标：

1. 会计师事务所就是否接受或保持某项客户关系或具体业务所作出的判断是适当的，充分考虑了以下方面：

（1）会计师事务所是否针对业务的性质和具体情况以及客户（包括客户的管理层和治理层）的诚信和道德价值观获取了足以支持上述判断的充分信息；

（2）会计师事务所是否具备按照适用的法律法规和职业准则的规定执行业务的能力。

2. 会计师事务所在财务和运营方面对优先事项的安排，并不会导致对是否接受或保持客户关系或具体业务作出不恰当的判断。例如，会计师事务所在运营方面的优先事项可能包括市场份额的增长、聚焦于特定行业或新业务拓展等；会计师事务所在财务方面的优先事项可能更多关注其盈利能力。如果会计师事务所过于强调经济利益优先，则可能为取得较高的业务收入而承接一些高风险客户，这些客户的风险可能超出会计师事务所的承受能力，从而可能给会计师事务所执业质量带来不利影响。

会计师事务所应当制定相关政策和程序以应对以下情形：

1. 会计师事务所在接受或保持某一客户关系或具体业务后知悉了某些信息，而这些信息如果在接受或保持该客户关系或具体业务之前知悉，将会导致其拒绝接受该客户关系或业务；

2. 根据法律法规的规定，会计师事务所有义务接受某项客户关系或具体业务。

（二）树立风险意识

会计师事务所应当在客户关系和具体业务的接受与保持方面树立风险意识，确保对拟承接项目的风险评估真实、到位，并制定相关政策和程序，在全所范围内统一决策。在决策时，会计师事务所应当充分考虑相关职业道德要求、管理层和治理层的诚信状况、业务风险以及是否具备执行业务所必需的时间和资源，审慎作出承接与保持的决策。

对于会计师事务所认定存在高风险的业务，应当设计和实施专门的质量管理程序，如加强与前任注册会计师的沟通、与相关监管机构沟通、访谈拟承接客户以了解有关情况、加强内部质量复核等，并应当经质量管理主管合伙人（或类似职位的人员）或其授权的人员审批。

七、业务执行

会计师事务所整体的执业质量，是由每个项目组实际执行业务的质量决定的。每个项目组的质量，都会直接影响会计师事务所整体的执业质量。因此，会计师事务所有必要在项目层面实施质量管理。

（一）相关质量目标

针对业务执行，会计师事务所应当设定下列质量目标：

1. 项目组了解并履行其与所执行业务相关的责任，包括项目合伙人对项目管理和项目质量承担总体责任，并充分、适当地参与项目全过程；

2. 对项目组进行的指导和监督以及对项目组已执行的工作进行的复核是恰当的，并且由经验较为丰富的项目组成员对经验较为缺乏的项目组成员的工作进行指导、监督和复核；

3. 项目组恰当运用职业判断并保持职业怀疑；

4. 项目组对困难或有争议的事项进行了咨询，并已按照达成的一致意见执行业务；

5. 项目组内部、项目组与项目质量复核人员之间（如适用），以及项目组与会计师事务所内负责执行质量管理体系相关活动的人员之间存在的意见分歧，能够得到会计师事务所的关注并予以解决；

6. 业务工作底稿能够在业务报告日之后及时得到整理，并得到妥善的保存和维护，以遵守法律法规、相关职业道德要求和其他职业准则的规定，并满足会计师事务所自身的需要。

（二）业务分派

会计师事务所应当实行矩阵式管理，即结合所服务客户的行业特点和业务性质，以及本会计师事务所分所（或分部）的地域分布，对业务团队进行专业化设置，以团队专业能力的匹配度为依据分派业务。

（三）对项目合伙人的要求

项目合伙人，是指会计师事务所中负责某项业务及其执行，并代表会计师事务所在出具的报告上签字的合伙人。

会计师事务所应当制定政策和程序，在全所范围内统一委派具有足够专业胜任能力、时间，并且无不良执业诚信记录的项目合伙人执行业务。其中，对专业胜任能力的评价应当包括下列方面：

1. 是否充分了解相关法律法规和监管要求；

2. 是否能够熟练掌握和运用相关职业准则的规定；

3. 是否充分了解客户所在行业的业务特点、发展趋势、重大风险，以及该行业对信息技术的运用情况等。

会计师事务所应当按照质量管理体系的要求，对项目合伙人的委派进行复核。

本章第三节“对财务报表审计实施的质量管理”将针对财务报表审计业务，详细探讨项目合伙人的具体责任和要求。

（四）项目组内部复核

项目组是指执行某项业务的所有合伙人和员工，以及为该项业务实施程序的所有其他人员，但不包括外部专家，也不包括为项目组提供直接协助的内部审计人员。

项目组内部复核，顾名思义，是指在项目组内部实施的复核。

会计师事务所应当制定与内部复核相关的政策和程序，对内部复核的层级、各层级的复核范围、执行复核的具体要求以及对复核的记录要求等作出规定。

（五）项目质量复核

项目质量复核，是指在报告日或报告日之前，项目质量复核人员对项目组作出的重大判断及据此得出的结论作出的客观评价。

项目质量复核人员，是指会计师事务所中实施项目质量复核的合伙人或其他类似职位的人员，或者由会计师事务所委派实施项目质量复核的外部人员。

会计师事务所应当就项目质量复核制定政策和程序，并对下列业务实施项目质量复核：

1. 上市实体财务报表审计业务；

2. 法律法规要求实施项目质量复核的审计业务或其他业务；

3. 会计师事务所认为，为应对一项或多项质量风险，有必要实施项目质量复核的审计业务或其他业务。

项目质量复核不同于项目组内部复核，二者主要区别如下：

1. 复核的主体不同。项目质量复核是由独立于项目组的项目质量复核人员执行；项目组内部复核是由项目组内部人员执行的复核，通常包括多个复核层级。

2. 适用的业务范围不同。项目质量复核仅适用于上市实体财务报表审计业务、法律法规要求实施项目质量复核的审计业务或其他业务，以及会计师事务所政策和程序要求实施项目质量复核的审计业务或其他业务；项目组内部复核适用于所有业务。

3. 复核的内容不同。项目质量复核主要聚焦于复核两个方面的内容：（1）项目组作出的重大判断；（2）根据重大判断得出的结论；项目组内部复核的内容比较宽泛，涉及项目的各个方面。

本章第二节“项目质量复核”将会进一步探讨项目质量复核人员的委派和资质要求，以及项目质量复核人员在实施和记录项目质量复核方面的责任。

（六）意见分歧

在业务执行中，时常可能出现项目组内部、项目组与被咨询者之间以及项目合伙人与项目质量复核人员之间的意见分歧。会计师事务所应当制定与解决意见分歧相关的政策和程序，包括下列方面：

1. 明确要求项目合伙人和项目质量复核人员（如有）复核并评价项目组是否已就疑难问题或涉及意见分歧的事项进行适当咨询，以及咨询得出的结论是否得到执行。

2. 明确要求在业务工作底稿中适当记录意见分歧的解决过程和结论。如果项目质量复核人员（如有）、项目组成员以外的其他人员参与形成业务报告中的专业意见，也应当在业务工作底稿中作出适当记录。

3. 确保所执行的项目在意见分歧解决后才能出具业务报告。

（七）出具业务报告

会计师事务所应当按照本所统一的技术标准执行业务并出具报告。

业务报告在出具前，应当经项目合伙人、项目质量复核人员（如有）复核确认，确保其内容、格式符合职业准则的规定，并由项目合伙人及其他适当的人员（如适用）签署。会计师事务所应当加强对业务报告签发过程的控制，委派专门人员负责对报告的签章进行严格管理。

（八）投诉和指控

投诉和指控可能来自会计师事务所内部，也可能来自外部。会计师事务所应当制定政策和程序，以接收、调查、解决由于未能按照适用的法律法规、职业准则的要求执行业务，或由于未能遵守会计师事务所制定的政策和程序，而引发的投诉和指控。

会计师事务所领导层需要重视并妥善处理与会计师事务所执业质量相关的投诉和指控。为此，会计师事务所可能需要制定相关政策和程序，包括相关机制和处理流程，使投诉和指控能够得到积极、公平、恰当的处理，并鼓励会计师事务所人员能够积极、通畅地反映与执业质量相关的问题而不用担心遭受打击报复。

八、资源

会计师事务所的资源是一个宽泛的概念，既包括货币资金、办公设备等各种有形的财务资源，也包括人力资源、知识资源和技术资源。其中，人力资源如会计师事务所的合伙人和员工，包括执业人员和质量管理人员；技术资源如信息技术基础设施、信息技术应用程序等；知识资源如书面的政策和程序、业务方法论或指引等。从某种意义上说，人力资源、知识资源和技术资源，与会计师事务所的整体执业质量具有更高的相关性。

（一）相关质量目标

会计师事务所应当设定下列质量目标，以及时且适当地获取、开发、利用、维护和分配资源，支持质量管理体系的设计、实施和运行：

1. 会计师事务所招聘、培养和留住在下列方面具备胜任能力的人员：

（1）具备与会计师事务所执行的业务相关的知识和经验，能够持续高质量地执行业务；

（2）执行与质量管理体系运行相关的活动或承担与质量管理体系相关的责任。

2. 会计师事务所人员通过其行为展示出对质量的重视，不断培养和保持适当的胜任能力以履行其职责。会计师事务所通过及时的业绩评价、薪酬调整、晋升和其他奖惩措施对这些人员进行问责或认可。

3. 当会计师事务所在质量管理体系的运行方面缺乏充分、适当的人员时，能够从外部（如网络、网络事务所或服务提供商）获取必要的人力资源支持。

4. 会计师事务所为每项业务分派具有适当胜任能力的项目合伙人和其他项目组成员，并保证其有充足的时间持续高质量地执行业务。

5. 会计师事务所分派具有适当胜任能力的人员执行质量管理体系内的各项活动，并保证其有充足的时间执行这些活动。

6. 会计师事务所获取、开发、维护、利用适当的技术资源，以支持质量管理体系的运行和业务的执行。

7. 会计师事务所获取、开发、维护、利用适当的知识资源，为质量管理体系的运行和高质量业务的持续执行提供支持，并且这些知识资源符合相关法律法规和职业准则的规定。

8. 结合上述第4项至第7项所述的质量目标，从服务提供商获取的人力资源、技术资源或知识资源能够适用于质量管理体系的运行和业务的执行。

（二）与资源相关的政策和程序

对会计师事务所来说，从业人员的专业知识和技能水平，以及在时间和其他资源上的投入，对执业质量至关重要。因此，会计师事务所需要投入足够资源，建立与下列方面相关的政策和程序：

1. 组建一支专业性强、经验丰富、运作规范的质量管理体系团队，以维持质量管理体系的日常运行；

2. 与专业技术支持相关的政策和程序，配备具备相应专业胜任能力、时间和权威性的技术支持人员，确保相关业务能够获得必要的专业技术支持；

3. 统一开展信息系统的规划、建设、运行与维护，通过持续有效的投入，维护信息系统的安全性和实用性，以信息技术手段提高审计作业效率与质量，提升独立性与职业道德管理水平，保障质量管理体系有效实施；

4. 会计师事务所信息系统核心功能或子系统包括但不限于：审计作业管理、工时管理、客户管理、人力资源管理、独立性与职业道德管理、电子邮件、会计核算与财务管理等，会计师事务所的系统服务器应当架设在境内，数据信息应当在境内存储，并符合国家安全保密等规定；

5. 与业务操作规程、业务软件等有关的指引，把职业准则的要求从实质上执行到位，确保执业人员恰当记录判断过程、程序执行情况及得出的结论；

6. 实施统一的财务管理制度，制定统一的业务收费、预算管理、资金管理、费用和支出管理、会计核算、利润分配、职业风险补偿机制并确保有效执行。业务收费应当以项目工时预算和人员级差费率为基础，严禁不正当低价竞争。

九、信息与沟通

会计师事务所质量管理体系能够流畅、有效地运行，有赖于会计师事务所与项目组之间，以及各项目组之间能够有效地进行双向沟通，传递相关、可靠的信息。在某些情况下，会计师事务所也可能有必要与外部各方进行沟通，以支持质量管理体系的设计、实施和运行。

（一）相关质量目标

会计师事务所应当设定下列质量目标，以支持质量管理体系的设计、实施和运行，确保相关方能够及时获取、生成和利用与质量管理体系有关的信息，并及时在会计师事务所内部或与外部各方沟通信息：

1. 会计师事务所的信息系统能够识别、获取、处理和维护来自内部或外部的相关、可靠的信息，为质量管理体系提供支持。

2. 会计师事务所的组织文化认同并强调会计师事务所人员与会计师事务所之间，以及这些人员彼此之间交换信息的责任。

3. 会计师事务所内部以及各项目组之间能够交换相关、可靠的信息，这种信息交换包括以下方面：

（1）会计师事务所向相关人员和项目组传递信息，传递的性质、时间安排和范围足以使其理解和履行与执行业务或质量管理体系各项活动相关的责任；

（2）会计师事务所人员和项目组在执行业务或质量管理体系各项活动的过程中向会计师事务所传递信息。

4. 会计师事务所向外部各方传递相关、可靠的信息，这种信息传递包括以下方面：

（1）会计师事务所向其所在的网络、网络中的其他事务所，或者向服务提供商（如有）传递信息；

（2）会计师事务所根据相关法律法规或职业准则的规定向外部利益相关方传递信息，或为了帮助外部各利益相关方了解质量管理体系而向其传递信息。

（二）与信息与沟通相关的政策和程序

会计师事务所应当针对下列方面制定政策和程序：

1. 会计师事务所在执行上市实体财务报表审计业务时，应当与治理层沟通质量管理体系是如何为持续高质量地执行业务提供支撑的；

2. 会计师事务所在何种情况下向外部各方沟通与质量管理体系相关的信息是适当的；

3. 会计师事务所按照上述第1项和第2项的规定进行外部沟通时应当沟通哪些信息，以及沟通的性质、时间安排、范围和适当形式。

十、监控和整改程序

会计师事务所通过实施监控和整改程序，能够对质量管理体系的运行情况进行定期和持续监控。如果会计师事务所发现质量管理体系存在缺陷，应当评价该缺陷的严重程度和广泛性，并考虑设计和采取恰当的整改措施。

（一）相关质量目标

会计师事务所应当建立在全所范围内统一的监控和整改程序，并开展实质性监控，以实现下列质量目标：

1. 就质量管理体系的设计、实施和运行情况提供相关、可靠、及时的信息；

2. 采取适当的行动以应对识别出的质量管理体系的缺陷，以使该缺陷能够及时得到整改。

（二）监控活动

会计师事务所应当设计和实施监控活动，既包括定期实施的监控活动，又包括持续实施的监控活动。

在确定监控活动的性质、时间安排和范围时，会计师事务所应当考虑下列方面：

1. 对相关质量风险的评估结果以及得出该评估结果的理由；

2. 针对质量风险的评估结果设计和采取的应对措施；

3. 会计师事务所的风险评估程序以及监控和整改程序的设计；

4. 质量管理体系发生的变化；

5. 以前实施监控活动的结果，包括以前实施的监控活动是否仍然与评价质量管理体系相关，以及为应对以前识别出的缺陷所采取的整改措施是否有效；

6. 其他相关信息。

会计师事务所的监控活动应当包括从会计师事务所已经完成的项目中周期性地选择部分项目进行检查。会计师事务所应当统一安排质量检查抽取的项目和执行检查工作的人员。在每个周期内，对每个项目合伙人，至少选择一项已完成的项目进行检查。对承接上市实体审计业务的每个项目合伙人，检查周期最长不得超过三年。

会计师事务所执行监控活动的人员应当符合以下要求：

1. 具备有效执行监控活动所必需的胜任能力、时间和权威性；

2. 具有客观性，项目组成员和项目质量复核人员不得参与对其项目的监控活动。

（三）会计师事务所质量管理体系的缺陷

会计师事务所质量管理体系的缺陷，是指会计师事务所质量管理体系的设计、实施或运行无法合理保证实现其目标。当存在下列情况之一时，表明会计师事务所质量管理体系存在缺陷：

1. 未能设定某些质量目标，而这些质量目标对实现质量管理体系的目标是必要的；

2. 未能识别或恰当评估一项或多项质量风险；

3. 未能恰当设计和采取应对措施，或者应对措施未能有效发挥作用，导致一项应对措施或者多项应对措施的组合未能将相关质量风险发生的可能性降低至可接受的低水平；

4. 质量管理体系的某些方面缺失，或者某些方面未能得到恰当的设计、实施或有效运行。

在实施监控的过程中，会计师事务所应当评价发现的情况，以确定是否存在缺陷，包括监控和整改程序中存在的缺陷。

针对识别出的缺陷，会计师事务所应当通过下列方法评价缺陷的严重程度和广泛性：

1. 调查缺陷的根本原因；

2. 评价这些缺陷单独或累积起来对质量管理体系的影响。

（四）整改措施

会计师事务所应当根据对根本原因的调查结果，设计和采取整改措施，以应对识别出的缺陷。

对监控和整改程序的运行承担责任的人员应当评价整改措施是否得到恰当的设计，以应对识别出的缺陷及其根本原因，并确定这些措施是否已得到实施。该人员还应当评价针对以前识别出的缺陷采取的整改措施是否有效。如果评价表明整改措施并未得到恰当的设计和执行，或未达到预期效果，则该人员应当采取适当措施以确保对这些整改措施已作出必要调整以使其能够达到预期效果。

如果监控发现某项业务在执行过程中遗漏了应当实施的程序，或者出具的报告可能不适当，会计师事务所应当采取以下应对措施：

1. 采取适当行动，以遵守适用的法律法规和职业准则的规定；

2. 当认为出具的报告不适当时，考虑其影响并采取适当的行动，包括考虑是否需要征询法律意见。

对监控和整改程序的运行承担责任的人员，应当及时与会计师事务所主要负责人以及对质量管理体系的运行承担责任的人员沟通下列事项：

1. 已执行的监控活动；

2. 识别出的缺陷，包括缺陷的严重程度和广泛性；

3. 针对识别出的缺陷采取的整改措施。

会计师事务所应当就上述事项与项目组以及在质量管理体系中承担相关责任的其他人员沟通，以使项目组和这些人员能够根据其职责迅速采取恰当行动。

针对缺陷的性质和影响程度，会计师事务所应当对相关人员进行问责。这种问责应当与相关责任人员的考核、晋升和薪酬挂钩。对执业中存在重大缺陷的项目合伙人，会计师事务所应当对其是否具备从事相关业务的职业道德水平和专业胜任能力作出评价。

会计师事务所应当就监控的实施情况，发现的缺陷，评价、补救和改进措施、问责等形成监控报告，并针对存在的缺陷，及时修订完善质量管理体系。

十一、评价质量管理体系

质量管理体系在建成并运行了一段时间以后，会计师事务所应当对其运行情况进行评价，并根据质量管理体系的评价结果，对相关人员进行业绩评价。

（一）对质量管理体系的评价

会计师事务所主要负责人应当代表会计师事务所对质量管理体系进行评价。这种评价应当以某一时点为基准，并且应当至少每年一次。

作为评价的结果，主要负责人可能得出下列结论中的一项：

1. 质量管理体系能够向会计师事务所合理保证该体系的目标得以实现；

2. 质量管理体系的设计、实施和运行存在严重但不具有广泛影响的缺陷，除与这些缺陷相关的事项外，质量管理体系能够向会计师事务所合理保证该体系的目标得以实现；

3. 质量管理体系不能向会计师事务所合理保证该体系的目标得以实现。

如果得出上述第2项或第3项结论，会计师事务所应当采取下列措施：

1. 迅速采取适当行动；

2. 与各项目组以及在质量管理体系中承担相关责任的其他人员就与其责任相关的事项进行沟通；

3. 按照会计师事务所的政策和程序与外部各方沟通。

（二）对相关人员的业绩评价

会计师事务所应当定期对下列人员进行业绩评价：

1. 主要负责人；

2. 对质量管理体系承担运行责任的人员；

3. 对质量管理体系特定方面承担运行责任的人员。

在进行业绩评价时，会计师事务所应当考虑对质量管理体系的评价结果。

十二、会计师事务所对质量管理体系的记录

（一）记录的目的

会计师事务所应当对质量管理体系进行记录，以实现下列目的：

1. 为会计师事务所人员对质量管理体系的一致理解提供支持，包括理解其在质量管理体系和业务执行中的角色和责任；

2. 为质量管理体系的持续实施和运行提供支持；

3. 为应对措施的设计、实施和运行提供证据，以支持主要负责人对质量管理体系进

行评价。

（二）记录的内容

会计师事务所应当就下列方面形成工作记录：

1. 主要负责人和对质量管理体系承担运行责任的人员各自的身份。

2. 会计师事务所的质量目标和质量风险。

3. 对应对措施的描述以及这些措施是如何应对质量风险的。

4. 实施的监控和整改程序，具体包括：

（1）已执行监控活动的证据；

（2）对监控发现的情况、识别出的缺陷、缺陷的根本原因作出的评价；

（3）为应对识别出的缺陷而采取的整改措施，以及对这些整改措施在设计和执行方面的评价；

（4）与监控和整改程序相关的沟通。

5. 主要负责人对质量管理体系作出的评价及其依据。

（三）记录的保存期限

会计师事务所应当规定质量管理体系工作记录的保存期限，该期限应当涵盖足够长的期间，以使会计师事务所能够监控质量管理体系的设计、实施和运行情况。如果法律法规要求更长的期限，应当遵守法律法规的要求。

第二节 项目质量复核

一、项目质量复核人员的委派和资质要求

（一）项目质量复核人员的委派

会计师事务所应当在全所范围内（包括分所或分部）统一委派项目质量复核人员，并确保负责实施委派工作的人员具有必要的胜任能力和权威性。负责委派项目质量复核人员的人员需要独立于项目组。因此，对于接受项目质量复核的项目，其项目组成员不能负责委派本项目的项目质量复核人员。

为确保项目质量复核人员能够独立、客观、公正地实施项目质量复核，该人员的业绩考评、晋升与薪酬不应受到被复核的项目组的干预或影响。

（二）项目质量复核人员的资质要求

由于项目质量复核人员应当独立于执行业务的项目组，因此，项目合伙人和项目组其他成员不得成为本项目的项目质量复核人员。除此之外，项目质量复核人员还应当同时符合下列要求：

1. 具备适当的胜任能力，包括充足的时间和适当的权威性以实施项目质量复核。项目质量复核人员的胜任能力应当至少与项目合伙人相当；

2. 遵守相关职业道德要求，并在实施项目质量复核时保持独立、客观、公正；

3. 遵守与项目质量复核人员任职资质要求相关的法律法规（如有）。

为了确保项目质量复核人员的权威性和客观性，会计师事务所应当委派合伙人或类似职位的人员，或者会计师事务所外部的人员担任项目质量复核人员。在为某一具体项目委派项目质量复核人员时，会计师事务所应当充分考虑拟委派人员的胜任能力和客观性。实务中，拟委派项目质量复核人员的客观性可能受到以下情况的影响：

1. 项目之间交叉实施项目质量复核。例如，在同一年度内，由 A 项目的项目合伙人对 B 项目实施项目质量复核，同时由 B 项目的项目合伙人对 A 项目实施项目质量复核。除非出现特殊情况，如具有适当胜任能力和权威性的人员不足，否则，会计师事务所应当尽量避免在同一年度内交叉实施项目质量复核。对于在特殊情况下出现的交叉实施项目质量复核的情况，会计师事务所可以制定相关政策和程序，例如，要求取得质量管理主管合伙人和业务主管合伙人的批准，并至少每年重新评估和批准一次。

2. 某一项目的前任项目合伙人被委任为该项目的项目质量复核人员。例如，甲注册会计师于 2020 年度担任某项目的项目合伙人，如果其在 2021 年度被委派担任同一项目的项目质量复核人员，将可能对其客观性产生不利影响。因此，会计师事务所应当规定一段冷却期，要求在冷却期结束之前，前任项目合伙人不得担任该项目的项目质量复核人员。这段冷却期至少应当为两年。

（三）为项目质量复核提供协助的人员的资质要求

在实施项目质量复核的过程中，项目质量复核人员可能需要某些具备相关专业知识和技能的人员或团队提供协助。为了确保协助人员的客观性，项目合伙人和项目组其他成员也不得为本项目的项目质量复核提供协助。除此之外，为项目质量复核提供协助的人员还应当同时满足下列条件：

1. 具备适当的胜任能力，包括充足的时间，以履行对其分配的职责；

2. 遵守相关法律法规的规定（如有）和相关职业道德要求。

尽管在实施项目质量复核的过程中可以利用相关人员提供协助，项目质量复核人员仍然应当对项目质量复核的实施承担总体责任，并负责确定对协助人员进行指导、监督和复核的性质、时间安排和范围。

（四）项目质量复核人员不再符合任职资质要求的情况

在某些情况下，已委派的项目质量复核人员可能不再符合任职资质要求。例如，项目具体情况发生变化，可能导致项目质量复核人员不再具备适当的胜任能力或客观性，或者，项目质量复核人员承担的其他职责发生变化，导致其不再具备充足的时间以执行项目质量复核。

会计师事务所应当对项目质量复核人员符合资质要求的情况进行实时监控，以及时识别出项目质量复核人员不再符合任职资质要求的情况，并采取适当措施，包括委任一位新的项目质量复核人员。

当项目质量复核人员意识到其不再符合任职资质要求时，应当通知会计师事务所适当人员，并采取下列措施：

1. 如果项目质量复核尚未开始，不再承担项目质量复核责任；

2. 如果项目质量复核已经开始实施，立即停止实施项目质量复核。

二、项目质量复核的实施

（一）复核程序

在实施项目质量复核时，项目质量复核人员应当实施下列程序：

1. 阅读并了解相关信息，这些信息包括：

（1）与项目组就项目和客户的性质和具体情况进行沟通获取的信息；

（2）与会计师事务所就监控和整改程序进行沟通获取的信息，特别是针对可能与项目组的重大判断相关或影响该重大判断的领域识别出的缺陷进行的沟通。

2. 与项目合伙人及项目组其他成员讨论重大事项，以及在项目计划、实施和报告时作出的重大判断。

3. 基于实施上述第1项和第2项程序获取的信息，选取部分与项目组作出的重大判断相关的业务工作底稿进行复核，并评价下列方面：

（1）作出这些重大判断的依据，包括项目组对职业怀疑的运用（如适用）；

（2）业务工作底稿能否支持得出的结论；

（3）得出的结论是否恰当。

4. 对于财务报表审计业务，评价项目合伙人确定独立性要求已得到遵守的依据。

5. 评价是否已就疑难问题或争议事项、涉及意见分歧的事项进行适当咨询，并评价咨询得出的结论。

6. 对于财务报表审计业务，评价项目合伙人得出下列结论的依据：

（1）项目合伙人对整个审计过程的参与程度是充分且适当的；

（2）项目合伙人能够确定作出的重大判断和得出的结论适合项目的性质和具体情况。

7. 针对下列方面实施复核：

（1）针对财务报表审计业务，复核被审计财务报表和审计报告，以及审计报告中对关键审计事项的描述（如适用）；

（2）针对财务报表审阅业务，复核被审阅财务报表或财务信息，以及拟出具的审阅报告；

（3）针对财务报表审计和审阅以外的其他鉴证业务或相关服务业务，复核业务报告和鉴证对象信息（如适用）。

（二）与项目质量复核相关的政策和程序

针对项目质量复核的实施，会计师事务所应当制定与下列方面相关的政策和程序：

1. 项目质量复核人员有责任在项目的适当时点实施复核程序，为客观评价项目组作出的重大判断和据此得出的结论奠定适当基础；

2. 项目合伙人与项目质量复核相关的责任，包括禁止项目合伙人在收到项目质量复核人员就已完成项目质量复核发出的通知之前签署业务报告；

3. 对项目质量复核人员的客观性产生不利影响的情形，以及在这些情形下需要采取的适当行动。

（三）项目质量复核的完成

如果项目质量复核人员怀疑项目组作出的重大判断或据此得出的结论不恰当，应当告知项目合伙人。如果这一怀疑不能得到满意的解决，项目质量复核人员应当通知会计师事务所适当人员项目质量复核无法完成。

如果项目质量复核人员确定项目质量复核已经完成，应当签字确认并通知项目合伙人。

三、与项目质量复核有关的工作底稿

项目质量复核人员应当负责就项目质量复核的实施情况形成工作底稿。对项目质量复核形成的工作底稿应当足以使未曾接触该项目的、有经验的执业人员了解项目质量复核人员以及对项目质量复核提供协助的人员（如有）所执行程序的性质、时间安排和范围，以及在实施复核的过程中得出的结论。

项目质量复核工作底稿应当包括下列方面的内容：

1. 项目质量复核人员及协助人员的姓名；
2. 已复核的业务工作底稿的识别特征；
3. 项目质量复核人员确定项目质量复核已经完成的依据；
4. 项目质量复核人员就无法完成项目质量复核或项目质量复核已完成所发出的通知；
5. 完成项目质量复核的日期。

第三节　对财务报表审计实施的质量管理

财务报表审计是会计师事务所的核心业务，财务报表审计质量的高低，对于维护公众利益，特别是资本市场上的投资者和债权人的利益至关重要。本节将在会计师事务所质量管理体系的框架下，进一步探讨在财务报表审计业务中，会计师事务所如何实施质量管理，特别是审计项目合伙人在其中应当承担的角色和责任。

一、审计项目合伙人管理和实现审计质量的领导责任

审计项目合伙人，是指会计师事务所中负责某项审计项目及其执行，并代表会计师事务所在出具的审计报告上签字的合伙人。

审计项目合伙人应当对管理和实现审计项目的高质量承担总体责任，这种责任包括为审计项目组营造一个良好的环境，强调会计师事务所对诚信和高质量的重视，明确对审计项目组成员的行为期望。审计项目合伙人应当向审计项目组强调以下执业理念：

1. 审计项目组所有成员都有责任为在项目层面管理和实现业务的高质量作出贡献；
2. 审计项目组成员的职业价值观、职业道德和职业态度至关重要；
3. 在审计项目组内部进行开放、顺畅、深入的沟通非常重要，这种沟通应当能够使每位审计项目组成员都能够提出自己的质疑，而不怕遭受报复；
4. 审计项目组成员在整个审计项目中保持职业怀疑非常重要。

审计项目合伙人应当充分、适当地参与整个审计过程，从而能够根据审计项目的性质和具体情况，确定审计项目组作出的重大判断和据此得出的结论是否适当。

实务中，审计项目合伙人可以将设计或实施某些审计程序、执行某些审计工作或采取某些行动的任务分配给审计项目组其他成员，但审计项目合伙人仍然应当通过指导、监督这些审计项目组成员并复核其工作，对管理和实现审计项目的高质量承担总体责任。

在签署审计报告前，审计项目合伙人应当确定其已经对管理和实现审计项目的高质量承担责任。审计项目合伙人应当确定下列事项：

1. 审计项目合伙人已经充分、适当地参与了审计项目的全过程，能够确定审计项目组作出的重大判断和据此得出的结论是适当的；

2. 考虑了审计项目的性质和具体情况、发生的任何变化，以及会计师事务所与之相关的政策和程序。

二、相关职业道德要求

审计项目合伙人应当了解与本审计项目相关的职业道德要求，包括独立性要求。

审计项目合伙人应当负责确保审计项目组其他成员了解与本审计项目相关的职业道德要求，以及会计师事务所相关的政策和程序，这些政策和程序可能包括以下方面：

1. 识别、评估和应对对遵守相关职业道德要求（包括独立性要求）的不利影响；

2. 可能导致违反相关职业道德要求（包括独立性要求）的情形，以及当审计项目组成员意识到这种违反时应当承担的责任；

3. 当审计项目组成员意识到被审计单位存在违反法律法规的迹象时应当承担的责任。

审计项目合伙人应当通过观察和必要的询问，在整个审计过程中对审计项目组成员违反相关职业道德要求或会计师事务所相关政策和程序的情形保持警觉。如果审计项目合伙人注意到某些事项可能对遵守相关职业道德要求产生不利影响，应当对照会计师事务所的政策和程序，利用来自会计师事务所、审计项目组或其他来源的相关信息，对这些不利影响作出评价，并采取适当行动。如果某些事项表明相关职业道德要求未得到遵守，审计项目合伙人应当在咨询会计师事务所相关人员后，立即采取适当行动。

在签署审计报告之前，审计项目合伙人应当负责确定相关职业道德要求（包括独立性要求）已经得到遵守。

三、客户关系和审计业务的接受与保持

审计项目合伙人应当确定会计师事务所就客户关系和审计业务的接受与保持制定的政策和程序已得到遵守，并且得出的相关结论是适当的。例如，下列信息可能有助于审计项目合伙人确定针对客户关系和审计业务的接受与保持得出的结论是否适当：

1. 被审计单位的主要所有者、实际控制人、关键管理层、治理层的诚信状况和道德价值观；

2. 是否具备充分、适当的资源以执行该审计项目；

3. 被审计单位管理层和治理层是否认可其与该审计项目相关的责任；

4. 审计项目组是否具备足够的胜任能力，包括充足的时间以执行该审计项目；

5. 本期或以前期间审计中发现的重大事项是否影响该审计业务的保持。

如果审计项目组在接受或保持某项客户关系或审计业务后获知了某些信息，并且，如果这些信息在接受或保持之前获知，可能会导致会计师事务所拒绝接受或保持该客户关系或审计业务，则审计项目合伙人应当立即与会计师事务所沟通该信息，以使会计师事务所和审计项目合伙人能够立即采取必要的行动。

四、业务资源

审计项目中的资源主要是由会计师事务所提供或分配的，在某些情况下，也可能是审计项目组直接获取的。

审计项目合伙人应当结合会计师事务所的政策和程序、审计项目的性质和具体情况，以及在执行审计项目过程中可能发生的任何变化，确定充分、适当的资源已被及时分配给审计项目组用于执行审计项目，或审计项目组能够及时获取这些资源。如果审计项目合伙人确定所分配的资源或审计项目组能够获取的资源对于审计项目的性质和具体情况来说是不充分、不适当的，审计项目合伙人应当采取适当的行动，包括与适当的人员沟通，以向审计项目组分配或提供额外的资源或替代性资源。

审计项目合伙人应当负责根据审计项目的性质和具体情况，适当使用向审计项目组分配或提供的资源。

审计项目合伙人应当确保审计项目组成员以及审计项目组成员以外提供直接协助的外部专家或内部审计人员作为一个集体，拥有适当的胜任能力，包括充足的时间执行审计项目。在确定审计项目组是否具备适当的胜任能力时，审计项目合伙人可以考虑下列因素：

1. 审计项目组通过适当的培训并依赖执业经历，是否能够理解具有相似性质和复杂程度的审计业务，以及是否拥有相关实务经验；
2. 审计项目组是否理解适用的法律法规和职业准则的要求；
3. 审计项目组是否具备会计或审计特殊领域的专长；
4. 针对被审计单位所使用的信息技术，以及审计项目组在计划和执行审计工作时拟使用的自动化工具或技术，审计项目组是否具备专长；
5. 审计项目组是否了解被审计单位所处的行业；
6. 审计项目组是否能够运用职业判断并保持职业怀疑；
7. 审计项目组是否理解会计师事务所的政策和程序。

审计项目合伙人应当在考虑审计项目的性质和具体情况的基础上，制定合理的时间预算，以保证审计项目合伙人和审计项目组其他成员投入充分时间参与审计项目。

五、业务执行

（一）对项目组成员的指导、监督和复核

审计项目合伙人应当负责对审计项目组成员进行指导、监督并复核其工作，并确定指导、监督和复核的性质、时间安排和范围符合下列要求：

1. 按照适用的法律法规和职业准则的规定，以及会计师事务所的政策和程序进行计

划和执行。

2. 符合审计项目的性质和具体情况，并与会计师事务所向审计项目组分配或提供的资源相匹配。

对项目组成员的指导和监督可能包括下列方面：

1. 追踪审计项目的进程，包括对下列方面实施监控：

（1）按照审计计划实施审计工作的进程；

（2）已执行的工作是否达到了目标；

（3）分配的资源是否始终是充分的。

2. 采取适当措施以解决在审计项目执行过程中遇到的问题，例如，如果遇到的问题比最初的预期更为复杂，则将计划实施的某些审计程序重新分配给经验更为丰富的审计项目组成员。

3. 识别在执行审计工作过程中需要咨询或由经验较为丰富的审计项目组成员考虑的事项。

4. 为审计项目组成员提供指导和现场培训，以帮助其提高工作技能和胜任能力。

5. 营造一种环境，使审计项目组成员可以无所顾忌地提出疑虑而不用担心遭受打击报复。

审计项目合伙人在对审计项目组成员的工作进行复核时，可以考虑下列方面：

1. 已执行的工作是否符合适用的法律法规、职业准则以及会计师事务所的政策和程序；

2. 是否已将重大事项提请作出进一步考虑；

3. 是否已进行了适当咨询以及咨询结论是否已得到记录和落实；

4. 是否需要调整已执行工作的性质、时间安排和范围；

5. 已执行的工作是否能够支持得出的结论，是否已得到适当的记录；

6. 已获取的证据是否充分、适当，能够支持发表审计意见；

7. 实施审计程序的目标是否已实现。

（二）复核审计工作底稿等相关文件

审计项目合伙人应当在审计过程中的适当时点复核审计工作底稿，包括与下列方面相关的工作底稿：

1. 重大事项；

2. 重大判断，包括与在审计中遇到的困难或有争议事项相关的判断，以及得出的结论；

3. 根据审计项目合伙人的职业判断，与审计项目合伙人的职责有关的其他事项。

审计项目合伙人应当确保审计项目组成员在审计项目执行过程中，将职业准则以及会计师事务所的政策和程序从实质上执行到位，并恰当记录判断过程、程序执行情况及得出的结论。

在审计报告日或审计报告日之前，审计项目合伙人应当通过复核审计工作底稿以及与审计项目组讨论，确保已获取充分、适当的审计证据，以支持得出的结论和拟出具的审计报告。

在签署审计报告前，为确保拟出具的审计报告适合审计项目的具体情况，审计项目合伙人应当复核财务报表、审计报告以及相关的审计工作底稿，包括对关键审计事项的描述（如适用）。

审计项目合伙人应当在与管理层、治理层或相关监管机构签署正式书面沟通文件之前对其进行复核。

（三）咨询

审计项目组在执行审计项目的过程中时常会遇到各种各样的疑难问题或者争议事项。当这些问题和事项不能在审计项目组内部得到解决时，有必要向审计项目组之外的适当人员咨询。咨询可以在会计师事务所内部，也可以在外部。实务中，审计项目组通常针对以下方面进行咨询：

1. 复杂的或不熟悉的事项（如某项具有高度估计不确定性的会计估计）；
2. 存在特别风险的事项；
3. 被审计单位超出正常经营过程的重大交易或重大异常交易；
4. 被审计单位管理层施加限制的情况；
5. 与违反法律法规有关的情况。

针对审计项目中需要咨询的事项，审计项目合伙人应当承担下列责任：

1. 对审计项目组就下列事项进行咨询承担责任：

（1）困难或有争议的事项，以及会计师事务所政策和程序要求咨询的事项；

（2）审计项目合伙人根据职业判断认为需要咨询的其他事项。

2. 确定审计项目组成员已在审计过程中就相关事项进行了适当咨询，咨询可能在审计项目组内部进行，或者在审计项目组与会计师事务所内部或外部的其他适当人员之间进行。

3. 确定已与被咨询者就咨询的性质、范围以及形成的结论达成一致意见。

4. 确定咨询形成的结论已得到执行。

（四）项目质量复核

针对需要实施项目质量复核的审计项目，审计项目合伙人应当承担下列责任：

1. 确定会计师事务所已委派项目质量复核人员；

2. 配合项目质量复核人员的工作，并要求审计项目组其他成员配合项目质量复核人员的工作；

3. 与项目质量复核人员讨论在审计中遇到的重大事项和重大判断，包括在项目质量复核过程中识别出的重大事项和重大判断；

4. 只有在项目质量复核完成后，才签署审计报告。

（五）意见分歧

审计项目组内部、审计项目组与项目质量复核人员之间（如适用），或者审计项目组与在会计师事务所质量管理体系内执行相关活动的人员（包括提供咨询的人员）之间可能出现意见分歧，审计项目组应当遵守会计师事务所处理及解决意见分歧的政策和程序。

针对意见分歧，审计项目合伙人应当承担下列责任：

1. 对按照会计师事务所的政策和程序处理和解决意见分歧承担责任；
2. 确定咨询得出的结论已经记录并得到执行；
3. 在所有意见分歧得到解决之前，不得签署审计报告。

六、监控与整改

针对监控与整改，审计项目合伙人应当对下列方面承担责任：

1. 了解从会计师事务所的监控和整改程序获取的信息，这些信息可能是由会计师事务所提供的，也可能来自网络和网络事务所的监控和整改程序（如适用）；

2. 确定上述第1项提及的信息与审计项目的相关性及其对审计项目的影响，并采取适当行动；

3. 在整个审计过程中，对可能与会计师事务所的监控和整改程序相关的信息保持警觉，并将此类信息通报给对监控和整改程序负责的人员。

七、审计工作底稿

针对财务报表审计的质量管理，注册会计师应当在审计工作底稿中记录下列事项：

1. 针对相关职业道德要求（包括独立性要求）、客户关系和审计业务的接受与保持等方面识别出的事项、与相关人员进行的讨论，以及讨论得出的结论；

2. 在审计过程中进行咨询的性质、范围、得出的结论，以及这些结论是如何得到执行的；

3. 如果审计项目需要实施项目质量复核，则应当记录项目质量复核已经在审计报告日或之前完成。

附录21－1

质量管理领导层示例

本示例旨在为会计师事务所建立健全质量管理领导层框架提供参考，并不强制要求会计师事务所按照本示例设计其质量管理领导层框架。实务中，会计师事务所应当根据本所及其业务的具体情况设计适合本所的质量管理领导框架，以明确责任，并确保其切实有效地发挥作用。在本示例框架下，会计师事务所质量管理领导层包括主要负责人、质量管理主管合伙人、职业道德主管合伙人、独立性主管合伙人、各业务条线的主管合伙人、监控和整改主管合伙人等角色。如无特别说明，本示例中的各个角色包括在该角色授权下承担相关责任的人员。

一、主要负责人

会计师事务所主要负责人（如首席合伙人、主任会计师或者同等职位的人员，下同）对会计师事务所的质量管理体系承担最终责任，并履行下列职责：

1. 提名或委任会计师事务所质量管理领导层的其他成员，保障其具备充分的时间、资源、胜任能力和权限履行职责，并对其进行指导、监督、评价和问责；

2. 建立并有效运行以质量为导向的合伙人管理机制；

3. 合理保证质量管理体系健全并在会计师事务所全所范围内有效运行；

4. 通过审核与监控和整改程序相关的报告等方式，每年至少一次对质量管理体系作出评价，并定期评价相关人员的业绩，落实问责和整改措施；

5. 领导并决定对质量管理具有重大影响的其他事项。

二、质量管理主管合伙人

质量管理主管合伙人（或同等职位的人员）具体负责质量管理体系的设计、实施和运行，并履行下列职责：

1. 建立、完善并有效运行会计师事务所质量管理政策和程序，确保会计师事务所持续满足法律法规、职业准则和监管要求；

2. 全面参与业务质量管理决策，形成工作记录；

3. 对监控和整改程序的运行提供督导，就质量管理存在的问题提出整改措施，并向主要负责人报告；

4. 就与重大风险相关的事项提供咨询；

5. 会计师事务所其他质量管理职责。

如果会计师事务所成立质量管理委员会或类似机构履行质量管理主管合伙人的职责，该委员会的主任委员或类似职位的成员可以参照质量管理主管合伙人承担领导责任。

三、职业道德主管合伙人

职业道德主管合伙人（或同等职位的人员）具体负责会计师事务所与职业道德有关的事务，并履行下列职责：

1. 制定与职业道德相关的工作计划以及与该计划相关的年度绩效目标，并对职业道德计划的所有方面承担明确的责任；

2. 根据相关职业道德要求，建立、完善并有效运行与职业道德相关的政策和程序，包括与违反职业道德后果相关的政策和程序，以确保会计师事务所持续满足相关职业道德要求；

3. 计划和组织针对全体合伙人、执业人员以及其他人员的职业道德培训，以增强这些人员对职业道德和职业价值观的认识和理解；

4. 建立专门的渠道，供会计师事务所所有人员就职业道德相关问题进行咨询和报告职业道德相关事项和情况，并对这些咨询和报告保密；

5. 建立与解决具体职业道德问题相关的流程，确保能够恰当应对所有已识别出的职业道德问题；

6. 向主要负责人报告所有与职业道德相关的重大事项；

7. 获取会计师事务所所有人员就其遵守职业道德情况的确认，包括已阅读并了解相关职业道德要求，以及是否存在违反相关职业道德要求的情况等；

8. 至少每年一次向主要负责人报告与职业道德相关的政策和程序、事件和结果，以及后续计划；

9. 会计师事务所其他职业道德管理职责。

四、独立性主管合伙人

独立性主管合伙人（或同等职位的人员）具体负责会计师事务所与审计、审阅和其他鉴证业务独立性有关的事务，并履行下列职责：

1. 统筹会计师事务所所有与独立性相关的重大事项，包括设计、实施、运行、监督与维护与独立性相关的监控程序；

2. 建立和完善与独立性相关的咨询机制，保证提供咨询的人员具备适当的时间、经验、专业胜任能力、客观性、权威性和判断能力；

3. 建立和维护相关信息系统，以提供会计师事务所人员禁止投资清单、受限制实体清单、关键审计合伙人执业年限清单等信息，并制定相关政策和程序，以确保这些信息真实、准确和完整；

4. 指导、监督和复核会计师事务所独立性相关政策和程序的运行情况；

5. 就独立性相关事务开展监控活动；

6. 至少每年一次向主要负责人报告与独立性相关的重大事项，如会计师事务所开展独立性监控活动的结果、违反独立性要求的情况、即将实施的独立性政策、法律法规和相关职业道德要求的变化情况、就违反独立性情况作出的处分等；

7. 及时识别法律法规、职业准则、监管机构对适用的独立性要求作出的修订，并考虑是否更新会计师事务所相关流程。

会计师事务所可以根据本所的实际需要，将职业道德主管合伙人和独立性主管合伙人的职责进行合并。

五、各业务条线的主管合伙人

会计师事务所可以根据本所业务的实际情况和质量管理的需要划分业务条线，例如，可以根据业务的性质，客户所处行业或地区等划分业务条线。各业务条线的主管合伙人负责所主管业务的总体质量，并履行以下职责：

1. 确定本业务条线相关计划，包括资源的需求、获取和分配计划，并合理地获取和分配资源；

2. 督导项目合伙人有效执行质量管理体系中的政策和程序，并遵守相关职业道德要求；

3. 委派或授权他人委派具有足够专业胜任能力、时间与良好诚信记录的项目合伙人执行业务；

4. 按照会计师事务所内部规定参与本业务条线中有关业务质量的重大事项的讨论以及意见分歧的解决，发表意见并形成工作记录；

5. 会计师事务所其他质量管理职责。

如果会计师事务所建立业务条线管理委员会或类似机构履行业务条线主管合伙人职责，该委员会的主任委员或类似职位的成员需要参照业务条线主管合伙人承担领导责任。

六、监控和整改主管合伙人

监控和整改主管合伙人（或同等职位的人员）对质量管理体系“监控和整改”要素的运行承担责任，包括下列职责：

1. 领导与监控和整改相关的政策和程序的设计、实施和运行，并提供适当督导；

2. 领导业务检查和其他监控活动的设计、实施和运行工作，并提供适当督导；

3. 就业务检查和其他监控活动的结果与主要负责人和质量管理体系中的相关负责人进行及时沟通；

4. 会计师事务所其他监控和整改管理职责。

第八编

职业道德

第二十二章　职业道德基本原则和概念框架

道德属于一种社会意识形态，是调整人与人之间、个人与社会之间的关系行为规范的总和，它以真诚与虚伪、善与恶、正义与非正义、公正与偏私等观念来衡量和评价人们的思想、行动。通过各种形式的教育和社会舆论力量，使人们逐渐形成一定的信念、习惯和传统。每个行业都应制定和实施本行业的职业道德规范。注册会计师行业需要更高的道德水准，理由有三：其一，维护公众利益是行业的宗旨，这决定了行业的会员需要超越个人、客户或所在单位的利益和法律法规的最低要求，恪守更高的职业道德要求，履行好对社会公众、投资者、客户、工作单位等所肩负的职责；其二，诚信是注册会计师行业核心价值之一，也是行业的立身之本，行业会员只有展现出较高的道德水准才能取信于社会公众；其三，注册会计师行业是专业性很强的行业，其工作的技术复杂性决定了社会公众很难判断其执业质量，制定并贯彻严格的职业道德规范有助于社会公众增强对行业的信心。

为了推进社会主义核心价值体系建设，特别是社会诚信建设，更加深入地加强行业诚信建设，规范中国注册会计师协会会员职业行为，提高职业道德水准，维护职业形象，中国注册会计师协会制定了《中国注册会计师职业道德守则》和《中国注册会计师协会非执业会员职业道德守则》（以下统称“职业道德守则”）。中国注册会计师协会会员（包括注册会计师和非执业会员）职业道德守则规定了职业道德基本原则和职业道德概念框架，会员应当遵守职业道德基本原则，并能够运用职业道德概念框架解决职业道德问题。

第一节　职业道德基本原则

会员为实现执业目标，必须遵守一些基本的原则。与职业道德有关的基本原则包括诚信、客观公正、独立性、专业胜任能力和勤勉尽责、保密、良好职业行为。

一、诚信

诚信，是指诚实、守信。也就是说，一个人言行与内心思想一致，不虚假；能够履行与别人的约定而取得对方的信任。诚信原则要求会员应当在所有的职业活动中保持正直、诚实可信。

会员如果认为业务报告、申报资料、沟通函件或其他方面的信息存在下列问题，不得与这些有问题的信息发生关联：

1. 含有虚假记载、误导性陈述；
2. 含有缺乏充分根据的陈述或信息；
3. 存在遗漏或含糊其辞的信息，而这种遗漏或含糊其辞可能会产生误导。

举例来说，在审计和审阅业务、其他鉴证业务中，下列事项可能会导致上述问题的出现：

1. 引起重大风险的事项，如舞弊行为；
2. 财务信息存在重大错报而客户未对此作出调整或反映；
3. 导致在实施审计程序时出现重大困难的情况，例如，客户未能提供充分、适当的审计证据，注册会计师难以作出结论性陈述；
4. 与会计准则或其他相关规定的选择、应用和一致性相关的重大发现和问题，而客户未对此在其报告或申报资料中反映；
5. 在出具审计报告时，未解决的重大审计差异。

会员如果注意到已与有问题的信息发生关联，应当采取措施消除关联。在鉴证业务中，如果注册会计师依据职业准则的规定出具了恰当的业务报告（例如，在审计业务中，出具恰当的非无保留意见审计报告），则不被视为违反上述要求。

二、客观公正

客观，是指按照事物的本来面目去考察，不添加个人的偏见。公正，是指公平、正直、不偏袒。客观公正原则要求会员应当公正处事、实事求是，不得由于偏见、利益冲突或他人的不当影响而损害自己的职业判断。如果存在对职业判断产生过度不当影响的情形，会员不得从事与之相关的职业活动。

三、独立性

独立性，是指不受外来力量控制、支配，按照一定之规行事。独立性原则通常是对注册会计师而不是非执业会员提出的要求。在执行鉴证业务时，注册会计师必须保持独立性。在市场经济条件下，投资者主要依赖财务报表判断投资风险，在投资机会中作出选择。如果注册会计师不能与客户保持独立性，而是存在经济利益、密切关系，或屈从于外在压力，就很难取信于社会公众。注册会计师的独立性包括两个方面——实质上的独立和形式上的独立。注册会计师执行审计和审阅业务、其他鉴证业务时，应当从实质上和形式上保持独立性，不得因任何利害关系影响其客观公正。本教材第二十三章将对此展开阐述。

会计师事务所在承接审计和审阅业务、其他鉴证业务时，应当从会计师事务所整体层面和具体业务层面采取措施，以保持会计师事务所和项目团队的独立性。

四、专业胜任能力和勤勉尽责

专业胜任能力和勤勉尽责原则要求会员通过教育、培训和执业实践获取和保持专业胜任能力。会员应当持续了解并掌握当前法律、技术和实务的发展变化，将专业知识和技能始终保持在应有的水平，确保为客户提供具有专业水准的服务。

在应用专业知识和技能时，会员应当合理运用职业判断。专业胜任能力可分为两个独立阶段：（1）专业胜任能力的获取；（2）专业胜任能力的保持。会员应当持续了解和掌握相关的专业技术和业务的发展，以保持专业胜任能力。持续职业发展能够使会员发展和保持专业胜任能力，使其能够胜任特定业务环境中的工作。

勤勉尽责，要求会员遵守法律法规、相关职业准则的要求并保持应有的职业怀疑，认真、全面、及时地完成工作任务。同时，会员应当采取适当措施以确保在其授权下从事专业服务的人员得到应有的培训和督导。在适当时，会员应当使客户、工作单位和专业服务的其他使用者了解专业服务的固有局限。

五、保密

会员从事职业活动必须建立在为客户、为工作单位等利益相关方信息保密的基础上。遵循保密原则可以促进信息在会员与客户、会员与工作单位之间的自由传输。如果会员遵循保密原则，信息提供者通常可以放心地向会员提供其从事职业活动所需的信息，而不必担心该信息被其他方获知，这有利于会员更好地维护公众利益。保密原则要求会员应当对职业活动中获知的涉密信息保密。

根据该原则，会员应当遵守下列要求：

1. 警觉无意中泄密的可能性，包括在社会交往中无意中泄密的可能性，特别要警觉无意中向关系密切的商业伙伴或近亲属泄密的可能性，近亲属是指配偶、父母、子女、兄弟姐妹、祖父母、外祖父母、孙子女、外孙子女；
2. 对所在会计师事务所、工作单位内部的涉密信息保密；
3. 对职业活动中获知的涉及国家安全的信息保密；
4. 对拟承接的客户、拟受雇的工作单位向其披露的涉密信息保密；
5. 在未经客户、工作单位授权的情况下，不得向会计师事务所、工作单位以外的第三方披露其所获知的涉密信息，除非法律法规或职业准则规定会员在这种情况下有权利或义务进行披露；
6. 不得利用因职业关系而获知的涉密信息为自己或第三方谋取利益；
7. 不得在职业关系结束后利用或披露因该职业关系获知的涉密信息；
8. 采取适当措施，确保下级员工以及为会员提供建议和帮助的人员履行保密义务。

会员在下列情况下可以披露涉密信息：

1. 法律法规允许披露，并且取得客户或工作单位的授权；
2. 根据法律法规的要求，为法律诉讼、仲裁准备文件或提供证据，以及向有关监管机构报告发现的违法行为；
3. 法律法规允许的情况下，在法律诉讼、仲裁中维护自己的合法权益；
4. 接受注册会计师协会或监管机构的执业质量检查，答复其询问和调查；
5. 法律法规、执业准则和职业道德规范规定的其他情形。

六、良好职业行为

会员应当遵守相关法律法规，避免发生任何可能损害职业声誉的行为。如果某些法律法规的规定与职业道德守则的相关条款不一致，会员应当注意到这些差异。除非法律法规禁止，会员应当按照较为严格的规定执行。

会员在向公众传递信息以及推介自己和工作时，应当客观、真实、得体，不得损害职业形象。

会员应当诚实、实事求是，不得有下列行为：

1. 夸大宣传提供的服务、拥有的资质或获得的经验；
2. 贬低或无根据地比较他人的工作。

第二节 职业道德概念框架

一、职业道德概念框架的内涵

实务中，会员会遇到的许多情形（如职业活动、利益和关系）都可能对遵循职业道德基本原则产生不利影响。在职业道德守则中，不可能对各式各样的情形予以逐一界定并给出相应的应对措施。因此，职业道德守则提出职业道德概念框架，以指导会员遵循职业道德基本原则，履行维护公众利益的职责。职业道德概念框架是指解决职业道德问题的思路和方法，用以指导会员：（1）识别对职业道德基本原则的不利影响；（2）评价不利影响的严重程度；（3）必要时采取防范措施消除不利影响或将其降低至可接受的水平。职业道德概念框架适用于各种可能对职业道德基本原则产生不利影响的情形。由于实务中的情形多种多样且层出不穷，职业道德守则不可能对所有情形都作出明确规定，会员如果遇到职业道德守则未作出明确规定的情形，应当运用职业道德概念框架识别、评价和应对各种可能产生的不利影响，而不能想当然地认为职业道德守则未明确禁止的情形就是允许的。

二、识别、评价和应对不利影响

会员应当运用职业道德概念框架来识别、评价和应对对职业道德基本原则的不利影响。

（一）识别对职业道德基本原则的不利影响

会员应当识别对职业道德基本原则的不利影响。通常来说，一种情形可能产生多种不利影响，一种不利影响也可能影响多项职业道德基本原则。会员识别不利影响的前提是了解相关事实和情况，包括了解可能损害职业道德基本原则的职业活动、利益和关系。

对职业道德基本原则的不利影响可能产生于多种事实和情况，并且，因业务的性质和工作任务不同，产生的不利影响的类型也可能不同。可能对职业道德基本原则产生不利影响的因素包括自身利益、自我评价、过度推介、密切关系和外在压力。

1. 因自身利益产生的不利影响，是指由于某项经济利益或其他利益可能不当影响会员的判断或行为，而对职业道德基本原则产生的不利影响；

2. 因自我评价产生的不利影响，是指会员在执行当前业务的过程中，其判断需要依赖其本人（或所在会计师事务所或工作单位的其他人员）以往执行业务时作出的判断或得出的结论，而该会员可能不恰当地评价这些以往的判断或结论，从而对职业道德基本原则产生的不利影响；

3. 因过度推介产生的不利影响，是指会员倾向客户或工作单位的立场，导致该会员的客观公正原则受到损害而产生的不利影响；

4. 因密切关系产生的不利影响，是指会员由于与客户或工作单位存在长期或密切的关系，导致过于偏向他们的利益或过于认可他们的工作，从而对职业道德基本原则产生的不利影响；

5. 因外在压力产生的不利影响，是指会员迫于实际存在的或可感知到的压力，导致无法客观行事而对职业道德基本原则产生的不利影响。

（二）评价不利影响的严重程度

如果识别出对职业道德基本原则的不利影响，会员应当评价该不利影响的严重程度是否处于可接受的水平。可接受的水平，是指会员针对识别出的不利影响实施理性且掌握充分信息的第三方测试之后，很可能得出其行为并未违反职业道德基本原则的结论时，该不利影响的严重程度所处的水平。在评价不利影响的严重程度时，会员应当从性质和数量两个方面予以考虑，如果存在多项不利影响，应当将多项不利影响组合起来一并考虑。会员对不利影响严重程度的评价还受到专业服务性质和范围的影响。

（三）应对不利影响

如果会员确定识别出的不利影响超出可接受的水平，应当通过消除该不利影响或将其降低至可接受的水平来予以应对。会员应当通过采取下列措施应对不利影响：

1. 消除产生不利影响的情形，包括利益或关系；
2. 采取可行并有能力采取的防范措施将不利影响降低至可接受的水平；
3. 拒绝或终止特定的职业活动。

防范措施是指会员为了将对职业道德基本原则的不利影响有效降低至可接受的水平而采取的行动，该行动可能是单项行动，也可能是一系列行动。防范措施随事实和情况的不同而有所不同。根据具体事实和情况，某些不利影响可能能够通过消除产生该不利影响的情形予以应对。然而，在某些情况下，产生不利影响的情形无法被消除，并且会员也无法通过采取防范措施将不利影响降低至可接受的水平，此时，不利影响仅能够通过拒绝、终止特定的职业活动或向工作单位提出辞职予以应对。

三、与治理层的沟通

会员在识别、评价和应对不利影响时，应当根据职业判断，就有关事项与治理层进行沟通，并确定与客户或工作单位治理结构中的哪些适当人员进行沟通。如果会员与治理层的下设组织（如审计委员会）或个人沟通，应当确定是否还需要与治理层整体进行沟通，以使治理层所有成员充分知情。

在确定具体沟通对象时，会员可能需要考虑下列事项：

1. 具体情况的性质和重要程度；
2. 拟沟通的事项。

如果会员与同时承担管理层职责和治理层职责的人员沟通，应当确保这种沟通能够向所有负有治理责任的人员充分传递应予沟通的内容。在某些情况下，治理层全部成员均参与管理。例如，在一家小企业中，仅有的一名业主管理该企业，并且没有其他人负有治理责任。在这些情况下，如果与同时承担管理层职责和治理层职责的人员沟通，可认为会员已满足与治理层沟通的要求。

第三节 注册会计师对职业道德概念框架的具体运用

本节阐述注册会计师在某些情形下如何具体应用职业道德概念框架。

在运用职业道德概念框架时，注册会计师并运用职业判断，对新信息、事实和情况的变化保持警觉，以及实施理性且掌握充分信息的第三方测试。理性且掌握充分信息的第三方测试，是检验注册会计师得出的结论是否客观公正的一种测试方法。具体来说，是指注册会计师考虑：假设存在一个理性且掌握充分信息的第三方，在权衡了注册会计师于得出结论的时点可以了解到的所有具体事实和情况后，是否很可能得出与注册会计师相同的结论。理性且掌握充分信息的第三方不一定是注册会计师，但需要具备相关的知识和经验，以使其能够公正地了解和评价注册会计师结论的适当性。

一、识别对职业道德基本原则的不利影响

（一）因自身利益产生不利影响的情形

举例说明，因自身利益产生不利影响的情形主要包括：

1. 注册会计师在客户中拥有直接经济利益；

2. 会计师事务所的收入过分依赖某一客户；

3. 会计师事务所以较低的报价获得新业务，而该报价过低，可能导致注册会计师难以按照适用的职业准则要求执行业务；

4. 注册会计师与客户之间存在密切的商业关系；

5. 注册会计师能够接触到涉密信息，而该涉密信息可能被用于谋取个人私利；

6. 注册会计师在评价所在会计师事务所以往提供的专业服务时，发现了重大错误。

（二）因自我评价产生不利影响的情形

举例说明，因自我评价产生不利影响的情形主要包括：

1. 注册会计师在对客户提供财务系统的设计或实施服务后，又对系统的运行有效性出具鉴证报告；

2. 注册会计师为客户编制用于生成有关记录的原始数据，而这些记录是鉴证业务的对象。

（三）因过度推介产生不利影响的情形

举例说明，因过度推介产生不利影响的情形主要包括：

1. 注册会计师推介客户的产品、股份或其他利益；

2. 当客户与第三方发生诉讼或纠纷时，注册会计师为该客户辩护；

3. 注册会计师站在客户的立场上影响某项法律法规的制定。

（四）因密切关系产生不利影响的情形

举例说明，因密切关系产生不利影响的情形主要包括：

1. 审计项目团队成员的近亲属担任审计客户的董事或高级管理人员；

2. 鉴证客户的董事、高级管理人员，或所处职位能够对鉴证对象施加重大影响的员工，最近曾担任注册会计师所在会计师事务所的项目合伙人；

3. 审计项目团队成员与审计客户之间存在长期业务关系。

近亲属包括主要近亲属和其他近亲属。主要近亲属是指配偶、父母或子女；其他近亲属是指兄弟姐妹、祖父母、外祖父母、孙子女、外孙子女。

审计项目团队成员是指所有审计项目组成员和会计师事务所中能够直接影响审计业务结果的其他人员，以及网络事务所中能够直接影响审计业务结果的所有人员。

（五）因外在压力导致不利影响的情形

举例说明，因外在压力导致不利影响的情形主要包括：

1. 注册会计师因对专业事项持有不同意见而受到客户解除业务关系或被会计师事务所解雇的威胁；

2. 由于客户对所沟通的事项更具有专长，注册会计师面临服从该客户判断的压力；

3. 注册会计师被告知，除非其同意审计客户某项不恰当的会计处理，否则计划中的晋升将受到影响；

4. 注册会计师接受了客户赠予的重要礼品，并被威胁将公开其收受礼品的事情。

二、评价不利影响的严重程度

某些由法律法规、注册会计师协会或会计师事务所制定的，用于加强注册会计师职业道德的条件、政策和程序也可能有助于识别对职业道德基本原则的不利影响。这些条件、政策和程序也是在评价不利影响的严重程度时需要考虑的因素。这些条件、政策和程序可以分为：（1）与客户及其经营环境相关的条件、政策和程序；（2）与会计师事务所及其经营环境相关的条件、政策和程序。

（一）与客户及其经营环境相关的条件、政策和程序

针对与客户及其经营环境相关的条件、政策和程序，注册会计师对不利影响严重程度的评价可能受下列因素的影响：

1. 客户是否属于审计客户，以及该客户是否属于公众利益实体；

2. 客户是否属于非审计的鉴证客户；

3. 客户是否属于非鉴证客户；

4. 客户是否要求由管理层以外的适当人员批准聘请会计师事务所执行某项业务；

5. 客户是否拥有具备足够经验和资历以及胜任能力的人员负责作出管理决策；

6. 客户是否执行相关政策和程序，以确保在招标非鉴证服务时作出客观选择；

7. 客户是否拥有完善的公司治理结构，能够对会计师事务所的服务进行适当的监督和沟通。

（二）与会计师事务所及其经营环境相关的条件、政策和程序

针对与会计师事务所及其经营环境相关的条件、政策和程序，注册会计师对不利影响严重程度的评价可能受到下列因素的影响：

1. 会计师事务所领导层是否重视职业道德基本原则，并积极引导鉴证业务项目团队成员维护公众利益；

2. 会计师事务所是否建立政策和程序，以对所有人员遵循职业道德基本原则的情况实施监督；

3. 会计师事务所是否建立与薪酬、业绩评价、纪律处分相关的政策和程序，以促进对职业道德基本原则的遵循；

4. 会计师事务所是否对其过分依赖从某单一客户处取得收入的情况进行管理；

5. 在会计师事务所内，项目合伙人是否有权作出涉及遵循职业道德基本原则的决策，包括与向客户提供服务有关的决策；

6. 会计师事务所对人员教育、培训和经验的要求；

7. 会计师事务所用于解决内外部关注事项或投诉事项的流程。

三、应对不利影响

注册会计师应当运用判断，确定如何应对超出可接受水平的不利影响，包括采取防范措施消除不利影响或将其降低至可接受的水平，或者拒绝或终止特定的职业活动。

举例来说，在特定情况下可能能够应对不利影响的防范措施包括：

1. 向已承接的项目分配更多时间和有胜任能力的人员，可能能够应对因自身利益产生的不利影响；

2. 由项目组以外的适当复核人员复核已执行的工作或在必要时提供建议，可能能够应对因自我评价产生的不利影响；

3. 向鉴证客户提供非鉴证服务时，指派鉴证业务项目团队以外的其他合伙人和项目组，并确保鉴证业务项目组和非鉴证服务项目组分别向各自的业务主管报告工作，可能能够应对因自我评价、过度推介或密切关系产生的不利影响；

4. 由其他会计师事务所执行或重新执行业务的某些部分，可能能够应对因自身利益、自我评价、过度推介、密切关系或外在压力产生的不利影响；

5. 由不同项目组分别应对具有保密性质的事项，可能能够应对因自身利益产生的不利影响。

注册会计师应当就其已采取或拟采取的行动是否能够消除不利影响或将其降低至可接受的水平形成总体结论。在形成总体结论时，注册会计师应当：

1. 复核所作出的重大判断或得出的结论；

2. 实施理性且掌握充分信息的第三方测试。

四、利益冲突

（一）产生利益冲突的情形

注册会计师不得因利益冲突损害其职业判断。利益冲突通常对客观公正原则产生不

利影响，也可能对其他职业道德基本原则产生不利影响。注册会计师为两个或多个存在利益冲突的客户提供专业服务，可能产生不利影响；注册会计师的利益与客户的利益存在冲突，也可能产生不利影响。

举例来说，可能产生利益冲突的情形包括：

1. 向某一客户提供交易咨询服务，该客户拟收购注册会计师的某一审计客户，而注册会计师已在审计过程中获知了可能与该交易相关的涉密信息；

2. 同时为两家客户提供建议，而这两家客户是收购同一家公司的竞争对手，并且注册会计师的建议可能涉及双方相互竞争的立场；

3. 在同一项交易中同时向买卖双方提供服务；

4. 同时为两方提供某项资产的估值服务，而这两方针对该资产处于对立状态；

5. 针对同一事项同时代表两个客户，而这两个客户正处于法律纠纷中；

6. 针对某项许可证协议，就应收的特许权使用费为许可证授予方出具鉴证报告，并同时向被许可方就应付金额提供建议；

7. 建议客户投资一家企业，而注册会计师的主要近亲属在该企业拥有经济利益；

8. 建议客户买入一项产品或服务，但同时与该产品或服务的潜在卖方订立佣金协议。

（二）识别利益冲突产生的不利影响

承接新的客户、业务或发生商业关系前，注册会计师应当采取合理措施识别可能存在利益冲突因而对职业道德基本原则产生不利影响的情形。这些措施应当包括识别所涉及的各方之间利益和关系的性质，以及所涉及的服务及其对相关各方的影响。在决定是否承接一项业务之前，以及在业务开展的过程中，实施有效的冲突识别流程可以帮助注册会计师采取合理措施识别可能产生利益冲突的利益和关系。建立有效的冲突识别流程，需要考虑下列因素：

1. 所提供专业服务的性质；

2. 会计师事务所的规模；

3. 客户群的规模和性质；

4. 会计师事务所的组织架构，例如，分支机构的数量和位置分布。

在执行业务的过程中，所提供服务的性质、利益和关系可能发生变化，这些变化可能产生利益冲突，注册会计师应当对此类变化保持警觉。

（三）评价和应对利益冲突产生的不利影响

一般来说，注册会计师提供的专业服务与产生利益冲突的事项之间关系越直接，不利影响的严重程度越有可能超出可接受的水平。

在评价因利益冲突产生的不利影响的严重程度时，注册会计师需要考虑是否存在相关保密措施。当为针对某一特定事项存在利益冲突的双方或多方提供专业服务时，这些保密措施能够防止未经授权而披露涉密信息。这些措施可能包括：

1. 会计师事务所内部为特殊的职能部门或岗位设置单独的工作空间，作为防止泄露客户涉密信息的屏障；

2. 限制访问客户文档的政策和程序；

3. 会计师事务所合伙人和员工签署的保密协议；

4. 使用物理方式和电子方式对涉密信息采取隔离措施；

5. 专门且明确的培训和沟通。

举例来说，下列防范措施可能能够应对因利益冲突产生的不利影响：

1. 由不同的项目组分别提供服务，并且这些项目组已被明确要求遵守涉及保密性的政策和程序；

2. 由未参与提供服务或不受利益冲突影响的适当人员复核已执行的工作，以评估关键判断和结论是否适当。

在应对因利益冲突产生的不利影响时，注册会计师应当根据利益冲突的性质和严重程度，运用职业判断确定是否有必要向客户具体披露利益冲突的情况，并获取客户明确同意其可以承接或继续提供专业服务。在确定是否有必要进行具体披露并获取明确同意时，注册会计师需要考虑下列因素：

1. 产生利益冲突的情形；

2. 可能受到影响的各方；

3. 可能产生的问题的性质；

4. 特定事项以不可预期的方式发展的可能性。

在评价和应对因利益冲突产生的不利影响时，注册会计师应当对可能违反保密原则的情况保持警觉，包括在进行披露或在会计师事务所、网络内部分享相关信息以及寻求第三方指导时。

五、专业服务委托

（一）客户关系和业务的承接与保持

在接受客户关系前，注册会计师应当确定接受客户关系是否对职业道德基本原则产生不利影响。如果注册会计师知悉客户存在某些问题，如涉嫌违反法律法规、缺乏诚信、存在可疑的财务报告问题、存在其他违反职业道德的行为，或者客户的所有者、管理层或其从事的活动存在一些可疑事项，可能对诚信、良好职业行为原则产生不利影响。在评价这些不利影响的严重程度时，注册会计师需要考虑的因素包括：

1. 对客户及其所有者、管理层、治理层和负责经营活动的人员的了解；

2. 客户对处理可疑事项的保证，诸如完善公司治理结构或内部控制。

如果项目组不具备或不能获得恰当执行业务所必需的胜任能力，将因自身利益对专业胜任能力和勤勉尽责原则产生不利影响。在评价这些不利影响的严重程度时，注册会计师需要考虑的因素包括：

1. 注册会计师对客户的业务性质、经营复杂程度、业务具体要求，以及拟执行工作的目的、性质和范围的了解；

2. 注册会计师对相关行业或业务对象的了解；

3. 注册会计师拥有的与相关监管或报告要求有关的经验；

4. 会计师事务所制定了质量管理政策和程序，以合理保证仅承接能够胜任的业务。

举例来说，下列防范措施可能能够应对因自身利益产生的不利影响：

1. 分派足够的、具有必要胜任能力的项目组成员；

2. 就执行业务的合理时间安排与客户达成一致意见；

3. 在必要时利用专家的工作。

在连续业务中，注册会计师应当定期评价是否继续保持该业务。在承接某项业务之后，注册会计师可能发现对职业道德基本原则的潜在不利影响，这种不利影响如果在承接之前知悉，将会导致注册会计师拒绝承接该项业务。例如，注册会计师可能发现客户实施不当的盈余管理，或者资产负债表中的估值不当，这些事项可能因自身利益对诚信原则产生不利影响。

（二）专业服务委托的变更

当注册会计师遇到下列情况时，应当确定是否有理由拒绝承接该项业务：

1. 潜在客户要求其取代另一注册会计师；

2. 考虑以投标方式接替另一注册会计师执行的业务；

3. 考虑执行某些工作作为对另一注册会计师工作的补充。

如果注册会计师并未知悉所有相关事实就承接业务，可能因自身利益对专业胜任能力和勤勉尽责原则产生不利影响。如果客户要求注册会计师执行某些工作以作为对现任或前任注册会计师工作的补充，可能因自身利益对专业胜任能力和勤勉尽责原则产生不利影响。注册会计师应当评价不利影响的严重程度。

举例来说，下列防范措施可能能够应对上述因自身利益产生的不利影响：

1. 要求现任或前任注册会计师提供其已知的信息，这些信息是指现任或前任注册会计师认为，拟接任注册会计师在作出是否承接业务的决定前需要了解的信息；

2. 从其他渠道获取信息，例如通过向第三方进行询问，或者对客户的高级管理层或治理层实施背景调查。

在与现任或前任注册会计师沟通前，拟接任注册会计师通常需要征得客户同意，最好能够征得客户的书面同意。如果不能与现任或前任注册会计师沟通，拟接任注册会计师应当采取其他适当措施获取与可能产生的不利影响相关的信息。当被要求对拟接任注册会计师的沟通作出答复时，现任或前任注册会计师应当遵守相关法律法规的要求，实事求是、清晰明了地提供相关信息。

现任或前任注册会计师需要遵循保密原则。现任或前任注册会计师是否可以或必须与拟接任注册会计师沟通客户的相关事务，取决于业务的性质、是否征得客户的同意，以及相关法律法规或职业道德规范的有关要求。

六、第二意见

注册会计师可能被要求就某实体或以其名义运用相关准则处理特定交易或事项的情况提供第二意见，而这一实体并非注册会计师的现有客户。向非现有客户提供第二意见可能因自身利益或其他原因对职业道德基本原则产生不利影响。例如，如果第二意见不是以现任或前任注册会计师所获得的相同事实为基础，或依据的证据不充分，可能因自身利益对专业胜任能力和勤勉尽责原则产生不利影响。评价因自身利益产生不利影响的严重程度时，应当考虑被要求提供第二意见的具体情形以及在运用职业判断时能够获得的所有事实和假设等相关因素。

举例来说，下列防范措施可能能够应对此类因自身利益产生的不利影响：

1. 征得客户同意与现任或前任注册会计师沟通；

2. 在与客户沟通中说明注册会计师发表专业意见的局限性；

3. 向现任或前任注册会计师提供第二意见的副本。

如果要求提供第二意见的实体不允许与现任或前任注册会计师沟通，注册会计师应当决定是否提供第二意见。

七、收费

（一）收费水平

会计师事务所在确定收费时应当主要考虑专业服务所需的知识和技能、所需专业人员的水平和经验、各级别专业人员提供服务所需的时间和提供专业服务所需承担的责任。在专业服务得到良好的计划、监督及管理的前提下，收费通常以每一专业人员适当的小时收费标准或日收费标准为基础计算。

收费报价水平可能影响注册会计师按照职业准则提供专业服务的能力。如果报价水平过低，以致注册会计师难以按照适用的职业准则执行业务，则可能因自身利益对专业胜任能力和勤勉尽责原则产生不利影响。评价不利影响的严重程度时考虑的因素包括客户是否了解业务约定条款，特别是确定收费的基础以及注册会计师在此报价范围内所能提供的服务，以及收费水平是否已由独立第三方（如相关监管部门）作出规定。

如果收费报价明显低于前任注册会计师或其他会计师事务所的相应报价，会计师事务所应当确保在提供专业服务时，遵守执业准则和相关职业道德规范的要求，使工作质量不受损害，并使客户了解专业服务的范围和收费基础。

举例来说，应对此类不利影响的防范措施主要包括调整收费水平或业务范围、由适当复核人员复核已执行的工作。

（二）或有收费

除法律法规允许外，注册会计师不得以或有收费方式提供鉴证服务，收费与否或收费多少不得以鉴证工作结果或实现特定目的为条件。尽管某些非鉴证服务可以采用或有收费的形式，或有收费仍然可能对职业道德基本原则产生不利影响，特别是在某些情况下可能因自身利益对客观公正原则产生不利影响。不利影响存在与否及其严重程度取决于下列因素：

1. 业务的性质；

2. 可能的收费金额区间；

3. 确定收费的基础；

4. 向报告的预期使用者披露注册会计师所执行的工作以及收费的基础；

5. 会计师事务所的质量管理政策和程序；

6. 是否由独立第三方复核交易和提供服务的结果；

7. 收费水平是否已由独立第三方（如监管部门）作出规定。

举例来说，下列防范措施可能能够应对上述因自身利益产生的不利影响：

1. 由未参与提供非鉴证服务的适当复核人员复核注册会计师已执行的工作；

2. 预先就收费的基础与客户达成书面协议。

（三）介绍费或佣金

注册会计师收取与客户相关的介绍费或佣金，将因自身利益对客观公正、专业胜任能力和勤勉尽责原则产生非常严重的不利影响，导致没有防范措施能够消除不利影响或将其降低至可接受的水平。注册会计师不得收取与客户相关的介绍费或佣金。

注册会计师为获得客户而支付业务介绍费，将因自身利益对客观公正、专业胜任能力和勤勉尽责原则产生非常严重的不利影响，导致没有防范措施能够消除不利影响或将其降低至可接受的水平。注册会计师不得向客户或其他方支付业务介绍费。

八、利益诱惑（包括礼品和款待）

（一）一般规定

利益诱惑是指影响其他人员行为的物质、事件或行为，但利益诱惑并不一定具有不当影响该人员行为的意图。利益诱惑范围广泛，小到正常礼节性的交往，大到可能违反法律法规的行为。利益诱惑可能采取多种形式，例如：

1. 礼品；
2. 款待；
3. 娱乐活动；
4. 捐助；
5. 意图建立友好关系；
6. 工作岗位或其他商业机会；
7. 特殊待遇、权利或优先权。

注册会计师提供或接受利益诱惑，可能因自身利益、密切关系或外在压力对职业道德基本原则产生不利影响，尤其可能对诚信、客观公正、良好职业行为原则产生不利影响。注册会计师应当运用职业道德概念框架识别、评价和应对此类不利影响。

（二）意图不当影响行为的利益诱惑

注册会计师不得提供或接受，或者授意他人提供或接受任何意图不当影响接受方或其他人员行为的利益诱惑，无论这种利益诱惑是存在不当影响行为的意图，还是注册会计师认为理性且掌握充分信息的第三方很可能会视为存在不当影响行为的意图。

在确定是否存在或被认为存在不当影响行为的意图时，注册会计师需要运用职业判断。注册会计师需要考虑下列因素：

1. 利益诱惑的性质、频繁程度、价值和累积影响；
2. 提供利益诱惑的时间，这一因素需要结合该利益诱惑可能影响的行动或决策来考虑；
3. 利益诱惑是否符合具体情形下的惯例或习俗；
4. 利益诱惑是否从属于专业服务，例如，提供或接受与商务会议有关的午餐；
5. 所提供的利益诱惑是仅限于个别接受方还是可以提供给更为广泛的群体，更为广泛的群体可能来自会计师事务所内部或外部，如其他客户或供应商；
6. 提供或接受利益诱惑的人员在会计师事务所或客户中担任的角色和职位；
7. 注册会计师是否知悉或有理由相信接受该利益诱惑将违反客户的政策和程序；

8. 提供利益诱惑的透明程度；

9. 该利益诱惑是否由接受方要求或索取；

10. 利益诱惑提供方以往的行为或声誉。

如果注册会计师知悉被提供的利益诱惑存在或被认为存在不当影响行为的意图，即使注册会计师拒绝接受利益诱惑，仍可能对职业道德基本原则产生不利影响。

举例来说，下列防范措施可能能够应对上述不利影响：

1. 就该利益诱惑的情况告知会计师事务所的高级管理层或客户治理层；

2. 调整或终止与客户之间的业务关系。

注册会计师应当对其近亲属向现有或潜在客户提供利益诱惑或者接受利益诱惑的情况保持警觉。如果注册会计师知悉其近亲属提供或接受某项利益诱惑，并认为该利益诱惑存在不当影响注册会计师或客户行为的意图，或者理性且掌握充分信息的第三方很可能会认为存在此类意图，则注册会计师应当建议该近亲属拒绝接受或不得提供此类利益诱惑。

（三）无不当影响行为意图的利益诱惑

如果注册会计师认为某项利益诱惑不存在不当影响接受方或其他人员行为的意图，应当运用职业道德概念框架识别、评价和应对可能因该利益诱惑产生的不利影响。即使注册会计师认为某项利益诱惑无不当影响行为的意图，提供或接受此类利益诱惑仍可能对职业道德基本原则产生不利影响。在评价因提供或接受此类利益诱惑产生的不利影响的严重程度时，注册会计师需要考虑与上述在确定是否存在或被认为存在不当影响行为的意图时相同的因素。

举例来说，下列防范措施可能能够消除因提供或接受此类利益诱惑产生的不利影响：

1. 拒绝接受或不提供利益诱惑；

2. 将向客户提供专业服务的责任移交给其他人员，前提是注册会计师没有理由相信该人员在提供专业服务时可能会受到不利影响。

举例来说，下列防范措施可能能够将提供或接受此类利益诱惑的不利影响降低至可接受的水平：

1. 就提供或接受利益诱惑的事情，与会计师事务所或客户的高级管理层保持信息对称；

2. 在由会计师事务所高级管理层或其他负责会计师事务所职业道德合规性的人员监控的，或者由客户维护的记录中登记该利益诱惑；

3. 针对提供利益诱惑的客户，由未参与提供专业服务的适当复核人员复核注册会计师已执行的工作或作出的决策；

4. 在接受利益诱惑之后将其捐赠给慈善机构，并向会计师事务所高级管理层或提供利益诱惑的人员适当披露该项捐赠；

5. 支付与所接受利益诱惑（如款待）同等价值的价款；

6. 在收到利益诱惑（如礼品）后尽快将其返还给提供者。

九、保管客户资产

除非法律法规允许或要求，并且满足相关条件，注册会计师不得提供保管客户资金或其他资产的服务。保管客户资产可能因自身利益或其他原因而对客观公正、良好职业行为原则产生不利影响。

注册会计师如果保管客户资金或其他资产，应当符合下列要求：

1. 遵守所有与保管资产和履行报告义务相关的法律法规；

2. 将客户资金或其他资产与其个人或会计师事务所的资产分开；

3. 仅按照预定用途使用客户资金或其他资产；

4. 随时准备向相关人员报告资产状况及产生的收入、红利或利得。

在承接某项业务时，对于可能涉及保管客户资金或其他资产，注册会计师应当询问资产的来源，并考虑应履行的相关法定义务。如果客户资金或其他资产来源于非法活动（如洗钱），注册会计师不得提供保管资产服务，并应当运用职业道德概念框架应对此类违反法律法规行为。

十、应对违反法律法规行为

违反法律法规行为包括客户、客户的治理层和管理层，以及为客户工作或在客户指令下工作的人员有意或无意作出的与现行法律法规不符的疏漏或违法行为。

举例来说，主要涉及下列方面的法律法规：

1. 舞弊、腐败和贿赂；

2. 国家安全、洗钱和犯罪所得；

3. 证券市场和交易；

4. 银行业务、其他金融产品和服务；

5. 信息安全；

6. 税务、社会保障；

7. 环境保护；

8. 公共健康与安全。

注册会计师在向客户提供专业服务的过程中，可能遇到、知悉或怀疑客户存在违反法律法规或涉嫌违反法律法规的行为。当注册会计师知悉或怀疑存在这种违反或涉嫌违反法律法规的行为时，可能因自身利益或外在压力对诚信和良好职业行为原则产生不利影响。注册会计师应当运用职业道德概念框架识别、评价和应对此类不利影响。在应对违反法律法规或涉嫌违反法律法规行为时，注册会计师的目标是：

1. 遵循诚信和良好职业行为原则；

2. 通过提醒客户的管理层或治理层（如适用），使其能够纠正违反法律法规或涉嫌违反法律法规行为或减轻其可能造成的后果，或者阻止尚未发生的违反法律法规行为；

3. 采取有助于维护公众利益的进一步措施。

如果注册会计师知悉违反法律法规或涉嫌违反法律法规行为，应当及时采取行动。为确保及时采取行动，注册会计师应当同时考虑下列事项：

1. 该行为的性质；

2. 该行为可能对客户、投资者、债权人、员工或社会公众利益造成的损害。

在了解和应对违反法律法规或涉嫌违反法律法规行为时，注册会计师需要运用专业知识、技能和职业判断。注册会计师可以在遵循保密原则的前提下，向会计师事务所、网络事务所或专业机构的其他人员或者法律顾问进行咨询。

如果注册会计师识别出或怀疑存在已经发生或可能发生的违反法律法规行为，应当与适当级别的管理层和治理层沟通。这种沟通也可能能够促使管理层或治理层对该事项展开调查。注册会计师应当根据管理层和治理层的应对，确定是否需要出于维护公众利益的目的而采取进一步行动。注册会计师可以采取的进一步行动包括：

1. 向适当机构报告该事项，即使法律法规没有要求进行报告；
2. 在法律法规允许的情况下，解除业务约定。

第四节　非执业会员对职业道德概念框架的运用

一、基本要求

非执业会员是指加入中国注册会计师协会，除执业注册会计师以外的其他个人会员。非执业会员在从事专业服务时，应当遵守相关的法律法规和《中国注册会计师协会非执业会员职业道德守则》，履行相应的社会责任，维护公众利益。投资者、债权人、工作单位、政府部门以及社会公众等都可能依赖非执业会员的工作。非执业会员可能负责编报财务信息或其他方面的信息，供工作单位或第三方使用，也可能负责从事有效的财务管理工作或就企业各种与经营相关的事项提供合理建议。

非执业会员可能是其所在工作单位的正式或非正式员工，如企业的董事、高级管理人员、正式员工、临时员工、志愿者等。非执业会员与工作单位之间关系的法律形式不影响其应承担的职业道德责任。

非执业会员有责任促进所在工作单位实现其合法的目标。非执业会员的职位越高，越能够获取更多的信息，也越有机会和能力影响工作单位其他人员制定的政策、作出的决策和采取的行动。处于相关职位的非执业会员应当在工作单位中倡导以道德为基础的文化，例如，实施职业道德教育和培训、制定和实施道德行为监督和举报政策、制定和实施旨在防止违反法律法规行为的政策和程序等。

二、识别对职业道德基本原则的不利影响

可能对职业道德基本原则产生不利影响的因素包括自身利益、自我评价、过度推介、密切关系和外在压力。

下列事项可能因自身利益对职业道德基本原则产生不利影响：

1. 非执业会员在工作单位中拥有经济利益，或者接受工作单位的贷款或担保；
2. 非执业会员参与工作单位的激励性薪酬计划；
3. 非执业会员有能力将工作单位资产挪为私用；
4. 非执业会员接受工作单位供应商提供的礼品或款待。

下列事项可能因自我评价对职业道德基本原则产生不利影响：

1. 非执业会员负责设计和运行工作单位的内部控制，又对其设计和运行情况进行评价；

2. 非执业会员负责工作单位的会计处理，又执行内部审计工作；

3. 非执业会员对收购决策进行可行性研究后，又确定该项企业合并的会计处理方法。

下列事项可能因过度推介对职业道德基本原则产生不利影响：

1. 非执业会员以虚假或误导性的方式宣传工作单位的形象或立场；

2. 非执业会员以虚假或误导性的方式推介工作单位的股份、产品或服务；

3. 非执业会员有机会操纵招股说明书上的信息以帮助工作单位融资。

在促进工作单位实现合法目标的过程中，非执业会员可以宣传工作单位的立场。只要其作出的陈述没有错误，也不具有误导性，通常不会因过度推介对职业道德基本原则产生不利影响。

下列事项可能因密切关系对职业道德基本原则产生不利影响：

1. 非执业会员负责工作单位的财务报告，而在同一单位工作的近亲属可以作出影响财务报告的决策；

2. 非执业会员与工作单位中能够影响经营决策的人员存在长期业务交往；

3. 非执业会员接受可能影响其客观公正的礼品或款待。

下列事项可能因外在压力对职业道德基本原则产生不利影响：

1. 当工作单位与非执业会员或其近亲属在会计政策的选择和运用等方面存在分歧时，非执业会员或近亲属受到解聘或更换职位的威胁；

2. 上级主管试图影响非执业会员的决策过程。

三、评价和应对不利影响

非执业会员对不利影响严重程度的评价可能受多种因素的影响，例如：

1. 非执业会员所从事职业活动的性质和范围；

2. 非执业会员所在工作单位的工作环境和经营环境。

其中，与非执业会员所在工作单位的工作环境和经营环境有关的因素主要包括：

1. 领导层强调道德行为的重要性，并期望员工以符合道德标准的方式行事；

2. 制定政策和程序，授权并鼓励员工就其关心的道德问题与高级管理人员沟通，而不必担心受到惩罚；

3. 制定政策和程序用于监控员工绩效的质量；

4. 建立工作单位的组织监督体系或其他监督结构以及强有力的内部控制；

5. 招聘程序强调雇用高素质、具有胜任能力人员的重要性；

6. 向所有员工及时传达工作单位的政策、程序及其变化情况，并就这些政策和程序提供适当的培训和教育；

7. 制定与职业道德和行为守则相关的政策。

当非执业会员认为工作单位的其他人员已经发生或将要发生违反职业道德的行为时，可以考虑征询法律意见。在极其特殊的情况下，如果非执业会员无法采取防范措施消除不利影响或将其降低至可接受的水平，可能需要考虑向工作单位提出辞职。

四、利益冲突

非执业会员不得因利益冲突损害其职业判断。利益冲突可能对客观公正原则产生不利影响，也可能对其他职业道德基本原则产生不利影响。

举例来说，利益冲突可能产生于下列情形：

1. 同时在两家单位担任管理层或治理层职位，从其中一家单位获取的涉密信息可能被非执业会员用来对另一家单位产生有利或不利影响；

2. 同时为合伙企业的两个合伙人提供专业服务，而双方均聘请非执业会员协助其解除合伙关系；

3. 为工作单位中正在寻求执行管理层收购的某些管理层成员编制财务信息；

4. 负责为工作单位选择供应商，而非执业会员的主要近亲属有可能从该交易中获得经济利益；

5. 在工作单位中担任治理层职务，负责审批公司的特定投资事项，而其中的某项投资将为非执业会员本人或其主要近亲属的投资组合带来增值。

非执业会员应当采用合理措施识别可能产生的利益冲突，进而对职业道德基本原则产生不利影响的情形。这些措施应当可以识别下列事项：

1. 所涉各方之间相关利益和关系的性质；

2. 所涉及的职业活动及其对相关方的影响。

在实施职业活动时，活动、利益和关系的性质可能随时间而发生变化，非执业会员应当对可能导致利益冲突的变化保持警觉。

一般来说，非执业会员的职业活动与产生利益冲突的事项之间关系越直接，不利影响超出可接受水平的可能性越大。

举例来说，防范措施可能包括：

1. 退出与导致利益冲突的事项相关的决策制定流程，可能能够消除由利益冲突产生的不利影响；

2. 对某些责任和义务进行重新规划或分离，可能能够将利益冲突产生的不利影响降低至可接受的水平；

3. 进行适当的监督，例如，在执行董事或非执行董事的监督下行事，可能能够将利益冲突产生的不利影响降低至可接受的水平。

当非执业会员遇到利益冲突时，通常有必要执行下列工作：

1. 向相关方（包括工作单位中受冲突影响的适当层级的人员）披露利益冲突的性质以及如何应对利益冲突产生的不利影响；

2. 如果已采取防范措施应对不利影响，非执业会员需要在征得相关方同意的情况下继续从事职业活动。

在应对利益冲突时，非执业会员可以向工作单位内部或其他人员（如专业机构、法律顾问或其他会计人员）寻求指导。当在工作单位内部进行披露、信息共享或寻求第三方指导时，非执业会员需要遵循保密原则。

五、信息的编制和列报

信息的编制和列报包括信息的记录、维护和批准。非执业会员编制和列报的信息通常用于协助利益相关方了解和评价工作单位的各方面现状并作出相关的决策。这些信息可能包括公开发布的信息，也可能包括仅供内部使用的财务和非财务信息。

非执业会员编制和列报信息，可能因自身利益、外在压力或其他原因对职业道德基本原则产生不利影响。

非执业会员在编制和列报信息时，应当遵守下列要求：

1. 按照适用的财务报告编制基础的规定编制和列报信息（如适用）；

2. 编制和列报信息的方式不得误导或者不当影响合同或监管结果；

3. 运用职业判断，以在所有重大方面准确、完整地反映事实，清楚地描述交易、活动的真实性质，及时并恰当地分类和记录信息；

4. 不得遗漏任何内容以使信息存在误导性，不得不当影响合同或监管结果。

非执业会员在运用职业判断编制和列报信息时，可能需要运用自由裁量权。非执业会员在运用自由裁量权时不得有意误导他人或者不当影响合同或监管结果。

举例来说，在下列情况下，自由裁量权可能被滥用以误导他人或者不当影响合同或监管结果：

1. 作出估计，例如，利用公允价值会计估计粉饰损益；

2. 在适用的财务报告编制基础所允许采用的多项会计政策或方法中进行选择或更改，例如，针对长期合同，随意选择或更改会计政策以粉饰损益；

3. 确定交易的时间安排，例如，在接近期末时进行资产销售以实施误导；

4. 确定交易的结构，例如，安排融资交易的结构，以歪曲资产、负债或现金流量的分类；

5. 选择性披露，例如，遗漏或模糊披露与财务或经营风险相关的信息以实施误导。

当非执业会员知悉或有理由相信与其相关的信息存在误导时，应当采取适当行动解决这一问题。可以采取的行动包括：

1. 非执业会员与其所在工作单位的上级，或者适当级别的管理层或治理层，沟通关于信息存在误导的疑虑，并要求此类人员采取适当行动解决这一问题，如对信息作出更正，在信息已向预期使用者披露的情况下，告知使用者对信息的更正情况；

2. 就工作单位内部处理此类问题的政策和程序（如职业道德政策或警示政策）进行咨询。

如果非执业会员认为工作单位未采取适当的行动，并且有理由相信信息仍然存在误导，则在遵循保密原则的前提下，非执业会员可以采取下列行动：

1. 向相关专业机构、工作单位内部或外部审计人员、法律顾问咨询；

2. 确定是否存在与第三方（包括信息使用者）或监管机构进行沟通的要求。

如果非执业会员确定工作单位未采取适当的行动，并且有理由相信信息仍然存在误导，应当避免与该信息发生或保持关联。在这种情况下，非执业会员向工作单位提出辞职可能是适当的。

六、专业知识和技能

非执业会员应当遵循专业胜任能力和勤勉尽责原则，只有在经过专门培训并获得足够的技能和经验后，才能承担相应的重要工作。在不具备相关专业知识和技能的情况下从事相关工作，可能因自身利益对专业胜任能力和勤勉尽责原则产生不利影响。非执业会员不得夸大其专业知识水平或工作经验，以故意误导工作单位。

如果非执业会员存在下列情况，可能因自身利益对专业胜任能力和勤勉尽责原则产生不利影响：

1. 缺乏足够的时间完成相关职责；

2. 在履行职责的过程中获取的信息不完整、不充分或范围受到限制；

3. 缺乏应有的经验、培训或教育；

4. 在履行职责的过程中缺乏足够的资源。

不利影响存在与否及其严重程度主要取决于下列因素：

1. 非执业会员与其他人员合作的程度；

2. 非执业会员在工作单位中的资历；

3. 非执业会员的工作接受督导和复核的程度。

非执业会员应当评价不利影响的严重程度，并在必要时采取防范措施消除不利影响或将其降低至可接受的水平。

举例来说，防范措施可能包括：

1. 获得具有所需专长的人员的帮助或培训；

2. 保证有足够的时间履行相关职责。

如果非执业会员认为没有防范措施可以应对不利影响，应当确定是否拒绝履行相关义务。如果非执业会员认为拒绝履行相关义务是适当的，应当沟通相关原因。

七、与财务报告和决策相关的经济利益、薪酬和激励

非执业会员不得操纵信息或利用涉密信息谋取个人利益或为他人谋取经济利益。

举例来说，当非执业会员及其近亲属存在下列情况时，可能因自身利益对客观公正、保密原则产生不利影响：

1. 有动机和机会通过操纵信息影响价格从而获益；

2. 在工作单位中拥有直接或间接经济利益，该经济利益的价值可能直接受非执业会员决策的影响；

3. 有资格获得与利润挂钩的奖金，该奖金的价值可能直接受非执业会员决策的影响；

4. 直接或间接持有工作单位的现在可行权或未来可行权的股票期权，该股票期权的价值可能受非执业会员所作决策的影响；

5. 参与工作单位的激励性薪酬方案，该方案以达到特定目标或实现股份价值最大化为目的。

不利影响存在与否及其严重程度主要取决于下列因素：

1. 经济利益对非执业会员及其近亲属个人而言的重要程度；

2. 工作单位是否制定了政策和程序，规定由独立于管理层的委员会决定高级管理人员的薪酬形式及其水平；

3. 是否存在内部政策，要求向治理层披露所有相关利益以及所有相关股票的行权或交易计划；

4. 是否存在专门用于处理产生经济利益的问题的内外部审计程序。

八、利益诱惑（包括礼品与款待）

非执业会员提供或接受利益诱惑，可能会因自身利益、密切关系或外在压力对职业道德基本原则产生不利影响，尤其可能对诚信、客观公正、良好职业行为原则产生不利影响。非执业会员应当运用职业道德概念框架识别、评价和应对此类不利影响。

非执业会员不得提供或接受，或者授意他人提供或接受任何意图不当影响接受方或其他人员行为的利益诱惑，无论这种利益诱惑是存在不当影响行为的意图，还是非执业会员认为理性且掌握充分信息的第三方很可能会视为存在不当影响行为的意图。

如果非执业会员知悉被提供的利益诱惑可能存在或被认为存在不当影响行为的意图，即使拒绝接受利益诱惑，仍可能对职业道德基本原则产生不利影响。

举例来说，下列防范措施可能能够应对该类不利影响：

1. 就该利益诱惑的相关情况告知非执业会员所在单位或提供方所在工作单位的高级管理层或治理层；

2. 调整或终止与提供方之间的业务关系。

即使非执业会员认为某项利益诱惑无不当影响行为的意图，提供或接受此类利益诱惑仍可能对职业道德基本原则产生不利影响。

举例来说，下列防范措施可能能够消除因提供或接受此类利益诱惑产生的不利影响：

1. 拒绝接受或提供利益诱惑；

2. 将涉及交易对方的业务决策责任移交给其他人员，并且非执业会员没有理由相信该人员在提供专业服务时可能会受到不利影响。

举例来说，下列防范措施可能能够将因提供或接受此类利益诱惑产生的不利影响降低至可接受的水平：

1. 就提供或接受利益诱惑的事情，与非执业会员或交易对方工作单位的高级管理层或治理层保持信息对称；

2. 在由非执业会员所在工作单位或交易对方工作单位维护的记录中登记该利益诱惑；

3. 针对向非执业会员提供利益诱惑的个人或组织，由未参与提供专业服务的适当复核人员复核非执业会员已执行的工作或作出的决策；

4. 在接受利益诱惑之后将其捐赠给慈善机构并披露该事项，如向工作单位的治理层或提供利益诱惑的人员披露该项捐赠；

5. 支付与所接受利益诱惑（如款待）同等价值的价款；

6. 在收到利益诱惑（如礼品）后尽快将其返还给提供者。

如果非执业会员知悉其近亲属提供或接受某项利益诱惑，并认为该利益诱惑可能存在不当影响非执业会员或交易对方行为的意图，或者理性且掌握充分信息的第三方很可能会认为存在此类意图，则非执业会员应当建议该近亲属拒绝提供或接受此类利益诱惑。

九、应对违反法律法规行为

非执业会员在实施职业活动的过程中，可能遇到、知悉或怀疑存在违反法律法规或涉嫌违反法律法规的行为。当非执业会员知悉或怀疑存在这种违反或涉嫌违反法律法规的行为时，可能因自身利益或外在压力对诚信和良好职业行为原则产生不利影响。非执业会员应当运用职业道德概念框架识别、评价和应对此类不利影响。

如果非执业会员所在工作单位建立了用于处理违反法律法规或涉嫌违反法律法规行为的政策和程序，非执业会员在确定如何应对此类行为时，应当考虑这些政策和程序的要求。

处于高级职位的非执业会员与工作单位的其他非执业会员相比，在对违反法律法规或涉嫌违反法律法规行为采取符合公众利益的措施方面，通常被赋予更高的期望，这是由高级非执业会员在工作单位内的职责、地位和影响力决定的。

如果高级非执业会员识别出或怀疑存在已发生或可能发生的违反法律法规行为，应当采取下列措施：

1. 与治理层沟通该事项；
2. 遵循适用的法律法规，包括要求向适当机构报告违反法律法规或涉嫌违反法律法规行为的法律法规；
3. 纠正或减轻违反法律法规行为或者涉嫌违反法律法规行为的后果；
4. 设法阻止尚未发生的违反法律法规行为。

如果其他非执业会员在从事职业活动的过程中，知悉了有关违反法律法规或涉嫌违反法律法规行为的信息，其他非执业会员可以在遵循保密原则的前提下，向工作单位、法律顾问或其他专业机构的人员进行咨询。如果其他非执业会员识别出或怀疑存在已经发生或可能发生的违反法律法规行为，应当告知其直接上级，以使其能够采取适当行动。如果该直接上级可能涉及该事项中，则应当告知工作单位内更高一级的机构或向适当机构报告。

十、违反职业道德基本原则的压力

非执业会员可能面临使其违反职业道德基本原则的压力，例如，面临某种外在压力，使其在实施职业活动时违反职业道德基本原则。这种压力可能是明显的，也可能是隐含的。压力可能来自于工作单位内部同事或上级，外部人员或组织以及内外部的目标和预期。

举例来说，可能对职业道德基本原则产生不利影响的压力主要来自于下列方面：

1. 与利益冲突相关的压力；
2. 影响信息的编制和列报的压力；
3. 在缺乏专业知识和技能或未能勤勉尽责的情况下执业的压力；
4. 与经济利益有关的压力；
5. 与利益诱惑有关的压力；
6. 与违反法律法规行为相关的压力。

在遵循保密原则的前提下，非执业会员可以向其他人员咨询、沟通产生压力的情形，可能有助于其评价不利影响的严重程度。如果对非执业会员某些职责和责任进行调整或分离，使其可以不再与施加压力的个人或实体有关联，可能能够消除因压力产生的不利影响。

第二十三章　审计业务对独立性的要求

保持独立性是注册会计师执行审计业务的前提。本章旨在讨论注册会计师执行审计业务时的独立性要求，以及注册会计师如何运用职业道德概念框架，以达到和保持独立性。

第一节　基本概念和要求

一、独立性

注册会计师在执行审计业务时应当保持独立性。独立性包括实质上的独立性和形式上的独立性。

1. 实质上的独立性。

实质上的独立性是一种内心状态，使得注册会计师在提出结论时不受损害职业判断的因素影响，诚信行事，遵循客观公正原则，保持职业怀疑。

2. 形式上的独立性。

形式上的独立性是一种外在表现，使得一个理性且掌握充分信息的第三方，在权衡所有相关事实和情况后，认为会计师事务所或审计项目团队成员没有损害诚信原则、客观公正原则或职业怀疑。

《会计师事务所质量管理准则第 5101 号——业务质量管理》要求会计师事务所应当设定质量目标，以保证会计师事务所及其人员、受职业道德要求（包括独立性要求）约束的其他组织或人员（包括网络、网络事务所、网络或网络事务所的人员、服务提供商，如适用）充分了解与其相关的职业道德要求，并严格按照这些职业道德要求履行职责。

二、网络与网络事务所

（一）网络与网络事务所的定义

网络是指由多个实体组成，旨在通过合作实现下列一个或多个目的的联合体：

1. 共享收益、分担成本；

2. 共享所有权、控制权或管理权；

3. 执行统一的质量管理政策和程序；

4. 执行同一经营战略；

5. 使用同一品牌；

6. 共享重要的专业资源。

网络事务所是指属于某一网络的会计师事务所或实体。除非本章另有说明，如果某一会计师事务所被视为网络事务所，应当与网络中其他会计师事务所的审计客户保持独立。有关对网络事务所独立性的要求，适用于所有符合网络事务所定义的实体，而无论该实体（如咨询公司）本身是否为会计师事务所。除非另有说明，本章所称会计师事务所包括网络事务所。

（二）网络的确定

会计师事务所与其他会计师事务所或实体构成联合体，旨在增强提供专业服务的能力。这些联合体是否形成网络取决于具体情况，而不取决于会计师事务所或实体是否在法律上各自独立。在判断一个联合体是否形成网络时，注册会计师应当考虑运用职业判断来确定该联合体是否形成网络，考虑理性且掌握充分信息的第三方，在权衡所有相关事实和情况后，是否很可能认为该联合体形成网络，并且这种判断应当在整个联合体内部得到一致运用。

1. 如果一个联合体旨在通过合作，在各实体之间共享收益或分担成本，应被视为网络。

如果联合体之间分担的成本不重要，或分担的成本仅限于与开发审计方法、编制审计手册或提供培训课程有关的成本，则不应当被视为网络。如果会计师事务所与某一实体以联合方式提供服务或研发产品，虽然构成联合体，但不形成网络。

2. 如果一个联合体旨在通过合作，在各实体之间共享所有权、控制权或管理权，应被视为网络。这种网络关系可能通过合同或其他方式实现。

3. 如果一个联合体旨在通过合作，在各实体之间共享统一的质量管理政策和程序，应被视为网络。统一的质量管理政策和程序，是由联合体统一设计、实施和监控的质量管理政策和程序。

4. 如果一个联合体旨在通过合作，在各实体之间共享同一经营战略，应被视为网络。共享同一经营战略，是指实体之间通过协议实现共同的战略目标。

如果一个实体与其他实体仅以联合方式应邀提供专业服务，虽然构成联合体，但不形成网络。

5. 如果一个联合体旨在通过合作，在各实体之间使用同一品牌，应被视为网络。同一品牌包括共同的名称和标志等。即使某一会计师事务所不属于某一网络，也不使用同一品牌作为会计师事务所名称的一部分，如果在文具或宣传材料上提及本所是某一会计师事务所联合体的成员，可能使人产生其属于某一网络的印象。为避免产生这种误解，会计师事务所应当慎重考虑如何描述这种成员关系。

6. 如果一个联合体旨在通过合作，在各实体之间共享重要的专业资源，应被视为网络。专业资源包括：

（1）能够使各会计师事务所交流诸如客户资料、收费安排和时间记录等信息的共享系统；

（2）合伙人和员工；

（3）技术部门，负责就鉴证业务中的技术或行业特定问题、交易或事项提供咨询；

（4）审计方法或审计手册；

（5）培训课程和设施。

注册会计师应当根据相关事实和情况，确定联合体共享的专业资源是否重要，并判断这些会计师事务所或实体是否为网络事务所。例如，名义上，一个联合体中的一家会计师事务所和其他几家税务师事务所、评估机构或咨询公司没有使用同一品牌，但实质上，它们在人员及客户资源方面存在共享的情况，则上述实体属于同一网络。在下列情形中，共享的资源被视为不重要：

（1）共享的资源仅限于共同的审计手册或审计方法；

（2）共享培训资源，而并不交流人员、客户信息或市场信息；

（3）没有一个共有的技术部门。

图23－1提供了一个简单决策图，用以帮助会计师事务所判断某实体是否属于网络事务所。被标为灰色的方框是不同的决策考虑点。

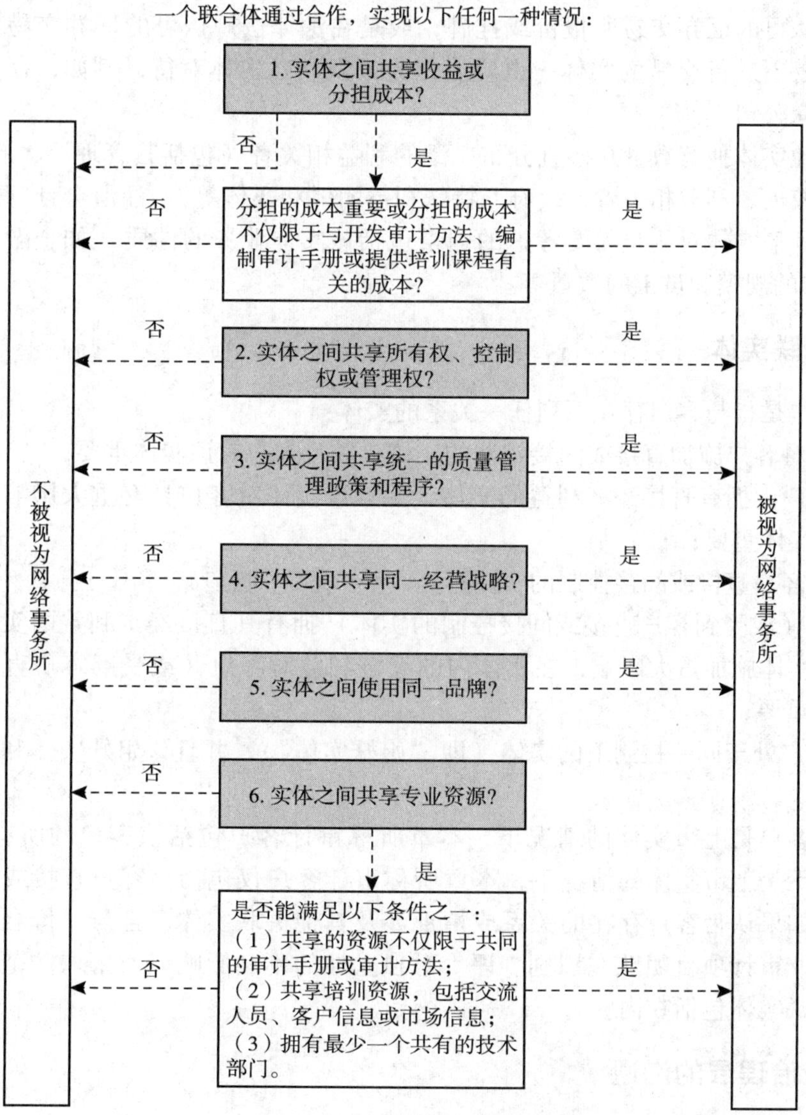

图23－1 判断网络事务所决策

三、公众利益实体

在评价对独立性产生不利影响的重要程度以及为消除不利影响或将其降低至可接受水平采取的必要防范措施时，注册会计师应当考虑实体涉及公众利益的程度。

公众利益实体包括上市实体和下列实体：

1. 法律法规界定的公众利益实体；

2. 法律法规规定按照上市实体审计独立性的要求接受审计的实体。

其中，上市实体是指其股权、股票或债券在认可的股票交易所挂牌交易或按照认可的股票交易所或其他类似机构的规则流通的实体。

公众利益实体的定义较广泛，不仅包括上市实体，也包括一些非上市但按照上市实体审计独立性的要求接受审计的实体，如某些大型非上市金融企业。对于其股票、债券在法律法规认可的证券交易所报价或挂牌，或是在法律法规认可的证券交易所或其他类似机构的监管下进行交易的实体，也应当作为公众利益实体对待，例如，在新三板挂牌的非上市公众公司。

如果其他实体拥有数量众多且分布广泛的利益相关者（包括其管理层、股东、顾客、供应商、债权人、利益相关者、政府、特殊利益团体和媒体等），注册会计师应当考虑将其作为公众利益实体对待。需要考虑的因素包括该实体业务的性质（如金融业务、保险业务）、实体的规模和员工的数量等。

四、关联实体

关联实体是指与客户存在下列任一关系的实体：

1. 能够对客户施加直接或间接控制的实体，并且客户对该实体重要；

2. 在客户内拥有直接经济利益的实体，并且该实体对客户具有重大影响，在客户内的利益对该实体重要；

3. 受到客户直接或间接控制的实体；

4. 客户（或受到客户直接或间接控制的实体）拥有其直接经济利益的实体，并且客户能够对该实体施加重大影响，在实体内的经济利益对客户（或受到客户直接或间接控制的实体）重要；

5. 与客户处于同一控制下的实体（即“姐妹实体”），并且该姐妹实体和客户对其控制方均重要。

在审计客户是上市实体的情况下，本章所称审计客户包括该客户的所有关联实体。在审计客户不是上市实体的情况下，本章所称审计客户仅包括该客户直接或间接控制的关联实体。如果认为客户存在的关系或情形涉及其他关联实体，且与评价会计师事务所独立性相关，审计项目团队在识别、评价对独立性的不利影响以及采取防范措施时，应当将其他关联实体包括在内。

五、与治理层的沟通

治理层，是指对实体的战略方向以及管理层履行的经营管理责任负有监督责任的个人或机构（例如，公司受托人）。治理层的责任包括对财务报告过程的监督。

注册会计师应当根据职业判断，定期就可能影响独立性的关系和其他事项与治理层沟通。上述沟通使治理层能够：

1. 考虑会计师事务所在识别和评价对独立性的不利影响时作出的判断是否正确；

2. 考虑会计师事务所为消除不利影响或将其降低至可接受的水平所采取的防范措施是否适当；

3. 确定是否有必要采取适当的措施。

对于因外在压力和密切关系产生的不利影响，这种沟通尤其有效。

六、保持独立性的期间

注册会计师应当在业务期间和财务报表涵盖的期间独立于审计客户。业务期间自审计项目组开始执行审计业务之日起，至出具审计报告之日止。如果审计业务具有连续性，业务期间结束日应以其中一方通知解除业务关系或出具最终审计报告两者时间孰晚为准。

图 23－2 为会计师事务所确定业务期间和财务报表涵盖期间提供了示例。在图 23－2 中，会计师事务所于 2010 年 3 月 1 日开始执行审计业务，这项工作将从 2010 年 3 月 1 日开始实施并持续到 2011 年 4 月 6 日。财务报表涵盖的期间是 2010 年 1 月 1 日至 2010 年 12 月 31 日。那么，业务期间为 2010 年 3 月 1 日至最终审计报告出具之日，即 2011 年 4 月 6 日（如果会计师事务所继续为该企业提供审计服务，业务期间将会延伸至第二年）。自 2010 年 1 月 1 日开始，会计师事务所必须保持独立性，直到其终止作为客户的注册会计师这一角色。

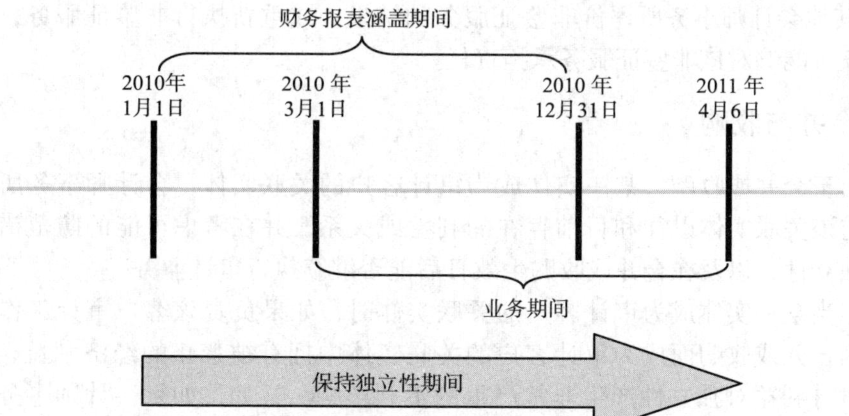

图 23－2　业务期间和财务报表涵盖期间示例

如果一个实体委托会计师事务所对其财务报表发表意见，并且在该财务报表涵盖的期间或之后成为审计客户，会计师事务所应当确定下列因素是否对独立性产生不利影响：

1. 在财务报表涵盖的期间或之后、接受审计业务委托之前，与审计客户之间存在的经济利益或商业关系；

2. 以往向审计客户提供的服务。

如果在财务报表涵盖的期间或之后，在审计项目组开始执行审计业务之前，会计师事务所向审计客户提供了非鉴证服务，并且该非鉴证服务在业务期间不允许提供，会计师事务所应当评价提供的非鉴证服务对独立性产生的不利影响。如果不利影响超出可接受的水平，会计师事务所只有在采取防范措施将其降低至可接受的水平的情况下，才能接受审计业务。

如图 23－3 所示，如果会计师事务所在 2010 年 1 月 1 日至 2010 年 3 月 1 日期间为其审计客户提供了不被允许的非鉴证服务，将对独立性产生不利影响。

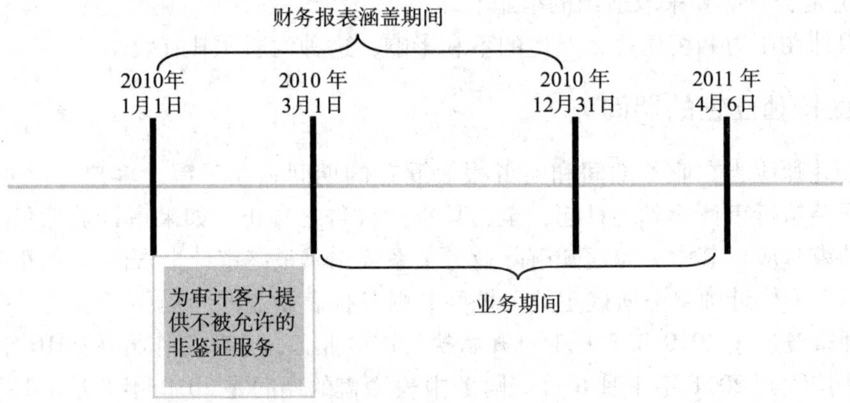

图 23－3　不能向审计客户提供非鉴证服务的期间示例

举例来说，防范措施可能包括：

1. 不允许提供非鉴证服务的人员担任审计项目团队成员；

2. 必要时由适当复核人员复核审计和非鉴证工作；

3. 由其他会计师事务所评价非鉴证服务的结果，或重新执行非鉴证服务，使得其他会计师事务所能够对该非鉴证服务承担责任。

七、合并与收购

如果由于合并或收购，某一实体成为审计客户的关联实体，会计师事务所应当识别和评价其与该关联实体以往和目前存在的利益或关系，并在考虑可能的防范措施后确定是否影响独立性，以及在合并或收购生效日后能否继续执行审计业务。

例如，当某一实体成为审计客户的关联实体时，如果负责该客户审计工作的项目组成员在其因合并或收购而成为审计客户的关联实体中拥有被禁止的经济利益，如股票投资，将因自身利益对独立性产生非常严重的不利影响。又如，如果会计师事务所在合并或收购发生前，正为该实体提供非鉴证服务，如与财务报告相关的内部控制评估服务，一旦该实体成为其某一审计客户的关联实体，会计师事务所将因自我评价产生不利影响。因此，会计师事务所应根据这些情况考虑可能的防范措施后确定是否影响独立性，以及在合并或收购生效日后能否继续执行审计业务。

会计师事务所应当在合并或收购生效日前采取必要措施终止目前存在的职业道德守则禁止的利益或关系。在某些情况下，会计师事务所可能无法在合并或收购生效日前合理终止目前存在的职业道德守则禁止的利益或关系，例如，会计师事务所正向该关联实体提供非鉴证服务，而该关联实体无法在合并或收购生效日前有条不紊地将该非鉴证服务转移至另一服务提供者。如果在合并或收购生效日前不能终止目前存在的职业道德守则禁止的利益或关系，会计师事务所应当评价因该利益或关系产生的不利影响的严重程度。

在评价因该利益或关系产生的不利影响的严重程度时，注册会计师通常需要考虑下列因素：

1. 利益或关系的性质和重要程度；

2. 审计客户与该关联实体之间关系的性质和重要程度，例如，关联实体是审计客户的子公司还是母公司；

3. 合理终止该利益或关系需要的时间。

会计师事务所应当与治理层讨论，在合并或收购生效日前不能终止利益或关系的原因，以及对由此产生不利影响严重程度的评价结果。

如果治理层要求会计师事务所继续执行审计业务，会计师事务所只有在同时满足下列条件时，才能同意这一要求：

1. 在合并或收购生效日起的六个月内，尽快终止该利益或关系；

2. 存在该利益或关系的人员不得作为审计项目组成员，也不得负责项目质量复核；

3. 拟采取适当的过渡性措施，并就此与治理层讨论。

拟采取的适当过渡性措施可能包括：

（1）必要时由审计项目组以外的注册会计师复核审计或非鉴证工作；

（2）由其他会计师事务所再次执行项目质量复核；

（3）由其他会计师事务所评价非鉴证服务的结果，或重新执行非鉴证服务，使得其他会计师事务所能够对该非鉴证服务承担责任。

八、违反独立性规定时的应对措施

（一）基本要求

如果会计师事务所认为已发生违反职业道德守则有关独立性的规定（以下简称“违规”）的情况，应当采取下列措施：

1. 终止、暂停或消除引发违规的利益或关系，并处理违规后果。

2. 考虑是否存在适用于该违规行为的法律法规，如果存在，遵守该法律法规的规定，并考虑向相关监管机构报告该违规行为。

3. 按照会计师事务所的政策和程序，立即就该违规行为与下列人员沟通：

（1）项目合伙人；

（2）负责独立性相关政策和程序的人员；

（3）会计师事务所和网络中的其他相关人员；

（4）根据职业道德守则的要求需要采取适当行动的人员。

4. 评价违规行为的严重程度及其对会计师事务所的客观公正和出具审计报告能力的影响。

5. 根据违规行为的严重程度，确定是否终止审计业务，或者是否能够采取适当行动以妥善处理违规后果。

在作出上述决策时，会计师事务所应当运用职业判断并考虑理性且掌握充分信息的第三方是否很可能得出会计师事务所的客观公正受到损害从而导致无法出具审计报告的结论。

上述违规行为的严重程度及其对会计师事务所客观公正和出具审计报告能力的影响主要取决于下列因素：

1. 违规的性质和持续时间；
2. 以前年度发生的、与当前审计业务有关的违规次数和性质；
3. 审计项目团队成员是否知悉造成违规的利益或关系；
4. 造成违规的人员是否为审计项目团队成员或需要遵守独立性要求的其他人员；
5. 如果违规涉及某一审计项目团队成员，该成员的职责；
6. 如果违规由提供专业服务所致，该服务对会计记录或被审计财务报表金额的影响（如适用）；
7. 由于违规导致的因自身利益、过度推介、密切关系或其他原因对独立性产生的不利影响。

会计师事务所应当根据违规的严重程度采取必要的措施。

举例来说，会计师事务所可以采取的措施包括：

1. 将相关人员调离审计项目团队；
2. 由其他人员对受影响的审计工作实施额外复核或必要时重新执行该工作；
3. 建议审计客户委托其他会计师事务所复核或必要时重新执行受影响的审计工作；
4. 如果违规涉及影响会计记录或财务报表金额的非鉴证服务，由其他会计师事务所评价非鉴证服务的结果，或重新执行非鉴证服务，使得其他会计师事务所能够对该非鉴证服务承担责任。

如果会计师事务所确定无法采取行动妥善处理违规后果，应当尽快通知治理层，并按照法律法规的规定终止审计业务。如果法律法规禁止终止该审计业务，会计师事务所应当遵守相关报告或披露要求。

（二）与治理层的沟通

如果会计师事务所确定能够采取措施妥善处理违规后果，应当与治理层沟通下列事项：

1. 违规的严重程度，包括其性质和持续时间；
2. 违规是如何发生以及如何识别出的；
3. 已采取或拟采取的措施，以及这些措施能够妥善处理违规后果并使会计师事务所能够出具审计报告的原因；
4. 会计师事务所根据职业判断认为客观公正并未受到损害及其理由；
5. 会计师事务所已采取或拟采取的、用于降低进一步违规风险或避免发生进一步违规行为的措施。

会计师事务所应当尽快开展上述沟通，除非对于非重大的违规行为治理层有其他沟通时间方面的要求。

如果治理层认为上述已采取或拟采取的措施不能够妥善处理违规后果，会计师事务所应当终止审计业务。

（三）相关记录要求

针对以上情况，会计师事务所应当记录下列事项：

1. 违规事项；
2. 采取的措施；
3. 作出的关键决策；
4. 与治理层沟通的所有事项；
5. 与职业团体或监管机构所进行的任何沟通。

如果会计师事务所继续执行该审计业务，还应当记录下列事项：

1. 根据会计师事务所的职业判断，客观公正原则并未受到损害；
2. 所采取的措施能够妥善处理违规后果，从而使会计师事务所能够出具审计报告及其理由。

本章第二节至第八节讨论可能对独立性产生不利影响的某些情形和关系，指导注册会计师在这些情形下如何具体运用独立性的相关职业道德概念框架。

九、工作记录

工作记录提供了证据，用以证明注册会计师在就遵循独立性要求方面形成结论时作出的判断。注册会计师应当记录遵守独立性要求的情况，包括记录形成的结论，以及为形成结论而讨论的主要内容。

如果需要采取防范措施将某种不利影响降低至可接受的水平，注册会计师应当记录该不利影响的性质，以及将其降低至可接受的水平所采取的防范措施。

如果通过对某种不利影响进行重要性分析，注册会计师确定不利影响未超出可接受的水平，注册会计师应当记录不利影响的性质以及得出上述结论的理由。

工作记录可以提供证据证明会计师事务所在遵守独立性要求时作出的职业判断。然而，缺少工作记录并非判定会计师事务所是否已考虑特定事项或是否保持了独立性的决定性因素。

第二节　经济利益

一、一般规定

经济利益是指因持有某一实体发行的股权、债券、基金、与其股价或债券价格挂钩的衍生金融产品和其他证券以及其他债务性的工具而拥有的利益，包括为取得这种利益享有的权利和承担的义务。经济利益包括直接经济利益和间接经济利益。

直接经济利益是指下列经济利益：（1）个人或实体直接拥有并控制的经济利益（包括授权他人管理的经济利益）；（2）个人或实体通过集合投资工具、信托、实体或合伙组织，或第三方而实质拥有的经济利益，并且有能力控制这些投资工具，或影响其投资决策。一些常见的直接经济利益包括证券或其他参与权，诸如包括股票、债券、认沽权、认购权、期权、权证和卖空权等。

间接经济利益是指个人或实体通过集合投资工具、信托、实体或合伙组织，或第三方而实质拥有的经济利益，但没有能力控制这些投资工具，或影响其投资决策。

受益人可能通过集合投资工具、信托等投资工具拥有经济利益。确定经济利益是直接的还是间接的，取决于受益人能否控制投资工具或具有影响投资决策的能力。如果受益人能够控制投资工具或具有影响投资决策的能力，这种经济利益为直接经济利益。如果受益人不能控制投资工具或不具有影响投资决策的能力，这种经济利益为间接经济利益。例如，投资经理投资了共同基金，而这些共同基金投资了一揽子基础金融产品，那么在这种情况下，该共同基金属于直接经济利益，而这些基础金融产品将被视为间接经济利益。

在审计客户中拥有经济利益，可能因自身利益导致不利影响。不利影响存在与否及其严重程度主要取决于下列因素：

1. 拥有经济利益人员的角色；
2. 经济利益是直接的还是间接的；
3. 经济利益的重要程度。

二、对独立性产生不利影响的情形和防范措施

（一）在审计客户中拥有经济利益

除例外情况外，下列各方不得在审计客户中拥有直接经济利益或重大间接经济利益：

1. 会计师事务所、审计项目团队成员及其主要近亲属。

审计项目团队成员包括执行某项审计业务的所有合伙人和员工，以及为该项业务实施审计程序的所有其他人员（即审计项目组），还包括会计师事务所及网络事务所中能够直接影响审计业务结果的其他人员。例如，能对审计项目合伙人提出薪酬建议，以及进行直接指导、管理或监督的人员，为执行审计业务提供技术或行业具体问题、交易或事项的咨询的人员（如针对与审计相关的准备计提或价值评估工作进行复核的财务交易咨询部的专业人员），或对审计业务实施项目管理的人员，包括项目质量复核人员。

2. 与执行审计业务的项目合伙人同处一个分部的其他合伙人及其主要近亲属。

执行审计业务的项目合伙人所处的分部并不一定是其所隶属的分部。当项目合伙人与审计项目团队的其他成员隶属于不同的分部时，会计师事务所应当运用职业判断确定项目合伙人执行审计业务时所处的分部。例如，某一审计客户的大部分业务发生在北京，执行此审计业务时均由北京分部的项目组成员（除合伙人外）负责，而项目合伙人是从香港分部被委派到北京分部协助其业务发展的，其身份隶属于香港分部，在此情况下，项目合伙人执行审计业务所处的分部通常被认为是北京分部，因此，在北京分部的其他合伙人或其主要近亲属不得在审计客户中拥有直接经济利益或重大间接经济利益。

3. 为审计客户提供非审计服务的其他合伙人、管理人员及其主要近亲属。

上述规定存在例外情况，如果与执行审计业务的项目合伙人同处一个分部的其他合伙人的主要近亲属，或者为审计客户提供非审计服务的其他合伙人或管理人员的主要近亲属同时满足下列条件，则该主要近亲属可以在审计客户中拥有直接经济利益或重大间接经济利益：

1. 该主要近亲属作为审计客户的员工有权（例如通过退休金或股票期权计划）取得该经济利益，并且会计师事务所在必要时能够应对因该经济利益产生的不利影响。

2. 当该主要近亲属拥有或取得处置该经济利益的权利，或者在股票期权中，有权行使期权时，能够尽快处置或放弃该经济利益。

（二）在控制审计客户的实体中拥有经济利益

当一个实体在审计客户中拥有控制性的权益，并且审计客户对该实体重要时，如果会计师事务所、审计项目团队成员或其主要近亲属在该实体中拥有直接经济利益或重大间接经济利益，将因自身利益产生非常严重的不利影响，导致没有防范措施能够将其降低至可接受的水平。会计师事务所、审计项目团队成员及其主要近亲属不得在该实体中拥有直接经济利益或重大间接经济利益。

（三）作为受托管理人拥有经济利益

如果上述（一）中各方作为受托管理人在审计客户中拥有直接经济利益或重大间接经济利益，除非同时满足下列条件，否则不得在审计客户中拥有直接经济利益或重大间接经济利益：

1. 受托管理人、审计项目团队成员、两者的主要近亲属，会计师事务所均不是受托财产的受益人；

2. 通过信托而在审计客户中拥有的经济利益对于该项信托而言并不重大；

3. 该项信托不能对审计客户施加重大影响；

4. 受托管理人、审计项目团队成员、两者的主要近亲属，会计师事务所对涉及审计客户经济利益的投资决策没有重大影响。

（四）与审计客户拥有共同经济利益

如果会计师事务所、审计项目团队成员或其主要近亲属在某一实体拥有经济利益，并且审计客户也在该实体拥有经济利益，除非满足下列条件之一，否则会计师事务所、审计项目团队成员及其主要近亲属不得在该实体中拥有经济利益：

1. 经济利益对会计师事务所、审计项目团队成员及其主要近亲属，以及审计客户均不重要；

2. 审计客户无法对该实体施加重大影响。

拥有此类经济利益的人员，在成为审计项目团队成员之前，该人员或其主要近亲属应当处置全部经济利益，或处置足够数量的经济利益，使剩余经济利益不再重大。

（五）无意中获取的经济利益

如果会计师事务所、审计项目团队成员或其主要近亲属、员工或其主要近亲属通过继承、馈赠或因企业合并或类似情况，从审计客户获得直接经济利益或重大间接经济利益，而根据职业道德守则的规定不允许拥有此类经济利益，应当采取下列措施：

1. 如果会计师事务所、审计项目团队成员或其主要近亲属获得经济利益，应当立即处置全部经济利益，或处置全部直接经济利益并处置足够数量的间接经济利益，以使剩余经济利益不再重大。

2. 如果审计项目团队以外的人员或其主要近亲属获得经济利益，应当在合理期限内尽快处置全部经济利益，或处置全部直接经济利益并处置足够数量的间接经济利益，以使剩余经济利益不再重大。在完成处置该经济利益前，会计师事务所应当在必要时采取防范措施以消除不利影响。

（六）其他情况下的经济利益

1. 与审计客户的利益相关者同时在某一实体拥有经济利益。

会计师事务所、审计项目团队成员或其主要近亲属在某一实体拥有经济利益，并且知悉审计客户的董事、高级管理人员或具有控制权的所有者也在该实体拥有经济利益，可能因自身利益、密切关系或外在压力产生不利影响。不利影响存在与否及其严重程度主要取决于下列因素：

（1）该成员在审计项目团队中的角色；

（2）实体的所有权是由少数人持有还是多数人持有；

（3）经济利益是否使得投资者能够控制该实体，或对其施加重大影响；

（4）经济利益的重要程度。

注册会计师应当评价不利影响的严重程度，并在必要时采取防范措施消除不利影响或将其降低至可接受的水平。

举例来说，防范措施可能包括：

（1）将拥有该经济利益的审计项目团队成员调离审计项目团队，可能能够消除不利影响；

（2）由审计项目团队以外的注册会计师复核该成员已执行的工作，可能能够将不利影响降低至可接受的水平。

2. 对审计项目团队成员其他近亲属拥有经济利益的要求。

如果审计项目团队某一成员的其他近亲属在审计客户中拥有直接经济利益或重大间接经济利益，将因自身利益产生非常严重的不利影响。不利影响的严重程度主要取决于下列因素：

（1）审计项目团队成员与其他近亲属之间的关系；

（2）经济利益是直接的还是间接的；

（3）经济利益对其他近亲属的重要程度。

会计师事务所应当评价不利影响的严重程度，并在必要时采取防范措施消除不利影响或将其降低至可接受的水平。

举例来说，下列防范措施可能能够消除不利影响：

（1）其他近亲属尽快处置全部经济利益，或处置全部直接经济利益并处置足够数量的间接经济利益，以使剩余经济利益不再重大；

（2）将该成员调离审计项目团队。

由审计项目团队以外的适当复核人员复核该审计项目团队成员已执行的工作，可能能够将不利影响降低至可接受的水平。

3. 对其他人员拥有经济利益的要求。

如果审计项目团队成员知悉下列其他人员在审计客户中拥有经济利益，也可能因自身利益对独立性产生不利影响：

（1）除上述（一）中提及的人员外，会计师事务所合伙人、专业人员，两者的主要近亲属；

（2）与审计项目团队成员存在密切私人关系的人员。

不利影响存在与否及其严重程度主要取决于下列因素：

（1）会计师事务所的组织结构、经营模式和沟通机制；

（2）相关人员与审计项目团队成员之间的关系。

注册会计师应当评价不利影响的严重程度，并在必要时采取防范措施消除不利影响或将其降低至可接受的水平。

举例来说，防范措施可能包括：

（1）将存在密切私人关系的审计项目团队成员调离审计项目团队，以消除不利影响；

（2）不允许该审计项目团队成员参与有关审计业务的任何重大决策，以将不利影响降低至可接受的水平；

（3）由审计项目团队以外的适当复核人员复核该审计项目团队成员已执行的工作，以将不利影响降低至可接受的水平。

4. 会计师事务所的退休金计划。

如果会计师事务所通过退休金计划，在审计客户中拥有直接经济利益或重大间接经济利益，可能因自身利益产生不利影响。注册会计师应当评价不利影响的严重程度，并在必要时采取防范措施消除不利影响或将其降低至可接受的水平。

第三节　贷款和担保以及商业关系、家庭和私人关系

一、贷款和担保

（一）从银行或类似金融机构等审计客户取得贷款或获得贷款担保

会计师事务所、审计项目团队成员或其主要近亲属不得从银行或类似金融机构等审计客户取得贷款，或获得贷款担保，除非该贷款或担保是按照正常的程序、条款和条件进行的。此类贷款的例子包括按揭贷款、银行透支、汽车贷款和信用卡等。

即使会计师事务所从银行或类似金融机构等审计客户按照正常的程序、条款和条件取得贷款，如果该贷款对审计客户或取得贷款的会计师事务所是重要的，也可能因自身利益对独立性产生不利影响。会计师事务所应当评价不利影响的严重程度，并在必要时采取防范措施消除不利影响或将其降低至可接受的水平。

举例来说，防范措施可能包括由网络中未参与执行审计业务并且未从该贷款中获益的会计师事务所复核已执行的工作。

（二）从不属于银行或类似金融机构等审计客户取得贷款或由其提供担保

会计师事务所、审计项目团队成员或其主要近亲属从不属于银行或类似金融机构的审计客户取得贷款，或由此类审计客户提供贷款担保，将因自身利益产生非常严重的不利影响，导致没有防范措施能够将其降低至可接受的水平。会计师事务所、审计项目团队成员或其主要近亲属不得从不属于银行或类似金融机构的审计客户取得贷款，或由此类审计客户提供贷款担保。

（三）向审计客户提供贷款或为其提供担保

会计师事务所、审计项目团队成员或其主要近亲属向审计客户提供贷款或为其提供担

保，将因自身利益产生非常严重的不利影响，导致没有防范措施能够将其降低至可接受的水平。会计师事务所、审计项目团队成员或其主要近亲属不得向审计客户提供贷款或担保。

（四）在审计客户开立存款或经纪账户

会计师事务所、审计项目团队成员或其主要近亲属不得在银行或类似金融机构等审计客户开立存款或经纪账户，除非该存款或经纪账户是按照正常的商业条件开立的。

图23－4分别列示了与贷款和担保有关的适用于会计师事务所和审计项目团队成员及其主要近亲属的独立性要求。

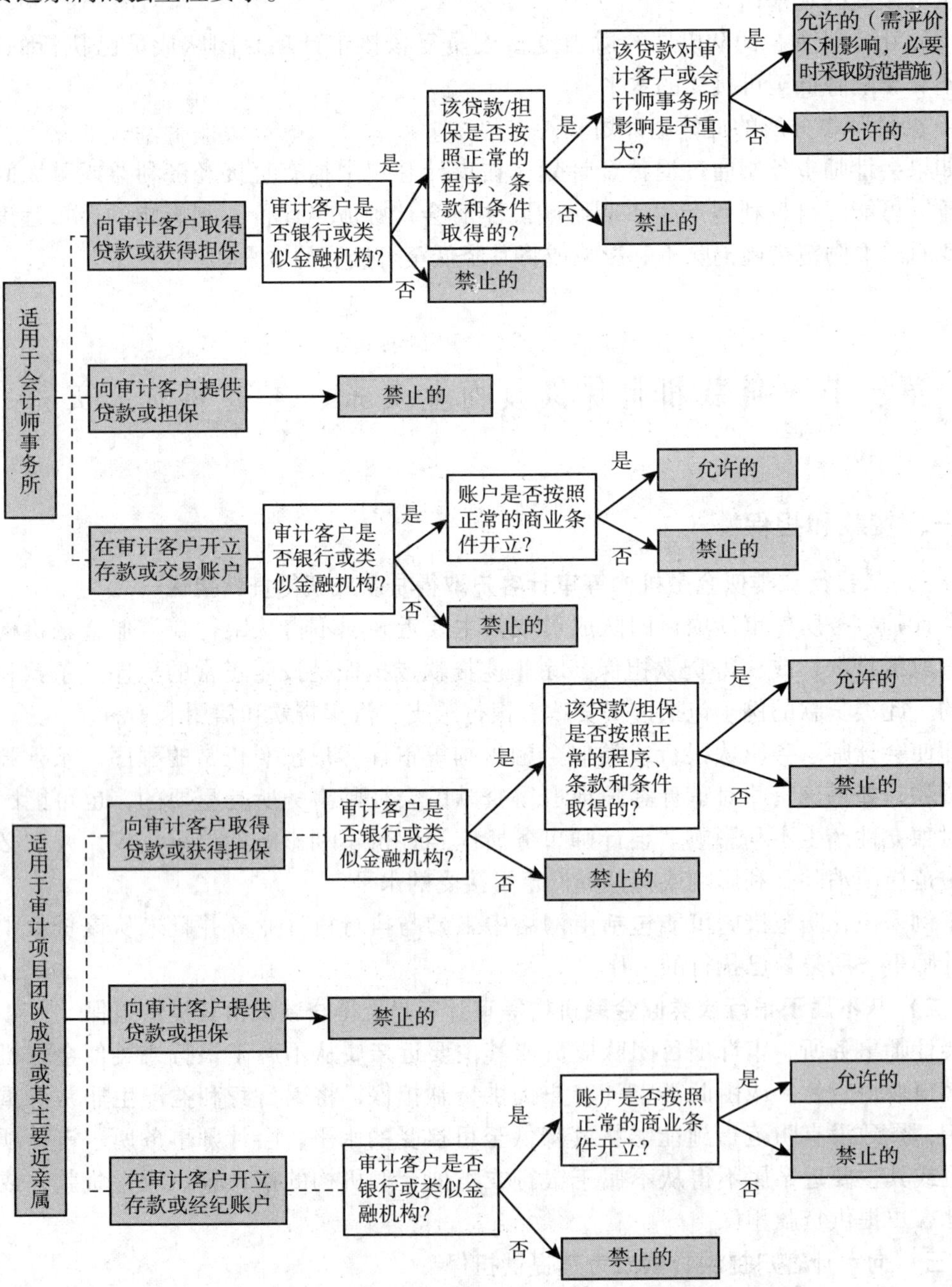

图23－4 与贷款和担保有关的适用于会计师事务所和审计项目团队成员及其主要近亲属的独立性要求

二、商业关系

（一）一般规定

会计师事务所、审计项目团队成员或其主要近亲属与审计客户或其高级管理人员之间，由于商务关系或共同的经济利益而存在密切的商业关系，可能因自身利益或外在压力对独立性产生不利影响。

举例来说，这些商业关系可能包括：

1. 与客户或其控股股东、董事、高级管理人员或其他为该客户执行高级管理活动的人员共同开办企业。

2. 按照协议，将会计师事务所的产品或服务与客户的产品或服务结合在一起，并以双方名义捆绑销售。例如，某会计师事务所通过与一家投资银行共同组成服务团队的形式，向潜在客户提供审计、公司财务顾问等一揽子专业服务。上述关系一般被视为商业关系。当该投资银行同时为该会计师事务所的审计客户时，会计师事务所不得介入此类商业关系。

3. 按照协议，会计师事务所销售或推广客户的产品或服务，或者客户销售或推广会计师事务所的产品或服务。

会计师事务所、审计项目团队成员不得与审计客户或其高级管理人员建立密切的商业关系。如果会计师事务所存在此类商业关系，应当予以终止。如果此类商业关系涉及审计项目团队成员，会计师事务所应当将该成员调离审计项目团队。

如果审计项目团队成员的主要近亲属与审计客户或其高级管理人员存在此类商业关系，注册会计师应当评价不利影响的严重程度，并在必要时采取防范措施消除不利影响或将其降低至可接受的水平。

（二）与审计客户或其利益相关者一同在某股东人数有限的实体中拥有利益

如果审计客户或其董事、高级管理人员，或上述各方作为投资者的任何组合，在某股东人数有限的实体中拥有经济利益，会计师事务所、审计项目团队成员或其主要近亲属不得拥有会涉及该实体经济利益的商业关系，除非同时满足下列条件：

1. 这种商业关系对于会计师事务所、审计项目团队成员或其主要近亲属以及审计客户均不重要；

2. 该经济利益对上述投资者或投资组合并不重大；

3. 该经济利益不能使上述投资者或投资组合控制该实体。

（三）从审计客户购买商品或服务

会计师事务所、审计项目团队成员或其主要近亲属从审计客户购买商品或服务，如果按照正常的商业程序公平交易，通常不会对独立性产生不利影响。如果交易性质特殊或金额较大，可能因自身利益产生不利影响。会计师事务所应当评价不利影响的严重程度，并在必要时采取防范措施消除不利影响或将其降低至可接受的水平。

举例来说，可能能够消除此类不利影响的防范措施包括：

1. 取消交易或降低交易规模；

2. 将相关审计项目团队成员调离审计项目团队。

三、家庭和私人关系

如果审计项目团队成员与审计客户的董事、高级管理人员，或某类员工（取决于该员工在审计客户中担任的角色）存在家庭和私人关系，可能因自身利益、密切关系或外在压力对独立性产生不利影响。不利影响存在与否及其严重程度主要取决于该成员在审计项目团队中的角色、其家庭成员或相关人员在客户中的职位以及关系的密切程度等。

（一）审计项目团队成员的主要近亲属

1. 如果审计项目团队成员的主要近亲属是审计客户的董事、高级管理人员或担任能够对被审计财务报表或会计记录的编制施加重大影响的职位的员工（以下简称“特定员工”），或者在业务期间或财务报表涵盖的期间曾担任上述职务，将对独立性产生非常严重的不利影响，导致没有防范措施能够消除该不利影响或将其降低至可接受的水平。拥有此类关系的人员不得成为审计项目团队成员。

2. 如果审计项目团队成员的主要近亲属在审计客户中所处职位能够对客户的财务状况、经营成果和现金流量施加重大影响，将可能因自身利益、密切关系或外在压力对独立性产生不利影响。

不利影响存在与否及其严重程度主要取决于下列因素：

（1）主要近亲属在客户中的职位；

（2）该成员在审计项目团队中的角色。

会计师事务所应当评价不利影响的严重程度，并在必要时采取防范措施消除不利影响或将其降低至可接受的水平。

举例来说，防范措施可能包括：

1. 将该成员调离审计项目团队，可能能够消除不利影响；

2. 合理安排审计项目团队成员的职责，使该成员的工作不涉及其主要近亲属的职责范围，可能能够将不利影响降低至可接受的水平。

（二）审计项目团队成员的其他近亲属

如果审计项目团队成员的其他近亲属是审计客户的董事、高级管理人员或特定员工，将因自身利益、密切关系或外在压力对独立性产生不利影响。不利影响的严重程度主要取决于下列因素：

1. 审计项目团队成员与其他近亲属的关系；

2. 其他近亲属在客户中的职位；

3. 该成员在审计项目团队中的角色。

会计师事务所应当评价不利影响的严重程度，并在必要时采取防范措施消除不利影响或将其降低至可接受的水平。

举例来说，防范措施可能包括：

1. 将该成员调离审计项目团队，可能能够消除不利影响；

2. 合理安排审计项目团队成员的职责，使该成员的工作不涉及其他近亲属的职责范围。

（三）审计项目团队成员的其他密切关系

如果审计项目团队成员与审计客户的员工存在密切关系，并且该员工是审计客户的董事、高级管理人员或特定员工，即使该员工不是审计项目团队成员的近亲属，也将对独立性产生不利影响。拥有此类关系的审计项目团队成员应当按照会计师事务所的政策和程序进行咨询。不利影响的严重程度主要取决于下列因素：

1. 该员工与审计项目团队成员的关系；
2. 该员工在客户中的职位；
3. 该成员在审计项目团队中的角色。

会计师事务所应当评价不利影响的严重程度，并在必要时采取防范措施消除不利影响或将其降低至可接受的水平。

举例来说，防范措施可能包括：

1. 将该成员调离审计项目团队，可能能够消除不利影响；
2. 合理安排该成员的职责，使其工作不涉及与之存在密切关系的员工的职责范围，可能能够将不利影响降低至可接受的水平。

（四）审计项目团队成员以外人员的家庭和私人关系

会计师事务所中审计项目团队以外的合伙人或员工，与审计客户的董事、高级管理人员或特定员工之间存在家庭或私人关系，可能因自身利益、密切关系或外在压力产生不利影响。会计师事务所合伙人或员工在知悉此类关系后，应当按照会计师事务所的政策和程序进行咨询。不利影响存在与否及其严重程度主要取决于下列因素：

1. 该合伙人或员工与审计客户的董事、高级管理人员或特定员工之间的关系；
2. 该合伙人或员工与审计项目团队之间的相互影响；
3. 该合伙人或员工在会计师事务所中的角色；
4. 董事、高级管理人员或特定员工在审计客户中的职位。

会计师事务所应当评价不利影响的严重程度，并在必要时采取防范措施消除不利影响或将其降低至可接受的水平。

举例来说，防范措施可能包括：

1. 合理安排该合伙人或员工的职责，以减少对审计项目团队可能产生的影响；
2. 由审计项目团队以外的适当复核人员复核已执行的相关审计工作。

第四节　与审计客户发生人员交流

一、与审计客户发生雇佣关系

（一）一般规定

如果审计客户的董事、高级管理人员或特定员工，曾经是审计项目团队的成员或会计师事务所的合伙人，可能因密切关系或外在压力产生不利影响。

1. 审计项目团队前任成员或会计师事务所前任合伙人担任审计客户的重要职位且与事务所保持重要联系。

如果审计项目团队前任成员或会计师事务所前任合伙人加入审计客户，担任董事、高级管理人员或特定员工，会计师事务所应当确保上述人员与会计师事务所之间不再保持重要交往。如果会计师事务所与该类人员仍保持重要交往，除非同时满足下列条件，否则将产生非常严重的不利影响，导致没有防范措施能够消除不利影响或将其降低至可接受的水平：

（1）该人员无权从会计师事务所获取报酬或福利，除非报酬或福利是按照预先确定的固定金额支付的；

（2）应付该人员的金额（如有）对会计师事务所不重要；

（3）该人员未继续参与，并且在外界看来未参与会计师事务所的经营活动或职业活动。

即使同时满足上述条件，仍可能因密切关系或外在压力对独立性产生不利影响。

2. 会计师事务所前任合伙人加入的某一实体成为审计客户。

如果会计师事务所前任合伙人加入某一实体并担任董事、高级管理人员或特定员工，而该实体随后成为会计师事务所的审计客户，则可能因密切关系或外在压力对独立性产生不利影响。

不利影响存在与否及其严重程度主要取决于下列因素：

（1）该人员在审计客户中担任的职位；

（2）该人员将与审计项目团队交往的程度；

（3）该人员离开审计项目团队或会计师事务所合伙人职位的时间长短；

（4）该人员以前在审计项目团队、会计师事务所中的角色，例如，该人员是否负责与客户管理层和治理层保持定期联系。

会计师事务所应当评价不利影响的严重程度，并在必要时采取防范措施消除不利影响或将其降低至可接受的水平。

举例来说，防范措施可能包括：

（1）修改审计计划；

（2）向审计项目团队分派与该人员相比经验更加丰富的人员；

（3）由适当复核人员复核前任审计项目团队成员已执行的工作。

3. 审计项目团队某成员拟加入审计客户。

如果审计项目团队某一成员参与审计业务，当知道自己在未来某一时间将要或有可能加入审计客户时，将因自身利益产生不利影响。会计师事务所应当制定政策和程序，要求审计项目团队成员在与审计客户协商受雇于该客户时，向会计师事务所报告。在接到报告后，会计师事务所应当评价不利影响的严重程度，并在必要时采取防范措施消除不利影响或将其降低至可接受的水平。

举例来说，防范措施可能包括：

（1）将该成员调离审计项目团队，可能能够消除不利影响；

（2）由审计项目团队以外的适当复核人员复核该成员在审计项目团队中作出的重大判断，可能能够将其不利影响降低至可接受的水平。

（二）属于公众利益实体的审计客户

1. 关键审计合伙人加入审计客户担任重要职位。

关键审计合伙人是指项目合伙人、项目质量复核人员，以及审计项目组中负责对财务报表审计所涉及的重大事项作出关键决策或判断的其他审计合伙人。其他审计合伙人还可能包括负责审计重要子公司或分支机构的合伙人。

如果某一关键审计合伙人加入属于公众利益实体的审计客户，担任董事、高级管理人员或特定员工，除非该合伙人不再担任该公众利益实体的关键审计合伙人后，该公众利益实体发布的已审计财务报表涵盖期间不少于12个月，并且该合伙人未参与该财务报表的审计，否则独立性将视为受到损害。例如，如图23－5所示，假设会计师事务所审计一家以公历年为会计年度的上市公司的2009年度的财务报表。如果某审计项目组的前任关键审计合伙人曾为该客户2009年度审计工作执行任务，且该客户发布已审计2010年度财务报表的日期是2011年3月31日，此人最早可以加入该客户并担任董事、高级管理人员或特定员工的时间是在2011年4月1日。

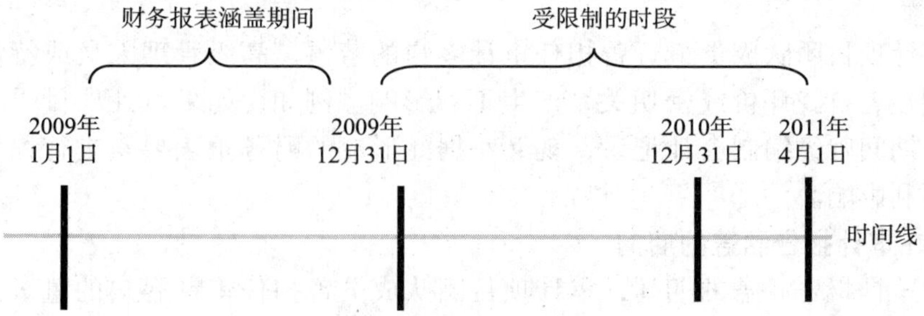

图23－5 受限制的时段示例

2. 前任高级合伙人加入审计客户担任重要职位。

如果会计师事务所前任高级合伙人（或管理合伙人，或同等职位的人员）加入属于公众利益实体的审计客户，担任董事、高级管理人员或特定员工，除非该高级合伙人不再担任该职位已超过12个月，否则独立性将被视为受到损害。

3. 因企业合并原因导致前任成员加入审计客户担任重要职位。

如果由于企业合并的原因，会计师事务所前任关键审计合伙人或前任高级合伙人担任属于公众利益实体的审计客户的董事、高级管理人员或特定员工，在同时满足下列条件时，不被视为独立性受到损害：

（1）当该人员接受该职务时，并未预料到会发生企业合并；

（2）该人员在会计师事务所中应得的报酬或福利都已全额支付，除非报酬或福利是按照预先确定的固定金额支付的，并且应付该人员的金额对会计师事务所不重要；

（3）该人员未继续参与，或在外界看来未参与会计师事务所的经营活动或职业活动；

（4）已就该人员在审计客户中的职位与治理层讨论。

二、临时借出员工

如果会计师事务所向审计客户借出员工，可能因自我评价、过度推介或密切关系产生不利影响。除非同时满足下列条件，否则会计师事务所不得向审计客户借出员工：

1. 仅在短期内向客户借出员工；

2. 借出的员工不参与注册会计师职业道德守则禁止提供的非鉴证服务；

3. 该员工不承担审计客户的管理层职责，且审计客户负责指导和监督该员工的活动。

会计师事务所应当评价借出员工产生不利影响的严重程度，并在必要时采取防范措施消除不利影响或将其降低至可接受的水平。

举例来说，防范措施可能包括：

1. 对借出员工的工作进行额外复核，可能能够应对因自我评价产生的不利影响；

2. 合理安排审计项目团队成员的职责，使借出员工不对其在借调期间执行的工作进行审计，可能能够应对因自我评价产生的不利影响；

3. 不安排借出员工作为审计项目团队成员，可能能够应对因密切关系或过度推介产生的不利影响。

三、最近曾担任审计客户的董事、高级管理人员或特定员工

如果审计项目团队成员最近曾担任审计客户的董事、高级管理人员或特定员工，可能因自身利益、自我评价或密切关系产生不利影响。例如，如果审计项目团队成员在审计客户工作期间曾经编制会计记录，现又对据此形成的财务报表要素进行评价，则可能产生这些不利影响。

（一）在审计报告涵盖的期间

如果在审计报告涵盖的期间，审计项目团队成员曾担任审计客户的董事、高级管理人员或特定员工，将产生非常严重的不利影响，导致没有防范措施能够将其降低至可接受的水平。会计师事务所不得将此类人员分派到审计项目团队。

（二）在审计报告涵盖的期间之前

如果在审计报告涵盖的期间之前，审计项目团队成员曾担任审计客户的董事、高级管理人员或特定员工，可能因自身利益、自我评价或密切关系产生不利影响。例如，如果在当期需要评价此类人员以前就职于审计客户时作出的决策或工作，将产生这些不利影响。不利影响存在与否及其严重程度主要取决于下列因素：

1. 该成员在客户中曾担任的职务；

2. 该成员离开客户的时间长短；

3. 该成员在审计项目团队中的角色。

会计师事务所应当评价不利影响的严重程度，并在必要时采取防范措施将其降低至可接受的水平。举例来说，防范措施可能包括由适当复核人员复核该成员已执行的工作等。

四、兼任审计客户的董事或高级管理人员

如果会计师事务所的合伙人或员工兼任审计客户的董事或高级管理人员，将因自我评价和自身利益产生非常严重的不利影响，导致没有防范措施能够将其降低至可接受的水平。会计师事务所的合伙人或员工不得兼任审计客户的董事或高级管理人员。

第五节　与审计客户长期存在业务关系

一、一般规定

会计师事务所长期委派同一名合伙人或高级员工执行某一客户的审计业务，将因密切关系和自身利益对独立性产生不利影响。不利影响的严重程度主要取决于下列因素：

1. 该人员与客户之间关系的总体时间长度，包括该人员在之前的会计师事务所中与该客户之间已存在的关系（如适用）；

2. 该人员成为审计项目组成员的时间长短及其所承担的角色；

3. 更高层人员对该人员所实施的工作进行指导、复核和监督的程度；

4. 根据其资历，该人员能够影响审计结果的程度，例如，该人员可能作出关键决策或指导审计项目组其他成员的工作；

5. 该人员与客户高级管理层或治理层之间关系的密切程度；

6. 该人员与客户高级管理层或治理层之间互动的性质、频率和程度；

7. 审计客户会计和财务报告问题的性质和复杂程度，以及性质和复杂程度是否发生变化；

8. 审计客户高级管理层或治理层近期是否发生变动；

9. 审计客户的组织结构是否发生变动，从而影响会计师事务所人员与客户高级管理层或治理层之间互动的性质、频率和程度。

上述的两个或多个因素相组合可能提高或降低不利影响的严重程度。例如，会计师事务所人员与客户高级管理层之间由于交往时间长而形成的密切关系，可能会随着该客户管理层成员的离职而减弱，相应的由该密切关系产生的不利影响也会降低。

举例来说，防范措施可能包括：

1. 将与审计客户长期存在业务关系的人员轮换出审计项目团队，可能能够消除不利影响；

2. 变更与审计客户长期存在业务关系的人员在审计项目团队中担任的角色或其所实施任务的性质和范围，可能能够将不利影响降低至可接受的水平；

3. 由审计项目团队以外的适当复核人员复核与审计客户长期存在业务关系的人员所执行的工作，可能能够将不利影响降低至可接受的水平；

4. 定期对该业务实施独立的内部或外部质量复核，可能能够将不利影响降低至可接受的水平。

如果确定所产生的不利影响仅能通过将该人员轮换出审计项目团队予以应对，会计师事务所应当确定一个适当的期间，在该期间内该人员不得有下列行为：

1. 成为审计项目组成员；

2. 对该审计项目实施质量管理；

3. 对该审计项目的结果施加直接影响。

这一期间应当足够长，以确保因密切关系或自身利益产生的不利影响能够得以应对。

二、属于公众利益实体的审计客户

（一）与公众利益实体审计客户关键审计合伙人轮换相关的任职期

如果审计客户属于公众利益实体，会计师事务所任何人员担任下列一项或多项职务的累计时间不得超过五年：

1. 项目合伙人；
2. 项目质量复核人员；
3. 其他属于关键审计合伙人的职务。

任期结束后，该人员应当遵守有关冷却期的规定。

此外，在任期内，如果某人员继担任项目合伙人之后立即或短时间内担任项目质量复核人员，可能因自我评价对客观公正原则产生不利影响，该人员不得在二年内担任该审计业务的项目质量复核人员。

注册会计师担任上述职务的时间应当累计计算，除非该人员不再担任这些职务的期间达到最短时间要求，否则累计期间不得清零并重新计算。最短时间要求应当是一个连续的期间，至少等于该人员所适用的冷却期。该人员担任的职务不同，冷却期的长度也不同，具体来说，某人员适用的冷却期应当根据该人员不再担任相应职务前所担任的职务来确定。例如，如果某人员担任某个审计客户的项目合伙人三年，之后被调离该审计项目组二年，则该人员最多只能继续担任该审计业务的关键审计合伙人二年（即五年减去累计的三年）。在此之后，该人员必须遵守有关冷却期的规定。

在极其特殊的情况下，会计师事务所可能因无法预见和控制的情形而不能按时轮换关键审计合伙人。如果关键审计合伙人的连任对审计质量特别重要，在获得审计客户治理层同意的前提下，并且通过采取防范措施能够消除对独立性的不利影响或将其降低至可接受的水平，则在法律法规允许的情况下，该人员担任关键审计合伙人的期限可以延长一年。

如果审计客户成为公众利益实体，在确定关键审计合伙人的任职时间时，会计师事务所应当考虑，在该客户成为公众利益实体之前，该合伙人作为关键审计合伙人已为该客户提供服务的时间。

如果在审计客户成为公众利益实体之前，该合伙人作为关键审计合伙人已为该客户服务的时间不超过三年，则该人员还可以为该客户继续提供服务的年限为五年减去已经服务的年限。

如果在审计客户成为公众利益实体之前，该合伙人作为关键审计合伙人已为该客户服务了四年或更长的时间，在取得客户治理层同意的前提下，该合伙人最多还可以继续服务二年。

如果审计客户是首次公开发行证券的公司，关键审计合伙人在该公司上市后连续执行审计业务的期限，不得超过二个完整会计年度。

（二）与公众利益实体审计客户关键审计合伙人轮换相关的冷却期

任期结束后，该人员应当遵守下列冷却期的规定：

1. 如果某人员担任项目合伙人或其他签字注册会计师累计达到五年，冷却期应当为连续五年；

2. 如果某人员担任项目质量复核人员累计达到五年，冷却期应当为连续三年；

3. 如果某人员担任其他关键审计合伙人累计达到五年，冷却期应当为连续二年。

如果某人员相继担任多项关键审计合伙人职责，冷却期应当按照以下规定：

1. 担任项目合伙人累计达到三年或以上，冷却期应当为连续五年；

2. 担任项目质量复核人员累计达到三年或以上，冷却期应为连续三年；

3. 担任项目合伙人和项目质量复核人员累计达到三年或以上，但累计担任项目合伙人未达到三年，冷却期应当为连续三年；

4. 担任多项关键审计合伙人职责，并且不符合上述各项情况，冷却期应当为连续二年。

在确定某人员担任关键审计合伙人的年限时，服务年限应当包括该人员在之前任职的会计师事务所工作时针对同一审计业务担任关键审计合伙人的年限（如适用）。

在冷却期内，关键审计合伙人不得有下列行为：

1. 成为审计项目组成员或为审计项目提供项目质量管理。

2. 就有关技术或行业特定问题、交易或事项向审计项目组或审计客户提供咨询（如果与审计项目组沟通仅限于该人员任职期间的最后一个年度所执行的工作或得出的结论，并且该工作和结论与审计业务仍然相关，则不违反本项规定）。

3. 负责领导或协调会计师事务所向审计客户提供的专业服务，或者监控会计师事务所与审计客户的关系。

4. 执行上述各项未提及的、涉及审计客户且导致该人员出现下列情况的职责或活动（包括提供非鉴证服务）：

（1）与审计客户高级管理层或治理层进行重大或频繁的互动；

（2）对审计业务的结果施加直接影响。

上述规定并非旨在禁止个人担任会计师事务所的领导层职务，如高级合伙人或管理合伙人。

表 23－1 和表 23－2 分别汇总了关键审计合伙人在不同情况下的轮换时间表。

表 23－1　　适用于一般情况下已为公众利益实体的审计客户

关键审计合伙人	任职期	冷却期
项目合伙人和其他签字注册会计师	5 年	5 年
项目质量复核人员	5 年	3 年
其他关键审计合伙人	5 年	2 年

表 23-2　　适用于客户成为公众利益实体后的轮换时间

在审计客户成为公众利益实体前的服务年限（X 年）	成为公众利益实体后继续提供服务的年限	冷却期		
		项目合伙人	项目质量复核人员	其他关键审计合伙人
X≤3 年	(5-X) 年	5 年	3 年	2 年
X≥4 年	2 年	5 年	3 年	2 年
如客户是首次公开发行证券	2 年	5 年	3 年	2 年

第六节　为审计客户提供非鉴证服务

一、一般规定

会计师事务所可能向其审计客户提供与其技能和专长相符的非鉴证服务。向审计客户提供非鉴证服务，可能对多项职业道德基本原则产生不利影响。本节并未涵盖会计师事务所向审计客户提供的所有非鉴证服务。当遇到本节未列举的非鉴证服务时，注册会计师应当运用职业道德概念框架予以应对。

在接受委托向审计客户提供非鉴证服务之前，会计师事务所应当确定提供该服务是否将对独立性产生不利影响。在评价不利影响存在与否及其严重程度时，注册会计师通常需要考虑下列因素：

1. 非鉴证服务的性质、范围和目的；

2. 审计业务对该非鉴证服务结果的依赖程度；

3. 与提供该非鉴证服务相关的法律和监管环境；

4. 非鉴证服务的结果是否影响被审计财务报表中的相关事项，如果影响，影响的程度以及在确定这些事项的金额或会计处理方法时涉及的主观程度；

5. 客户管理层和员工在该非鉴证服务方面的专长水平；

6. 客户针对重大判断事项的参与程度；

7. 非鉴证服务对与客户会计记录、财务报表、财务报告内部控制相关的系统所产生影响的性质和程度（如有）；

8. 客户是否属于公众利益实体，如果客户属于公众利益实体，通常认为会产生更为严重的不利影响。

本节的相关内容涉及对财务报表重要性的考虑，注册会计师可以参考相关审计准则的规定。对重要性的考虑需要运用职业判断，并从性质和数量两个方面进行考虑，同时，重要性也受报表使用者对财务信息需求的影响。会计师事务所可能向同一审计客户提供多种非鉴证服务。在这种情况下，会计师事务所应当综合考虑因提供这些服务可能产生的不利影响。如果注册会计师职业道德守则不允许会计师事务所为其审计客户提供某项服务，则会计师事务所不得以任何形式参与提供该服务。

当审计客户成为公众利益实体时，除非同时满足下列条件，否则会计师事务所向该客户提供非鉴证服务（无论是当前还是以往提供的）将会损害会计师事务所的独立性：

1. 以往向该客户提供的非鉴证服务符合有关向非公众利益实体提供非鉴证服务的规定；

2. 对于当前正在向该客户提供的非鉴证服务，如果属于不允许向公众利益实体审计客户提供的非鉴证服务，应当在客户成为公众利益实体之前终止，或之后尽快终止；

3. 会计师事务所采取防范措施应对超出可接受水平的不利影响。

二、承担管理层职责

会计师事务所承担审计客户的管理层职责，将因自身利益、自我评价、密切关系、过度推介对独立性产生非常严重的不利影响，导致没有防范措施能够将其降低至可接受的水平。会计师事务所不得承担审计客户的管理层职责。审计客户的管理层职责涉及控制和领导该客户的各项工作，包括针对人力资源、财务资源、技术资源、有形或无形资源的取得、配置和控制作出重大决策。会计师事务所应当根据具体情况确定某项活动是否属于承担管理层职责。下列活动通常被视为承担管理层职责：

1. 制定政策和战略方针；

2. 招聘或解雇员工；

3. 指导员工与工作有关的行动并对其行动负责；

4. 对交易进行授权；

5. 控制或管理银行账户或投资；

6. 确定采纳会计师事务所或其他第三方提出的建议；

7. 代表管理层向治理层报告；

8. 负责按照适用的财务报告编制基础编制财务报表；

9. 负责设计、执行、监督和维护内部控制。

如果会计师事务所仅向审计客户提供意见和建议以协助其管理层履行职责，通常不视为承担管理层职责。为避免在向审计客户提供非鉴证服务时承担管理层职责，会计师事务所应当确保属于管理层职责的所有判断和决策都由客户管理层作出。

职业道德守则禁止会计师事务所承担审计客户的管理层职责或向审计客户提供某些非鉴证服务。对于会计师事务所将对其财务报表发表审计意见的审计客户的下列关联实体，在满足一定条件的情况下，会计师事务所可以承担管理层职责或向其提供某些职业道德守则禁止提供的非鉴证服务：

1. 直接或间接控制该审计客户的实体；

2. 在该审计客户中拥有直接经济利益的实体，该实体能够对审计客户施加重大影响，并且在客户中拥有的经济利益对该实体重大；

3. 与该审计客户处于同一控制下的实体。

上述规定需要同时满足下列条件：

1. 会计师事务所不对该关联实体的财务报表发表意见；

2. 会计师事务所不对接受审计的实体直接或间接承担管理层职责；

3. 由于非鉴证服务的结果不构成实施审计程序的对象，因而该非鉴证服务不会因自我评价对独立性产生不利影响；

4. 会计师事务所采取防范措施应对因提供此类服务而产生的超出可接受水平的其他不利影响。

三、会计和记账服务

会计师事务所向审计客户提供会计和记账服务，可能因自我评价对独立性产生不利影响。会计和记账服务主要包括编制会计记录和财务报表（包括财务报表附注）、记录交易、工资服务等服务。

（一）编制财务报表是管理层的职责

按照适用的财务报告编制基础编制财务报表是管理层的职责，这种职责包括但不限于：

1. 设计、执行和维护必要的内部控制，以使财务报表不存在舞弊或错误导致的重大错报；

2. 评估被审计单位的持续经营能力和运用持续经营假设是否适当，并披露与持续经营相关的事项（如适用）；

3. 确定会计政策并运用该政策确定会计处理方法，并作出恰当的会计估计；

4. 编制或更改会计分录，确定或批准交易的账户分类；

5. 编制或更改以电子形式或其他形式存在的、用以证明交易发生的相关凭证或数据。

（二）不对独立性产生不利影响的活动

1. 沟通审计相关的事项。

在审计过程中，会计师事务所与审计客户管理层可能就下列事项进行沟通：

（1）对会计准则或会计政策，以及财务报表披露要求的运用；

（2）财务报告内部控制的有效性，以及资产、负债计量方法的适当性；

（3）审计调整建议。

这些活动通常被视为审计过程的正常组成部分，只要审计客户负责就会计记录及财务报表的编制作出决策，通常不对独立性产生不利影响。

2. 提供会计咨询服务。

审计客户可能要求会计师事务所在下列方面提供技术支持或建议等会计咨询服务：

（1）解决账户调节问题；

（2）分析和收集监管机构要求提供的信息；

（3）为会计准则转换（如为了遵守集团会计政策从企业会计准则转换为国际财务报告准则）提供咨询服务；

（4）协助了解相关会计准则、原则和解释，分享领先的行业最佳实践。

如果会计师事务所不承担审计客户的管理层职责，通常不会对独立性产生不利影响。

3. 日常性或机械性的会计和记账服务。

日常性或机械性的会计和记账服务通常不需要很多职业判断。这类服务的例子包括：

（1）根据来源于客户的数据编制工资计算表或工资报告，供客户批准并支付；

（2）在客户已确定或批准账户分类的前提下，以原始凭证（如水电费单据）或原始数据为基础，记录易于确定其金额并且重复发生的交易；

（3）根据客户确定的折旧政策、预计使用寿命和净残值计算固定资产折旧；

（4）将客户已记录的交易过入总分类账；

（5）将客户批准的分录过入试算平衡表；

（6）根据客户批准的试算平衡表中的信息编制财务报表，根据客户批准的记录编制相关财务报表附注。

4. 向不属于公众利益实体的审计客户提供会计和记账服务。

除非同时满足下列条件，否则会计师事务所不得向不属于公众利益实体的审计客户提供会计和记账服务，包括编制被审计财务报表（包括财务报表附注）或构成财务报表基础的财务信息：

（1）该服务是日常性或机械性的；

（2）会计师事务所能够采取防范措施应对因提供此类服务产生的超出可接受水平的不利影响。

举例来说，防范措施可能包括：

（1）由审计项目团队以外的专业人员提供此类服务；

（2）由未参与提供此类服务的适当复核人员复核已执行的审计工作或所提供的此类服务。

5. 向公众利益实体的审计客户提供会计和记账服务。

在同时满足下列条件的情况下，会计师事务所可以向属于公众利益实体的审计客户的分支机构或关联实体提供会计和记账服务：

（1）该服务是日常性或机械性的；

（2）提供服务的人员不是审计项目团队成员；

（3）接受该服务的分支机构或关联实体从整体上对被审计财务报表不具有重要性，或者该服务所涉及的事项从整体上对该分支机构或关联实体的财务报表不具有重要性。

除上述情形外，会计师事务所不得向属于公众利益实体的审计客户提供会计和记账服务，包括编制被审计财务报表（包括财务报表附注）或构成财务报表基础的财务信息。

四、行政事务性服务

行政事务性服务包括协助客户执行正常经营过程中的日常性或机械性任务。此类服务通常不需要很多职业判断，且属于文书性质的工作。行政事务性服务的例子包括：

1. 文字处理服务；
2. 编制行政或法定表格供客户审批；
3. 按照客户的指示将该表格提交给各级监管机构；
4. 跟踪法定报备日期，并告知审计客户该日期。

向审计客户提供上述行政事务性服务通常不会对独立性产生不利影响。

五、评估服务

评估包括对未来发展趋势提出相关假设，运用适当的方法和技术，以确定资产、负债或企业整体的价值或价值区间。

（一）影响独立性的因素及防范措施

向审计客户提供评估服务可能因自我评价或过度推介对独立性产生不利影响。不利影响存在与否及其严重程度主要取决于下列因素：

1. 评估报告的用途和目的；
2. 是否对外公布评估报告；
3. 在确定和批准评估方法以及其他重大判断事项时，客户的参与程度；
4. 在运用标准或既定的方法进行评估时，评估事项的固有主观程度；
5. 评估结果是否对财务报表产生重大影响；
6. 评估相关的财务报表披露的范围和明晰程度；
7. 对能引起评估金额发生重大波动的未来事项的依赖程度。

会计师事务所应当评价不利影响的严重程度，并在必要时采取防范措施消除不利影响或将其降低至可接受的水平。

举例来说，防范措施可能包括：

1. 由审计项目团队以外的专业人员提供评估服务，可能能够应对因自我评价或过度推介产生的不利影响；
2. 由未参与评估服务的适当复核人员复核所执行的审计工作或提供的服务，可能能够应对因自我评价产生的不利影响。

（二）对独立性不产生不利影响的评估业务

如果审计客户要求会计师事务所提供评估服务，以帮助其履行纳税申报义务或满足税务筹划目的，并且评估的结果不对财务报表产生直接影响，且间接影响并不重大，或者评估服务经税务机关或类似监管机构外部复核，则通常不对独立性产生不利影响。

（三）对独立性产生不利影响的评估业务

如果评估结果涉及高度的主观性，且评估服务对被审计财务报表具有重大影响，会计师事务所不得向审计客户提供这种评估服务。

在审计客户属于公众利益实体的情况下，如果评估结果单独或累积起来对被审计财务报表具有重大影响，则会计师事务所不得向该审计客户提供这种评估服务。在执行集团审计时，它指该集团的合并财务报表。在执行单一实体审计时，它指该单一实体的财务报表。

六、税务服务

（一）税务服务种类

税务服务通常包括下列种类：

1. 编制纳税申报表；
2. 为进行会计处理计算税额；
3. 税务筹划和其他税务咨询服务；
4. 与评估有关的税务服务；
5. 协助解决税务纠纷。

（二）决定不利影响严重程度的因素

会计师事务所向审计客户提供某些税务服务，可能因自我评价或过度推介产生不利影响。不利影响存在与否及其严重程度主要取决于下列因素：

1. 业务的具体特征；

2. 客户员工的税务专业水平；

3. 税务机关评价和管理有争议税务问题的方式，以及会计师事务所在该过程中的角色；

4. 税收法律法规的复杂程度，以及应用时需要进行判断的程度。

（三）编制纳税申报表的服务

编制纳税申报表的服务包括：

1. 编制信息，以协助客户履行纳税申报义务，例如，计算应向税务机关缴纳的税额（通常采用标准化的表格）；

2. 对已发生交易的纳税申报处理方法提供建议；

3. 代表审计客户向税务机关提供所要求的附加信息和分析（例如，对所采用的方法提供解释和技术支持）。

由于纳税申报表须经税务机关审查或批准，如果管理层对纳税申报表承担责任，会计师事务所提供此类服务通常不对独立性产生不利影响。

（四）计算当期所得税或递延所得税负债（或资产）

1. 计算当期所得税或递延所得税负债（或资产）对独立性的影响。

基于进行会计处理的目的，为审计客户计算当期所得税或递延所得税负债（或资产），将因自我评价产生不利影响。不利影响的严重程度除上述提供税务服务所列因素外，还可能取决于该项计算是否可能对被审计财务报表产生重大影响。

2. 对不利影响的防范措施。

如果审计客户不属于公众利益实体，或者审计客户属于公众利益实体，但为其计算的当期所得税或递延所得税对被审计财务报表不重要。

举例来说，下列防范措施可能能够应对上述因自我评价产生的不利影响：

（1）由审计项目团队以外的专业人员提供此类服务；

（2）由不参与提供此类服务的适当复核人员复核所执行的审计工作或提供的此类服务。

在审计客户属于公众利益实体的情况下，会计师事务所不得计算当期所得税或递延所得税，以用于编制对被审计财务报表具有重大影响的会计分录。

（五）税务筹划或其他税务咨询服务

1. 税务筹划或其他税务咨询服务的种类。

税务筹划或其他税务咨询服务有多种类型，例如，向审计客户提供如何节税，或如何运用新的税收法律法规的建议。

2. 决定不利影响严重程度的因素。

提供税务筹划或其他税务咨询服务可能因自我评价或过度推介对独立性产生不利影响。除上述提供税务服务所列影响因素外，不利影响存在与否及严重程度还可能取决于下列因素：

（1）在确定如何在财务报表中对税务建议进行处理时涉及的主观程度。

（2）在编制财务报表前，税务处理是否得到个别税务裁定的支持或税务机关的认可。例如，税务筹划或其他税务咨询服务提出的建议是否具有税务机关或其他先例作为明确的支持、是否属于既定惯例、是否具备税法依据。

（3）税务建议的结果是否对被审计财务报表产生重大影响。

（4）税务建议的有效性是否取决于会计处理或财务报表列报，以及根据相关财务报告编制基础，是否对会计处理或财务报表列报的适当性存有疑问。

举例来说，防范措施可能包括：

（1）由审计项目团队以外的专业人员提供此类服务，可能能够应对因自我评价或过度推介产生的不利影响；

（2）由未参与提供此类服务的适当复核人员复核所执行的审计工作或提供的此类服务，可能能够应对因自我评价产生的不利影响；

（3）获得税务机关的预先批准或建议，可能能够应对因自我评价或过度推介产生的不利影响。

如果税务建议的有效性取决于某项特定会计处理或财务报表列报，并且同时存在下列情况，将因自我评价产生非常严重的不利影响，导致没有防范措施能够消除不利影响或将其降低至可接受的水平，会计师事务所不得为审计客户提供税务筹划及其他税务咨询服务：

（1）审计项目团队对于相关会计处理或财务报表列报的适当性存有疑问；

（2）税务建议的结果或执行后果将对被审计财务报表产生重大影响。

3. 基于纳税申报或税务筹划目的的评估业务。

在向审计客户提供税务服务时，会计师事务所可能应审计客户的要求提供评估服务，以协助客户进行纳税申报或税务筹划。如果评估结果将对财务报表产生直接影响，会计师事务所应当按照本节关于评估服务的规定处理。

如果评估服务仅为满足税务目的，其结果对财务报表没有直接影响（即财务报表仅受有关涉税会计分录的影响），且间接影响并不重大，或者评估服务经税务机关或类似监管机构外部复核，则通常不对独立性产生不利影响。

如果评估服务未经外部复核，并且其对财务报表的影响重大，会计师事务所应当评价所产生不利影响的严重程度。除上述提供税务服务所列影响因素外，不利影响存在与否及其严重程度还可能取决于下列因素：

（1）评估方法是否具有明确的税收法律法规、其他先例或以惯例作为依据，以及评估固有的主观程度；

（2）基础数据的可靠性和范围。

会计师事务所应当评价不利影响的严重程度，并在必要时采取防范措施消除不利影响或将其降低至可接受的水平。

举例来说，防范措施可能包括：

（1）由审计项目团队以外的专业人员提供该服务，可能能够应对因自我评价或过度推介产生的不利影响；

（2）由未参与提供该服务的适当复核人员复核所执行的审计工作或提供的服务，可能能够应对因自我评价产生的不利影响；

（3）得到税务机关的预先批准或建议，可能能够应对因自我评价或过度推介产生的不利影响。

（六）协助解决税务纠纷

如果会计师事务所协助审计客户解决税务纠纷，一旦税务机关通知审计客户已经拒绝接受其对某项具体问题的主张，并且税务机关或审计客户已将该问题纳入正式的法律程序，则可能因过度推介或自我评价产生不利影响。除上述提供税务服务所列影响因素外，不利影响存在与否及其严重程度还可能取决于下列因素：

1. 管理层在解决税务纠纷时所起的作用；

2. 引起税务纠纷的事项是否与会计师事务所的建议相关；

3. 税务纠纷的结果是否对被审计财务报表产生重大影响；

4. 该事项是否具有明确的税收法律法规、其他先例或惯例为依据；

5. 解决税务问题的程序是否公开。

会计师事务所应当评价不利影响的严重程度，并在必要时采取防范措施消除不利影响或将其降低至可接受的水平。

举例来说，防范措施可能包括：

1. 由审计项目团队以外的专业人员提供该税务服务，可能能够应对因自我评价或过度推介产生的不利影响；

2. 由未参与提供该税务服务的适当复核人员复核所执行的审计工作或提供的服务，可能能够应对因自我评价产生的不利影响。

在提供税务服务时，如果该服务涉及在公开审理或仲裁的税务纠纷中担任审计客户的辩护人，并且所涉金额对被审计财务报表具有重大影响，会计师事务所不得向审计客户提供涉及协助解决税务纠纷的税务服务。在公开审理或仲裁期间，会计师事务所可以继续为审计客户提供有关法庭裁决事项的咨询。例如，协助客户对具体问题作出回复，提供背景材料或证词，或分析税收问题。

七、内部审计服务

（一）内部审计活动

内部审计的目标和工作范围因被审计单位的规模、组织结构、治理层和管理层需求的不同而存在很大差异。内部审计活动通常包括：

1. 监督内部控制，包括对控制进行复核，对其运行情况进行监控，并提供改进建议。

2. 通过下列方式检查财务信息和经营信息：

（1）复核用以确认、计量、分类和列报财务信息和经营信息的方法；

（2）对个别项目实施专项调查。专项调查包括对交易、账户余额和程序实施细节测试。

3. 评价被审计单位的经营活动，包括非财务活动的经济性、效率和效果。

4. 评价对法律法规、其他外部要求以及管理层政策、指令和其他内部规定的遵守情况。

（二）涉及承担管理层职责的内部审计服务

如果会计师事务所人员在为审计客户提供内部审计服务时承担管理层职责，将产生非常严重的不利影响，导致没有防范措施能够将其降低至可接受的水平。会计师事务所人员在向审计客户提供内部审计服务时不得承担管理层职责。涉及承担管理层职责的内部审计服务主要包括：

1. 制定内部审计政策或内部审计活动的战略方针；

2. 指导该客户内部审计员工的工作并对其负责；

3. 决定应执行来源于内部审计活动的建议；

4. 代表管理层向治理层报告内部审计活动的结果；

5. 执行构成内部控制组成部分的程序；

6. 负责设计、执行、监督和维护内部控制；

7. 实施企业内部控制评价工作，包括对内部控制的设计与运行情况的全面评估；

8. 提供内部审计外包服务，包括全部内部审计外包服务和重要内部审计外包服务，并且负责确定内部审计工作的范围。

（三）允许提供内部审计服务的情况

为避免承担管理层职责，只有在同时满足下列条件时，会计师事务所才能为审计客户提供内部审计服务：

1. 审计客户委派合适的、具有胜任能力的员工（最好是高级管理人员），始终负责内部审计活动，并承担设计、执行、监督和维护内部控制的责任；

2. 客户治理层或管理层复核、评估并批准内部审计服务的工作范围、风险和频率；

3. 客户管理层评价内部审计服务的适当性，以及执行内部审计发现的事项；

4. 客户管理层评价并确定应当实施内部审计服务提出的建议，并对实施过程进行管理；

5. 客户管理层向治理层报告注册会计师在内部审计服务中发现的重大问题和提出的建议。

（四）内部审计服务对独立性的不利影响

如果在审计中利用内部审计人员的工作，按照《中国注册会计师审计准则第1411号——利用内部审计人员的工作》的要求，注册会计师应当执行相应的程序，以评价内部审计工作的适当性。如果会计师事务所向审计客户提供内部审计服务，并且在审计中利用该服务的结果，可能导致审计项目团队不能恰当评价内部审计工作，或不会运用与会计师事务所以外的人员执行内部审计工作时相同水平的职业怀疑，这可能因自我评价对独立性产生不利影响。不利影响存在与否及其严重程度主要取决于下列因素：

1. 相关财务报表金额的重要性；

2. 与这些财务报表金额相关的认定层次错报风险；

3. 审计客户对内部审计服务的依赖程度，以及审计项目团队对内部审计工作的依赖程度。

举例来说，由审计项目团队以外的专业人员提供该内部审计服务，可能能够应对因自我评价产生的不利影响。

（五）不得向属于公众利益实体的审计客户提供内部审计服务

在审计客户属于公众利益实体的情况下，会计师事务所不得提供与下列方面有关的内部审计服务：

1. 财务报告内部控制的组成部分；

2. 财务会计系统；

3. 单独或累积起来对被审计财务报表具有重大影响的金额或披露。

八、信息技术系统服务

信息技术系统可用于积累原始数据，构成与财务报告相关的内部控制的组成部分，或生成影响会计记录或者财务报表的信息。信息技术系统也可能与审计客户的会计记录、财务报告内部控制及财务报表无关。会计师事务所提供信息技术系统服务是否因自我评价产生不利影响，取决于服务和信息技术系统的性质。

（一）不对独立性产生不利影响的信息技术系统服务

如果会计师事务所人员不承担管理层职责，则提供下列信息技术系统服务不被视为对独立性产生不利影响：

1. 设计或操作与财务报告内部控制无关的信息技术系统；

2. 设计或操作信息技术系统，其生成的信息不构成会计记录或财务报表的重要组成部分；

3. 实施由第三方开发的会计或财务信息报告软件（如果无需对软件进行较大改动就能适应客户的需求，例如针对第三方开发的软件仅进行配置而不需要进行定制化开发）；

4. 对由其他服务提供商或审计客户自行设计并实施的系统进行评价和提出建议。

（二）向审计客户提供信息技术系统服务

如果向审计客户提供信息技术系统服务，会计师事务所应当确保同时满足下列条件：

1. 审计客户认可其对建立和监督内部控制的责任；

2. 审计客户委派具有胜任能力的员工（最好是高级管理人员）负责作出有关系统设计和操作的所有管理决策；

3. 审计客户作出与系统设计和实施过程有关的所有管理决策；

4. 审计客户评价系统设计和实施的适当性及结果；

5. 审计客户对系统运行以及系统使用或生成的数据负责。

会计师事务所向审计客户提供信息技术系统服务，可能因自我评价产生不利影响。不利影响存在与否及其严重程度主要取决于下列因素：

1. 该服务的性质；

2. 信息技术系统的性质及其对客户会计记录或财务报表的影响程度；

3. 审计中对特定信息技术系统的依赖程度。

举例来说，由审计项目团队以外的专业人员提供该服务，可能能够应对因自我评价产生的不利影响。

（三）向属于公众利益实体的审计客户提供有关信息技术系统服务

如果存在下列情形之一时，会计师事务所不得向属于公众利益实体的审计客户提供或设计与实施信息技术系统相关的服务：

1. 信息技术系统构成财务报告内部控制的重要组成部分；

2. 信息技术系统生成的信息对会计记录或被审计财务报表影响重大。

九、诉讼支持服务

诉讼支持服务可能包括下列活动：

1. 担任证人，包括专家证人；

2. 计算诉讼或其他法律纠纷涉及的估计损失或其他应收、应付的金额；

3. 协助管理和检索文件。

会计师事务所向审计客户提供诉讼支持服务，可能因自我评价或过度推介产生不利影响。不利影响存在与否及其严重程度主要取决于下列事项：

1. 提供服务所处的法律和监管环境，例如，法院是否会选择或委任专家证人；

2. 服务的性质和特征；

3. 服务的结果是否对会计师事务所将发表意见的财务报表产生重大影响。

举例来说，由审计项目团队以外的专业人员提供此类服务，可能能够应对因自我评价或过度推介产生的不利影响。

如果会计师事务所向审计客户提供诉讼支持服务涉及对损失或其他金额的估计，并且这些损失或其他金额影响被审计财务报表，会计师事务所应当遵守关于评估服务的规定。

十、法律服务

（一）法律服务的内容

法律服务主要包括为客户提供法律咨询、担任首席法律顾问、担任辩护人等服务。法律服务通常是指必须由符合下列条件之一的人员提供的服务：

1. 已取得执行法律业务所需要的专业资格；

2. 已通过执行法律业务所要求的培训。

（二）法律咨询服务

法律咨询服务可能包含多种类型，包括为审计客户提供与公司事务或商业有关的法律服务，例如：

1. 合同支持服务；

2. 为审计客户执行一项交易提供支持；

3. 合并与收购；

4. 向客户内部法律部门提供帮助；

5. 法律尽职调查及重组。

会计师事务所向审计客户提供法律咨询服务，可能因自我评价或过度推介对独立性产生不利影响。不利影响存在与否及其严重程度主要取决于下列因素：

1. 特定事项对审计客户财务报表的重要程度；

2. 法律事项的复杂程度以及提供该服务所需判断的程度。

举例来说，防范措施可能包括：

1. 由审计项目团队以外的专业人员提供该服务，可能能够应对因自我评价或过度推介产生的不利影响；

2. 由未参与提供法律服务的适当复核人员复核所执行的审计工作或提供的服务，可能能够应对因自我评价产生的不利影响。

（三）担任审计客户的首席法律顾问

首席法律顾问通常是一个高级管理职位，对公司法律事务承担广泛责任。会计师事务所的合伙人或员工担任审计客户首席法律顾问，将对独立性产生非常严重的不利影响，导致没有防范措施能够将其降低至可接受的水平。会计师事务所人员不得担任审计客户的首席法律顾问。

（四）担任审计客户的辩护人

在审计客户解决纠纷或进行法律诉讼时，如果会计师事务所人员担任辩护人，并且纠纷或法律诉讼所涉金额对被审计财务报表有重大影响，将产生非常严重的不利影响，导致没有防范措施能够将其降低至可接受的水平。会计师事务所不得为审计客户提供此类服务。

在审计客户解决纠纷或应对法律诉讼时，如果会计师事务所人员担任辩护人，并且纠纷或法律诉讼所涉金额对被审计财务报表无重大影响，采取下列防范措施可能能够应对因自我评价产生的不利影响：

1. 由审计项目团队以外的专业人员提供该服务；

2. 由未参与提供法律服务的适当复核人员复核所执行的审计工作或提供的服务。

十一、招聘服务

招聘服务可能包括下列方面：

1. 制定岗位描述。

2. 制定识别和选择潜在候选人的流程。

3. 寻找或筛选候选人。

4. 通过下列方式筛选潜在的候选人：

（1）审核候选人的专业资格或胜任能力并确定其是否适合该职位；

（2）对职位候选人实施背景调查；

（3）面试、选择合适的候选人并就候选人的胜任能力提供建议。

5. 确定雇佣条款并协商如工资、工时及其他报酬等具体条件。

向审计客户提供招聘服务，可能因自身利益、密切关系或外在压力对独立性产生不利影响。不利影响存在与否及其严重程度主要取决于下列事项：

1. 会计师事务所人员所提供协助的性质；

2. 拟招聘人员的职位；

3. 候选人和提供咨询意见或服务的会计师事务所之间可能存在的利益冲突或关系。

举例来说，由审计项目团队以外的专业人员提供该服务，可能能够消除因自身利益、密切关系或外在压力产生的不利影响。

任何情况下，会计师事务所都不得承担管理层职责，聘用决策应当由客户负责作出。

当向审计客户提供下列招聘服务时，只要会计师事务所人员不承担管理层职责，通常不会对独立性产生不利影响：

1. 对多名候选人的专业资格进行审核，并就其是否适合该职位提供咨询意见；

2. 对候选人进行面试，并对候选人在财务会计、行政管理或内部控制等职位上的胜任能力提供咨询意见。

当向审计客户提供招聘服务时，为避免承担管理层职责，会计师事务所应当确保同时满足下列条件：

1. 客户委派具有胜任能力的员工（最好是高级管理人员），负责作出有关聘用该职位候选人的所有管理决策；

2. 客户就聘用程序作出所有管理决策，包括：

（1）确定准候选人是否合适并选择适合该职位的候选人；

（2）确定雇佣条款并协商如工资、工时及其他报酬等具体条件。

在向审计客户提供招聘服务时，会计师事务所不得代表客户与应聘者进行谈判。如果属于审计客户拟招聘董事、高级管理人员，或所处职位能够对客户会计记录或被审计财务报表的编制施加重大影响的员工，会计师事务所不得提供下列招聘服务：

1. 寻找或筛选候选人；

2. 对候选人实施背景调查。

十二、公司财务服务

（一）公司财务服务内容

公司财务服务主要包括下列活动：

1. 协助审计客户制定公司战略；

2. 为审计客户并购识别可能的目标；

3. 对资产处置交易提供建议；

4. 协助实施融资交易；

5. 对合理安排资本结构提供建议；

6. 对直接影响被审计财务报表金额的资本结构或融资安排提供建议。

（二）公司财务服务的不利影响及防范措施

会计师事务所提供财务服务，可能因自我评价或过度推介对独立性产生不利影响。不利影响存在与否及其严重程度主要取决于下列因素：

1. 在确定如何恰当处理财务建议对财务报表产生的影响时，涉及的主观程度；

2. 财务建议的结果对在财务报表中记录的金额的直接影响程度，以及记录的金额对财务报表整体影响的重大程度；

3. 财务建议的有效性是否取决于某一特定会计处理或财务报表列报，并且根据适用的会计准则，对该会计处理或列报的适当性存有疑问。

举例来说，防范措施可能包括：

1. 由审计项目团队以外的专业人员提供该服务，可能能够应对因自我评价或过度推介产生的不利影响；

2. 由未参与提供财务服务的适当复核人员复核已执行的审计工作或提供的服务，可能能够应对因自我评价产生的不利影响。

（三）不得提供财务服务的情形

会计师事务所不得提供涉及推荐、交易或承销审计客户股票的公司财务服务。如果财务建议的有效性取决于某一特定会计处理或财务报表列报，并且同时存在下列情形，会计师事务所不得提供此类财务建议：

1. 根据相关财务报告编制基础，审计项目团队对相关会计处理或列报的适当性存有疑问；

2. 公司财务建议的结果将对被审计财务报表产生重大影响。

第七节 收 费

一、收费结构

（一）从某一审计客户收取的全部费用占会计师事务所收费总额比重很大

如果会计师事务所从某一审计客户收取的全部费用占其收费总额的比重很大，则对该客户的依赖及对可能失去该客户的担心将因自身利益或外在压力产生不利影响。不利影响的严重程度主要取决于下列因素：

1. 会计师事务所的业务类型及收入结构；

2. 会计师事务所成立时间的长短；

3. 该客户从性质和金额上对会计师事务所是否重要。

会计师事务所应当评价不利影响的严重程度，并在必要时采取防范措施消除不利影响或将其降低至可接受的水平。

举例来说，防范措施可能包括：

1. 扩大会计师事务所的客户群，从而降低对该客户的依赖程度；

2. 实施外部质量复核；

3. 就关键的审计判断向第三方咨询，例如，向行业监管机构或其他会计师事务所咨询。

（二）从某一审计客户收取的全部费用占某一合伙人或分部收费总额比重很大

如果从某一审计客户收取的全部费用占某一合伙人从所有客户收取的费用总额比重很大，或占会计师事务所某一分部收取的费用总额比重很大，也将因自身利益或外在压力产生不利影响。不利影响的严重程度主要取决于下列因素：

1. 该客户在性质上或金额上对该合伙人或分部是否重要；

2. 该合伙人或该分部合伙人的报酬对来源于该客户的收费的依赖程度。

会计师事务所应当评价不利影响的严重程度，并在必要时采取防范措施消除不利影响或将其降低至可接受的水平。

举例来说，防范措施可能包括：

1. 扩大该合伙人或分部的客户群，从而降低对来源于该客户的收费的依赖程度；

2. 由审计项目团队以外的适当复核人员复核已执行的工作。

（三）从属于公众利益实体的某一审计客户收取的全部费用比重较大

如果会计师事务所连续两年从某一属于公众利益实体的审计客户及其关联实体收取的全部费用，占其从所有客户收取的全部费用的比重超过15%，会计师事务所应当向审计客户治理层披露这一事实，并讨论选择下列何种防范措施，以将不利影响降低至可接受的水平：

1. 在对第二年度财务报表发表审计意见之前，由其他会计师事务所对该业务再次实施项目质量复核，或由其他专业机构实施相当于项目质量复核的复核（以下简称“发表审计意见前复核”）；

2. 在对第二年度财务报表发表审计意见之后、对第三年度财务报表发表审计意见之前，由其他会计师事务所对第二年度的审计工作再次实施项目质量复核，或由其他专业机构实施相当于项目质量复核的复核（以下简称“发表审计意见后复核”）。

在上述收费比例明显超过15%的情况下，如果采用发表审计意见后复核无法将不利影响降低至可接受的水平，会计师事务所应当采用发表审计意见前复核。

如果两年后每年收费比例继续超过15%，则会计师事务所应当每年向治理层披露这一事实，并讨论选择采取上述哪种防范措施。在收费比例明显超过15%的情况下，如果采用发表审计意见后复核无法将不利影响降低至可接受的水平，会计师事务所应当采用发表审计意见前复核。

会计师事务所在计算收费占比时，应以向该审计客户提供所有服务收取的全部费用（即不仅仅是审计费）为分子，以向所有客户提供所有服务收取的全部费用为分母。

二、逾期收费

如果审计客户长期未支付应付的费用，尤其是相当部分的费用在出具下一年度审计报告前仍未支付，可能因自身利益产生不利影响。

会计师事务所通常要求审计客户在审计报告出具前付清上一年度的费用。如果在审计报告出具后审计客户仍未支付该费用，会计师事务所应当评价不利影响存在与否及其严重程度，并在必要时采取防范措施消除不利影响或将其降低至可接受的水平。

举例来说，防范措施可能包括：

1. 收取逾期的部分款项；

2. 由未参与执行审计业务的适当复核人员复核已执行的工作。

如果相当部分的费用长期逾期，会计师事务所应当确定：

1. 逾期收费是否可能被视同向客户提供贷款；

2. 会计师事务所是否继续接受委托或继续执行审计业务。

三、或有收费

或有收费是指收费与否或收费多少取决于交易的结果或所执行工作的结果。如果一项收费是由法院或政府有关部门规定的，则该项收费不被视为或有收费。

会计师事务所在提供审计服务时，以直接或间接形式取得或有收费，将因自身利益产生非常严重的不利影响，导致没有防范措施能够将其降低至可接受的水平。会计师事务所不得采用这种收费安排。

会计师事务所在向审计客户提供非鉴证服务时，如果非鉴证服务以直接或间接形式取得或有收费，也可能因自身利益产生不利影响。

如果出现下列情况之一，将因自身利益产生非常严重的不利影响，导致没有防范措施能够将其降低至可接受的水平，会计师事务所不得采用这种收费安排：

1. 非鉴证服务的或有收费由对财务报表发表审计意见的会计师事务所取得，并且对其影响重大或预期影响重大；

2. 网络事务所参与大部分审计工作，非鉴证服务的或有收费由该网络事务所取得，并且对其影响重大或预期影响重大；

3. 非鉴证服务的结果以及由此收取的费用金额，取决于与财务报表重大金额审计相关的未来或当期的判断。

在向审计客户提供非鉴证服务时，如果会计师事务所采用其他形式的或有收费安排，不利影响存在与否及其严重程度主要取决于下列因素：

1. 可能的收费金额区间；

2. 是否由适当的权威方确定有关事项的结果，并且该结果作为确定或有收费金额的基础；

3. 针对会计师事务所执行的工作及收费的基础，向报告预期使用者作出的披露；

4. 非鉴证服务的性质；

5. 事项或交易对财务报表的影响。

会计师事务所应当评价不利影响的严重程度，并在必要时采取防范措施消除不利影响或将其降低至可接受的水平。

举例来说，防范措施可能包括：

1. 由审计项目团队以外的适当复核人员复核该会计师事务所已执行的工作；

2. 预先就收费的基础与客户达成书面协议。

第八节　影响独立性的其他事项

一、薪酬和业绩评价政策

如果某一审计项目团队成员的薪酬或业绩评价与其向审计客户推销的非鉴证服务挂钩，将因自身利益产生不利影响。不利影响的严重程度取决于下列因素：

1. 推销非鉴证服务的因素在该成员薪酬或业绩评价中的比重；

2. 该成员在审计项目团队中的角色；

3. 推销非鉴证服务的业绩是否影响该成员的晋升。

会计师事务所应当评价不利影响的严重程度。如果不利影响超出可接受的水平，并在必要时采取防范措施消除不利影响或将其降低至可接受的水平。

举例来说，下列防范措施可能能够消除因自身利益产生的不利影响：

1. 修改该成员的薪酬计划或业绩评价程序；

2. 将该成员调离审计项目团队。

由审计项目团队以外的适当复核人员复核该审计项目团队成员已执行的工作，可能能够将自身利益产生的不利影响降低至可接受的水平。

关键审计合伙人的薪酬或业绩评价不得与其向审计客户推销的非鉴证服务直接挂钩。职业道德守则并不禁止会计师事务所合伙人之间正常的利润分享安排。

二、礼品和款待

会计师事务所或审计项目团队成员接受审计客户的礼品或款待，可能因自身利益、密切关系或外在压力对独立性产生不利影响。

如果会计师事务所或审计项目团队成员接受审计客户的礼品，将产生非常严重的不利影响，导致没有防范措施能够将其降低至可接受的水平。会计师事务所或审计项目团队成员不得接受礼品。

会计师事务所或审计项目团队成员应当评价接受款待产生不利影响的严重程度，并在必要时采取防范措施消除不利影响或将其降低至可接受的水平。如果款待超出业务活动中的正常往来，会计师事务所或审计项目团队成员应当拒绝接受。注册会计师应当考虑款待是否具有不当影响注册会计师行为的意图，如果具有该意图，即使其从性质和金额上来说均明显不重要，会计师事务所或审计项目团队成员也不得接受该款待。

三、诉讼或诉讼威胁

如果会计师事务所或审计项目团队成员与审计客户发生诉讼或很可能发生诉讼，将因自身利益和外在压力产生不利影响。

会计师事务所和客户管理层由于诉讼或诉讼威胁而处于对立地位，将影响管理层提供信息的意愿，从而因自身利益和外在压力产生不利影响。不利影响的严重程度主要取决于下列因素：

1. 诉讼的重要性；

2. 诉讼是否与前期审计业务相关。

会计师事务所应当评价不利影响的严重程度，并在必要时采取防范措施消除不利影响或将其降低至可接受的水平。

举例来说，防范措施可能包括：

1. 如果诉讼涉及某一审计项目团队成员，将该成员调离审计项目团队可能能够消除不利影响；

2. 由适当复核人员复核已执行的工作，可能能够将不利影响降低至可接受的水平。